Weitere Titel der Autorin:

HISTORISCHE ROMANE
Hansetochter
Das Geheimnis von Stralsund
Die Feinde der Hansetochter
Die Tochter des Fechtmeisters

AUS DER REIHE UM LIV LAMMERS
Schwarze Brandung
Brennende Gischt

Sabine Weiß

Die Arznei der Könige

HISTORISCHER ROMAN

BASTEI LÜBBE TASCHENBUCH
Band 17646

Dieser Titel ist auch als E-Book erschienen.

Originalausgabe

Copyright © 2018 by Bastei Lübbe AG, Köln
Textredaktion: Dr. Ulrike Strerath-Bolz, Friedberg
Karte im Vorsatz: Markus Weber, Guter Punkt, München
Titelillustration: The Glorious Knights Jousting Tournament at the Place Royale
to celebrate the Marriage of Louis XIII (1601–43) to Anne of Austria (1601–66)
5th, 6th and 7th April 1612 (oil on canvas), French School, (17th century)/Musee
de la Ville de Paris, Musee Carnavalet, Paris, France/Bridgeman Images;
© Johannes Wiebel | punchdesign, München,
unter Verwendung von Motiven von shutterstock
Umschlaggestaltung: Johannes Wiebel | punchdesign, München
Satz: two-up, Düsseldorf
Gesetzt aus der Caslon
Druck und Verarbeitung: GGP Media GmbH, Pößneck
Printed in Germany
ISBN 978-3-404-17646-5

5 7 9 8 6

Sie finden uns im Internet unter www.luebbe.de
Bitte beachten Sie auch: www.lesejury.de

Die Seele ist wie ein Wind, der über die Kräuter weht,
und wie der Tau, der auf die Gräser träufelt,
und wie die Regenluft, die wachsen macht.

Genauso ströme der Mensch
sein Wohlwollen aus auf alle,
die da Sehnsucht tragen.

Ein Wind sei er, indem er den Elenden hilft,
ein Tau, indem er die Verlassenen tröstet,
und Regenluft, indem er die Ermatteten aufrichtet
und sie mit der Lehre erfüllt wie Hungernde:
indem er ihnen seine Seele hingibt.

HILDEGARD VON BINGEN (1098–1179)

Vernimm die starke Gewalt des vielfältig zusammen-
gesetzten Antidotes,
O Kaiser, du Spender sicherer Freiheit.
Vernimm es, Nero; preisend nennt man sie die heitere,
sonnige Galene,
Die sich um dunkle Häfen nicht kümmert.

GALEN (ca. 129–200) über den Theriak des älteren Andromachus

Personenverzeichnis

KLOSTER EBBEKESTORPE
Jakoba von Dahlenburg, Adelige, Novizin, Heilerin[*]
Walburga, Nonne und Infirmaria
Konegundis, Novizin
Make, Knecht

DAHLENBURG
Anno von Dahlenburg, Jakobas Bruder
Immeke, Annos Frau
Wulf, Annos Hofmeister und Vertrauter
Tönnies, Knecht
Paul von Krakau, junger Streuner

LÜNEBURG
Gevehard Reppenstede, Patrizier und Vertreter des
    herzoglichen Vogts
Herzog Otto von Braunschweig, genannt der Strenge[*]
Lene, Magd

BRAUNSCHWEIG UND UMGEBUNG
Elmbert von Dahlenburg, Jakobas Großvater
Cyeke von Dahlenburg, Jakobas Großmutter
Meister Arnold, Theriak-Krämer
Maimona, genannt Mona, Arnolds Frau
Otto von Braunschweig, Meister des Hauses des Tempels von
    Jerusalem und der Komtur von Süpplingenburg[*]

VENEDIG UND UMGEBUNG
Ser Maffio, Pfandleiher
Ser Filipo, Spezereienhändler und Theriak-Krämer
Baldino, sein Sohn
Portia, seine Frau
Ser Zanzio, Geleitsführer
Vidal, Schutzreiter
Eljakim Lämmlin, Kaufmann aus Augsburg

PARIS
Roger d'Aval, Ritter im Dienste von Louis de Bourbon,
    Comte de Clermont
Comtesse d'Obazine, Adelige
Thierry d'Obazine, Ritter
Violante d'Obazine, Adelige
Agnes, ihre Magd
Gaspard, Apotheker
Celie, Frau des Apothekers
Marsilius, Priester
König Philipp der Lange*
König Karl der Schöne*
Jean de Padua*, Magister der Medizin und Ritter
Johannes de Bethunia*, Gelehrter

* Historisch belegte Persönlichkeiten

Prolog

April 1317

Das Sonnenlicht brach sich im Geäst wie in einem Kristall. Gleißend splitterte es über altrosa Blüten, runzelige Baumrinde und den Morgendunst, der über dem Fluss waberte, flüchtig wie eine schwindende Erinnerung. Der Himmel spannte sich tiefblau, und die Sonne ließ schon den Duft früher Wildblumen ausströmen. Willekin stakste durch das Gras und ließ giggelnd die Halmspitzen seine Handflächen kitzeln.

»Da! Godesperdeken!«, rief der Zweijährige begeistert. »Will fangen!«

Er streckte die pummeligen Hände aus und hob die nackten Beine höher, um die blaugrün schillernde Libelle einzuholen. Rasant durchmaß das Insekt die Flussaue. An dieser Stelle war die Neetze tief und hatte eine starke Strömung. Jakoba ließ den Ledereimer fallen und lief ihrem Sohn nach. Kurz bevor er das Ufer erreicht hatte, umfasste sie seine Hüfte und hob ihn hoch. Willekin protestierte lautstark. »Büschen noch! Hab Godesperdeken fast! Düst so!«

Jakoba schwang ihn um sich. »Du bist auch so ein düsendes Gottespferdchen!«, neckte sie ihn. Sie drehte sich mit dem juchzenden Kleinkind, bis ihr taumelig wurde. Lachend und außer Atem ließen sie sich fallen. Aneinandergekuschelt lagen sie dann im taufeuchten Gras und sahen in den Himmel. Es würde ein wunderbarer Tag werden.

I

Ebbekestorpe, Anfang März, Anno Domini 1318

Als Jakoba erwachte, war ihr schwindelig vor Hunger. Hart presste sie ihre Faust in den Magen. Der Hunger quälte sie weniger als die Trauer, dieses grausame Nagen in ihrem Herzen. Entschlossen schob sie die Beine von der Pritsche – nur nicht mehr darüber nachdenken. Auf den frostigen Steinplatten des Dormitoriums zogen sich ihre Fußsohlen stechend zusammen. Das Läuten der Glocken verklang – spät dran, wieder einmal. Jakobas Augen waren verquollen, die Glieder schwer. Es war drei Uhr in der Nacht, und auch nach einem knappen Jahr im Kloster hatte sie sich noch nicht an die Aufstehzeit gewöhnt. Vermutlich würde sie bei der Matutin wieder gegen den Schlaf ankämpfen müssen und bei den wunderschönen, aber komplizierten Chorälen vor lauter Müdigkeit den Faden verlieren.

Sie durchschlug das Eis auf der Waschschüssel, spritzte sich Wasser ins Gesicht und fuhr mit dem Lappen über ihre Haut. Dann spülte sie ihren Mund aus und verbarg die kurzen rotblonden Haare unter dem Schleier. Offenbar verzichteten die anderen Schwestern auf Körperpflege, diesen eitlen Luxus. Bei der Kälte war ihr Verhalten beinahe verständlich.

Jakoba zog das Novizenhabit der Benediktinerinnen an. Ihre Finger waren steif von der Kälte. Die Schwäche ihrer Glieder machte sie langsam, als wäre sie nicht achtzehn Jahre alt, sondern achtundfünfzig. Erst am Nachmittag würde es etwas zu essen geben – die einzige Mahlzeit des Tages, und auch die würde nicht gerade üppig ausfallen. Im Gegensatz zu anderen Nonnen, die glaubten, durch das Fasten Heiligkeit erlangen zu können, hatte sie einfach nur einen Bärenhunger.

Gerade wollte Jakoba zu den anderen in den Chor eilen, als sie hinter sich ein Husten hörte. Also hatte noch jemand verschlafen. Sie drehte sich um und sah, wie eine schmale Gestalt zwischen den Schlafmatten zusammenbrach – Konegundis! Jakoba eilte zu ihr und nahm die Hand der Dreizehnjährigen, um ihr aufzuhelfen. Der schmale Körper strahlte eine gewaltige Hitze aus, die Augen waren rot unterlaufen. Hatte die Bettnachbarin denn nicht bemerkt, wie krank das Mädchen war?

»Muss gestolpert sein … die Matutin … nicht zu spät kommen.« Konegundis versuchte, sich hochzustemmen, konnte jedoch nicht einmal die Ellbogen aufsetzen. Sie musste in den Krankensaal, und zwar so schnell wie möglich! Entschlossen hob Jakoba sie hoch – ein Federgewicht. Der Körper des Mädchens war ein einziger Widerspruch: trotz der Kälte schweißnass, ihr Leib war heiß und zitterte doch vor Schüttelfrost.

»Was … tust du, Schwester? Wir dürfen uns doch nicht … verspäten.«

Jakoba teilte die Besorgnis des Mädchens, lief aber trotzdem los. Sicher schlugen die anderen Nonnen schon das kleine Kreuz über den Lippen und beteten: »Herr, öffne meine Lippen, damit mein Mund dein Lob verkünde.« Wenn Jakoba wieder zu spät zur Matutin käme, würde die Priorissa sie erneut rügen und möglicherweise sogar ihre Aufnahme in den Orden infrage stellen. Das wollte sie keinesfalls riskieren!

Jakoba hatte das Noviziat beinahe hinter sich, am Sonntag würde sie das Gelübde ablegen. Eigentlich war sie nicht für das Kloster gemacht, zu sehr liebte sie das Leben. Ihr fehlte im Kloster so viel: einen Sommertag auf der Blumenwiese vertrödeln, nach einem glühend heißen Tag in den Fluss springen, mit Freundinnen ratschen und lachen, sich fein herausputzen, tanzen, bis sich alles um einen drehte, der Duft eines geliebten Mannes, der Genuss guten Essens und noch besseren Weins. Als sie aber vor elf Monaten zwischen Irrsinn und Todessehnsucht geschwankt hatte, da hatte ihr Vater sie ins Kloster geschickt. Den hochwohlgeborenen Herrn Zacharias, Reichsritter und Gebieter über die Dahlenburg samt dazugehöriger Ländereien, hatte im Alter, nach einem Leben voller Fehden und Feldzüge, die Angst um sein Seelenheil gepackt. Im Kloster, so sein Plan, sollte Jakoba seine ganz persönliche Fürsprecherin vor Gott sein. Es war eine der wenigen Taten, für die sie ihrem Vater dankbar sein musste, denn erst im Kloster hatte Jakoba ihren Frieden wiedergefunden.

Ein Hustenanfall schüttelte Konegundis. »Darf die ehrwürdige Mutter nicht verärgern. Am Sonntag werden wir doch mit … dem Herrn Jesus vermählt.« Die Andeutung eines Lächelns zeichnete sich in ihrem blassen Gesicht ab.

»Bis dahin bist du längst wieder gesund!«, versicherte Jakoba, obgleich der Atem des Mädchens schnell und rasselnd ging. Jakoba fürchtete, dass sie nur wenig für die Kleine würde tun können. Dass es zu spät war, wieder einmal. Dabei war Konegundis noch so jung! Mädchen gab es viele in Ebbekestorpe, Schülerinnen, die in Latein, Chorgesängen und Weißstickereien unterrichtet wurden. Kinder das Gelübde ablegen zu lassen erschien Jakoba hart, wussten sie doch nicht, auf was sie verzichteten. Aber nach drei apokalyptischen Jahren, in denen sich kaum die Sonne am Himmel gezeigt hatte, nach monatelangem Dauerregen, der in grausame Fröste übergegangen war und diese wieder in endlose Regenfälle und erneute Schneefälle, nach Ernteausfällen, Hungersnot und Viehpest musste selbst dieses reiche Kloster sehen, wo es blieb. In dem kalten und harten letzten Winter waren etliche Nonnen von Seuchen dahingerafft worden, und jede Profess brachte Geld in die Klosterkasse.

Konegundis' Lider flatterten. »Die Brautkrone … der goldene Ring …«

»Du wirst eine wunderschöne Braut sein.« Jakoba keuchte leicht. Sie war robust, ja zäh – »Wechselbalg eines Bauern« schimpfte sie ihr Vater manchmal –, aber auch sie hatte in den letzten Monaten viel Kraft und Gewicht verloren. Durch die Last schwerfällig, schleppte sie sich den Kreuzgang entlang. Sie musste bei jedem Schritt achtgeben. Es war stockfinster, zudem waren viele Bodenziegel rutschig. Das backsteinrote Kloster lag zwar idyllisch im Schwienautal, der Untergrund war aber sumpfig, und insbesondere wenn es viel regnete, stieg die Feuchtigkeit in die Klostermauern auf.

Ihre Gedanken wanderten zur Jungfrauenweihe, dem Ritus, den alle Novizinnen herbeisehnten. Erst einmal hatte Jakoba diese Zeremonie miterlebt. Es war ein besonders feierlicher Moment, wenn die Novizinnen das ewige Gelübde ablegten. Im Kapitelsaal des Klosters wurden sie durch den Propst und die Priorissa ein letztes Mal befragt, bevor sie Gehorsam gelobten. Etwas später wurde die Professfeier im Nonnenchor vollzogen, bei der die Jungfrauen in unbefleckter Keuschheit dem Herrn Jesus vermählt wurden und den goldenen Ring angesteckt bekamen. Anschließend wurde ihnen der geweihte Schleier überreicht, auf den die Jungfrauenkrone gesetzt wurde. Wie Königinnen sahen sie dann aus, heilig und erhaben. Für Jakoba jedoch war der Gedanke an die Profess mit Zweifeln verbunden, denn sie hatte noch immer nicht erfahren, wie das Aufnahmeritual bei ihr aussehen würde. Schließlich war sie anders als die anderen Novizinnen: Sie war schon lange keine Jungfrau mehr, hatte trotz ihres geringen Alters ein Kind geboren und verloren, war verwitwet.

Stöhnen und Weinen in der Nachtschwärze verrieten ihr, dass sie das Infirmarium beinahe erreicht hatte. Ursprünglich war der Krankensaal nur für die Versorgung der etwa vierzig Nonnen des Klosters gedacht gewesen, aber seit Hunger und Seuchen grassierten und immer mehr kranke Pilger bei ihnen strandeten, hatte der Propst gestattet, dass die Siechenmeisterin auch weltlichen Kranken half. Mit einer hölzernen Wand hatte die Mutter Oberin einen Teil des Infirmariums abtrennen lassen, um die Klausur der Nonnen nicht zu stören. Allerdings herrschte in Ebbekestorpe ohnehin kein strenges Klosterregiment, vor allem das Armuts- und das Schweigegelübde wurden oft gebrochen. Manche Nonnen besaßen Zierrat, Kleinodien und eigene Psalter, tätigten Geschäfte oder hielten sich Dienerinnen. Seit der letzten Oberin mangelnde Disziplin vorgeworfen worden war, versuchten Propst Nikolas und Priorissa Elisabeth, die Regula Benedicti wieder strenger durchzusetzen.

Nur das ewige Licht brannte vor dem Altar des Krankensaals. Jakoba überfiel Trauer, als ihr die leeren Lager ins Auge fielen. Viel zu viele Menschen hatte sie in den vergangenen Monaten in den Tod begleitet, und sie hoffte, dass jeder Einzelne von ihnen Frieden bei Gott gefunden hatte. Andererseits hatte sie auch viele heilen können.

»Ora et labora et lege« war das Motto der Benediktiner in Ebbekestorpe – »Bete und arbeite und lies« –, aber Jakoba hatte darum gebeten, dass sie weder den Buchmalerinnen noch den Weißstickerinnen zugeteilt wurde, sondern dem Infirmarium. Für das Kopieren von Büchern und die kostbaren Stickereien, für die die Klöster im Fürstentum Lüneburg berühmt waren, fehlte ihr die Geduld. Sie wollte mit Menschen zu tun haben, ihnen helfen. Durch ihre drei Brüder, die sich ständig in den Ritterkünsten geübt hatten, hatte Jakoba notgedrungen einiges über Wundpflege gelernt. Später hatte sie oft mit dem Leibarzt ihres Vaters zu tun gehabt – zu oft. Das Herz wurde ihr bei der Erinnerung schwer. Würde sie jemals so viel Gleichmut erlangen, dass die Vergangenheit sie nicht mehr quälte?

Im Kloster kamen ihr ihre Fertigkeiten zugute. Sie war zu Schwester Walburga geschickt worden, der Infirmaria, einer gutmütigen und rüstigen älteren Nonne. Walburga kannte unzählige Rezepte für Salben und Tränke, ob gegen Seuchen, Steinleiden oder Schmerzen bei der Monatsblutung. Sie wusste schnell, von welchem Temperament ein Kranker war, welche Körpersäfte in ihm unausgewogen waren und wie sie wieder ins Gleichgewicht gebracht werden konnten. Soviel Jakoba auch schon von der Infirmaria gelernt hatte, sie würde noch Jahre brauchen, bis sie das Wissen der alten Frau erlangt hatte.

Die Magd, die die Nachtwache innehatte, schreckte aus ihrem Nickerchen und stürzte Jakoba entgegen, um ihr mit Konegundis zu helfen. »Schwester Jakoba, warum seid Ihr nicht bei der Matutin? Ihr wisst doch, wie sehr die ehrwürdige Mutter auf die Einhaltung der Gebetszeiten achtet!«

»Keine Sorge, ich gehe gleich. Ich habe Konegundis gefunden – sie fiebert stark. Hol mir schnell die Kräuter und Decken«, bat Jakoba. Sie sah sich nach einem sauberen Lager um und bettete Konegondis darauf. Das Mädchen hustete heftig, schaumiger Auswurf quoll aus ihrem Mund; kaum schien sie wahrzunehmen, was um sie herum geschah. Jakoba eilte zum Arzneimittelschrank. Sie schabte etwas trockenes Ahornholz und die doppelte Menge gedörrter Weide in einen Becher Wasser. Anschließend fügte sie ebenso viel getrockneten Odermennig wie Weide hinzu. Sie versuchte, Konegundis die Flüssigkeit einzuflößen, doch ein Großteil rann an Mundwinkeln und Kinn des Mädchens hinab. Die Medizin würde hoffentlich gegen das Fieber helfen, was aber sollte sie Konegundis gegen den Schaumhusten geben? War Lungenkraut hier das Richtige? Oder Nesselsamen? Sie würde Schwester Walburga befragen, sobald das Stundengebet vorüber war.

»Gibt es Brot oder Fleisch für die Kranken?«, fragte Jakoba. In Krankheitsfällen wurde nach der Regula Benedicit das Fastengebot etwas gelockert.

»Noch nicht. Ihr solltet nun aber wirklich in die Kirche eilen! Ich werde mit der Kranken beten«, mahnte die Magd. »O du truwe nodhelper bescerme unde beware dine Kindere«, begann sie ein Stoßgebet an einen der vierzehn Schutzpatrone.

Nur mühsam riss Jakoba sich los. Sie wandte sich dem Ausgang zu. Im Vorbeigehen an den Krankenlagern griff eine Hand nach ihr. Eine Greisin krallte sich in Jakobas Gewand, ihre tief liegenden Augen wirkten im Dämmer wie Kohlestücke, der zahnlose Mund wie ein Abgrund.

»So helppe my, Suster! God erbarmet, geve my bröd.«

Jakoba löste die knotigen Finger. »Ich habe selbst nichts, aber später werden wir das Mahl teilen. Bete einstweilen«, sagte sie sanft.

»Ik bün so hungerich! Der Rosenkranz macht nicht satt!«

Trotz allem Verständnis erbosten diese Worte Jakoba. »Wenn du die Zuflucht des Klosters nicht mehr in Anspruch nehmen willst …«, sagte sie und schämte sich sogleich für ihre Härte. Sie war wirklich dünnhäutig geworden.

Verschreckt sah die Greisin sie an und begann sogleich zu beten: »O moder Christi Maria, moder der mildicheyt unde barmharticheyt …«

»Ich bringe dir nachher deine Portion und teile auch mein Brot mit dir, ich verspreche es«, sagte Jakoba, um die Alte zu beruhigen.

Im Weitergehen passierte Jakoba einen Mann, der krampfhaft sein Haupt umklammerte und die Fingernägel in die Kopfhaut grub. Niemand wusste so recht, woran er litt, aber seine Qualen schienen gewaltig zu sein. Jakoba gab ihm einen kleinen Schluck von dem kostbaren Mohnsaft und legte sanft die Hände auf seine Schläfen, bis die Anspannung in seinem Gesicht nachließ.

»Gott schütze Euch, Schwester«, sagte er matt und küsste ihre Hand. Sie ließ es geschehen, wohl wissend, dass Walburga sie für den Verbrauch des Mohnsaftes schelten würde. Heilkräuter und Arzneihonig waren knapp. Wegen der feuchten und kalten Sommer war die Blütezeit kurz gewesen, zudem waren viele der geernteten Gräser und Kräuter verschimmelt, bevor man sie hätte trocknen können. Und teure Heilmittel waren schon lange nicht mehr gekauft worden.

Die Magd bog um die Ecke, einen Ledereimer mit Wasser zu einem Kranken schleppend, der sich besudelt hatte. »Ihr seid ja immer noch hier … das wird der Priorissa gar nicht gefallen!«, sagte sie vorwurfsvoll.

Jakoba eilte weiter. So viel wäre hier zu tun, so vielen Menschen musste geholfen werden. Aber sie durfte ihre Profess nicht gefährden, indem sie sich der Oberin gegenüber ungehorsam zeigte. Wenn Priorissa Elisabeth sich weigerte, sie in die Klostergemeinschaft aufzunehmen, müsste sie zu ihrer Familie zurück – und das wollte sie auf keinen Fall.

Als Jakoba die Tür erreicht hatte, schrillte eine Frauenstimme durch den Saal: »Gott hat den dritten Reiter der Apokalypse ausgesandt. Der Weltuntergang ist nah!« Wegen ihrer Wahnvorstellungen und Zuckungen hatten sie die Frau vor dem Abbild des heiligen Antonius ans Bett binden müssen. Jakoba bekreuzigte sich. Die Kranke hatte etwas ausgesprochen, was auch viele Nonnen dachten: Gott hatte die Hungersnot geschickt, um die Gläubigen zu strafen. Seit der Papst nicht mehr in der heiligen Stadt Rom residierte, sondern vom französischen König ins Exil nach Avignon gezwungen worden war, zürnte Gott ihnen.

Ihre sorgenvolle Stimmung verflog, als sie die Stimmen der anderen Nonnen hörte. Überirdisch schön war der Vorgesang der Cantrix. Die Musik streichelte ihr aufgewühltes Gemüt. Oft begleiteten sich die Nonnen auch selbst auf der Harfe, der Einhandflöte oder dem Glockenbaum. Leise versuchte sie, durch die Kirchentür zu schlüpfen und sich unauffällig in die letzte Reihe zu knien, die für die Nachlässigen vorgesehen war, doch der missbilligende Ausdruck im Gesicht der Priorissa entging ihr nicht. Weiß stieg Jakobas Atem auf, als sie in den Gesang einstimmte. Wenn ihr Latein nur besser wäre! Aber durch die viele Arbeit im Infirmarium vernachlässigte sie den Unterricht, der von allen Nonnen in Ebbekestorpe erwartet wurde, damit sie die lateinischen Texte verstanden.

Ihre Schienbeine und Füße wurden auf dem Boden schnell taub, und die Kälte kroch ihren Körper hoch. Inbrünstig und voller Kummer betete Jakoba für ihren Sohn. Die Erinnerung war wie ein Splitter in ihrem Herzen. Wäre sie nur statt seiner gestorben! Tatsächlich fiel ihr das Mitsingen schwer – ihre Gedanken schweiften immer wieder ab. Am Schluss des Gottesdienstes musste Jakoba öffentlich Buße tun für ihr Zuspätkommen.

Die Glocken schlugen zur achten Stunde des Morgens, und die Nonnen nahmen ihre Arbeit auf. Jakoba schloss sich Schwester Walburga an. Die alte Nonne tapste vorsichtig über die unebenen Steinplatten.

»Du bist zu spät gewesen, wieder einmal«, rügte Walburga sie leise. »Die Regularien des heiligen Benedikt verlangen, dass man alles sofort aus der Hand legt und in größter Eile herbeikommt, wenn man das Zeichen zum Gottesdienst hört.«

Jakoba senkte den Blick. »Das ist mir bekannt, Schwester.«

Die Alte stolperte, und Jakoba packte sie, damit sie nicht hinfiel. Dankbar drückte Walburga ihre Finger. »Warum handelst du dann nicht danach? Du darfst deine Aufnahme ins Kloster nicht gefährden. Ich brauche dich im Infirmarium. Noch nie habe ich eine so kundige Helferin gehabt«, wisperte sie.

Ihre Worte freuten Jakoba sehr. Sie hatte nicht viel Lob in ihrem Leben erhalten. »Und ich hatte noch nie eine so gütige Lehrmeisterin.« Eigentlich war es ihnen bis auf wenige Minuten des Tages verboten zu sprechen, aber jetzt skizzierte sie knapp Konegundis' Zustand.

Sie hatten das Infirmarium erreicht und Schwester Walburga schaute sich selbst Konegundis an. Die Atemzüge der Kranken waren kurz und flach, Reste erneuten Auswurfs bedeckten das Laken. Jakoba hatte den Eindruck, dass die Arme und Beine des Mädchens bläulich schimmerten.

»Hast du eine Harnschau vorgenommen?«, wollte Schwester Walburga wissen.

»Dafür war keine Zeit.«

»Mit dem Lungenkraut hättest du nichts falsch gemacht. Wir werden noch etwas Nesselsamen und getrocknete und zerstoßene Fuchslunge hinzufügen«, beschloss Walburga. Jakoba setzte den Kräutertrank an und verabreichte ihn der Novizin.

Von außen drangen die Rufe der Wartenden zu ihnen. In kurzer Zeit würde die Armenspeisung beginnen, und danach würde das Getöse in Schimpfen umschlagen, denn die Vorräte des Klosters waren streng rationiert worden. Jakoba und Schwester Walburga versorgten die Wunden der Kranken, wuschen sie und beteten mit ihnen. Jakoba tröstete die Kranken. Oft weinte sie mit ihnen, aber wann immer es ging, versuchte sie, sie aufzuheitern, erzählte ihnen Geschichten, lachte und scherzte mit ihnen. Sie war überzeugt davon, dass ein heiteres Gemüt zur Heilung beitrug.

Schließlich gab Schwester Walburga den Famuli das Zeichen, dass sie den Eingang öffnen sollten. Mit einem Stoßgebet wappnete Jakoba sich dafür, dass gleich die Hölle losbrechen würde.

Von der Feuchtigkeit verzogen, schrammten die Türen über den Boden. Ein eisiger Windstoß züngelte herein und brachte ihre Umhänge zum Flattern. Knochige Hände streckten sich durch den Spalt, magere Körper drängten herein, tief liegende Augen suchten ihre Blicke, flehten um Hilfe, um Erlösung. Es waren dreißig, vierzig Männer, Frauen und Kinder. Vermutlich lagen draußen noch mehr, denen bereits die Kraft zum Aufstehen fehlte. Viele arbeiteten als Bauern auf den Besitztümern des Ordens, andere stammten aus den umliegenden Dörfern oder waren Pilger, die am Grab der Ebbekestorper Märtyrer – sächsischer Kämpfer, die hier von heidnischen Normannen getötet worden waren – beten wollten. Husten, Auswurf und Fieber waren noch das Geringste ihrer Übel. Schlimmer waren die Erfrierungen, die blauroten Beulen und Knoten an Fingern, Zehen und im Gesicht. Grausam die Folgen des Hungers, die die Nonnen kaum zu lindern vermochten.

Jakoba erschrak über den Anblick eines Jungen, der mit seinem aufgeblähten Bauch, den hervortretenden Knochen und seinem faltigen Gesicht aussah, als wäre er ein Greis. Etliche Hilfesuchende waren so ausgezehrt, dass sie nichts mehr bei sich behalten konnten und nach ihren Ausscheidungen stanken.

Ein Mann schob sich nach vorn. Sein Gesicht war von Qualen verzerrt, den linken Arm hielt er umklammert, die Hand war schwarz und abgestorben, ein Bein zog er hinterher. Die Knechte halfen ihm zum Bild des heiligen Antonius, dessen Hilfe er erflehen sollte. Jakoba eilte zum Arzneischrank und holte den Balsam, den sie eigens für die an der Kribbelkrankheit Erkrankten angemischt hatte. Lattich, Wegerich, Holunderblätter und Brennnessel würden die Wunden und die Schmerzen des Mannes zwar lindern, das Absterben des Fleisches konnten sie aber nicht aufhalten. Da es der Siechenmeisterin verboten war, in die Haut der Kranken zu schneiden, mussten sie warten, bis der Bader zum vierteljährlichen Aderlass vorbeikam oder die abgestorbenen Gliedmaßen von selbst abfielen.

Brennendes Mitleid plagte Jakoba. War das wirklich alles, was sie gegen das Heilige Feuer tun konnten? Es musste doch eine andere Möglichkeit geben, diesen Kranken zu helfen!

Der Mann war auf die Knie gesunken und betete, wobei seine Stimme immer wieder brach. Neben ihm wand sich die ans Bett gefesselte Kranke in ihren Zuckungen und stieß unverständliche Laute aus. Solche Krämpfe waren oft tödlich, das wusste Jakoba. Eigentlich müssten sie Männer und Frauen ja trennen, aber bei der derzeitigen Enge ging es im Infirmarium nicht anders.

»Bitte helft mir! Dieses Feuer – ich verbrenne!«, flehte der Mann.

Jakoba sah, dass auch seine Nase, seine Finger und seine Unterschenkel bereits brandig waren. Sie öffnete den Tiegel und strich, ihren Ekel zurückdrängend, das verfaulte Fleisch mit dem heilkräftigen Schweineschmalz ein. Nie hätte sie in ihrer Kindheit, als ihr Vater zu aufwendigen Turnieren lud und seine Sprösslinge aufs Feinste herausputzte, damit gerechnet, dass sie eines Tages den Ärmsten oder gar Aussätzigen helfen würde. Aber sagte Jesus nicht: »Was ihr getan habt für einen meiner geringsten Brüder, das habt ihr mir getan«?

Das Schrammen von Holz auf Stein. Weinen. Aus dem Krankensaal war ein Kreischen zu hören: »Bitte nicht! Haltet ein!«

Was war da los? Eilig verabreichte Jakoba der Frau mit den Krämpfen einen Löffel des gefährlichen Nachtschattentrunks, dann lief sie los. Im Saal herrschte Aufruhr. Menschen rannten durcheinander, suchten etwas, kämpften miteinander. Furcht packte Jakoba. Anscheinend wollten sich die Notleidenden nicht mit den Almosen zufriedengeben.

»Rückt das Brot raus – aber sofort!«, brüllte ein Mann.

Einige zerrten an den Truhen und Schränken, andere wühlten nach Essbarem und nahmen mit, was ihnen in die Finger kam. Wieder andere versuchten, die Diebe aufzuhalten, was zu Handgemengen führte.

Nonnen und Mägde hoben hilflos die Stimmen. »In Gottes Namen, haltet ein!«

Einer der Klosterknechte versuchte, die Eingangspforte zu schließen, ein anderer schleifte einen Dieb hinaus. Über alldem lagen die verzweifelten Rufe nach Brot. Eine Frau hatte den Schrank erreicht, in dem die Nonnen ihre Heilkräuter verwahrten, und riss wahllos Tontöpfe, Holzschachteln und Lederbeutel heraus. Die kostbaren Kräuter landeten im Dreck – und niemand hielt die Frau auf. Instinktiv warf Jakoba sich zwischen die Frau und den Schrank.

»Halt! Lasst das!«, rief sie, doch die Frau war derart in Rage, dass sie Jakoba an den Schultern packte und wegstieß.

Jakoba stürzte auf die Fliesen, rappelte sich aber sofort wieder auf. Die Knechte waren noch in Handgemenge verwickelt. Was sollte sie nur tun? Kurzerhand packte Jakoba den Arm der Plünderin und drehte ihn auf den Rücken, wie sie es bei ihren Brüdern beobachtet hatte. »Jetzt ist es aber genug!«

Die Frau heulte auf, aber Jakoba ließ sich nicht beirren, sondern schob sie zur Pforte hinaus. Erst jetzt bemerkte sie, dass die Nonnen sie anstarrten. Röte schoss ihr in die Wangen. Beschämt fing sie an, Kräuter und Salben zu bergen und wieder sicher zu verstauen. Was hatte sie getan? Dieses Benehmen würde die Priorissa ganz sicher nicht gutheißen!

Es dauerte lange, bis endlich alle Aufrührer aus dem Krankensaal befördert und die Türen geschlossen waren. Wütend hämmerten die Menschen gegen das Holz. »Gebt uns Brot! Gebt uns Brot!«

Die Schreie ängstigten die Nonnen zutiefst. Gerüchte über Klosterplünderungen hatten bereits die Runde gemacht. Jedermann wusste: Das Kloster Ebbekestorpe war reich, auch weil ihm durch Almosen und Stiftungen Anteile an den Lüneburger Salzpfannen vermacht worden waren. Würden die Aufrührer beim nächsten Mal bewaffnet angreifen? Und wer wäre dann da, um die Nonnen zu schützen?

Jakoba verband Make. Der Knecht war beim Verteidigen der Klosterfrauen verletzt worden. Als sie gerade nach Konegundis sehen wollte, trat die Subpriorissa ein. Sie betrachtete missbilligend das Durcheinander und befahl Jakoba mitzukommen.

Jakoba ließ die Schultern hängen und rechnete mit dem Schlimmsten. Hatte eine der Nonnen sich bereits über ihr handfestes Eingreifen gegen die Aufrührer beschwert? Oder wollte die Priorissa sie erneut für ihr Zuspätkommen rügen? Hatte ihre öffentliche Buße noch nicht ausgereicht? Sie warf einen Blick auf Konegundis, die im Fieberwahn zuckte, prüfte rasch den Zustand ihrer Novizentracht und folgte der Subpriorissa hinaus.

Die Priorissa nahm in ihrer Kammer die neuesten Kopien und Illuminationen aus dem Scriptorium in Augenschein; es waren herrliche Arbeiten. Wie viele Schwestern dieses Klosters stammte Elisabeth aus altem Adel. Sie strahlte Hoheit aus, wenn sie auch sehr matt wirkte. »Wenn aller Sand, der im Meer ist, Pergament wäre, und alle Grashalme Schreibfedern und alle Gewässer schwarze Tinte, man könnte die geringste Freude, die in dem Himmel ist, damit nicht aufschreiben«, murmelte die Priorissa. Als sie Jakoba bemerkte, presste sie die Zeigefinger auf die Nasenwurzel.

»Seid Ihr nicht wohl? Kann ich etwas für Euch tun?«, erkundigte sich Jakoba besorgt.

»Silentium!« Die Stimme der Priorissa war schneidend. »Schweig! Du hast genug getan, mehr als genug.« Mit einer Geste gab sie Jakoba zu verstehen, dass sie auf die Knie sinken sollte.

Jakoba gehorchte. »Ich musste Kranke versorgen. Eine Novizin, Konegundis …«, wollte Jakoba sich verteidigen.

»Ich sagte dir, schweig still! Immer wieder durchbrichst du das Schweigegebot! Die Ordensregel ist strikt, und ich werde dafür sorgen, dass sie auch in Ebbekstorpe wieder eingehalten wird! Und wenn ich das Infirmarium schließen muss, damit hier wieder Ruhe einkehrt, werde ich es tun.«

Jakoba war schockiert. »Aber ich … die Kranken brauchen mich. Sagte der heilige Benedikt nicht, die Sorge für die Kranken müsse über allem stehen?«

Die Priorissa rümpfte die Nase. »Diese Art Eitelkeit meine ich, wenn ich deine Eignung fürs Klosterleben anzweifle. Ruft uns nicht die Heilige Schrift zu: ›Wer sich selbst erhöht, wird erniedrigt, wer sich aber selbst erniedrigt, wird erhöht werden‹? Denke daran: Die Seele wird durch die Krankheit des Geistes geprüft und geläutert. Krankheit ist immer auch eine Folge der Sünde. Christus ist der wahre Heiler, weitere Medizin brauchen wir nicht. Du wirst dich unseren Regeln freudig unterordnen. Wenn du das nicht kannst, bist du hier fehl am Platze.«

Auf keinen Fall wollte Jakoba zu ihrem Vater zurück. Er würde sie nur wieder an den Meistbietenden verheiraten, und noch eine lieblose Ehe würde sie nicht ertragen …

Sie senkte ihr Haupt. »Ich werde mich fügen, ehrwürdige Mutter.«

»Ein Tor lässt sich durch Worte nicht bessern, deshalb werde ich dich zu Fasten und Rutenschlägen verurteilen«, entschied die Priorissa.

Jakoba wollte erneut protestieren, biss sich jedoch auf die Lippen. So durchdringend musterte die Priorissa sie, dass Jakoba schon fürchtete, tatsächlich heimgeschickt zu werden.

»Am Sonntag sollst du die Profess ablegen«, sagte Elisabeth schließlich. »Ich bin nicht die Einzige, die an deiner Eignung zweifelt. Auch andere Schwestern sind der Ansicht, dass du die Ordensregeln zu wenig respektierst. Aber du hast in Schwester Walburga eine überzeugende Fürsprecherin gefunden, deren Wort Gehör findet. Bist du von der Wahl des geistlichen Wegs nach wie vor überzeugt?«

»Ja, ehrwürdige Mutter.«

Die Priorissa stemmte sich in ihrem Stuhl hoch. »Dann teile das auch deinem Bruder mit, der im Besuchszimmer auf dich wartet.«

Jakobas Blut stockte. Anno! Was machte er hier? Ihre Knie waren auf einmal so weich, dass sie zu stürzen fürchtete. Unsicher folgte sie der Priorissa in den kleinen, düsteren Besuchsraum und spähte durch das vergitterte Sprechfenster. Er war es, tatsächlich! Die schmale Gestalt hoch aufgerichtet, die Hand am Schwert und, wie stets, standesbewusst gekleidet: Panzerhemd und wappengeschmückter Gambeson, darüber ein Pelzumhang. Anno war zehn Jahre älter als Jakoba, ebenfalls rotblond, wirkte aber im Gegensatz zu ihr blass und anämisch. Als er sie durch das Gitter musterte, wanderte seine Oberlippe missbilligend nach oben.

»Ich werde mich nie an diesen Anblick gewöhnen – aber das muss ich wohl auch nicht. Pack deine Sachen – du reist ab!«, sagte Anno schroff.

Überrumpelt starrte Jakoba die Priorissa an.

»Schwester Jakoba kann Euch nicht begleiten. Sie wird am Sonntag ihre Profess ablegen, wie wir es mit Eurem Vater vereinbart hatten«, sagte die Priorissa in einem Ton, der keinen Widerspruch duldete.

Annos Finger krallten sich ins Metallgitter. Instinktiv wollte Jakoba zurückweichen, zwang sich aber, ruhig zu bleiben. »Vaters Wille zählt nicht mehr. Du wirst mir gehorchen«, zischte er. »Unsere Eltern sind gestorben, dahingerafft von einer Seuche, wir mussten sie bereits begraben.« Etwas sanfter setzte er hinzu: »Jakoba, deine Familie braucht dich jetzt. Du hast Nichten und Neffen, die dich vermissen. Denk dir, mein kleiner Lüder hat neulich seinen Vetter im Ringkampf besiegt und in einen Schlammpfuhl geworfen. Du hättest Dietrichs Gesicht sehen sollen.« Ihr Bruder grinste. Dietrich war sein Schwager und stellte gerne seinen höheren Stand heraus, was Anno in seinem Stolz traf.

Jakobas Hals schnürte sich zusammen. Sie konnte nicht fassen, dass Anno ihr so beiläufig vom Tod ihrer Eltern berichtete. Trauer breitete sich in ihr aus, obgleich sie gerade ihren Vater zu Lebzeiten beinahe gehasst hatte. Zu viel hatte er ihr angetan … Die Kälte, mit der ihr Bruder gesprochen hatte, schockierte sie. Aber Mitgefühl war Anno schon immer fremd gewesen.

Sie sammelte sich, so schwer es ihr auch fiel. »Ich habe meine Pflicht an meiner Familie getan, deshalb hat Vater mir gestattet, ins Kloster zu gehen.« Jakoba spürte ein angstvolles Pochen in ihrem Hals. »Ich werde den geweihten Schleier nehmen. Gerade wenn unsere Eltern gestorben sind, benötigen ihre Seelen meine

Fürbitten.« Sie neigte das Haupt vor der Priorissa und wandte sich der Tür zu.

Anno rüttelte am Sprechgitter. »Du wirst jetzt nicht gehen! Du gehorchst! Du lässt mich hier nicht so stehen – Jakoba!«

Erst als sie die Protestschreie ihres Bruders nicht mehr hörte, atmete Jakoba auf. Doch dann erinnerte die Priorissa sie an die Bußstrafe.

Später, im Nonnenchor, liefen ihr die Tränen hinunter. Eigentlich war dieser Kirchenraum nur für die gemeinsamen Gebete gedacht, aber ihr half die feierliche Atmosphäre, zur Ruhe zu kommen, weshalb sie sich manchmal auch außerhalb der Stundengebete hierherstahl. Außerdem mochte sie die große Weltkarte, die die Hauptwand bedeckte. Das einzigartige Stück diente der Andacht und der Lehre. Das Erdenrund war darauf zu sehen, mit der heiligen Stadt Jerusalem im Zentrum. Könige waren abgebildet, Menschen fremder Erdteile und Monstervölker. Die Orte, an denen sich biblische Begebenheiten zugetragen hatten, aber auch Schauplätze des Lebens von Alexander dem Großen. Städte wie Paris, Rom oder Lüneburg. An den Rändern waren das Haupt Christi sowie seine Hände und Füße zu sehen – er hielt ihre Welt zusammen, die Heiligen wie die Sünder, und gleichzeitig schützte er sie. Angesichts der Schönheit des Kosmos wurde Jakoba bewusst, dass sie nur Staub und Asche waren und wieder zu Asche werden würden.

Jakobas Rücken brannte von den Bußschlägen, vor lauter Hunger war ihr übel, und ihr Körper bebte derart, dass sie die Hände kaum heben konnte. Sie fixierte das Abbild des heiligen Mauritius, des Schutzheiligen des Klosters und der Kreuzfahrer, und betete für die Seelen ihrer Eltern. Insgeheim fürchtete sie allerdings, dass auf ihre Eltern eher das Höllenfeuer als die himmlischen Freuden wartete. Ihre Mutter hatte der Völlerei gefrönt, ihr Vater war hartherzig und gewalttätig gewesen. Dennoch trauerte Jakoba. Von ihren engsten Verwandten waren jetzt nur noch ihr Bruder Anno und ihre Großeltern am Leben, alle anderen waren an Seuchen oder Unfällen gestorben. Die Großeltern waren weit weg, sie lebten im fernen Braunschweig.

Gewissensbisse quälten sie. Durfte sie Anno wirklich mit der drückenden Verantwortung für die Familie allein lassen? Durfte sie sich weigern, ihm zu helfen, wenn er sie doch bat? Gleichzeitig hatte die Todesnachricht auch ihre Verzweiflung neu entfacht, die sie seit dem Tod ihres Sohnes beherrschte. Nie würde sie damit fertigwerden, dass Willeken gestorben war. Wie hatte sie sich gewünscht, dass ihre Seele im Kloster Frieden finden würde! Und dann Konegundis, die nach wie vor im Fieber delirierte. Ein Schluchzen stieg in Jakoba auf, das sie nicht zurückhalten konnte.

Sie hörte ein Schlurfen, und wenig später ließ sich Schwester Walburga neben ihr auf die Knie sinken. Ihre Ellbogen lagen aneinander, eine kleine Berührung nur, die Jakoba jedoch tröstete. Wenn jemand vorbeikommen würde, würde er denken, sie beteten Seite an Seite. »Was quält dich so?«, fragte die alte Nonne leise.

Jakoba war erleichtert, ihren Kummer teilen zu können. »Noch immer geht es Konegundis so schlecht. Der Trank hilft einfach nicht! Ich habe Angst, dass sie stirbt. Sie ist noch so jung«, schloss sie kummervoll.

»Du hast getan, was du konntest. Vergiss nicht, dass Christus der wahre Heiler ist. Konegundis' Leben liegt in seiner Hand«, sagte Walburga voller Gottvertrauen. Als würden diese Worte nicht ausreichen, legte die Infirmaria die Hand auf Jakobas Arm und setzte hinzu: »Es gab einst einen Papst, der Medicus war. Meine frühere Lehrmeisterin kannte einige seiner Schriften. Er sagte: Leben ist lebenslanges Sterben. Unser Lebensfutter wird zeitlebens ausgedörrt und vernichtet. Aber erst wenn die Seele den Körper verlässt, geht dieser zugrunde und zerfällt.«

Jakoba hatte oft beobachtet, wie sich der Anblick von Sterbenden mit dem letzten Atemzug veränderte, wie ihr Gesicht wächsern und kalt wurde. »Ich weiß, dass manche Krankheiten von den Organen wie Leber oder Nieren kommen, aber wo hat die Seele ihren Sitz? Wie können wir sie stärken?«

»Das Herz ist die Wohnstätte der Seele, so wie die Sinneskräfte im Gehirn zu Hause sind. Es ist der Lebensgeist, der vom Gehirn in die Nerven strömt und diese durchstrahlt, wie das Licht der Sonne einen Kristall.«

Das poetische Bild baute Jakoba auf. »Woher weißt du das alles?«

Schwester Walburgas Blick wanderte für einige Atemzüge zur Weltkarte von Ebbekestorpe. »Mein Leben war lang. Ich war nicht immer hier im Kloster. Manches lässt sich lernen, wenn man in die Welt hinausgeht. Aber Frieden finden wir nur in uns.« Sie stützte sich auf Jakoba und kam mühevoll auf die Füße. »Komm jetzt, die Kranken brauchen uns.«

Im Infirmarium bereiteten sie alles für die heilige Messe vor. Jakoba half dabei, die Kranken aufzusetzen, stützte sie oder schob ihnen Kissen in den Rücken, bis jeder den Altar sehen konnte. Nur Konegundis ließ sich nicht aus ihrer Bewusstlosigkeit wecken. Wie heiß sie noch immer war, wie schnell ihr Puls ging und wie stockend die Atemzüge! Noch einmal gab Jakoba ihr von dem Kräutertrunk und wechselte das schweißnasse Laken.

Der Priester vollzog die Messe und ging anschließend die Bettenreihe ab, um die Sakramente zu spenden. Auch bei Konegundis machte er halt. Jakobas Brust war eng, als der Priester die Letzte Ölung vornahm.

»O here Ihesu Christi ik byn de armeste den du gheschapen hest van dyner vaderliken kraft«, rezitierte er.

Aber noch war Konegundis nicht tot, und Jakoba nahm sich

vor, alles zu tun, damit das Mädchen sich von der Krankheit erholte.

Ihre Lider waren schwer, so schwer. Sie musste wach bleiben! Wie die Abdrücke von Hühnerfüßen tanzten die Buchstaben auf dem Manuskript. Die dritte Nacht in Folge wachte sie schon an Konegundis' Bett. Jakoba starrte erneut auf das Pergament. »Gegen Unterschenkelgeschwüre an den Schienbeinen«, las sie. »Sie heilen schnell, selbst wenn schon die Knochen herausschauen. Man reibt Schimmel von trockenem Käse und etwas weicherem Schafdung zu gleichen Teilen und gibt ein klein wenig Honig hinzu: Es heilt innerhalb von zwanzig Tagen.« Vor Aufregung wurde sie wacher. Vielleicht würde der Auszug aus dem alten Klosterhandbuch gegen das Heilige Feuer helfen! Sie würde die Celleraria gleich morgen um die Zutaten bitten.

Das nächste Rezept brachte sie jedoch erneut zum Gähnen: Wenn einen das kalte Fieber überkam, sollte man Wasser lassen und Roggen in den Urin werfen. Aus dem Teig solle man kleine Kugeln formen und diese an Fische verfüttern. Davon vergehe das Fieber, »duth js vor socht«, versicherte der Schreiber die Erprobtheit der Arznei.

Jakoba hingegen zweifelte an der Wirksamkeit. Ihre Augen brannten. Wenn es nur nicht so dunkel im Siechensaal wäre! Immerhin war die Arbeit weniger geworden – seit dem Angriff war die Pforte zum Infirmarium geschlossen geblieben. Die Sicherheit der Nonnen ging vor. Alle schliefen, nur sie nicht. Jakoba bohrte die Fingernägel in die Handballen, doch auch das half nicht mehr gegen die Erschöpfung. Jetzt eine kleine Stärkung … etwas Hirsebrei oder Mandelmilch … ein Krapfen oder frisch gebackener Brotfladen mit Obstmus. Das Wasser lief ihr bei dem Gedanken im Munde zusammen. Es wurde Zeit, dass sie endlich etwas zu essen bekam. Sie befühlte den Umschlag um Konegundis' Brust. Noch musste er nicht gewechselt werden.

Um die Müdigkeit abzuschütteln, lief sie eine Runde durch den Krankensaal.

Der Wind pfiff um die Mauern und zerrte an den Fensterläden. An die Wand gelehnt, schnarchte die Magd laut. Aus den Betten drang leises Seufzen und Wehklagen. Jakoba hörte ein Rascheln und Knarren aus Richtung der Pforte und drehte sich um. Nur einen kleinen Kreis erhellte das Licht. In der Finsternis schienen die Schemen zu tanzen. Waren das die Geister der Verstorbenen? Die Seelen, die noch im Zwischenreich ausharren mussten? Oder nur eine Ratte? Eigentlich war dieses Ungeziefer seit dem Ausbruch der Hungersnot verschwunden. Es gab nicht mehr genug Futter für Mäuse und Ratten, stattdessen wurden diese von Notleidenden selbst am Spieß gebraten oder in den Eintopf geschnitten. Jakoba wagte nicht nachzusehen, was das Geräusch verursacht hatte. Die Augen starr in die Dunkelheit gerichtet, tastete sie sich zu ihrem Schemel zurück. Wieder knarrte es. Machte sich jemand an der Tür zu schaffen? Kamen die Plünderer? Sollte sie die Knechte wecken?

Jakoba fiel vor Schreck beinahe vom Schemel, als der Fensterladen neben der Pforte aufflog und laut im Wind klapperte. Die ersten Kranken jammerten unruhig. Die Magd zuckte im Schlaf.

Nur der Wind, beruhigte sich Jakoba und hatte trotzdem Herzrasen, als sie zum offenen Fenster ging. Ängstlich streckte sie die Hand nach dem Griff aus. Eisregen schlug ihr entgegen und verschlang die Sterne am Firmament. Da hatte sie den Griff. Sie zog gegen den Widerstand des Windes an, verschloss das Fenster und legte sorgfältig den Riegel vor.

Im gleichen Augenblick hörte sie ein Krachen. Die Pforte neben ihr sprang auf, und ein Schatten schoss auf sie zu. Der Statur nach zu urteilen, war es ein Mann, das Gesicht halb unter einem Tuch verborgen. Das Kloster wurde überfallen! Bevor Jakoba weglaufen konnte, hatte er sie schon im Schwitzgriff.

Jakoba versuchte, sich zu wehren, kam aber nicht gegen ihn

an und wurde hinausgezerrt. Bitterkalt war der Sturm, der sie vor den Klostermauern umfing. Ein Mann wartete dort mit zwei Rössern. Sein Gesicht lag im Dunkeln. Der Wind riss an seinem Umhang. Unwillkürlich kam ihr der apokalyptische Reiter in den Sinn.

Verzweifelt schrie Jakoba um Hilfe.

2

Dahlenburg

Sie zitterte am ganzen Leib. Ihr Kopf dröhnte. Die Striemen auf ihrem Rücken brannten, und Jakoba war übel vor Hunger. Die Erinnerung war sofort wieder da. Bevor ihr jemand hatte zu Hilfe kommen können, hatte ihr Angreifer sie niedergeschlagen, und Jakoba hatte das Bewusstsein verloren. Wohin hatte man sie gebracht? Vor Kopfschmerzen blinzelnd, sah sie sich um. Dicke Feldsteinmauern, die fadenscheinigen Vorhänge des Himmelbetts, die altertümliche Einbaumtruhe – sie war in ihrer alten Kammer in der elterlichen Burg. Ihr Blick verschwamm. Nur das nicht! Anno war es also gewesen, der sie aus dem Kloster entführt hatte! Sie hätte es voraussehen und die Priorissa warnen müssen!

Mühsam stemmte sie sich hoch. Es dauerte lange, bis das Schwindelgefühl nachließ. An den Rundmauern entlang tastete sie sich zum Fenster. Vorsichtig löste sie die Ziegenhaut, die die Öffnung verschloss. Das Panorama ihrer Kindheit und Jugend tat sich vor ihr auf: Wälder und Weiden, eine bescheidene Ansammlung Häuser, eine Straße, ein Fluss. Früher war Dahlenburg ein Bollwerk gegen die Slawen gewesen, die hier einfielen, Kirchen zerstörten und Dörfer verheerten. Noch ihr Vater hatte die Heiden im eigenen Land bekämpft. Heute bestand die wichtigste Bedeutung des Fleckens Dahlenburg darin, dass hier der Zoll an der Handelsstraße von Lüneburg nach Magdeburg kassiert wurde.

Im Vorhof der Sattelburg übten sich trotz des Schneegriesels Anno und seine Söhne im Ringkampf. Leo und Lüder waren sechs und sieben und in dem einen Jahr, in dem Jakoba sie nicht gesehen hatte, kräftig in die Höhe geschossen. Bald würden sie in die Obhut eines Ritters gegeben werden und als Pagen ihre Ausbildung antreten. Jetzt glühten die Wangen der Jungen, und sie bewegten sich langsam, als bereite jeder Schritt ihnen Mühe. Anno trieb sie an und fuhr ihnen mit einem langen Stock in die Beine, wenn sie nicht flink genug waren.

Ein Knecht brachte die Jagdhunde. Ihr Bruder liebte die Jagd. Er hielt Sauhunde, Hetzhunde und Lochhunde in seinem Zwinger und ließ sie besser versorgen als sein Gesinde. Annos Blick wanderte zum Bergfried. Jakoba ließ den Fellvorhang sofort fallen – er musste nicht wissen, dass sie wach war. Noch immer konnte sie nicht fassen, dass ihr Bruder es gewagt hatte, sie aus dem Kloster zu entführen. Instinktiv wusste sie: Was Anno auch vorhatte, er hatte nicht ihr Wohl im Sinn. Irgendwie musste sie es schaffen, ins Kloster zurückzukommen.

Sie widerstand der Versuchung, ihrer Erschöpfung nachzugeben und sich ins Bett zu verkriechen. Allerdings war sie im Leibhemd, ihre Novizentracht war verschwunden. Sie musste sich auf die Suche nach einem Kleid und einem Umhang machen, und dann nichts wie zum Stall. Vielleicht hatte Anno ja ihr altes Pferd noch. Vorsichtig öffnete sie die Tür – und wäre beinahe über jemanden gestolpert. Das etwa fünfjährige Mädchen, das im Türrahmen gesessen hatte, starrte sie überrumpelt an.

»Trude? Du bist aber groß ...«, wollte Jakoba sie aufhalten, aber es war zu spät, das Mädchen war schon aufgesprungen.

»Vater, Vater – die Tante ist wach!«, rief Trude und lief die Holztreppe hinab.

Hilflosigkeit und Schwäche übermannten Jakoba jetzt vollends. Sie tastete sich zum Bett zurück. Ungesehen zu fliehen war ja ohnehin unmöglich.

Wenige Augenblicke später war sie von Getöse umgeben. Drei Hunde sprangen herein, wolfsähnlich und geifernd. Mit ihren schweren Häuptern, den hochgezogenen Lefzen und den nadelspitzen Zähnen jagten die Bracken Jakoba eine Heidenangst ein. Anno kam hinterher. Nase und Wangen waren rot gefroren. Er tätschelte seine Hunde, während eine Magd eine Schale auf das Tischchen stellte und das Feuer schürte. Hirsebrei – er duftete so köstlich, dass Jakobas Magen sich zusammenkrampfte.

Ihr Bruder setzte sich auf einen Faltstuhl und streckte die langen Beine zum Kamin hin aus. Die Hunde legten sich zu seinen Füßen. Wohlwollend ließ er seinen Blick auf Jakoba ruhen. »Es ist schön, dass du wieder hier bist, bei uns, wo du hingehörst. Meine Gattin und die Jungen werden ebenfalls erleichtert sein, dich zu sehen.«

Jakoba sog aufgrund seines selbstzufriedenen Tonfalls die Luft ein. Sie wusste nicht, wie sie die Ungeheuerlichkeit seiner Tat ansprechen sollte. »Du hast mich geraubt! Du hast das Kloster quasi überfallen! Wie konntest du es wagen … wie konntest du … mir das antun?«, stammelte sie.

Er zauste seinen Hunden das struppig graue Fell. »Da du nicht freiwillig mitkommen wolltest, musste ich andere Maßnahmen ergreifen.«

»Woher wusstest du, dass ich im Krankensaal sein würde?«

»Ein Knecht hat geplaudert. Wenn du nicht dort gewesen wärst, hätte Wulf eben weitersuchen müssen.«

Wulf war es also gewesen, der in das Kloster eingebrochen war. Sie hatte den Hofmeister nicht erkannt. Andererseits wunderte sie es nicht: Wulf war schon immer Annos willfähriger Diener gewesen.

Ihr Bruder wies neben sich auf das Tischchen. »Iss etwas, dann wirst du dich besser fühlen. Du bist ja ganz abgemagert. Und deine Haare, wo sind nur die schönen langen Haare hin? Diese grausamen Nonnen! Da wird sich Immeke etwas einfallen lassen müssen.«

Was war mit Anno los – warum war er so freundlich? Wie konnte er sie erst aus dem Kloster entführen und dann so besorgt tun? Der Geruch des Essens überwältigte Jakoba beinahe und machte ihr den Mund wässrig. Am liebsten hätte sie sich auf den Brei gestürzt, aber sie beherrschte sich. »Wie lange war ich ohnmächtig? Was für ein Tag ist heute?« Jakoba schluckte schwer. »Bring mich sofort zum Kloster zurück, bitte! Ich will die Jungfrauenkrönung nicht verpassen!«

Anno schüttelte den Kopf, nachsichtig, als spräche er zu einem Kind. »Glaubst du wirklich, ich hätte diesen Aufwand betrieben, nur um dich einfach so ins Kloster zurückzubringen? Immerhin riskiere ich einen Streit mit dem Propst!«

»Wie kannst du Vaters Willen derart missachten?«, fragte Jakoba ungläubig. »Er schickte mich ins Kloster und stellte mir die Mitgift zur Verfügung.«

»Die wir hier weitaus dringender benötigen. Deinen Narreteien hast du lange genug gefrönt, jetzt musst du dich den Gegebenheiten stellen«, sagte Anno kalt.

»Es ist keine Narretei. Ich will den Schleier nehmen, das habe ich dir doch schon gesagt.«

Er sprang auf. Leise klirrten seine Stachelsporen auf dem Boden, als er vor den Kamin schritt. »Der Familienbesitz ist in Gefahr. Missernten haben uns getroffen. Kaum ein Bauer konnte seinen Zehnt liefern. Ich habe bereits einen Teil des Waldes roden und das Holz verkaufen müssen, einen anderen Teil musste ich verpfänden. Die Rinderseuche hat drei Viertel unserer Ochsen dahingerafft, und ein Gutteil haben sich Viehdiebe unter den Nagel gerissen. Im letzten Herbststurm wurde das Dach unseres Bergfrieds halb abgetragen. Wir haben es teilweise wiederherstellen können, aber den nächsten Sturm wird es kaum überstehen. Wenn es so weitergeht, werde ich noch mehr Ländereien verkaufen müssen.« Er wandte sich um. »Glaubst du wirklich, dass das im Sinne unseres Vaters wäre? Und überhaupt: Was bist du nur für eine Tochter? Willst du denn gar nicht wissen, wie Vater und Mutter gestorben sind?«

Jakoba senkte den Blick. Ihr Bruder war ein Meister darin, anderen ein schlechtes Gewissen zu machen. »Ich habe bereits für die Seelen unserer Eltern gebetet. Bitte, berichte es mir.«

»Es war der Blutscheiß. Keine zwei Tage hat es gedauert, da waren sie beide tot. Kein schöner Anblick, kann ich dir sagen.«

Sie schlug ein Kreuz vor der Brust und sprach ein stilles Gebet. »Mögen ihre Seelen in Frieden ruhen. Ich werde gleich nachher an ihr Grab gehen.« Was für ein grausamer Tod! Während sie noch darüber nachsann, drängte sich das Kloster in ihre Gedanken. Wie viel wirksamer könnte sie in Ebbekestorpe für ihre Eltern beten! Vermisste man sie im Kloster? Hatte die Priorissa jemanden ausgesandt, um sie zu suchen? Wurde die Jungfrauenweihe schon vorbereitet? Wie ging es wohl Konegundis und den anderen Kranken? »Vater hat mich für das Kloster freigegeben«, rief sie ihrem Bruder erneut ins Gedächtnis.

»Aber jetzt bin ich dein Vormund, und ich entscheide anders.«

Gab es niemanden sonst, der über ihr Schicksal bestimmen konnte? »Großvater …«

»Elmbert hat der Schlag getroffen, im Frühjahr. Er ist nicht mehr Manns genug für diese Verantwortung.«

Was für ein Unglücksjahr! Ihr Mut sank. »Das wusste ich nicht.«

Anno kräuselte die Lippen. »Elmbert ist ein Greis«, sagte er kalt. »Seine Zeit ist gekommen.«

Dennoch würde sie versuchen, zu ihrem Großvater zu reisen, um ihm beizustehen. Wegen derartiger Krankheitsfälle in der Familie durften die Nonnen das Kloster kurzzeitig verlassen. »Was ist mit der Familie meines verstorbenen Mannes?«

»Hat nichts zu sagen, da ich ihren Rang bei Weitem übertreffe. Mit dem Tod deines Mannes und unseres Vaters ist die Vormundschaft an mich gefallen.«

Jakoba überlegte fieberhaft. Ging es Anno nur ums Geld? Ohne ihre Mitgift konnte sie nicht ins Kloster aufgenommen werden. Zwar war es den Benediktinern verboten, eine Aussteuer für den Eintritt in den Konvent zu fordern, doch wurden üppige Almosen für die Einkleidung der zukünftigen Nonne erwartet – was auf das Gleiche hinauslief. »Sicher kannst du mit der Priorissa verhandeln. Ihr jetzt einen Teil und den Rest meines Erbteils später zahlen«, schlug sie vor.

Mit spitzen Fingern reichte Anno ihr die Breischale. Schnüffelnd kam ein Jagdhund hinterher und bekam von seinem Herrn einen kräftigen Klaps auf die Nase. Wieder wurde Jakobas Mund wässerig.

»Unsere letzte Hirse – genieße sie«, sagte Anno bitter. »Weder Fleischzehnt noch Gänsezins hat das faule Pack geliefert, das unsere Äcker bestellt. Weißt du, worauf ich die letzten Monate mit meinem Habicht gejagt habe? Auf Amseln, Meisen, sogar Zaunkönige! Hunderte haben wir verspeist, um überhaupt Fleisch auf den Tisch zu bekommen! Und dazu gesottenen Igel!« Er schüttelte sich angewidert.

Bebend vor Hunger nahm Jakoba die Schale. Wie honigsüß der Brei roch! Jakoba konnte nicht widerstehen und nahm den ersten Löffel. Sogleich schloss sie genussvoll die Augen – köstlich!

Anno grinste. »Schau dich doch an – du bist nicht für das Klosterleben gemacht, sondern findest deine Bestimmung in der Hingabe.« Ernst setzte er hinzu: »Das war immer so, und das wird auch immer so sein. Ohne diese Fleischeslust hättest du unsere Familie damals nicht in diese unmögliche Lage gebracht. Wenn du dich nicht derart erniedrigt hättest, hätte Vater dich besser verheiraten können.«

Der Brei blieb ihr im Halse stecken. Sie verschluckte sich und musste husten. Ja, sie hatte sich vom Leibarzt ihres Vaters verführen lassen, aber sie hatte weiß Gott dafür gebüßt. Damit die Schande nicht ans Licht kam, hatte ihr Vater sie mit einem greisen Adeligen verheiratet, der glücklich war, auf diesem Wege noch einmal eine junge Frau in sein Bett zu bekommen. Ihre Notlage hatte ihr Gatte weidlich ausgenutzt. Jakoba grauste noch jetzt, wenn sie an seine Berührungen dachte. Ihr Sohn war ihr einziger Trost gewesen. Drei Jahre wäre Willekin jetzt alt. Ihr Blick verschwamm.

»Flenn nicht, Schwester. Du bist jung und eine wohlgestalte fruchtbare Frau, das hast du bewiesen. Trauere nicht mehr um deinen Sohn, sondern strebe danach, weitere Kinder in die Welt zu setzen. Glaube mir, du bist zufriedener hier im Kreise deiner Familie. Bald wirst du in der Fülle leben.«

Jakoba schluckte schwer. Sie drängte die Erinnerung an ihren Sohn zurück. »Wie meinst du das?«

»Du kannst dich glücklich schätzen, dass ich eine angemessene Ehe für dich arrangiert habe.«

»Aber ich will nicht noch einmal heiraten!«

»Dein Wille ist nicht maßgeblich. Einzig das Wohl der Familie zählt.«

»Du kannst mich nicht zwingen«, beharrte Jakoba.

Ungeduld und Zorn blitzten in Annos Augen auf. Unvermittelt riss er ihr die Schale weg und schleuderte sie auf den Boden, wo sich die Hunde daran gütlich taten.

»Ich kann dich nicht zwingen? Oh doch, das kann ich. Willst du es wirklich darauf anlegen?«, fragte er drohend.

Ehe Jakoba etwas sagen konnte, klopfte es. Wulf bat seinen Herrn hinaus. Als sie die Umrisse des Hofmeisters im Türrahmen sah, kantig und muskulös, fragte sie sich, warum sie ihn im Kloster nicht gleich erkannt hatte. Jakoba hörte aus dem Gespräch etwas über herumziehende Bettlerhorden und die Fischteiche heraus. Ohne noch einmal das Wort an sie zu richten, verließen die Männer die Kammer.

Jakoba wartete, bis Annos Schritte verklungen waren, dann stieg sie aus dem Bett. Ihr Schritt war wackelig. Es waren nur zwei Löffel Hirsebrei gewesen, und doch lagen sie wie Steine in ihrem Magen. Noch stand ihre Mitgifttruhe im Kloster, noch konnte sie zurück. Vielleicht hatte die Priorissa ja auch schon Knechte ausgeschickt, um Jakoba zurückzuholen. Ihnen würde sie entgegenreiten. Auf der Dahlenburg bleiben wollte sie keinesfalls. Sie wusste, was Anno zuzutrauen war.

Leise öffnete Jakoba die Tür und schlich hinaus. Die Holzbohlen knarrten unter ihren Schritten. Nicht nur das Dach des Bergfrieds war baufällig, viele Holzbalken waren es ebenfalls. Die Zeiten, als ihre Vorfahren so reich und mächtig gewesen waren, dass sie Herzog Heinrich den Löwen in das Heilige Land begleiten durften, waren lange vorbei. Seit Jahrzehnten regierte Düsternis auf der Dahlenburg. Jeder Winkel dieses Gemäuers jagte ihr Angst ein. In der Kemenate der Eltern hatte sie Strafpredigten und Rutenschläge ertragen müssen. Ihre Brüder hatten oft gedroht, sie vom Wehrgang zu stoßen. Und im niedrigen Lagerkeller war sie mehr als einmal eingesperrt und von Wulf und anderen Kerlen unziemlich bedrängt worden. Vorsichtig tastete sie sich die Treppe hinunter. Sie musste an dem vorbei, was ihr Vater großspurig den Herrensaal genannt hatte.

Füße trampelten auf den Fliesen, lautes Stimmengewirr war zu hören. In diesem Haus gingen ständig Menschen aus und ein: Verbündete, Verwandte auf Besuch, Pfründner, Gesinde. Schnell zog sie sich in einen Winkel zurück – niemand durfte sie sehen. Als die Geräusche verklangen, atmete sie auf. Die Tür der Kemenate stand offen. Holzscheite glommen im Kamin. Unter dem Wandleuchter stand eine feine Stickarbeit in einem Rahmen, aber niemand war zu sehen. Hatte Immeke, Annos Frau, hier gearbeitet? Jakoba suchte den Raum nach einem Umhang ab. In einer eisenbeschlagenen Truhe entdeckte sie eines ihrer alten Kleider, das sie beim Einzug ins Kloster zurückgelassen hatte, sowie einen zerschlissenen Umhang. Sie schlüpfte in das Kleid. Die ziegelrote Cotta erschien ihr sehr weit. Dennoch genoss sie die Saye auf ihrer Haut und strich über den Samt, der sich an ihre Kurven schmiegte. Kurz überfiel sie Reue – diese Freude an der Schönheit, was für eine Sünde! Aber immerhin hatte sie nun etwas, das sie dem Beichtvater des Klosters würde gestehen können. Jakoba drapierte die restlichen Näharbeiten so, dass das Fehlen des Kleids nicht gleich auffallen würde, und schlich zu den Ställen hinunter.

Aus der Vorburg hörte sie Gebell und Annos Schimpfen. Vorsichtig spähte sie über den Wehrgang. Das Tor in der Holzpalisade stand offen. Die Knechte hielten die Jagdpferde im Zaum. Inmitten des Schneematsches standen zwei Handvoll Menschen in zerlumpten Kleidern – Bettler. Aus Furcht vor den geifernden Jagdhunden und dem Gesinde ihres Bruders drängten sie sich aneinander. Seinen Streitkolben in der Hand, verhörte Anno ihren Wortführer, einen mageren Mann mit dunklen Locken. Wulf spannte schon mit dem Fuß die Armbrust und richtete sie auf die Streuner. An den Ställen wachten Knechte, weit genug entfernt, um nicht in die Auseinandersetzung hineingezogen zu werden, und doch nah genug, um mitzubekommen, was geschah. Auch Annos Söhne beobachteten alles genau.

»… Gesindel … gekommen, um zu stehlen und Seuchen einzuschleppen. Wo habt ihr eure Beute versteckt? Sagt schon!«

Mit einem gezielten Schlag hieb Anno den Streitkolben auf den Arm des Mannes. Die andere Hand auf die Wunde reißend, heulte der Mann auf und taumelte zurück. Ein Halbwüchsiger stürzte zu ihm, ebenso lockig, die nassen Kleider klebten ihm am mageren Leib. Jakoba wusste, dass sie fliehen musste, dass sie die Gelegenheit nutzen sollte, solange ihr Bruder abgelenkt war, aber sie konnte die Augen nicht abwenden.

Der Streuner fiel auf die Knie. »Bitte, Herr! Wir haben nichts gestohlen!«

»Und das soll ich dir glauben? Mein Knecht hat euch auf frischer Tat ertappt! Ihr habt ein Loch in die vereiste Teichoberfläche geschlagen und mich bestohlen. Eure Angelstecken

40

schwammen noch im Teich! Vielleicht sollte ich mir deinen Jungen vornehmen, damit du endlich gestehst!« Anno hob den Streitkolben gegen den halb verhungerten Jüngling. Brennend schämte sich Jakoba für ihren Bruder, genauso wie sie sich für ihren Vater geschämt hatte. Sie wünschte, sie wäre nicht von ihrem Blut.

Plötzlich nahm der Mann seinen Sohn an die Hand und rannte mit ihm Richtung Tor. Die anderen Streuner versuchten ebenfalls zu fliehen.

Das Knallen der Armbrust war zu hören, doch der Bolzen verfehlte sein Ziel und prallte funkensprühend gegen die Wand. Auf Befehl ihres Bruders setzten die Jagdhunde den Menschen nach. Nach wenigen Sprüngen hatten die Bestien sich in die Arme und Beine des Mannes verbissen und ihn in den Dreck geworfen. Der Junge wollte seinem Vater aufhelfen, doch eine der Bracken warf sich auf ihn und verbiss sich in seiner Schulter. Die Schreie des Heranwachsenden schrillten in Jakobas Ohren. Sie riss die Hände hoch, doch das Hämmern ihres Herzens und das Rauschen ihres Blutes konnten das Kreischen nicht übertönen. Jemand hätte Anno Einhalt gebieten müssen, aber niemand wagte es. Ihre Neffen lachten über das Schauspiel und feuerten die Hunde an. Jeder Bettler, der sich dazwischenwerfen wollte, wurde ebenfalls von den Kötern angefallen. Jakoba wusste, dass es ihre Lage nur noch verschlimmern würde, wenn sie sich in Annos Angelegenheiten mischte. Und doch musste sie es tun.

»Ruf die Hunde zurück, Anno!«, hallte ihre Stimme über den Hof.

»Halt's Maul, sonst stopft Wulf es dir!«, brüllte ihr Bruder.

Jakoba taumelte zurück. Erst als die Bettler fortgejagt waren, als Anno mit seinen Hunden in der Burg verschwunden war und nur noch die Körper des Streuners und seines Sohnes im blutbefleckten Schneematsch lagen, machte sie sich auf den Weg.

Tönnies, ein alter Knecht, der schon ihrem Großvater gedient hatte, hatte es als Einziger gewagt, sich den Verwundeten zu nähern. Der erwachsene Bettler lag reglos in seinem Blut; an seinem Hals klaffte ein tiefer Riss. Für ihn kam jede Hilfe zu spät. Sein Sohn war ohne Bewusstsein und atmete schwer. Er musste vierzehn oder fünfzehn sein; das Alter war schwer zu schätzen, so verhärmt wirkte er. Sein Blut floss reichlich. Das Ohr war zerfetzt, und die Bisswunden in seinen Armen und Beinen waren tief. Jakoba war übel, noch nie hatte sie so schwere Wunden versorgt. Sie blinzelte heftig, doch dieses Mal waren es Tränen der Wut.

»Wir bringen sie in den Stall. Ich brauche Wasser und Werg«, sagte Jakoba.

Der Knecht starrte sie überrascht an, dann senkte er das Haupt. »Domina Jakoba – dem Herrn sei gedankt, dass Ihr wieder hier seid. Jetzt wird alles besser.«

»Das kann ich dir nicht versprechen.« Sie umfasste die Fußknöchel des Jungen.

Tönnies kam auf die Füße. »Lasst mich das machen, Herrin!« Er hob den Jungen hoch und trug ihn in den Stall. Neugierig wurden sie von den anderen Knechten beäugt. »Nun helft schon!«, forderte der Alte sie auf, doch niemand reagierte.

Jakoba zupfte die Stofffetzen von den Bisswunden des Halbwüchsigen. Die Ohrmuschel war ausgefranst, das Ohrläppchen abgerissen. Die Reißzähne der Hunde waren so tief in das Fleisch eingedrungen, dass am rechten Arm der Knochen durchschimmerte. Sie hatte weder Johanniskrautöl noch Spitzwegerich zur Hand, um die Wunden zu reinigen.

»Ich brauche ein wenig Wein und etwas Honig!«, rief sie.

Jakoba holte eines der Pferdeseile und wickelte es straff um den Arm des Jungen, damit die Blutung versiegte. In diesem Augenblick kam Tönnies mit einer Schale Wein und einem Löffel Honig zurück – wenig, aber das musste reichen. Sie spülte die

Bisswunden aus und strich den Honig hinein. Dann riss sie einen Streifen von dem ohnehin fadenscheinigen Hemd des Jungen und band es fest um Kopf und Ohr. Der Jüngling stöhnte bei der kleinsten Berührung.

So konzentriert war sie, dass sie erst mitbekam, dass jemand in den Stall eingetreten war, als Tönnies zurückwich.

»Hast du denn wirklich jeden Standesstolz verloren? Musst du dich jetzt auch noch gegen meinen Willen stellen und dich mit diesem Abschaum gemein machen?« Die Stimme ihres Bruders klang wie splitterndes Eis.

Zornsteif wandte Jakoba sich um. »Du hast den Mann getötet! Auch dieser Jüngling ist dem Tode nahe!«

Auf der Stirn ihres Bruders schwoll eine Ader an, als er brüllte: »Junge? Beinahe ein Mann ist er! Ein Dieb wie sein Vater! Die Hunde hatten Hunger, da sind sie nicht zu halten. Diese Diebe haben es nicht anders verdient. Sie haben gewildert. Allein das Korn, das sie mir gestohlen haben, ist mehr wert als ihre erbärmlichen Leben, von den Fischen ganz zu schweigen!«

Wut erfüllte Jakobas Körper wie ein einziger, dröhnender Herzschlag. »Was maßt du dir an! Du bist nicht Herr über Leben und Tod!«

»Ich handle nur, wie es mir zusteht. Und das solltest du auch tun.«

Dass er jetzt wieder mit den Schuldzuweisungen anfangen musste! »Ich werde in diese Heirat nicht einwilligen!«, schleuderte sie ihm entgegen.

Eine Ader pulsierte auf seiner Stirn, als er sie anfunkelte. »Tatsächlich?«, zischte Anno. »Nun, das werden wir ja sehen. Ich werde dich schon zur Besinnung bringen.« Er gab Wulf einen Wink. Der Knecht packte Jakoba, riss sie hoch und zerrte sie quer über die Vorburg. Panik ergriff Jakoba, als sie verstand, wohin sie gebracht wurde.

3

Seit Stunden kauerte Jakoba auf dem wurmstichigen Schrank. Sie fror erbärmlich. Das Holzgestell knarrte beunruhigend unter ihrem Gewicht, wenn sie nur zuckte. Es war der einzige Einrichtungsgegenstand in diesem Stall, ein ausrangiertes Stück mit kaputten Zapfen und Türen, in dem Hundenäpfe, Halsbänder und Leinen lagen. Auf dem verdreckten Stroh fläzten sich die wolfsgrauen Bestien und katzengroße, wieselflinke Hunde. Sobald Jakoba sich auch nur ein wenig bewegte, sprang einer der Köter auf und kläffte sie an, was die anderen wiederum in Rage versetzte. Ein paarmal hatte es heftige Rangkämpfe unter den Bracken gegeben. Es stank nach Kot und feuchtem Fell. Oft scharrten die Hunde fordernd an der Tür, schon konnte man die Krallenfurchen im Holz sehen, aber niemand warf ihnen Knochen herein. Jakoba konnte nur hoffen, dass Anno seine Tiere demnächst füttern ließ, ansonsten konnte es für sie lebensgefährlich werden.

Durch ein schmales Fenster sah sie die Dämmerung aufziehen. Von Ebbekestorpe zur Dahlenburg war es ein Ritt von wenigen Stunden. Hatten die Boten der Priorissa bereits bei Anno vorgesprochen? Würde sie vielleicht schon bald aus diesem Zwinger gerettet? Oder würden die Hunde sie vorher zerreißen?

Jakoba kämpfte ihre Angst nieder. Sie begann zu beten, doch immer wieder wanderten ihre Gedanken zu den Bettlern zurück. Wo waren sie hergekommen? Hatten sie Anno tatsächlich bestohlen? Ob sich jemand um den Jüngling kümmerte? Würde er überleben? Aber was für ein Leben wartete schon auf ihn, jetzt, wo sein Vater tot war? Hatte sie seine Wunden richtig behandelt? Oft hatte sie beobachtet, dass Wunden eiterten, wenn man sie mit Honig bestrich, aber sie auszubrennen oder in kochendes Öl zu tauchen war unmöglich gewesen. Wenn sie nur die nötigsten Salben immer dabeihätte! Sie zählte die wichtigsten Heilkräuter auf und stellte die dazugehörigen Rezepte in Gedanken zusammen. Arnika, Baldrian, Johanniskraut ...

Jakoba zuckte und fiel – sie konnte sich gerade noch an der Kante des Schrankes festhalten, bevor sie das Gleichgewicht verlor. Herrje – sie musste eingeschlafen sein! Die Hunde sprangen am Schrank hoch, bellend und nach ihr schnappend. Blitzende Augen, funkelnde Zähne, dumpfes Grollen. Panisch zog sie die Knie an. Dennoch spürte sie die feuchten Lefzen an ihren Waden.

Es war Nacht. Durch einen Spalt in der Bretterwand blitzten die Sterne. Kein Knecht hatte sich sehen lassen, sonst wäre sie früher aufgewacht. Eine Bracke warf sich mit voller Wucht gegen das Holz. Der Schrank wankte. Jakobas Herz setzte einen Schlag aus. Da stolperten die Hunde übereinander und verbissen sich prompt wieder, einer im Nacken des anderen, so lange ringend, bis der Unterlegene winselnd den Schwanz einzog.

Gott sei dank war der Schrank nicht zusammengekracht! Jakobas Zähne schlugen aufeinander, und Hungerkrämpfe schüttelten sie. Noch immer sträubte sich alles in ihr gegen den Gedanken, klein beizugeben und erneut in den Stand der Ehe zu treten. Ihr Wille war stark. Aber lange würde sie in diesem Stall nicht überleben. Sie wollte noch nicht sterben, nicht jetzt, nicht hier.

In die Dunkelheit starrend, rekapitulierte sie das nächste Rezept für einen Heiltrank. Sosehr sie sich auch dagegen wehrte, sie dämmerte wieder weg. Bilder zogen vor ihrem inneren Auge vorbei. Sie sah ihren Sohn auf sich zurennen, mit ausgestreckten Armen, hörte sein helles Lachen, spürte die kleinen Finger auf ihrer Wange. Die Erinnerung war so lebendig, dass sie ihr den Atem nahm. Wie gerne wäre sie wieder mit ihm vereint! Wäre der Tod wirklich so furchtbar, wenn Willekin sie im Himmel erwartete? Aber war ihre Todesstunde schon gekommen?

Dieses Mal fiel sie wirklich. Hart schlug sie auf die Erde auf. Zähne stachen messerscharf in ihre Wade, in ihren Arm. Was für Schmerzen! Jakoba schrie und trat nach den Hunden, was diese nur noch wilder machte. Sie spürte die heißen Zungen, musste ihren Gestank einatmen. Voller Angst krabbelte sie rückwärts, versuchte aufzustehen, doch da war die Mauer. Die Hunde warfen sich über sie. Schon schnappte einer nach ihrem Hals. Sie versuchte, ihm die Finger in die Augen zu bohren. Aber da gruben sich seine Fangzähne bereits in ihr Handgelenk. Sie hatte Todesangst.

»Sunte Mauricis, du eddele ridder, beschütze mich!« Ihr Gebet ähnelte mehr einem Schrei. Sie wollte noch nicht sterben, um keinen Preis.

Die Tür wurde aufgestoßen. Knechte drängten mit Knüppeln die Hunde weg. Angstvoll betastete Jakoba ihre Wunden. Anno schritt herein, erhaben, als beträte er einen Thronsaal. Jakoba war so dankbar für sein Erscheinen, dass sie ihm am liebsten um den Hals gefallen wäre.

Mit einem Wink gab Anno den Knechten zu verstehen, dass sie die Hunde hinausbringen sollten. Als sie allein waren, verschränkte er die Arme vor der Brust und sah auf sie herab. »So schwer es mir auch fallen würde, aber ich würde dich lieber sterben sehen, als hinzunehmen, dass du unser Haus in den Abgrund treibst.«

Antwortfetzen schossen durch ihren Kopf. Wieso trieb *sie* …? Hätte ihr Vater nicht damals ihr Vermögen zusammenhalten sollen? Hätte Anno selbst nicht besser wirtschaften müssen?

Anno hockte sich neben sie und legte seine Fingerspitzen auf ihre Wange. Jakoba erinnerte sich an die wenigen Momente, in denen sie sich Anno nah gefühlt hatte, in denen er ihr großer Bruder im besten Sinne gewesen war, und ließ seine Berührung zu. »Schau dich doch an. Eine so liebreizende Frau – und so unglücklich! Ich tue es zu deinem Besten, das musst du doch verstehen«, sagte er einschmeichelnd. »Willst du denn nicht, dass ich dir helfe?«

Sie weinte jetzt, erschöpft und am Ende ihrer Kräfte. »Doch.«

»Wirst du der Entscheidung deines Vormunds jetzt folgen, wie es sich für ein gehorsames Weib gehört? Oder möchtest du weiterhin meinen Lieblingen Gesellschaft leisten?«

Das Grauen flammte von Neuem in ihr auf. »Bitte nicht! Bitte ... nur das nicht.« Gequält setzte sie hinzu: »Ich ... füge mich dir, Bruder.«

Zufrieden wischte Anno ihre Tränen ab. »Brav. Harre aus, Schwester, nur kurz noch.« Er rief einen Befehl und ging hinaus.

Ihre Schwägerin trat statt seiner ein. Immeke war trotz der Hungersnot noch dicker geworden; ihr abgewetztes Kleid spannte. Dazu trug sie ihre Kette mit dem Goldkreuz, ihren ganzen Stolz. Erst jetzt ging Jakoba auf, dass es Tag war. Wo war die Zeit geblieben? Anno war nicht mehr zu sehen, dafür war Wulf gekommen und vergewisserte sich, dass die Jagdhunde unversehrt waren; er liebte die Tiere anscheinend ebenso sehr wie sein Herr.

Immeke neigte sich zu ihr, und ihre üppigen Brüste traten in dem tiefen Ausschnitt gefährlich hervor. »Was machst du denn nur für einen Unsinn? Komm hier schnell heraus! Wir wollen dich waschen und verpflegen und deine Wunden versorgen.«

Wie fürsorglich sie klang! Tränen des Schmerzes und der Dankbarkeit liefen über Jakobas Gesicht. Sie wollte aufstehen, doch sie war zu schwach und auch zu schwer verletzt, um sich auf den Beinen zu halten, also musste sie es hinnehmen, dass Wulf sie hochhob und zum Bergfried trug. Er brachte sie geradewegs in ihre Kammer, die nun mit Kienspänen und einem prasselnden Kaminfeuer heimelig hergerichtet war.

Als er sie hinlegte, ließ er wie beiläufig seine Hand in Jakobas

Ausschnitt wandern. Grob umfassten seine Finger ihre Brust. Er hatte noch nie seine Finger bei sich behalten können, wenn sie alleine waren, weshalb Jakoba dem zwanzig Jahre älteren Mann stets aus dem Weg gegangen war. Aber jetzt …

Jakoba zuckte zurück. »Lass das, Wulf!«

Der Hofmeister grinste nur, und sie sah einen Zahnstummel, den er früher noch nicht gehabt hatte. »Im Kloster geht's doch versaut her, das weiß jeder. Ein Hahn und so viele Hennen! Aber hier bist du unter richtigen Männern!« Sie versuchte, seine Hand wegzuschlagen, war aber zu schwach. Er lachte. »Ein Goldstück bist du. Und so nützlich!«

In diesem Augenblick kam Immeke in die Kammer und trieb den Hofmeister hinaus. Immeke ließ von ihren Töchtern Wasser, Wein, Honig und Linnen herbeischaffen. Vor allem die zwölfjährige Ute schien ein geschicktes Mädchen zu sein, das schon eifrig im Haushalt half. Sie begannen, die Bisswunden zu reinigen. Die Wunden pochten und stachen, als steckten die Zähne noch darin – kaum konnte Jakoba die Berührungen ertragen. Hoffentlich bekam sie nicht die Hundswut, dann wäre ihr Leben dahin.

Als Immeke ihr den Rücken waschen wollte und die Rutenstriemen entdeckte, stockte sie. »Waren das die Nonnen?«

»Eine Bußstrafe«, gab Jakoba zu.

Sanft tupfte Immeke die Striemen ab. »Gut, dass du jetzt hier bist.«

Jakoba wurde in ein neues Unterhemd gehüllt. Ihr Bett war mit frischem Leinen bezogen und durch eine Bettpfanne vorgewärmt. Immeke reichte ihr eine große Schale Haferbrei. Langsam löffelte Jakoba. Nie war ihr eine Mahlzeit köstlicher vorgekommen. Übelkeit und Schwäche rangen in ihr so sehr, dass sie kaum die Augen offen halten konnte. Sie wollte etwas sagen, sich wenigstens bei Immeke bedanken, doch da fiel sie schon in einen tiefen Schlaf.

Als sie erwachte, saß eine Magd neben ihrem Bett und spann. Durch den Spalt der Fensterläden funkelte die untergehende Sonne. Jakobas Wunden ziepten und pochten, die Verbände waren braun von getrocknetem Blut. Ihr verletztes Handgelenk war so geschwollen, dass sie es kaum beugen konnte. Die Magd half ihr, das Linnen zu wechseln, und holte Brei, Dünnbier und Brot. Jakoba langte zu. Es ist von Vorteil, eine Bauernnatur zu haben, dachte sie. Je eher sie wieder bei Kräften war, desto eher würde ihr etwas einfallen, um Anno zu überzeugen, dass er sie doch ins Kloster zurückließ.

In diesem Augenblick öffnete sich die Tür, und etwas Großes wurde hereingetragen. Ihr Hals wurde eng, als Jakoba erkannte, was es war. Immeke zeigte den Knechten, wohin sie die Stollentruhe stellen sollten. Jakoba musste nicht nachsehen, um herauszufinden, dass die Mitgifttruhe leer war – sonst hätte Anno sie ihr wohl kaum zurückgegeben. Ihre Hoffnung auf den Eintritt ins Kloster war dahin. Nun war sie ganz in der Hand ihres Bruders.

»Die Priorissa hat dir die Truhe nachgeschickt. Sie wünscht dir alles Gute, das hat sie dir zumindest geschrieben.« Immeke reichte ihr einen Brief. Das Siegel war erbrochen, obgleich der Brief an Jakoba gerichtet war. Jakoba hatte das Klostersiegel mit der Standfigur, dem Schild und dem Jerusalemskreuz sofort erkannt.

»... bedaure deinen Entschluss sehr ... wärst ein nützliches Mitglied unserer Gemeinschaft geworden ...«

Jakobas Blick trübte sich. Die Priorissa hatte nicht geschrieben, wie es Konegundis und den anderen Kranken ging.

Immeke setzte sich ans Bett. Die vielen Schwangerschaften hatten ihren Körper weich gemacht, und sie wirkte so ausgelaugt, als wäre sie nicht erst Anfang zwanzig. Erwartungsvoll sah sie Jakoba an. Diese schluckte ihre Erbitterung herunter.

»Ich muss dir danken«, sagte Jakoba mit brüchiger Stimme.

»Ich will Frieden in meinem Haus haben.«

Jakoba hätte beinahe aufgelacht. Anno drangsalierte seine Knechte, tötete Streuner und sperrte seine Schwester in den Hundezwinger – und das nannte Immeke friedlich?

»Immerhin hat mein Gemahl Wachen vor dem Zwinger postiert«, sagte Immeke, als hätte sie Jakobas Gedanken erraten. Unvermittelt setzte sie hinzu: »Die Heirat wird dir guttun. Er ist ein guter Mann. Eine gute Partie. Reich. Es wird dir gut gehen bei ihm.«

Gut – Immeke wiederholte das Wort so oft, als sei es eine Beschwörung. Jakoba glaubte ihr trotzdem nicht. Aber wenn sie nicht noch einmal ihr Leben aufs Spiel setzen wollte, musste sie sich wohl oder übel in ihr Schicksal fügen. Mit einer schroffen Bewegung wischte sie die Tränen ab. »Wer ist er?«, fragte sie gefasst.

»Gevehard Reppenstede. Feinstes Lüneburger Patriziat. Stellvertreter des herzoglichen Vogts und bald Ratsmitglied, davon ist Anno überzeugt.«

»Ein Bürgerlicher?«, fragte Jakoba verdattert. Ihr Bruder war doch sonst immer so auf ihren Stand bedacht! »Warum sollte Anno in diese Ehe einwilligen? Das verstehe ich nicht«, sagte sie und bemühte sich um einen neutralen Ton.

Immeke kratzte sich unter ihrem Gebende. »Das habe ich auch erst nicht begriffen. Aber Meister Gevehard hat sich bereit erklärt, Geld für den Ausbau des Familiensitzes und der Ländereien zur Verfügung zu stellen. Außerdem will der Lüneburger Rat Ritter zur Stadtverteidigung anwerben. Das wäre für Anno eine schöne Aufgabe. Er ist ein ausgezeichneter Stratege«, plapperte Immeke. Dann kniff sie die Lippen zusammen, als hätte sie schon zu viel gesagt.

»Wie kann Meister Reppenstede Vertreter des herzoglichen Vogts sein? Ist das nicht immer einer der Burgmannen?«

Immeke war überfragt. »Jedes Amt ist käuflich, sagt Anno.«

»Woher kennen sie sich?«

»Du weißt ja, Anno muss regelmäßig zum Herzog auf den Kalkberg. Und wenn er schon mal in Lüneburg ist, bleibt er auch gerne ein paar Tage in der Stadt. Um Geschäfte zu erledigen, einzukaufen. Da haben sie sich kennengelernt.«

»Aber was hat Meister Reppenstede von der Heirat? Er darf weder unseren Titel noch unser Wappen tragen.«

»Aber du. Anno sagt, Reppenstede würden sich durch die Nähe zum alten Adel neue Möglichkeiten eröffnen. Je mehr dein Zukünftiger sich von den anderen Bürgern absetzt und umso bessere Verbindungen er hat, desto eher kann er höhere Posten erringen und in den Stadtadel aufsteigen. Außerdem möchte er einige unserer Ländereien nutzen, pachten oder so.«

»Ist er es, dem Anno unser Holz verkauft und unseren Wald verpfändet hat?« Für die Lüneburger war Holz ein gefragtes Gut, nicht nur zum Hausbau, sondern vor allem zum Betrieb der Salzpfannen in der Saline sowie zum Herstellen der Salzfässer.

»Kann gut sein«, sagte Immeke und zupfte ihren Kettenanhänger aus dem Spalt zwischen ihren Brüsten.

Daher wehte also der Wind. Es ist ein Tauschhandel, und ich bin das Tauschgut, dachte Jakoba ernüchtert. Wie hilflos, wie nutzlos sie sich fühlte! Aber nein, nutzlos war sie nicht …

»Wie geht es dem Verletzten?«, wollte Jakoba wissen.

»Der Streuner fiebert. Seine Wunden sind rot und geschwollen. Er wird wohl sterben.«

Jakoba stemmte sich hoch. Die Bisswunde in ihrer Wade schmerzte derart, dass sie kaum auftreten konnte. »Lass mir bitte ein Kleid bringen. Ich will ihn sehen.«

»Ich glaube kaum, dass mein Gatte das …«

»Wenn Anno will, dass ich seinen Heiratsplänen zustimme, wird er mir schon etwas entgegenkommen müssen.« Entschlossen humpelte Jakoba los.

Im Stall trietzten Immekes Söhne den Streuner mit langen Stöcken. Der Jüngling zuckte bei jeder Berührung zusammen.

Heiße Wut überfiel Jakoba. »Ihr Teufelsbraten – lasst ihr ihn wohl in Ruhe!«, fuhr sie ihre Neffen an. Kurz schreckten die Brüder auf, aber dann grinsten sie frech. Erst als sie ihre Mutter erblickten, machten sie sich davon.

Immeke schüttelte über Jakobas Erregung den Kopf. »Die Kleinen haben doch gar nichts getan!«

»Sie haben einen Verletzten gepiesackt!«

Ihre Schwägerin schwenkte den Zeigefinger, als spräche sie zu einem Kind. »Der ihnen vorher das Brot vom Teller gestohlen hat! Du solltest zu deiner Familie halten, nicht zu einem Dieb!«

Jakoba kniete sich neben den Jungen. Dunkle Locken klebten auf seiner rot glühenden Haut.

Tönnies kam heran. Er warf seiner Herrin einen verlegenen Blick zu, sagte aber: »Hab immer mal nach Paul gesehen. Und für ihn gebetet.«

Der Verband klebte am Blutschorf, und als Jakoba stärker zupfte, stöhnte der Junge auf. »Alles in Ordnung, Paul. Ich will nur den Verband lösen, um die Wunden zu reinigen. Ganz ruhig«, sagte sie sanft. Aus dem Augenwinkel sah sie, dass ihre Schwägerin kopfschüttelnd den Stall verließ. Nun, ihr sollte es recht sein.

Paul umklammerte Jakobas Hand. »Meine Schuld ... alles meine Schuld ... Vater!«, stieß er hervor. Tränen rannen von seinen Augenwinkeln die Schläfen hinab.

Jakoba hatte den Kopfverband jetzt gelöst. Was vom Ohr übrig war, war dunkel vom Blut und geschwollen, die Haut darunter war blau. »Ruhig! Gar nichts ist deine Schuld!«

Tönnies stellte einen Eimer Wasser neben sie. Mit dem sauberen Zipfel des Verbands tupfte Jakoba die Blutkrusten an Hals und Kopfhaut ab, bis die schwarzen Punkte der Bissstellen auftauchten.

Pauls Griff war fester, als sie es in seinem Zustand erwartet hätte. Seine Augen wanderten wirr umher, dann hielten sie sich an ihren fest. Er riss den Kopf hoch und öffnete den Mund, aber kein Laut war zu hören. War das ein erstes Zeichen der Hundswut? »Wäre ich nicht … in den See gefallen … aber die Fische … dieser Hunger«, stöhnte Paul schließlich.

Er ist ins Eis eingebrochen, deshalb also die nasse Kleidung, dachte Jakoba.

Immer heftiger strömten Pauls Tränen. »Vater …«

Jakoba streichelte seine Hand, bis er sich beruhigt hatte. »Wollen wir für deinen Vater beten?« Paul nickte. Auch Tönnies kniete sich neben sie.

Das Gebet schien Paul zu beruhigen. »Bist du … ein Engel?«, fragte er Jakoba anschließend im Halbdämmer.

Nun hob Tönnies die Stimme: »Das ist doch die Domina Jakoba, die Schwester des Burgherrn.«

Der Junge zuckte zurück, sein Gesicht war plötzlich verzerrt vor Wut. »Dann hat auch sie … Vater … auf dem Gewissen«, stieß er erregt hervor.

Dachte er, dass Jakoba gemeinsame Sache mit Anno gemacht hatte? »Es war nicht richtig, die Hunde auf euch zu hetzen!«, versicherte Jakoba ihm schnell. »Ich hatte damit nichts zu tun!« Finster starrte er sie an, doch dann übermannte die Erschöpfung ihn erneut. »Hat ihm jemand etwas zu essen gegeben?«, wollte Jakoba von Tönnies wissen.

»Beim Schweinefüttern hab ich was für ihn abgezwigt. Der Herr meint, er verdiene nichts Besseres.«

Jakoba zwang sich trotz ihrer Erbitterung ein Lächeln ab. »Das war sehr mutig von dir.« Sie bat den Knecht, den Verband zu waschen und auszuwringen; ihre Wunden an Händen und Armen schmerzten schon jetzt beinahe unerträglich. Als sie Paul versorgt hatte, konnte sie sich selbst kaum noch auf den Beinen halten. Sie schleppte sich aus dem Stall und sah, wie die Köpfe ihrer Neffen hinter dem Hundezwinger verschwanden. Jakoba stützte sich an der Stallwand ab und straffte sich noch einmal. »Lüder, Leo! Lasst ihn in Ruhe, hört ihr?« Doch sie ahnte, dass ihre Mahnung ins Leere ging.

4

Ende März

Jakobas Finger flatterten, als sie Immeke half, die engen Ärmel des Surkots zu knöpfen. Das Gewand war aus feinstem Samt und besaß tief ausgeschnittene Armlöcher – Teufelsfenster, wie die Nonnen geschimpft hätten. Ihr Bräutigam hatte ihr eigens einen Schneider gesandt, um es anzufertigen, wie er so vieles für die Hochzeit geschickt hatte. Ihren Zukünftigen hingegen hatte Jakoba in den knapp vier Wochen, in denen sie wieder auf der Dahlenburg war, noch nicht zu Gesicht bekommen. Die Ehevereinbarung hatten Anno und er allein ausgehandelt.

Es fiel Jakoba schwer, es sich einzugestehen, aber sie war in ihrer Eitelkeit getroffen. Meister Reppenstedes Desinteresse verletzte sie sehr. Deutlicher konnte er ihr nicht zeigen, dass ihm nur der Stand etwas bedeutete, mit dem er sich schmücken wollte. Sie war ihm vollkommen gleichgültig. Oder war er so hässlich, dass er deshalb ihr Zusammentreffen scheute? Wie auch immer: Zunehmend verstörte es sie, dass sie nicht wusste, was sie erwartete. Als Jakoba die unziemliche Eile beklagt hatte, mit der die Hochzeitsvorbereitungen betrieben wurden – schließlich waren ihre Eltern erst seit wenigen Wochen tot –, hatte Anno sie barsch zum Schweigen gebracht; offenbar brauchte er das Geld ihres Zukünftigen dringender, als er zugeben wollte.

Er hatte ihr auch untersagt, an das Kloster zu schreiben. Unbedingt wollte sie wissen, wie es Konegundis ging. Aber Anno hatte allen Ernstes behauptet, er hätte kein Pergament im Haus und könne keinen Boten erübrigen.

Beim Zuknöpfen der engen Ärmel wanderte ihr Blick aus den offenen Fensterläden. Noch immer goss es ohne Unterlass. Dabei beteten sie alle inständig dafür, dass die Zeit der Plagen und des Darbens ein Ende nahm. Es gab keine Stunde, in der sie sich nicht an das Klosterleben erinnerte. Immer wieder stimmte sie innerlich Gebete und Gesänge an. Was für eine Ironie, dass sie nun tatsächlich eine Brautkrone tragen würde – wenn auch eine ganz und gar weltliche.

Sie konnte nicht fassen, dass es schon beinahe einen Monat her war, seit sie aus dem Kloster entführt worden war. Wie schnell die Zeit vergangen war! Erst einmal war sie wieder zu Kräften gekommen. Ihre Wunden hatte sie versorgt, und sie war erleichtert gewesen, dass sich keine entzündet hatte. Auch Paul hatte sie gepflegt, und sie hatte darauf bestanden, dass er gut behandelt wurde. Es war nicht leicht gewesen, ihn zum Reden zu bringen, aber im Laufe der Zeit hatte sie mehr über seine Herkunft erfahren: Paul und sein Vater waren aus dem fernen Krakau westwärts geflohen, getrieben von Hunger, Seuchen und der Hoffnung auf ein besseres Leben. Er war älter, als sie gedacht hatte, schon sechzehn, aber der Hunger hatte ihn klein gehalten. Nun stand der Halbwüchsige allein da, von Trauer und Hass gemartert, und Jakoba bemühte sich, den Verlust, den ihr Bruder verursacht hatte, ein wenig wiedergutzumachen. Sie konnte jedoch nicht verhindern, dass sich ihre Neffen damit vergnügten, Paul mit den Zwingerhunden zu erschrecken. Verständlicherweise konnte er den Anblick der Tiere nicht ertragen.

Und sonst? Jakoba hatte am Grab ihrer Eltern gebetet, das sich neben der Burgkapelle befand. Sie hatte sich im Haushalt nützlich gemacht und sich mit ihren Nichten beschäftigt. Eher widerwillig hatte sie Decken umsäumt, die sie mit in ihr neues Zuhause nehmen sollte. Seit dem entsetzlichen Tag, an dem ihr erster Ehemann und ihr Sohn in den Flammen umgekommen waren, besaß sie keinen Hausrat mehr. Arm wie eine Bettlerin würde sie in einen neuen Hausstand eintreten.

Paul kam ins Turmzimmer gehumpelt. Ein schwacher Geruch

nach Mist umgab ihn. Sein Blick war matt, die Lippen hatte er fest zusammengepresst, und sogar seine Locken hingen schlaff herunter. Rot und geschwollen leuchteten die Narben auf seinem Körper. Sein verstümmeltes Ohr würde ihn für immer zeichnen. Vor allem aber behinderte ihn die Beinwunde.

»Hier sind die Bänder, die Ihr gewünscht habt, Herrin«, sagte er und hielt Immeke den glänzenden Stoff hin. Die ganze Zeit hatte Immeke schon geklagt, dass es unmöglich sei, aus Jakobas kurzen Haaren eine anständige Frisur zu formen.

»Na, endlich! Das hat ja gedauert. Was müffelt denn hier so? Hast dich wieder bei den Pferden herumgetrieben, was?«, schalt Immeke den Jungen.

»Der Herr wollte, dass ich helfe, die Pferde der Gäste zu versorgen.«

»Ach ja?«

»Und als ich sagte, dass ich Bänder für Euch holen soll, hat er mir eine Backpfeife verpasst«, sagte Paul und mied Jakobas Blick; seinem natürlichen Stolz lief es zuwider, sich schikanieren zu lassen, das hatte sie längst gemerkt.

Immeke hatte kein Mitleid mit ihm. »Da trifft es ja keinen Falschen! Und nun ab in den Stall mit dir – nicht trödeln!«

Jakobas Finger hatten sich bei dem Wortwechsel in ihr Kleid gekrallt. Unauffällig strich sie die Falten wieder glatt. Sie verabscheute Annos Verhalten mehr denn je.

Der Wind trug das Wiehern von Pferden, Flötenklänge und Rufe zu ihr. Verführerisch roch es nach dem Ochsen, der sich schon seit dem Morgengrauen über dem Feuer drehte. Nach einem kargen Fastenbrechen am Ostersonntag schienen sich alle besonders auf das Festmahl zu freuen. Das Gerücht über eine Hochzeit, der Warenverkehr sowie der Duft von Spießbraten und anderen Köstlichkeiten, für die ihr Bräutigam gesorgt hatte, hatten unzählige Bettler angelockt, die von eigens angeheuerten Bewaffneten in Schach gehalten werden mussten. Allein das Festmahl musste ein Vermögen gekostet haben. Hoffentlich durfte sie später Almosen verteilen, um die Not der Armen ein wenig zu lindern.

Jakoba dachte an ihre erste Hochzeit zurück. Damals hatte ihr Vater sie in aller Stille vermählt, aus Sorge, jemand könnte erkennen, dass sie schon guter Hoffnung war. Obgleich die Wiederheirat einer Witwe eigentlich gar nicht gefeiert werden durfte, war es heute eine aufwendige Hochzeit, der etliche Verwandte und sogar Angehörige des Lüneburger Rates beiwohnen würden. Anno und ihr Bräutigam waren sich offenbar einig gewesen, dass es gerade zu Notzeiten beeindrucken würde, wenn man an nichts sparte.

Gerade als Immeke mit der Haartracht zufrieden war und den Seidenschleier darauf befestigte, trat Anno ein. Ungeniert ließ er seine Augen über Jakobas Körper wandern.

»So gefällst du mir besser, Süsken«, befand er. Als »Schwesterchen« hatte er sie seit Jahren nicht bezeichnet. »Ich habe deinem Zukünftigen nicht zu viel versprochen.« Er hielt ihr seinen Arm hin, damit sie sich bei ihm einhängte. »Die Gäste warten.«

Im Rittersaal stürzten die Eindrücke auf Jakoba ein. Essensschwaden und betäubende Duftwässer, laute Musik und wild durcheinandergehende Gespräche, aufdringliche Blicke und Ablehnung. Kein Freund in Sicht, kein Verbündeter. Alle ihre Freundinnen waren längst in der Ferne verheiratet. Unwillen und bange Erwartung machten ihren Schritt zögerlich. Dabei luden die reich gedeckten Tafeln zum Schmausen ein. Kerzenleuchter brachten die Edelsteine und Goldfäden auf der Kleidung der Festgesellschaft zum Funkeln. Sie sah silbernes Geschirr und filigranes Waldglas. Die Gäste bildeten ein Spalier, durch das Anno sie zur Hauskapelle führte. Patrizier in schlichten Wämsern und Beinlingen standen auf der einen Seite, die Adeligen in kräftigen Farben und außergewöhnlichen Schnitten auf der anderen. Besonders auffällig war, wie stets, Immekes Bruder Dietrich. Seine Schecke war beschämend kurz, aber wappengeschmückt, die Beinlinge trug er eng, ein Pfauenhut saß schräg auf seinem Schopf. Neben ihm standen seine drei Söhne, die kostbaren Schappel der Jünglinge glänzten im Kerzenschein. Gespannte Erwartung lag in der Luft. Auch Jakobas Herz schlug bis zum Hals.

Jetzt verlangsamte sie ihren Schritt. Vor der Burgkapelle wartete, in dunklen Samt und Zobelpelz gehüllt, ihr Zukünftiger. Er war ein Mann wie ein Berg, so einschüchternd massig, dass sie voller Furcht ans Brautbett dachte. Dazu war er alt; er hatte die vierzig längst überschritten. In seinem Gesicht schien alles zu groß zu sein: Die wässrigen Augen wurden von den markanten Brauen dominiert, die Stirn war hoch, Nase und Lippen fleischig. Unwillkürlich fragte sie sich, welches der vier Temperamente bei ihm überwog – Schwester Walburga hätte es vermutlich sofort gewusst. Sein Blick huschte über die Hochzeitsgesellschaft. Jakoba starrte zu Boden. Am liebsten wäre sie davongelaufen.

Sie traten in die Familienkapelle ein, die so klein war, dass nur die wichtigsten Verwandten darin Platz fanden. Eigentlich war es nicht üblich, dass zweite Ehen eingesegnet wurden, aber für Meister Reppenstede wurde dank einer üppigen Spende eine Ausnahme gemacht, hatte ihr Bruder zufrieden berichtet. Jakobas Gedanken rasten. Sie konnte nur hoffen, dass das Äußere ihres Zukünftigen täuschte.

Unvermittelt stieß der Priester sie an. Blut schoss ihr in den Kopf. Gedankenverloren hatte sie einen Teil der Trauzeremonie verpasst! Jakoba kannte jedoch den wichtigsten Satz, den sie zu sagen hatte: »Was mein Bruder will, das soll mein Wille sein.« Dünn erklang ihre Stimme in der Kapelle.

Der Priester streifte ihnen die Ringe über und legte ihre Hände ineinander. »Also gebe ich euch zusammen, Gevehard und Jakoba, in den Stand der heiligen Ehe, im Namen Gottes des Vaters, des Sohnes und des Heiligen Geistes.«

Als die Gebete und Gesänge vorbei waren, hakte sie sich zaghaft bei ihrem Angetrauten ein. Sie gingen der Festgesellschaft voraus in den Saal. Schon stimmte Anno den Vorgesang zu einem Reigen an und nahm Immeke an die Hand, um den Tanz anzuführen. Gemessen bewegten sie sich durch den Saal. Jakoba fiel auf, dass beide in neue Gewänder gehüllt waren; hatte der Schneider auch ihnen einen Besuch abgestattet? Gevehard reihte sich mit ihr ein. Er schien den Schreittanz kaum zu kennen, wusste nicht, wann er mit den Füßen über den Boden schleifen und wann er in die Höhe springen musste. Die spöttischen Mienen der Adeligen waren nicht zu übersehen. Als andere Patrizier ebenfalls mittanzen wollten, gab es Rangeleien mit den Rittern, die der Ansicht waren, dass dieser Tanz einzig dem Adel gebührte. Anno, der Streitigkeiten vermeiden wollte, rief zum Essen, und die Streithähne trennten sich. Jakoba wurde zum Tisch geführt.

Zum ersten Mal richtete Gevehard das Wort an sie. »Es erschien mir wie eine Fügung, dass du das Kloster verlassen wolltest, um erneut in den Stand der Ehe zu treten. So wird unsere Verbindung von Anfang an unter dem Schutz des Herrn stehen«, sagte er und mied dabei weiterhin Jakobas Blick. Sie hätte ihn für einen schüchternen Junggesellen halten können, hätte sie nicht gewusst, dass auch er bereits verheiratet gewesen war.

Dass sie das Kloster verlassen *wollte*? Da war er über den tatsächlichen Ablauf der Ereignisse aber nicht im Bilde! Kein Thema für den Augenblick, beschloss Jakoba. »So Gott will«, sagte sie leise.

»Segne das Mahl für uns«, bat Gevehard sie.

Als die Speisen aufgetragen waren, sprach Jakoba das Gebet. Die Gäste langten sogleich zu, und Jakoba hatte den Verdacht, dass viele nur gekommen waren, um endlich mal wieder eine ordentliche Mahlzeit zu sich zu nehmen. Auch Gevehard aß und trank reichlich. Zu Annos Freude beschwor ein Spielmann zum Lautenklang die bedeutende Vergangenheit der Familie und besang vor allem die Jerusalemfahrt mit Herzog Heinrich. Dann wurde wieder ein Reigen getanzt, aber ihr Ehemann machte keine Anstalten mehr aufzustehen, also musste auch Jakoba sitzen bleiben.

Ständig erhob Anno das Glas, das ihr Vorfahr aus dem Orient mitgebracht hatte, und stieß mit ihrem Ehemann an. Schnell waren die ersten Weinhumpen geleert. Die Gäste lachten und scherzten laut, rangelten über Tisch und Bänke. Ihr Bruder war betrunken. Ungeniert küsste und liebkoste Anno seine Frau. Er tanzte sogar mit seinen kleinen Töchtern, was Jakoba beinahe rührend fand. Die Familie kam für ihn tatsächlich an erster Stelle, und sosehr sie seinen Charakter ablehnte, musste sie das doch anerkennen.

Immer wieder unterbrach der Spielmann nun seine Gesangsdarbietung durch schlüpfrige Geschichten und Rätsel, die sehr zur Erheiterung der Gäste beitrugen.

»Etwas Seltsames hängt dem Mann zwischen den Beinen unter seiner Kleidung«, kündigte er gerade wieder ein Ratespiel an. Sofort grölten die Ersten etwas dazwischen. Grinsend lud der Spielmann sie zu weiteren Vorschlägen ein und untermalte seine weiteren Worte mit Gesten. »Es ist vorn gespalten, ist steif und hart, hat einen guten, festen Platz, wenn der Mann die Kleidung aufmacht. Es wünscht, das bekannte Loch zu besuchen, das es, wenn es hineinpasst, schon oft vorher gefüllt hat.«

Die Gäste überschlugen sich mit deftigen Ausdrücken für das männliche Geschlecht. »Wollen wir die Braut fragen, die damit bald Bekanntschaft machen wird?« Jakoba war knallrot geworden. »Ihr wisst es nicht?« Der Spielmann neigte sich zu ihr und flüsterte ihr etwas ins Ohr.

»Sag es uns auch! Sag es!«, riefen nun alle.

Jakoba kannte derartige Spielchen von den Festivitäten ihres

Vaters und wusste, dass es am besten war, sie schnell hinter sich zu bringen. »Der Schlüssel ist es«, verkündete sie.

Auflachen mischte sich in enttäuschtes Stöhnen. Der Spielmann stimmte ein neues Lied an. Jakoba sah, wie Wulf sich zu ihrer Nichte Ute beugte und ihr etwas zuflüsterte. Das Mädchen wurde mohnrot; unwillkürlich grauste es Jakoba.

Anno schwankte lachend heran und ließ sich neben sie fallen. »Ich bin froh, dass du dich besonnen hast«, sagte er mit schwerer Zunge. »Glaube mir, Süsken, es hat mir gar nicht gefallen, dich zu strafen. Aber die Ehre und das Fortkommen der Familie gehen mir nun mal über alles. Wir dürfen nie vergessen, auf was für eine ruhmreiche Geschichte wir zurückblicken. Alles, was wir tun, tun wir für unsere Familie. Auch deine Kinder werden eines Tages davon profitieren.« Er zwinkerte ihrem Ehemann zu. »*Eure* Kinder.«

Gevehard reagierte nicht, denn seine Aufmerksamkeit war auf seinen Schwippschwager Dietrich gerichtet, der lauthals über seine Ländereien prahlte. Jakoba wollte Anno gerade antworten, als sie Gevehards Stimme vernahm: »In der Tat, ein schönes Stück Land besitzt du da, Dietrich. Wenn ich du wäre …«, sprach er den Ritter an.

Dietrich hieb so heftig mit der Faust auf den Tisch, dass die Becher hochflogen. »Haben wir schon mal zusammen Schweine gehütet, oder was duzt er mich?«, fragte er entrüstet.

Jakoba zuckte bei der Beleidigung zusammen. Sie spürte, wie ihr Mann neben ihr erstarrte. Dietrichs Söhne lachten, und auch andere Gäste stimmten ein.

Gevehard öffnete den Mund, um auf diese Frechheit zu reagieren, als Anno sagte: »Da Meister Reppenstede nun ja zur Familie gehört …«

Rüde unterbrach Dietrich auch ihn. »Mit deiner Schwester hat er nicht gerade den feinsten Zweig der Familie erwischt. Daraus Rechte abzuleiten …«

Gleichzeitig sprangen nun Anno und Gevehard auf. Jakobas frischgebackener Mann wollte wutentbrannt auf Dietrich losgehen, doch ihr Bruder packte ihn. Es fiel ihm sichtlich schwer, Gevehard zurückzuhalten. »Es ist mein Haus, ich regle das«, zischte Anno. Scharf wandte er sich an Dietrich: »Willst du riskieren, dass ich dich fordere?«

Dietrich grinste weinselig. »Fordere mich ruhig – mit dir zu kämpfen ist mir stets ein Vergnügen. Ich überlasse dir die Wahl der Waffen, schließlich bist du ja der Gastgeber.«

Schon rief Anno nach seinem Schwert. Er schwankte um die Tafel herum. Die Hochzeitsgäste waren begeistert – endlich war etwas Handfestes los! Eilig fegte eine Magd die Knochen und sonstigen Abfall zusammen, den die Gäste auf den Boden geschmissen hatten.

Gevehard wollte Anno aufhalten. »Ich kann selbst für meine Ehre eintreten.«

Anno winkte ab. »In dem Stande bist du nun wahrlich nicht, Schwager.«

Jakoba sah, dass Gevehards Hände sich zusammenkrampften – ihm war die neuerliche Beleidigung also auch nicht entgangen. Dietrich und Anno waren jedoch in gleichem Maße betrunken. Immer wieder taumelten sie, rissen mit ihren Schwertern Krüge und Teller vom Tisch und schrammten mit den Eisen über den Boden. Dietrich war der bessere Kämpfer, aber er rutschte auf einem Fleck aus, den der glitschige Abfall hinterlassen hatte, und so gelang es ihrem Bruder, ihn zu entwaffnen. Immerhin hatten die Zuschauer etwas zu lachen. Auch Dietrich wirkte, als wäre alle Wut durch den Kampf verpufft. Gleich darauf lagen die Männer sich in den Armen und leerten einen weiteren Humpen. Die Musiker spielten wieder auf, alle lachten und scherzten, als wäre nichts gewesen.

Nur Gevehard starrte in seinen Kelch. War es nicht ihre vornehmste Aufgabe als Ehefrau, ihren Gatten aufzuheitern? *Hö-*

fisch ist, was anderen gefällt. Sei immer heiter, immer froh, hatte ihre Mutter ihr eingebläut.

»Dietrich hat sich mit seinem losen Mundwerk und seinem Stolz schon viele Feinde gemacht. Einmal ...«, begann Jakoba und wollte eine Anekdote erzählen, aber Gevehard fiel ihr ins Wort: »Misch dich nie mehr in meine Angelegenheiten. Ich kann mich selbst verteidigen, dafür brauche ich kein Weib«, sagte er harsch.

Brüskiert schwieg Jakoba. Schon vorhin hatte sie gefürchtet, dass es ein Fehler gewesen war einzugreifen. Aber dass Gevehard es ihr derart übelnahm ... hoffentlich war er nicht nachtragend.

»Wo sind eigentlich deine Großeltern, die so ausgezeichnete Verbindungen zum Herzoghaus haben sollen?«, wollte er unvermittelt wissen.

»Mein Großvater ist Anfang des Jahres erkrankt. Herr Elmbert und Domina Cyeke reisen nicht mehr gern.«

»Du wirst sie zu uns einladen. Ich werde ihnen den Kobelwagen schicken, dann reisen sie bequem«, sagte Gevehard, als wäre es eine beschlossene Sache. Er wandte sich ab und begann, wieder etwas leutseliger, ein Gespräch mit den Männern auf seiner anderen Seite. Jakoba versuchte, seine offenkundige Gleichgültigkeit unbewegt hinzunehmen, und lauschte ihrer Tischnachbarin Immeke, die gerade die Ritterlichkeit ihres Gatten lobte. Jakoba hatte sich kaum je so unwohl gefühlt wie heute, bei ihrer eigenen Hochzeit.

Schließlich kam die Stunde, die Jakoba von Anfang an gefürchtet hatte. Unter Führung von Anno und Immeke wurden sie in das Gemach geführt, das für das Brautpaar hergerichtet worden war. Musik und zotige Sprüche begleiteten sie.

»Erstürme ihre kleine Burg mit deinem Speer!«, rief Immeke aufgekratzt.

»Richte deine Lanze auf, und greife an!«, feuerte ein Hochzeitsgast Gevehard an.

64

Darauf ein empörter Zwischenruf: »Lanze – er ist doch kein Ritter!«

Unbehagliche Stille. »Dann wirf sie nieder, und reite sie mit den Sporen!« Lachen und Schulterklopfen.

»Oder pflüge ihren Acker nach allen Regeln der Kunst!«, rief Anno. »Das werde ich bei meinem Liebchen auch gleich tun!« Immeke lachte kreischend, als ihr Ehemann sich von hinten an sie presste und ihre Brüste knetete.

Gevehard stützte sich weinselig grinsend auf Anno, als dieser die Tür öffnete. Kurz hoffte Jakoba, dass in dieser Nacht gar nichts geschehen würde – und vielleicht auch in zukünftigen Nächten nicht. Wie es von ihr erwartet wurde, legte sie sich angezogen ins Bett. Nun sollte ihr Mann sich zu ihr gesellen. Symbolisch sollte die Decke über sie geschlagen werden, bevor die Hochzeitsgäste sich zurückzogen.

Was tatsächlich geschah, war ein Schock für sie. Noch während die anderen um sie herumstanden, schob ihr Mann ihren Rock hoch, nestelte an seinen Beinlingen und nahm sie umstandslos.

Nun jubelte niemand mehr. Jedem war bewusst, dass dieses Verhalten die gesellschaftlichen Regeln verletzte. Jakoba wusste nicht, wohin vor Scham, Ekel und Schmerz.

Niemals würde sie ihrem Mann diese Untat vergeben.

5

Langsam ließ Jakoba den Dupsing durch ihre Finger gleiten. In die silbernen Kettenglieder des Gürtels waren Gevehards Initialen hineingestanzt, die Schnalle war mit Edelsteinen besetzt. Ihre Morgengabe war ein kostbares Stück; dennoch hätte sie mit Freuden darauf verzichtet. Nachdem Gevehard über ihr erzittert war und sie danach allein im Brautbett zurückgelassen hatte, um sich wieder den Feiernden anzuschließen, hatte sie den Gürtel, ein perlengeschmücktes rotes Kleid und einen neuen Pelzumhang am Fußende ihres Bettes vorgefunden. Sie hatte ihre Morgengabe angeekelt von sich geworfen und haltlos geweint – wie eine Dirne hatte sie sich gefühlt. Erst als sie Stunden später seine schweren Schritte gehört hatte, hatte sie hastig die Geschenke wieder auf den Bettrand gelegt. Sie wollte nicht noch einmal seinen Unmut erregen. Gevehard war zu ihr aufs Bett gefallen und sogleich laut schnarchend eingeschlafen. Jakoba hatte in die Dunkelheit gestarrt und überlegt, wie weit sie wohl käme, wenn sie jetzt fliehen würde.

Doch sie hatte den Gedanken schnell wieder verworfen. Wohin sollte sie gehen? Ins Kloster konnte sie nicht zurück. Ob ihre Großeltern Verständnis für sie haben würden, war fraglich. Nein, es gab keinen Ausweg: Jakoba war an diesen Mann gebunden und würde mit ihm auskommen müssen.

Vielleicht wäre es nur halb so schlimm gewesen, hätte sie nicht gewusst, dass es auch anders ging. Hätte sie nicht gewusst, dass man den fleischlichen Umgang durchaus genießen konnte. Tidemann, der Leibarzt ihres Vaters, war ein zärtlicher Geliebter gewesen. Ausdauernd hatte der gebildete Mann sie umworben.

Wie sie sich über seine kleinen Geschenke – ein feines Band, eine Blüte – gefreut hatte! Über die beiläufigen Berührungen im Vorbeigehen in der Kirche. Die verstohlenen Treffen hinter der Burgkapelle. Und schließlich ihre Stelldichein im Sommer, unter den langen Zweigen einer Weide. Das Erschauern ihres Körpers, das Beben und Sehnen – jung war sie gewesen und unschuldig, in jeglicher Hinsicht. Deshalb hatte sie auch nicht begriffen, dass er, kaum dass er errungen hatte, was er wollte, das Interesse an ihr verloren hatte. Vergeblich hatte sie auf ihn gewartet, ihm vergebens Zeichen hinterlassen. Seine Leidenschaft war die Jagd gewesen, nicht die Treue und schon gar nicht die Ehe.

Sie war am Boden zerstört gewesen. Hatte gebetet, dass ihr Beisammensein ohne Folgen geblieben war – und war enttäuscht worden. Voller Scham hatte sie ihrem Vater den Fehltritt beichten müssen. Wie zornig war ihr Vater gewesen! Halbtot hatte er den Medicus geschlagen und ihn dann eingesperrt, aber irgendwie hatte Tidemann fliehen können.

Ihre Zwangsehe war eine Qual gewesen – würde diese Ehe es ebenfalls sein? Hoffentlich war Gevehards gestriges Verhalten einzig dem Wein zuzuschreiben. Am Morgen hatte er sie, schweigend und ohne sie eines Blickes zu würdigen, allein gelassen. Ihre Mitgifttruhe – leer, bis auf die Decke und das alte Kleid – war bereits in den Kobelwagen gebracht worden.

Jakoba legte den Gürtel an, kniete sich hin und betete inbrünstig um ein gnädiges Schicksal. Danach schloss sie den Umhang mit einer filigranen Fürspan vor der Brust – auch daran hatte Gevehard nicht gespart – und sah sich ein letztes Mal in ihrer Kammer um. Was auch geschähe, hierher würde sie nie wieder zurückkehren. Sie würde sich nicht noch einmal von ihrem Bruder erniedrigen und zu etwas zwingen lassen, das schwor sie sich. Erhobenen Hauptes schritt sie durch die Tür.

In der Vorburg warteten Gevehard, Anno und die Patrizier bereits auf ihren Pferden. Das Schlachtross ihres Bruders wirkte trotz der bestickten Schabracke wie eine Schindmähre neben dem Pferd ihres Mannes, offenbar ein edles Tier im besten Alter. Immeke saß in dem tonnenartigen Reisewagen, Wulf hielt das Packpferd. Der Spielmann würde sie ebenfalls begleiten. Auch Dietrich und die anderen Ritter waren im Aufbruch begriffen, allerdings würden sie auf ihre Güter zurückkehren. In diesen Notzeiten waren Räuberbanden zuhauf unterwegs, und jedermann fürchtete Plünderer. Gevehard ritt voraus. Jakoba sah Paul in der Nähe des Tores stehen, als wollte er sie verabschieden. Aber sein Gesichtsausdruck ... auf einmal wusste sie genau, was er vorhatte. Sie zumindest würde das an seiner Stelle tun. Allein würde er sich jedoch kaum durchschlagen können, nicht in diesen Zeiten.

»Haltet ein!«, rief sie. Ihr Ehemann zügelte sein Pferd, und die anderen taten es ihm nach.

»Was ist?«, fragte Gevehard ungeduldig. »Wir müssen nach Lüneburg zurück. Ich werde beim Eddag erwartet. Der Gerichtstag ist schon morgen.«

»Paul soll mich begleiten – der Junge dort.«

»Ich habe keine Verwendung für ihn«, sagte ihr Mann.

»Er kann im Stall helfen, in der Küche – überall. Er kann auch Botengänge für mich übernehmen. Ich bitte Euch, Gemahl«, setzte sie hinzu, obgleich es ihr schwerfiel, die Worte über ihre Lippen zu bringen.

Gevehard zögerte kurz. Dann gab er Paul einen Wink. Der Junge wirkte nicht gerade begeistert, sprang aber auf den Kobelwagen auf. Und dann fuhren sie tatsächlich los.

Vor der Holzpalisade der Burg warteten scharenweise Bettler. Sie liefen neben ihrem Wagen und hielten flehend die Hände auf, bis Gevehard ihnen einige Münzen hinwarf. Jakoba war erschüttert von den ausgemergelten Gestalten – auch hier herrschte so viel Elend! Vielen von ihnen stand der Tod ins Gesicht geschrieben.

Immeke jedoch schien sie gar nicht zu bemerken. »So ein schöner Kobelwagen! Dein Dupsing, nein, wie reizend! Zeig mal her!« Immeke betastete den Gürtel ausgiebig. »Und der Pelz erst! Feh, nicht wahr? Kostet ein Vermögen! Du hast es wirklich gut getroffen. An nichts wird es dir mangeln, du wirst schon sehen.«

Jakoba hätte am liebsten wieder geweint, aber sie war innerlich und äußerlich wie erstarrt. Immeke plapperte unterdessen munter weiter: »Wie froh ich bin, dass ich mich nicht vor den Lüneburgern in meinem alten Kleid sehen lassen muss! Wenn man sich gestern manche der Bürgerlichen angeschaut hat – die tragen ja den Kopf ganz schön hoch. Kein Wunder, dass Dietrich ausfallend wurde. Diese Städter muss man mal wieder zurechtstutzen!« Als ihr bewusst wurde, mit wem sie sprach, legte Immeke die Hand auf Jakobas Knie. »Versteh das nicht falsch, aber Adel ist Adel, und Bürger ist Bürger.« Und Jakoba gehörte genaugenommen nun eigentlich auch nicht mehr dazu. Zumindest für diejenigen, die es mit ihrem Stand genau nahmen.

»Was ist eigentlich mit unseren Großeltern? Haben sie eine Nachricht geschickt?«, fiel Jakoba ein.

»Hat Anno dir das denn nicht erzählt? Elmbert und Cyeke übersenden dir ihre besten Wünsche.« Das konnte Jakoba sich kaum vorstellen. Wahrscheinlich hatten sie ihren Bruder für diese Verbindung gerügt – und deshalb hatte er Jakoba den Brief nicht gezeigt.

Sie verließen die Wälder um Dahlenburg. Die Äste der Birken, Buchen und Eichen verschwanden im tiefhängenden Himmel. Kein Vogel war zu sehen, Wild schon gar nicht. Die Stille war unheimlich, und es wurde noch gespenstischer. Immer öfter passierten sie Ebenen voller Baumstümpfe, zwischen denen der Nebel waberte. In vielerlei Hinsicht übte Lüneburg Einfluss auf die umgebenden Ländereien aus, am prägendsten war jedoch der unendliche Baumhunger der Lüneburger Saline, der wüste Landstriche zurückließ. Als endlich hinter einem Hügel ein

Dorf auftauchte, atmete Jakoba zunächst auf. Doch die Hütten wirkten leer, kein Rauch stieg aus den Feuerstellen auf, dafür reihten sich am Dorfrand frisch aufgehäufte Gräber aneinander. Die letzten Überlebenden mussten geflohen sein.

Jakoba war froh, als endlich der Kalkberg mit der Herzogsburg und dem Kloster Sankt Michaelis am Horizont aufragten. Schwarzer Dampf hüllte die Salinen am Fuße des Berges ein. Vor ihnen breitete sich die steinerne Stadtmauer Lüneburgs aus, über die vorwitzig die Dächer der Backsteinhäuser zu lugen schienen. Eine Hude am Ilmenau-Ufer und der Galgenberg komplettierten das Bild.

Gevehard ließ sich auf seinem Pferd zurückfallen und reichte Jakoba einen kleinen Lederbeutel. »Wir wollen ja nicht, dass die Bettler dich für eine mittellose Adelige halten«, sagte er. »Und lächle, Weib, wie es sich für eine Braut geziemt.«

Jakoba sah etwas in seinen Zügen aufblitzen, wusste aber nicht zu sagen, ob es Stolz oder Verachtung war. Immekes Gesichtsausdruck konnte sie jedoch leicht lesen: Purer Neid glühte darin. Beschämt nahm Jakoba den Beutel an sich. Sie zwang sich, ihre Gefühle beiseitezuschieben. Wenn sie in ihrer Ehe den Menschen etwas Gutes tun konnte, durfte sie nicht zimperlich sein.

Durch das Rote Tor fuhren sie nach Lüneburg ein. Rechts von ihnen erhob sich der Turm der Johanniskirche, das erste der imponierenden Lüneburger Gotteshäuser. Jakoba war selten und dann nur zu besonderen Festtagen in der Handelsstadt gewesen, staunte aber immer wieder darüber, wie schnell diese wuchs. Jedes Mal waren schönere und größere Häuser hinzugekommen. Die meisten waren Fachwerk, aber viele bestanden auch aus dunkelroten Ziegeln. Jetzt jedoch quälte der Wagen sich durch schlammige Straßen, und jede windgeschützte Ecke war von Bettlern belagert. Sofort wurden sie umringt, und Jakoba verteilte ihr Geld vor allem an Not leidende Familien. Selbst als sie

keine einzige Münze mehr hatte, verfolgte eine Gruppe Hilfe-
suchender und Neugieriger sie weiter.

Unter den Bettelnden waren auch eine junge Frau mit wunden
Füßen und ihre zwei Kinder, beide mit rot unterlaufenen, ver-
klebten Augen. Jakoba konnte einfach nicht anders: Jedem sah
sie an, wenn er krank war, und sie wünschte sich nichts mehr, als
ihm zu helfen. In Ebbekestorpe hätte sie ihnen helfen können …

Sie passierten einen großen Platz, der eine einzige Schlamm-
wüste zu sein schien und auf dem sich trotzdem unzählige Fußgänger, Reiter und Wagen tummelten. Hatten am Rande der
Stadt hohe Mauern die lang gezogenen Grundstücke getrennt,
standen die Häuser hier dicht an dicht. An den Fleischschran-
gen ein Stück weiter warteten vereinzelte Knochenhauer auf
Kundschaft. Die Straßen wurden enger und dumpfiger. Schließlich hielten sie vor dem einzigen Backsteinhaus zwischen lauter
Fachwerkbauten. Schlank und stolz schoben sich die Treppen-
giebel gen Himmel.

»Da sind wir – uppe deme mere«, sagte Gevehard. »Bequem
gelegen zwischen Gildenhaus, Burgberg und Sülze.«

Wie die Straße zu ihrem Namen gekommen war, konnte sich
Jakoba nicht erklären. Ihrem Bruder schien es ähnlich zu gehen. »Die Lüneburger müssen aber auch immer übertreiben! Ein
Meer ist hier doch weit und breit nicht zu sehen, nur die Ilmenau«, sagte Anno grinsend.

Gevehard blieb ernst. »Unser Fluss ist die Lebensader der
Stadt. Ohne die Ilmenau und die Sole wäre Lüneburg nichts«,
sagte er gewichtig. »Vor ein paar Jahren tat sich hier zuletzt die
Erde auf. Ein Erdrutsch verschlang ganze Häuser. Man sagte,
es sei eine Folge der Arbeiten an der Saline. Der Trichter wurde
verfüllt. Seitdem ist es bestes Bauland – und günstig dazu, da
kann man sich auch feine Ziegel leisten.«

An das Giebelhaus grenzte ein zweistöckiger Anbau mit einem Tor. Als sie es durchfahren hatten, erstreckte sich vor ihnen

ein langes und schmales Grundstück, das von einem Flügelanbau an der Rückseite des Giebelhauses, Ställen und einer Mauer eingerahmt war. Dieses Haus war prächtiger als die meisten Burgen, die Jakoba kannte. Und das sollte von nun an ihr Heim sein?

Kaum war Gevehard abgesessen, waren schon Knechte zur Stelle und nahmen ihrem Herrn und seinen Gästen die Pferde ab. Jakoba hatte die ganze Zeit schon ein unwirkliches Gefühl gehabt, das sich zuletzt noch gesteigert hatte. Wie hatte sich ihr Leben so schnell verändern können? War sie nicht gerade noch im Kloster gewesen? Nun war sie verheiratet, und dann noch mit diesem reichen und anscheinend freigebigen Mann. Ihre furchtbare Hochzeitsnacht und die Ablehnung, mit der Gevehard ihr bislang begegnet war, kamen ihr wie ein böser Traum vor. War er lediglich verärgert über ihr Benehmen gewesen? Müsste sie möglicherweise nur gefälliger sein, damit sie seinen Unmut nicht wieder weckte? Sanft, liebenswürdig und fügsam sollten Frauen sein, hieß es. Er wollte eine adelige Dame, die sich standesgemäß benahm – also würde sie es tun.

Schon im Hof roch sie, dass im Haus gesotten und gebraten wurde. Die Patrizier, die ihrer Hochzeit beigewohnt hatten, verabschiedeten sich. Jakoba wusste nicht, was sie hinter diesen Türen erwartete. Nicht einmal über den Ablauf des Tages hatte man mit ihr gesprochen.

Gevehard führte ein hitziges Gespräch mit einem der Knechte, einem kahlen Mann mittleren Alters, der seine Kappe nervös in den Händen drehte. Jakoba verstand nicht, worum es in dem Wortwechsel ging, aber als Gevehard sie in die Diele des Hauses führte, schien er noch immer zornig zu sein. Obgleich es draußen noch hell war, brannten hier bereits Kerzen. Vor einem stufenartig aufgebauten Kredenztisch, dessen Regale leer standen, stellte ein Knecht die Kisten mit dem Silbergeschirr und den Waldgläsern, die gestern noch die Festtafel auf der Dahlenburg geziert hatten. In der Mitte einer Wand prangte ein Heiligenbild, vor dem ebenfalls eine dicke Kerze leuchtete. Von der Diele gingen die Küche und zwei weitere Räume ab.

Das Gesinde reihte sich vor ihnen auf, und Gevehard stellte Jakoba als neue Hausherrin vor. Sie begrüßte die Männer und Frauen freundlich und versuchte, sich Namen und Gesichter einzuprägen. Die Mägde Beke, eine magere, streng wirkende ältere Frau, und Lene, ein Mädchen noch, die Wangen von einem Ausschlag gezeichnet, die Finger verschüchtert gefaltet. Die zwei Knechte mit den Namen Ecko und Smet. Der Gehilfe Pepeke – schief von dem verzogenen Mund über eine hochstehende Schulter bis zu den säbelförmigen Beinen.

»Zieht für den Kirchgang das rote, perlenbestickte Kleid an«, forderte Gevehard sie auf.

Lene wandte sich Jakoba zu. »Folgt mir, Domina Jakoba. Ich zeige Euch Euer Gemach«, sagte die Magd. Auch Anno und Immeke begleiteten sie die Wendeltreppe hoch.

Im ersten Stock befanden sich vier Zimmer. Jakoba wurde in eine geräumige Kammer geführt, deren Fenster sich zum Hof hin öffnete. Die Einrichtung bestand aus einem Himmelbett, einem Waschtisch und einer Glutpfanne. Alles schien sauber und ordentlich – und dennoch kam es ihr vor, als ob hier irgendetwas nicht stimmte.

Sie wusch sich den Straßenschmutz ab, wurde jedoch durch ein scharfes Knallen aufgestört. Als sie den Fensterladen einen Spalt weit öffnete, sah sie, wie ihr Ehemann den kahlen Knecht schlug. Was hatte Ecko getan, dass er diese Strafe verdiente? Überwog bei ihrem Ehemann etwa auch das cholerische Temperament? Aber er war so anders als Anno! Als sie sich wieder angekleidet hatte, rief sie Lene und bat, Paul zu ihr zu bringen.

»Den Burschen? Der Herr hat ihn in den Stall geschickt, er soll dort dem Knecht helfen«, sagte die Magd ausweichend.

»Bitte hol ihn trotzdem«, beharrte Jakoba.

Trotzig hatte Paul die Arme vor der Brust verschränkt, als er eintrat. »Warum habt Ihr mich mitgenommen?«, fragte er Jakoba mit dem Misstrauen eines Menschen, der wenig Gutes im Leben erfahren hatte.

»Wärst du lieber auf der Dahlenburg geblieben?«

Beinahe entrüstet schüttelte Paul den Kopf.

»Na also. Ich wusste, dass du es auf der Burg nicht aushalten würdest. Wenn du dich schon allein durchschlagen willst, ist die Stadt ein besserer Ausgangspunkt als das Land.« Er schien über ihre Antwort verwundert. Jakoba war aber sicher, dass er sie verstanden hatte, und wechselte das Thema: »Warum wurde der Knecht geschlagen?«, fragte sie.

»Eines der Pferde von Meister Gevehard ist wohl krank. Er sagt, Ecko habe sich nicht gut um das Tier gekümmert. Der Meister scheint streng zu sein, die Knechte fürchten ihn.«

»Weißt du, was heute noch hier geschehen wird?«

»Wisst Ihr es denn nicht? Alle reden davon. Es wird einen Gottesdienst geben, bei dem Eure Ehe noch einmal eingesegnet wird. Der Knecht meinte, Meister Gevehard habe dem Priester etliche große Wachskerzen und ein Stübchen Wein dafür gespendet. Anschließend gibt es ein Festmahl hier im Haus. All die reichen und bedeutenden Leute aus Lüneburg kommen – und das sind 'ne Menge.«

Jakoba versuchte, in seinem Gesicht zu lesen. »Bist du schon mal in der Stadt gewesen?«

Pauls Gesicht verschattete sich. »Mit Vater. Wir haben hier ein paar Tage gebettelt und uns in Ställen und unter Brücken versteckt, bevor sie uns aus der Stadt gejagt haben. Da sind wir raus aufs Land, bis nach Dahlenburg. Den Rest kennt Ihr ja.«

»Glaubst du, andere aus deiner Gemeinschaft sind ebenfalls wieder hierhergekommen?«

Er hob die Schultern. »Weiß sowieso nicht, ob sie mich mitnehmen würden.« Er kratzte verlegen an seinem vernarbten Ohr, das er unter längerem Seitenhaar zu verbergen versuchte. »Ich muss wieder zurück. Will es mir mit dem Knecht nicht gleich verscherzen. Hat angedroht, mir das Essen zu streichen.«

Da hätte sie ja wohl auch noch ein Wörtchen mitzureden. Trotzdem sagte sie: »Dann geh lieber. Danke, Paul.«

Als sie ihm wenig später folgte, waren in der Diele bereits die Tafeln aufgestellt und eingedeckt worden. Jakoba fragte nach ihrem Mann und erfuhr, dass er in seinem Gemach sei. Sie wollte ihm folgen, aber man beschied ihr, dass sie doch in der Stube warten möge. Nun kamen auch Anno und Immeke herunter. Sie wirkten, als hätten sie gestritten. Schweigend warteten sie, bis Gevehard sich zu ihnen gesellte.

Gemeinsam schritten sie zur nahe gelegenen Lamberti-Kirche. Der Haupteingang im Turmportal befand sich gegenüber der Saline, und tatsächlich war sie das Gotteshaus der Altstadt und der Salzherren und Sülzer, wie Gevehard erklärte. Auf dem freien Platz vor der Saline fand der Salzmarkt statt. Gevehard wies auf ein Häuschen neben dem Kirchturm. »Mit dem Zöllner habe ich oft zu tun. Kein Schmuggler kommt hier ungeschoren durch! Der Herzog weiß unsere Sorgfalt zu schätzen.«

Auch die Lüneburger Bürger begegneten Gevehard mit Respekt. Jedermann nickte ihm hochachtungsvoll zu, und manche hohen Herren suchten das Gespräch mit ihm. Jakobas neues Kleid, das ihr mit den Perlen und Silberfäden etwas zu protzig für den Kirchgang erschienen war, wurde von den Bürgerinnen scheel beäugt. Ohnehin fühlte sie sich unwohl darin, denn das Kleid saß schlecht. Während der Messe wurde ihre Ehe tatsächlich noch einmal gesegnet. Anschließend gingen sie mit fünfzehn Patriziern und deren Frauen zu Reppenstedes Haus zurück, das inzwischen erneut von Notleidenden umringt war. Wieder durfte Jakoba großzügig Almosen verteilen. Fast alle Bettler schienen krank zu sein, und Jakoba wünschte, sie hätte Salben und Kräutertränke, um ihnen zu helfen.

In der Diele taten ihr Mann und die Gäste sich bereits an Hippocras und Konfekt gütlich. Der Gedanke, angesichts der Hungernden so zu schlemmen, machte Jakobas Brust eng, und die heiteren Plaudereien fielen ihr schwer. Erst der warme Würzwein löste ihre Beklemmung. Sie ließ ihren Blick freier über die Gästeschar wandern. Gevehard sprach mit einem Mann, auf dessen Kragen eine imposante Kette glänzte, wohl der Bürgermeister. Anno war im angeregten Gespräch mit einigen Männern, von denen ihr einer vage bekannt vorkam – ein älterer Herr mit aschblondem Schopf und spöttischem Blick. Als sich ihre Augen trafen, musterte er sie eingehend und machte eine Bemerkung zu Anno; ihr Bruder nickte darauf nur. Wo hatte sie ihn schon mal gesehen? War es am Hof ihres Vaters gewesen?

Jakoba hatte keine Gelegenheit, darüber nachzudenken, denn die Damen erkundigten sich nun ausführlich nach ihrem Kleid, ihrem Schmuck und dem Familiensitz. Das Festmahl war noch üppiger als in der Dahlenburg, es gab mehrere Sorten Fleisch und Fisch, dennoch ging es gemessener zu. Getanzt wurde nicht, aber der Spielmann sang zur Laute liebliche Weisen und ließ auch den Lobgesang auf Jakobas tapfere Vorfahren nicht aus. Bei Tisch drehte sich das Gespräch um die Hungersnot und die Folgen für den Handel. Jakoba erfuhr, dass es nicht nur den Menschen im Fürstentum Lüneburg schlecht ging, sondern dass auch in Flandern, England und Frankreich gehungert wurde. Manche Herren schienen nicht bekümmert darüber zu sein. Durch das schlechte Wetter sei die Salzproduktion an vielen Orten eingebrochen, in Lüneburg jedoch nicht, was den Preis in die Höhe treibe, freuten sie sich.

Wenn es den Lüneburgern so gut geht, warum gibt es dann auf den Straßen so viele Bettler?, dachte Jakoba erbost, wagte aber nicht, es laut zu sagen.

Die Unterhaltung wandte sich einem neuen Bund zum Wohle des Handels zu, dem Lübeck und Hamburg bereits beigetreten waren. Auch die Lüneburger überlegten, ob sie sich diesem sogenannten Hansebund anschließen sollten.

Unauffällig beobachtete sie ihren Mann. Gevehard sprach mal mit diesem, mal ging er zu jenem. Meist wirkte er leutselig, manchmal jedoch schien ein Schleier über sein Gesicht zu ziehen, ein dunkler Gedanke, eine Trauer, die ihr ganz und gar nicht angemessen für eine Hochzeitsfeier erschien. Was plagte ihn? War er ebenso unglücklich über die Heirat wie sie? Aber warum?

Gelächter erregte ihre Aufmerksamkeit. Der Aschblonde hatte offenbar gerade eine Bemerkung gemacht, über die sich die Männer um ihn herum amüsierten. Ihr Mann trat hinzu und fragte, was so lustig sei. Als Gevehard eine Antwort bekam, flackerte sein zorniger Blick zu ihr – für einen Augenblick nur, und doch durchfuhr es Jakoba heiß. Schon hatte Gevehard sich wieder gefangen und sagte etwas, worüber nun die Männer lachten und was den Spötter die Lippen krausziehen ließ. Was es auch war – ihr Mann schien sich umgehend bei ihm revanchiert zu haben. Den Rest des Abends konnte Jakoba den Gesprächen kaum noch folgen. Was hatte der Aschblonde über sie gesagt? Und woher kannte sie ihn nur?

Als sich die anderen Frauen verabschiedeten, zog sie sich ebenfalls zurück. Das Himmelbett in ihrer Kammer sah gemütlich aus, die Decken waren frisch und sauber. Die Glutpfanne verbreitete Wärme, und das getrocknete Bund Lavendel, das in einer Ecke hing, verströmte Wohlgeruch. Trotzdem scheute sie sich, ins Bett zu gehen. Würde Gevehard sie heute in Ruhe lassen? Immerhin hatte er reichlich dem Wein zugesprochen. Wenn sie schon schliefe, würde er sie vielleicht nicht wecken …

Sie lenkte sich ab, indem sie sich eingehend umsah. Auf einmal ging ihr auf, was sie hatte stutzen lassen. Alles wirkte neu, unbenutzt. Keine Schramme war auf dem Tisch, kein loser Faden am Stoff.

Als sie Schritte hörte, fuhr sie herum. Im nächsten Moment

war Gevehard schon eingetreten. Gewaltig ragte seine Gestalt neben ihr auf. Er stank nach Wein und wankte leicht. Hatte sie einen Säufer geheiratet? Da riss eine Ohrfeige sie von den Füßen. Jakoba krachte mit der Flanke gegen die Bettkante. Sie schmeckte Blut.

Gevehard packte ihren Arm und zog sie hoch, als wöge sie nichts. »Eine … Hure bist du! Hast dich einem … dahergelaufenen Pillendreher hingegeben! Hast deinem ersten Mann ein Balg untergeschoben! Das hat mir dein feiner Bruder aber nicht gesagt, als er dich mir … angepriesen hat!«

Sie spürte seinen Spuckeregen in ihrem Gesicht und neigte sich weg.

Hart umfasste er ihr Kinn und zwang sie, ihn anzusehen. »Du wendest dich nicht von mir ab – du nicht!«

Jakoba wollte sich befreien, aber er stieß sie auf das Bett und riss ihr den Rock hoch. Grob drückte er ihre Beine auseinander. Sie wollte schreien, doch da war schon seine Hand auf ihrem Mund.

6

Erst als der Morgen dämmerte, waren ihre Tränen versiegt. Ihre Lippe war aufgeplatzt, die Wange geschwollen, ihre Seite geprellt. Schlimmer jedoch war die Erniedrigung. Ihr Unterleib brannte, und sosehr sie ihre Haut auch geschrubbt hatte, nachdem Gevehard gegangen war, sie hatte doch seinen Geruch auf sich getragen. Nie hätte sie sich darauf einlassen dürfen, erneut zu heiraten! Nie hätte sie nachgeben dürfen!

Besser wäre ich gestorben, dachte Jakoba hoffnungslos. Sie wusste, sie sollte aufstehen. Anno und Immeke würden heute abreisen. Sie musste mit ihrem Bruder reden, ihn bitten … ja, was bitten? Ihre Ehe war vor Gott geschlossen worden, eine Scheidung unmöglich. Schläge unter Eheleuten waren üblich, das hatte sie oft genug erfahren. Solange ein Mann seiner Frau keine Knochen brach oder sie gar tötete, würde niemand ihr helfen. Und Anno hatte auch gar kein Interesse daran, diese Ehe zu zerstören. Nein, sie war auf sich allein gestellt.

Ohne Vorwarnung und ohne dass sie auch nur einen Schritt gehört hatte, öffnete sich die Tür. Ihr Ehemann – Jakoba kroch tiefer unter die Decke. Würde er ihr wieder etwas antun? Gevehard trat zur Glutpfanne und starrte in die schwach glimmenden Scheite. Ängstlich setzte sie sich auf.

Nach einem schier endlosen Moment der Stille fragte er: »Was hast du mir zu sagen?«

Jakoba nahm ihren Mut zusammen. »Es ist wahr, der Leibarzt meines Vaters hat mich verführt. Ich war … ich war jung und naiv. Ich bereue es, das kannst du mir glauben. Aber niemand weiß davon.«

Noch immer drehte Gevehard sich nicht zu ihr um, aber sie bemerkte, wie er die schlaffen Wangen aufpumpte. »Magister Bruno weiß davon. Und seit gestern Abend auch noch einige andere Herren.«

Magister Bruno – der Name brachte etwas in ihr zum Klingen. Der aschblonde Spötter war es gewesen, der Mann, der ihren Vater beim Ausbau der Vorburg beraten hatte! Einige Wochen hatte er auf der Dahlenburg verbracht. Es war die Zeit gewesen, in der sie sich so verhängnisvoll verliebt hatte. Der Leibarzt und der Baumeister mussten sich später wiedergetroffen haben. Als sie sich vorstellte, wie Tiedemann mit seiner Eroberung geprahlt hatte, wurde ihr schlecht.

»Ich hätte Verständnis dafür, wenn du die Ehe auflösen lassen willst. Möglicherweise würde der Bischof … ich würde ins Kloster nach Ebbekestorpe zurückgehen und fiele dir nicht zur Last«, schlug sie vor.

Gevehard stieß einen kehligen Laut aus, eine Mischung aus empörtem Schnauben und ungläubigem Lachen. »Zu spät. Diese Blöße werde ich mir nicht geben. Nein, mir wird schon was einfallen, um diesem Baufritzen das Maul zu stopfen. Unglücklicherweise ist er beim Ausbau des Gildenhauses beschäftigt, der Rat braucht mehr Platz.« Gevehard sah sie an. Jakoba fiel es schwer, seinem stechenden Blick standzuhalten. »Führ dieses Haus, wie es sich gehört, und schenk mir Söhne. Das ist alles, was ich von dir verlange. Wer keine Kinder hat, der weiß nicht, warum er lebt«, zitierte er eine alte Weisheit.

Ergeben sah sie auf ihre Hände. Ein wenig hatte sie gehofft, er würde sie freigeben. »Ich werde mich bemühen, deinen Wünschen nachzukommen.«

»Bemühen ist nicht genug. Du musst es tun!«, forderte er. »Heute ist Eddag, trag also einen Schleier, damit man dein Gesicht nicht so genau sieht. Glücklicherweise hat Herzog Otto mir noch nicht mitgeteilt, wann wir ihm unsere Aufwartung machen können. Bei ihm, dem ›Strengen‹, wie man den Herzog zu Recht nennt, hättest du dich in diesem Zustand kaum sehen lassen können – du blamierst mich ja«, sagte Gevehard, als sei ihr zerschlagenes Aussehen ihre Schuld. Erst als er gegangen war, ging ihr auf, dass er sein brutales Verhalten weder erwähnt noch sich dafür entschuldigt hatte.

Jakoba legte ihr Gebende an und drapierte ihren Schleier so, dass er ins Gesicht fiel. Beim Gehen schmerzte ihre Prellung. Sie musste herausfinden, ob es in diesem Haus Heilkräuter oder Salben gab. Von der Magd hörte sie, dass Gevehard bereits vorausgegangen war und Anno und Immeke schon gegessen hatten. Ihre Schwägerin bemerkte Jakobas Verletzung sofort, aber Immeke zeigte keinerlei Mitgefühl. Jakoba hatte keinen Hunger, also machten sie sich sogleich auf den Weg zum Gildenhaus, wo der Gerichtstag abgehalten wurde. Ausnahmsweise regnete es nicht, sondern es waren sogar einige hellblaue Flecken am Himmel zu sehen. Unterwegs rang Jakoba sich durch, ihrem Bruder den Vorfall zu gestehen. Vielleicht würde er sich ja doch für sie stark machen.

Anno grinste schief. »Gevehard hat dich geschlagen? Dann wirst du es schon verdient haben. Ich kenne dich gut und weiß, dass du einen Mann zur Weißglut treiben kannst.«

Hilfesuchend sah Jakoba Immeke an. Ihre Schwägerin zupfte nervös an ihrer Kette, als wüsste sie nichts zu sagen.

Mit ihnen strebten unzählige Bewohner der Stadt dem Neumarkt entgegen. In der Nähe des Kaaks an der Nordostecke des Gildenhauses war ein Geviert abgesperrt, das von Ritterschaft, Patriziern und einfachem Volk umlagert wurde.

Immeke schien sich in dem Gewimmel unwohl zu fühlen, denn sie klammerte sich an den Arm ihres Mannes. »Was ist denn das für ein Auftrieb? Werden wir denn wirklich noch ein Plätzchen finden? Vielleicht sollten wir die Gelegenheit nutzen und schon abreisen – die Wege sind sicher jetzt vollkommen frei, und wir wären schnell wieder zu Hause.«

»Es ist Pflicht, beim Schwör- und Gerichtstag zu erscheinen, Dummchen, wie soll man sonst wissen, was Recht ist?« Anno machte sich los. »Ah, die edlen Herren von dem Berge und von Meding«, begrüßte er zwei Ritter leutselig. Die Adeligen wollten ihn abblitzen lassen, doch Anno blieb hartnäckig.

Während sie warteten, nahm Jakoba die Szenerie in sich auf. Unter einer Eichentafel mit dem Stadtwappen saßen Gevehard und zwei weitere Männer. Eine Reihe Gerichtsdiener umstand mehrere Gestalten. Waren das die Übeltäter, über die geurteilt werden würde? Auch zwei Frauen waren darunter. Endlich hatte Anno seine Plauderei beendet. Resolut bahnte er ihnen einen Weg zwischen den Zuschauern, bis sie direkt hinter der Absperrung zum Stehen kamen. Jakoba war kalt, aber sie wusste, dass nicht einmal ein Wärmeapfel den Frost in ihrem Herzen vertreiben würde.

Gevehard begrüßte, den Gerichtsstab in der Hand, laut und sehr würdevoll die Anwesenden. »Ihr guten Leute, als Subadvocatus des herzoglichen Vogtes Nikolas van der Molen, der leider erkrankt ist, eröffne ich nun den Eddag«, schloss er seine Rede. Danach verlasen der Bürgermeister und er abwechselnd neue Verordnungen und Gesetze. Unruhe machte sich während des langweiligen Vortrags breit, es gab Zwischenrufe, und Immeke seufzte vernehmlich. Jakoba sehnte sich nach einer Sitzgelegenheit. Immer stärker schmerzte ihre Seite, und ihr kam es so vor, als würden die anderen Frauen ihr die Schläge ansehen.

Als die Verlesung beendet war und das Niedergericht abgehalten wurde, kam Bewegung in die Menge. So oft gab es Zwischenrufe, Applaus oder Pfeifen, dass die Büttel für Ruhe sorgen mussten. Bei der ersten Verhandlung ging es um Fischereirechte. Ein Edelmann und ein Bürger standen sich unversöhnlich streitend gegenüber. Bei dem See des Adeligen war ein Damm gebrochen und hatte ein Feld überschwemmt, woraufhin der Knecht des Bürgers dort Fische gefangen hatte.

»Was für ein Schelm – der muss als Dieb hingerichtet werden! Natürlich gehören die Fische dem Edelmann!«, verkündete Anno im Brustton der Überzeugung.

Gevehard hörte sich geduldig die Schilderungen der Kontrahenten an und entschied dann, dass der Knecht so lange weiter Fische fangen dürfe, bis der Damm wiederhergestellt sei. »Dit ist dat Recht«, entschied er schließlich zugunsten des Bürgers.

Einige Adelige machten ihrer Empörung lauthals Luft, und auch Anno knurrte: »Ich denke, er will einer von uns werden – dann sollte er sich keine hochwohlgeborenen Feinde machen!«

Bei der nächsten Klage urteilte Gevehard gegen einen Bürger und brachte damit die Patrizier gegen sich auf. Sogar der Bürgermeister wollte ihn zu einem anderen Urteil überreden, doch Gevehard blieb standhaft. Jakoba musste sich eingestehen, dass Gevehards Entscheidung und sein ganzes Auftreten ihr Respekt einflößten. Offenbar scheute er sich nicht, zwischen allen Stühlen zu sitzen oder Anstoß zu erregen, solange er von der Richtigkeit seines Verhaltens überzeugt war.

Als eine verheerend aussehende Frau vor das Gericht gebracht wurde, ging ein Raunen durch die Menge. Sie war die Witwe eines Hirten und am vorigen Tag brutal überfallen worden. Die Frau konnte eine so gute Beschreibung des Täters abgeben, dass Zuschauer ihn erkannten. Gevehard schickte sogleich Gerichtsdiener los, um den Täter wegen Notzucht dingfest zu machen. Anschließend bestimmte er, dass das Haus der Hirtin abgebrannt und alle Tiere, die zum Zeitpunkt der Gewalttat dort gewesen waren, enthauptet werden sollten, was Jakoba sinnlos erschien. Bevor sie aber Anno darauf ansprechen konnte, wurde eine Dame vor das Niedergericht geführt. Jung und hübsch schien sie zu besonders vielen Zwischenrufen anzuregen, die sich noch steigerten, als die Anklage verlesen wurde: Sie wurde beschuldigt, ihren Ehemann vergiftet zu haben. Der Mann stand jedoch gesund neben ihr und berichtete munter davon, dass sie ihm Gift ins Essen und in den Wein gemischt habe, um ihn loszuwerden. Weitere Zeugen bestätigten, dass sie ihren Mann gehasst und immer mit Kräutern hantiert habe. Gevehard besprach sich mit den Beisitzern und verurteilte sie zum Feuertod. Noch an diesem Abend sollte sie auf dem Galgenberg vor den Toren der Stadt brennen. Die Menge war begeistert. Flehend warf die Frau sich zu Gevehards Füßen. Er half ihr ruhig auf und übergab sie den Gerichtsdienern.

Jakoba war entsetzt. Wie konnte die Dame als Giftmischerin verurteilt werden, wenn der Mann noch lebte? Sie sprach auf dem Heimweg Anno darauf an, aber ihr Bruder wiederholte nur gleichgültig: »Dit is dat Recht.« Ohnehin schien er mit den Gedanken ganz woanders zu sein.

Bei ihrer Rückkehr wartete vor dem Haus der Kobelwagen, den Wulf und ein Knecht mit Fässchen und Paketen beluden. »Ah, alles ist zum Aufbruch bereit«, freute sich Anno.

Jakoba fühlte sich hintergangen. Ihr Bruder und seine Frau mussten ihren Großeinkauf von langer Hand vorbereitet haben – auf ihre Kosten. »Ich hoffe sehr, dass du alles erreicht hast, was du wolltest«, sagte sie zu Anno.

Er schien die Schärfe in ihrer Stimme nicht wahrzunehmen. »Ich werde beim Ziegelhof des Rates Steine bestellen, vielleicht haben sie auf dem Bauhof auch Schieferplatten für das Dach vorrätig. Was den Dienst im Auftrag der Stadt angeht, sieht es ebenfalls gut aus. Wenn ihr uns das nächste Mal besucht, dein Mann und du, werdet ihr einen gänzlich erneuerten Bergfried vorfinden.«

Nun kam auch Gevehard vom Eddag zurück. Sie gingen ins Haus, wo bereits alles für das Essen vorbereitet worden war. Eine Weile unterhielten sich Anno und Gevehard über die verschiedenen Taten, die vom Niedergericht verhandelt worden waren.

»Ich verstehe nicht, warum die Dame zum Feuertod verurteilt wurde. Ihr Mann lebt doch noch – wie kann sie ihn vergiftet haben?«, mischte sich Jakoba schließlich ein.

»Giftmischerei ist ein Beweis dafür, dass ein Mensch mit dem Christenglauben gebrochen hat. Sie ist ein Verbrechen gegen das Leben – und zugleich Ketzerei. Die Erde muss von dieser Hexe gereinigt werden«, erwiderte Gevehard kühl.

»Und die arme Hirtin! Warum müssen ihre Hütte abgebrannt und ihre Tiere enthauptet werden? Nun hat sie nichts mehr!«

Anno drehte sein Glas zwischen den Fingern. »An deiner Reaktion sieht man, dass ihr Weiber nichts vom Recht versteht. Du solltest dir ein Vorbild an Immeke nehmen und das Maul halten.«

»Die Hütte ist der Ort der Schandtat und muss wie die Giftmischerin von der Erde getilgt werden. Die Tiere hingegen werden genauso enthauptet wie der Missetäter, weil sie die Tat mitangesehen haben, ohne sie zu verhindern«, erklärte Gevehard ihr.

»Wie könnten Ziegen eine Notzucht verhindern!«, brach es aus Jakoba heraus.

Sie bekam von ihrem Bruder unter dem Tisch einen Tritt gegen das Schienbein. »Dit is dat Recht«, sagte Anno und hob das Glas, als sei es ein Trinkspruch.

Gevehard stieß mit ihm an. »Auch der Missetäter wird seinen Kopf verlieren, dafür werde ich sorgen. Dann ist dieses Unrecht gesühnt.«

Nach dem Essen verabschiedeten sich Anno und Immeke. »Gehab dich wohl, Süsken. Und mach uns keine Schande«, mahnte ihr Bruder. Immeke hauchte Jakoba einen Kuss auf die Wange. Dann fuhren sie davon.

Lange sah Jakoba ihnen nach. Obgleich sie allein zurückblieb, spürte sie keinen Kummer, weil ihre nächsten Verwandten sie verließen, und gleichzeitig schämte sie sich dafür. Sollte die eigene Familie, das eigen Fleisch und Blut, nicht das Wichtigste im Leben sein? War sie wirklich so herzlos? Aber war es nicht im Gegenteil so, dass Anno mit seiner teilnahmslosen Antwort wieder einmal seine Kälte unter Beweis gestellt hatte? Es würde ihr ohne ihn besser gehen, das wusste sie gewiss. Angst verspürte sie nur vor dem, was sie in dem Haus erwartete, das von nun an ihr Heim sein würde. Gevehard hatte keinen Zweifel an seinen Erwartungen gelassen. An diesem Abend forderte er sie auf, sie zur Hinrichtung auf den Galgenberg zu begleiten, aber sie schüzte Unpässlichkeit vor. Tatsächlich schmerzte ihre Flanke, als ob sie sich ernsthaft verletzt hätte. Gevehards Anwesenheit wurde jedoch am Scheiterhaufen erwartet, und sie hörte ihn nicht zurückkommen. In dieser Nacht ließ er sie in Ruhe.

Als sie am nächsten Morgen aufwachte, wurde im Haus bereits eifrig gewerkelt. Ein Besen kratzte über den Holzboden, in der Küche klapperten Töpfe, im Hinterhof riefen die Knechte sich etwas zu. Jakoba ging hinunter. Zu sehen war niemand. Wo war Gevehard? War er den ganzen Tag unterwegs? Begleitete der Gehilfe ihn? Wann hatte sie für Essen zu sorgen? Was waren ihre Aufgaben in diesem Haushalt? Der Hof ihres verstorbenen Mannes war klein gewesen, um alles hatte sie sich selbst kümmern müssen. Da er immer gegen die Schulden angekämpft hatte, war nie Geld im Haus gewesen. Sie hatten eher wie Bauern denn wie Adelige gelebt. Jakoba hatte Wasser vom Fluss geholt, sogar um das Vieh hatte sie sich kümmern müssen. All das würde sie hier nicht nötig haben. Vielleicht sollte sie sich Gevehards krankes Pferd mal anschauen …

Sie ging in die Küche, wo die Magd Beke, die offenbar für die Haushaltung zuständig war, gerade die Reste des Festbratens in eine Mischung aus Essig und Kräutern einlegte.

»Domina Jakoba, was macht Ihr denn hier?«, fragte Beke überrascht. Sie musterte Jakoba, die peinlich berührt den Schleier tiefer zog. »Ich bringe Euch eine schöne Morgensuppe in die Stube.« Nachdem Jakoba gegessen hatte, meinte Beke: »Soll ich die Magd rufen, damit sie den Stickrahmen ans Fenster Eures Gemachs stellt? Der Tuchhändler hat bereits die Stoffe vorbeigebracht.«

»Stoffe?«

»Für neue Tischwäsche mit dem Familienwappen, Kleider und so weiter. Meister Reppenstede sagte, Ihr würdet die Feinstickereien selbst übernehmen.«

Auch das noch, dachte Jakoba. »Dann werde ich das später auch tun. Erst würde ich mich gerne ein wenig im Haus umsehen. Kannst du mich herumführen?«

Die Magd zupfte unsicher an ihrem Kopftuch. »Der Gehilfe zeigt Euch alles. Pepeke!«, rief sie in den Hinterhof. »Nun komm schon!«

Pepeke trat ein. Er hielt ein Wachstafelbüchlein und einen Griffel in den Händen.

»Was gibt's denn? Ich kontrolliere gerade das Viehzeu…«, begann er unwirsch, dann entdeckte er Jakoba und neigte das Haupt.

»Die Herrin möchte das Haus sehen. Ich dachte mir, du führst sie am besten herum.«

Jakoba sah, dass ihm der Auftrag gar nicht recht war. »Wir können gerne beim Vieh anfangen. Ich brauche nur schnell meine Trippen«, sagte sie.

»Aber Herrin …« Pepeke wollte etwas einwenden, doch Jakoba bat Lene bereits, ihre Trippen zu holen. Die Magd eilte sich und half Jakoba wenig später, die Holzgestelle unter die Seidenschuhe zu binden. Jakoba war froh über die Hilfe der Magd; mit ihrer geprellten Seite konnte sie sich nur schlecht bücken.

»Haben wir eigentlich Heilkräuter im Haus? Salben?«, wollte Jakoba wissen.

»Nur das, was im Küchengarten ist, und ein wenig getrocknete

Küchenkräuter. Außerdem einige Tiegel im Gemach der … im Nachlass der alten Herrin«, sagte Lene.

»Kann ich diese Tiegel mal sehen?«

Die Magd und der Gehilfe wechselten einen Blick. »Da müsst Ihr Meister Reppenstede fragen.«

Trotz seiner Verkrümmung ging Pepeke erstaunlich behände voraus. Im Stall starrten die Knechte sie überrumpelt an. Paul mistete aus. Er war verschwitzt, seine Kleidung war verdreckt. Pepeke zeigte ihr die Pferde, außerdem gab es Hühner, Kaninchen und Schweine. Wenn sich erst in einer Hungersnot der wahre Reichtum eines Mannes zeigte, dann war Gevehard wirklich sehr reich. Das kranke Pferd entdeckte sie sofort, lief ihm doch eine zähe Flüssigkeit aus den Nüstern. Was war es noch, das dagegen hilft?, grübelte Jakoba, aber es fiel ihr nicht ein.

Das Kräuterbeet war von welkem Pflanzenmatsch bedeckt, Schösslinge ließen sich noch nicht sehen. Vor der Glintmauer befand sich ein eigener Brunnen, ein besonderer Luxus. Pepeke führte sie in die Gesindekammern und die Vorratsräume im Flügelanbau sowie zu einer Kammer, in der ein großer Holzzuber stand. Alles schien wohlgeordnet und üppig. Noch nie hatte sie ein Haus gesehen, in dem sich so viele Dinge befanden – allein die vielen teuren Kerzen! Zu Hause hatte es alltags nur stinkende Talglichter gegeben. Immer wieder kratzte Pepeke etwas in die Wachstafel.

»Was notierst du?«, wollte Jakoba wissen.

»Ich zähle jeden Tag das Vieh und die Vorratssäcke, notiere, wie viel wir verfüttern, und die Anzahl der Eier«, sagte er.

»Jeden Tag?«

»Meister Reppenstede will es so.«

Im ersten Stock gab es neben ihrer Kammer das Gästezimmer, das gerade gereinigt wurde, und einen Raum, der nicht geöffnet wurde, weil der Herr es nicht wünschte. In der Diele wurde der Tisch eingedeckt. Sie warfen einen Blick in den Keller, wo unter anderem das lose Salz aus der Saline gelagert wurde, und zuletzt in die Dornse. Der Raum zur Straße hin war Gevehards Schreibkammer. Die Wände der Dornse waren bemalt. Eine grobe Silhouette Lüneburgs war zu sehen: der Kalkberg mit der Burg, rötliche Häuser und darüber ein stilisierter Mond; wohl ein Symbol für die heidnische Göttin Luna, die der Stadt den Namen gegeben hatte. Jakoba erinnerte sich noch gut an die Sage, dass die Bewohner der Gegend in grauer Vorzeit eine Lunasäule auf dem Kalkberg angebetet hatten. Erst Karl der Große hatte ihnen das Licht des Glaubens gebracht. Vor dem Fenster der Dornse stand ein Schreibpult samt Tintenfass, Federmesser und Gänsekiel. Ein Gutteil der rückwärtigen Wand bedeckte ein Kachelofen.

Die Glocke der Lamberti-Kirche schlug. »Der Herr kommt gleich zum Mittagsmahl, und ich bin noch nicht fertig!«, sagte Pepeke unglücklich.

»Ich werde ihm sagen, dass ich dich aufgehalten habe«, beruhigte Jakoba ihn. »Nur eines noch: Ich benötige einige Heilkräuter. Gibt es eine Kräuterfrau in Lüneburg?«

Pepeke schob das Kinn vor. »Wir haben sogar einen Apotheker, draußen bei der Sankt-Cyriaci-Kirche.«

»Dann werde ich ihn aufsuchen.«

»Ich kann eine Magd schicken.«

Jakoba dachte an die verschiedenen Mittel, die sie gerne zur Versorgung ihrer Wunden und für die Kranken hätte. »Nein, mir ist es lieber, wenn ich ihm selbst sage, was ich brauche.«

In diesem Augenblick kam Gevehard herein, gefolgt von einem Patrizier. Er nahm Pepeke die Wachstafel aus der Hand und kontrollierte die Notizen. »Noch nicht fertig?«, brummte er.

»Ich habe Pepeke gebeten, mir das Haus zu zeigen, damit ich schalten und walten kann, wie du es wünschst, Gemahl«, mischte sie sich ein.

Gevehard schien trotzdem unzufrieden. »Schenk uns ein, und lass uns die Mahlzeit bringen. Wir haben etwas zu besprechen«, forderte er Jakoba auf. Erwartete er tatsächlich, dass sie ihn bediente wie eine Magd? Offenbar. Sie ging in die Küche, um der Köchin Bescheid zu geben, und holte einen Weinkrug.

»Ist die Schale mit dem Waschwasser für die Männer bereit?«, fragte sie Beke.

»Unsere frühere Herrin sagte, eine Waschschale sei unnötig und Meister Reppenstede schätze es nicht.«

»Dennoch gehört es auf einen wohlbestellten Tisch. Ich werde dir nachher zeigen, wie man ein reinigendes und angenehm duftendes Waschwasser bereitet. Wir benötigen dafür nur etwas Salbei, Rosmarin oder Kamille, die wir mit Orangenschalen aufkochen.« Beke sah sie ungläubig an, und Jakoba ahnte, was die Magd dachte: *Orangen, um diese Jahreszeit, während einer Hungersnot – die neue Herrin bildet sich wohl ein, sie sei hier am Hof des Herzogs.* Sie sollte ihre Zunge besser hüten.

Die Magd trug das Essen auf, und Jakoba bediente ihren Mann und seinen Gast. Sie achtete darauf, dass der Schleier ihr Gesicht stets leicht verschattete. Für sie war nicht eingedeckt. Während die Männer berieten, hielt sie sich im Hintergrund. Schließlich wischte sich der Gast den Mund am Tischtuch ab, und die Männer erhoben sich.

»Heute Abend wird es später, warte nicht auf mich«, sagte Gevehard, bevor er das Haus verließ.

Jakoba hatte nichts dagegen. Sie zwang sich, eine Kleinigkeit zu essen, befahl, die Ordnung in der Diele wiederherzustellen, und half anschließend, die Reste der Mahlzeit an die Bettler zu verteilen. Wieder waren etliche Kranke dabei, aber auch Jakobas Prellung schmerzte stark. Es wurde wirklich Zeit, dass sie zum Apotheker kam! Sie fand Pepeke in der Schreibkammer, wo er etwas von den Wachstafeln auf ein Pergament übertrug.

»Ich habe leider keine Zeit, Euch zu begleiten. Der Meister wünscht, dass ich diese Briefe fertigstelle. Er erkundigt sich in den nächstliegenden Städten nach dem Übeltäter, der der

Hirtin Gewalt angetan hat. Ihr müsst Euch bis morgen gedulden«, vertröstete er sie, während er seine knotigen Handgelenke rieb.

»Dann werde ich allein gehen«, sagte Jakoba entschlossen.

»Das würde ich Euch nicht raten. Es ist nicht weit bis Sankt Cyriaci, aber die Kirche befindet sich vor den Stadtmauern. Allerlei Gesindel treibt sich dort herum.«

»Ich nehme Paul mit.«

Unwirsch rieb Pepeke seine Knie. »Diesen Bengel? Wie soll der Euch denn verteidigen, wenn Diebe Euch angreifen?«

»Plagen Euch Schmerzen?«, wechselte sie das Thema.

Erst jetzt schien Pepeke sein seltsames Benehmen klarzuwerden. Er legte die Hände auf den Tisch und faltete sie. »Gliederreißen. Nichts Besonderes bei diesem Wetter.«

»Sicher findet sich auch ein Kraut beim Apotheker, das Euch Linderung verschafft«, sagte sie.

Er machte eine wegwerfende Handbewegung. »Nicht nötig.«

»Wie Ihr meint. Was haltet Ihr davon, wenn Ecko mitgeht?«

»Ich glaube kaum, dass Meister Reppenstede …«

Jakoba seufzte. »Wollt Ihr Euch wirklich dem Wunsch Eurer Herrin widersetzen?«

Notgedrungen fügte er sich und rief Ecko, damit er Jakoba begleitete. Wenig später stakste Jakoba auf ihren Trippen durch die verschlammten Straßen, die von hier aus leicht bergan führten. Wie schmutzig es war! Obgleich sie ihren Rock ein wenig lüpfte, war er schon mit Dreck bespritzt. Vielleicht war es doch keine so gute Idee gewesen, selbst loszugehen. Andererseits war sie froh, aus dem Haus zu kommen.

Ecko schien nicht gerade begeistert, sie begleiten zu müssen. Schweigsam ging der große Mann vor ihr. Immerhin reichte er ihr die Hand, wenn sie durch den Matsch über Trittsteine balancieren musste.

»Erzähl mir etwas über Lüneburg. Bist du hier geboren?«

Ecko war über ihr Interesse an seiner Person offenbar verwirrt. »Direkt hinter Sankt Johannes, im Viertel der Gerber, lebten meine Eltern. Als sie starben, kam ich zu den Barfüßern bei der Lieben-Frauen-Kirche, und schließlich nahm Meister Reppenstede mich auf.«

Jakoba erinnerte sich, dass die Franziskanermönche neben Gildehaus und Ochsenmarkt ihren Sitz hatten. »Der Herr hat dich gestern gezüchtigt. Brauchst du etwas gegen die Striemen?«

Sie hatte die Frage beiläufig gestellt, dennoch schien ihre Neugier Ecko unangenehm zu sein, denn er schüttelte schroff den Kopf. »Ich hatte es nicht anders verdient.«

Am Torwächter schritten sie vorbei durch das Stadttor. Die Sankt-Cyriaci-Kirche befand sich direkt am Kalkberg. Vor dem Haus des Apothekers schwangen Trockensträuße im Wind. Sie traten in einen kleinen Verkaufsraum. Sofort umfing sie durchdringender Kräuterduft, der sie an die ruhigen Lehrstunden mit Schwester Walburga erinnerte. Die Regale waren jedoch bis auf Tinte, Siegelwachs und Bindfäden zum Verkauf leer. In einer Ecke stapelten sich unbenutzte Tontöpfe. Auch bei den Spezereien, die Apotheken üblicherweise anboten, herrschte also Mangel. An einem Tisch zerstampfte eine zahnlose Greisin etwas mit Mörser und Stößel. Während Ecko verlegen an der Tür stehen blieb, wartete Jakoba. Die Alte arbeitete eine Begrüßung murmelnd weiter.

Jakoba schnupperte. Den mild-würzigen Geruch kannte sie doch! »Ihr mahlt Koriander, nicht wahr?«

»Ein Sülzer hat es bestellt.«

»Gegen Husten?«

Die Alte sog die Wangen ein und ließ Körner nachrieseln. »Ich glaube schon. Wüsste nicht, wogegen Koriander noch helfen sollte.«

»Gegen Spulwürmer, Durchfall und Dreitagesfieber beispielsweise.«

Innehaltend sah die Frau Jakoba an. »Ihr versteht etwas von Kräuterkunde?«

»Ein wenig. Ich bin im Kloster Ebbekestorpe der Siechenmeisterin zur Hand gegangen.«

»Ihr seht aber gar nicht aus wie eine Nonne.«

»Ich bin auch keine Nonne, sondern die Ehefrau von Meister Reppenstede.«

Nun wischte die Frau ihre Hände an der Schürze ab. »Oh, Ihr seid die Adelige, die jetzt Uppe dem Meere wohnt?« Sie lächelte säuerlich. »So was spricht sich schnell herum. Willkommen, Herrin. Mein Mann ist auf dem Lande unterwegs. Die vielen Kranken … er kommt gar nicht hinterher mit der Arbeit. Dabei ist ausnahmsweise ein Medicus in der Stadt. Hier dagegen ist nichts los. Nachdem die arme Frau so lange auf dem Scheiterhaufen leiden musste, wagt anscheinend heute niemand, Kräuter zu kaufen. Ich kann meinem Gatten sagen, dass er zu Euch kommen soll, meine Dame. Kann nicht so lange dauern, ein paar Tage vielleicht, oder eine Woche.«

»Mir wäre es lieber, wenn Ihr mir die Kräuter jetzt zusammenstellen würdet.« Jakoba begann ihre umfangreiche Bestellung: »Die vielfach nützlichen Kräuter Salbei und Pfefferminz natürlich, Eberraute gegen Fieber und Gicht, Wermut vertreibt Kopfweh und Schwindel, Fenchel hilft den Augen und bei Blähungen, Schwertlilie gegen Blasenschmerz, Gartenkerbel, um Blut zu stillen, Betonie nützt bei inneren Krankheiten und äußeren Wunden, dazu noch Odermennig.« Jakoba dachte an das Pferd und schilderte das Krankheitsbild. »Mir fällt einfach nicht ein, was dagegen hilft. Wisst Ihr es vielleicht?«

Das schüttere Haupt kratzend, meinte die Alte: »In unserem Wachstafelbuch steht es bestimmt. Wenn mein Mann später wiederkommt …«

Aber so lange wollte Jakoba nicht warten. Sie spürte immer deutlicher, wie sehr ihr die Ereignisse der letzten Tage in den

Knochen saßen. »Darf ich vielleicht selbst in Eurem Wachstafelbuch nachschauen?«

Die Frau holte einen kleinen Stapel Wachstafeln hervor, die
mit einem Band verknüpft waren. Jakoba brauchte eine Weile,
um die Schrift zu entziffern. Während die Frau sorgfältig Kräuter abfüllte, las Jakoba. Diese Notizen waren wirklich interessant!

Ungeduldig mahnte der Knecht zum Aufbruch. »Wir sollten
endlich zurückgehen.«

»Gleich, ich habe es gleich«, sagte Jakoba abwesend. Sie war
vollkommen in die Rezepte vertieft und entdeckte manches
Neue. Wenn sie sich nur alles merken könnte! Da war, was sie
gesucht hatte. »Ich benötige getrockneten Rettich«, bestellte sie.
Und Wein, aber den hatten sie ja im Haus vorrätig.

Schließlich übergab die Apothekerfrau Jakoba die kleinen
Tontöpfe und Lederbeutel und nannte ihr den zu zahlenden
Preis. Siedend heiß ging Jakoba auf, dass sie gar kein Geld bei
sich hatte.

Jetzt war Eckos Schroffheit ein Vorteil. »Meister Reppenstede
wird seinen Schreiber mit dem Geld vorbeischicken. Bis dahin
muss sein guter Name als Gewähr ausreichen«, sagte er so entschieden, dass die Alte nicht zu widersprechen wagte.

Zu Hause bat Jakoba um etwas Schweineschmalz und mischte
die Salben an. Zunächst behandelte sie ihre eigenen Prellungen
mit Umschlägen. Dann versorgte sie Lene mit einem Sud gegen
den Ausschlag, Pepeke mit einem Öl gegen die Gelenkschmer-
zen und Ecko mit einer Wundsalbe. Im Stall forderte sie die
Knechte auf, dem kranken Pferd regelmäßig den mit Rettich
vermischten Wein einzuflößen. Nach einigem Zögern kamen
die Männer ihrem Vorschlag nach.

Erleichtert stellte Jakoba fest, dass Gevehard noch immer
nicht nach Hause zurückgekehrt war. Sie ließ sich Pergament
und Tinte in ihre Kammer bringen und notierte die am Nachmittag gelesenen Rezepte. Dann schrieb sie einen Brief an die

Priorissa des Klosters Ebbekestorpe. Sie erklärte, wie sehr sie ihr Verschwinden bedauerte, und erkundigte sich nach Konegundis. Zufrieden mit sich ging sie ins Bett. Ihr Ehemann würde spät kommen, sie hatte also ihre Ruhe. Schnell schlief Jakoba ein.

Sie erwachte, weil sie zu ersticken glaubte. Etwas Schweres schien sie zu erdrücken. Gevehards Bewegungen waren fordernd. Ihre Prellung schmerzte, und der Weingestank war ekelerregend, aber sie konnte sich seiner nicht erwehren, sosehr sie auch bat und flehte.

Noch vor dem Morgengrauen weckte die Magd sie. Der Herr wünsche sie in seiner Dornse zu sehen. Jakoba kam mühsam hoch. Durch Gevehards Grobheit hatte sich ihr Zustand verschlechtert. Sie war wund, und trotz der Arnikasalbe verfärbte sich ihre Seite blau. Sie schlüpfte in ihr Kleid und legte ein leichtes Gebende an, das die geschwollene Wange nicht einschnürte. Sie wollte Gevehard nicht zu lange warten lassen. Mit einem beklommenen Gefühl betrat sie sein Arbeitszimmer.

Gevehard kräuselte die Lippen, als er sie sah. »Wie siehst du denn aus? So willst du zur Morgenmesse gehen?«

Verlegen schob sie eine Haarsträhne hinters Ohr, die ihr Gebende nicht zurückhalten konnte. »Nein, ich dachte hier im Haus ...«

»Schämst du dich denn gar nicht? Bedecke dich! Geh mir aus den Augen, und kehre erst zurück, wenn du schicklich aussiehst.«

Eilig kam Jakoba seinem Wunsch nach. Das neue Gebende bedeckte ihre Haare ganz; sie wirkte wie eine Nonne.

Gevehard schien jetzt zufriedener. »Ich wünsche nicht, dass du das Haus verlässt, es sei denn, du gehst zur Kirche oder bist in meiner Begleitung. Auch im Stall hast du nichts zu suchen. Und dass du dem Knecht schöntust, damit er seine Pflichten vernachlässigt, werde ich nicht dulden.«

»Ich habe dem Knecht nicht schöngetan!«

»Lüg nicht!«

Jakoba straffte sich. »Ecko hat mich lediglich begleitet. Ich benötigte Heilkräuter. Im Haus war nichts. Man sagte mir, im Nachlass deiner verstorbenen Gattin …«

»Kein Wort davon! Schick nach dem Spezereienhändler, wenn du etwas brauchst!«, sagte er schroff. Er überlegte. »Oder besser: Ich werde ihn benachrichtigen und sagen, wann er kommen kann.«

»Die Frau des Apothekers sagte, ihr Mann sei derzeit ständig unterwegs.«

»Er wird meine Bitte nicht abschlagen.« Die Glocken von Sankt Lamberti begannen zu tönen.

»Natürlich nicht«, versicherte Jakoba eilig. »Aber ich habe die Heilkunst im Kloster gelernt und könnte sie zum Wohl deines Haushaltes einsetzen.«

Gevehard schnaubte. »Weißt du, was mich deine Tollheit kostet? Eine üppige Rechnung hat mir das Weib des Apothekers aufgemacht! Was glaubst du eigentlich, wer du bist? Adelige oder Quacksalberin?«

Schamrot senkte sie den Blick. »Ich habe im Rezeptbuch des Apothekers einen Heiltrank für dein Pferd gefunden.«

»Ach, Pferdearzt bist du auch noch?!« Seine Verachtung traf sie tief. »Ich habe Ecko das Gebräu saufen lassen, nachdem ich ihn züchtigen musste, weil er seine Arbeit vernachlässigt hat, um mit dir durch die Stadt zu spazieren. Und genau das werde ich mit dir beim nächsten Mal auch tun.«

Jakoba erwachte in einem See aus Blut. Sie war wund, weil Gevehard nachts wieder über sie hergefallen war, spürte aber am Ziehen in ihren Seiten, dass die Unterleibsschmerzen auch auf ihren Monatsfluss zurückzuführen waren.

In den nächsten Tagen konnte sie nur mit Mühe ihren Aufgaben im Hause nachkommen, aber wenigstens mied ihr Mann sie, als hätte sie eine ansteckende Krankheit. Er wusste wohl, dass die Geistlichen den ehelichen Verkehr während dieser Zeit verboten, da ein Kind sonst mit dem Teufel behaftet sein würde, die Fallsucht oder Aussatz bekäme. Pepeke und die Knechte gingen ihr aus dem Weg, als fürchteten sie, sie könnte sie erneut in eine missliche Lage bringen. Die Mägde waren freundlich, aber reserviert. Lenes Ausschlag war besser geworden, Pepeke hingegen hatte Jakobas Heilöl nicht angerührt, sondern ihr den Tiegel zurückgegeben. Paul sah Jakoba nur im Vorbeigehen – was hielt ihn noch in diesem Haus? Sie hatte ihm doch zu verstehen gegeben, dass sie Verständnis dafür hätte, wenn er wegliefe.

Oft zog sie sich in ihre Kammer zurück, und solange Gevehard nicht im Haus war, fühlte sie sich dort auch sicher. Täglich musste ein aufwendiges Essen bereitet werden. Von den Folgen der Hungersnot war an seinem Tisch keine Spur. Oft wurden sie von Ratsherren und anderen angesehenen Bürgern besucht, denen Jakoba wie ein kostbares Reitpferd vorgeführt wurde. Nur die Audienz beim Herzog ließ weiterhin auf sich warten. Jakoba erschien es als Widerspruch: Gevehard erwartete von ihr, dass sie ihn wie eine Magd bediente, und stellte gleichzeitig stets die Bedeutung ihrer Adelsfamilie heraus. Obgleich sie für die Haushaltung verantwortlich war, kontrollierte er jede ihrer Entscheidungen und maßregelte sie, wenn sie sich vertan oder zu teuer eingekauft hatte. Sie war jetzt sicher, dass seine Körpersäfte im Ungleichgewicht waren. Die gelbe Galle überwog bei Gevehard, deshalb bat sie Beke, das Essen nicht mehr so stark zu würzen und öfters Blamensir zu kochen, einen Brei aus süßen Mandeln und Hühnerbrüsten. Wenn er maßvoller aß, würde sich sein cholerisches Temperament hoffentlich bessern. Hätte sie nur mit Walburga mehr über die verschiedenen Temperamente des Menschen gesprochen, dann wüsste sie jetzt, ob es einen Heiltrank gab, der ihm helfen würde.

Wenn die Almosen verteilt wurden und Gevehard nicht da

war, hielt Jakoba nun immer ihre Heilkräuter bereit. An diesem Nachmittag wartete auch die junge Frau mit ihren zwei Kindern vor ihrem Haus, die Jakoba schon am Tag ihrer Ankunft gesehen hatte. Der Kittel der Frau war fadenscheinig, und an ihren bloßen Füßen schälte sich die Haut. Die Augen der Kinder waren rot unterlaufen und von einer dicken gelben Kruste umgeben.

Nachdem sie Brot und Wurststücke verteilt hatten, rief Jakoba die Frau zu sich. »Wie lange haben deine Kinder schon diese entzündeten Augen?«

Die Bettlerin schob das angebissene Brot unter ihr Hemd, als könnte Jakoba es zurückfordern. »Ein paar Wochen.«

»Ich habe einen Kräutersud, mit dem ich die Augen auswaschen kann, das wird ihnen helfen«, bot Jakoba an. »Auch die Wunden an deinen Füßen sollten gereinigt werden.«

»Ich habe kein Geld für Kräuter.«

»Ich verlange kein Geld.«

»Ich bete zum heiligen Vitus, aber es wird nicht besser.« Die Bettlerin stockte. »Ich will nicht, dass sie blind werden.«

Zum Notheiligen für Augenkrankheiten zu beten ist gut, aber nicht genug, dachte Jakoba. »Komm, setz dich hier neben die Tür. Ich bin gleich wieder da.«

Sie holte eine Schale mit Wasser und bereitete den Kräutersud. Ganz still saßen die Kinder, während Jakoba behutsam mit einem eingeweichten Tuch die Kruste löste. Anschließend tauchte sie zwei weitere Lappen ein und reichte sie den Kindern. »Und jetzt haltet das Tuch einen Moment auf die geschlossenen Augen. Nicht drücken, ganz sanft!«

Sie bat Lene, das Wasser zu wechseln, und wandte sich den Füßen der Frau zu. Die Fußsohlen waren wund und zerkratzt, einige Zehen eitrig. Als Jakoba anfing, die Füße zu waschen, bemerkte sie Lenes angeekelten Blick; die Magd sagte aber nichts. Bevor sie gingen, untersuchte die Bettlerin argwöhnisch die Augen der Kinder. Grußlos ging sie davon.

»Undankbares Pack!«, sagte Lene leise, als sie den Rest des Kräutersuds in die Gosse kippte.

»Was ich tue, tue ich nicht für den Dank, sondern weil ich es will. Auf Dankbarkeit kann man nicht bauen, auf den eigenen Willen schon«, sagte Jakoba zu der Magd. »Außerdem dachte ich, auch die frühere Herrin habe sich mit Heiltränken ausgekannt.«

»Schon«, zögerte Lene. »Aber nicht so ...«

»Woran ist eure alte Herrin eigentlich gestorben? Niemand spricht über sie. Was war sie für ein Mensch?«

Statt eine Antwort zu geben, verschwand Lene im Haus. Jakoba nahm ihre Kräuter und die Salbentöpfe und ging in den ersten Stock, um sie wegzupacken, bevor Gevehard zurückkehrte. Sie ahnte, dass er ihr Tun missbilligen würde. Wie stets war die Tür zur gegenüberliegenden Kammer verschlossen. Sie drückte den Türgriff – vergeblich. Hierhin zog sich Gevehard zurück, wenn er allein sein wollte oder des Nachts von ihr abließ. Aber warum war die Kammer stets geschlossen?

Einige Tage später ergab sich die Gelegenheit, ihre Neugier zu befriedigen. Zum ersten Mal seit Monaten zeigte sich die Sonne länger am Himmel, weshalb Jakoba den Mägden auftrug, Decken und Pelze im Hinterhof ausgiebig zu lüften. Gerade als sie in ihre Kammer gehen wollte, um ihre Heilmittel für die Almosenvergabe zu holen, bemerkte sie den Lichtschein, der in einem ungewohnten Winkel auf den Flur fiel. Die Tür zu Gevehards Kammer stand einen Spalt breit offen! Es war früher Nachmittag, und ihr Ehemann würde sich noch lange nicht im Hause sehen lassen. Zu viel hatte er zu tun. Wie sie aus den Gesprächen mit Pepeke herausgehört hatte, war der Notzüchter gefasst worden. Alle gingen davon aus, dass Gevehard ihn verhören und schon bald enthaupten lassen würde. Außerdem war der Baumeister Bruno als Dieb angeschuldigt und aus der Stadt gejagt worden.

Jakoba verspürte Befriedigung darüber, dass der Spötter entlarvt worden war. Gevehard schien seine Ziele hartnäckig zu verfolgen. Er hatte wohl auch Erkundigungen über Pachtfelder eingeholt, die an Dietrichs Besitz grenzten. Bei der Hochzeit hatte er ja von der Güte dieses Landstrichs geschwärmt, erinnerte sie sich. Aber würde ihr Schwager mit dem bürgerlichen Nachbarn klarkommen?

Auf Zehenspitzen schlich Jakoba näher. Ein Span des Feuerholzes hatte sich beim Fegen in der Fuge verhakt und das feste Schließen der Tür verhindert. Der frische Windzug durch das Lüften hatte sein Übriges dazugetan, ihr einen Einblick in den einzigen Raum des Hauses zu gewähren, der ihr bislang verschlossen geblieben war. Langsam schob sie die Tür auf. Durch das Fenster fiel Sonnenlicht in eine Schlafkammer, die fast wie die ihre aussah. Aber was war das da Seltsames?

Jakoba konnte nicht widerstehen und trat ein. Das Himmelbett war groß, die Vorhänge aus feinstem Brügger Tuch. Auf der rechten Seite des Bettes lag ausgebreitet ein goldbesticktes Kleid samt Mieder und Tuch, daneben etwas Schmuck, ganz so, als würde die Besitzerin sogleich hineinschlüpfen. Es verlockte Jakoba, den feinen Stoff anzufassen, ihn zwischen den Fingern zu spüren. Auf dem Kopfkissen war eine Haarsträhne mit einem Samtband zusammengefasst. Was hatte das zu …

Unvermittelt packte jemand ihre Haare und zerrte sie hinaus. Jakoba fühlte, wie ihr ein Büschel aus der Haut gerissen wurde, und heulte schmerzerfüllt. Sie versuchte, die Hand aus ihrem Haar zu lösen, stellte sich auf Zehenspitzen, um das Leiden zu mindern, wurde in ihre Kammer gestoßen. Drohend ragte Gevehard über ihr auf. Wieso war er schon zu Hause? Und warum hatte sie ihn nicht gehört?

Jakoba versuchte, sich zu berappeln. »Ich wollte … nur …«

»Dieser Raum ist dir verboten – das habe ich dir doch zu verstehen gegeben!«

Sie wusste, es wäre besser zu schweigen, und konnte es doch nicht. »Ist das ein Kleid deiner ersten Frau? Du musst sie sehr geliebt haben ...«

Sie sah den Schlag nicht kommen. Schon krachte sie mit Schläfe und Schulter an die Wand. Blut trübte ihren Blick. Ihr war schwindelig, und ihr Magen drängte nach oben.

»Ich habe dir gesagt, dass du nicht von ihr sprechen sollst! Du gehorchst nicht und hintergehst mich, wo du nur kannst.« Er wies auf ihren Kräuterbeutel. »Quacksalberst hier herum und denkst, ich merke es nicht. Was habe ich nur geheiratet! Schickliches Benehmen ist dir fremd, was? Musst deine Nase überall hineinstecken! Aber ich werde dich deine Grenzen noch lehren.« Er versetzte ihr einige harte Ohrfeigen, dann riss er sie hoch und starrte ihr ins Gesicht.

Sterne tanzten vor ihren Augen, als sie ihn anflehte, von ihr abzulassen, aber er schien sie gar nicht zu hören. Brutal stieß er sie von sich. Als Jakoba auf den Boden knallte, konnte sie nicht mehr an sich halten und übergab sich.

Angeekelt wich Gevehard zurück. »Das Leben ist ungerecht«, presste er hervor. »Wahre Damen werden zu Gott gerufen, wie meine geliebte Richardis – und du lebst.«

Lange Zeit würgte und weinte sie, gequält und schockiert, wollte alles von sich geben, sich auflösen, nicht mehr sein. Da spürte sie eine Hand auf der Schulter. Panisch zuckte sie zurück.

»Keine Angst, Herrin – er ist fort.« Lene strich eine verklebte Haarsträhne aus Jakobas Mundwinkel. »Ich helfe Euch.« Die Magd zog Jakoba auf einen Stuhl. Flink schaffte sie einen Zuber und Wasser heran. Mit einem weichen Tuch wischte sie das Blut und das Erbrochene ab. Jakoba schluchzte haltlos. Beruhigend redete Lene auf Jakoba ein und half ihr aus der besudelten Kleidung. »Ihr hättet nicht in die Kammer blicken dürfen. Der Herr mag das gar nicht. Er hütet die Habseligkeiten der verstorbenen Herrin wie seinen Augapfel. Nicht einmal waschen durfte ich die Kleider nach ihrem Tod, auch nicht das Bett beziehen. Ich hätte sie nicht auflassen dürfen, die Tür, auch mich wird er strafen, der Herr …«

Jakoba sank bei den Worten weiter in sich zusammen. »Ich werde ihm sagen, dass es allein meine Schuld war … ich allein …«, stammelte sie und schmeckte gleich wieder Blut auf der Zunge. Die Innenseite ihrer Wange war eine offene Wunde, da würde kein Kraut helfen.

Fast zärtlich strich die Magd mit dem Tuch über Jakobas geschundenes Gesicht. »Sagt das lieber nicht, Herrin. Mich schlägt er nicht so hart wie seine Frauen.« Erschrocken sog sie die Unterlippe ein.

Jakoba zitterte heftig. »Er hat … seine frühere Frau … auch geschlagen?«

Angst zeichnete Lenes Gesicht, auf dem der Ausschlag nur noch ein blasser Schatten war. »Zwingt mich nicht, mit Euch darüber zu reden, ich bitte Euch!« Tränen traten in ihre Augen. »Ich darf es nicht, wirklich nicht.«

Jetzt musste Jakoba das Mädchen beruhigen. »Schsch … ist ja schon gut.«

In den nächsten Tagen war Jakoba ans Bett gefesselt. Sie konnte kaum gehen. Außerdem hätte kein Schleier mehr die blauen Flecken und Schwellungen in ihrem Gesicht verborgen. Gevehard sah sie in dieser Zeit nicht. Erst als ihre Monatsblutung versiegt war, nahm er seine nächtlichen Besuche wieder auf. So rücksichtslos ging er vor, dass Jakoba sich schon am Morgen vor dem Abend fürchtete. Sie konnte nicht mehr essen, nicht mehr schlafen. Wäre es nicht besser, tot zu sein, als das zu ertragen? Sollte sie einfach fliehen – irgendwohin? Würde er von ihr ablassen, wenn sie endlich schwanger wäre? Doch dann setzte im nächsten Monat ihre Blutung unter heftigen Krämpfen wieder ein …

7

Es war ein Abend Anfang Mai. Jakoba hatte sich ein Bad bereiten lassen, weil sie sich durch die Wärme die Linderung ihrer Krämpfe erhoffte. Der Badezuber im Flügelanbau war gut gefüllt, und sie lag bis zu den Schlüsselbeinen im Wasser. Sie spürte, wie die Schmerzen langsam nachließen. Schweiß perlte über ihre geschlossenen Augen. Sie war so schrecklich erschöpft, so zermürbt. In ihrem Bett, dem Schauplatz ihrer Erniedrigungen, schlief sie kaum. Das sanfte Licht – nur ein Kerzenleuchter stand auf dem Schemel an der Wand – ließ sie immer tiefer in die Schläfrigkeit eintauchen. Das Wissen, ein paar Tage ihre Ruhe zu haben, beruhigte sie.

Ein Windstoß brachte die Kerzen zum Flackern. »Ich bleibe noch ein wenig im Wasser, Lene«, sagte sie schläfrig.

»Das glaube ich kaum.« Gevehards Stimme ließ sie auffahren. Ihre abrupte Bewegung schlug Wellen, Wasser platschte auf die Fliesen. Ihr Mann starrte sie an. »Du wirst mir Rede und Antwort stehen.« Seine Zunge war schwer. Er war betrunken, wieder einmal.

Unwillkürlich schlang Jakoba die Arme um die Brust. »Was habe ich denn getan?«

Er holte nach ihr aus, wollte sie hochreißen. Jakoba wich ihm geschickt aus. Nun tropfte das Wasser ihm auf die Füße. Zornig fauchte er: »Will dich auf Hexenmale untersuchen. Bist eine Hexe, was? Machst meinen Samen unfruchtbar! Oder sorgst du mit deinen Kräutern dafür, dass dir die Leibesfrucht wieder abgeht? Das kann doch sonst nicht angehen, dass du noch immer nicht schwanger bist! Schon wieder der Monatsfluss …«

Das Herz schlug so hart in ihrer Brust, als müsste es zerbersten. »Ich … nein, ich …«

Schon hatte er ihren Arm erwischt und zerrte sie aus dem Zuber. Wasser spritzte, sie rutschte aus, aber er hielt sie unerbittlich. Langsam drehte er sie vor sich auf den nassen Fliesen, ihren ganzen Körper nach dem verräterischen Mal absuchend. Sein Gesichtsausdruck wechselte zwischen Abscheu und Lüsternheit.

Jakoba versuchte, sich loszumachen. Sie zitterte, und ihre Knie waren weich. Neben der Angst hatten auch die Krämpfe sie wieder im Griff. Haltlos weinte sie.

»Gevehard, ich flehe dich an … du bist ein guter Mann, ein angesehener Mann … du hilfst den Armen so großzügig … bitte lass mich …«

Er drängte sie an die Wand, nagelte sie fest mit seinem Körper. Rau und kalt stach die Mauer in die bloße Haut ihres Rückens. Hart spürte sie sein Glied an ihrer Hüfte. Jakoba schrie. Ein Krampf durchzuckte ihren Unterleib. Er würde sie doch nicht …

»Bitte nicht, Gevehard …«, flehte sie. Aber da spürte sie schon seine Haut an ihrer. Sie kniff die Beine zusammen und presste ihre Hände in dem hilflosen Versuch, ihn wegzuschieben, an seine Brust.

Gevehard drängte ihre Oberschenkel auseinander. Schwer atmend murmelte er vor sich hin, ganz so, als wäre sie nicht da. »Ich werde sie schon Gehorsam lehren … ihren Leib so lange beackern, bis er eine Frucht trägt … oder sie ist wirklich eine Hexe und hat auch schon ihren Mann und ihren Sohn umgebracht. Feuer ist doch das Werkzeug der Hexen …« Ein Bein hatte er zwischen die ihren geschoben, gleich würde er erneut … Das könnte sie nicht ertragen, nicht noch einmal!

Unvermittelt packte er ihr Kinn und bog ihr Gesicht hoch. »Bist du eine Hexe? Sag es mir!«

Jakoba war vor Angst und Schmerz wie von Sinnen. Die Erwähnung ihres Sohnes und die absurden Anschuldigungen hatten ihr den Rest gegeben. Ihre ganze Kraft zusammennehmend, grub sie ihre Fingernägel in seinen Hals und riss gleichzeitig das Knie hoch. Gevehard krümmte sich brüllend vor Schmerz. Ohne darüber nachzudenken, stieß Jakoba ihn von sich. Er taumelte und glitt auf den nassen Fliesen aus. Platschend traf sein Körper auf das Wasser, dann krachte er mit dem Schädel auf den Rand des Badezubers. Unbeweglich blieb er liegen. War er tot? Hatte sie ihn … getötet?

Der Schrecken ihrer Tat überrollte Jakoba. Sie wankte zu ihm, kniete sich neben dem Zuber auf den Boden. Gevehard atmete noch, war aber ohne Bewusstsein. Seine linke Schläfe blutete heftig. Weiße Splitter im Rot. Sie versuchte, ihn aus dem Wasser zu ziehen, aber er war zu schwer. Panisch sah sie sich um. War hier etwas, womit sie die Blutung stillen und die Wunde verbinden konnte? Sie war langsam – zu sehr stand sie noch unter Schock.

In diesem Augenblick ging die Tür ein Stück auf. Lene lugte durch den Spalt. »Herrin? Mir war so, als hätte ich einen Schrei gehört. Ist alles in Ordn…« Als die Magd Jakoba neben dem blutenden Körper ihres Herrn sah, entrang sich ein Schrei ihrer Kehle, der jedoch abbrach, weil sie die Hände vor den Mund schlug. Entsetzt trat sie ein und zog die Tür hinter sich zu. »Oh lever Herre Christ! Was habt Ihr getan?«

»Ich kann es ja selbst kaum fassen. Bitte … hilf mir! Seine Wunde muss versorgt werden.« Jakoba wollte wieder auf die Füße kommen, fand aber nicht mehr die Kraft dazu. Noch immer zitterte sie am ganzen Leib, alles tat weh.

Lene stürzte zu ihr, um ihr aufzuhelfen. Ihre Augen wurden groß, als sie die Rötungen an Jakobas Handgelenken und das Blut an ihrem Körper bemerkte. »Was hat er Euch nur wieder angetan …«, flüsterte sie fassungslos.

»Wir müssen ihm helfen!«, beharrte Jakoba.

Zu ihrem Erstaunen spuckte Lene aus. »Er verdient es nicht

anders! Es gibt keine Magd und keinen Knecht in diesem Haus, den er noch nicht geprügelt hat!«

»Bitte, fass mit an! Ich schaffe es nicht allein!«

Gemeinsam hievten sie Gevehard aus dem Wasser. Alles war nun überschwemmt. Ein tiefer Seufzer entrang sich seiner Brust. Jakobas Zähne schlugen aufeinander. »Gib mir ein Tuch – schnell! Und dann hol … meinen Kräuterbeutel – aber leise, ich bitte dich!«

Lene reichte ihr ein Leinentuch, dann eilte sie hinaus. Als Jakoba das Blut abtupfte, flatterten Gevehards Lider. Ihre Gedanken überschlugen sich. Würde er sterben? Er war stark und könnte diese Verletzung überleben. Andererseits waren schon viele kräftige Männer von kleineren Wunden dahingerafft worden. War sein Schädel gebrochen? Hätte sie Gevehard dann umgebracht? Würde der Scharfrichter sie wegen Mordes an ihrem Mann hinrichten? Schürte der Teufel schon das Höllenfeuer für sie? In Jakobas Kopf ging alles durcheinander. Sie musste fliehen, das war ihr klar. Wenn Gevehard starb, würde sie dem Henker überantwortet. Wenn er überlebte, würde er sie vermutlich totschlagen. Sie wollte noch nicht sterben! Selbst wenn er sie nicht hart bestrafte, hielt sie es bei ihm nicht mehr aus. Was hatte er nur aus ihr gemacht? Wozu hatte er sie getrieben? Jemanden verletzen – das passte doch gar nicht zu ihr! Sie wollte Menschen helfen, sie heilen, sie fröhlich machen – und nicht töten! Jakoba hatte keine Ahnung, wo sie unterschlüpfen konnte – aber sie musste weg, und zwar so schnell wie möglich.

Lene kam mit dem Kräuterbeutel zurück, sie war leichenblass. Jakoba legte Gartenkerbel und Odermennig auf die Wunde. Dann bat sie Lene, das Leinen in Streifen zu reißen, und verband den Schädel ihres Mannes.

Lenes Worte ließen ihr keine Ruhe. »Warum arbeitest du noch für Meister Reppenstede, wenn du ihn so hasst?«, flüsterte Jakoba, als könnte er sie hören.

»Wo soll ich denn sonst hin? Außerdem werden wir bei ihm zumindest gut versorgt. Zu essen und zu trinken gibt es immer.« Lene nagte an ihrer Lippe. »Der Rest meiner Familie kommt gerade so über die Runden, obgleich ich ihnen alles Geld schicke, das ich abknapsen kann. Erst kurz vor Michaelis ist meine ältere Schwester von der Auszehrung dahingerafft worden – ich konnte ihr nicht helfen.«

»Das tut mir leid«, sagte Jakoba erschüttert und legte ihre Hand auf Lenes.

Nach einem Augenblick der Stille stemmte sie sich hoch. Alles drehte sich um sie, und ihre Knie waren weich, aber Lene hielt sie fest. Jakoba umklammerte die Finger der Magd und sah ihr in die Augen. »Geh lieber … und verrat mich nicht. Komm nach drei Paternostern zurück. Dann bin ich fort, und du kannst … Hilfe rufen.«

»Wo wollt Ihr denn hin? In diesem Zustand?«, fragte Lene ungläubig.

»Ich muss die Stadt verlassen. Es ist besser, wenn du nicht weißt, wohin.«

Lene schüttelte heftig den Kopf. »Die Stadttore sind schon geschlossen. Ihr kommt nicht mehr hinaus.«

»Dann muss ich mich eben irgendwo verstecken.« Jakoba wusste selbst, dass ihr Vorhaben sich nicht nur verrückt anhörte, sondern auch irrsinnig war. Genauso aber wusste sie, dass sie anders nicht würde weiterleben können. Alles war besser, als hierzubleiben. Mühsam zog sie ihr Kleid an. Lene half ihr. Es war ausgerechnet das perlenbestickte – viel zu auffällig!

»Aber Ihr habt nichts. Kein Pferd, kein Geld …«, wandte Lene ein.

Das stimmte. Ein Pferd würde Jakoba kaum aus dem Stall stehlen und die Nacht über verstecken können. »Ich habe noch eine Bitte: eine Heuke … ach, und der Silbergürtel, er ist mein … würdest du …?«

Lene standen Tränen in den Augen. »Ich darf Euch nicht so gehen lassen, Herrin.«

»Und ich kann nicht bleiben«, sagte Jakoba mit brechender Stimme.

Während die Magd erneut unauffällig ins Haus schlüpfte, um das Gewünschte zu holen, sah Jakoba noch einmal nach Gevehard. Sein Zustand hatte sich nicht verändert, und so sprach sie einen Segen über ihn. Nie würde sie diese Schuld tilgen können.

Wieder zurück, reichte Lene ihr einen Beutel und half Jakoba, eine einfache Heuke anzulegen. »Ich habe etwas zu essen eingepackt«, sagte sie.

Daran hatte Jakoba überhaupt nicht gedacht. Dankbar nahm sie die Hände der Magd. »Das werde ich dir nie vergessen. Denk daran: drei Paternoster, und dann schick die Knechte los, um einen Heilkundigen zu holen.«

Sie traten vor die Tür. Die Nacht war kühl und still. Wolken fleckten das Blauschwarz des Himmelszelts. Es erschien ihr unglaublich, dass niemand Gevehards Schrei gehört hatte. Die Vorstellung, weglaufen zu müssen, ließ sie verzagen. Da bewegte sich etwas im Schatten. War es zu spät? Würde man sie aufhalten? Sie für ihren Ungehorsam zur Rechenschaft ziehen?

Aber es war Paul. Seine Augen blitzten entschlossen. »Ich begleite Euch. Ihr wisst ja gar nicht, wo Ihr unterschlüpfen könnt. Ich schon.« Paul hob seine Hand und ließ einen Schlüssel an einem Band baumeln. »Ich hab gesehen, wo der Knecht ihn versteckt hat. Jetzt kommen wir leicht hinaus.«

Dass der Hof verriegelt war, hatte Jakoba nicht bedacht. Pauls Mut rührte sie. Sie wollte nicht, dass auch er sein Leben gefährdete, gleichzeitig war sie dankbar für seine Hilfe. Zusammen verließen sie den Hof. Das Gehen fiel ihr schwer. Die benachbarten Häuser lagen im Dunkel. Kaum ein Lichtschein fiel durch die Fensterläden. Sie hielten sich im Schatten der Mauern.

Paul zog Jakoba beim kleinsten Geräusch hinter Beischlagwangen oder Büsche.

»Der Rat hat die Nachtwachen verstärkt. Zu viele von unseresgleichen sind unterwegs«, wisperte er. Es störte sie nicht, dass er sich mit ihr gemein machte – auch sie stand nun außerhalb der Gesellschaft. »Die ungenutzten Ställe, in denen mein Vater und ich übernachtet haben, sind sicher alle voll oder verrammelt. Die wären auch zu nah an der Hude. Wir gehen zu Sankt Spiritus gegenüber von Sankt Lamberti, das schafft Ihr schon. Soweit ich weiß, dürfen wegen der Notzeit die Bettler dort lagern. Morgen in der Früh bringe ich Euch aus der Stadt.«

Es war nicht weit. Im Schutz des Hospitals lagen Menschen auf der Erde und schliefen. Manche allein, manche in kleinen Gruppen. Einige hatten sich in Decken oder Umhänge gehüllt, andere froren in ihrer Kleidung erbärmlich. Als Paul sie zielstrebig zu einem windgeschützten Winkel führte, war sie erleichtert. Ihre Beine waren schwer, und sie konnte vor Schmerzen kaum noch gehen. Ihre Gedanken waren bei Gevehard. Lebte er noch? Würden die Knechte einen Medicus auftreiben können? War im Moment überhaupt ein Heiler in der Stadt? Hätte sie bleiben müssen, um ihren Mann zu pflegen? Natürlich – gleichzeitig aber war ihre Lage unerträglich gewesen.

»He, verschwindet – das ist meine Ecke!«, keifte ein alter Mann sie an, der plötzlich aus dem Dunkel getreten war. »Nur kurz pissen gehen, und schon ist der Platz weg, so weit kommt es noch!«

Paul zog Jakoba weiter. Einem Streit waren sie beide nicht gewachsen. Es gab nur noch einen zugigen Platz an der Spitalmauer neben dem Baugerüst. Noch nie hatte sie unter freiem Himmel geschlafen, noch nie unter völlig Fremden, aber das war ihr egal, solange sie sich nur endlich hinlegen durfte. Sie konnte beim besten Willen nicht mehr weiter. Jakoba hüllte sich in ihren Umhang und wollte gerade die Augen schließen, als ihr aufging, dass Paul viel zu dünn gekleidet war. Kurzentschlossen legte sie den Umhang auch um ihn. Sie lehnten sich sitzend an die Mauer. Trotz der unbequemen Lage war sie im Nu eingeschlafen.

Das Läuten der Kirchenglocken zur Matutin weckte sie. Plötzliche Panik brachte ihr Herz zum Rasen. Paul schlief so tief, dass sie ihn wachrütteln musste.

»Noch zu früh. Macht die Augen wieder zu«, murmelte er. »Erst wenn es dämmert, gehen wir los.«

Auch in Ebbekestorpe würden die Nonnen nun zum ersten Stundengebet gehen. Ebbekestorpe … Sicher würde die Priorissa sie nicht abweisen, wenn sie um Aufnahme bat.

Es dauerte ein Weilchen, dann schlief auch Jakoba wieder ein.

Unsanft wurden sie geweckt. Ein dumpfer Schlag in ihre Rippen – Jakoba riss die Augen auf. Noch einmal stieß der Büttel ihr den Stock in die Seite. »Verschwindet! Das ist ein Gotteshaus! Ihr habt hier nichts zu suchen!«

Bei einem Gotteshaus hatten die Armen nichts zu suchen? Wenn Jakoba sich besser gefühlt hätte, hätte sie dem Büttel etwas erzählt. Paul war schon aufgesprungen und half ihr nun auf die Füße. Die ersten Sonnenstrahlen wanderten langsam über die Gasse, bereit, die Welt in Besitz zu nehmen. Der Himmel war wolkenlos.

Endlich kehrt die Sonne zurück, dachte Jakoba, und war trotz allem für die Dauer eines Lidschlags glücklich. Nach der schier endlosen Zeit mit Dauerregen und Frost war der Sonnenschein eine Offenbarung. War es ein Himmelszeichen? Würde Gevehard gesund werden? Würde Gott ihr verzeihen?

Paul reichte ihr die Hände und half ihr hoch. »Kommt! Im Haus eines Ratsherrn am Ochsenmarkt werden manchmal morgens schon Almosen verteilt.«

»Nein! Ich will weg hier – so schnell es geht!«

»Glaubt mir – wenn man auf der Straße lebt, sollte man sich

zu essen beschaffen, wann immer man Gelegenheit dazu hat!«
Schon war er fort.

In einiger Entfernung hörte Jakoba das Ächzen der Karren, die zum Markt geschoben wurden. Männer palaverten laut. Fußgetrappel. Sicher suchte man schon nach ihr. Jakoba zupfte die Kapuze tiefer über ihre Augen. Sie folgte Paul und sah ihn schließlich vor einem Giebelhaus im Menschengewimmel. Er quetschte sich zwischen den Leibern hindurch und war verschwunden. Jakoba wartete. Hörte Schritte hinter sich. Unwillkürlich zog sie den Kopf zwischen die Schultern. Auf keinen Fall durfte sie erkannt werden. Es waren jedoch nur weitere Bettler, die die Almosenausgabe nicht verpassen wollten.

Eine bekannte Stimme ertönte. Sie sah sich um. Da war Smet, der Knecht ihres Mannes! Jakobas Herz stolperte. Sein Blick wanderte über die Menge, während er mit dem Büttel sprach. Sie spürte den Impuls wegzulaufen, aber dann würde sie erst recht auffallen. Smet eilte in entgegengesetzter Richtung weiter, und sie atmete etwas auf. Wo blieb Paul nur? Eine Gruppe zog an Jakoba vorbei. Endlich kam der Junge zurück. Seine Wangen waren rot, und die Locken standen wüst ab von dem Getümmel, doch er wies schon von Weitem stolz auf etwas Brot und einen Streifen Speck. Die Frau, die gerade an ihr vorbeiging, wandte sich bei Pauls Geste um und starrte Jakoba ins Gesicht. An jeder Hand hielt sie ein Kind. Jakoba erkannte sie sofort. Die Augen der Kleinen waren wieder zugeschwollen und eitrig, kaum konnten sie noch sehen.

Schon stürzte die Frau auf Jakoba zu, die Züge von Verzweiflung verzerrt. »Ihr wart es doch, die meinen Kindern das angetan hat! Schon viel besser waren ihre Augen – aber nun seht sie an! Fast blind sind sie! Dafür seid Ihr verantwortlich!«

Jakoba zuckte bei den Vorwürfen zurück. Konnte sie wirklich die Schuld am Zustand der Kinder tragen? Was hatte sie falsch gemacht? Sie durfte nicht erkannt werden!

»Ich habe … ich bin … du verwechselst mich!«, entgegnete sie von plötzlicher Angst erfasst und verschloss den Umhang unauffällig über dem verräterischen Kleid. Nur kein Aufsehen erregen! Smet und die Büttel waren sicher noch in der Nähe.

»Was soll nur aus meinen Kindern werden, wenn sie blind wie Maulwürfe sind! Aber das ist Euch ja egal. Ihr sitzt da in Eurem schönen Haus und drängt anderen Euer Gebräu auf! Hexe!« Die Frau spuckte vor Jakoba aus. Fußgänger drehten sich nach ihnen um und beobachteten ihren Streit neugierig.

Paul rannte nun. Er packte Jakobas Hand und fuhr die Frau an. »Hast doch selbst was mit den Augen – oder was keifst du meine Mutter an? Verzieh dich, sonst schnappen die anderen Hungerleider dir alles weg!«

Jakoba staunte. Paul wusste sich wirklich zu verteidigen. Sein Hinweis fruchtete offenbar, denn die Frau musterte Jakoba verwirrt und eilte dann der Almosenspeisung entgegen. Bemüht langsam gingen Paul und Jakoba in die andere Richtung fort. Es beruhigte Jakoba, Pauls Nähe zu spüren, und kurz dachte sie an ihren Sohn, den sie für immer verloren hatte. Eine tiefe Schwäche bemächtigte sich ihrer. Aber ihre Füße bewegten sich weiter, als hätten sie einen eigenen Willen. Vor ihnen waren der Ilmenau-Anleger, der Holzlagerplatz und die Salzspeicher zu sehen. Karren von der Saline kamen an der Hude an. War da nicht Ecko bei den Frachtschiffern?

Jakoba hielt Paul auf. »Zurück – da ist Ecko! Smet war schon am Ochsenmarkt. Sie suchen mich«, flüsterte sie.

Paul schien nicht zu überrascht. »Wohin wollt Ihr genau?«

»Nach Süden.«

»Dann sollten wir weder hier den Fluss passieren noch eines der südlichen Stadttore nehmen, falls uns jemand verfolgt. Es ist zwar ein Umweg, aber kommt mit, zum Bardewikertor.«

Jakoba konnte sich kaum vorstellen, so weit zu laufen. »Aber dann müssen wir die Stadt ja noch einmal halb umrunden!«

Er lächelte aufmunternd, und sie bemerkte zum ersten Mal die Zahnlücke zwischen seinen Vorderzähnen, die ihn frech und jungenhaft aussehen ließ. »Anders als zu Fuß werden wir im Moment wohl nicht vorankommen.«

Paul hatte recht, und halb schämte sie sich für ihre Schwäche. Es war doch ihr Entschluss gewesen zu fliehen, jetzt musste sie die Konsequenzen tragen. Jakoba zupfte den Riemen ihres Kräuterbeutels höher und stellte sich innerlich auf eine lange Wanderung ein. Was jammerte sie? Andere Frauen pilgerten bis nach Rom, Compostela oder gar Jerusalem! Sie hatte wahrlich genug, wofür sie Vergebung erbitten könnte.

Größer wurden jetzt die Lücken zwischen den Häusern. Gärten breiteten sich zu beiden Seiten des Weges aus. Als sie das Stadttor passierten, atmete sie unwillkürlich auf. Jetzt mussten sie nur noch einen Bogen um den Kalkberg, das Burgmannen-Viertel Grimm und die Saline schlagen und dann den Handelsweg nach Süden finden. Nur noch …

Auf den Feldern und Viehweiden, die den Stadtgürtel einfassten, werkelten Bauern, die jetzt, wo das Wetter gut war, mit der Arbeit gar nicht hinterherkamen. Frisches Grün, das sich der Sonne entgegenreckte. Aufbrechende Knospen. So schön sah die Landschaft aus, dass Jakobas Schritte leichter wurden. Sogar ihre Unterleibskrämpfe hatten nachgelassen.

Als die Sonne im Mittagshoch stand, taten ihr die Füße weh, und Paul hatte Hunger. Jakoba wühlte im Gehen in ihrem Beutel. Noch immer waren sie zwischen den Stadtgärten. Sie konnten erst rasten, wenn sie eine geschützte Stelle gefunden hatten. Da waren ein Brotfladen, eine Wurst und ein Stück Käse. Dass etwas aus dem Vorratsraum fehlte, würde sofort auffallen bei den detaillierten Listen, die Pepeke führte! Hoffentlich fand niemand heraus, dass Lene die Nahrungsmittel gestohlen hatte, sonst würde die Magd Ärger bekommen.

Sofort standen Jakoba wieder die Bilder des gestrigen Abends vor Augen. Auch jetzt war sie in einer gefährlichen Lage – aber sie war wenigstens für sich selbst verantwortlich. Ihr Leben lag wieder in ihrer Hand. Sie reichte Paul einen Kanten Brot. Den Speck, den der Junge erbettelt hatte, und die Wurst würden sie erst mal aufbewahren. Paul lehnte sich an einen Schlagbaum, der einen Teil der Äcker abgrenzte, und aß langsam. Auch sie ließ sich niedersinken. Nur einen Moment rasten!

Jakoba dachte daran, dass sie Paul vorhin eigentlich keine richtige Antwort auf seine Frage nach ihrem Ziel gegeben hatte. »Ich will nach Ebbekestorpe zurück. Wenn sie mich schon im Kloster nicht wieder aufnehmen, werden sie mich dort sicher wenigstens ein paar Nächte dulden. Ebenso wie dich.«

»Und wenn sie mich wegschicken?« Paul hatte schon aufgegessen, und sein Blick wanderte unwillkürlich zu ihrer Tasche.

»Es gibt Pilgerzellen und Almosenspeisungen im Kloster, irgendetwas wird sich schon finden«, wich sie aus. Sie brach ein weiteres Stück Brot ab und reichte es ihm. »Noch kannst du zurück«, sagte sie. Ihr fielen Lenes Worte ein. »Bei …«, sie stockte. »Gevehard« oder »mein Gemahl« wollten ihr nicht über die Lippen. »Meister Reppenstede hast du wenigstens zu essen.«

Paul verschlang das Brot. »Ich begleite Euch«, sagte er kauend.

»Warum tust du das?«

Seine Augen blitzten. Efeugrün waren sie. »Hat mir da sowieso nicht gefallen. Wie auf einem Friedhof war es in dem Haus. Alle hatten Angst vor diesem ach so feinen Herrn. Außerdem bin ich Euch noch etwas schuldig. Ohne Euch wäre ich jetzt so mausetot wie mein Vater.«

Gedankenverloren ging Jakoba weiter. Es stimmte, Paul hatte sie gerettet. Aber den halb blinden Bettelkindern hatte ihre Medizin nicht geholfen. Sie wusste einfach zu wenig über die Heilkunst.

Langsam setzte Jakoba einen Fuß vor den anderen. Schon jetzt waren ihr Rock schmutzig vom Straßenstaub und ihre Fußsohlen wund. Würden sie es heute bis Ebbekestorpe schaffen? Und wenn nicht, wo sollten sie sonst übernachten? Paul schoss immer wieder einen Stein ein Stück voraus und wartete auf sie.

Seine Worte hatten sie zusätzlich bedrückt. Noch nie hatte sie mit ihm über seine Familie gesprochen. »Hast du keine anderen Verwandten? Wo ist deine Mutter?«, wollte Jakoba wissen.

»Auch tot. Alle sind tot. Beim Aufstand getötet worden …«

»Ein Aufstand?«

»In Krakau leben unzählige Menschen, die aus dieser Gegend hier stammen und deutsch sprechen. Aber vor ein paar Jahren wollten die Krakauer die Deutschen loswerden. Es kam zum Aufstand, viele starben dabei, andere wurden verbannt. Man wurde geprüft, ob man die Sprache konnte. Mein Vater hat im Salzbergwerk vor den Toren Krakaus gearbeitet, bis er seine Stelle verlor. Dann kam die Hungersnot … Ihr könnt Euch gar nicht vorstellen, wie es bei uns gewesen ist! Die Menschen haben die Ratten gegessen, das Gras, die unreifen Eicheln von den Bäumen, ihre Schuhe. Manche sollen sogar …« Er verstummte.

»Was?«

Paul schüttelte erschüttert den Kopf. »Es ist zu schrecklich.« Plötzlich brannten seine Augen vor Hass. »Mein Vater war der einzige Verwandte, der mir geblieben ist. Ich werde es Eurem Bruder nie verzeihen, dass er ihn getötet hat – nie, so wahr ich hier stehe. Eines Tages wird Anno dafür bezahlen!«

Jakoba erschauderte, doch da hatte Paul sich wieder gefangen: »Was ist eigentlich gestern Nacht geschehen, dass Ihr …« Er scheute sich, es auszusprechen. »Dass Ihr fliehen musstet?«

Jakoba mied seinen Blick. »Ich möchte nicht darüber sprechen.« Die Ereignisse ließen ihr keine Ruhe. Wie hatte es nur so weit kommen können? Warum hatte Gevehard so extrem reagiert? »Haben die Knechte und Mägde über Meister Reppenstedes erste Frau geredet?«, fragte sie.

»Wenig. Sie war wohl sehr schön, empfing viel Besuch, jedermann suchte sie gern auf.«

»Woran ist sie gestorben?«

Paul schoss heftig, und der Stein verschwand in einem Graben. Schulterzuckend ging er weiter. »Ist verblutet. War wohl schwanger. Meister Reppenstede ist seitdem nicht mehr derselbe, meint Ecko. Da ist ja der Salzweg!« Paul wies voraus.

Eigentlich war der alte Handelsweg die schnellste Verbindung nach Süden, aber für sie wurde das Gehen nun noch beschwerlicher. Wagenräder hatten tiefe Rillen in den Matsch gegraben, und auch wenn der Sand jetzt trocknete, fanden ihre Füße nur schwer Halt. Schweigend liefen sie weiter. Sie durchschritten verwahrloste Dörfer. Vereinzelte Bewohner stürzten sich auf die Wanderer, um Almosen zu erbetteln, doch Jakobas Hände waren leer. Sie besaß nur den Ring an ihrem Finger und den Dupsing, den Lene zu den Kräutertiegeln in den Beutel gesteckt hatte. Diesen Zierrat konnte sie hier nicht zu Geld machen. Manche Bettler riefen ihnen Verwünschungen nach, als sie leer ausgingen. Ab und zu kamen ihnen Packwagen oder andere Wanderer entgegen. Es war eine sanft geschwungene Landschaft mit Dickichten und Wäldern. Die weiße Rinde der Birken reflektierte im Sonnenschein, noch waren die Äste kahl.

Dennoch war Jakoba erneut in Grübeleien versunken. Sie konnte nachfühlen, wie es Gevehard ging, wenn sie auch sein Verhalten ihr gegenüber verurteilte. Beide waren sie durch Trauer gezeichnet. Er hatte nicht nur seine geliebte Frau verloren, sondern auch sein ungeborenes Kind. Vielleicht, wenn er bereit gewesen wäre, mit ihr zu reden … ihr ein wenig Zeit zu lassen …

Ein Wagen näherte sich. Das Rumpeln wurde stetig lauter. »Habt Ihr Geld? Gegen ein paar Münzen lässt der Kutscher uns vielleicht mitfahren«, sagte Paul.

Jakoba verneinte, also ließen sie den Wagen, schwer beladen mit Salzfässern, vorbeiziehen. Dabei fiel es ihr immer schwerer, mit Paul mitzuhalten. Als sie einen Bach erreichten, bat sie ihn um eine kurze Rast und hängte die geschwollenen Füße ins kühle Nass. Paul war ins Wasser gesprungen und ließ nun Steinchen über die Oberfläche tanzen. Sein Anblick trieb ihr Tränen in die Augen.

»Woran denkt Ihr?«

Sie schippte Wasser in ihr Gesicht und über die geschwollenen Lider. »Weißt du, dass ich auch einmal Familie hatte? Einen Sohn …« Ihr Hals schnürte sich zusammen. »Willekin ist gerade mal zwei Jahre alt geworden.«

»Woran ist er gestorben?«

»Mein erster Mann war in eine Fehde verwickelt. Wir sollten von unserem Sattelhof vertrieben werden. Plötzlich wurden wir angegriffen. Sie haben mit Brandpfeilen geschossen. Ich war am Fluss, ohne Willekin. Ich dachte, dass er im Hof sicherer wäre.« Sie schluckte schwer. »Die Flammen brachten das Dach zum Einstürzen. Es war schon lange löchrig, aber mein Mann hatte die Reparatur immer wieder hinausgeschoben. Sie schafften es nicht aus den Trümmern.«

Mitleid zeichnete sich auf Pauls Gesicht ab. »Wie schrecklich. Und unnötig noch dazu. Euer Sohn wäre ein Ritter geworden, ein richtiger Ritter«, setzte er bewundernd hinzu.

Schweigend gingen sie weiter. Die Sonne war schon hinter den Baumwipfeln verschwunden. Wenn sie daran dachte, im Freien zu übernachten, wurde ihr mulmig. Vor ihnen auf dem Weg tauchte ein alter Mann auf. Er ging so langsam, dass sie ihn bald eingeholt haben würden. Da preschten Reiter aus Richtung Lüneburg heran. Jakoba wollte kein Risiko eingehen und strebte zum Waldsaum, Paul folgte ihr. Sie versteckten sich hinter einem Haselnussstrauch. Drei Ritter galoppierten vorbei, ohne sie zu bemerken. Unwillkürlich atmete Jakoba auf. Als sie sich das Laub aus den Kleidern klopften, hörten sie ein heiseres Lachen.

»Da will wohl noch jemand nicht gesehen werden.« Es war der Alte, der sich ein Stück weiter in die Büsche geschlagen hatte. Er hatte ein markantes Gesicht mit zottigen Augenbrauen und einem Bart, der bis auf die Brust fiel. »Wir sollten uns zusammentun. Dann kann uns nachts immer einer die Wölfe vom Leib halten.«

»Wir übernachten im Kloster Ebbekestorpe«, sagte Jakoba im Brustton der Überzeugung.

Wieder lachte der Alte. »Morgen vielleicht. Heute werdet Ihr das bestimmt nicht mehr schaffen.« Er musterte Jakoba. »Ihr seht ohnehin nicht aus, als ob Ihr das Wandern gewöhnt wäret. Eine Pilgerin seid Ihr auf keinen Fall.«

»Was geht's dich an!«, fauchte Paul und stemmte die Hände in die Hüften.

Der Alte schulterte sein Bündel. »Nichts natürlich.«

Schnell hatten sie den Mann hinter sich gelassen. Jakoba konnte kaum mehr mit Paul mithalten.

»Warum warst du so unfreundlich zu ihm?«, wollte sie wissen.

»Solchen wie ihm sind wir oft begegnet. Tun harmlos und klauen dir, wenn du schläfst, den letzten Pfennig aus der Tasche.«

Aber der alte Mann behielt recht. Die Sonne sank und das Kloster war noch immer nicht in Sicht. »Wir sollten uns einen Schlafplatz suchen«, sagte Paul.

Jakoba glaubte, in der Ferne Wölfe heulen zu hören, und schauderte. Es war auch nicht lange her, dass heidnische Slawen vom rechten Ufer der Ilmenau aus Dörfer gebrandschatzt hatten. »Hier, in der Wildnis?«

Paul zuckte mit den Schultern. »Besser, wir suchen uns ein Plätzchen, solange es noch ein wenig hell ist.«

Im gleichen Augenblick hörten sie ein unverständliches Brüllen, dann einen Schrei.

»Hilfe!«

Sie wechselten einen kurzen Blick – Paul rannte los, wobei

er sich am Waldrand hielt, um sich, wenn nötig, zu verstecken. Jakoba folgte ihm langsamer.

Hinter der nächsten Kurve bot sich ihnen ein seltsames Bild: Der Weg öffnete sich zu einer Lichtung an einem Bach. Ein Kobelwagen hatte sich im Morast der Flussniederung festgefahren und stand schief. Er war offenbar gen Lüneburg unterwegs. Es war ein schöner Wagen, aus poliertem Holz und mit einem gewachsten Verdeck. Dieses Wachstuch war jedoch lose und waberte nun auf dem Wagen heftig hin und her.

»Hilfe! Wo bist du denn? So hilf mir doch!«, klang es dumpf unter den Stoffmassen hervor, doch niemand sonst war zu sehen.

Paul wollte gerade auf den Wagen klettern, als etwas unter dem Stoff hervorbrach, über eine Kiste am Wagenrand stolperte und ihn rücklings mit auf die Erde riss. Ein schmaler Mann in einem pelzgefütterten Umhang begrub Paul unter sich. Es sah komisch aus: Die Stoffmassen aus Umhang und Verdeck hatten sich um den Leib des etwa Sechzigjährigen gewunden und behinderten ihn in seinen Bewegungen. Er wirkte wie ein Zwerg im Kleid eines Riesen.

»Jetzt habe ich aber die Nase voll!«, schimpfte der Mann, sprang auf und riss sich den Umhang vom Leib, verhedderte sich erneut und wäre beinahe ein weiteres Mal gefallen. Jakoba war zwischen Lachen und Besorgnis hin- und hergerissen. Der Aufprall war hart gewesen, und sie half Paul auf, der sich den Leib hielt. Sie wollte ihn mit sich ziehen und verschwinden – mit unbeherrschten Männern wollte sie nichts mehr zu tun haben.

»Aber Herz meines Lebens, was tust du denn – du hast den Burschen ja beinahe plattgewalzt! Und der schöne Umhang!« Eine Stimme, tief und mit einem fremdartig weichen Zungenschlag gesprochen.

Jakoba wandte sich um – und erstarrte. Aus dem Dickicht am Fluss kam eine Frau, wie sie noch keine gesehen hatte. Ihre Haut hatte das helle Braun von Buchenlaub, Augen und Haare waren schwarz. Um den Hals trug sie einen Fuchspelz, aber der Rocksaum ihres farbenprächtigen Kleides war hochgebunden, denn die Beine waren nass. Als sie näher kam, stellte Jakoba fest, dass die Frau wesentlich älter war, als es zuerst den Anschein gehabt hatte. Graue Strähnen durchschnitten die schwarze Mähne, und feine Fältchen umspielten Augen und Mundwinkel. Sie war wohl zehn Jahre jünger als ihr Gefährte und einen Kopf größer. An den Händen führte sie zwei Pferde mit nassem Fell. Jakoba musste bei ihrem Anblick an ein Altarbild denken, das sie einmal gesehen hatte. So hatte sie sich die Weisen aus dem Morgenland immer vorgestellt, nur dass es sich hier um eine Frau handelte. Am seltsamsten war jedoch das Tier, das die Frau auf den Schultern trug: Es hatte die Gestalt eines Kleinkinds, war aber über und über behaart. Die Knopfaugen flackerten ängstlich.

»Welcher Bursche?« Verblüfft wandte sich der Mann um. Erst jetzt schien er Jakoba und Paul überhaupt zu bemerken. Das graue Haar trug er kurz, ebenso wie den Bart; seine Augen waren von einem warmen Braun.

Liebevoll lächelnd schüttelte die Frau den Kopf. »Als du aus dem Wagen gestolpert bist, bist du auf ihn gefallen. Du musst ihn doch bemerkt haben!« Dann richtete sie das Wort an Jakoba und Paul: »Entschuldigt meinen Gatten, er ist manchmal etwas zerstreut.«

Der Silbergraue klopfte Paul eilig den Staub aus der Kleidung. »Ich hoffe, du hast dir nichts getan, mein Junge. Was hast du denn da überhaupt hinter mir getrieben?«

Paul war noch immer sprachlos.

»Er wollte Euch zu Hilfe kommen«, sagte Jakoba.

»Tja, nun … Danke also. Hilfe kann man immer gebrauchen.« Der Mann rieb sich die Hände. »Also, wir müssen!«, sagte er geschäftig und drehte sich zum Wagen um. Als ihm einfiel, dass dieser noch immer feststeckte, seufzte er. »Das hatte ich doch glatt vergessen – ich wollte den Spaten aus dem Wagen holen, aber das Mistding hat sich versteckt.«

Die Frau hatte inzwischen die Pferde festgebunden. Mit einem Griff zog sie den Spaten aus der Wagenwand. »Meintest du diesen Spaten?«

»Du bist ein Engel!« Ihr Mann küsste sie überschwänglich.

Jetzt hatte auch Paul die Sprache wiedergefunden. »Wir können Euch helfen«, schlug er vor.

Der Mann nahm Pauls Angebot gerne an. Unterdessen zog die Frau ein nasses Kleid vom Pferderücken und begann, es auszuwringen; sie musste es gerade gewaschen haben. Ihre Bewegungen wirkten ein wenig matt. Jakoba wunderte sich. Die beiden sahen aus, als ob sie sich eine Wäscherin leisten könnten, und mit dem Wagen war es bis Lüneburg nicht mehr weit. Sie bot der Frau ihre Hilfe an. Doch als sie das andere Ende des Stoffs ergriff, sprang das kleine Tier sie an und kletterte an ihrem Rock hoch. Jakoba sah die nadelspitzen Zähne und erstarrte.

»Was ist das für ein Wesen? Ist es gefährlich?«, fragte sie unsicher.

»Sasa? Nein, keine Sorge, mein Äffchen ist harmlos. Du kannst es anfassen.«

Von Neugier getrieben, streckte Jakoba die Hand aus. Das Äffchen krabbelte weiter, klammerte sich an ihre Finger und legte den Kopf schief. Jakoba musste lachen – zu niedlich sah das aus! Jetzt wollte sie dem kleinen Kerl tatsächlich über das Fell streichen, aber da erschrak Sasa. Das Tier ließ sich fallen, lief zu seiner Herrin und versteckte sich unter deren Rock. Bedauernd wandte Jakoba sich wieder der Arbeit zu. Gemeinsam war das Kleid im Nu ausgewrungen. Anschließend bürstete die Frau den Umhang ihres Mannes und füllte die Wasserschläuche.

Nun war auch der Wagen wieder befreit. Allerdings waren Paul und der Mann über und über verdreckt. Die Frau lachte über ihren Anblick, und ihr Gatte stimmte gutwillig ein. Zärtlich wischte sie ihm den Schmutz aus dem Gesicht und nahm ihm das verdreckte Hemd ab.

»Wir können euch mit nach Lüneburg nehmen«, bot er an, nachdem er sich ein frisches Hemd übergeworfen hatte. »Zu Fuß ist es ja noch ein ganzes Stück.«

Paul lehnte für sie ab. »Danke, aber wir sind in der anderen Richtung unterwegs. Eine gute Fahrt!«, sagte er und wandte sich dem Fluss zu.

Das Paar richtete das Dach des Wagens, schirrte die Pferde an, und der Mann half seiner Frau auf den Bock. »Vielen Dank und Gottes Segen auf eurem Weg!«, rief er zum Abschied. Gleich darauf waren sie hinter der Wegbiegung verschwunden.

Während sich Paul den gröbsten Dreck abwusch, sagte er versonnen: »Eine Frau wie sie habe ich nur auf Jahrmärkten gesehen.«

»Auf Jahrmärkten?«

»Ihr wisst schon – die Weisen aus dem Morgenland sagen die Zukunft voraus und so.«

Jakoba ließ sich auf einen Felsen am Flussufer fallen. Sie konnte keinen Schritt weiter. »Nein, das kenne ich nicht. Erzähl mir mehr davon. Hast du so ein lustiges Tier schon mal gesehen, so ein Äffchen?« Er verneinte.

»Die Frau war wirklich sehr schön«, stimmte Jakoba gedankenverloren zu. Und wie zufrieden sie gewirkt hatten! Ein glückliches Paar.

Paul begann zu erzählen. Offenbar trieb es auch ihn nicht mehr weiter. Als die Schatten zwischen den Bäumen dichter wurden, folgten sie dem Bachlauf in den Wald und fanden eine geschützte Stelle hinter Findlingen. Sie teilten ihren Rest Brot und die Wurst und bewahrten das kleine Stück Speck auf. Jakoba war so erschöpft, dass sie sich in ihren Umhang kuschelte und sofort einschlief.

Ein schriller Schrei weckte sie. Nachtschwärze. Knacksendes Geäst. Sofort hatte die Panik sie im Griff. Sie riss den Kopf herum. Ein heller Fleck vor dem Findling – Paul.

»Beweg dich nicht!« Aus Pauls Stimme klang Todesangst. Der Schemen seines Körpers klebte am Findling, als wünschte er, mit dem Stein zu verschmelzen. Sein Gesicht war wachsbleich. Sie zitterte heftig – wie kalt es war! Es musste gefroren haben, sie spürte das Eis auf ihrer Haut. Ohne sich zu rühren, versuchte sie, sich umzusehen. Ein Schatten war neben ihnen, er riss an etwas, schnaubte und knurrte. Ein Hund. Nein. Ihr Atem stockte – ein Wolf! Seine Zähne hatte er in ihren Beutel gegraben. Versuchte das, was darin so verführerisch roch, zwischen die Kiefer zu bekommen. Der Speck! Jakobas Herz pochte heftig, aber sie hielt ihren Atem zurück. Nur nicht zucken, nicht schreien.

Da war ein Brüllen zu hören, aber von der anderen Seite. Sie konnte nicht anders und fuhr herum. Eine Flamme wischte fauchend durch die Luft.

Der Wolf zog knurrend die Lefzen hoch. Seine Reißzähne blitzten im Fackelschein. Schon setzte er zum Sprung an. Der Fackelträger stach auf den Wolf ein, traf ihn in den Leib. Der Gestank von verbranntem Fell erfüllte die Luft. Das Tier tänzelte herum, versuchte, an der Fackel vorbei an den Angreifer zu kommen, aber immer wieder wurde es getroffen. Durch den Kampf wurden die Flammen schwächer. Sie mussten etwas tun!

Paul war noch immer wie gelähmt. Jakoba tastete um sich, bekam einen Stein zu fassen und schleuderte ihn dem Wolf entgegen. Er ging daneben. Der Wolf hob das schwere Haupt und funkelte sie an. Die Krallen scharrten, als ob er abwog, ob er erst sie oder den Stock angreifen sollte. Wieder streckten sich ihre Finger nach einem Stein aus. Sie warf. Dieses Mal traf sie – beinahe hätte sie gejubelt. Da sprang der Wolf zähnefletschend auf sie los. In diesem Augenblick stach der Angreifer noch einmal zu. Es zischte, gellend jaulte der Wolf, die Fackel war ins Auge gegangen. Mit ein paar Sätzen verschwand das Tier im Buschwerk.

»Holt Holz, wir müssen ein Lagerfeuer machen!«, befahl eine Männerstimme. Im Fackelschein erkannte Jakoba das Gesicht des alten Mannes, dem sie am Nachmittag begegnet waren. »Ich habe doch gleich gesagt, dass es besser ist, wenn einer von uns wacht«, sagte er grimmig.

Wenig später drängten sie sich an das kleine Lagerfeuer – »Nicht, dass man es von der Straße aus sieht«, hatte der Alte gewarnt – und unterhielten sich leise. An Schlaf war ohnehin nicht mehr zu denken. Der alte Mann hatte sich als Nickel vorgestellt. Er habe sie am Fluss gehört, habe sich aber nicht noch einmal aufdrängen wollen und daher in der Nähe sein Lager aufgeschlagen. Mit seinem Schlaf sei es nicht mehr weit her, daher habe Pauls Schrei ihn aus dem Halbdämmer geweckt und er sei sofort losgestürzt.

»Ihr könnt von Glück reden, dass der Wolf es auf die Tasche abgesehen hatte und sich nicht gleich auf euch stürzte. Was ist denn Schönes darin?«, fragte Nickel und zwirbelte seinen Bart.

Jakoba kramte in dem zerrissenen Beutel. »Speck. Wollt Ihr ihn? Er ist alles, was wir Euch zum Dank anbieten können.«

Nickel nahm den Speck gerne und teilte ihn – obwohl es ja wahrlich nur ein Happen war – durch drei.

»Entschuldigt mein Misstrauen, aber man weiß nie so genau«, sagte Paul.

»Das kannst du wohl sagen, Junge.«

Jakoba musterte den Alten verstohlen. Im Licht des Feuers wirkten seine Züge gutmütig. Sie hatte ihn von Anfang an nicht für einen Dieb gehalten, aber auf Pauls Instinkt vertraut, was sie auch immer wieder tun würde. Dennoch war sie froh, nicht ganz danebengelegen zu haben. »Darf ich fragen, wer Ihr seid und was Euer Ziel ist?«

»Das dürft Ihr, edle Dame.« Sie zuckte zusammen – hatte er

sie erkannt? Aber Nickel fügte lächelnd hinzu: »Edel müsst Ihr sein, denn so geschwollene Sprache hört man auf der Straße sonst kaum. Ein Zimmermann bin ich, aus Lübeck, und ein schlechter dazu. Auf dem Weg nach Avignon, Buße tun.« Er starrte auf seine Hände, die gegen die Kälte mit Lumpen umwickelt waren. »Bin froh, dass ich endlich losgehen konnte. Dass Frost und Regen vorbei sind. Schwer liegt die Sünde auf meiner Seele.« Einige Atemzüge lang waren nur das Rascheln der Blätter im Wind und das Glucksen des Baches zu hören. »Los, scheut Euch nicht. Fragt mich ruhig, was ich getan habe. Ihr wollt es wissen, und es ist nur recht, dass ich für meine Taten einstehe.«

»Was habt Ihr getan, das so schlimm sein könnte?«, ging Paul auf die Aufforderung ein.

Nickel sah auf. »Einen Menschen habe ich auf dem Gewissen.«

Jakoba schauderte. Wie sie. Vielleicht. »Habt Ihr ihn … umgebracht?«

»In gewisser Weise schon. Ich will mich nicht länger um die Wahrheit drücken.« Er holte tief Luft. »Ich tauschte die Deckenbalken in einem Giebelhaus in Lübeck aus. Schlechtes Holz hatte mein Vorgänger verbaut. Es kam die Stunde, an der ich das Bruchholz aus dem Fenster werfen wollte. Ich hatte auf der Straße Seile gespannt, damit niemand in Gefahr geriete …« Nickel seufzte schwer. Jakoba ahnte schon, wie die Geschichte ausgehen würde. »Wie ich es immer tat, rief ich laut ›Obacht‹ aus dem Fenster und sah mich nach allen Seiten um. Trotzdem geschah das Unglück, und der Balken traf ein altes Mütterchen. Zu taub, um den Warnruf zu hören, und zu eigensinnig, einen Umweg zu gehen.« Nun sah er Jakoba in die Augen, und sie konnte echten Schmerz darin erkennen. »Der Richter sprach mich frei. Aber ich selbst«, er klopfte auf seine Brust, »ich kann es mir nicht verzeihen. Deshalb habe ich gelobt, zum Heiligen Vater zu pilgern und um Vergebung zu bitten.«

»Aber wieso Avignon? Ist der Papst nicht in Rom?«, fragte Paul.

»Das dachte ich auch. Aber seit einigen Jahren wohnt er wohl in Avignon. Keine Ahnung, warum«, sagte Nickel und blinzelte gähnend in den Sternenhimmel. »Genug der düsteren Geschichten. Die Dame bekommt sonst noch Albträume. Lasst uns lieber noch ein wenig schlafen.«

Sie legten sich nah ans Feuer. Jakoba klemmte die eisigen Hände unter die Achselhöhlen. Ihr Hals brannte, die Nase war feucht, und ihre Füße spürte sie kaum noch. War es nicht Mai, müsste diese Kälte nicht langsam ein Ende nehmen? Sie war aufgewühlt und bot an zu wachen. Die Geschichte des Fremden hatte ihr zu denken gegeben. Sollte sie umkehren? Sich ihrer Schuld stellen? Nein, dazu fehlte ihr die Kraft. Das konnte sie nicht, noch nicht.

8

Ebbekestorpe

Gegen Mittag des nächsten Tages kamen sie am Kloster an. Das Wetter hatte sich gehalten. Jetzt leuchteten die Klostergebäude rostrot im sonnendurchfluteten Graugrün der Wälder. Jakoba genoss die Sonne besonders. Nachts hatte sie ein Hustenreiz gequält, und sie hatte auf getrocknetem Thymian gekaut, in der Hoffnung, dass er den Husten lindern würde. Außerdem hatte sie am Wegrand eine Eibischstaude gefunden und ein Stück von der Wurzel abgetrennt. Im Kloster würde sie darum bitten, dass man ein paar Scheiben mit Wasser aufgoss, dann würde sie sich schnell besser fühlen. Sicher hatte Schwester Walburga auch etwas Linden- oder Holunderblütentee für sie.

Vor der Klosterpforte lagerten nach wie vor Elende und Verkrüppelte. Jakoba glaubte, bekannte Gesichter zu erkennen.

»Die Almosenvergabe ist schon vorbei«, empfingen die Notleidenden sie mürrisch, weil sie offenbar Konkurrenz fürchteten.

»Wollt ihr trotzdem hier warten? Ich ziehe weiter«, sagte Nickel.

Jakoba hielt ihn auf. »Nein, warte bitte kurz.«

Sie klopfte an der Almosenpforte. Als das Sprechgitter geöffnet wurde, blickte sie, wie erhofft, in das Gesicht der Pförtnerin Schwester Hilde. »Schwester Jakoba? Was macht Ihr denn hier? Aber seid Ihr nicht … Die ehrwürdige Mutter sagte …«

»Wir suchen Schutz. Und etwas zu essen. Könnt Ihr uns einlassen?«

Misstrauisch linste Schwester Hilde hinaus. »Euch vielleicht schon, aber die beiden …«

»Ich bitte Euch inständig. Der Mann hat mich und meinen

Begleiter, den Jungen hier, vor einem Wolf gerettet. Habt Ihr etwas Brot für ihn?«

Die Notleidenden hatten aufmerksam gelauscht und erhoben sich, als sie das Wort »Brot« hörten. Der Fensterladen wurde ein Stück weiter zugeschoben.

»Vor einem Wolf? Habt Ihr etwa … Bei allen Heiligen, wieso seid Ihr überhaupt … ich muss erst mit der Priorissa sprechen.« Der Fensterladen wurde zugeschlagen.

Zweifelnd blickte Paul sie an. »Und Ihr glaubt wirklich, dass wir hier etwas zu essen bekommen?«

Nach einer schier endlosen Weile, in der die Elenden längst wieder Platz genommen hatten, kam Schwester Hilde zurück. Dicht neigte sie sich ans Sprechgitter. »Ihr sollt zur Pforte des Infirmariums kommen«, flüsterte sie.

Sie gingen halb ums Kloster herum. Die Türen und Fenster an dieser Seite des Klosterbaus waren vernagelt, doch dann kam einer der Klosterknechte und löste den Balken vor der Pforte. Es war Make, der Mann, den Jakoba nach dem Angriff der Plünderer verarztet hatte.

»Das ist zum Schutz der Nonnen und des Klosterschatzes. Sind ein paarmal böse überfallen worden. Einmal haben sie sogar eine Novizin entführt, diese Unholde. Mussten viele Todesfälle beklagen«, sagte Make, als er sie einließ. Er schien Jakoba nicht erkannt zu haben.

Bei der Erwähnung der Toten hatte sich die Sorge wie eine Klammer um Jakobas Brust gelegt. Sie traten ein. Priorissa Elisabeth und die Pförtnerin warteten in dem kahlen Raum, in dem Jakoba die Kranken versorgt hatte. Die provisorischen Feldbetten des früheren Hospitale Pauperum waren verschwunden. Die Gesichter der Nonnen waren beunruhigt und ernst.

»Gebt dem Mann und dem Jungen etwas Brot, und dann bringt sie wieder hinaus«, wies die Priorissa den Knecht an.

Jakoba hüstelte. »Der Bursche gehört zu mir«, sagte sie.

»Er kann hier nicht bleiben. Und du kannst es auch nicht.«

Bei den Worten fühlte Jakoba sich, als würde ihr der Boden unter den Füßen weggezogen. Sie hatte so sehr gehofft, im Kloster unterschlüpfen zu können, bis sie sich erholt hätte und ihr klar wäre, wie es weitergehen sollte.

»Aber der Kirchenfriede …«

»Ich werde dir eine Freistatt für eine Nacht natürlich nicht verweigern.«

Der Knecht hatte Jakobas Begleiter mit Brot versorgt und führte sie nun zur Pforte. Überrumpelt wünschte Jakoba Nickel eine gute Reise.

»Ich warte auf Euch am Weiher«, versprach Paul ihr beim Abschied.

»Und wir gehen ins Sprechzimmer«, bestimmte die Priorissa.

Knapp zwei Monate nachdem sie aus dem Kloster entführt worden war, betrat Jakoba erneut den Kreuzgang. Wehmut beschlich sie. Stets hatte sie in einem Winkel ihres Herzens gewusst, dass sie nicht wirklich hierher gehörte. Aber das, was seitdem geschehen war, war auch nicht richtig.

Sie nahmen Platz, und Jakoba begann stockend, aber schonungslos ehrlich ihre Lage zu schildern. Sie wollte ihre Seele erleichtern und nicht mit einem Geheimnis leben. Je weiter ihr Bericht voranschritt, desto öfter musste Jakoba unterbrechen, weil sie die Tränen nicht zurückhalten konnte.

Die Priorissa war sichtlich schockiert. »Sei gewiss, dass wir für dich und deinen Gatten beten werden«, sagte sie schließlich. »Selbstverständlich werde ich für heute Nacht eine der Pilgerzellen für dich bereit machen lassen. Mehr können wir jedoch nicht tun. Ich werde in dieser gravierenden Angelegenheit den Propst in Kenntnis setzen müssen. Du hättest das Kloster gar nicht erst verlassen dürfen – nun können wir nichts mehr für dich tun.«

»Aber mein Bruder hat mich aus dem Kloster geraubt!«

»Das hat er uns gegenüber anders dargestellt, und er war sehr überzeugend. Außerdem bist du verheiratet.«

»Aber ich habe Euch doch geschrieben und meine Lage geschildert. Ich habe mich nach Schwester Konegundis erkundigt.«

»Bei uns ist kein Brief eingetroffen, abgesehen von der gestrigen Nachricht deines Bruders. Falls du dieses Kloster erneut aufsuchst, sollen wir ihn sogleich in Kenntnis setzen.«

Verschiedene Reiter hatten sie gestern überholt. Vermutlich war einer von ihnen Annos Bote gewesen. Wer hatte ihn benachrichtigt? War Gevehard aus der Bewusstlosigkeit erwacht? Oder war sein Gehilfe Pepeke tätig geworden? Auf jeden Fall hatte Anno keine Zeit verstreichen lassen.

»Könnt Ihr damit nicht warten, ehrwürdige Mutter? Lasst mich hierbleiben, bis …«

»Ich fürchte, das liegt nicht in meiner Hand. Wie du weißt, ist das Kloster vielfach mit dem Adel verbunden. Zudem hat der Propst umfangreiche Baumaßnahmen in die Wege geleitet. Der sumpfige Grund, ein Ausbau …« Die Priorissa brauchte nicht mehr zu sagen. Das Kloster würde es sich nicht mit einer Adelsfamilie verscherzen; die Gefahr, dass Anno die anderen aufwiegelte, war zu groß. Zahllose Schenkungen des Adels waren nötig, um diese Bauarbeiten zu finanzieren. »Was hast du nun vor?«

Jakoba rang die Hände. »Ich werde nach Braunschweig gehen, zu meinen Großeltern. Sie werden mich sicher aufnehmen.« Sie sagte es zuversichtlicher, als sie sich fühlte. Ob Anno auch Cyeke und Elmbert geschrieben hatte? Zu wem würden sie halten?

»Das werden sie gewiss. Ich werde für dich beten.« Die Priorissa läutete ihr Glöckchen und erhob sich. Das nächste Stundengebet nahte. Sogleich trat die Pförtnerin ein.

Jakoba spürte eine enorme Last auf ihren Schultern. Die Sorge quälte sie – nicht nur über ihr eigenes Schicksal. Sie brauchte Gewissheit. »Ehrwürdige Mutter, der Knecht sagte, dass es Todesfälle gegeben habe …«

Priorissa Elisabeth unterbrach sie. In ihren Zügen war deutlicher Unwille zu sehen. »Schwester Walburga wurde zu Gott gerufen. Sie ist nun in einer besseren Welt.«

Trauer überfiel Jakoba bei dem Gedanken an die gütige und gelehrte Nonne. Walburgas Lebenskraft war wohl aufgezehrt gewesen. Sie schlug ein Kreuz vor der Brust und stimmte ein stummes Gebet an. »Deshalb habt Ihr also das Infirmarium geschlossen«, sagte sie tonlos. »Ich könnte bei der Versorgung der Kranken eine Hilfe sein.«

»Du hast dich für das Leben in der Welt entschieden, wir für das Leben in Gott. Die Krankenpflege war nie die Hauptaufgabe dieses Klosters. Wir dienen Gott und erziehen junge Frauen zu gebildeten und gottesfürchtigen Menschen.«

Und was war mit Konegundis? Bevor Jakoba nach dem Mädchen fragen konnte, wandte die Priorissa sich an die Pförtnerin: »Geleite Domina Jakoba in die Pilgerzelle, ehe du zum Gebet kommst.«

Jakoba bemerkte auf dem Weg zu den Pilgerkammern neugierige Blicke, aber vergeblich suchte sie ein bestimmtes Gesicht hinter den Schleiern. Der Knecht hatte von mehreren Toten gesprochen; dennoch durfte sie die Hoffnung nicht verlieren, bis sie Gewissheit hatte.

Die Zelle war klein und karg, aber wenigstens musste sie sie nicht mit anderen teilen. Außerdem hatte man den kleinen Kamin eingeheizt. Jakoba hielt die Hände vor das Feuer, der Husten kratzte in ihrem Hals. Plötzlich linste jemand um die Ecke. Einen Augenblick später wurde Jakoba stürmisch umarmt.

»Du bist es wirklich!« Jakoba hielt Konegundis auf Armeslänge von sich. Das Mädchen strahlte und sah gesund aus. Und vor allem trug Konegundis nun das Schwesternhabit. So jung und doch schon eine Nonne. »Ich gratuliere dir! Ich freue mich so sehr für dich!«

Konegundis legte lächelnd den Finger über die Lippen. Dann

jedoch betrachtete sie Jakoba genauer: das verschmutzte Kleid, die zerrissene Tasche. Tränen glitzerten in ihren Augenwinkeln, und sie strich mitfühlend über Jakobas Gesicht. »Du hast über mich gewacht, Nacht für Nacht, Schwester Walburga hat es mir erzählt«, brach sie nun doch das Schweigegebot. »Dafür wirst du immer einen Platz in meinem Herzen haben. Leg deine Habseligkeiten vor die Tür, ich werde mich darum kümmern. Diese geringe Tat und meine Gebete sind das Einzige, womit ich dir deine Sorge um mein Heil vergelten kann.« Konegundis lief hinaus; wie früher wollte sie auf keinen Fall zu spät in den Nonnenchor kommen.

Jakoba zog sich aus und deponierte Kleid und Tasche vor der Tür, wo sie einen Teller mit Essen und einen Becher Lindenblütentee fand, den eine Magd dorthin gestellt haben musste. Sie war müde, was kein Wunder war. Heute brauchte sie weder Verfolger noch wilde Tiere zu fürchten.

Morgens fand Jakoba ihr ausgebürstetes Kleid und ihre geflickte Tasche vor der Tür. Konegundis hatte zudem die Umrisse eines Riesen hineingestickt, der ein kleines Kind auf seinen Schultern trug – den heiligen Christopherus, den Schutzheiligen der Reisenden. Jakoba wusch sich und suchte das Mädchen, um sich zu bedanken, aber kein Mensch war zu sehen. Sie fühlte sich besser. Die Halsschmerzen hatten nachgelassen, dafür hustete sie mehr. Während der Messe konnte sie zwar einen Blick auf die Nonnen erhaschen, nicht aber mit ihnen reden. Zum letzten Mal betete sie vor der kleinen Holzmadonna, die das verschmitzt lächelnde Jesuskind auf den Knien hielt und auf deren Rückseite sich in einem Fach wertvolle Reliquien befanden. Der Kaplan war da, sodass sie beichten konnte. Es tat ihr gut, ihre Seele zu erleichtern. Die Bußstrafe war üppig, und auf das Grausigste malte ihr der Kaplan die Jahre des Fegefeuers aus, die sie erwarteten. Erst nachdem Jakoba einige Perlen von ihrem Kleid gelöst und der Kirche vermacht hatte, gewährte er ihr Ablass.

Eine Magd sagte ihr, dass sie im Wirtschaftsgebäude erwartet werde. Niemand war da, um sie zu verabschieden. Das Leben im Kloster ging weiter, auch ohne sie, wie es das immer getan hatte. Am Stall fand sie Paul, der dem Knecht half, einen Wagen zu beladen. Sie war froh, den Jüngling wohlbehalten zu sehen.

»Make muss heute nach Uelzen. Er sagt, das liegt auf unserem Weg«, redete Paul sogleich los. »Ihr wollt doch nach Braunschweig, oder? Das habt Ihr zumindest der Klosterfrau gesagt«, grinste er, zufrieden, dass er die Information aufgeschnappt hatte.

Der Knecht sah Jakoba verlegen an. »Hab Euch gestern nicht gleich erkannt, Schwester Jakoba«, sagte er entschuldigend. »Aber als ich es mitbekam, hab ich mich natürlich gleich um Euren Begleiter hier gekümmert. Der Bursche ist gut versorgt worden bei mir.« Make schirrte die Pferde an.

»Dafür danke ich dir sehr.«

»Nach Braunschweig wollt Ihr also. Euch kommt sicher jemand entgegen. Oder werdet Ihr Euch einen Wagen suchen, der Euch weiter mitnimmt?«

»Das glaube ich kaum. Ehrlich gesagt, hätte ich auch gar kein Geld, um die Fahrt zu bezahlen«, gab Jakoba zu.

Der Knecht rieb über seinen Stoppelbart. »Zu Fuß? Ganz schön weit. Bestimmt eine Woche Marsch. Und ohne Schutz …«

Jakoba schluckte. Dass die Entfernung so groß war, hatte sie nicht gewusst. Sie legte ihren Beutel auf die Pritsche, dann kletterte sie auf die Wagenbank. Noch einmal ließ sie ihren Blick auf dem Kloster ruhen. »Dann bin ich ja umso erleichterter, dass wir heute nicht nur laufen müssen.«

Uelzen lag malerisch am Westufer der Ilmenau, als sie aber näher kamen, kreuzte ein Leichenkarren ihren Weg, und sie sahen, dass auch in dieser Kleinstadt viele Häuser verlassen waren. Make steuerte ein properes Haus an, das durch den offenen Laden und im Wind baumelnde Waren als Sitz eines Kaufmanns zu erkennen war, und forderte Jakoba auf, ihn hineinzubegleiten. Er zog seine Filzmütze ab und stellte sie Meister Beiser vor, einem kleinen Mann mit fleischigen, schlaffen Wangen, der sie erfreut begrüßte.

»Ah, der Gesandte meines liebsten Kunden! Es hat mich einige Mühe gekostet, dieses Mal die Wünsche des Propstes und der Priorissa zu befriedigen. Der Markt ist leer gefegt. Wie teuer alles ist! Ich musste schon selbst arg den Gürtel enger schnallen«, lamentierte Beiser. Tatsächlich waren nur wenige Fässer und Warensäcke in seinem Verkaufsraum zu sehen.

Make stand nicht der Sinn nach Plauderei. »Hat Eure Frau noch immer diese schlimmen offenen Beine, über die sie bei meinem letzten Besuch geklagt hat?«

Der Kaufmann rang die Hände. »Ja, entsetzlich! Kaum mehr gehen kann sie! Und der Eiter – die Wunde heilt überhaupt nicht! Ihre Laune ist grauenvoll! Ich weiß nicht, was ich tun soll, denn eigentlich brauche ich hier ihre Hilfe. Außerdem ist es natürlich furchtbar, sie so leiden zu sehen.«

Offene Beine hatte Jakoba schon oft gesehen, vor allem bei den Menschen, die am Heiligen Feuer litten, oft aber auch bei alten Frauen. »Gibt es denn hier keinen Bader, der ihr helfen kann? Ist kein Medicus in der Nähe?«, fragte sie.

Betrübt blies der Kaufmann die Wangen auf. »Schon oft haben wir versucht, einen Wundarzt hier zu halten, aber er verdient in unserem Städtchen einfach nicht genug. Eine Zeit lang hieß es, der Propst würde uns ein Hospital stiften, aber auch diese Hoffnung zerschlug sich.«

»Wieso Bader? Domina Jakoba hier ist eine ausgezeichnete Heilerin, sie hat in Ebbekestorpe wahre Wunder vollbracht.« Bei Makes übertriebenem Lob schoss Jakoba die Röte ins Gesicht. »Sie kann sicher die Beine Eurer Gattin verarzten.«

Meister Beiser zog erstaunt die Augenbrauen hoch. »Das wäre ja wunderbar!«, rief er begeistert aus. Doch dann verkümmerte seine Freude wieder. »Ehrlich gesagt, unser Geld ist knapp – viel zahlen können wir Euch nicht.«

Jakoba wollte dem Kaufmann gerade versichern, dass das gar nichts ausmache, sie freue sich, wenn sie das Leiden seiner Frau ein wenig lindern könne, da kam Make ihr zuvor: »Ein wenig Geld reicht. Was viel wichtiger ist: Domina Jakoba und ihr … Diener hier«, er wies auf Paul, der sich bei der Erwähnung sichtlich straffte, »müssen nach Braunschweig. Wenn Ihr ihnen also bei der Weiterreise behilflich sein könntet …«

»Natürlich!« Meister Beiser hielt Jakoba die Hand hin. »So ist es abgemacht, schlagt ein!« Schon zog er sie zum Hinterhaus.

Doch Make hielt sie auf. »Wartet bitte, Domina Jakoba.«

Jakoba dankte ihm für seine Hilfe. »Ich hoffe, du hast nicht zu viel versprochen und ich kann wirklich etwas für die Kranke tun«, sagte sie eine Spur unsicher.

»Darüber mache ich mir keine Sorgen. Mit Gottes Hilfe wird es Euch gelingen – so, wie Ihr Konegundis geheilt habt!«

Wieder wurde Jakoba rot. »Das war nicht ich, ich habe nur …«

»Seid nicht so bescheiden! Schwester Walburga hat Euch immer in den höchsten Tönen gelobt. Sie hätte Euch gerne als Infirmaria im Kloster gesehen.« Trauer huschte über sein Gesicht, doch er lenkte ab, indem er etwas aus seinem Hemd zog. Er drückte ihr ein kleines Metallstück in die Hand, das eine Kreuzigungsgruppe zeigte. »Dieses Pilgerzeichen aus Lutter hat jemand im Kloster vergessen. Schon lange lag es in Ebbekestorpe bei den Pilgerzellen. Nehmt es, und zeigt es vor, wenn Euch jemand Böses will oder Ihr Zuflucht sucht. Denkt immer daran: Pilger stehen unter dem besonderen Schutz unseres Herrn. Auch und gerade allein reisende Frauen.«

Gerührt steckte Jakoba das Pilgerzeichen an ihr Kleid. »Ich weiß gar nicht, wie ich dir danken soll!«

»Dankt mir nicht.« Er schien noch etwas sagen zu wollen. »Ich habe damals Eurem Bruder verraten, dass Ihr des Nachts im Infirmarium wacht. Konnte nicht ahnen, was er vorhat!«, gestand er schließlich.

Jakoba nahm seine Hände, die unter der unerwarteten Berührung erstarrten. Sie verstand seine Reue, aber gleichzeitig spürte sie auch heißen Zorn: noch ein Mensch, dem ihr Bruder Seelenqualen aufgeladen hatte.

»Mit Annos Untat konnte wahrlich niemand rechnen. Du hast dir nichts zuschulden kommen lassen«, beruhigte sie Make zum Abschied.

Wenig später stand Jakoba am Bett der Kaufmannsfrau. Sie war ebenso füllig wie ihr Mann und wirkte in ihrem fleckigen, verschwitzten Hemd sehr leidend.

»Unser Kräuterweib war gestern hier und hat mir eine geweihte Kerze auf die Wunde gestellt. Mehr könnt Ihr sicher auch nicht ausrichten!«, sagte sie mürrisch.

Jakoba untersuchte den Unterschenkel der Kranken. Er war vom Schienbein bis zum Knöchel wundrot und vereitert. »Haltet Ihr Schafe?«, fragte sie. Es erschien ihr wie eine Fügung, dass sie in einer der Nächte, in der sie über Konegundis gewacht hatte, ausgerechnet dieses Rezept gelesen hatte. »Ich benötige Schafdung, Honig und Käse – möglichst verschimmelt – für meine Arznei.«

»Das lässt sich machen.«

Obgleich der Schafdungumschlag weitere neunzehn Tage auf der Wunde verbleiben musste, fühlte sich die Kranke schon am nächsten Tag besser. Auch Jakobas Husten hatte nach dem Genuss des Eibischwurzeltees nachgelassen, den sie auf Meister Beisers Herd hatte kochen können. Als Jakoba mit Paul aus der Feldmark kam, wo sie Kräuter gesammelt hatten, warteten vor dem Kaufmannshaus etliche Menschen. Die meisten wirkten wie Tagelöhner, aber ein Mann war darunter, der wie ein Zimmermann aussah und sogleich auf sie zukam. Er war sehr bleich und setzte die Füße unsicher voreinander. Um die Hände trug er fleckige Lappen. Sie fürchtete erst, er könnte betrunken sein, aber als der Mann sprach, wirkte er ganz klar.

»Meister Beiser hat mir von Euch berichtet. Ich finde einfach nicht mehr in den Schlaf. Jede Nacht wälze ich mich herum. Und die Tage sind schlimm. Bei der Arbeit fallen mir die Augen zu, sodass der Hammer danebengeht. Wisst Ihr nichts, das mir helfen könnte, gute Frau?«

Nun tauchte auch der Kaufmann in der Tür auf. Er wies auf die Bank vor seinem Haus. Jakoba verstand den Wink und nahm Platz. »Setzt Euch zu mir, mein Herr, zeigt mir Eure wunden Hände, und berichtet mir genauer von Eurer Schlaflosigkeit …«

Während sie mit dem Mann sprach, rieb sie seine blau geschlagenen Hände mit Arnikasalbe ein. Dann bat sie Paul, der ihnen neugierig zugesehen hatte, den Kaufmann nach Fenchelsamen zu fragen; Schafgarbe und Salbei hatte sie selbst dabei. Schnell kam der Junge mit dem Gewünschten zurück.

»Kocht Fenchelsamen und die Schafgarbenwurzel kurz auf, fügt etwas mit Wein benetzten Salbei hinzu, und bindet Euch diesen Umschlag vor dem Einschlafen um das Haupt – es wird dem Hirn Ruhe bringen«, wies sie den Zimmermann an.

Der Mann bot ihr dankbar eine Münze an, doch Jakoba lehnte ab. Sie wusste doch nicht, ob ihre Heilkräuter ihm wirklich helfen würden! Meister Beiser jedoch ließ sich von dem Zimmermann die Münze geben; kurz wunderte Jakoba sich darüber, dachte aber dann, dass er ja schließlich auch die Fenchelsamen ausgegeben hatte.

Sogleich nahm der Nächste aus der Reihe, die sich vor dem Haus des Kaufmanns gebildet hatte, neben ihr Platz. Er klagte über seinen nervösen Magen. Jakoba durchströmte ein Glücksgefühl, als sie ihm zuhörte und zu helfen versuchte. Das war es, was sie wirklich wollte, was ihr Leben lebenswert machte!

Den ganzen Nachmittag über behandelte sie Kranke, und auch in den nächsten Tagen wurde sie bereits erwartet. Es war, als hätte sich bis in die umliegenden Dörfer herumgesprochen, dass eine Heilerin in der Stadt war. Dabei stieß Jakoba oft genug an ihre Grenzen. In einigen Fällen war sie ganz ratlos: ein Mann, dessen Zahnfleisch in Fetzen hing, oder eine Frau mit einem derart großen Geschwür, dass es sich deutlich unter der Haut abzeichnete. Bei anderen war sie nicht sicher, ob sie die richtigen Kräuter empfahl. Sie wusste so vieles nicht! Wenn sie nur mehr von Schwester Walburga gelernt hätte!

Einen Tag später stand ein Zelt an der Hauptstraße. Auf den Stoff waren ein Zahn und eine Zange gemalt. Ein Bader pries auf einem Podest seine Fertigkeiten an. Manche Reisenden machten bei ihm halt, aber bei Jakoba, die wieder vor dem Kaufmannshaus saß, standen die Menschen Schlange. Da trat der Fremde zu ihr. Er beschimpfte sie wüst: »Schimmeligen Käse auf eine Beinwunde legen – willst du die Frau umbringen? Herausschneiden muss man das faulige Fleisch!«

Jakoba wurde immer kleiner auf ihrer Bank. Sie glaubte zwar, alles richtig gemacht zu haben, wusste aber, dass sie noch viel zu lernen hatte. »Es ist erwiesen, dass dieser Umschlag die Wunde heilen lässt«, verteidigte sie sich schwach.

»Erwiesen, ja? Das hast du erprobt, was? Wie viele Beine hast du schon damit behandelt?«

Sie schluckte. »Das war mein erstes«, musste sie eingestehen.

»Ich hingegen habe schon unzähligen Menschen das faule Fleisch aus dem Leib geschnitten und ihr Leiden verkürzt!«

Der Kaufmann war wie stets in der Nähe der Tür gewesen, um von den Kranken für seine Gewürze und Kräuter zu kassieren, und Jakoba sah den Zweifel in seinem Blick – Zweifel an ihr.

Auch die wartenden Kranken wandten sich nun eher dem Bader zu.

»Im Kloster …«, setzte Jakoba neu an.

»Was wissen die Klosterfrauen schon von der wahren Heilkunst?«, fiel der Bader ihr ins Wort. Breit hatte er sich jetzt vor ihr aufgebaut; seine Stimme war laut. »Ich selbst bin weit gereist und kenne mich aus!« Er pickte sich einen Wartenden heraus und sagte ihm ins Gesicht, woran er litt und was er dagegen tun könnte; es war kein Kunststück, denn auch Jakoba sah den Ausschlag am Hals des Mannes auf den ersten Blick. Trotzdem schienen die Kranken beeindruckt zu sein, und auch der Kaufmann wandte sich von Jakoba ab.

Schon am Nachmittag hatte der Kaufmann einen Wagen gefunden, der sie nach Braunschweig mitnehmen würde. Meister Beisers Frau versicherte ihr beim Abschied, dass sie den Umschlag so lange auf ihrem Bein behalten würde, wie Jakoba es verordnet hatte, denn sie fühle sich stündlich besser. Das Vertrauen der Kranken tröstete Jakoba, doch die Zweifel blieben. Sie musste einen Weg finden, mehr über die Heilkunst zu lernen, und eine Heilerin werden, die diesen Namen wirklich verdiente. Aber wie?

9

Braunschweig

Jakoba war noch ein Mädchen gewesen, als sie ihre Großeltern zum ersten und einzigen Mal in Braunschweig besucht hatte. Es war anlässlich eines großen Turniers gewesen, bei dem ihr Großvater und ihr Vater angetreten waren. Die prächtige Hofhaltung ihrer Großeltern hatte Jakoba damals sehr beeindruckt, gleichzeitig hatte ihr die herrische Großmutter eine Heidenangst eingejagt. Domina Cyeke hatte den gesamten Haushalt dirigiert – einschließlich ihres Ehemannes Elmbert, eines sonst ehrfurchtgebietenden Ritters.

Der Händler holperte mit Jakoba und Paul über den Bohlenweg zum Wendentor. Das Land, auf dem Braunschweig erbaut war, schien sumpfig zu sein, denn in den Niederungen und rund um den Fluss war es mit dicken Brettern befestigt. Das Regenwasser versickerte kaum. Die Zöllner und Torwächter hatten mit den Salzhändlern und sonstigen Kaufleuten viel zu tun, aber endlich durften auch sie passieren. Zu ihrer Linken zog eine große Kirchenbaustelle ihren Blick auf sich, zu ihrer Rechten thronten Burg und Dom auf der Okerinsel. Wie in Lüneburg waren auch hier die Kirchen und Klöster von Notleidenden umlagert.

Das Haus der Familie befand sich beim Grauen Hof im Stadtteil Hagen. Neben den Mönchen in ihren grauen Kutten waren auf der Straße weitere Geistliche zu sehen; verschiedene Orden hatten in diesem herrschaftlichen Viertel mit vielen Adelsbauten und großen Freiflächen ihren Sitz. Die Nähe zum Herzogshaus hatte Jakobas Familie stets mit Stolz erfüllt. Es hieß, ihre Vorfahren seien in Dankwarderode, der Burg Heinrichs des Löwen, ein und aus gegangen. Heute war am Stadthaus der Familie vom

Glanz der früheren Tage nicht mehr viel zu erkennen: Die Mauern des Steinbaus mit den schmalen Fenstern waren bröckelig, an der Tür war die Farbe abgeplatzt, und zwischen den Dachziegeln wuchsen Grashalme, die vom Regen schwer ihre Köpfe hängen ließen. Die Fenster waren trotz der Tageszeit mit Läden verschlossen. Vor dem Haus warteten einige Wachen mit Pferden. Was hatte das zu bedeuten? War Anno etwa schon hier?

Jakoba war bange zumute, als sie die Stufen empor zum Eingang trat. Würden ihre Großeltern ihr helfen?

Gerade als sie nach dem Messingklopfer greifen wollte, öffnete sich die Tür ein Stück, und sie hörte ihre Großmutter: »Es ist mir egal, was Ihr seid, ob Ihr Euch Bader, Medicus oder Wundarzt schimpft, für mich seid Ihr ein Giftzwerg ...«

Eine Männerstimme: »So lasse ich nicht mit mir reden! Gekrönte Häupter wissen meine Medizin zu schätzen. Es ist der Trank der Tränke, den ich Euch anbiete ...«

Ihre Großmutter klang erregt: »Ihr habt nichts in unserem Haus zu suchen, hinaus mit Euch! Marthe, mach endlich auf und lass den Herrn hinaus – oder bist du taub?«

Jakoba und Paul sahen sich fragend an. Vielleicht sollten wir bei einer günstigeren Gelegenheit zurückkommen, dachte Jakoba, als ein Mann an ihnen vorbeistürmte, auf die Straße hinausstolperte und dort beinahe mit einem Reiter zusammenstieß. Sofort waren die beiden Männer in einen hitzigen Wortwechsel verwickelt.

Jakoba stutzte. Die zierliche Statur, die grauen Stoppeln, die warmbraunen Augen, der feine Umhang und dazu ein übergroßes Schwert – der Besucher ihrer Großeltern war der Mann, den sie vor einigen Tagen am Bach getroffen hatten. Seine Frau folgte ihm, elegant und farbenprächtig gekleidet, einen Fuchspelz um die Schultern. Lediglich ihre Last störte das hoheitsvolle Aussehen: Sie trug ein schwarzes Kästchen und das Äffchen, das mit einer grünen Kordel an ihr Handgelenk gebunden war.

»Beruhige dich doch, Herz meines Lebens. So eine unhöfliche alte Dame …«, sagte sie. In diesem Moment bemerkte sie Jakoba und Paul. »Wir haben uns neulich noch gefragt, ob ihr euer Ziel erreicht habt«, sagte sie überrascht. »Jetzt sehen wir uns hier wieder – was für ein Zufall! Ich an eurer Stelle würde dort allerdings nicht hineingehen.«

Jakoba erwiderte das Lächeln, obgleich es ihr schwerfiel. Sie war jetzt wirklich sehr nervös. »Ich fürchte, mir bleibt nichts anderes übrig.«

Hinter ihnen traten weitere Menschen durch die Tür. Es waren Jakobas Großmutter und ein feister älterer Mann in feinem Zwirn. Der wappengeschmückten Kleidung seiner Wache nach zu urteilen, gehörte er zum Braunschweiger Herzogshaus.

»Ich hoffe, Ihr nehmt es mir nicht übel, Hoheit, aber ich dulde keine Fremden in meinem Heim. An diesen Hokuspokus glaube ich schon gar nicht. Aber Ihr hättet selbstverständlich gerne noch bleiben können.« Domina Cyeke klang für ihre Verhältnisse geradezu unterwürfig.

»Ich halte es für besser, wenn ich Euch jetzt ebenfalls verlasse. Ich wollte Euch wirklich nicht unnötig aufregen, liebe Cyeke, sondern habe es nur gut gemeint. Meister Arnold ist der beste Medicus, den ich kenne. Sein Theriak würde Euren Gatten ganz sicher stärken, wenn nicht sogar gesunden lassen«, sagte der Adelige. Als sein Blick auf Jakoba fiel, senkte diese ehrerbietig das Haupt.

»Was habt ihr hier zu suchen? Verschwindet!«, blaffte die alte Dame Jakoba und Paul an.

Noch einmal zwang Jakoba ein Lächeln auf ihr Gesicht. »Gott gröte ju, Grotemoder«, sagte sie volkstümlich und ignorierte die erstaunten Mienen der Fremden.

Domina Cyeke musterte Jakoba mit zusammengekniffenen Augen. Sie war einen Kopf kleiner als ihre Enkelin und wog vielleicht die Hälfte. Zierlich wie ein Kind, das Gesicht von spinnwebfeinen Falten umgeben und auf einen Stock gestützt, wirkte Cyeke vollkommen harmlos. Doch jetzt schnellte ihre Hand vor. Sie umkrallte Jakobas Kapuze und zog sie heran. Prüfend inspizierte sie ihr Gesicht. »Bist du es wirklich? Schickt Anno dich? Ist das eine neue Finte deines Bruders?«

Was war hier nur los? Was war zwischen den Besuchern und ihrer Großmutter vorgefallen, und was für eine Finte meinte Cyeke? Jakoba versuchte behutsam, sich aus dem eisernen Griff zu befreien. »Ich weiß nicht, wovon du sprichst, Grotemome«, sagte sie.

Der Adelige räusperte sich. »Ich sehe, Ihr habt Familienbesuch. Mögen wir uns zu einer fröhlicheren Gelegenheit wiedersehen, Domina Cyeke. Falls Ihr es Euch anders überlegt, könnt Ihr nach meinem Freund Meister Arnold schicken lassen«, sagte er und schritt auf die Straße, wo der sich anbahnende Streit in ein angeregtes Gespräch überging. Die Männer und die Frau saßen auf.

Domina Cyeke blinzelte Jakoba an. »Du bist es tatsächlich. Anno hatte uns schon gewarnt, dass du hier auftauchen würdest. Was willst du?«

»Können wir nicht erst einmal hineingehen – und könntest du bitte deinen Griff lockern?«

Tatsächlich ließ die alte Dame los. »Wer ist das?«, fragte sie und zeigte argwöhnisch auf Paul, der vor ihr ein Stück zurückgewichen war.

»Mein … Laufbursche«, sagte Jakoba.

»Soll draußen warten«, befand Cyeke und ging hinein.

Jakoba sah Paul entschuldigend an. Der Jüngling wog den Kopf. »Da rein, zu ihr? Ich wäre ohnehin nicht mitgekommen«, sagte er beinahe entrüstet.

Jakoba nickte verständnisvoll, gleichzeitig wurde ihr das Herz schwer. War so plötzlich die Zeit des Abschieds gekommen?

»Jakoba, wo bleibst du denn? Marthe soll die Tür wieder

schließen, es zieht! Elmbert holt sich noch den Tod!«, hörten sie die herrische Stimme Cyekes.

Paul sprang die Stufen hinunter. »Ich finde schon was, wo ich bleiben kann. Wir sehen uns bestimmt noch«, versprach er.

»Entschuldigt, Herrin, ich muss … Domina Cyeke …«, wurde Jakoba da angesprochen – von Marthe, die seit Jahrzehnten die gute Seele des Hauses war, beinahe ebenso alt wie die Großmutter, aber deutlich robuster.

»Natürlich, Marthe.« Jakoba ging nun hinein. Es war nicht nötig, dass auch noch die Magd Ärger mit Cyeke bekam. »Schön, dich so gesund wiederzusehen.«

»Ach, gesund, wer ist das schon in meinem Alter? Ich bringe Euch zu den Herrschaften.«

Marthe schlurfte voraus zur Stube. Das Haus wirkte schäbig und vernachlässigt, überall in den Ecken lagen Staubflocken und Wollmäuse. In der Stube stand zu Jakobas Erstaunen neben dem Kamin ein Himmelbett. Als Jakoba näher trat, bemerkte sie, dass das Holz wurmstichig und die Vorhänge fadenscheinig waren. Gerade schob Cyeke ein gewaltiges Kissen in den Rücken ihres Mannes. Elmberts Gesicht war schmal, und die Nase schien eigentümlich groß.

Erst als ihr Großvater Jakoba ein Zeichen gab, wagte sie, näher zu treten. Er streckte die Hand nach ihr aus; seine Haut war trocken wie Papier. Jakoba setzte sich an seine Seite. Wie seine Frau musste auch er die siebzig weit überschritten haben. Die Bewohner dieses Hauses waren wirklich uralt. Weitere Dienstboten außer Marthe schien es nicht zu geben. Es war erstaunlich, dass die Greise allein zurechtkamen.

»So lange haben ich dich nicht mehr gesehen, Grotevader. Ich war noch ein Kind. Es gab ein Turnier, weißt du noch …«, plapperte Jakoba gegen die Enge in ihrem Hals an. »Was ist dir passiert? Kann der Medicus dir nicht helfen?«

»Mir kann … keiner mehr helfen, Kind«, sagte er langsam.

Das Sprechen schien Elmbert ungeheuer anzustrengen, und Jakoba fiel auf, dass seine Gesichtszüge auf der linken Seite schlaff blieben.

»Warum habt ihr mir keinen Boten geschickt? Ich hätte euch unterstützen können! Das Kloster hätte mir sicher Ausgang gewährt«, sagte Jakoba erschüttert.

»Ein feines Kloster ist das, wenn es den Nonnen Ausgang gewährt«, schimpfte Cyeke. »Das hätte es früher nicht gegeben. Aber heute, keine Sitten gibt es mehr ...« Die Greisin nahm auf der anderen Seite des Bettes Platz. Sogleich nahm sie ihr Spinnzeug auf. Sie bewegte die Hände, ohne hinzusehen. »Wie bist du überhaupt hierhergekommen? Bist du mit deinem Gatten nach Braunschweig gereist? Will er uns etwa besuchen? Wir sind auf Besuch nicht mehr eingerichtet. An weltlichen Vergnügungen haben wir kein Interesse. Uns soll man in Ruhe sterben lassen.«

»Sag doch so was nicht!« Jakoba wandte sich ihrem Großvater zu. Nur nicht über ihren Ehemann sprechen! »War das eben der Herzog?«

Er nickte langsam. »Herzog Albrecht, ein alter ... Freund. Sorgt sich ...«

»Ach was, sorgt sich!«, fiel Domina Cyeke ihm ins Wort. Dann wandte sie sich forschend an Jakoba: »Nun also – wieso bist du hier? Was willst du? Wo ist dein Mann? Geht er seinen ... Geschäften nach?« Deutliche Verachtung für den niederen Stand schwang in ihren Worten mit.

Wussten ihre Großeltern von nichts? Aber Cyeke hatte doch einen Brief erwähnt. »Anno hat euch geschrieben?«

»Nur eine kurze Nachricht, ausnahmsweise. Lenk nicht ab«, herrschte Cyeke Jakoba an, die sich auf einmal wieder wie ein unsicheres Mädchen fühlte. Es fiel ihr schwer, ihren Großeltern von den Misshandlungen zu berichten, aber es musste sein. Um eine feste Stimme bemüht, begann sie zu reden. Die ganze Zeit über schwieg ihre Großmutter. Eine tiefe Falte auf ihrer Stirn verriet ihre Missbilligung.

»Was hat Anno euch geschrieben? Wisst ihr, wie es meinem Mann geht?«, fragte Jakoba schließlich bange. Tränen tropften auf ihre Hände. Sie hatte, ohne dass es ihr bewusst gewesen war, zu weinen begonnen. »Es war ein Unfall – ich konnte nicht anders. Ich habe es einfach nicht mehr ausgehalten.« Es tröstete sie, als sie spürte, wie ihr Großvater ihre Finger drückte.

»Dieser … Teu… Teufel«, presste er mühsam heraus.

Großmutter Cyeke kam langsam zu ihnen; jeder Schritt schien ihr schwerzufallen. Behutsam, aber bestimmt zog sie die Decke über der Brust ihres Mannes höher. »Er ist erschöpft«, sagte sie. »Wir brauchen jetzt unsere Ruhe. Nachher sprechen wir weiter.«

Jakoba wurde von Marthe in eine Kammer geführt, ein dunkles Loch ohne Fenster und nur mit einer Strohmatratze ausgestattet. Die Magd schaffte Decken heran, und Jakoba half ihr, das Spannbett zu bereiten. Müde von der Reise und der Anspannung sank sie auf das Lager. Wie es wohl Paul ging?

Jakobas Glieder waren steif und kalt, als sie erwachte. Wie still es in diesem Haus war! Kein Laut war zu hören. Auch in der Küche war niemand zu sehen. Die Grabesstille brachte sie dazu, auf Zehenspitzen zu gehen. In der Stube war nur ihr Großvater, wie tot lag er da. Jakoba schnürte es das Herz zusammen. Elmbert war ein gefürchteter Tjoster und Schwertkämpfer gewesen, er hatte in der letzten Schlacht der Kreuzritter im Heiligen Land gekämpft – und jetzt lag er hier, einsam und hilflos.

Sein Haupt neigte sich zu ihr. »Komm nur«, wisperte er und machte eine kleine Geste.

Jakoba setzte sich an sein Bett. »Kann ich irgendwas für dich tun, Grotevader? Möchtest du etwas trinken? Hast du Schmerzen? Ich habe Heilkräuter dabei.«

»Ich brauche nichts mehr ... aber mein Rücken ... diese Quälerei.«

Da er nur eine Seite bewegen konnte und es ihm an Kraft mangelte, musste Jakoba ihm helfen, sich aufzusetzen. Feucht klebte das Hemd an seiner Haut. Jakoba zupfte daran, und er wimmerte leise. Jetzt sah sie, dass die Haut wund war. Es musste furchtbar wehtun. »Ich kann die Wunden reinigen und bedecken, wenn du möchtest.«

»Tu das, ich bitt dich ...«

Sie zog ihm das Hemd aus und half ihm, sich auf die Seite zu drehen. Es war nicht einfach, denn obgleich ihr Großvater so stark abgemagert war, war er noch schwer. Sie konnte sich kaum vorstellen, dass Domina Cyeke oder die Magd in der Lage waren, Elmbert zu bewegen. Eilig lief Jakoba in die Küche, um Marthe um warmes Wasser zu bitten. Es war zu kühl im Haus, um ihren Großvater lange halb nackt liegen zu lassen.

»Was tut Ihr denn? Hat die Herrin das erlaubt? Wartet lieber, bis Domina Cyeke zurück ist!«, mahnte die Magd.

»Das kann nicht warten. Gib mir bitte das Wasser, ich hole meine Kräuter.«

Als sie zurückkam, war ihr Großvater weggedämmert. Nur langsam erwachte er wieder. »Sing mir ein Lied, Kind«, bat er matt.

Während sie sich behutsam an die Arbeit machte, sang sie ihm einige der Klosterlieder vor, die sie besonders liebte. »Wy wyllen alle vrolick syn ...«, schien ihm besonders zu gefallen.

Da fuhr auf einmal Domina Cyeke dazwischen: »Was machst du denn hier? Er holt sich ja den Tod!« So schnell es der alten Frau möglich war, stürzte sie herein und riss Jakoba den Lappen aus der Hand.

»Sein Rücken ...«, wollte Jakoba sich entschuldigen.

»Willst du etwa sagen, dass ich mich nicht ordentlich um ihn gekümmert habe?«, fauchte ihre Großmutter.

»Aber nein, ich …«

»Verschwinde, bevor du noch mehr Unheil anrichtest!« Cyeke war so wütend, dass Jakoba ihrem Befehl Folge leistete. Ihr Großvater war stumm geblieben.

Jakoba atmete im Flur erregt durch. Sie hatte auf einmal das Gefühl, keine Luft mehr zu bekommen, und musste husten. Durch die Ritzen der Fensterläden sah sie den Staub in den fahlen Sonnenstrahlen tanzen. Wie dunkel es in diesem Haus war! Wie stickig! Sie musste raus – dann könnte sie auch gleich mal nach Paul sehen. Jakoba drückte den Türgriff, doch nichts geschah. Sie rüttelte.

»Domina Cyeke hat den Schlüssel. Bis zum nächsten Morgen kommt hier keiner mehr raus.« Jakoba ging in die Küche, woher die Stimme gekommen war. Marthe stand am Herd und röstete unreifen Dinkel zu Grünkern.

»Bis zum Morgen? Es ist noch nicht einmal Abend!«

Marthe sah sie müde an. »Nach der Vesper wird geschlossen. Ist sicherer so. Warum habt Ihr uns nicht in die Kirche begleitet? Ihr dürft Eure religiösen Pflichten nicht vernachlässigen, in Eurer Lage.« Hatte Domina Cyeke ihr von Jakobas Schicksal erzählt oder hatte die Magd gelauscht? War sie auch sonst gut über die Familie im Bilde?

»Anno schreibt öfter an meine Großeltern?«, fragte Jakoba beiläufig.

Marthe wendete mit einem Holzlöffel die Körner. »Ab und zu.«

»Großmutter ärgert sich über ihn.«

»Herr Anno ist wohl unverschämt. Und nun geht, Ihr habt hier nichts zu suchen, Herrin!«

Jakoba verließ sie. Domina Cyeke hatte von »Annos Finten« gesprochen. Was hatte sie damit gemeint? War es zum Vorteil für sie, wenn ihre Großmutter nicht auf Annos Seite war? Würde sie Jakoba helfen? Was könnte sie überhaupt tun? Solange sie nicht wusste, wie es Gevehard ging ... Ihre Ehe aufheben zu lassen war beinahe unmöglich. Sie hatte mal von einer Base gehört, deren Mann ins Kloster gegangen war und deren Ehe man daher aufgehoben hatte. Das Gesinde hatte über eine Bäuerin getratscht, deren Mann impotent gewesen war – ein weiterer Grund für eine Scheidung. Aber sonst?

Gedankenverloren stieg Jakoba die Treppe zum ersten Stock hoch. Staub bedeckte die Stufen, und Spinnweben schlugen ihr ins Gesicht. Oben angekommen, liefen fiepend Mäuse davon. Auch hier waren die Türen verschlossen. Offenbar wurden die Zimmer schon seit Langem nicht mehr genutzt. Gleiches galt für den Keller. Direkt neben der steilen Treppe standen einige Vorratsfässer, aber der Rest schien schimmelig und feucht. Warum hielten ihre Großeltern an diesem Haus fest? Warum waren sie nicht längst zu Anno gezogen?

Am Abend brachte Marthe ihr eine Schale Eintopf, die Jakoba allein verspeisen musste, weil die Tür zur Stube geschlossen war. Erst am folgenden Morgen sah sie ihre Großeltern wieder. Mit Domina Cyeke ging sie zur Morgenmesse in den Dom, wo sie auch den Medicus und seine Frau entdeckte – in Begleitung von Paul, der ihnen wie ein Hündchen folgte und ihr verstohlen zuwinkte. Wie war es ihm gelungen, sich den beiden anzuschließen?

Die alte Dame schien ihr noch immer böse zu sein, weshalb Jakoba es Überwindung kostete, sie auf ihre Zukunft anzusprechen. Auf dem Heimweg nahm sie ihren Mut zusammen: »Darf ich bei Euch bleiben, bis ...«

Auf ihren Stock gestützt, blieb Domina Cyeke stehen und funkelte sie an. »Bis *was?*«

Das wusste Jakoba auch nicht so genau. Die Lippen ihrer Großmutter spannten sich zu einem schmalen Lächeln. »Jetzt bist du hier, jetzt bleibst du auch. Wir lassen dich nicht gehen«, sagte sie.

Jakoba hätte erleichtert sein müssen, aber tatsächlich überkam sie bei diesen Worten ein Gefühl der Beklemmung.

In purer Langeweile quälten sich die nächsten beiden Tage dahin. Jakoba durfte das Haus kaum verlassen. Wenn sie bei ihrem Großvater war, bewachte Domina Cyeke sie eifersüchtig. Nie durfte sie mit Elmbert allein sein. Die Gespräche waren belanglos. Schon hundertmal hatte Jakoba ihre Kräutervorräte durchgesehen. Sie hatte alle Perlen von ihrem Kleid gelöst und die Silberfäden herausgezogen. Dann hatte sie die Nähte der engen Ärmel aufgetrennt, Stoffstreifen aus dem Saum entfernt und eingepasst. Noch immer saß das Kleid schlecht, aber wenigstens war es jetzt unauffälliger. Aus Verzweiflung spann sie schon, eine Arbeit, bei der sie gut nachdenken konnte. Sie hatte ihre Großmutter gebeten, einen Priester oder einen Rechtsgelehrten aufzusuchen, mit dem sie über ihre Notlage sprechen könne, aber Domina Cyeke hatte es immer wieder verschoben.

Die einzige Abwechslung waren die Gottesdienste. Die Ehrerbietung, die ihrer Großmutter von den Adeligen und Bürgern entgegengebracht wurde, rührte sie. Ihre Familie mochte nicht mehr reich sein, aber angesehen war sie allemal. Vor allem Herzog Albrecht, genannt »der Feiste«, der ihre Familie mit dem Medicus aufgesucht hatte, schien sie zu schätzen. Die alte Dame zelebrierte jeden Kirchenbesuch förmlich: Nach der heiligen Messe betete sie an verschiedenen Altären der Blasiuskirche, am Grabmal Heinrichs des Löwen und seiner zweiten Ehefrau Mathilde oder dem überlebensgroßen Eichenkreuz mit dem triumphierenden Christus.

Besuch erhielten die alten Herrschaften nicht. Meist verschlossen sie die Türen zur Stube und wollten nicht gestört werden. Ihrem Großvater ging es immer schlechter. Elmbert siechte dahin, und es schien, als hätte er jede Hoffnung aufgegeben. Auch ihre Großmutter schien es viel Kraft zu kosten, den Haushalt aufrechtzuerhalten, das sah man ihr an, wenn sie sich einen Moment unbeobachtet glaubte. Für Jakoba war es erstaunlich festzustellen, wie sehr die Eintönigkeit der Tage und die Stille, die sie im Kloster geschätzt hatte, sie jetzt in Unruhe versetzten. Die Trauer über den Tod des Sohnes, die sie seinerzeit halb wahnsinnig gemacht hatte, war noch da, aber sie nahm ihr nicht mehr den Atem. Eher war sie wie ein dumpfer Schmerz, der sie nicht das Leben kosten, aber ein Leben lang begleiten würde.

Die Tatenlosigkeit setzte ihr besonders zu. In Ebbekestorpe hatte sie einen Sinn darin gesehen, den Kranken zu helfen. Aber hier durfte sie, wenn es nach ihrer Großmutter ging, ihren Großvater kaum anfassen.

Am Nachmittag des dritten Tages klopfte es an der Tür. Marthe öffnete. Ihr Tonfall war schroff. Jakoba lauschte neugierig. Das war doch … Sie stürzte los, als sie Pauls Stimme erkannte.

»Da seid Ihr ja! Die Magd wollte mich abwimmeln!«, beschwerte Paul sich, als er sie erblickte.

Jakoba umfasste seine Schulter und sah ihn an. Sie fühlte sich so einsam, dass es ihr vorkam, als träfe sie einen alten Freund. »Geht es dir gut?«, wollte sie wissen.

»Klar.« Er nagte an der Lippe, dann brach sich ein Lächeln Bahn. »Ich wollte mich verabschieden. Ich ziehe morgen früh mit Meister Arnold und Madame Mona los. Wir fahren auf der Salzstraße nach Magdeburg und dann weiter nach Süden. Jetzt muss ich erst mal zum Löwen zurück – den Wagen packen«, plapperte er los. Er lachte. »Die beiden können wirklich einen Laufburschen gebrauchen! Ich weiß gar nicht, wie sie bislang ohne mich ausgekommen sind. Sie sagen, ihr alter Gehilfe ist zu seiner Familie zurück. Gut für mich! Gestern haben sie ihr ganzes Hab und Gut ohne Schutz im Gasthof zurückgelassen – und das ist viel, sage ich Euch! Sie ziehen von Stadt zu Stadt, von Adelshof zu Adelshof. Der Meister kennt die Heilkünste wie kein Zweiter – ich wünschte, Ihr könntet mit ihm sprechen! Euch würde bestimmt interessieren, was er zu sagen hat.« Wieder nagte er an der Lippe. »Ihr seid mir doch nicht böse, wenn ich mitgehe?«

Trauer überfiel Jakoba. Für einen Augenblick wünschte sie, sie könnte mit Paul, dem Medicus und seiner Frau ziehen, doch dann rang sie sich ein Lächeln ab. »Wie könnte ich? Ich wünsche dir von Herzen alles Gute!«

Pauls Gesicht verdunkelte sich. »So Gott will, sehen wir uns eines Tages wieder. Aber dann solltet Ihr nicht in der Nähe Eures Bruders sein.«

Sie wusste um seinen Hass auf Anno. »Rache macht deinen Vater nicht wieder lebendig«, sagte sie. Sie sah den Starrsinn in seinen Zügen. So wollte sie sich nicht von ihm trennen. »Ich werde Anno meiden – solange es geht«, versprach sie.

Mit einem stummen Nicken verabschiedeten sie sich. Jakoba hoffte, dass es Paul bei diesem Meister Arnold wirklich gut gehen würde. Es drängte sie, ihren Großvater auf den Medicus anzusprechen, um herauszufinden, ob er vertrauenswürdig war.

Anscheinend gab es nur eine Möglichkeit, mit ihrem Großvater allein zu reden – wenn ihre Großmutter in der Kirche war. Als die Zeit für die Messe kam, trödelte Jakoba beim Anziehen, bis die alte Dame schließlich ungehalten rief, sie werde alleine vorgehen – ihretwegen würde sie weder hetzen noch ihr Seelenheil aufs Spiel setzen. Als die Tür ins Schloss fiel, warf Jakoba den Umhang erleichtert ab.

Die Augen des Großvaters waren halb geschlossen. Leise pfeifend atmete er durch den offenen Mund. Sie konnte nicht erkennen, ob er wach war oder schlief, aber als sie sich zu ihm setzte, tastete er nach ihrer Hand.

»Wo bist du … denn nur gewesen? Warum hast du … mir denn nicht mehr … vorgesungen?«, fragte Elmbert heiser.

»Ich war da, Grotevader. Aber Domina Cyeke …«

Die Erwähnung schien etwas in ihm auszulösen. Erregt umklammerte er Jakobas Hand. Seine langen Fingernägel krallten sich in ihre Haut, als er sich hochzog und ihr fest in die Augen sah. Auf einmal schien er hellwach zu sein. »Lauf weg! Cyeke hat deinem Bruder geschrieben. Anno ist … auf dem Weg«, stieß er heiser hervor. »Er wird nicht dulden, was du getan hast. Er kann es nicht … die Ehre. Er wird vor nichts haltmachen, um die Familie zu … alter Größe zu bringen. Hat es oft genug versucht … bei uns.« Er ließ sich zurückfallen.

Jakoba überlief es kalt. Sie hätte damit rechnen müssen, dass Domina Cyeke sie loswerden wollte. »Was hat er versucht?«

»Anno will das Haus … will es verkaufen. Uns vertreiben …«

»Waren das die Finten, von denen Großmutter gesprochen hat?«

Der Atem ihres Großvaters ging schwer. »Finten?« Er sog keuchend die Luft ein, das Gesicht schmerzverzerrt. »Drohungen wohl eher. Kann es kaum erwarten, dass wir endlich … tot sind. Unser Haus …« Wieder bekam er keine Luft. Seine Augen weiteten sich, als müsste er ersticken.

Jakoba umklammerte seine Hände, wünschte sich inständig, ihm helfen zu können, und vermochte es doch nicht. Ihr Blick verschwamm, und sie sang mit tränenerstickter Stimme, was ihn tatsächlich zu beruhigen schien. Nach einer schier endlosen Weile ging sein Atem wieder gleichmäßiger.

»Du musst durch den Keller gehen … die Luke … schon lange verschlossen«, sagte er mühsam.

»Ich werde dich nicht verlassen. Ich kann dir helfen, bei dir sein, bis …«

Seine Brust hob sich in einem tiefen Atemzug. »Cyeke und ich haben das Leben geteilt … wir werden auch den Tod teilen. Aber du … bist jung – du sollst noch nicht sterben … nicht so! Lebe, Jakoba, lebe!« Er quetschte nun beinahe ihre Hand.

Sie wollte nicht gehen, wollte ihn nicht verlassen. Gleichzeitig wusste sie, dass sie mit Anno nicht vernünftig würde reden können. Dass er es war, der ihr Leben in seiner Hand hielt, er und Gevehard. Zwei Männer, die sie hasste. Wenn sie je geglaubt hatte, eine Lösung für ihre Not zu finden, hatte sie sich etwas vorgemacht. Sie würde nur weiterleben können, wenn sie alles hinter sich ließ. Es spielte keine Rolle, aber auf einmal fiel ihr wieder ein, was sie eigentlich mit ihrem Großvater hatte besprechen wollen.

»Paul, der Junge, der mich begleitet hat – er ist nun mit Meister Arnold unterwegs, diesem Medicus ...«

Elberts Mundwinkel zuckten. »Arnoldus ist ein guter Mann«, flüsterte er. Seine Gedanken schienen abzudriften, doch dann strichen die Schatten wieder über sein Gesicht, und es verwandelte sich in eine schmerzverzerrte Fratze. »Geh schon ... geh!«

»Was ist hier los? Braucht Ihr Hilfe, Herr?«

Jakoba fuhr herum. Marthe stand in der Stubentür. Blind vor Tränen lief Jakoba an ihr vorbei. Sollte sie auf ihren Großvater hören? War es nicht ihre Pflicht, hierzubleiben, bei ihrer Familie, und sich ihrer Schuld zu stellen? Wie betäubt packte sie ihre Habseligkeiten und warf den Umhang um. Wo sollte sie nur hin? Das hatte der Großvater nicht gesagt. Sollte sie ihn noch mal fragen?

Plötzlich erklang das Poltern von Hufen; Pferde wieherten vor dem Haus. Kam Anno jetzt schon? Zur Straße konnte sie nicht mehr. Großvater hatte den Keller erwähnt. Jakoba steuerte auf die Stiege zu.

Sporen klirrten. Ungehaltenes Hämmern an der Tür.

Brüllen: »Wo ist sie? Ich will sie endlich in die Finger kriegen! Der Henker soll kein Vergnügen an ihr haben!«

Wie gelähmt stand sie da. Anno. Er war es tatsächlich.

Obgleich er auf der anderen Seite der Mauer stand, war es, als könnte sie seinen Zorn in ihrem Innersten spüren. Die Tür schepperte von seinen Schlägen. Wenn Marthe nicht bald öffnete, würde er das Holz durchbrechen. Er sprach vom Henker – also war Gevehard tot.

Die Gewissheit riss Jakoba den Boden unter den Füßen weg. Sie hatte einem Menschen das Leben genommen – und dafür würde man ihr das Leben nehmen. Auge um Auge …

Lebe – die Aufforderung ihres Großvaters klang Jakoba noch in den Ohren. Und wirklich: Sie wollte leben!

Marthes Schritte schlurften über die Fliesen.

»Öffnet endlich, verflucht!«, brüllte Anno.

Jakoba sprang die Kellertreppe hinunter und lief, wie sie noch nie gelaufen war.

10

Planlos lief Jakoba durch die Gassen. Sollte sie durch das nächste Stadttor verschwinden? Aber in welche Richtung sollte sie gehen? Weit würde sie heute nicht mehr kommen. Der Gedanke an eine Übernachtung in der Wildnis, ohne sich in Ruhe nach einem halbwegs sicheren Platz umsehen zu können, jagte ihr Angst ein. Also zu einer der Kirchen und sich zwischen die Notleidenden mischen? Oder … Welchen Gasthof hatte Paul erwähnt? Den Löwen – natürlich! Der Jüngling war findig, vielleicht wusste er, wo sie sich verstecken konnte. Ihr Bündel an sich gepresst, fragte sie sich zum Gasthof Zum Löwen durch. Sie eilte in den Hinterhof, in dem drangvolle Enge herrschte. Ihr Blick flog über Pferde, Knechte, Karren, Misthaufen, Strohberge und einen Brunnen. Die Pforte zum Stall stand offen. Da war der Wagen des Medicus!

Gerade sprang Paul von der Ladefläche. Er sah sie sofort. »Domina Jakoba – ist etwas passiert?«

Jakobas Herz schlug bis zum Hals. »Anno … er ist hier. Er will mich … umbringen.« Sie zuckte zusammen, als sie eine Bewegung hinter sich wahrnahm. Aber es waren nur Stallknechte, die sie beim Vorbeigehen neugierig beäugten.

Hass flammte in den Augen des Heranwachsenden auf. »Euer Bruder! Hat er Euch gesehen? Verfolgt er Euch?«

Ihr Atem ging schnell. »Ich denke nicht. Ich … konnte durch den Keller fliehen. Aber er wird mich … suchen.«

Paul umfasste ihren Oberarm. »Kommt! Ihr müsst Euch verstecken!«

In diesem Augenblick trat Madame Mona aus der Hintertür

des Gasthofs. In den Händen trug sie säuberlich gefaltete bunte Tücher. Ihre Haare waren kunstvoll unter einem Seidenschleier aufgesteckt, und der Hauch eines Duftwassers umgab sie, als wäre sie nicht in einem Stall, sondern auf einem Ball.

»Die Damastdecken müssen immer in die Kiste aus Walnussholz, Paul, nur dort sind sie vor Mottenfraß gesch… Was ist denn hier los? Ist jemand gestorben?«, fragte sie, als sie Jakoba erblickte.

Jakoba wusste nicht, ob sie der Fremden vertrauen konnte, aber da ergriff Paul schon das Wort. »Domina Jakoba wird von ihrem Bruder verfolgt – dem Mann, der meinen Vater getötet und die Hunde auf mich gehetzt hat. Ich habe Euch davon erzählt. Jetzt will er seiner eigenen Schwester etwas antun!«

Mona zögerte nicht. »Ich helfe Euch, folgt mir! Und du – hol Arnold, aber schnell!« Die Frauen strebten durch den Stall der Tür des Schankraums zu. Da hielt Mona inne, sah sich um und wisperte: »Kein Knecht in Sicht! Versteckt Euch unter dem Strohhaufen – dort wird er Euch kaum suchen.«

Das Stroh lag hüfthoch aufgetürmt an einer Wand. Mona zog die Forke heraus, half Jakoba in das Stroh und warf büschelweise Halme auf sie.

Das Versteck stank nach Mist und Pferdepisse. Wie aus der Ferne hörte Jakoba jetzt Stimmen, Tritte, Rufe. Sie versuchte, ihre Angst zu bezwingen und ruhig zu atmen, doch immer wieder geriet Spleiß in ihren Mund. Schon kratzte es in ihrem Hals.

»Hier, edler Herr, ist sie im Gasthof verschwunden«, sagte ein Mann diensteifrig.

»Worauf wartest du dann noch?! Bring mich hin!«

Anno – er war es tatsächlich. Jakoba presste die Hände vor den Mund. Kaum konnte sie den Husten unterdrücken. Die Geräusche entfernten sich. Wieder die zuschlagende Tür. Jakoba war so durcheinander, dass sie keinen klaren Gedanken fassen konnte. Was geschah gerade? Einer der Knechte musste Anno den Weg gewiesen haben. Hoffentlich hatte niemand gesehen, wie sie sich im Stroh versteckt hatte. Und hoffentlich versteckte sich Paul ebenfalls, denn ihr Bruder würde ihn erkennen und seine Schlüsse ziehen.

Plötzlich Geschrei: »Ich helfe Euch bereitwillig, aber das ist zu viel! Was erlaubt Ihr Euch, meine Gäste derart zu belästigen? Einfach so in die Zimmer hineinzustürmen! Der edle Herr Medicus ist verärgert, und seine Frau ist verstört, seht nur – in Tränen ausgebrochen ist die Arme!« Tatsächlich hörte Jakoba leises Schluchzen.

»Soll sie doch heulen! Meine Schwester wurde hier gesehen – und ich werde sie finden, ob es Euch nun passt oder nicht!«

Ein weiterer Mann mischte sich ein: »Wie sprecht Ihr denn von meiner Gattin? Wollt Ihr uns beleidigen? Mäßigt Euch, mein Herr, sonst müsste ich Euch den Platz weisen, der Euch zusteht.« Metallisches Klirren.

Zog Anno etwa sein Schwert? Zuzutrauen wäre es ihm.

Nun hatte der Wirt genug: »Verlasst sofort den Gasthof, edler Herr, ich dulde keine Raufhändel. Ihr seht doch, dass hier keine Frau ist, auf die Eure Beschreibung passt! Macht Euch nicht zum Narren!«

»Sie ist hier irgendwo – ich weiß es!«, beharrte Anno. Das Stroh wurde urplötzlich zusammengepresst. Direkt vor Jakoba bewegte sich etwas – die Forke! »Vielleicht hier! Oder hier!« Wieder und wieder fuhr die Forke zwischen die Halme. Jakoba hatte Todesangst, wagte sich aber nicht zu rühren, selbst nicht als eine Eisenspitze ihren Fuß traf und die Schmerzen ihr die Tränen in die Augen trieben.

»Ihr seid ja närrisch!«, platzte der Wirt heraus, dann, etwas kleinlauter: »Schon gut, Herr, lasst Euch von mir nicht bei der Suche stören!«

Schließlich hörte das Stochern auf. Die Stimmen wurden leiser. Bald war nur noch vereinzeltes Pferdeschnauben zu hören.

Dennoch verharrte Jakoba still an ihrem Platz. Nach langer Zeit raschelte etwas, und sie spürte erneuten Druck auf den Strohhaufen.

»Euer Bruder ist fort. Hat hier alles durchgepflügt – sogar in den Brunnen hat er geschaut. Ich hoffe, er hat Euch nicht mit der Forke getroffen«, hörte sie Paul wispern. »Obacht …« Er verstummte.

»Woher hast du das Brot, Bursche?«, fragte eine Männerstimme.

»Von meinem Meister«, antwortete Paul.

»So einen Meister möchte ich auch mal haben. Gibst du mir ein Stück ab von dem Kanten?« Rascheln. »Vergelt's Gott, Sohn.«

Nach weiteren Augenblicken raunte Paul: »Ihr müsst noch bis zum Dunkelwerden ausharren, dann verstecken wir Euch im Wagen, Domina Jakoba. Morgen früh seid Ihr in Sicherheit. Bis dahin werde ich noch etwas Stroh aufschütten und die Forke verst…«

»Du hockst da ja immer noch rum – jetzt reicht's aber, du Faulpelz!«, schimpfte jemand. Dann verklangen die Stimmen.

In den nächsten Stunden schliefen Jakoba nacheinander die Zehen, die Füße und schließlich die Beine ein. Das Kribbeln war kaum auszuhalten. Die Stichwunde in ihrem Fuß pulsierte. Immer wieder wurde Stroh von dem Haufen geholt, wobei die Knechte über das Verschwinden der Forke lamentierten.

Menschen kamen und gingen, Pferde wurden geputzt und beschlagen. Endlich, als sie schon glaubte, es keinen Lidschlag länger auszuhalten, befreite Paul sie aus dem Haufen.

»Schnell, die Stallknechte sitzen bei Tisch«, flüsterte er.

Jakoba musste sich auf ihn stützen, weil sie kein Gefühl mehr in den Beinen hatte und die Stichwunde an ihrem Fuß so wehtat.

Paul half ihr auf den Kobelwagen. Sie konnte in der Finsternis wenig erkennen, doch er zeigte ihr eine Bank, die sich auf einer Seite über die Länge des Wagens zog. »Verkriecht Euch darunter. Ich hoffe, es ist nicht zu unbequem.« Paul schob ihr ein kleines, nach Gewürzen duftendes Kissen unter den Kopf. Dann wurde es dunkel – er hatte ein Tuch über die Bank gebreitet.

Jakoba zuckte zusammen, als der Wagen sich neigte. Dass sie überhaupt in dieser Lage geschlafen hatte! Ihr war übel vor Hunger, und schon so lange unterdrückte sie ein natürliches Bedürfnis, dass sie Bauchschmerzen hatte. Sie hörte etwas über sich auf der Bank, dann setzten sich die Räder in Bewegung. Wenig später ruckelte der Wagen über den Bohlenweg.

Obgleich ihr eher nach Weinen zumute war, sang sie noch dreimal in Gedanken »Wir wollen alle fröhlich sein« – ihr fiel gerade kein anderes Lied ein –, dann holperte der Wagen über tiefe Schlaglöcher und sie kamen zum Stillstand. Etwas zog an ihrer Decke. Intensiver Geruch nach wildem Tier. Dünne Finger zupften in ihr Haar. Das Äffchen starrte so neugierig in ihr Gesicht, dass Jakoba trotz allem lächeln musste. Da wurde das Tier untergefasst und hochgehoben.

»Ihr könnt herauskommen«, sagte Paul.

Wieder musste der Junge ihr aufhelfen. Während das Blut schmerzhaft prickelnd in ihre Glieder zurückströmte, sah Jakoba sich um. Der Wagen war vollgepackt mit Kästen und Fässern und wirkte doch durch die bunten Kissen und Tücher, die darauf lagen, recht gemütlich. Unter dem Dach hingen Kräutersträuße zum Trocknen und verströmten einen würzigen Duft.

Jakoba tastete sich die Trittstufen hinunter. Sie hatten am Rande eines Wäldchens gehalten. Sonnenstreifen brachen durch das Laubdach und brachten die Tautropfen auf den Waldmeisterblättern am Fuß der Bäume zum Glitzern. Auf der anderen Seite erstreckte sich ein Meer weißer, puscheliger Blüten, die in einer Brise wippten. Libellen sirrten um hohe Gräser. Es war ein so friedliches Bild, dass Jakoba das Herz aufging.

»Weiter sollten wir uns in diesen Moorlanden nicht vom Weg entfernen«, sagte Meister Arnold und sprang vom Kutschbock.

»Ich bin Euch außerordentlich dankbar. Außerdem bin ich Euch natürlich eine Erklärung schuldig, aber zunächst …« Jakoba humpelte ins Wäldchen, um sich zu erleichtern.

Als sie zurückkam, hielt Meister Arnold ein Büschel hellgrüner Bärlauchblätter in den Händen, die leicht nach Knoblauch dufteten; er musste sie gerade am Waldrand gepflückt haben.

»Zeigt mir Euren verletzten Fuß, ich kümmere mich darum«, sagte der Medicus und zerkaute eines der Blätter. Mit geübten Bewegungen untersuchte und reinigte er die Wunde, die die Forke hinterlassen hatte. Seine Hände waren warm, der Griff fest. Das silbergraue Haar und der Bart wirkten gepflegt. Seine Kleidung war schlicht, vor allem aber schief geknöpft. Jakoba bemerkte einen breiten Silberring an seinem Finger, in den etwas hineingestanzt war.

»Berichten und essen könnt Ihr auch auf der Fahrt – wir haben ein gutes Stück Weg vor uns. Ihr begleitet uns doch? Wandern dürfte schwierig werden«, konstatierte er.

»Ich würde sehr gerne mit Euch weiterfahren«, willigte Jakoba ein.

Meister Arnold legte das durchgekaute Bärlauchblatt auf die Wunde und wickelte ein Tuch um den Fuß; dann stiegen sie wieder auf. Das Ehepaar nahm auf dem Bock Platz. Jetzt bemerkte auch die Frau das falsch geknöpfte Wams des Medicus und richtete es. Es war eng in dem Wagen, und Paul musste einige Kisten beiseiterücken, damit Jakoba und er sich hinter die Kutschbank setzen konnten.

Die Frau des Medicus holte einen Beutel und einen Wasserschlauch hervor. Sie reichte beides nach hinten. »Bedient Euch«, sagte sie. Ihre Haut schimmerte weich, und wenn sie sich bewegte, duftete es samtig und süß. Selbst wenn sie auf dem Kutschbock saß, sah man, dass sie ein gutes Stück größer war als ihr Ehemann.

Jakoba fand eigentlich, dass ihre Erklärung nicht warten konnte, aber Hunger und Durst waren stärker. Während sie Brot, Nüsse und Rosinen aß, musterte sie Mona verstohlen. Strahlend sah die Frau aus, trotz der Fältchen um Augen und Mundwinkel. Um den Hals trug sie wieder den Fuchspelz, ihr Umhang war aus dicker Wolle, und über die Knie hatte sie ein Fell gelegt, als wäre es tiefster Winter.

Arnold wandte sich zu Jakoba um. »Paul sagte, Ihr seid vor Eurem Mann geflohen. Und Euer Bruder verfolgt Euch, um Euch zurückzuholen.«

»Aber sie will nicht zurück – der Mann ist ebenfalls brutal, ich habe es selbst erlebt!«, mischte Paul sich ein.

Jakoba verschluckte sich beinahe. Das war nur die halbe Wahrheit. Durfte sie ihren Helfern den Rest verschweigen? Andererseits würden sie sie bestimmt hinauswerfen, wenn sie alles wüssten. Die Ereignisse der letzten Wochen lasteten schwer auf ihr. Sie haderte mit ihren Entscheidungen und Handlungen. Vor allem aber schämte sie sich für das, was sie getan hatte. So starr waren ihre Gedanken auf die Vergangenheit gerichtet gewesen, dass sie nie wirklich an die Zukunft gedacht hatte. So sehr hatten andere über sie bestimmt, dass sie nie überlegt hatte, was sie eigentlich wollte. Sie entschied sich für Offenheit, ließ allerdings Gevehards Sturz in ihrem Bericht aus.

Während Arnold scheinbar gleichmütig zuhörte, schienen ihre Worte Mona sehr aufzuwühlen. Immer wieder fragte sie nach: über Jakobas Familie, den Stand ihres Ehemannes und ihren Aufenthalt im Kloster.

»Das Recht steht auf seiner Seite. ›Was Gott zusammengefügt hat, soll der Mensch nicht scheiden‹, heißt es in der Bibel. Ihr müsst zu Eurem Mann zurück«, sagte Arnold schließlich.

»Niemals! Lieber sterbe ich!«

»Und das werdet Ihr auch, wenn Ihr so leichtsinnig seid! Ihr seid ohne Schutz und rechtlos«, antwortete Mona. »Noch dazu verratet Ihr Euren hohen Stand.«

»Was nützt mir mein hoher Stand, wenn ich mein Leben hasse!«

Mona funkelte sie an: »Etwas mehr Demut stünde Euch gut zu Gesicht. Ihr seid gesund und werft Euer Leben einfach weg – schämt Euch dafür!«

Jakoba spürte die Hitze auf ihren Wangen. »Es stimmt, ich will nicht sterben. Ich kann das Leben nur nicht ertragen, das man von mir verlangt. Wenn ich Menschen helfen kann, erfüllt mich das mehr als alles andere. Im schlimmsten Fall werde ich also nicht mehr Jakoba von Dahlenburg sein, sondern einfach Jakoba die Heilerin«, verteidigte sie sich.

Ein Trupp Reiter überholte sie, und Jakoba zog unwillkürlich die Kapuze ihres Umhangs hoch. Anno war ein ausgezeichneter Jäger – wenn er seine Gefährten und seine Bluthunde auf sie ansetzte, würde er sie früher oder später auch finden. Doch noch war es anscheinend nicht so weit.

»Euer Bruder wird weitersuchen«, hielt Arnold fest.

»Dann verstecke ich mich.«

Die Frau des Medicus schnalzte missbilligend mit der Zunge. »Ihr seid wirklich naiv. Ihr wisst nicht, was es bedeutet, auf der Straße zu leben, auf der Flucht zu sein.«

»Das mag sein. Ich werde es herausfinden müssen.«

Das Land war hügelig geworden. Oft passierten sie mit Kalkstein beladene Karren und Frachtwagen, die nur mühsam die Steigungen schafften. Arnold lenkte den Wagen vorsichtig an Pilgern vorbei, die inzwischen in Scharen den breiten Heerweg bevölkerten. Die meisten sahen elend und abgerissen aus, als sei die Pilgerreise ihre letzte Hoffnung.

»Mutig seid Ihr, das muss man Euch lassen. Aber warum seid

Ihr nicht bei Euren Großeltern geblieben?«, wollte Meister Arnold wissen.

»Meine Großmutter hat Anno ja alarmiert – sie will mich loswerden. Aber mein Großvater hat mich gewarnt. Er hat mich zur Flucht gedrängt.« Jakoba wurde traurig bei dem Gedanken, dass sie ihn vermutlich nie wiedersehen würde.

Arnold warf seiner Frau einen schwer zu deutenden Blick zu, dann sagte er: »Ihr könnt uns bis Magdeburg begleiten, genau wie Paul. Wir können Hilfe gebrauchen – und Ihr bekommt dafür Unterkunft und Verpflegung.«

»Wir fahren über Magdeburg?«, stutzte seine Frau.

»Ich habe dort etwas zu erledigen.«

Madame Mona schwieg, wirkte aber nicht einverstanden.

Jakoba hingegen war glücklich über das Angebot. Sie konnte es kaum fassen, dass diese Fremden ihr helfen würden, und das in einer Zeit der Not, in der jeder nur auf das eigene Überleben bedacht war.

Bei Sonnenhoch machten sie auf einem Höhenzug Halt. Zwischen eng stehenden Eichen und Buchen tat sich der Blick auf eine moorige Niederung auf, über der Adler kreisten. Der Ausblick gefiel Jakoba, und sie hielt immer wieder inne, während sie Holz sammelte.

Wenn Großmutter sehen könnte, dass ich die Aufgaben einer Magd übernehme, würde sie einen Wutanfall bekommen, dachte Jakoba, und irgendwie gefiel ihr die Vorstellung. Arnold und Mona hatten sich in den Kobelwagen zurückgezogen und diskutierten heftig in einer fremden Sprache. Stritten die beiden ihretwegen?

Jakoba entzündete das Feuer mit Schlageisen und Zunder und entfernte sich dann erneut vom Wagen, da sie mehrere Horste Frauenmantel und einen kleinen Teppich Waldmeister entdeckt hatte, die sie für ihre Kräutersammlung gut gebrauchen konnte.

Als sie zurückkehrte, zeigte Mona Paul, wie er die Pferde abreiben sollte. Sie sprach die Tiere liebevoll mit ihren Namen »Frühwach« und »Blesse« an und ging ohne Angst mit ihnen um.

Arnold sprang vom Wagen, in der einen Hand einen Beutel und in der anderen ein abgezogenes Kaninchen. »Kleines Dankeschön des Braunschweiger Wirts. Seine Frau hatte fauliges Zahnfleisch«, sagte er. »Hattet Ihr damit auch im Kloster zu tun?« Er reichte Jakoba einen Kohlkopf, Knoblauch und ein Messer.

Sie schnitt den Kohl in dünne Streifen. »Ich habe es schon mal gesehen, das wohl. Aber im Kloster mussten wir auf den Bader warten, der hat sich darum gekümmert.«

»Richtig, richtig. *Ecclesia abhorret a sanguine*«, sagte Arnold.

»Ich hatte im Hospitale pauperum so viel zu tun, dass ich leider den Lateinunterricht schleifen ließ«, gestand Jakoba.

»Die Kranken werden Euch gedankt haben, dass Ihr nicht die Nase in Bücher steckt, sondern ihnen helft. Andererseits ist es ein Jammer, denn fast alle medizinischen Handschriften sind auf Latein verfasst. Der Satz bedeutet: ›Die Kirche verabscheut das Blut.‹ Ein Dekret des Papstes aus dem Jahr 1215.«

Jakoba drehte den Knoblauch zwischen den Fingern. Sie fand es anregend, mit Meister Arnold zu sprechen. »Es ist furchtbar, untätig sein zu müssen. Wenn man helfen kann, sollte man es auch tun.«

»Das ist wahr. Bader und Chirurgen sind allerdings oft zu schnell mit dem Messer zur Hand. Noch dazu haben etliche vom Aufbau des menschlichen Körpers keinen Schimmer. Wie oft habe ich schon gehört, dass einer dieser Pfuscher einem Kranken einen Splitter aus der Hand schneiden wollte und dabei Sehnen durchtrennte – danach konnte der Kranke die Hand gar nicht mehr gebrauchen und ihm blieb nur noch der Bettelstab. Die meisten Krankheiten lassen sich mit Heilmitteln kurieren – vor allem wenn man von der Heilkunst etwas versteht«, war Arnold überzeugt. »Gegen die Zahnfleischfäule habe ich der Frau das Waschen mit Salz und Essig verordnet, dazu Einreibungen mit Alaun-Honig-Paste, da ist das Schneiden gar nicht nötig.« Arnold war auf den Waldrand zugesteuert und pflückte ein paar Kräuter aus der Wiese, mit denen er das Kaninchen füllte.

Jakoba sah zu Mona, die den Pferden mit Pauls Hilfe den Futtersack umband. Was für eine merkwürdige Frau: Sie sah aus wie eine Dame und arbeitete wie ein Knecht. Jakoba dachte an den hitzigen Wortwechsel des Paares. »Ich kann auch alleine weiterreisen«, sagte sie unvermittelt. »Nehmt mich mit bis … Was ist der nächste Ort?«

»Lutter. Einen Ort kann man es kaum nennen, eher eine Ansammlung von Häusern um eine der prachtvollsten Kirchen dieser Region, dazu ein Straßenmarkt«, sagte er und folgte ihrem Blick. »Ihr denkt, wir haben Euretwegen gestritten? Macht Euch keine Sorgen, es ist gut, wenn Ihr uns begleitet. In Magdeburg sehen wir dann weiter. Die Stadt ist weit genug weg und groß genug, um ein neues Leben anzufangen.« Arnold spießte das Kaninchen auf einen Holzstecken. »Und jetzt noch etwas Bauerntheriak«, sagte er und spickte das Fleisch mit den geputzten Knoblauchzehen.

Jakoba musste über die Bezeichnung lachen. Theriak war ein sagenumwobenes Wundermittel aus dem Orient. Beim Leibarzt ihres Vaters hatte sie schon einmal davon gehört, auch hatte ihre Großmutter es erwähnt, als sie Meister Arnold hinausgeworfen hatte. Aber Bauerntheriak?

»Macht Euch nicht lustig darüber! Weil das einfache Volk sich keinen Theriak leisten kann, greift es auf das zurück, was ihm zur Verfügung steht. Knoblauch ist gesund und heilkräftig – da wird er eben manchmal als Bauerntheriak gerühmt.« Arnold befestigte den Stecken über dem Feuer. Den Kohl gab er, wiederum mit einigen Kräutern und einem Klacks aus einem Butterfass, in einen kleinen Topf und stellte diesen an den Rand der Glut, damit er dem Fleisch nicht die Hitze nahm. Schnell breitete sich ein verführerischer Duft aus.

»Handelt Ihr mit Theriak? Auf Jahrmärkten vielleicht?«

Arnold lachte. »Es würde mich wundern, wenn man auf Jahrmärkten auch nur einen einzigen echten Theriak finden würde! Ich besuche die hohen Herren in ihren Häusern und behandle sie mit dem berühmten Himmelstrank. Sonst wäre ich ja wohl kaum mit dem Herzog bei Euren Großeltern aufgetaucht!«

»Das klingt, als ob Euer Theriak etwas ganz Besonderes wäre.«

»Das ist er auch. Theriak kann jedes Gift abwehren und jede Krankheit heilen. Er ist wirksamer als das Antidot der Unsterblichkeit des Mithridates. Nicht umsonst nennt Galen es die heitere, sonnige Galene, die sich um die dunklen Häfen – den Tod – nicht kümmert.«

Fasziniert beugte Jakoba sich vor – davon hatte sie noch nie gehört. Wie großartig wäre es, im Besitz dieses kostbaren Trankes zu sein und jedermann helfen zu können! Niemand müsste mehr leiden, wenn er dieses Allheilmittel einnähme. Dennoch überkamen sie Zweifel. »Wenn der Theriak so mächtig ist – warum sterben dann immer noch so viele Menschen an Krankheiten?«

»Echter Theriak ist knapp. Er ist so kostbar, dass er in Gold aufgewogen wird.«

»Deshalb habt Ihr ihn auch nicht bei der Wirtsfrau eingesetzt«, mutmaßte Jakoba.

»Ich muss mir meinen Vorrat gut einteilen. Die Herstellung von Theriak ist ebenso langwierig wie aufwendig. Bis zu einhundert Bestandteile sind darin enthalten, darunter heilkräftige Pflanzen von den fernen Berghängen Asiens, seltene Erden aus Afrika, aber auch Vipernfleisch.«

Jakoba kam aus dem Staunen gar nicht mehr heraus. »Das Fleisch einer Schlange ist in dem Heiltrank?«

»Theriak ist ein Latwerg, kein Trank. Man leckt ihn vom Löffel oder nimmt ihn mit Wein oder Honig ein«, erläuterte Arnold bereitwillig. »Die Medizin bekämpft Gleiches mit Gleichem. Will man Schlangenbisse oder andere Gifte heilen, ist Vipernfleisch unbedingt nötig.«

»Und wer ist Galen?«

»Ein Heilkundiger aus grauer Vorzeit, Leibarzt mehrerer römischer Kaiser. So wie Dioskurides das wichtigste Kompendium über Heilkräuter und Tränke verfasst hat, hat Galen sein Wissen über die Behandlung von Gebrechen niedergeschrieben.«

Jakoba hätte Arnold noch stundenlang zuhören und auch befragen mögen, aber Mona machte sich am Wagen zu schaffen und rief Jakoba zu sich. Sie zeigte ihr, wo sie Löffel, Holzbrettchen und Becher verstaut hatte. Als alles für das Essen bereit war, scharten sie sich wieder um das Feuer. Die Frau des Medicus hüllte sich in ihren Pelz und die Decken.

»Die Heilkunst der Mönche ist wirklich faszinierend. Ist das Infirmarium in Ebbekestorpe groß? Ich erinnere mich noch gut an meinen ersten Besuch im Sankt Gallener Kloster – beeindruckend. Und erst der Kräutergarten!«, sagte Arnold, während er das Kaninchen am Spieß drehte.

»Wir hatten viel zu tun, vor allem in der letzten Zeit. Durch die Hungersnot suchen viele Notleidende das Kloster auf, auch etliche Pilger sind geschwächt.«

»Überall das Gleiche, von den Pyrenäen bis Russland, von Schottland bis Italien: endloser Regen, Überschwemmungen und so kalte Winter, dass das Meer zufriert. Bei Grimma hat es alle Mühlen weggespült. In der Abtei Riddagshausen bei Braunschweig speisen die Mönche täglich vierhundert Notleidende, heißt es«, sagte Arnold.

»Im Kloster meinten viele, dass Gott uns zürnt. Es sei der dritte Reiter der Apokalypse, der uns heimsucht.«

Arnold nickte nachdenklich. »Heißt es nicht auch bei Mose: ›Vor Hunger sollen sie verschmachten und verzehrt werden vom

Fieber und von jähem Tod‹? Die Welt ist im Umbruch, so viel steht fest. Der Papst hat die Heilige Stadt verlassen, im Reich kämpfen zwei Könige um den Thron – Ludwig aus Bayern und der Habsburger Friedrich –, und in Schottland, Flandern und der Schweiz erhebt sich das Volk gegen die Herrscher.«

Ihre Füße in den zierlichen Lederschuhen näher ans Feuer schiebend, sagte Mona: »Aber im Kloster muss es euch doch gut gegangen sein.«

»Gerade in Ebbekestorpe! Das Kloster ist reich, die Anteile an der Lüneburger Saline bringen den Klosterfrauen viel ein«, setzte Arnold hinzu, der sich gut auszukennen schien.

»Das stimmt, allerdings sind Bauarbeiten nötig, die viel Geld verschlingen werden. Trotzdem wollte die neue Priorissa das Siechenspital für Fremde schließen. Wir sollten nur für die Nonnen da sein.« Ich spreche, als ob ich noch immer dazugehörte, dachte Jakoba und verspürte einen Stich.

»Frauenleiden, wie?«, meinte Arnold.

Jakoba kam es merkwürdig vor, mit einem Mann darüber zu reden. »Natürlich, aber auch die ganz normalen Gebrechen.«

»Wisst Ihr noch Rezepte? Sicher, Paul sagte ja, dass Ihr in Uelzen als Heilerin gearbeitet habt. Nennt mir ein paar, mal sehen, ob sie mir bekannt sind!«

Jakoba zählte die ersten auf, die ihr in den Sinn kamen. Ihr fiel sogleich wieder ein, wie der Bader sie heruntergeputzt hatte, und sie berichtete Meister Arnold davon. »Ich war überzeugt, dass Schafdung, Honig und Käse bei dem offenen Bein helfen würden. Die Kranke meinte ja auch, dass es ihr besser ginge. Aber dieser Bader …«

»Die Medizin ist immer auch ein Geschäft. Ihr habt dem Bader seine Kunden geraubt – das konnte er nicht zulassen. Tatsächlich handelt es sich um ein altes Rezept, das aus dem Kloster Lorsch stammen soll, wo es schon zur Zeit Kaiser Karls niedergeschrieben wurde. Auch ich habe es wiederholt angewandt. Ihr könnt also davon ausgehen, dass es erprobt und wirksam ist.«

»Mir fällt ein weiteres merkwürdiges Rezept ein, von dem ich weniger halte: Gegen das kalte Fieber soll man mit Urin getränkte Mehlkügelchen an Fische verfüttern, dann verschwindet es angeblich.«

»Finsterer Aberglaube, genauso wie Alraunmännchen oder Armreifen aus Bärenhaar, die manche Jahrmarktsärzte verkaufen«, befand Arnold.

Auch in Ebbekestorpe hatte Jakoba bei den Kranken ab und zu diese Alraunen gefunden. Angeblich entstanden sie aus dem Urin und dem Samen Gehenkter und wirkten gegen Schwermut und Unfruchtbarkeit. »Die Priorissa war ohnehin der Ansicht, dass all unser Tun vergebens ist, weil das Leben des Menschen in Gottes Hand liegt.«

Saft tropfte zischend in die Glut, und die Läufe des Kaninchens wurden langsam knusprig. Arnold nahm den Braten vom Feuer. »Unser Schicksal liegt in Gottes Hand, das ist wahr. Trotzdem können wir dem Herrn bei seiner Arbeit ein wenig helfen«, sagte er, zerteilte das Fleisch und füllte ihnen auf.

Gegen Abend kamen an einem bewaldeten Höhenzug drei Türme einer großen Kirche in Sicht. Bald erkannte Jakoba, dass es sich um eine Wasserburg mit einer vorgelagerten Siedlung handelte. Die Kirche war aus Kalkstein und am höchsten Punkt der Siedlung errichtet worden. Das Kirchenschiff musste gewaltig sein, aber um die Türme rankten sich Baugerüste.

»Kaiser Lothar hatte sich den Bau viel größer ausgemalt, aber nach seinem Tod ließen seine Erben die Pläne zusammenschnurren«, wusste Meister Arnold.

»Kaiser Lothar? Ist der nicht schon lange tot?«, wunderte sich Jakoba.

Arnold lachte. »Das kann man wohl sagen. Seit fast zweihundert Jahren ruhen die Gebeine dieses Kaisers schon in der Klosterkirche Sankt Peter und Sankt Paul in Lutter – und noch immer ist sie nicht fertig. Die Reliquien sind jedoch beeindruckend, weshalb es viele Pilger hierherzieht. Die Statue der seligen Jungfrau Maria in der Liebfrauenkapelle gilt als wundertätig und ist wirklich sehr schön.«

Sie fuhren bei einem Gasthof vor, dessen Wirt Meister Arnold und Madame Mona beinahe überschwänglich begrüßte; das Paar schien hier regelmäßig abzusteigen. Der Wirt hatte keine Haare mehr auf dem Schädel, abgesehen von ein paar Strähnen am Hinterkopf und einer Locke auf der Stirn. Er schien eine Vorliebe für Katzen zu haben; überall in seinem Gasthof schlichen sie herum. Da alle Betten belegt waren, stellte ihnen der Wirt eine private Kammer zur Verfügung. Während Paul sich um die Pferde kümmerte, half Jakoba, das Gepäck zu holen. Es waren etliche Kisten und Fässer, die über Nacht nicht im Hinterhof bleiben sollten, und Jakoba fragte sich, was wohl darin war. Ihr verletzter Fuß schmerzte. Der Wirt bemerkte es und half ihr.

Mona legte Decken, Kissen und Felle aus, entzündete eine Kerze, die sie eigens mitgebracht hatte, und dezent duftendes Räucherwerk, bis die Kammer ihr wohnlich genug erschien. Sie wirkte erschöpft, und Arnold riet ihr, sich zurückzuziehen, was sie auch tat. Er wechselte die Straßenkleidung gegen einen feinen Anzug und einen federgeschmückten Hut. Dann nahm er eine Pelzdecke und schob den Vorhang des Alkovens auf, um die Füße seiner Frau damit zu bedecken. Arnold sorgte sich wirklich sehr um das Wohlergehen seiner Frau, das fiel Jakoba an vielen Kleinigkeiten auf.

»Du bist schon so weit?«, murmelte Mona schlaftrunken. »Ich … werde noch einen Augenblick brauchen.«

»Nicht schlimm, beim herzoglichen Vogt waren wir schon oft gemeinsam«, sagte Arnold sanft. »Soll Jakoba hierbleiben? Ich würde ihr sonst zeigen, wie wir unser Geld verdienen.«

Diese Aussicht ließ Jakobas Wangen rot anlaufen. Es war ihr unangenehm, das Paar zu belauschen, in der Enge der Kammer war das jedoch nicht zu vermeiden. Paul stapelte gerade die Kisten so, dass ein Durchgang frei blieb, aber Jakoba ahnte, dass auch er zuhörte. Würde er selbst gerne Arnold begleiten?

»Nein, ich schaffe das schon«, sagte Mona und hob die Beine aus dem Alkoven.

Jakoba war enttäuscht, ließ es sich aber nicht anmerken.

»Wir könnten Paul als Träger mitnehmen«, schlug Arnold vor.

Mona schüttelte die Müdigkeit ab. »So wie er aussieht? Nur noch die Löcher halten sein Hemd zusammen. Gib mir einen Augenblick, dann begleite ich dich.« Sie bürstete sich ihr Haar, rieb sich mit wohlriechendem Öl ein, dann half Jakoba ihr, sich umzukleiden und die Haare aufzustecken. Zuletzt befestigte sie einen perlenbestickten Schleier auf ihrem Schopf. Mit dem schwarzen Kästchen und dem Affenkäfig machte das Paar sich auf den Weg. Tatsächlich hätten sie gut einen Träger gebrauchen können, denn der Käfig war massiv: bestimmt zwei Ellen hoch und eineinhalb breit mit einem Holzboden für das Stroh, in dem der Affe saß.

Nachdem sie gegangen waren, fragte Jakoba Paul nach Nähzeug. Er suchte in einigen der Kisten, viele waren jedoch verschlossen und klirrten, als ob Tontöpfe oder Glas darin wären. Schließlich fand er Nadel und Faden.

»Und nun zu dir. Zieh Hemd und Hose aus«, forderte Jakoba ihn lächelnd auf. »So kannst du dich wirklich nicht sehen lassen.« Als Paul sich vor ihr zierte, befahl sie ihm lachend: »Nun mach schon!«

»Wie redet Ihr denn mit mir? Ich bin nicht Euer Sohn!«

Jakoba zuckte bei dem Gedanken an Willekin zusammen. »Mein Sohn wäre auch nie in diesen Fetzen herumgelaufen«, antwortete sie schroff.

Jetzt kippte Pauls Stimmung: »Natürlich nicht. Er war ein feiner Herr und kein Abschaum mit löchriger Kleidung.«

»So meinte ich das nicht …«, sagte Jakoba verlegen, weil er Annos Schmähung wiederholte. »Ich meine, ich hätte ihn nie so aus dem Haus gehen lassen. Aber wenn du nicht willst …«

Daraufhin entledigte er sich doch seiner Kleidung und stand nur in seiner fleckigen Bruche da. So mager und eingefallen war seine Brust, dass Jakoba heftiges Mitleid überfiel. Paul war knallrot vor Scham. Schnell flickte Jakoba den Stoff, der jedoch so fadenscheinig war, dass er bald wieder an der nächsten Stelle aufreißen würde.

Während Paul am nächsten Morgen Wasser für seine neuen Herren holte und Mona ihre Kleider mit wohlriechendem Ambra ausräucherte, ging Jakoba zu dem Wirt. Er saß auf einer Bank vor dem Gasthaus, eine rot-schwarze Katze auf dem Schoß, und genoss die Morgensonne.

»Gibt es hier einen Höker, der mit gebrauchten Kleidern handelt?«, wollte sie wissen.

Der Wirt streichelte die Katze hinter dem Ohr, die durchdringend schnurrte. »Ihr seid wohl noch nie in Lutter gewesen?«

Jakoba verneinte schnell, um weitere neugierige Fragen zu vermeiden.

»Versucht es hinter dem Kaiserdom, da könntet Ihr Glück haben. Bestellt ihm einen schönen Gruß von mir«, riet der Wirt ihr.

Tatsächlich konnte Jakoba bei dem Höker den Silberfaden von ihrem Kleid gegen einen gebrauchten, aber heilen Kittel – das einzige Kleidungsstück, das in Pauls Größe vorrätig war – und ein paar Münzen eintauschen. Der Halbwüchsige freute sich sehr darüber.

Auch Madame Mona war aufgeräumter Stimmung. Sie hatte sich sorgfältig zurechtgemacht, war dezent geschminkt, duftete samtig und wirkte insgesamt wie eine Prinzessin aus fernen Landen, die ein seltsamer Zufall in dieses Dorf verschlagen hatte. Dass viele sie feindselig musterten, ignorierte sie.

Die Kirche war umlagert von Pilgern, die auf Knien zur Liebfrauenkapelle rutschten oder bei den Votivhändlern Wachsspenden erwarben. Jakoba war während des Gottesdienstes abgelenkt. Sie konnte sich an der reich mit Altären und Goldleuchtern ausgestatteten und farbenprächtig ausgemalten Basilika gar nicht sattsehen.

Nach der Messe verabschiedete Arnold sich, weil er etwas zu erledigen hatte. Jakoba blieb mit Mona zurück. Die Frau des Medicus machte keine Anstalten, zum Gasthof zurückzukehren, sondern spazierte durch die Kirche, in der ein reges Treiben herrschte. Reuige Sünder zahlten den Ablass, Geschäftsleute verhandelten, und in einem Winkel sahen sie sogar ein Liebespaar. Immer wieder wies Mona auf Details in der liebevoll gestalteten Kirche hin.

»Es ist sehr freundlich von Euch, mich und Paul mitzunehmen. Ich möchte Euch wirklich weder zur Last fallen noch Ärger machen«, sagte Jakoba.

Mona strebte zu einem Wachshändler, bei dem die Gläubigen anstanden, und reihte sich ein. »Vielleicht war es leichtsinnig von mir, dass ich Euch in Braunschweig im Gasthof half. Aber es ist geschehen und nicht mehr zu ändern.«

Jakoba bedauerte, dass Mona ihre gute Tat zu bereuen schien. Da glaubte sie hinter sich eine Stimme zu hören, die ihr bekannt vorkam. War das Anno, Wulf oder einer von Gevehards Knechten? Aufgeschreckt blickte sie sich um – und starrte in das Gesicht eines Unbekannten. Sie musste wirklich mehr Ruhe bewahren!

Eine Greisin stellte sich hinter ihnen an. Sie schob und starrte an ihnen vorbei, als hätte sie es besonders eilig. Als Mona endlich an der Reihe war und ein Wachsvotiv kaufen wollte, drängte die

Greisin sich vor. »Verfluchte Heidin!«, murmelte sie und spie vor Mona aus.

Jakoba ärgerte sich sehr über das ungehobelte Benehmen. Mona jedoch nahm es unbewegt hin und kaufte ein rundliches Wachsvotiv, dessen Form Jakoba nicht genau erkennen konnte. Von ihren letzten Münzen erstand sie selbst eine kleine Kerze, die sie für Gevehards Gesundheit auf dem Altar spendete. In der Liebfrauenkapelle drängten sich Betende und Kranke, es roch nach Verzweiflung und Tod. Noch einmal gingen sie in die Hauptkirche zurück.

»Das war ja eine Unverschämtheit! Was bildet die Alte sich ein?«, schimpfte Jakoba auf dem Weg.

»Lasst gut sein, das bin ich gewöhnt«, sagte Mona und klang dabei etwas resigniert. »Die Menschen fürchten das Fremde.«

Jakoba dachte an Monas Erläuterungen zu den Wandgemälden. »Vermutlich kennt Ihr Euch in dieser Kirche besser aus als sie!«

»Ich bin oft mit Arnold hier gewesen. Ihm ist es wichtig, dass ich seine Heimat kenne.«

Jakoba hatte schon lange mehr über den Medicus und seine Frau erfahren wollen und hakte sofort ein. »Also kommt Meister Arnold aus Lutter?«

»Er stammt ganz aus der Nähe.«

»Entschuldigt meine Neugier, aber wo ist Eure Heimat?«

»Wofür entschuldigt Ihr Euch? Das ist die erste Frage, die mir jeder stellt – Ihr habt damit sogar ungewöhnlich lange gewartet. Maimona ist mein richtiger Name. Ich wurde an der Levanteküste geboren. An einem Ort der Sonne – nicht wie dieses Regen- und Schneeloch hier, in dem selbst im Sommer Kälte herrscht.«

Dem konnte Jakoba nicht widersprechen, auch wenn sie sich an herrlich sonnige Sommer erinnerte. »Ich weiß nicht genau, wo diese Küste ist. Wir hatten zwar in Ebbekestorpe eine Weltkarte, aber ich bezweifle, dass die Darstellung stimmt – schließlich ist das Grab der Ebbekestorper Märtyrer darauf genauso groß abgebildet wie Paris oder Rom.«

»Möglicherweise bestimmt die spirituelle Bedeutung die Darstellung auf dieser seltsamen Karte – und nicht die Ausdehnung. Paris zumindest ist die größte und schönste Stadt, die ich kenne.«

»Wart ihr schon einmal dort?«

»Arnold und ich haben beide in Paris gelebt, aber auch in Venedig.«

»Was für eine Sprache ist das, die Ihr manchmal sprecht?«

»Französisch, wie es von gebildeten Leuten von Frankreich bis Venedig gesprochen wird. Ah, sieh nur, hier ist das Adlerkapitell!« Mona wies auf eine Säule, deren oberes Ende mit herabstürzenden Adlern geschmückt war. »Ein beliebtes Motiv, und nicht nur ein Zeichen der weltlichen Herrscher. Der Adler war für die antiken Dichter ein Götterbote und ist für die Christen das Zeichen der Himmelfahrt. Der Sieg des Geistes über den Leib.«

Jakoba dachte an ihre Bibellektüre im Kloster. Der Adler hatte Heilige wie Vitus oder Corbinianus in der Not gespeist, hatte bei den sterblichen Überresten anderer Heiliger gewacht, und es hieß, der Glaube verleihe einem Kräfte, wie sie nur der König der Lüfte besitze.

»Der Geist mag über den Körper siegen, zumindest wollen wir das glauben. Aber der Körper bestimmt unsere Handlungen, ist es nicht so?« Mona warf fröstelnd einen Blick durch die Kirchenfenster. »Es gibt nichts Besseres für den Menschen, als zu essen und zu trinken und fröhlich zu sein. Das Wetter scheint auch heute schön zu werden. Lasst uns die wenigen Sonnenstrahlen genießen, die dieses Land zu bieten hat.«

Gerade als sie hinausgingen, bog Paul um die Ecke. »Domina Jakoba! Meister Arnold sucht Euch, er braucht Eure Hilfe. Ihr sollt Euren Kräuterbeutel mitbringen!«, rief er.

Eine unbestimmte Erregung erfasste Jakoba. Durfte sie Mona allein lassen? Fragend sah sie ihre Begleiterin an.

»Zum Gasthof werde ich schon allein zurückfinden«, sagte Mona beinahe entrüstet und gab ihr einen leichten Schubs.

Aufgeregt holte Jakoba ihren Beutel aus dem Gasthof. Paul führte sie zu einem Herrenhaus am Rand des Ortes. Sie wandten sich jedoch nicht der großen Pforte zu, sondern einer windschiefen Hütte, die sich an der Rückseite des Fachwerkhofes befand. Meister Arnold wartete vor der Tür auf sie. Das schwarze Kästchen hatte er zu seinen Füßen abgestellt.

Er wirkte ein wenig pikiert und kam gleich zur Sache: »Ihr Herr hat mich gebeten, seiner Magd zu helfen. Aber sie will sich nicht von einem Mann anfassen lassen.«

Jakoba nahm ihren Beutel ab. »Was hat sie?«

»Seht selbst.«

Als sie hineinging, mussten sich ihre Augen erst an die Dunkelheit gewöhnen. Intensiv roch es nach fauligem Stroh. Auf einem schmutzigen Sack lag eine Frau. Ein Kleid hing über einem einfachen Gestell, daneben standen ein Ledereimer und ein Holzbecher.

»Geht weg!«, zischte die Magd.

Jakoba hockte sich neben sie, damit sie ihr ins Gesicht sehen konnte. Aus dem Augenwinkel nahm sie wahr, dass Meister Arnold eintrat. »Was plagt dich? Vielleicht kann ich dir helfen«, sagte sie, ganz auf die Kranke konzentriert.

Skeptisch musterte die junge Frau sie. Obgleich ihr das Haar im verschwitzten Gesicht klebte und sie bleich war, erkannte Jakoba, wie hübsch sie war. »Seid Ihr ein Kräuterweib?«

»Eine Heilerin.« Eine bessere Erklärung fiel Jakoba auf die Schnelle nicht ein. Sie wollte die Frau anfassen, um herauszufinden, ob sie fieberte, zögerte jedoch. »Darf ich?« Ein Nicken. Die Kranke war heiß und zitterte trotzdem.

»Meine Brust schmerzt so sehr«, stöhnte sie dann und berührte vorsichtig ihre Rundungen. Mit Patientinnen, die unter entzündeten, geschwollenen Brüsten litten, hatte Jakoba im Kloster auch zu tun gehabt. Allerdings hatte es sich meist um Bäuerinnen gehandelt, die gerade ein Kind geboren hatten. Hier war jedoch kein Säugling zu sehen.

»Hast du ein Kind bekommen?«, fragte Jakoba.

Die Frau kniff die Augen zusammen. »Ich darf den Sohn des Herrn nähren. Durfte ich … aber jetzt …« Sie drehte das Gesicht weg und weinte.

Ihr eigenes Kind musste gestorben sein. Das typische Schicksal einer Amme. Jakoba kamen die Weisheiten der Kirchenväter über früh verstorbene Kinder in den Sinn, aber sie wusste genau, dass diese Sprüche eine Mutter nicht trösten konnten. »Das tut mir sehr leid«, sagte sie erschüttert.

Behutsam schob sie das Leibhemd hoch. Die Oberseite der rechten Brust war rot und dick geschwollen. Jakoba legte zart die Finger darauf – und doch zuckte die Kranke zusammen. »Unter deiner Achselhöhle, tut es da auch weh?« Wieder nickte die Frau. Auch dies hatte Jakoba im Kloster oft beobachtet. »Ich werde dir einen Umschlag aus Eisenkraut machen, der wird die Entzündung vertreiben.«

»Werde ich wieder gesund?«, fragte die Kranke hoffnungsvoll. »Meine Brüste werden wieder so schön wie vorher? Der Herr liebt sie so sehr!« Sie wurde rot.

Jakoba ahnte etwas. »Dein Kind ist nicht gestorben?«

Die Frau lächelte. »Es lebt im Herrenhaus, bei seinem Vater.« Ihr Blick wurde jetzt ängstlich. »Seine Frau, sie … kann keine Kinder bekommen. Wenn ich nicht gesund werde, darf ich meinen Sohn nicht mehr sehen.« Wieder weinte sie.

Jakoba war wütend darüber, dass der Herr offenbar seine Magd geschwängert, ihr das Kind entzogen und sie dann in diesem Zustand alleingelassen hatte. Mühsam beherrschte sie ihren Zorn. »Du wirst wieder gesund«, versprach sie im Bewusstsein, dass die Frau jetzt vor allem Hoffnung brauchte. »Ich benötige nur ein wenig Wasser, um die Kräuter aufzukochen. Gleich bin ich zurück.« Sorgfältig bedeckte sie die Blöße wieder.

Meister Arnold, der von der Tür aus alles beobachtet hatte, ging mit Jakoba hinaus.

Im Herrenhaus bat Jakoba die Köchin, etwas Wasser aufzukochen, aber die Frau regte sich erst, als Meister Arnold es ihr befahl. Jakoba suchte in ihrem Beutel das Töpfchen mit Eisenkraut und streute eine Handvoll in das blubbernde Wasser. Dann bat sie Meister Arnold um ein Stück Leinen.

Während sie warteten, schimpfte Jakoba leise: »Wie kann er ihr das Kind nehmen, sie hier im Dreck liegen lassen und nicht einmal nach einer Hebamme schicken! Was für ein Mensch ist das?«

»Ein guter Kunde«, sagte Meister Arnold. »Für sich kauft er nur den besten Theriak – meinen.«

»Ihr sagt es – für *sich* kauft er ihn!«

Jakoba riss das Leinentuch durch, spannte einen Teil über die Öffnung des Grapens, nahm die Zipfel ihres Kleides, um den heißen Topf anzufassen, und goss den Kräutersud ab. Dann verteilte sie die Kräuter auf die zwei Tücher und rollte diese auf. Anschließend setzte sie einen Kräutertee mit Weidenrinde an und füllte ihn in einen Tonbecher, den Arnold ihr abnahm.

»Etwas Veilchenöl würde ebenfalls helfen. Habt Ihr welches?«, fragte Jakoba den Medicus auf dem Weg zur Hütte.

»Veilchenöl ist kostbar …«

Jakoba konnte ihren Unwillen nicht zurückhalten. »Es ist zu schade für sie, weil sie es nicht bezahlen kann?«, fragte sie erzürnt. »Wenn Euer Kunde sich Theriak leisten kann, wird die Ausgabe für ein bisschen Veilchenöl kaum ins Gewicht fallen, denke ich.«

»Darum sorge ich mich nicht. Nur ist es so, dass meine Vorräte zur Neige gehen. Berechnen würde ich es ihm ohnehin.«

Vor der Tür öffnete Meister Arnold sein Kästchen, das Jakoba jetzt erstmals genauer in Augenschein nehmen konnte. Die viereckige Schachtel war aus Ebenholz und mit Messing beschlagen. Sie hatte zwei übereinanderliegende Fächer. Im oberen befanden sich zierliche Messer, Zangen und andere Werkzeuge aus Metall, im unteren Glasflaschen und Büchsen mit Steckdeckel – kein Wunder, dass es bei jeder Bewegung klirrte. Manche Behältnisse waren versiegelt; oft war ein Löwenhaupt in das Siegelwachs geprägt.

Der Medicus reichte ihr eine Phiole, die mit lilafarbenem Wachs verschlossen war.

In der Hütte rieb Jakoba die Schwellungen mit dem Öl ein. Dann legte sie die warmen Kräuterbündel vorsichtig auf Brust und Achselhöhle. Die Frau schien die Berührungen kaum ertragen zu können.

»Halte durch! Mindestens bis zum nächsten Glockenschlag sollten die Kräuter einwirken.« Jetzt bat sie um den Becher, den Arnold hielt, und flößte der Kranken etwas von dem Tee ein.

»Brrr ... ekelhaft«, stöhnte die Kranke.

»Hilft aber gegen das Fieber. Versuche jetzt zu schlafen. Noch zweimal muss der Kräuterumschlag heute gewechselt werden, hörst du? Ich komme später wieder.«

Jakoba war mit sich zufrieden, die Notlage der jungen Frau erzürnte sie jedoch noch immer. »Ich kann sie doch noch mal aufsuchen? Oder reisen wir ab?«, fragte sie Meister Arnold vor der Tür.

»Wir wollen vor Pfingsten in Magdeburg sein und müssen heute noch aufbrechen. Aber wir werden die Kräuter hierlassen und der Magd sagen, was sie zu tun hat. Ich verabschiede mich nur noch eben von meinem Kunden.«

»Bei der Gelegenheit könntet Ihr ihm auch gleich sagen, dass er besser für die Mutter seines Sohnes sorgen soll!«, brach es aus Jakoba heraus.

Mit gerunzelten Brauen sah Arnold sie an. »Ich fürchte, es steht mir nicht zu, mich in seine Familienangelegenheiten einzumischen. Und dir auch nicht.«

Jakoba biss sich auf die Lippe. Sie war so stolz auf sich gewesen, weil Meister Arnold sie gerufen und sie die Kranke versorgt hatte. Hoffentlich hatte sie diesen guten Eindruck nun nicht zerstört.

Sie beluden den Wagen und fuhren ab, folgten jedoch schon bald nicht mehr der breiten Heerstraße, sondern bogen auf einen Pfad nördlich davon ein. Hügelan ging es nun durch einen dichten Laubwald. Kaum sahen sie andere Wagen oder Wanderer. Eine Zeit lang unterhielten sich Arnold und Mona auf Französisch, dann kehrte Stille ein.

Nach einer Weile begann Jakoba leise zu singen. »Kennt Ihr auch ein Lied?«, fragte sie schließlich Mona.

»Es kommt mir nicht richtig vor zu singen, wenn so viele Menschen leiden.«

»Aber jetzt und hier leidet niemand. Und die Zeit der Not geht vielleicht schneller vorbei, wenn wir nicht immer nur Trübsal blasen. Heißt es nicht sogar in der heiligen Schrift: ›Euer Herz soll sich freuen und eure Freude soll euch niemand nehmen‹?«

Arnold stimmte ihr zu. »Das sehen die studierten Mediziner nicht anders. Sie bestehen beispielsweise darauf, Kummer vom Bett eines Kranken fernzuhalten und ihn aufzuheitern. Musik hilft, die Gesundheit zu erhalten. Der arabische Arzt Ibn Hindu verordnete Melancholikern sogar die für sie entsprechenden und nützlichen Tonarten.«

Darüber musste Mona lachen, und sie stimmte derart überzeugt doch ein Lied an, eine melodiöse Weise in einer fremden Sprache, die ihre Zuhörer vollkommen gefangen nahm. Paul hingegen kannte kurze Erntelieder, bei denen sich lauthals mitschmettern ließ. Es tat gut, für kurze Zeit die Sorgen zu vergessen.

Nach wenigen Stunden hielten sie auf eine Burg zu. Sie befand sich auf einer erhöhten Flussinsel südlich eines Dorfes. Eine für diesen kleinen Ort erstaunlich große Basilika schob sich neben der Burg trutzig in den Himmel. Die Burg wirkte vernachlässigt, dann allerdings kam die Menschenmenge vor dem Tor in Sicht. Offenbar wurden Almosen verteilt.

Den Burgbewohnern scheint es gut zu gehen, wenn sie so viele Arme speisen können, dachte Jakoba, während Meister Arnold den Kobelwagen über die Zugbücke lenkte.

Am Tor wurden der Medicus und seine Frau, wie schon in Lutter, wie alte Freunde begrüßt. »Willkommen in Süpplingenburg! Gut, Euch so gesund und munter zu sehen«, freute sich ein alter Mann mit kurz geschorenem Haupthaar und langem Bart, der seinem Auftreten nach zu urteilen der Burgherr war. Zwar trug auch er ein schlichtes Gewand, doch seine Haltung war herrschaftlich, und an seiner Hand prangte ein goldener Siegelring.

Er führte sie durch das Burgtor. »Das Reisen ist gefährlicher denn je. Auf der Salzstraße treiben Räuber und die Söldner des Erzbischofs ihr Unwesen. Sie rauben und plündern. Überall lässt Burchard von Magdeburg Festungen besetzen, um das Volk unter der Knute zu halten.«

Arnold rieb sich entrüstet den Bart. »Die Gier des Erzbischofs ist unermesslich!«

»Wem sagt Ihr das! Mit den Bürgern seiner Stadt und dem Adel hat er es sich schon lange verscherzt. Das wird nicht gut enden«, meinte der Burgherr.

»Und doch müssen wir dorthin.«

»Die Stadt ist durch die Hungersnot gezeichnet. Es heißt, vor Magdeburgs Stadtmauern seien Gräben ausgehoben worden, um die Toten zu begraben. Bäcker und Knochenhauer mussten ihre wenigen Waren mit Waffengewalt verteidigen. Aus Verzweiflung wurden sogar die Leichen vom Galgen und aus den Gräbern geraubt und verspeist.«

Erschüttert ließen sie diese Information sacken. »Es sind wahrlich gottlose Zeiten«, sagte Arnold nach einer Weile düster. »Umso mehr wüsste ich 'es zu schätzen, wenn Ihr auch meine Begleiter aufnehmen würdet. Wir haben uns ihrer angenommen.« Kurz umriss er Jakobas und Pauls Schicksal.

Der Burgherr schien nicht gerade begeistert zu sein, führte sie aber zu einer am Rande der Burgmauer gelegenen Hütte. Sie nahmen eine Mahlzeit zu sich, dann verabschiedete sich der Medicus, während Madame Mona mit Jakoba und Paul zurückblieb. Ihr Äffchen hatte sie aus dem Käfig befreit, und jetzt spielte sie mit ihm. Sie wedelte vor seiner Nase mit einem Tuch und versteckte es, damit das Tier es suchte. Jakoba und Paul halfen ihr, indem sie das Äffchen ablenkten, während Mona das Tuch verschwinden ließ. Begeistert über so viel Aufmerksamkeit, hüpfte das Äffchen durchs Zimmer.

Als das Tier des Spielens müde war und sich auf einem Kissen ausstreckte, wandte sich Mona an Jakoba: »Und jetzt schauen wir in Arnolds Vorräten nach, ob er Myrtenöl dabeihat. Heiz uns noch etwas ein, Paul.« Eilig legte der Junge Scheite auf die Glut. Jakoba fand es rührend anzusehen, wie sehr er sich um das Wohlwollen des Paares bemühte.

»Wofür braucht Ihr das Öl?«, wollte Jakoba wissen.

»Ihr fürchtet stets, dass Euer Bruder Euch finden könnte, das ist Euch in jedem Augenblick anzumerken. Ist es nicht so? Ich will es ihm etwas schwerer machen«, sagte Mona geheimnisvoll.

Schon nach kurzer Zeit hatte sie das richtige Fläschchen gefunden. Mona half Jakoba, ihre Haare über der Schüssel zu waschen, deckte ein Tuch über ihre Schulter und massierte anschließend das Öl und andere Mittel in die feuchten Strähnen ein.

Neugierig wartete Jakoba auf das Ergebnis, während Paul wieder mit dem Äffchen spielte, lachend und unbeschwert. Monas

Gesichtszüge waren weich, als sie ihn beobachtete, sodass Jakoba sich fragte, ob sie wohl selbst Kinder hatte.

»Was ist mit Pauls Vater geschehen?«, fragte Mona unvermittelt. »Paul sagte nur, dass Euer Bruder für seinen Tod verantwortlich ist.«

Jakoba erzählte von den wildernden Streunern und dem Angriff der Hunde.

»Ich habe Euren Bruder ja im Gasthof erlebt. Er hat ein aufbrausendes Temperament«, konstatierte Mona.

Jakoba dachte mit Schaudern an ihre Flucht zurück. »Dass Ihr auf den Einfall mit dem Strohhaufen gekommen seid – das wäre mir nie eingefallen!«

»Ich war auch schon in Situationen, in denen ich nicht weiterwusste«, erwiderte Mona vage. Sie bat Jakoba, ihre Haare ein weiteres Mal auszuspülen. Daraufhin rubbelte sie den Schopf sorgfältig ab und hielt Jakoba einen kleinen Klappspiegel hin. Im schwachen Licht der Kerzen schimmerte Jakobas Haarschopf nun nicht mehr rotblond, sondern schwarz.

Jakoba lachte auf. Wie anders sie aussah! Ungläubig starrte Paul sie an. Doch schon war das Äffchen wieder auf seinen Rücken gekrabbelt und lenkte ihn ab.

»Unglaublich!«, lachte Jakoba. »Das ist ja wie Zauberei!«

»Nein, gar nicht. Man muss nur wissen, wie es geht.« Mona rieb sich die Hände mit einem samtig duftenden Öl ein, doch ihre Bewegungen verlangsamten sich. »Das Färben von Haaren lernte ich, als ich für einen Sklavenhändler arbeitete.« Ihre Stimme klang belegt.

»Für einen Sklavenhändler?«

Die Erinnerungen schienen Mona mit sich zu reißen. »Ich kann braune Haut hell machen, indem ich ein Mädchen vier Stunden am Tag in einen Zuber mit Kümmelwasser lege. Mit den Blüten vom Lotusbaum und vom Paternosterbaum sowie etwas Myrte mache ich glatte Haare lockig. Die Farbe des Aussatzes wasche ich weg mit Essig und gekochter Pottasche. Die anderen Sklaven …« Ihr Gesicht war so düster geworden, dass Jakoba ihre Hand ergriff. Es war, als würde Mona aus einem Tagtraum erwachen. »Lasst Euch anschauen«, sagte sie und nickte zufrieden. »So wird Euer Bruder Euch zumindest nicht an den Haaren erkennen.«

In der Morgendämmerung brachen sie auf. Arnold bemerkte Jakobas neue Haarpracht gar nicht. Er verstaute eine neue Kiste unter dem Kutschbock und führte bei der Abfahrt ein leises Gespräch mit Mona, die sich gegen seine Schulter lehnte und noch einmal einnickte. Hinter den Hügeln ging die Sonne auf. Jakoba hing ihren Gedanken nach. Madame Mona hatte gestern jeden Versuch abgeblockt, noch einmal auf ihre Vergangenheit zurückzukommen. Warum hatte sie für einen Sklavenhändler gearbeitet? War sie selbst Sklavin gewesen? Aber wie war sie dann freigekommen?

Abrupt bremste der Wagen. Ein Trupp Reiter kreuzte ihren Weg. Heute waren viele Menschen in Richtung Magdeburg unterwegs. Schwer gingen die Schritte der Wanderer. Manche mussten am Wegrand rasten und wirkten so erschöpft, als könnten sie nicht mehr aufstehen. Etliche führten Hundekarren oder trugen Kiepen auf dem Rücken. Vermutlich wollten auch sie zum Jahrmarkt, aber ihre Güter waren kaum der Rede wert.

Jetzt erst bemerkte Jakoba, dass Paul sich ans Ende der Wagenpritsche zurückgezogen hatte. Sie setzte sich neben ihn und ließ wie er die Füße baumeln. Eine Weile sahen sie gemeinsam zu, wie Leute und Landschaft hinter ihnen im Straßenstaub verschwanden.

Paul wirkte bedrückt. »›Vorerst‹, haben sie gesagt. ›Bis Magdeburg‹«, murmelte er. Jakoba wusste sofort, was er meinte. Auch sie hatte sich gefragt, wie es in Magdeburg weitergehen sollte.

»Sie behalten dich bestimmt. Du hast doch gleich erkannt,

dass sie Hilfe benötigen. Madame Mona ist freundlich zu dir, und Meister Arnold ...«

»Und wenn nicht?«

»Ich bin ja auch noch da. Wir haben uns ein gutes Stück Weg gemeinsam durchgeschlagen, wir können es auch weiter schaffen.«

»Ihr habt doch gar kein Geld.«

»Ich habe noch ein paar Perlen, und ich habe meinen Silbergürtel. Ich kann arbeiten.« Sie wollte den Arm um ihn legen, doch Paul machte sich steif.

»Ich bin nicht Euer Sohn, das habe ich schon mal gesagt!«, fauchte er.

Gerade als Jakoba sich verletzt zurückziehen wollte, preschten zwei Reiter so nah an einer jungen gebeugten Frau vorbei, dass diese unter die Hufe geriet und die Pastinaken aus ihrer Kiepe sich in hohem Bogen auf der Straße verteilten. Die Reiter machten keine Anstalten anzuhalten, sondern galoppierten nun auch am Kobelwagen vorbei.

»Halt! Ein Unfall, hinter uns! Diese Unmenschen! Wir müssen der Hökerin helfen!«, rief Jakoba impulsiv.

Arnold wandte sich um. »Wir können nicht jedem helfen.«

Jakoba hörte den Zweifel in seinem Tonfall, also griff sie nach ihrem Kräuterbeutel und sprang ab. »Aber wir können es versuchen! Wenn wir es nicht tun, tut es keiner!«

Schon hoben die ersten Wanderer die verstreuten Moorwurzeln auf, steckten sie aber ein, statt sie der Frau zurückzugeben. Die Hökerin konnte ihnen keinen Einhalt gebieten, denn sie hielt sich aufheulend die Schulter. Jakoba lief zu ihr, und zu ihrem Erstaunen folgte Arnold, während Mona den Wagen an die Seite lenkte und Paul versuchte, die übrig gebliebenen Pastinaken vor den Dieben zu retten. Die Schulter der Frau hing seltsam tief und schwoll bereits an. Abdrücke der Hufe waren wie in die Haut gestanzt.

»Wir müssen die Schulter wieder einrenken«, sagte Arnold. »Haltet Ihr die Frau gut fest.«

Jakoba setzte sich neben sie und hob ihren Oberkörper leicht an, was der Frau zusätzliche Schmerzen zu bereiten schien. Vorsichtig, aber fest umarmte Jakoba sie und sprach beruhigend auf sie ein. Arnold spreizte den Arm der Frau etwas ab. Langsam und gleichmäßig, aber so stark zog er an ihrem Handgelenk, dass er sich mit den Füßen gegen ihren Rumpf stemmen musste. Die Hökerin brüllte vor Schmerz; kaum konnte Jakoba es ertragen.

»Gleich ist es vorbei ... gleich«, sagte sie sanft und strich der Frau über die Wange – da war auch schon ein dumpfes Geräusch zu hören, und Arnold ließ los.

»Das Gelenk hatte sich aus der Pfanne gelöst. In diesem Fall ist es am besten, wenn man sofort Hilfe leistet – gut, dass du mich dazu getrieben hast«, sagte er etwas atemlos. Mit ihrer Wundsalbe rieb Jakoba nun die Prellungen ein. Anschließend holte Arnold einen Tuchstreifen aus dem Wagen und band eine Schlinge, mit der er den Arm ruhigstellte. Die Hökerin war dankbar und wollte ihnen ein paar Pastinaken schenken.

Jakoba winkte ab – viel zu wenige waren der Hökerin geblieben –, aber Arnold nahm das Gemüse an. »Wenn man nichts für eine Behandlung zahlt, ist sie auch nichts wert, denken die Leute. Außerdem können auch wir es uns nicht leisten, Lebensmittel abzulehnen. Nach diesem Zwischenspiel werden wir es heute kaum bis Magdeburg schaffen«, sagte er zu Jakoba, als sie wieder auf den Kobelwagen stiegen.

Nur noch ein schmaler Streifen Licht war am Horizont zu sehen, als vor ihnen die schartigen Zinnen eines Wehrturmes in den Nachthimmel ragten. Auf dem letzten Wegstück waren sie still geworden. Der menschenleere Weg, dazu der dichte, von Geräuschen erfüllte Wald waren unheimlich. Die klagenden Rufe der Käuzchen und vereinzeltes Wolfsgeheul in der Ferne schienen

Jakoba allerlei Unheil zu verkünden. Sie bereute inzwischen ein wenig, ihre Fahrt unterbrochen zu haben. Die Pferde ächzten den Anstieg zu dem massiven Haus mit Wehrturm hoch. Arnold sprang ab und entzündete eine der Fackeln, die er über den Rädern verwahrte. Das Tor hing halb in den Angeln und ließ sich mühelos aufschieben. Nachdem Mona den Wagen hindurchgelenkt hatte, machte Arnold es so gut wie möglich wieder zu.

Selbst im Schein des aufgehenden Mondes war deutlich zu erkennen, dass der Wohnturm bessere Zeiten erlebt hatte. Das Mauerwerk war rissig und von Löchern durchsetzt, die Räder holperten über Steinbrocken. Arnold schien sich auszukennen, denn er steuerte zielsicher auf eine Seitenpforte des Turmes zu.

»Ich gehe erst mal allein hinein, falls sich Gesindel eingenistet hat«, sagte er zu Mona.

Als sie im Dunkel zurückblieben, sagte Jakoba leise und reuevoll: »Wenn ich nicht darauf bestanden hätte, der Hökerin zu helfen …«

»Niemand macht Euch Vorwürfe«, wisperte Mona, aber Jakoba konnte die Anspannung in ihrer Stimme hören. Unbehagliches Schweigen breitete sich aus. Lauerte in den Mauern jemand? Kämpfte Arnold vielleicht gerade? Hatten sich wilde Tiere dort vor den Nachtfrösten verborgen?

Schritte durchbrachen die Stille. Arnold war wieder da. »Offenbar haben hier zuletzt ein paar Vandalen gehaust, aber für eine Nacht wird es schon gehen«, verkündete er.

Sie entzündeten eine weitere Fackel und kamen ihm nach. Plötzlich ein Flattern – etwas Kühlfeuchtes streifte Jakobas Wange und verfing sich in ihrem Haar. Erschrocken unterdrückte sie einen Schrei.

Mona legte beruhigend die Hand auf ihren Arm. »Nur ein paar Fledermäuse«, beruhigte sie Jakoba.

Mit wenigen Handgriffen hatte die Frau des Medicus Öllampen entzündet sowie Käfer und Spinnen hinausgefegt. Als sie dann noch Zypressennadeln und Lorbeerblätter auf das Feuer streute, das Arnold entfacht hatte, war es bald ein wenig heimelig.

Jakoba und Paul trugen das wichtigste Gepäck herein und bereiteten sich um den Kamin ein Lager. Der Medicus legte Schwert und Dolch griffbereit, als fürchtete er einen Angriff. Mit Zwiebeln, anderem Gemüse und Speck köchelte er einen Eintopf. Während sie aßen, sah Jakoba sich in dem düsteren, verwahrlosten Raum um, in dem es nach Schimmel und Urin roch.

»Wer hier wohl gewohnt hat?«, überlegte sie zwischen zwei Löffeln laut.

»Gute Menschen«, murmelte Arnold.

»Ihr kanntet sie? Warum haben sie diesen Wehrturm verlassen?«

»Sie mussten verkaufen. Das Kloster Althaldensleben streckt seine Finger nach Wichmannsburg aus, der halbe Wald gehört den Mönchen schon.« Arnold tat ihnen noch einmal auf, nur Mona verzichtete. Er bemerkte, dass Paul neugierig seine Waffen betrachtete. »Hast du schon mal ein Schwert oder einen Dolch geführt?«, fragte Arnold den Jungen.

Paul verneinte.

Nach dem Essen gingen Jakoba und Paul vor die Tür, um das Holzgeschirr zu spülen. Ihr Atem warf gespenstische Wolken in die Luft, und ihr war unbehaglich zumute. In jedem Schatten schien jemand zu lauern.

»Warum wollte Meister Arnold wissen, ob ich mit dem Dolch umgehen kann? Fürchtet er, ich könnte ihn angreifen?«, fragte Paul leise, während er das Wasser aus dem Schlauch über das Geschirr laufen ließ und Jakoba das Holz sauber wischte.

»Sicher nicht. Vielleicht will er dich unterweisen?«

Zweifelnd sah der Junge sie an. Doch tatsächlich reichte Arnold Paul in der Stube Schwert und Dolch und machte ihn mit den Waffen vertraut. Paul war ebenso geschickt wie gelehrig.

Mona hatte mit Kreide ein Mühlemuster auf die Fliesen vor dem Kamin gemalt und bewegte etwas zwischen ihren Fingern. So nah war die Frau des Medicus den Flammen, dass Jakoba fürchtete, das Fell, das sie um ihre Schultern gelegt hatte, könnte Feuer fangen. »Wollen wir spielen?«

»Gern.«

Im Nu waren die Wal- und Haselnüsse auf dem Spielbrett verteilt. Die ersten Züge gingen schnell. »Paul erwähnte vorhin Euren Sohn. Das kam mir merkwürdig vor«, sagte Mona schließlich.

Pauls empörter Ruf war also auf dem Kutschbock zu verstehen gewesen. »Und nun fragt Ihr Euch, ob ich meinen Sohn bei meinem brutalen Mann zurückgelassen habe?«, fragte Jakoba; sie konnte es Mona kaum verdenken. Ruhig erzählte sie ihr die Geschichte ihrer ersten Ehe, aber als sie zum Tod ihres Sohnes kam, brach ihre Stimme doch.

Mona legte die Hand auf ihren Arm, und Jakoba fühlte sich tatsächlich getröstet. »Ich habe niemanden mehr. Ich lasse nichts zurück, das mir etwas wert wäre«, sagte Jakoba schließlich.

»Ihr tragt Eure Erinnerungen in Eurem Herzen. Niemand kann sie Euch nehmen.«

Arnold setzte sich in einiger Entfernung von ihnen hin und holte Pergamente aus einer Kiste. Im dürftigen Kerzenschein, eines dieser neuartigen Augengläser vor dem Gesicht, von denen Jakoba bislang nur gehört hatte, las er. Jakoba staunte – noch nie hatte sie solche Mengen kostbarer Schreibbögen gesehen. Was las er da? Waren das Briefe? So abgelenkt war sie, dass sie das Spiel verlor.

II

Magdeburg

Als sie sich der Stadtmauer der großen Handels- und Messestadt näherten, trug der Wind den Geruch von Verwesung zu ihnen. Jakoba schauderte; also waren die vielen Todesfälle kein Gerücht gewesen. Auf den Straßen herrschten Kontraste, wie sie Jakoba noch nie erlebt hatte: Einerseits war noch immer eine wahre Heerschar von Notleidenden unterwegs, die gerade an einem der höchsten christlichen Feiertage auf mildtätige Spenden hofften, andererseits hatte das gute Wetter vielen Bauern und Händlern die Hoffnung auf ertragreiche Geschäfte zurückgegeben. Und dann waren da noch die wohlhabenden Adeligen und Bürger, die in die Stadt kamen, um der Pfingstmesse im Dom oder in einer der anderen Kirchen beizuwohnen.

Doch über dem, was zu jeder anderen Zeit ein fröhliches Markttreiben gewesen wäre, lag heute der Dunst der Verzweiflung, und immer wieder mussten sie eine Gasse bilden, um Leichenzüge passieren zu lassen.

Sie hielten vor einem herrschaftlichen Giebelhaus am Markt, an dessen Ecke einige verhärmte Frauen bettelten. Paul machte sich sogleich bei den Pferden nützlich, als wollte er beweisen, wie unverzichtbar er war.

Auch Jakoba war nervös, als sie abstiegen. Hier war ihre gemeinsame Reise vermutlich zu Ende. Meister Arnold und Mona hatten viel für sie getan. Sie würde einen Händler suchen müssen, der ihr die Perlen abkaufte, und dann brauchte sie endlich ein neues Kleid – in diesem unbequemen, auffälligen Ding konnte sie nicht weiterreisen.

Während der Hausdiener beim Abladen half, bedankte sich

Jakoba bei ihren Reisegefährten: »Ich werde nie vergessen, was Ihr für mich getan habt.«

Arnold legte den Arm um seine Frau. »Mein alter Freund Freiherr von Bratz führt ein gastliches Haus, in dem Ihr für die nächsten Tage sicher auch noch ein Plätzchen findet.«

»Ich möchte Euch nicht zur Last fallen«, wandte Jakoba höflich ein.

»Über Pfingsten platzt in Magdeburg jede Herberge aus den Nähten. Aber wenn Ihr Euch lieber mit anderen drängen wollt ...«

Jakoba lächelte. »Ich könnte mir Schöneres vorstellen.«

»Na also, dann hinein mit Euch – Paul, du kommst auch mit!«

Der Junge strahlte vor Freude und nahm Mona den Affenkäfig ab. Arnold hakte sich bei seiner Frau ein. »Wir wollen doch mal sehen, ob unser Gastgeber schon das Fass mit dem besten Malvasier für uns angestochen hat.«

In der Diele des Giebelhauses stieg ihnen ein durchdringender Gestank in die Nase. Ein Greis in altertümlicher Tracht kam ihnen entgegen. »Da seid Ihr ja endlich, Meister Arnold! Wie sehnsüchtig haben wir Euch erwartet!«

Arnold begrüßte den Mann feierlich. »Gut, Euch zu sehen. Wir hörten Furchtbares über die Entbehrungen des letzten Jahres!«

»Gott hat mein Haus bisher verschont«, sagte der Mann und küsste das Kruzifix, das er an einer Kette trug.

»Jemand ist in diesem Hause krank, aber Ihr seid es nicht, mein Freund, was mich immerhin tröstet«, sagte Arnold. »Wer ist es?«

»Theobald, mein älterer Bruder.«

Älterer Bruder? Jakoba warf Mona einen überraschten Blick zu. Dieser Bruder musste wirklich uralt sein!

Der Freiherr von Bratz führte sie in den Saal. »Theobald lebt eigentlich zurückgezogen auf unserem Landgut. Aber vor ein paar Wochen hat ihn ein Übel ergriffen. Kaum bewegen konnte er sich, als er hierhergeschafft wurde. Mit einer Sänfte mussten seine Gefolgsleute ihn tragen!«

»Ich sehe ihn mir sofort an«, beschloss Arnold.

Der Adelige hielt ihn auf. »Ich muss Euch warnen: Mein Bruder hält nicht viel von Ärzten. Ich hatte den Medicus bestellt – Theobald hat ihn hinausgeworfen. Bader und Wundärzte will er auch nicht sehen. Ihr seid meine letzte Hoffnung.«

»Ich werde Euch nicht enttäuschen.«

»Theobald und seine Gefährten pflegen einen rauen Ton.«

Arnold lachte. »Ihr solltet doch wissen, dass ich das gewöhnt bin. Erinnert Ihr Euch noch, damals in …« Den Rest konnte Jakoba nicht verstehen, weil der Greis den Arm um Arnolds Schultern gelegt hatte und die Männer nun die Köpfe zusammensteckten.

Mona ging ihnen hinterher, und weil niemand etwas dagegen zu haben schien, folgten auch Jakoba und Paul den Männern durch einen Flur. Der Kräutergeruch wurde stärker, und sie hörten nun tiefe Stimmen, die durcheinanderredeten.

Das Krankenzimmer sah wüst aus. Auf dem Tisch stapelten sich Knochen und weitere Essensreste, Becher lagen neben leeren Weinkrügen. In einem Himmelbett lag ein rotgesichtiger fettglänzender Mann mit weißem Bart. Sein rechtes Bein ragte unter der Bettdecke hervor. Der Fuß war geschwollen und wurde durch ein Kissen gestützt.

Der Kranke sprach mit sechs Rittern, die sich um das Bett auf Faltstühlen fläzten. Er erinnerte Jakoba an ihre Mutter, die ebenfalls der Völlerei gefrönt hatte. Es war stickig in dem Raum, was nicht nur an den Kräuterbüscheln lag, die in einer Ecke verbrannt wurden. Die Neuankömmlinge wurden etwas skeptisch begrüßt, und Jakoba und Mona ernteten viele anzügliche Sprüche.

»Gebt Ruhe, Männer!«, brüllte der Fette schließlich. »Was

machst du mit den Fremden hier, Bruder? Du willst mich umbringen, hab ich recht? Steckst mit meinen Feinden unter einer Decke! Der Einzige, der einen ungestraft umbringen kann, ist ein Arzt – sagt man das nicht immer so?«

Schon sprangen seine Männer auf und wollten sie aufhalten.

Jakoba verfluchte ihre Neugier. Sie hätten längst in der Gesindekammer sein können! Einer der Männer, ein kräftiger Kerl mit einer Himmelfahrtsnase, streckte die Hand nach Mona aus. Mona wich zurück, und Jakoba beobachtete, dass sich Arnolds Hand seinem Schwertknauf näherte, was ihr als hoffnungsloses Unterfangen erschien. Sie konnte sich kaum vorstellen, dass der Medicus kämpfen konnte.

Der Greis trat an das Bett seines Bruders. Er wirkte unsicher, doch als er sprach, klang seine Stimme fest: »Ruf sie zurück! Dieser Mann und seine Begleiter sind meine Gäste! Du willst doch meinen Hausfrieden nicht stören, Bruder!«

»Setzt euch, Kerls!«

Provozierend langsam nahmen die Männer wieder Platz.

»Meister Arnold führt besten venezanischen Theriak mit sich, die Arznei der Könige. Ich habe ihn gebeten, dass er sich deiner annimmt«, verkündete ihr Gastgeber.

Herr Theobald kratzte sich den Bart, in dem noch Essensreste klebten. »Dass ich nicht lache! Vergiften will er mich! Verschwinde, Quacksalber! Und nimm dieses Teufelswesen gleich mit! Sonst schlachten wir es! Das gibt einen feinen Spießbraten!« Er machte eine Geste, als wollte er dem Äffchen den Hals umdrehen, woraufhin seine Männer ebenfalls feixten. »Ohnehin eine Sünde, so ein Wesen durchzufüttern, wenn andere hungern! Wo bleibt denn die Magd mit dem Essen?«

»Aber du hattest doch gerade erst ein Brathähnchen«, wandte sein Bruder ein.

»Und Wein, mehr Wein! Ich brauche keinen Medicus – gutes Essen ist der beste Arzt!«, verkündete Theobald.

Selbst Arnold schien das unhöfliche Gebaren allmählich auf die Nerven zu gehen. »Soll ich Euch sagen, was Ihr braucht, edler Herr Theobald? Einen erquickenden Aderlass, Mäßigung beim Essen und eine stärkende Arznei.«

»Euer Theriak ist pures Gift! Ihr zieht meinem Bruder doch nur das Geld aus der Tasche! Ich warne Euch: Ich kann nicht dafür garantieren, dass meine Gefährten Euch oder die Damen in Ruhe lassen. Haut also lieber ab, bevor ich Euch hinausprügeln lasse.« Schon scharrten die Krieger wieder mit den Füßen.

Arnold stürmte hinaus, und die anderen folgten ihm hastig. »Dass man mich einen Quacksalber und Pillendreher schimpft, bin ich ja beinahe gewöhnt. Aber dass man mich als Giftmischer angreift – das lasse ich nicht zu!«, knurrte er.

Die Magd schob sich an ihnen vorbei in das Zimmer, das Tablett beladen mit Speisen und Wein. Sie wurde mit großem Hallo begrüßt.

Der Greis wirkte zerknirscht. »Ich muss mich für meinen Bruder entschuldigen. Theobald weiß nicht, was er tut. In allem muss er den Bogen überspannen. Er und seine Mannen fressen mir die Haare vom Kopf – ich weiß nicht mehr, was ich tun soll.«

Arnold hatte sich etwas beruhigt. »Diese Lebensweise wird der Körper Eures Bruders nicht mehr lange mitmachen. Wir müssen nur ein wenig Geduld haben, dann wird er schon zugänglicher werden.«

Ihr Gastgeber führte sie in den Saal, um zu speisen; nur Paul wurde zum Gesinde geschickt, um dort zu essen. Es gab Eichhörnchenbraten in Kräutersoße. Während sie aßen, unterhielten sich die Männer über die Folgen der Unwetter und der Hungersnot sowie die Auseinandersetzungen zwischen der Stadt und dem Erzbischof. »Burchard von Schraplau ist mal wieder unterwegs, um Ritter zu unterwerfen, die ihm nicht das geben wollen, was er am meisten begehrt: Gold«, sagte Freiherr von Bratz finster.

»Es wird Zeit, dass ihn jemand in die Schranken weist. Wie 1313, als der Erzbischof wegen seiner Grausamkeit von den aufgebrachten Bürgern in einem hölzernen Käfig auf dem Johannisturm gefangen gesetzt wurde«, meinte Arnold.

Freiherr von Bratz lachte leise und saugte noch das letzte Fleisch von einem der kleinen Knochen. »Seitdem hat sich die Macht des Erzbischofs noch vergrößert. Niemand wagt sich an ihn heran. Wollen wir hoffen, dass Burchard von Schraplau sich seiner Pflichten besinnt und seiner Stadt wenigstens den Pfingstsegen spendet. In diesen Notzeiten benötigen wir wahren geistlichen Beistand.«

Arnold lenkte ab: »Gibt es noch den großen Tuchhändler am Alten Markt? Wir benötigen ein paar Stoffe, um unseren Laufburschen neu einzukleiden.«

Jakoba freute die Bemerkung, bedeutete sie doch, dass die beiden nicht daran dachten, Paul wegzuschicken. Gleichzeitig folgte aus Pauls Anstellung, dass sie allein weiterreisen musste.

Den Rest des Tages und am nächsten Vormittag bekamen sie Meister Arnold kaum zu sehen. Er schrieb Briefe, empfing Boten, suchte Magdeburger Bürger und Händler auf; auch brauchten die Zugpferde neue Eisen, um die er sich kümmern wollte.

Mona wirkte unruhig. Sie schien sich in der Stadt nicht wohlzufühlen und drängte darauf, ohne Arnold den Tuchhändler aufzusuchen, um ihren Aufenthalt abzukürzen. Jakoba wollte sie begleiten, um sich selbst nach Stoff umzusehen. Paul sollte Meister Arnolds Rückkehr abpassen und ihn hinterherschicken.

Auf dem Marktplatz herrschte dichtes Gedränge. Ein Stelzenläufer zeigte seine Späße, aber kaum einem war nach Lachen zumute. Hastig prüften die Bürger die Waren und ließen sie, von bewaffneten Knechten geschützt, vom Markt bringen. Jakoba sah, wie Büttel Bettler vom Platz prügelten, aber auch in der Nähe der imposanten Steinskulptur eines Ritters tummelte sich Gesindel. Beim Anblick der Statue verlangsamte Jakoba ihren Schritt. Ein so großes Standbild hatte Jakoba noch nie gesehen – und wie fröhlich es in Blau, Grün, Rot und Weiß angemalt war! Ein Herrscher mit Krone war dargestellt, umgeben von zwei Jungfrauen, die einen Schild mit Adler und eine Fahnenlanze trugen. Jetzt erst bemerkte sie, wie Mona neben ihr ungeduldig wartete.

»Kein Heiliger, sondern ein Herrscher. Noch nie habe ich eine so große Statue eines Kaisers oder Königs gesehen!«, sagte Jakoba staunend.

»Deshalb möchte der Erzbischof den Magdeburger Reiter ja auch am liebsten umreißen lassen und sich selbst an seine Stelle setzen«, erwiderte Mona. Jemand schob sich unsanft an ihnen vorbei. »Und nun kommt, wir sollten uns ohne männliche Begleitung nicht länger als nötig hier aufhalten.«

Jakoba folgte ihr. Sie war froh, sich frei bewegen zu können. Dass Anno sie finden könnte, befürchtete sie kaum noch. Die gefärbten Haare verliehen ihr ein seltsames Gefühl von Sicherheit; außerdem glaubte sie nicht, dass er den weiten Weg nach Magdeburg auf sich nehmen würde. Auch die Erinnerung an Gevehard verblasste allmählich. Eines Tages würde sie sich ihrer Schuld stellen müssen, aber noch war dieser Tag nicht gekommen.

Im Haus des Tuchhändlers übernahm Mona die Führung. Sie schien sich mit den verschiedenen Tuchsorten gut auszukennen und ließ sich die ausgefallensten Stücke zeigen. In den kostbaren Stoffen und Bändern zu schwelgen schien sie abzulenken. Für sich wählte sie ein Stück roten Samt, für Paul kaufte sie blaues Leinen, und für Jakoba ließ sie einen Ballen hyazinthenfarbener Seide bringen. Jakoba legte sich den Stoff um die Schulter und strich zart darüber. Wie schön!

»Dazu noch goldene Borten – Ihr werdet sehen, das sieht wunderbar aus! Und für den Alltag könntet Ihr auch etwas Neues gebrauchen – dieses Kleid …« Mona verzog das Gesicht.

Jakoba nahm es ihr nicht krumm. »Ich konnte es selbst nie leiden. Mein ... Gevehard hat es mir geschenkt. Das Kleid kneift an der einen Stelle und schlabbert an der anderen«, sagte sie.

Mona überlegte. »Der Tuchhändler hat sicher einen Schneider zur Hand, der es in wenigen Tagen umarbeiten könnte.«

Jakoba zögerte. Eigentlich wollte sie das Kleid nicht umarbeiten lassen – sie wollte es gar nicht mehr haben! Diese tiefgrüne Seide und die Borte – ein Traum! Dennoch ließ sie nun die Finger davon. Es wäre unvernünftig, ihre knappe Habe dafür zu verschleudern. Gab es da hinten nicht auch einfaches Leinen?

»Ich interessiere mich für einige Ellen des Magdeburger Leinens, genug für ein neues Kleid. Was soll der Stoff kosten?«, fragte sie den Tuchhändler.

Beflissen nahm der Tuchhändler Maß, während sie mit ihm verhandelte. Mona würde jeden noch so überhöhten Preis akzeptieren, stellte Jakoba schnell fest. Warum war Arnold noch nicht hier? Er hätte längst nachkommen sollen. Notgedrungen begann sie mit dem Tucher zu verhandeln, bis die Preise akzeptabel waren.

»Ihr habt gefeilscht wie eine Marktfrau«, sagte Mona staunend, als sie wieder auf den Platz traten. »Und das meine ich als Kompliment!«, setzte sie schnell hinzu.

»Mein erster Mann hatte nie Geld. Es blieb mir also nichts anderes übrig, als das Feilschen zu lernen«, sagte Jakoba ehrlich.

Sofort fanden sie sich in der Menschenmenge wieder, es gab ein unangenehmes Geschiebe. Sie sollten wirklich sehen, dass sie zurück ins Haus ihres Gastgebers kamen. Doch auf einmal bemerkte sie, wer sich ihnen so eng anschloss – es waren Theobalds Ritter.

»Da sind ja die Sarazenin und ihre liebreizende Begleitung wieder!« Der Mann mit der gebogenen Nase war schon so nah, dass er Monas Taille umfassen konnte. Auch Jakoba spürte

Hände an ihrer Hüfte. »Lass doch mal sehen, ob du am ganzen Körper so hübsch braun bist.« Mona wollte sich wegbiegen, aber hinter ihr stand ein Gefährte des Mannes.

»Was willst du mit der alten Vettel?«, höhnte einer der Männer.

»Ich mag es eben, wenn sie schön reif sind«, sagte der Angreifer und packte fester zu. »Stell dich nicht so an, als Sklavin hast du doch für jeden die Beine breitgemacht!«

Jakobas Herz schlug bis zum Hals, als sie sich straffte. »Wagt es nicht! Lasst uns sofort gehen!«, forderte sie laut.

Die Männer lachten und schlossen den Kreis enger. Der Mann mit der Himmelfahrtsnase zog genüsslich Monas Rock hoch. Seine andere Hand legte sich um ihren Nacken.

Mona wollte ihn wegdrücken – Jakoba sah, wie sie zitterte. Auch sie wollte den Aufdringlichen wegstoßen, wurde aber festgehalten. Wieder hob sie die Stimme. »Helft uns, so helft uns doch!«

Vorbeigehende Menschen sahen ihre Bedrängnis, griffen aber nicht ein. In diesem Augenblick versetzte Mona ihrem Angreifer einen Stoß mit dem Knie. Der Mann krümmte sich schreiend zusammen. Jakoba hätte am liebsten gejubelt, doch schon wurde Mona von den anderen gepackt und festgehalten. Mona wand sich verzweifelt, konnte sich aber nicht befreien. Auch Jakoba konnte sich nicht losmachen. Hände wanderten über ihren Körper, gierig und grob.

Ihr Atem ging jetzt schnell, Panik hatte sie ergriffen. »Hilfe! Meister Arnold, wo bleibt Ihr denn?« Jakobas Stimme gellte über den Platz.

In diesem Augenblick flog der Ring der Männer auseinander. Ein bulliger Mann hatte zweien der Angreifer Schläge mit einem Knüppel verpasst; seiner Lederschürze nach zu urteilen, war er ein Schmied. Durch die Lücke sprang Arnold ihm bei – er hatte seinen gewaltigen Zweihänder gezückt.

Jakobas Gefühle flackerten zwischen Erleichterung und Zweifel. Dass er sich gegen die verbliebenen vier Schwertkämpfer behaupten sollte, erschien ihr unmöglich.

Grinsend zogen die Männer ihre Schwerter, und der Ring vergrößerte sich. Schon holte der Anführer der Ritter weit aus und zielt auf Arnolds Kopf. Jakoba sog vor Schreck die Luft ein, aber der Medicus parierte. Die Klingen klirrten, und immer wieder hieb auch der Schmied dazwischen. Es war ein ungleicher Kampf, das zeigte sich schnell – allerdings für die Angreifer.

Jakoba kam aus dem Staunen gar nicht mehr heraus: Arnold hielt nicht nur der Übermacht stand, er entwaffnete Theobalds Männer sogar und machte sie kampfunfähig.

Als Mona befreit war, zog Arnold seine kreidebleiche Gefährtin an sich. Paul half dem Schmied, die Waffen einzusammeln; fassungslos starrte er den Medicus an. Jetzt endlich kamen auch die Stadtbüttel, jedoch nur, um die Schwertkämpfer und Meister Arnold mitzunehmen. »Es ist streng verboten, den Marktfrieden zu stören!«, verkündeten sie.

»Ich habe nur meine Frau verteidigt, die von diesen Männern angegriffen wurde!«

»Das stimmt nicht – sie hat *uns* angegriffen!«, log der Mann mit der Himmelfahrtsnase ungeniert.

»Ihr kommt alle mit, auch die Frauen!«, entschied der oberste Büttel.

Arnold protestierte: »Das könnt Ihr nicht machen!«

»Und ob ich das kann!« Schon führten die Stadtbüttel sie ab.

Jakoba hakte Mona unter. Die Frau des Medicus bebte heftig, ihr Atem raste. Jakoba sorgte sich, dass Mona ohnmächtig werden könnte.

»Bitte lasst uns gehen, ihr geht es nicht gut!«, flehte sie. Doch erst als sie den Karzer erreicht hatten und Arnold den Bütteln einige Münzen zustecken konnte, schrieben diese ihre Namen auf und ließen die Frauen dann gehen.

»Ich wusste, dass es ein Fehler war, nach Magdeburg zurückzukehren! Wir müssen Freiherr von Bratz Bescheid geben. Wenn einer Arnold helfen kann, dann er«, stieß Mona hervor, als sie vor der Tür standen.

Jakoba wunderte sich über diese Worte. Hatte Arnold schon früher Probleme in Magdeburg gehabt?

Eilig half sie Mona zum Haus ihres Gastgebers. Der Adelige zögerte keinen Augenblick. Allein gelassen zogen sich die Frauen in ihre Kammer zurück. Mona ließ sich auf einen Stuhl sinken. Schweiß glänzte auf ihrer Stirn.

»Die Zeugen werden für Meister Arnold aussagen. Genügend Menschen haben gesehen, wie wir bedroht wurden!«, versicherte Jakoba ihr.

»Das ist es nicht, was mir Sorge bereitet …«, murmelte Mona. »Der Erzbischof … wenn er von der Verhaftung erfährt …«

Jakoba hockte sich neben sie und nahm ihre Hand. Mona sah aus, als würde sie gleich umfallen. »Braucht Ihr etwas? Kann ich etwas für Euch tun?«

Mona winkte ab.

»Ihr solltet Euch ein wenig hinlegen. Ich werde Euch wecken, sobald Arnold wieder hier ist«, versprach Jakoba.

Mona ließ zu, dass Jakoba sie zum Bett führte. Als sie lag, entspannten sich ihre Gesichtszüge etwas. Sie nahm Jakobas Hände. »Ich möchte mich bei Euch bedanken. Wie mutig Ihr den Männern entgegengetreten seid!«, sagte sie, obgleich sie kaum die Augen offen halten konnte.

Jakoba war beschämt. Für sie war es selbstverständlich gewesen. Immer wieder kamen ihr die Worte der Männer in den Sinn. War Mona wirklich Sklavin gewesen?

In den nächsten Stunden kam Jakoba vor Sorge kaum zur Ruhe. Es war schon Abend, als sich endlich die Tür öffnete. Meister Arnold stürzte sofort zu seiner Frau, aber diese schlief noch immer tief und fest. Jakoba zog sich zurück, doch er kam ihr in die Gesindekammer nach.

»Ich bin sehr froh, dass Ihr Euch um sie gekümmert habt«, dankte Arnold ihr. »Mona leidet unter Schwächeanfällen. Ereignisse wie heute nehmen sie sehr mit.«

»Vermutlich fühlt sie sich an die Vergangenheit erinnert«, sagte Jakoba.

»Ihr habt darüber gesprochen?«

»Nicht direkt. Sie erwähnte gefährliche Situationen … und ihren Umgang mit Sklaven«, deutete Jakoba an. »Und Mona war sehr besorgt, dass der Bischof von der Verhaftung erfahren könnte.«

»Der Bischof ist nicht gut auf mich zu sprechen. Glücklicherweise ist er noch auf Reisen.« Arnold wechselte das Thema: »Immer wieder haben die Büttel uns, den Schmied und die anderen Zeugen befragt. Erst als Freiherr von Bratz eine Strafe für uns zahlte, durften wir gehen.«

»Woher kam der Schmied überhaupt?«

»Ich habe ihn wegen der Hufeisen beauftragt und mir bei dieser Gelegenheit seine Messer angeschaut, als wir Euren Hilferuf hörten.«

»Und die Ritter, die Angreifer?«

»Sind im Verlies.«

Diese Nachricht beruhigte Jakoba. Sie wurden unterbrochen, weil Paul hinzukam. »Meister Arnold, Freiherr von Bratz sucht Euch. Ihr sollt Eure Heilmittel mitbringen – für seinen Bruder!«

Arnold holte den Affenkäfig und sein schwarzes Kästchen; beides überreichte er Jakoba. »Ich benötige Eure Hilfe. Offenbar ist Theobald in Abwesenheit seiner Gefährten zur Vernunft gekommen.« Er wandte sich an Paul: »Du bleibst hier. Sobald Mona aufwacht oder sich jemand ihrer Kammer nähert, holst du mich!«

Arnold eilte voraus. Auf dem Gang meinte er: »Was haltet Ihr von ihm?«

Jakoba wusste sofort, von wem er sprach. »Herr Theobald erinnert mich an meine Mutter, die ebenfalls der Völlerei frönte. Ihre Gelenke waren geschwollen von Gicht, wie seine.«

»Was würdet Ihr tun?«

»Gicht bedeutet, dass im Körper zu viel Kälte ist, sodass zu viel Phlegma produziert wird. Deshalb müsste man seine Körpersäfte wieder ins Gleichgewicht bringen«, überlegte sie. »Aber auch Umschläge und Tee wären wichtig, beispielsweise mit Brennnessel oder Giersch.«

Er nickte. »Das ist aber noch nicht alles. Lasst das Äffchen frei, wenn ich es Euch sage«, setzte Arnold geheimnisvoll hinzu.

Der edle Herr Theobald wirkte jetzt sehr leidend. Arnold befragte ihn eingehend, während er sein Handgelenk umfasste, um den Puls zu fühlen. Anschließend hieß er ihn in ein Glas zu pinkeln, das er mitgebracht hatte. Er nahm eine Harnschau vor, indem er das Glas gegen das Licht hielt, betastete ausführlich seinen Leib und verordnete ihm eine Diät. Arnold bat Jakoba, ihm das Ebenholzkistchen zu bringen, und ließ Theobald zur Ader. Dann nahm er ein Behältnis aus Weißblech und senkte einen Löffel hinein. Von dem Löffel tropfte eine dicke schwarze Paste, die er in Wein einrührte und in eine Phiole füllte. »Ich löse den Theriak in einem Destillat aus Weißwein auf, sonst ist er zu stark. Zweimal täglich werdet Ihr etwas von diesem Theriak-Wasser einnehmen.«

Der Kranke zögerte. »Woher soll ich wissen, dass Ihr mich nicht vergiften wollt? Ich habe viele Feinde, allen voran den Erzbischof.«

»Mit dem bin auch ich nicht gut Freund. Nun, also.« Der Medicus reichte ihm einen Löffel verdünnten Theriak.

Theobald schüttelte eigensinnig den Kopf.

Daraufhin drehte Arnold sich zu Jakoba herum. »Würdet Ihr bitte das Äffchen zu mir bringen?«

Sie hockte sich neben den Käfig, öffnete ihn, hakte die Kette in das Halsband, wie sie es bei Mona beobachtet hatte, und ließ Sasa hinaus. Sofort kletterte das Äffchen auf ihren Arm.

»Was soll das? Seid Ihr auch noch Tierbändiger? Langweilt Ihr mich damit, statt mir zu helfen?«, fragte Theobald ungehalten.

»Schaut einfach nur zu.« Arnold holte ein weiteres Fläschchen hervor. »Gebt dem Affen davon«, forderte er Jakoba auf.

Jakoba tat wie geheißen. Mit seiner winzigen Zunge leckte das Tier die Masse auf. Sasa wollte wieder an ihr hochklettern, doch seine Finger hielten nicht fest genug, und es rutschte ab. Einen Augenblick sah das Äffchen Jakoba verwundert an, dann sank es in sich zusammen, fiel um und streckte alle viere von sich. Jakoba war wie vor den Kopf geschlagen. Was war mit ihm? War es krank – oder etwa tot? Das arme Tier! Was sollte sie nur Mona sagen!

»Aber ... ich habe nicht ... ich wollte nicht ...«, stammelte sie und konnte nur mit Mühe die Tränen zurückhalten.

Arnold ignorierte sie und begann seelenruhig zu sprechen: »Schon die berühmten Ärzte des Altertums kannten den Theriak. Seine Rezeptur war in großen Lettern neben dem Eingang des Heiltempels zu Kos in die Mauern gemeißelt. Als König Mithridates vor mehr als tausend Jahren gegen die Römer kämpfte, fürchtete er, ermordet zu werden. Er studierte die Schriften seiner Vorväter und entwickelte so ein Heilmittel gegen alle Gifte. Die Wirkungsweise erprobte er an Verbrechern, die zum Tode verurteilt waren. Als er schließlich den Römern ausgeliefert werden sollte, versuchte Mithridates, sich selbst zu vergiften. Allerdings fand er kein Gift, gegen das er nicht immun war – so gut hatte sein Mittel ihn geschützt. Letztlich musste er einen Getreuen bitten, ihn zu erdolchen.«

Der Medicus machte eine Kunstpause und schritt auf und ab. Allmählich war Jakoba sicher, dass Arnold einen Plan verfolgte, und der Medicus sprach weiter: »Doch das Mithridatikum war nicht perfekt. Kaiser Neros Leibarzt Andromachus verbesserte die Rezeptur und mischte eine tüchtige Menge Vipernfleisch darunter, damit dieser Theriak, wie er das Mittel nannte, auch sicher gegen Schlangenbisse und andere Gifte schützte.«

Meister Arnold flößte dem Äffchen wenig von dem Theriak aus der Phiole ein. »Seitdem schworen die römischen Kaiser auf Theriak. Kaiser Marc Aurel nahm täglich Theriak ein und erlangte so vollkommenen Schutz und Gesundheit.«

Der Affe zuckte, schüttelte sich und sprang schließlich wieder auf die Füße. Jakoba konnte es kaum fassen. Wie erleichtert sie war! Schnell sperrte sie Sasa wieder in den Käfig, wo das Tier in Sicherheit war. Theobald hatte dem Schauspiel genauso ungläubig zugesehen wie sie.

»Seitdem gilt der Theriak wahrhaft als Arznei der Könige. Auch Eure Lebensgeister wird der Theriak wieder wecken und alle Krankheiten vertreiben«, versprach der Medicus.

Jetzt klatschte Theobald in die Hände. »Schon gut! Her mit dem Wundermittel!«

Arnold kam der Bitte sogleich nach, verstöpselte die Flasche allerdings wieder fest und behielt sie bei sich, als Theobald sie an sich nehmen wollte. »Um das richtige Maß einzuhalten, werde ich von nun an zweimal am Tag zu Euch kommen und Euch eine Dosis verabreichen. Ruht Euch derweil aus, und nehmt nur die vorgesehenen Speisen und Getränke zu Euch, dann werdet Ihr am Sonntag dem Pfingstgottesdienst beiwohnen können.«

Skeptisch blickte der alte Mann ihn an. »An diesem heiligen Tag in den Dom zu gehen – das wäre mein größter Wunsch«, sagte er heiser.

Als sie wieder vor der Tür waren, konnte Jakoba nicht mehr an sich halten. »Was für ein Wunder! Der Affe ist gestorben, und Ihr habt ihn wieder ins Leben zurückgeholt«, sagte sie begeistert.

Meister Arnold lächelte verhalten, sagte jedoch nichts.

Zurück bei ihrer Kammer trafen sie Mona wach an. Arnold erkundigte sich besorgt nach ihrem Befinden. Seiner Frau schien der Schlaf gutgetan zu haben. Sie hatte Hunger und Durst und wollte ganz genau wissen, was vorgefallen war. Jakobas Gedanken kreisten noch immer um die Vorgänge im Krankenzimmer. Während Arnold ihnen Dünnbier eingoss und Paul das Äffchen aus dem Käfig ließ, berichtete Jakoba so atemlos, dass sie zwischendurch einen tiefen Schluck aus ihrem Becher nehmen musste.

Mona lachte. »So wie Euch ging es mir beim ersten Mal auch«

»Beim ersten Mal?«

»Sasa, komm her«, lockte Mona den Affen. Dann nahm sie ihren Löffel, schöpfte etwas Dünnbier darauf und ließ das Äffchen trinken. Wieder sank das Tier in sich zusammen und fiel wie tot um.

Paul sprang fassungslos auf.

»Das Bier ... aber«, begann Jakoba und starrte in ihren Becher. War auch sie vergiftet? Noch ging es ihr gut! Dann lachte sie. Wie schwer sie von Begriff gewesen war! »Es ist ein Trick! Wie die Suche nach dem Taschentuch! Ihr habt ihn darauf dressiert, sich tot zu stellen, sobald er etwas von einem Löffel bekommt!«, begriff sie endlich. »Und nach dem zweiten Löffel erwacht er wieder zum Leben.«

»Das ist nicht mein Verdienst. Arnold hat Sasa erzogen«, sagte Mona und holte Sasa mit einem weiteren Löffel Dünnbier wieder zurück. Sie setzte sich auf den Schoß ihres Mannes.

Der Medicus legte den Arm um die Taille seiner Frau und trank genüsslich einen Schluck. Er wirkte zufrieden. »Es ist eine erprobte Vorführung. Andere Theriak-Krämer vergiften zwei

Hühner, um eines davon durch den Heiltrank zu retten, aber das erscheint mir zu dieser Notzeit zu verschwenderisch. Und in Kröten, Schlangen oder Spinnen beißen, wie die Jahrmarktshöker es tun, um anschließend die Wirksamkeit der Arznei unter Beweis zu stellen, möchte ich auch nicht gerade.«

»Dennoch – habt Ihr Herrn Theobald nicht zu viel versprochen? Bis Sonntag sind es nur noch zwei Tage. Es ist unmöglich, dass er bis dahin wieder auf den Beinen ist!«

Arnold lächelte. »Unmöglich ist es nicht«, sagte er. »Wenn er den Theriak einnimmt, sich schonend ernährt und ich ihn dazu noch purgiere, werden wir ein wahres Pfingstwunder erleben.«

Mona, die seinen Nacken gekrault hatte, neckte ihn zärtlich: »Du sollst nicht Gott lästern.«

»Ich lästere nicht Gott. Ich preise seine Schöpfung«, sagte er und küsste sie innig.

Jakoba und Paul erhoben sich, um sich leise zurückzuziehen. Es rührte Jakoba, wie liebevoll das Paar miteinander umging. »Wenn der Theriak und die Behandlung Wunder wirken – warum dann überhaupt der Hokuspokus mit dem Äffchen?«, wollte Jakoba trotzdem noch wissen.

Arnold sah sie mit einem weichen Blick an, der nicht für sie bestimmt war. »Man sollte nie die Heilkraft des Glaubens unterschätzen.«

Zwei Tage später ging der edle Herr Theobald, Freiherr von Bratz, zwar auf einen Stock gestützt, doch ohne fremde Hilfe in den Magdeburger Dom. Die Kirche war nach einem Brand noch im Wiederaufbau, aber in Chor und Querhaus drängten sich die Gläubigen. Es war schon jetzt ein eindrucksvolles Gotteshaus. Himmelwärts öffnete sich ein lichtdurchfluteter Kirchenraum. Jakoba konnte sich vor allem nicht an der Skulptur des heiligen Mauritius satt sehen. Der dunkelhäutige Heilige war anders dargestellt als im Kloster Ebbekestorpe, wo er an einen ritterlichen

Jüngling erinnerte. Hier wachte er mit seiner schwarzen Haut und der Lanze über die Gläubigen.

Als während des Gottesdienstes die Pfingsttaube aus dem Kirchendach auf die Gemeinde herabflatterte, pries Herr Theobald nicht nur den Heiligen Geist, sondern lautstark auch seine eigene Gesundung und Meister Arnold. Jakoba war neugierig auf die Reaktion des Medicus, konnte ihn aber nirgends entdecken. Hatte Meister Arnold sie nicht in die Kirche begleitet?

In den vergangenen Tagen hatte sie dem Medicus bei der Behandlung von Kranken zur Hand gehen dürfen und durch Beobachtungen und seine Erklärungen viel gelernt. Geduldig hatte er ihr verschiedene Salben, Tränke und Pflaster erklärt und hörte selbst bei den gemeinsamen Mahlzeiten nur damit auf, wenn Mona ihn ausdrücklich darum bat. Mit diesen Aufgaben, von freundlichen Menschen umgeben und in ihrem neuen Kleid kam es Jakoba ein wenig so vor, als sei sie selbst neu geboren. Zumindest hatte sie mit jedem Tag mehr von der Last verloren, die auf ihrer Seele lag, und ihre Lebensfreude war zurückgekehrt.

Nach dem Gottesdienst wurden sie vor der Kirche aufgehalten. Herr Theobald schwärmte jedem, der es wissen wollte, und auch allen, die nicht danach gefragt hatten, von Meister Arnolds Heilkünsten vor. Selbst vor seinen nach wie vor grollenden Gefährten nahm er den Medicus in Schutz. Jakoba war glücklich und wollte ihr Glück teilen, also gab sie ihr letztes Geld den vor der Kirche wartenden Bettlern.

Es wird schon irgendwie weitergehen, dachte sie hoffnungsvoll.

Doch zurück vor dem Haus ihres Gastgebers wurde ihre gute Laune fortgeblasen. Die Knechte spannten die Pferde an den Kobelwagen, und Arnold lud mit Paul die Kisten auf. Sie brachen auf – jetzt schon? Warum hatte ihr niemand davon erzählt?

Jakoba wurde das Herz schwer. »Ihr reist ab ... So plötzlich ... aber ...«

Meister Arnold schob sein Medizinkästchen auf den Wagen. »Wir müssen weiter. Ich habe eine wichtige Nachricht erhalten.«

Sie sammelte sich. Wie gerne wäre sie mit Arnold und seiner Frau weitergereist! Vielleicht könnte sie eine wirkliche Heilerin werden! Ob sie ihn einfach darum bitten sollte? Sie könnte ihm auch ein Lehrgeld zahlen ... »Kann ich Euch nicht weiter begleiten? Ich gebe Euch meinen Silbergürtel als Lehrgeld, wenn Ihr mich ausbildet.« Ihre Stimme überschlug sich fast.

Arnold schnaubte. »Ein Lehrling – Ihr? Eine Frau im besten Alter und dazu noch eine flüchtige Adelige, die wegen eines Angriffs auf ihren Mann gesucht wird?«

Mona hatte gerade den Affenkäfig festgezurrt und hielt inne. Auch Paul erstarrte.

Jakobas Mund war staubtrocken. »Ihr wisst von dem Unfall?«

Der Medicus sah sie an. »Glaubt Ihr, ich erkundige mich nicht nach Euch?«

Das Blut rauschte ihr in den Ohren. »Sagt mir: Lebt Gevehard?«

»Ja, er lebt, zumindest sagte mein Bote mir das.«

»Oh, dem Herrn im Himmel sei Dank!« Eine Welle der Erleichterung überflutete sie. Sie war keine Mörderin.

Gleichzeitig war sie noch immer verheiratet.

Jakoba starrte auf ihre Hände. Sie schämte sich so sehr! »Ich hätte es Euch sagen müssen.« Es fiel ihr schwer, darüber zu sprechen – erst recht zwischen Tür und Angel. Mit leiser Stimme brach es aus ihr hervor: »Ich nahm gerade ein Bad und war krank vor Leibschmerzen, aber er wollte mir Gewalt antun, einmal mehr ... Da habe ich ihn gestoßen. Er fiel unglücklich.« Sie biss sich auf die Lippe. »Es war keine Absicht, wirklich nicht. Ich versorgte seine Wunden – und floh, ohne recht zu wissen, was ich tat.«

Mona und Arnold waren näher gekommen. Aus ihrem Blick

sprachen Unglauben und Fassungslosigkeit. »Euer Mann hätte sterben können«, sagte Arnold hart.

Brennende Scham schnürte Jakobas Hals ein. »Glaubt Ihr, das wüsste ich nicht?! Ich bereue zutiefst, was ich tat! Wie oft wünschte ich, es wäre nie geschehen! Wie oft verfluche ich den Tag, an dem mein Bruder mich aus dem Kloster raubte, verfluche alles bis zu dem verhängnisvollen Tag meiner Flucht aus Lüneburg.« Sie rang um Atem. »Aber ich gestehe auch: Ich bin dankbar, dass ich seitdem so viel Sinnvolles tun konnte, so viel lernen konnte. Das ist es, was für mich wirklich zählt.« Jakoba straffte sich. »Ich verstehe, wenn Ihr nichts mehr mit mir zu tun haben wollt. Wisst aber: Ich bin dankbar für das, was ich in der kurzen Zeit von Euch lernen konnte. Nichts hätte ich lieber getan, als Euch noch ein wenig zu begleiten.« Sie wandte sich Mona zu. »Ich danke Euch für Euer Vertrauen. Gott segne Euch – und dich auch, Paul.«

Jakoba nickte dem Jungen zu und drehte sich um. Ihre Knie zitterten, als sie sich entfernte.

Da schallte Monas Stimme über den Hof. »Wartet!«

Jakoba ließ sich nicht zweimal bitten. Eindringlich sprach die Frau des Medicus mit ihrem Mann. Arnold schob unwirsch einen Sack auf den Wagen, der ins Wanken geriet und umfiel; Getreidekörner purzelten über den Boden. »Ich hatte nie einen Lehrling, und ich glaube kaum, dass ich jetzt noch damit anfangen werde«, murrte er.

Paul sprang auf den Wagen und fegte die Körner mit den Handkanten zusammen.

Jakobas Herz tat einen Sprung. Mona musste sich für sie eingesetzt haben! »Ich trage Eure Heilmittel und beobachte Euch. Ich kann Eure Frau unterstützen und ihr Gesellschaft leisten! Ich werde Euch nicht zur Last fallen, bestimmt nicht«, versprach sie.

»Auf die Dauer noch jemanden durchzufüttern …«

»Ich kann Euch helfen, so wie in Lutter oder hier. Ich arbeite für Kost und Logis!«

Beinahe mitleidig sah Arnold sie an. »Wir gehen an Orte, an denen wir keine Begleitung gebrauchen können. Gut möglich, dass ich Euch wegschicken muss. Wenn nicht morgen, dann vielleicht nächste Woche oder …«

»Mir ist es einerlei, ob ich hier neu anfange oder woanders.« Jakoba holte ihren Dupsing aus ihrem Beutel und hielt ihn Arnold hin, doch der Medicus zögerte immer noch.

Ein Lächeln huschte über Monas Gesicht. »Du wüsstest doch ohne Jakoba bei unseren Mahlzeiten gar nicht mehr, worüber du dich unterhalten solltest.«

Arnold nahm die Hand seiner Frau und küsste sie. »Das ist Unsinn, und du weißt es.«

»Außerdem kann sie mir Gesellschaft leisten, wenn du unterwegs bist.«

Hart rieb er sich über den Schädel, sodass seine grauen Stoppeln kreuz und quer standen. Dann seufzte er schwer. »Wenn es wirklich Euer Wunsch ist, steigt auf.«

Jakoba drückte dem Medicus den Gürtel in die Hand. Das Wissen, das sie durch Arnold zu erlangen hoffte, war ihr mehr wert als alles Hab und Gut. Als sie die Bettlerinnen an der Hausecke passierten, bat sie Arnold darum, kurz anzuhalten, und verschenkte ihr altes Kleid. Nun besaß sie nichts mehr, außer dem Ring an ihrem Finger. Und doch hatte sie sich noch nie so reich gefühlt.

12

So fest Anno seinem Ross auch die Sporen in die Seiten hieb, es wurde kaum schneller. Wulf gab seinem Pferd die Peitsche, aber auch das fruchtete wenig. Wie sollte man denn mit diesen Kleppern jemanden einholen? Sie würden schon wieder eine Pause einlegen müssen, um die Tiere verschnaufen zu lassen.

An einem Bach machten sie halt. Anno füllte seinen Lederschlauch und kippte sich das Wasser über den Kopf, was seinen Zorn aber kaum kühlte.

»Nur Lutter noch, dann war's das wohl«, knurrte Wulf.

Anno sah ihn finster von der Seite an. »Wie meinst du das?«

»Na, dann haben wir alle Orte rund um Braunschweig abgeklappert, wo dieses Teufelsweib stecken könnte. Dann können wir zurück.« Wulf leckte sich die Lippen. »Du wollest doch mit Immeke reden.«

Heiße Wut kochte in Anno auf. Er gab seinem Gefährten einen heftigen Stoß gegen die Brust.

Wulf strauchelte, stürzte. »Was soll das denn?«, fauchte er.

»Wie redest du mit mir?« Noch einmal gab Anno Wulf einen Stoß, aber dieses Mal war der Hofmeister darauf gefasst gewesen und hielt stand. »Bin ich dein Herr oder nicht?«

»Klar, bist du mein Herr, das weißt du doch. Aber du hast mir etwas versprochen ...«

Der nächste Schubser. Es tat Anno gut, seiner Wut freien Lauf zu lassen. »Das kannst du vergessen.«

Dieses Mal wehrte Wulf sich. Kräftig schlug er Annos Arme weg. »Was soll das heißen?«

Anno spannte seine Muskeln. »Vergiss es, sag ich!«

»Was – die Hochzeit?«

»Du Narr!«

Wulfs Kopfstoß traf ihn unerwartet. Anno stolperte über eine Grasnarbe und fiel; dabei riss er Wulf mit sich. Noch im Fallen versetzte er ihm einen Faustschlag. Wulf wehrte sich, zögerlich erst, dann rücksichtsloser. Sie prügelten sich, bis beide Blut schmeckten. Irgendwann gelang es Wulf, seinen Herrn in den Schwitzgriff zu nehmen. Er presste Annos Gesicht in die Erde.

»Schon gut …«, keuchte Anno.

Wulf ließ los und half ihm hoch. Seine Wange befühlend, klopfte Anno ihm auf die Schulter. Es hatte gutgetan, die Wut ein wenig abzureagieren.

»Was soll das also heißen: Das kann ich vergessen? Hast du etwa vergessen, was ich für dich getan habe? Ich habe Fehden für dich ausgetragen, dein Land verteidigt, meine Haut für dich hingehalten. Du hast mir versprochen …« Wulf spuckte Blut aus. »Du hast mir deine Tochter versprochen. Ute ist zwölf, alt genug, um bald verheiratet zu werden, und noch jung genug, um sie zu Gehorsam zu erziehen. Die wird sich nicht solche Sperenzien erlauben wie deine feine Schwester, dafür sorge ich schon.« Wieder leckte Wulf sich die Lippen.

Am liebsten hätte Anno ihn erneut geschlagen. Aber er musste sich seine Kräfte aufsparen. Er bohrte Wulf den Zeigefinger in die Brust. »Du begreifst nicht, was das bedeutet, wenn wir Jakoba nicht finden, oder? Ich werde zum Gespött der Leute. Jeder wird sich Frechheiten mir gegenüber herausnehmen. Und Gevehards Geld können wir auch vergessen. Dann muss ich Ute anderweitig verheiraten. An jemanden, der mir etwas für die zarte Jungfrau bietet. Und das bist ganz sicher nicht du.«

Ihm gefiel es, wie Wulfs Gesicht langsam versteinerte. Der Gefährte mochte ihn zwar dieses Mal niedergerungen haben, aber auf lange Sicht wurde gemacht, was Anno wollte. Er war der Herr, und das war gottgewollt und gut so.

Anno sprang auf sein Pferd und hieb ihm die Sporen in die Flanken. »Also, lass uns sehen, dass wir dieses Weibsstück finden und ein Exempel an ihm statuieren, bevor wir Jakoba zu ihrem Gatten zurückschleifen, damit er mit ihr ... ach, ist mir doch scheißegal, was er mit ihr macht.«

Eine Stunde später verließen sie zufrieden den Kramladen in Lutter. Endlich hatte jemand Jakoba gesehen. Zumindest die Beschreibung passte auf sie. Einen Silberfaden ihres Kleides hatte sie beim Höker verscherbelt. Wo sie hinwollte, hatte der Krämer nicht gewusst. Aber sie hatte im Gasthaus gewohnt, das wusste er.

Anno stieß die Gasthoftür auf. Der Wirt legte gerade ein Deckenlager auf dem Boden aus. Katzen umstreiften seine Beine. Er sah mit seiner Glatze und der einzelnen Haarlocke auf der Stirn lächerlich aus. »Wir suchen eine junge Frau. Sie hat hier übernachtet. Rotblond, hübsch. Ist sie allein unterwegs? Zu Fuß oder hat sie ein Pferd? Hat sie sich jemandem angeschlossen? Wo wollte sie hin?«, ratterte Anno los.

»Ich habe keine Ahnung, wovon Ihr ...«

Da hatte Anno den Wirt schon am Kragen gepackt und gegen die Wand geworfen. Der Mann wand sich in seinen Händen. Seine Angst tat Anno gut. »Wir wissen, dass sie hier war. Dass du mit ihr gesprochen hast.«

»Eine junge Frau? Lasst mich überlegen ...«, stammelte der Wirt. Eine Katze lief um ihre Füße und maunzte laut.

Anno legte die Hände an die Kehle des Wirts und drückte zu. »Mit wem war sie unterwegs? Wohin wollte sie?«

»Hier war keine ...«, röchelte der Wirt.

»Ich stopfe dir das Maul derart mit Scheiße zu, dass du nur noch durch den Arsch atmen kannst!«

Da hörten sie ein Fauchen, das sogar Anno durch Mark und Bein ging. Die Augen des Wirts weiteten sich. Anno wandte den

Kopf. Wulf hatte der Katze einen Tritt versetzt und hielt nun seinen Fuß auf dem Katzenkopf.

»Bitte nicht, ich werde ja …«

Doch es war zu spät. Wulf hatte offenbar auch das Gefühl, dass dieser Wirt eine Lektion verdient hatte. Anno grinste. Sie würden erfahren, was sie wissen wollten.

13

Sie verließen Magdeburg in südwestlicher Richtung. Wohin würden sie reisen? Was war ihr Ziel? Arnold und Mona mochte Jakoba nicht unterbrechen. Die beiden unterhielten sich leise, ihre Stimmen waren angespannt, und doch blieb der Klang der Sprache melodiös. Jakoba nahm sich vor, die Frau des Medicus um Unterricht in diesem Zungenschlag zu bitten.

Auch Paul wusste nicht, was den überhasteten Aufbruch verursacht hatte. Er saß auf der Bank und schnitzte. Das Messer hatte Jakoba noch nie gesehen, und sie machte eine entsprechende Bemerkung.

Der Halbwüchsige wurde rot. »Meister Arnold hat es für mich in Magdeburg gekauft. Wir brauchen bald neue Holzlöffel, hat er gemeint.« Scheu lächelte er sie an. »Ich werde für Euch auch einen schnitzen, jetzt, wo Ihr uns begleitet.«

Jakoba war gerührt. »Das ist sehr freundlich von dir.«

Eine Weile hing sie ihren Gedanken nach. Als das Gespräch auf dem Kutschbock verebbte, stellte Jakoba eine Frage, über die sie schon lange nachgedacht hatte: »Dass ein Kraut eine bestimmte Wirkung entfalten kann, weiß ich ja. Genauso, dass Kräuter heilkräftig zusammenwirken können, Malvenblüten und Salbeiblättern beispielsweise, um Fieber und Kopfschmerzen zu lindern. Ihr aber sagtet, dass im Theriak bis zu einhundert Bestandteile sind. Warum so viele? Was ist alles darin? Heben ihre Wirkungen sich nicht gegenseitig auf?«

Arnold lachte. »Natürlich nicht. Es ist ein genau durchdachtes Zusammenspiel verschiedener Kräuter und Stoffe, abgewogen und verbessert über die Jahrhunderte. Der Theriak – das ist die

Königsdisziplin der Heilkunst! Als Lehrling solltet Ihr Euch erst einmal mit den Grundlagen befassen. Was wisst Ihr über die Temperamente des Menschen und darüber, wie das Ungleichgewicht der Säfte sich äußert?«

»Schwester Walburga hat mir einiges über die vier Säfte gelbe Galle, schwarze Galle, Blut und Schleim erzählt«, sagte Jakoba und fasste ihr Wissen kurz zusammen.

»Die Säftelehre ist die Grundlage unseres Wissens. Sind Euch die zehn verschiedenen Arten des Pulsschlags bekannt, wie der ameisenartige oder der mausschwänzige Puls? Kennt Ihr die zwanzig Farben des Harns, von Kamelhaargelb bis Tiefgrün? Könnt Ihr zur Ader lassen, schröpfen oder purgieren?«

»Nein. Ich fürchte, ich habe noch viel zu lernen«, musste Jakoba eingestehen.

»Wieso fürchtet Ihr das? Ist es nicht wunderbar zu lernen? Neues zu erfahren? Dann fangen wir damit an. Zudem werdet Ihr erfahren, wie man einfache Salben, Pastillen und Tränke anmischt. Am wichtigsten ist jedoch zuallererst die ausführliche Befragung des Kranken ...«

Arnold redete ohne Unterlass weiter, und Jakoba war ganz auf das Zuhören konzentriert. Zu sehen gab es ohnehin wenig. Das Land war wüst. Verlassene Häuser, Ruinen, deren Holzwände offenbar teilweise verheizt worden waren, unbestellte Äcker. Nur kurz machten sie halt, um die Pferde an einem Tümpel zu tränken und selbst etwas zu essen.

Arnold ließ Jakoba nach Kräutern suchen und zeigte ihr anschließend diejenigen, die sie übersehen hatte. Da der Mond noch immer beinahe voll war, bot sich die Ernte besonders für Wurzeln und Kräuter zum Trocknen an, das wusste sie aus dem Kloster. Ein Arzt müsse Pflanzenkenner sein, meinte auch Meister Arnold. Jakoba erfreute sich an dem frischen Grün, das nun, wo sich die Sonne länger sehen ließ, überall gewaltig spross. Die Obstbäume in den verlassenen Ortschaften hatten dicke Knospen, was endlich wieder eine gute Ernte verhieß. Aber noch immer war es nachts viel zu kalt.

Am Abend fuhren sie bei einer Burg vor, die verschlossen und abweisend wirkte.

»Halt! Wer da?«, schallte es von den Zinnen.

»Meister Arnold und seine Begleiter. Euer Herr erwartet mich.«

Nach wenigen Augenblicken wurde tatsächlich die Zugbrücke heruntergelassen, und sie fuhren hinein. Ein Hüne, der durch seine buschigen Augenbrauen streng wirkte und sich als Marschall vorstellte, begrüßte sie. Die Burgmauern waren von etlichen Männern besetzt, und im Hof übten sich weitere im Schwertkampf. Mehrere Ritter kamen aus dem Palas und nahmen Arnold ehrerbietig in Empfang.

»So hat meine Nachricht dich erreicht. Wie bist du in Magdeburg vorangekommen, Bruder?«, hieß ein alter Herr in weißer Tracht Arnold willkommen. Die Begleiter des Medicus würdigte er keines Blickes.

Arnold holte eine Kiste aus dem Wagen und gab sie einem Knappen; dann gingen sie in die Burg.

Mona wandte sich an den Marschall. »Würdet Ihr die Güte haben, uns ein Gemach zuzuweisen?« Sie hielt den Fuchspelz enger; auf ihrem Hals zeigte sich Gänsehaut. Jakoba fröstelte ebenfalls, denn in dem Gemäuer zog die Kälte rasend schnell ihre Beine hoch. »Und entschuldigt die Vermessenheit, aber hattet Ihr auf Eurer Burg nicht dieses wunderbare Dampfbad?«

»Für Damen ist es nicht vorgesehen. Meine Männer ...«, wollte der Hüne einwenden.

»Euer Herr hat sicher nichts dagegen, fragt ihn ruhig. Wir werden ganz still und heimlich hineinschleichen und genauso sittsam wieder daraus verschwinden.«

Der Marschall zog skeptisch eine Augenbraue hoch. »Wenn

Ihr darauf besteht, werde ich meinen Herrn mit dieser Angelegenheit belästigen. Folgt mir einstweilen.«

Das Gemach stand offenbar für Gäste bereit. Mit einem Himmelbett, Tisch und Schemeln war es wohnlich eingerichtet. Das Stroh auf Bett und Boden roch frisch, und im Kamin lag sogar Holz, das der Marschall sogleich anzünden ließ.

»Was für eine gut erhaltene und noch besser ausgestattete Burg! Davon sollte sich mein Bruder ein Scheibchen abschneiden«, rutschte es Jakoba heraus.

»Euer Bruder hat eine Burg? Wer ist er?«, wandte sich der Marschall an sie.

Jakoba bemerkte Monas warnenden Blick, konnte aber nicht mehr zurück. »Oh, niemand Bedeutendes«, versuchte sie auszuweichen.

»Meine Gesellschafterin kommt aus dem Norden«, warf Mona ein.

»Wir möchten gern genau wissen, mit wem wir es zu tun haben«, beharrte der Marschall. Sein durchdringender Blick schüchterte Jakoba ein.

»Anno von Dahlenburg ist mein Bruder«, gab Jakoba schließlich nach.

Der Marschall schien beruhigt. »Von ihm habe ich tatsächlich noch nicht gehört. Und ja, dies ist die größte und schönste Burg weit und breit.« Er wandte sich um. »Ich werde Euch wegen des Dampfbads Bescheid geben lassen.«

Als sie allein waren, sagte Jakoba zerknirscht: »Entschuldigt, das war dumm von mir.«

»Entschuldigt Euch nicht bei mir. Aber wenn Ihr verhindern wollt, dass Euer Bruder Euch doch noch findet, solltet Ihr seinen Namen nicht derart herausposaunen.« Mona holte ihre bunten Tücher, Kissen und Felle aus der Kiste, die Paul hereingetragen hatte, und breitete sie auf Bett und Tisch aus. Sofort wirkte der Raum noch gemütlicher.

»Der Burgherr scheint sich auf einen Angriff vorzubereiten.«

»Burg Erxleben ist erst im letzten Jahr von den Truppen des Erzbischofs von Magdeburg belagert worden«, wusste Mona.

»Wieder dieser Bischof! Habt Ihr seinetwegen Magdeburg so überhastet verlassen?«

Monas Gesicht war abweisend. »Ich denke, Ihr habt mit der Heilkunde genügend zu tun und solltet Euch nicht in Dinge einmischen, die Euch nichts angehen«, sagte sie.

»Entschuldigt, ich wollte nicht …«

»Keine weiteren Entschuldigungen!«, befand Mona harsch. »Zieht Euch zurück, ich möchte mich ausruhen.«

Jakoba half Paul, im Wagen Ordnung zu schaffen. Sie fütterten gemeinsam das Äffchen und spielten in der Gesindekammer ein wenig mit ihm. Meister Arnold holte aus dem Wagen die Kiste, in der er für gewöhnlich seine Papiere verwahrte, und verschwand gleich wieder. Dann meldete eine Magd, dass das Dampfbad bereitet war.

Jakoba freute sich sehr, als Mona sie bat, sie zu begleiten. Unwillkürlich musste sie an ihr letztes, schicksalhaftes Bad denken, aber sie schob den Gedanken weg. Ein Bad konnte sie wahrlich gebrauchen, auch wenn sie noch nie eines mit Dampf erlebt hatte.

In einer kleinen Kammer zogen sie sich aus. Mona schlang ein Leinentuch um ihren üppigen Leib; Jakoba hatte schon öfter beobachtet, dass sie sich ihrer Nacktheit zu schämen schien. Die Magd führte sie in eine Kammer, in der sie vor lauter Dampfschwaden nichts sehen konnten. Sofort legte sich ein feuchter, heißer Film auf Jakobas Körper. Im Schein eines Unschlittlichts ertasteten sie sich einen Platz zu den Steinbänken an den Wänden. Die Steine waren heiß – Jakoba sprang wieder hoch.

»Eben dafür ist das Leinentuch – vielleicht müsst Ihr es doppelt nehmen«, lachte Mona und strich über ihre langen Haare, die sich nun offen über ihre Brüste ergossen. »Bei unserem letzten Besuch auf Erxleben haben die Männer Stunden hier verbracht! Nur ich durfte das Dampfbad nicht genießen, weil ich keine angemessene Begleitung hatte«, berichtete sie aufgekratzt. Wieder schien ihr das Nickerchen gutgetan zu haben. Sie seufzte wohlig. »Das hier ist die richtige Temperatur für mich. Ich bin wie eine Echse, die erst in der Sonne zum Leben erwacht.«

Jakoba strich über den Schweiß auf ihrem Bauch »Reist Ihr denn auch ab und zu gen Süden?«

»Viel zu selten. Arnold hat hier oben viele Besuche zu machen«, sagte Mona. »Ich wollte vorhin nicht so schroff zu Euch sein, aber Erzbischof Burchard, der Graf von Schraplau, ist ein ehrgeiziger, geldgieriger Mann. Arnold und ihn verbindet eine alte Feindschaft, weshalb wir oft einen Bogen um Magdeburg machen. Aber wie es scheint, hat der Bischof inzwischen die ganze Gegend gegen sich aufgebracht.« Sie klang ernst, und Jakoba tat es leid, dass das Thema wieder aufgekommen war.

Der Dunst lichtete sich ein wenig. Mona schöpfte Wasser auf die heißen Steine. Es zischte, und sofort verbreitete sich eine Hitze, die Jakoba den Atem nahm. »Hilfe! Ich brauche Abkühlung!«, rief sie japsend.

Im nächsten Augenblick hatte Mona ihr kaltes Wasser übergegossen. Jakoba prustete, schnappte sich die Kelle und schippte zurück. Eine Zeit lang war nur das Lachen und Juchzen der Frauen zu hören. Es tat gut, für kurze Zeit alle Sorgen zu vergessen.

Schließlich ließ Jakoba sich wieder auf die Steine sinken. Ihr Kopf glühte förmlich, und sie hatte das Gefühl zu zerfließen. »Ich fürchte, ich bin keine Echse«, sagte sie, konnte sich aber auch nicht dazu durchringen, die Dampfkammer wieder zu verlassen. Als die Schwaden sich lichteten, bemerkte sie Monas Blick auf sich.

»Es ist seltsam, was das Schicksal mit uns treibt. Ihr seid eine schöne Frau und solltet nicht allein sein. Habt Ihr denn nie geliebt?«

»Als Jungfrau habe ich die Kraft der Minne gespürt. Ich glaubte zu lieben und geliebt zu werden. Aber er …« Beschämt erzählte Jakoba, wie sie für den Leibarzt des Vaters geschwärmt hatte und von ihm ausgenutzt worden war. »Mein Bruder war überzeugt davon, dass ich zu leidenschaftlich für das Klosterleben bin. Auch deshalb hat er mich in die erneute Ehe gezwungen.«

»Kundige Ärzte sagen, dass der sexuelle Verkehr für Frauen wie Männer heilsam und notwendig ist, damit die Säfte fließen. Aber niemand darf über uns und unseren Körper bestimmen, niemand!«, sagte Mona erregt. »Unsere Leidenschaft ist eine große Macht. Wir sollten sie nicht unterschätzen. Als Mädchen lernte ich Arnold kennen. Er war so anders als die anderen jungen Männer – ich konnte die Augen kaum von ihm lassen. Oft suchte er das Geschäft meines Vaters auf. Wir trafen uns sogar, im Geheimen natürlich. Doch das Schicksal trennte uns.«

»Der Ritter in Magdeburg … er sagte, Ihr seiet …«

»Sklavin gewesen, und das stimmt. Meine Familie war arm, mein Vater verkaufte mich an einen Händler. Ich wurde nach Venedig auf den Sklavenmarkt verschleppt. Eigentlich sollte ich weiterverkauft werden, aber ich konnte so gut mit den anderen Mädchen und Frauen umgehen, dass der Sklavenhändler mich behielt. Irgendwann bot ein venezianischer Händler ihm dann aber doch so viel, dass ich den Besitzer wechselte. Meine besten Jahre habe ich bei diesem Mann verschwendet. Aber ich will nicht undankbar sein. Fortuna fügte, dass ich Arnold nach vielen Jahren wiedersah.« Mona seifte sich ein. Jakoba wollte sie nicht drängen, hoffte aber sehr, dass sie weitersprechen würde. »Erst da erfuhr ich, dass Arnold mich überall gesucht und inzwischen tot geglaubt hatte. Er kaufte mich frei. Ohne seine Leidenschaft und seine unbedingte Liebe zu mir wären wir nie zusammengekommen. Er hat mir alles geopfert. Und ich konnte ihm nicht einmal Kinder schenken – es war zu spät.« Ganz eingefallen wirkten Monas Züge im Dämmerlicht.

»Das tut mir leid.«

»Das braucht es nicht. Arnold hat einen Ziehsohn, ein Mündel, an dem er sehr hängt.«

»Und wo ist dieser Ziehsohn jetzt?«

»Er ist inzwischen ein erwachsener Mann und lebt in Paris.«

»Ist auch er Arzt?«

Mona lachte auf, aber es klang ganz und gar nicht fröhlich. »Roger? Nein.« Es schien nicht ihr Lieblingsthema zu sein, denn sie spülte die Seife ab und kam auf ihre Ehe zurück: »Auch für mich ist Mitleid unangebracht. In meiner Heimat wäre ich längst verstoßen worden, und mein Ehemann hätte sich eine Zweit- oder Drittfrau genommen.«

»Wie das?«, wunderte sich Jakoba.

»An der Levanteküste erlaubt es der Glaube wohlhabenden Männern, sich bis zu vier Frauen zu nehmen. Dem Sultan stehen in seinem Harem sogar unzählige Gespielinnen zu Diensten.«

»Gibt es denn keine Königin?«

»Nicht so, wie ihr es kennt, obgleich eine strenge Hierarchie im Harem des Sultans herrscht. Für eine kurze Zeit gab es übrigens auch eine Sultanin, Schadschar al-Dur.« Mona sprach während ihrer Körperpflege von den Sitten ihrer Heimat und von den Haremsdamen und Herrscherinnen des Orients. Aufmerksam sah Jakoba zu, wie Mona mit einem kleinen Messer alle Körperhaare abschabte und ihren Leib mit Rosenöl einrieb. So gebannt war sie, dass sie gar nicht mitbekam, wie der Dunst schwand und die Glut erkaltete.

Schließlich verließen sie das Dampfbad, kleideten sich an und gingen ungesehen ins Gemach zurück. Aus dem Hof drangen lautes Hämmern und Schreie zu ihnen, aber sie ließen sich davon nicht stören. Eine einfache Mahlzeit wartete auf sie.

Paul wagte kaum, die erhitzten Frauen anzusehen, und starrte stattdessen auf seinen Teller. »Ein Knecht hat das Essen gebracht. Die Herren wollen im Palas unter sich sein.«

»Sicher vergnügen sie sich mit Kampfspielen«, mutmaßte Mona und lud Paul ein, sich zu ihnen zu setzen. Sie begannen zu essen, doch der Lärm ließ nicht nach. Mona stocherte beunruhigt in dem Eintopf. »Das hört sich nicht nach freundschaftlichem Kräftemessen an. Paul, schau doch mal nach, was da los ist«, forderte sie den Halbwüchsigen auf.

Wenige Augenblicke später kam er zurückgehetzt. »Ein Angriff! Offenbar hat jemand versucht, über die Mauer zu klettern und das Tor zu öffnen – jetzt ist ein heftiger Kampf entbrannt. Meister Arnold kümmert sich um die Verletzten!«

Sorge zeichnete Monas Gesicht. »Ohne seine Utensilien?«

Jakoba kam auf die Füße. »Ich bringe sie ihm – vielleicht kann ich helfen.«

Sie presste Arnolds Kistchen an ihr rasendes Herz, als sie dem Kampfgetümmel entgegenrannte. Das Burgtor stand offen. Eine Handvoll Männer setzte ihr Leben aufs Spiel, um die Eindringlinge aufzuhalten. Schwertklingen blitzten im Fackelschein. Von den Zinnen legten die Wachen ihre Bogen auf die Angreifer an, aber auch über ihren Köpfen sirrten die Pfeile. Ein Aufschrei – durch die Kämpfenden am Tor ging ein Ruck. Sie stoben auseinander, wurden wieder in den Hof getrieben, waren in Zweikämpfe verstrickt.

Jakobas Blick flackerte über die Männer – wo war nur Arnold? In der Nähe des Turmes entdeckte sie ihn, wie er sich über einen Mann beugte. Beherzt lief sie im Zickzack zwischen den Kriegern hindurch. Als sie den Ritter sah, der vor Arnold lag, wurde ihr übel. Hinter der klaffenden Bauchwunde pulsierte das Gedärm. Fest sah Arnold sie an. »Da hilft auch kein Theriak mehr. Ich brauche Nadel und Faden.«

Jakoba war starr vor Grauen.

»Los, macht schon!«

Mit zitternden Fingern holte sie das Gewünschte aus dem Kästchen.

Arnold riss es ihr aus den Händen. »Das schaffe ich allein – kümmert Euch lieber um den da.« Hinter ihr mühte sich der Marschall, einen Pfeil aus seinem Rücken zu ziehen, bekam ihn aber nicht zu fassen. Das linke Bein des Hünen knickte ein; Blut rann den Oberschenkel hinunter.

Jakoba stürzte zu ihm. So ungestüm näherte sie sich von der Seite, dass der Hüne sie beinahe angegriffen hätte. Abwehrend hob sie die Hand. »Ich will nur helfen!«

Er ließ es zu. Der Pfeil steckte unter dem Schulterblatt im Fleisch. »Nicht rausziehen, sondern abbrechen – ich muss ans Tor zurück«, befahl der Marschall.

Beherzt reckte sich Jakoba nach dem Holz und brach es entzwei. Trotz des Kampflärms konnte sie deutlich hören, wie der Marschall bei dem Ruck die Luft einsog. Sie warf den Schaft weg und wollte sich um die Oberschenkelwunde kümmern. »Das Bein muss abgebunden werden«, sagte sie.

Doch der Hüne hatte sein Schwert schon wieder gezogen. Statt sich dem Kampf zuzuwenden, eilte er zu dem Schwerverletzten, dessen Bauchwunde Arnold vernähte. Der Mann war totenbleich und keuchte.

Kann man eine so schwere Verletzung überhaupt überleben?, fragte sich Jakoba.

Der Marschall legte die Hand auf die Stirn des Verletzten, murmelte ein paar Worte und schnitt ihm dann die Kehle durch.

Entsetzt starrten Arnold und Jakoba einander an.

»Er war verloren. Ich hoffe, dass mir eines Tages jemand die gleiche Gnade erweist«, sagte der Marschall rau. »Kümmert Euch lieber um die, für die es Hoffnung gibt.«

Schon humpelte der Marschall zu einem Gefährten, der von

einem der Angreifer überwältigt zu werden drohte. Jakoba war übel – sie wusste nicht mehr, was sie tun sollte. Ein Mann mit blutverschmiertem Hals lehnte an der Mauer. Vorsichtig tupfte Jakoba sein Blut ab, um herauszufinden, wie tief die Wunde war. Kein Mann war es, das erkannte sie jetzt, sondern ein Junge, ein Knappe oder Page.

Im gleichen Augenblick hörte sie Arnold aufschreien. Sie folgte seinem Blick: Zwei Angreifer hatten ihre Gegner niedergerungen und wandten sich jetzt der Burg zu. Sie rannten ausgerechnet zu dem Teil, in dem ihr Quartier lag – zu Mona und Paul!

Der Medicus rannte los. Noch im Lauf zog er sein Schwert, das im Vergleich zu seiner Statur so groß wirkte, dass Jakoba fürchtete, er könnte darüber stolpern.

Die Männer machten sich bereits an der Pforte zu schaffen, als Arnold sie erreichte.

Atemlos verfolgte Jakoba den Kampf, doch da spürte sie, wie der Verletzte unter ihr erschlaffte. Hastig versuchte sie, ihn ins Leben zurückzurufen. »Bleib wach, du musst wach bleiben! Wir brauchen hier deine Hilfe!«, redete sie auf den Pagen ein und tupfte weiter. Keinen Laut gab er mehr von sich, ganz still und schwer war er geworden. Tränen verschleierten ihren Blick, als sie ihm das Kreuz über den Lippen schlug. Die Zeit für ein anständiges Gebet blieb nicht, dazu war der Kampf zu nah. Im Umwenden sah sie, dass Arnold Hilfe von einem weiteren Ritter bekommen hatte. Auf der Erde lagen inzwischen etliche Tote, aber es schien, als seien die Angreifer weitestgehend zurückgeschlagen. Rechts von ihr kroch ein Ritter über den Boden; das Hemd klebte ihm rot am Leib. Sie wischte die Tränen ab.

Als sie ihm aufhelfen wollte, hörte sie ein Brüllen: »Vorsicht!«

Sie fuhr herum. Einer der Angreifer hatte sich aufgerappelt und stürzte sich mit erhobener Streitaxt auf sie. Vor lauter Angst konnte sie sich nicht mehr rühren. Da traf sie ein Stoß – sie fiel über den Verletzten. Aus dem Augenwinkel sah sie noch, wie die Axt einen massigen Körper traf. Der dumpfe Ton des Aufschlags drehte ihr den Magen um. Haltlos erbrach sie sich. Erst als die Krämpfe nachließen, erkannte sie, dass der Marschall sie beiseitegestoßen, dem Angreifer das Schwert in die Brust gerammt und gleichzeitig mit seinem eigenen Leib die Streitaxt abgefangen hatte. Sie wollte ihm helfen, doch er war bereits tot: gestorben, um sie zu retten. Womit hatte sie das verdient?

Die Kämpfe verebbten endgültig. Angreifer, die voll beladen aus den Lagerräumen der Burg kamen, wurden gefangen genommen. Waren die Männer nur darauf aus gewesen, die Burg zu plündern?

Arnold hielt Mona beruhigend im Arm. Als er zu Jakoba zurückkam, gab er ihr, die Lippen zu schmalen Streifen gespannt und mit weltmüdem Blick, Anweisungen, wie sie die Verletzten zu versorgen habe.

Jakoba war wie betäubt, unfähig, eine eigene Entscheidung zu treffen. Ihre Hände bewegten sich, als hätten sie einen eigenen Willen. In den nächsten Stunden sprachen sie kaum, jedes Wort schien zu viel. Der Morgen dämmerte schon, als sie sich, blutbespritzt und verdreckt, in die Kammer zurückzogen. Arnold war aschgrau im Gesicht.

Mona legte die Hände auf seine Wangen, doch er schien ihre Berührung kaum zu ertragen. »Du hast genug getan, das habe ich schon lange gesagt, mehr als genug«, flüsterte sie.

»Lass gut sein«, unterbrach Arnold seine Frau ungewohnt schroff.

Jakoba zog sich in die Gesindekammer zurück. Sie wusch sich den Dreck ab und versuchte, das Blut aus ihrem Kleid zu schrubben. Noch immer war sie wie betäubt. Solche Schrecken hatte sie nicht vor Augen gehabt, als sie sich gewünscht hatte, den Menschen zu helfen.

Paul berichtete stolz, wie er über Mona gewacht hatte. Wie

gerne er in den Kampf eingegriffen hätte. Jakoba schwieg zu seiner jugendlichen Einfalt.

Ihr Schlaf war kurz und unruhig. Im Morgengrauen verließen sie die Burg. Jakobas Kleid war noch immer nass, und ein wenig bereute sie es, das alte verschenkt zu haben. Der Burgherr gab ihnen Geleit, bis die nächste Burg in Sicht kam. Das Land war bergig geworden und schien beinahe undurchdringlich mit Wald bedeckt.

»Es ist wohl besser, wenn du dich eine Weile hier nicht mehr blicken lässt«, sagte der Ritter zum Abschied zu dem Medicus. Arnold umarmte den Freund stumm.

Jakoba verstand die Worte des Ritters nicht. Kein Dank für ihre Hilfe? Für Arnolds Todesmut?

Als die Reiter davonpreschten, redete Mona leise und eindringlich auf ihren Mann ein. Mehr denn je bedauerte Jakoba es, dass sie nichts verstand. Arnold reagierte wortkarg und trieb die Pferde stärker als üblich an. Schließlich schwieg das Paar sich auf eine Art und Weise an, wie es noch nie vorgekommen war. Der Überfall auf die Burg schien auch sie sehr aufgewühlt zu haben. Erst langsam wurde Jakoba bewusst, was sie in den vergangenen Stunden getan hatte. Sie ließ ihr Tun noch einmal vor dem inneren Auge vorbeiziehen und versuchte, sich Arnolds Anweisungen bestmöglich einzuprägen. Nie wieder wünschte sie, in so einen Kampf zu geraten, aber wenn Gott sie ein weiteres Mal damit prüfen würde, wollte sie zumindest wissen, was zu tun war.

Die untergehende Sonne warf bereits lange Schatten über den Acker. Weißbärtige Männer gruben das Feld vor einem Gehöft um. Arnold sprang vom Kutschbock und ging ein paar Schritte auf sie zu. Mit verschlossenen Gesichtern stützten die Männer sich auf ihre Spaten. Durch ihre zauseligen Haare und Bärte wirkten sie wie Greise, aber ihre Haltung zeugte doch immer noch von Kraft.

»Was willst du hier, Arnold?«, begrüßte einer der Männer ihn überraschend mit seinem Namen.

»Obdach für eine Nacht.«

»Du und deine Metze – ihr seid hier nicht willkommen. Hast du denn vergessen: Ihre Anmut besteht aus Schleim und Blut, aus Feuchtigkeit und Galle. Unter ihrer Haut ist nur Unrat verborgen – wie kannst du einen Dreckbeutel umarmen?«

Jakoba hatte schon gehört, dass Mönche so abfällig über die Vergänglichkeit alles Irdischen sprachen – aber diese Bauern?

Meister Arnold senkte die Stimme. Jakoba glaubte zu verstehen, dass er den Männern von dem gestrigen Überfall berichtete.

»Wir wollen damit nichts zu tun haben. Wenn du allein wärst, könnten wir eine Ausnahme machen, aber so ...« Der Alte musterte kritisch den Kobelwagen. »Wen hast du noch dabei? Ist da noch eine Frau auf deinem Wagen?«

»Eine Schülerin.«

Der Alte schüttelte das zottelige weiße Haar und hieb den Spaten wieder in die Erde. »Dass du es überhaupt wagst«, brummte er finster.

»Bruder ...«, wollte Arnold ihn aufhalten.

Noch einmal sah der Weißhaarige sich um. »Brüder sind wir schon lange nicht mehr. Und nun fahrt weiter – es dauert noch, bis die nächste Sattelburg kommt, und ich bin nicht sicher, ob du dort mehr Erfolg haben wirst.«

Zornig stieg Arnold auf und ließ die Zügel schnalzen. Lange sprachen sie kein Wort. Erst als die ersten Sterne über den Baumwipfeln glitzerten, fanden sie einen geeigneten Lagerplatz. Kälte stieg auf, und Jakoba fürchtete, dass es wieder Frost geben würde. Sie entzündeten ein Feuer, und Arnold verteilte alles, was er an Waffen mit sich führte. Das Wolfsgeheul klang nah, zu nah. Jakoba bekam eines der scharfen Lässeisen.

Arnold saß auf seiner Kiste und hing seinen Gedanken nach. Er wirkte niedergeschlagen. »Wenn erst gekämpft wird, ist es für jede Vernunft zu spät. Die Menschheit blickt auf Jahrhunderte der Weisheit zurück und ist doch nicht in der Lage, ihre Streitereien anders als durch Gewalt zu lösen. Manchmal wünschte ich, es gäbe eine Arznei, die die Menschen von dieser Narretei heilen könnte«, sagte er unvermittelt.

Mona nahm seine Hand. »Dieses Mittel gibt es nicht. Deine Aufgabe ist es, Menschen mit dem zu heilen, was dir zur Verfügung steht. Aus allem anderen solltest du dich heraushalten.«

»Das sagst du so leicht. Ich habe das Gefühl, alles verkehrt gemacht zu haben. In einer friedlicheren Welt …«

»Wir sind es, die diese Welt gestalten«, sagte Mona mit einer Gewissheit, die Jakoba eine Gänsehaut auf den Rücken trieb. Arnold jedoch löste sich von seiner Frau und verschwand in den Schatten.

Ratlos sah Jakoba Mona an, die nur traurig die Schultern hob.

Am nächsten Tag zogen sie auf einem kleinen Feldweg westwärts, Burgen und Dörfer meidend. Jakoba versuchte, Arnold in Gespräche über Kräuter und Tinkturen zu verwickeln, aber der Medicus ging nicht darauf ein. Wann würde er endlich seinen Unterricht wiederaufnehmen?

Nach etlichen Stunden entdeckten sie in einem Flusstal, ein gutes Wegstück voraus, einen Hof. Rauch stieg aus dem Haupthaus auf. Da ihre Vorräte knapp wurden, hielt Arnold darauf zu. Als sie näher kamen, ließ er jedoch die Zügel schnalzen, um den Hof schnell zu passieren. Bestialischer Gestank zeigte an, dass auch hier das Elend regierte. Der Fluss war anscheinend über die Ufer getreten und hatte allerlei Unrat angeschwemmt, das sich in der Böschung verfangen hatte. Und jetzt stiegen hier überall giftige Dämpfe auf. Sie entdeckten frische Grabstellen und aufgequollene Viehkadaver.

Jakoba nahm die Häuser in Augenschein. Irgendjemand musste hier doch noch leben – sonst wäre da kein Rauch. Leise drangen Jammern und Stöhnen an ihr Ohr. Im Halbdunkel eines Verschlags sah sie die Umrisse von Leibern, dann ein Gesicht, das sich ins Licht schob – ein Mädchen, kaum sechs Jahre alt, ausgemergelt und verängstigt. Das Kind rannte ihnen nach, flehend die Hände ausgestreckt.

»Wir müssen anhalten! Da ist ein Mädchen! In dem Verschlag sind Menschen. Sicher brauchen sie Hilfe«, rief Jakoba.

Arnold trieb jedoch die Pferde weiter an.

»Ihr seid Medicus ... solltet Ihr nicht ...«, wollte Jakoba ihm ins Gewissen reden.

»Wir können nicht allen helfen. Es sind zu viele Notleidende!«

Mona jedoch brachte den Wagen zum Stehen. »Wir sollten nach dem Rechten sehen.« Sie wandte sich um. »Nehmt unser letztes Brot mit, wir werden es auch so zum nächsten Dorf schaffen – das Mädchen vermutlich nicht.«

Jakoba sprang ab und hielt dem Kind den Brotkanten hin. Wie von unsichtbaren Fäden angezogen, kam die Kleine näher. Sie schnappte sich das Brot, biss jedoch nicht ab, obwohl Jakoba sah, wie schwer es ihr fiel. »Bist du allein? Oder ist hier jemand, der sich um dich kümmert?«

»Meine Geschwister sind in dem Verschlag, aber ... es geht ihnen nicht gut.« Das Mädchen klang hoffnungslos. Jakoba beobachtete, wie es die Hand in die Seite presste. »Ich glaube, auch sie werden sterben. Und Mutter ...«

Aus der Hütte drangen erneut Klagelaute, die das Kind zusammenzucken ließen.

»Ist deine Mutter da drin?«, fragte Jakoba. »Was ist mit ihr?«

Das Kind konnte kaum noch stehen. »Sie behält nichts bei sich. Alles läuft aus ihr raus. Ganz rot ist es. Und wie es stinkt!«

Die rote Ruhr, der Blutfluss. Jakoba schalt sich. Der Gestank hätte es ihr schon längst verraten müssen. Im Kloster hatten sie gegen die schlechten und überfließenden Körpersäfte Wiesensalbei gegeben, aber ihr Vorrat war erschöpft.

Sie eilte zum Wagen zurück und berichtete Arnold davon, der noch immer auf dem Kutschbock saß. »Was meint Ihr, finden wir hier Wiesensalbei? Oder habt Ihr passende Heilkräuter bei Euren Vorräten?«

Arnold brummte unwillig.

»Johanniskraut habe ich noch nicht blühen sehen. Ist spät dran, der Kälte wegen vermutlich. Aber am Waldrand oder in der Niederung des Flusses gibt es sicher auch Blutwurz«, plapperte Jakoba, um ihn endlich zum Handeln zu bewegen. Sie zögerte. »Wie sieht das Kraut noch mal aus?«

»*Potentilla erecta*. Auch Siebenfinger oder Dilledapp genannt. Kleine gelbe Blüten, lange Triebe, kleine Blätter. Ihr braucht die Wurzel«, rekapitulierte Arnold schließlich. Mona stieß ihrem Mann den Ellbogen leicht in die Seite. Arnold brummelte erneut. Endlich sprang er vom Wagen. »Wartet, wir suchen zusammen danach«, sagte er.

Als er sich dem Fluss näherte, band er sich gegen den Gestank ein Tuch vor den Mund; Jakoba tat es ihm nach. Fliegen stoben auf, wo verendetes Vieh vergraben worden war.

In einer Senke zwischen Fluss und Wald wurde Arnold schließlich fündig. Mit einem kleinen Messer schnitt er Triebe und Blätter ab und grub anschließend die Wurzeln aus. Wo seine Haut mit dem Pflanzensaft in Berührung kam, verfärbte sie sich rot. Die ganze Zeit über redete er: »>Gänsefuß‹ nennt es der große Dioskurides. Die Wurzel ist gut gegen Mundfäule, hilft aber auch gegen Bauchfluss. Fein gestoßen und in Essig gekocht hält Blutwurz kriechende Geschwüre auf, nützt Leber und Lunge. Die Blätter lindern Fieber und Fallsucht, als Saft oder Umschlag.«

Er zupfte an dem Mundtuch und schnappte nach Luft. Angeekelt schüttelte er sich. »Wir müssen Wasser aufkochen. Trinken sie etwa diese Dreckbrühe?«

Jakoba rief das Mädchen heran, das diese Frage bejahte. »Wir haben nichts anderes. Und essen tun wir nur noch Löwenzahnbrot.«

»Dann ist es ja kein Wunder, dass sie zugrunde gehen!«

»Gibt es keinen anderen Fluss in der Nähe? Keinen Brunnen, keine Quelle?«, wollte Jakoba wissen.

»Doch, eine Stunde in den Wald hinein. Aber keiner von uns schafft es mehr dorthin …«

Verärgert schüttelte Arnold den Kopf. »Zeig Paul den Weg, er soll gehen! Wir brauchen frisches Wasser, einen Eimer oder auch zwei. Derweil suchen wir Salbei und Johanniskraut«, wies er Jakoba an. »Mona – schürst du schon mal das Feuer?«

Der Junge ließ sich den Waldpfad zeigen. Während sie weitersuchten, meinte Arnold: »Wenn die Flüsse übertreten, können der Unrat, übergelaufene Abortkuhlen und die Kadaver von Mensch und Tier das Wasser verderben, das habe ich schon oft beobachtet. Dann tritt regelmäßig auch die rote Ruhr auf. Eine alte Kriegslist ist es deshalb, Leichenteile in die Brunnen zu werfen. Barbarisch.«

Jakoba stimmte ihm zu. Was für ein Unmensch musste man sein, um einen anderen absichtlich krank zu machen?

Sie fand Wiesensalbei und schnitt sorgfältig einige Triebe ab, ließ aber genug stehen, damit die Pflanzen nachwachsen konnten. Inzwischen loderte ein Feuer, und bald kam auch Paul mit dem Wasser zurück. Zunächst kochte Arnold frischen Salbeitee auf. In einem zweiten Grapen blubberte die Wurzel des Gänsefußes.

»Ist dieser Trank auch bald fertig?«, wollte Jakoba wissen.

»Noch lange nicht! Bis auf ein Drittel muss der Absud verengt werden.«

Zunächst versorgten sie das Mädchen mit Salbeitee, dann gingen sie in den Verschlag. Der Anblick war herzzerreißend. Zwei knochige Kleinkinder lagen auf verdrecktem Stroh, besudelt von Kopf bis Fuß. Notdürftig wuschen sie sie und flößten ihnen Salbeitee ein. Den Brei, den Mona gekocht hatte, behielten die Kinder kaum bei sich. Um die Mutter stand es beinahe noch schlimmer. War ihre Mühe umsonst? Waren sie zu spät gekommen?

Schließlich füllte Arnold einen Teil des Absuds ab und kippte den Rest in den Ledereimer zurück. »Gib deiner Mutter und deinen Geschwistern morgens und abends davon, dann wird es ihnen bald bessergehen. Und trinkt bis auf Weiteres das Flusswasser nicht mehr! Du musst zur Quelle. Schaffst du das?«

Die Kleine schien durch die Nahrung tatsächlich etwas gestärkt und beäugte inzwischen neugierig das Äffchen. »Wird schon gehen«, sagte sie.

Solange sie nicht auch noch todkrank wird, gibt es Hoffnung für die Familie, dachte Jakoba. Sie hängte die überzähligen Kräuter unter das Wagendach, bevor sie aufbrachen. Hier konnten sie nicht rasten, sonst würden auch sie bald hungern müssen oder von der Seuche befallen werden. Außerdem schien Arnold ein Ziel zu haben.

Bei der Weiterfahrt lastete die Begegnung auf ihnen. Aber immerhin hatte Arnold dadurch zu seiner Tatkraft zurückgefunden.

»Erzählt mir mehr von diesem großen Dio... der mit den Kräutern, Ihr wisst schon«, bat Jakoba ihn, als sie eine Weile schweigend gefahren waren.

»Pedanus Dioskurides. Leibarzt der römischen Cäsaren Claudius und Nero. In seinem Werk *De Materia Medica* sind alle Heilmittel der Welt aufgeführt ...«, begann der Medicus, und Mona lächelte Jakoba dankbar an.

14

Magdeburg

Der alte Mann keuchte. »Ich weiß wirklich nicht, wo Meister Arnold und seine Freunde hinwollten ... aber ja, ich habe gesehen, wie sie zusammen aus Magdeburg aufbrachen ...«

Anno nahm noch einen Schluck Malvasier. »Er wird Euch doch gesagt haben, wo er mit meiner Schwester hinwollte. Ich werde Eurem Gedächtnis noch ein wenig nachhelfen.«

Anno senkte das Messer tiefer in den Handrücken des Greises. Freiherr von Bratz stieß einen Schmerzensschrei aus, doch im Haus war niemand, der ihm zu Hilfe eilen konnte, das hatte Wulf längst festgestellt.

»Nnnein ... nein, ich weiß es wirklich nnnicht ...«, stöhnte der Alte. Da hörten sie ein Geräusch an der Tür. Ein Schlüssel im Schloss. Die gequälten Gesichtszüge hellten sich etwas auf. »Mein Bruder mit ... seinen Männern ...«, stieß er erleichtert hervor.

Schon vernahm Anno, wie Wulf sein Schwert aus der Scheide riss.

15

Sie waren schon einige Stunden unterwegs, als der Feldweg in die breite Heerstraße mündete. Schon jetzt waren die Pferde erschöpft, doch Arnold trieb sie weiter, wort- und grußlos an Reitern und Reisenden vorbeiziehend. Ihr Tempo wurde erst ruhiger, als sie in einen weiteren Hohlweg eingebogen waren. Gegen Abend baten sie bei einer bescheidenen Sattelburg – kaum mehr als eine Holzpalisade um einen Wehrturm – um Aufnahme, wurden jedoch ein weiteres Mal abgewiesen.

»Früher war das hier eine gastliche Gegend – aber heute kennt man anscheinend keine Gastfreundschaft mehr!«, ereiferte sich Arnold.

»Die Not macht die Herzen eng«, sagte Mona. »Die Pferde brauchen eine Rast, und wir auch. Für einen Brei reichen unsere Vorräte noch.«

Gerade außer Sichtweite der Sattelburg schlugen sie am Waldrand ihr Lager auf. Ihr Feuer hielten sie klein, um nicht unnötig aufzufallen. Ohne viel zu reden, gingen sie schlafen. Arnold jedoch blieb sitzen und spähte immer wieder in die Finsternis des Waldes.

»Das Feuer wird die Wölfe hoffentlich abhalten«, sagte Paul und hielt sein Messer griffbereit.

»Die Wölfe fürchte ich nicht. Gegen ihre Zähne habe ich mein Schwert, gegen die Hundswut den Theriak. Wir sind gewappnet«, sagte Arnold.

Jakoba unterdrückte ein Gähnen und ließ die Ereignisse des Tages an sich vorbeiziehen. »Wie es dem Mädchen wohl geht? Ihren Geschwistern und der Mutter?«, fragte sie sich laut.

Arnold stocherte in den Flammen. »Ihr Leben liegt in Gottes Hand. Wir haben mehr getan, als man von uns erwarten konnte. Und jetzt schlaft!«

Jemand rüttelte an ihrer Schulter. Sie fuhr auf. Eine Hand auf ihrem Mund. Das Blut rauschte in ihren Ohren. In der Nachtschwärze erkannte sie schemenhaft Arnolds Gesicht. Seine Schwertklinge blitzte im Sternenlicht. Er machte eine fahrige Geste – sie mussten aufbrechen. Was war los?

Mona hatte Paul geweckt. Hastig rafften sie ihre Decken zusammen. Jakoba glaubte eine Bewegung hinter sich wahrzunehmen. Ein verdächtiges Knacksen im Wald, ein Wiehern und da – die Umrisse eines Mannes zeichneten sich am Rande der Lichtung ab.

Angst prickelte in Jakobas Nacken. Plötzlich die verrückte Sorge, dass Anno sie doch gefunden haben könnte. Was für ein Unsinn – es waren Räuber oder Mordbuben! Sie warf ihre Decke auf den Wagen. Mona und Paul schirrten die Pferde an.

Auf einmal durchdrang ein vielstimmiges Brüllen die Stille – aus dem Dickicht stürzten drei Männer auf sie zu. Funken sprühend trafen die Klingen aufeinander.

Arnold wehrte beherzt zwei der Angreifer ab, während der dritte auf den Wagen sprang. Sie wollten sie also tatsächlich berauben!

Paul rannte hinterher, packte das Bein des Mannes und versuchte, ihn vom Wagen zu zerren. Der Räuber trat aus und traf Paul im Gesicht. Aufheulend flog der Halbwüchsige zu Boden. Arnold wurde von einem Kämpfer beinahe niedergerungen, während der andere das Schwert gegen ihn schwang. Mona hielt einen Nierendolch in den Händen und sprang ihrem Mann bei. Im Affenkäfig kreischte Sasa aufgeregt. Paul rappelte sich wieder hoch.

Hilflos ballte Jakoba die Hände. Was sollte sie nur tun? Sie

237

hatte keine Waffe. Der Spaten! Sie eilte zum Wagen und versuchte bebend, den Spaten aus der Wagenwand zu lösen. Von der Pritsche flogen Kisten und krachten klirrend auf die Erde. Unvermittelt roch es intensiv nach Blumen und Essenzen. Arnolds kostbare Tränke und Gerätschaften!

Jakoba zog und zerrte, aber sie bekam die Bänder einfach nicht auf. Da – endlich! Paul war es gelungen, in den Wagen zu klettern. Er hatte sich in einem wagemutigen Versuch, den Räuber aufzuhalten, um dessen Hüfte geklammert.

»Genug jetzt, du Dieb!«, schrie Paul.

Tatsächlich brachte er seinen Gegner aus dem Gleichgewicht – die beiden stolperten aus dem Wagen, rangen miteinander. Jakoba holte mit dem Spaten aus. Zögerte. Sie musste sicher sein, dass sie den Richtigen traf. Ein Schrei lenkte sie ab – was war mit Mona? Einer der anderen Räuber hatte ihr den Dolch aus der Hand geschlagen und packte sie nun. Arnold wollte ihr zu Hilfe kommen, wurde aber von dem dritten Angreifer aufgehalten, der ihn mit zwei schnell aufeinanderfolgenden Hieben entwaffnete. Schon holte er aus, um Arnold den Todesstoß zu versetzen.

Ungestüm schwang Jakoba den Spaten und traf den Mordbuben. Dieser wankte, taumelte – sein Stich traf jedoch noch. Wie ein gefällter Baum fiel Arnold um.

Mona schrie. Sie trat um sich, biss in die Hand, die sie festhielt, und konnte sich schließlich freimachen. Der Mann setzte ihr nach. Der andere Mordbube wandte sich Jakoba zu, doch ihr saß noch der Schock über das Schicksal des Medicus in den Gliedern. Sie hob den Spaten, entschlossen, sich bis zuletzt zu verteidigen, da spaltete das Schwert schon den Holzstiel. Der Ruck war so stark, dass Jakoba herumgerissen wurde. Hart schlug sie auf den Boden auf, gewiss, dass der Mann ihr sogleich den Rest geben würde. Auch Mona war wieder in der Gewalt des Angreifers, und Paul wurde von dem dritten Räuber zusammengeschlagen. Sie waren verloren!

In diesem Augenblick sirrte etwas durch die Luft, und der Mordbube sackte zusammen. Ein weiterer Pfeil ging daneben, der dritte traf jedoch Monas Angreifer ins Bein. Mona machte sich los und stürzte zu ihrem Mann. »Jakoba, schnell – ich brauche deine Hilfe!«, rief sie mit brechender Stimme. In dieser Stunde der Not duzte sie Jakoba zum ersten Mal.

Ein Pfiff, Hufgetrappel. Sich gegenseitig stützend, humpelten die Angreifer zu ihren Pferden. Unter den Armen trugen sie Bündel und Säcke, ihr Raubgut. Sollte sie ihnen nachsetzen? Wichtiger war Arnold. Jakoba wandte sich ihrem Gefährten zu. In seinem Oberschenkel klaffte eine Fleischwunde. Die Erde um ihn war nass von seinem Blut.

»Wir müssen abbinden … aber wie? Was kann ich tun? Bitte, mach schnell! Du musst ihn retten!«, stammelte Mona.

Schon riss Jakoba einen Streifen von ihrem Leibhemd und band damit Arnolds Oberschenkel ab. »Ich brauche ein Stöckchen oder etwas Ähnliches zum Festzurren!«

Auf einmal stand ein Fremder neben ihnen. Der Gedanke schoss durch Jakobas Kopf, wie sie ihn überwältigen könnte, dann aber erkannte sie, dass er ihr Retter sein musste. Er war dunkel gekleidet und trug eine Gugel auf dem Kopf, sodass man sein Gesicht kaum erkennen konnte. Über die Schulter hatte er seinen Bogen gelegt. Er bückte sich und hielt ihr den Rest des Spatenstiels hin. Hinter ihnen stöhnte Paul, dem der Mann nun aufhalf.

»Packt eure Sachen! Und dann ab in die Sattelburg, falls die Mordbuben zurückkommen!«, befahl der Fremde. Er beförderte die Kisten und Säcke, die der Räuber aus dem Wagen geworfen hatte, wieder hinein.

War er der Herr der Sattelburg, derjenige, der sie am Abend abgewiesen hatte? Da Arnold das Gespräch übernommen hatte, hatte sie das Gesicht des Burgherrn nicht gesehen.

Jakoba verband Arnolds Wunde notdürftig. Gemeinsam

wuchteten sie Arnold auf die Pritsche des Kobelwagens. Mona mochte ihren Mann kaum loslassen. Sie weinte haltlos. Ihr Retter sprang auf den Kutschbock und lenkte die Pferde zur Sattelburg zurück. Dort öffnete er das Tor und half ihnen in den Palas. Knechte oder Mägde waren nicht zu sehen. Das Gebäude war sehr klein, alt und baufällig. Kein Balken, der nicht gestützt, kein Möbelstück, das nicht repariert war. Und schmutzig war es! Selbst im schwachen Licht des Kienspans sah Jakoba den Dreck auf dem Boden, Mäusekötel und Spinnweben. Arnold betteten sie auf ein einfaches Spannbett in die Gesindekammer.

»Legt etwas unter mein Bein ... es muss hoch gelagert werden ... nun macht schon – oder wollt ihr, dass ich verblute?«, knurrte er mit zusammengebissenen Zähnen.

Jakoba kam seiner Aufforderung nach, während Mona ein Schwämmchen aus einer Kiste holte.

»Noch nicht – weg mit dem Schwamm, das ist zu früh! Ich brauche ...« Der Schmerz nahm ihm die Luft. »Eine Einheit Weihrauch und ... eineinhalb Einheiten Aloe – schnell, Mona!«

Hektisch suchte seine Frau in der Kiste, hielt immer wieder Gefäße hoch.

»Nein, das ist es nicht!«

Jakoba half ihr, bis sie es fanden.

»Ein Ei, Paul – beschaffe ein Ei!« Jetzt wandte er sich an Jakoba: »Vermischt Weihrauch ... und Aloe mit dem Eiweiß, bis die Masse wie ... Honig wirkt. Mona, wir brauchen Hasenhaar.«

Dieses Mal fand seine Frau das kleine Bündel sofort.

Schweißperlen standen auf Arnolds Stirn, als er sich auf das Lager zurücksinken ließ. Jakoba fertigte die Mischung an und strich sie auf die flaumigen Hasenhaare.

»Jetzt füllt die Wunde mit der ... Masse. Und dann mit ... einer Wergauflage verbinden! Macht schnell!«, trieb er sie an, als sie zu zaghaft vorging. Als die Wunde verschlossen war, verabreichte

Jakoba ihm eine Dosis Theriak, nässte den Schlafschwamm und reichte ihn dem Medicus. Arnold dämmerte weg.

Jakoba wusste nicht, wie viel Zeit vergangen war, spürte aber an der Schwere ihrer Glieder, dass die Behandlung lange gedauert hatte. Sie versorgte die Platzwunden in Pauls Gesicht und die Prellungen an seinem Leib. Mona hatte einen kleinen Schnitt am Hals, den Jakoba ebenfalls reinigte und verband.

Von der Tür aus beobachtete der Hausherr sie unruhig, als sie die Heilmittel wieder wegräumte. »Ich hätte Euch und Eure Eltern niemals abweisen dürfen. Es sind finstere Zeiten. Zu meiner Entschuldigung kann ich nur anführen, dass es hier seit langer Zeit keine Raubüberfälle mehr gegeben hat. Aber als ich Eure Schreie hörte, wusste ich, dass ich verpflichtet war, Euch zu Hilfe zu kommen«, sagte er schließlich zu Jakoba.

Er hält also Arnold und Mona für *unsere Eltern.* Jakoba warf Paul einen Blick zu und beschloss, diesen Irrtum vorerst nicht aufzuklären.

»Es sind finstere Zeiten, Ihr sagt es. Deshalb müssen wir Euch danken, dass Ihr unsere Rettung auf Euch genommen habt. Darf ich wohl Euren Namen erfahren, mein Herr?«, fragte Jakoba und blinzelte müde. Mona hatte sich bereits an Arnolds unverletzte Seite gelegt und die Augen geschlossen.

»Herr von Haggen.« Der Mann schien zu merken, dass es nicht der rechte Augenblick für ein längeres Gespräch war. »Wir sind nicht für Besuch eingerichtet, aber bis morgen könnt Ihr hierbleiben.«

In der Nacht wurde Arnold von Schmerzen und Albträumen geplagt. Jakoba und Mona taten alles, um ihm sein Leiden zu erleichtern. Vor allem der Theriak schien ihm zu helfen. Gegen Morgen breitete Jakoba eine Decke aus und schlief, obgleich der gestampfte Lehmboden der Kammer schmutzig und frostig kalt war.

Sie erwachte, weil sich über ihr etwas rührte. Schlaftrunken konnte sie kaum glauben, was sie sah: Mit beiden Händen hielt Arnold sein Bein umfasst und wollte es aus dem Bett schieben. Er war käsig, gleichzeitig stand Schweiß auf seiner Stirn. Der Verband war von Blut durchweicht.

Auch Mona schreckte auf: »Bist du verrückt! Du kannst nicht aufstehen! Du wärest gestern beinahe verblutet«, schalt sie ihn.

Arnold legte behutsam die Finger auf die Wunde am Hals seiner Frau. »Was hast du da – ist es eine tiefe Wunde?« Heute wirkte er beinahe greisenhaft.

»Nur ein Kratzer – Jakoba hat sich darum gekümmert«, winkte Mona müde ab.

Arnold wirkte verwirrt und aufgewühlt. »Wo sind wir? Ist etwas gestohlen worden?«

»Der Herr der Sattelburg hat uns gerettet und aufgenommen; hier sind wir sicher. Nur Sasa wollte er nicht im Haus haben. Teufelstier hat er sie genannt. Ansonsten haben wir unsere Habseligkeiten noch nicht untersucht. Wir haben uns erst einmal um dich gekümmert.«

Auch Paul, der neben Jakoba auf der Erde gelegen hatte, war nun aufgewacht. Außer blauen Flecken und einer aufgeplatzten Lippe schien er keine Verletzungen davongetragen zu haben.

Arnold runzelte die Stirn. »Bitte, Liebes, bring mir meine Kisten. Aber nimm Paul mit, ich will nichts riskieren.« Etwas widerwillig verließ Mona den Raum.

Jakoba löste den Wergverband und versorgte die Wunde, die rot geschwollen und mit dem Hasenhaar verklebt war. Schon nahm sie die Theriak-Phiole in die Hand. »Ein Löffel gegen die Schmerzen?«

Arnold schüttelte den Kopf. »Nicht diese Flasche. Der Mohnsaft vernebelt das Hirn – das kann ich nicht gebrauchen.« Er wies auf die Kiste: »Nehmt die dunkelblau versiegelte, darin ist Theriak ohne Mohnsaft.«

Mona und Paul kamen zurück und stellten zwei Kisten in die Ecke. »Ist noch alles da?«, wollte Arnold wissen.

»Später«, sagte Mona, denn Herr von Haggen folgte ihnen auf dem Fuß.

»Eure Pferde sind zum Aufbruch bereit«, sagte der Hausherr schroff. Sein Blick wanderte zu Paul, dessen Anwesenheit ihn besonders zu stören schien. »Ich sagte ja bereits, dass ich nicht auf Besuch eingerichtet bin. Also gehe ich davon aus, dass Ihr das Tageslicht zur Abreise nutzen werdet.«

»Ich fürchte, wir werden Eure Gastfreundschaft noch etwas länger strapazieren müssen«, sagte Arnold, um Höflichkeit bemüht. »Bei der kleinsten Bewegung bricht meine Beinwunde wieder auf. Selbstverständlich werden wir unsere Vorräte mit Euch teilen. Wie groß ist die Besatzung dieser Sattelburg?«

»Ich bin derzeit allein.« Die Antwort kam ein wenig zu schnell. »Die Seuchen haben einen Teil des Gesindes und unzählige Bauern dahingerafft. Meine Knechte sind unterwegs und durchkämmen die Gegend nach den Räubern.«

»Wir haben auf der Reise gesehen, dass viele Felder überschwemmt wurden oder brachliegen.«

»Die Welt ist ein Jammertal, das ist wahr«, sagte der Burgherr düster.

»Duldet Ihr uns also eine weitere Nacht unter Eurem Dach?«

»Wenn ich es nicht verhindern kann.« Der Mann ging hinaus.

Arnold verdrehte die Augen und ließ sich auf das Lager zurückfallen. Schon durchnässte die Wunde erneut das Werg an seinem Oberschenkel. Jakoba sorgte sich. Er durfte nicht noch mehr Blut verlieren – oder war das etwa Eiter? »Gastfreundschaft sieht wahrlich anders aus«, sagte Arnold matt.

»Immerhin wirft er uns nicht hinaus«, wollte Jakoba ihn aufmuntern, doch er sah sie düster an.

»Lasst mich und meine Frau allein. Ihr könntet den Zustand der Medizinvorräte überprüfen, Jakoba. Und du, bring mir mein

Kistchen, Herz meines Lebens. Ich muss wissen, ob die Räuber etwas gestohlen haben.«

Als sie hinausgingen, hörte Jakoba noch, wie Mona sagte: »Das waren keine einfachen Räuber, und du weißt es …«

Paul und Jakoba sahen einander an: Was meinte sie mit diesen Worten?

Der Wehrturm war schmal, er hatte nur einen Durchmesser von eineinhalb Wagenlängen. Neben der Gesindekammer führte eine Treppe nach oben, eine Tür öffnete sich zur Stube. So düster und kalt war es in dem Gemäuer, dass sie froh waren, an die Luft zu kommen. Die Sonne schien, und Jakoba freute sich über den Anblick eines Rosenstocks an der Mauer, der sich zum Licht reckte und zaghaft seine Blüten aufbrechen ließ. Der Hof wirkte wie ausgestorben.

»Ich habe keinen einzigen Knecht gesehen«, sagte Paul und strich über seine aufgeplatzte Oberlippe.

»Herr von Haggen sagte doch, dass sie unterwegs seien.«

Sie kletterten in den Wagen und kontrollierten die Kisten. Etliche Glasphiolen und einige Tontöpfe waren zerbrochen. Jakoba pickte die Scherben heraus und füllte die Kräuter in Leinensäckchen. Nur ein Sack Getreide war noch da. Sie würden die Körner streng einteilen müssen, damit sie über die Runden kamen, bis Arnold wieder reisefähig war.

»Hast du den Brunnen gesehen? Wir brauchen Wasser zum Abkochen«, sagte Jakoba.

Paul schnappte sich den Ledereimer und machte sich auf den Weg. Plötzlich schimpfte jemand lautstark. Ein Protestschrei erklang. Jakoba eilte dem Jungen nach. Der Hausherr stand am Brunnen, hatte Paul am Ohr gepackt und keifte ihn an: »Was schleichst du hier herum? Ihr dürft hier übernachten, aber nicht herumschnüffeln, begreifst du das?«

»Paul sollte nur Wasser holen! Wir brauchen es, auch für die Heiltränke!«, versuchte Jakoba, den Burgherrn zu beruhigen.

Skeptisch sah er sie an. »Ihr seid also tatsächlich eine Heilerin? Ich konnte es gestern kaum glauben. Manchmal hatte ich den Eindruck, Ihr wüsstet nicht, was Ihr tut.«

»Meister Arnold ist Medicus. Er unterrichtet mich«, antwortete Jakoba wahrheitsgemäß.

Der Burgherr musterte sie skeptisch. »Dann nehmt das Wasser. Dort hinten ist das Herdfeuer. Lasst es nicht ausgehen – verbraucht aber auch nicht zu viel Holz! Anschließend geht in die Kammer zurück, und bleibt dort. Ich dulde nicht, dass der Bursche hier allein herumschleicht.«

»Für Paul verbürge ich mich. Außerdem kann er gut auf sich selbst aufpassen.«

Wortlos wandte der Mann sich ab.

Paul zog die Schultern hoch. »Ein unheimlicher Kerl«, flüsterte er, als sie zur Gesindekammer zurückgingen. »Und lügen tut er auch. Vorhin war er oben im Turm. Hat dort mit jemandem geredet. Oder er ist nicht ganz richtig im Kopf und spricht mit sich selbst.«

Um in der engen Kammer nicht trübsinnig zu werden, brachten sie in Ruhe den Wagen und die Ladung in Ordnung. Mona putzte und fegte den Raum, als hielte sie den Schmutz nicht aus. Endlich zufrieden entzündete sie auch noch Räucherwerk, bis man den Muff der feuchten Wände nicht mehr wahrnahm. Arnold dämmerte entweder vor sich hin oder versenkte sich in seinen Pergamenten und Wachstafeln. Als Mona endlich einen kleinen Topf Grütze kochte, hing ihnen der Magen schon in den Kniekehlen, und ihnen war kalt bis ins Mark.

Jakoba machte sich auf den Weg, um dem Hausherrn die versprochene Portion zu bringen. Zu ihrem Entsetzen hatte es geschneit – dabei war es beinahe Juni! Sogar die Rosenblüten trugen weiße Häubchen. Hatte der Herrgott denn überhaupt kein Mitleid mit ihnen?

Sie fand Herrn von Haggen hinter dem Stall, wo er die Schneemützen von den Apfelblüten wedelte. In dem kleinen Garten wurden die Pflänzchen offenbar sorgfältig gehegt und gepflegt; überall sah sie Stützstäbe und geflochtene Dornenzäune, die Kaninchen abhalten sollten.

»Schneefall nach Pfingsten. Unsere Welt ist wirklich durcheinander«, sagte sie.

»Und man fragt sich, ob sie je wieder in Ordnung kommen wird.« Er betrachtete skeptisch den Apfelbaum. »Dicke Knospen sind es. Endlich sind einmal nicht die meisten erfroren oder vergammelt. Und nun das!«

»Sicher war es der letzte Schnee in diesem Jahr«, versuchte Jakoba, ihm Hoffnung zu machen. »Im Gegensatz zu den letzten Jahren lässt sich heuer immerhin ab und zu die Sonne sehen.«

Er nickte zögerlich. »Ja, was wären wir ohne Hoffnung.« Haggens Gesicht hellte sich etwas auf, als er die Grützeschale sah. »Habt Dank dafür.«

»Ich wusste nicht, ob Ihr mit uns essen wollt«, sagte Jakoba.

Auf der schneebestäubten Holzpalisade hüpfte ein Rotkehlchen. Jakoba hatte schon lange keins mehr gesehen und freute sich über den Anblick. Herr von Haggen nahm es gar nicht wahr.

»Ich werde die Schale in den Turm bringen«, sagte er. Mit einem Räuspern sah er Jakoba an. »Denn es gibt einen weiteren Grund, warum wir keinen Besuch empfangen und meine Mägde und Knechte abgehauen sind. Meine Frau, sie ist …«, er stockte. »Wir fürchten, es ist die Miselsucht.« Abgrundtiefe Trauer zeichnete sein Gesicht. »Sie hat sich in der Kemenate eingeschlossen. Ich bringe ihr Wasser und Essen, aber sie lässt mich nicht ein. Sie fürchtet, ich würde sie in ein Leprosenspital schaffen – aber das würde ich doch nie tun!«

Jetzt wunderte sich Jakoba nicht mehr, dass das Gesinde diesen Hof verlassen hatte. Jedermann fürchtete die Übertragung dieser Seuche, das wusste sie aus ihrer Heimat. Von Lüneburg aus wurden die Aussätzigen ins abgelegene Bardowick verfrachtet und dort im Nikolaihof verwahrt. Wenn sie überhaupt hinausdurften, mussten sie die Gesunden mit einem Glöckchen oder einer Klapper vor ihrem Erscheinen warnen. Ob man die Krankheit nun Miselsucht, Aussatz oder Lepra nannte – sie bedeutete in jedem Fall den Ausstoß aus der Gesellschaft. Ja, mehr noch: Für die Gesellschaft war der Aussätzige wie tot. Wurde die Krankheit erkannt, wurde für die Kranken eine Totenmesse gelesen.

»Das ist ja wirklich furchtbar«, sagte sie ehrlich erschrocken. »Lasst uns zu Meister Arnold gehen. Sicher weiß er, wie Eurer Frau geholfen werden kann.«

Als wäre ein Damm gebrochen, berichtete Herr von Haggen nun, wie sie das Leiden seiner Frau bemerkt hatten, wie Panik unter dem Gesinde ausgebrochen war, und vom verzweifelten Rückzug seiner Gattin. Inzwischen hatten sie die Gesindekammer erreicht.

Arnold war wach. Jakoba setzte ihn ins Bild.

»Ich kann mein Weib doch nicht ins Lepraspital schicken! Man könnte sie heilen, indem man sie im Blut einer reinen Jungfrau oder unschuldiger Kinder badet – aber das kann doch nicht Gottes Wille sein!«, rief der Burgherr aus.

Jakoba bemerkte, wie Paul unbewusst den Kopf zwischen die Schulter zog. Arnold hingegen straffte sich trotz seiner Schmerzen. »Das ist Aberglaube von der übelsten Sorte! Natürlich gibt es Heiltränke, bei denen Blut verwendet wird – aber doch kein Kinderblut! Im Gegenteil: In der Antike gab es eine Todesstrafe, die darin bestand, Stierblut zu trinken! Ganz abgesehen davon, dass Paul schon ein veritabler Jüngling ist.« Er schnaubte unwillig. »Hat Euer Weib sich einer Lepraschau unterzogen?«

Der Mann verneinte.

»Wie sieht sie aus? Beschreibt sie mir!«

»Ihr Gesicht ist ebenmäßig, die Zähne hat sie noch alle …«

»Das meine ich nicht!«

Wieder räusperte sich der Mann. »Ihr Gesicht ist gezeichnet, das stimmt. Rot und fleckig, verschorft. Über grauenvolle Schmerzen klagt sie, überall juckt es, sogar zwischen den Fingern und den Zehen.«

»Hat sie Klauenfinger oder Klauenfüße? Geschwüre auf der Haut oder weiße Flecken? Taube Stellen? Sind ihre Augen gelblich verfärbt?«

»Ich weiß es nicht«, musste Herr von Haggen zugeben und hob resigniert die Hände. »Ich habe vollstes Verständnis, wenn Ihr meine Burg sofort verlassen wollt.«

Entschlossen schüttelte Arnold den Kopf. »Wir sind hier nicht in unmittelbarer Gefahr. Außerdem wollen wir uns gern für Eure Hilfe erkenntlich zeigen.« Er wandte sich an Jakoba. »Wagt Ihr es, durch die Wand mit der Frau zu sprechen? Vielleicht könnt Ihr sie auch aus einiger Entfernung betrachten. Allerdings müssten wir sie irgendwann zur Ader lassen, um das Blut zu seihen. Und dann benötigen wir natürlich einen Becher Urin. Ich würde es ja selbst tun, aber …«

Jakoba überlegte nicht lange. Ihr Wunsch zu helfen überwog Angst und Ekel. »Mit Verlaub: In Eurem Zustand werdet Ihr es nicht einmal bis zur Treppe schaffen. Ich weiß aber nicht, was ich sie fragen soll. Mit Miselsucht hatte ich noch nie zu tun.«

»Bist du wirklich ganz sicher, dass Jakoba das tun sollte?«, mischte sich Mona ein. »Wenn sie nun auch von diesem Unglück befallen wird …«

»Du weißt, dass ich mit genügend Leprösen zu tun gehabt habe – und in diesem Fall habe ich begründete Zweifel an der Erkrankung«, wischte Arnold die Bedenken weg. »Sicherheitshalber kann Jakoba der Kranken die Medizin hinstellen und ihr Anweisungen geben, das wird schon gehen.«

»Wenn sie mich lässt, untersuche ich sie auch«, zeigte sich Jakoba entschlossen.

Arnold setzte sich auf. Je länger er sprach, desto mehr wuchs Jakobas Respekt vor der Aufgabe, die sie erwartete: »Die Lepra rührt von einem Überfluss an schwarzer oder gelber Galle her, die den Körper verbrennt. Wir unterscheiden vier Arten der Lepra. Am meisten zeichnet der Aussatz das Gesicht, deshalb müsst Ihr ihm die größte Aufmerksamkeit widmen. Die Augen verlieren ihre Mandelform, sind trüb und entzündet. Knotig und wulstig hängen die Augenbrauen über, wie dies bei Löwen oder Zornigen der Fall ist.« Er bat um sein Kästchen, während er weitersprach. »Geschrumpfte Ohrläppchen und eine knollige Nase, durch die man kaum mehr atmen kann, weshalb die Stimme harsch und scharf wird, sind weitere Zeichen des Aussatzes.« Arnold reichte Jakoba einen gabelförmig gespaltenen Stab. »Damit müsst Ihr die Nasenlöcher spreizen und mit einem Licht hineinleuchten, um nach den charakteristischen dunkelroten oder gelblichen Pusteln Ausschau zu halten. Sogar unter der Zunge sitzen bei Leprösen welche.« Als Nächstes hielt er ihr ein kleines Stoffbündel hin, in dem Nadeln verschiedener Größen eingesteckt waren. »Ihr müsst die Empfindlichkeit der Haut prüfen. Stecht hinein – beginnt an den Fingerspitzen und arbeitet Euch sorgfältig vor. Die Taubheit breitet sich bei Aussätzigen immer weiter aus.« Zuletzt übergab er ihr sein Lässeisen und zwei kleine Gläser. »Für Aderlass und Urin.«

Jetzt wurde Jakoba mulmig zumute. Noch nie hatte sie einen Aderlass selbst vorgenommen. »Welche Ader soll ich öffnen?«

»Die Drosselvene. Ihr müsst einen Längsschnitt machen.« Arnold beschrieb ihr das Verfahren genau; trotzdem hoffte Jakoba sehr, dass ihre Hand nicht zittern würde. Nervös ging sie die Treppe zur Kemenate hoch. Sie klopfte, aber es blieb hinter der Tür völlig still.

»Lasst mich ein, ich bin Heilerin. Ich weiß, dass Ihr da seid und wie es um Euch steht«, sagte Jakoba. »Euer Mann hat es mir gesagt.« Kein Wort, kein Schritt, nicht einmal ein Atmen war zu hören. Immer wieder sprach Jakoba die Kranke an. »Bitte, redet wenigstens mit mir! Ich tue Euch nichts!«, versprach sie schließlich.

Endlich eine Reaktion: »Ihr lügt! Ihr seid gekommen, um mich abzuholen! Aber ich will nicht weg – ich verlasse mein Haus nicht!«

»Ich will Euch nicht abholen. Im Gegenteil, ich möchte Euch helfen.«

»Niemand kann mir helfen.«

»Vielleicht doch. Vielleicht ist es nicht die Miselsucht, an der Ihr leidet. Lasst mich Euch anschauen, ich bitte Euch.«

»Ich kann mich niemandem zeigen. Hässlich wie der Teufel bin ich. Deshalb will mein Mann mich ja auch loswerden.«

»Wie kommt Ihr nur darauf? Euer Mann liebt Euch. Er harrt hier mit Euch aus, schützt und versorgt Euch. Er wünscht sich nichts sehnlicher, als Euch wiederzusehen.«

»Ich habe ihn enttäuscht. Jetzt ist er an mich gebunden, kann mich nicht einmal verlassen. Die Kirche hat verboten, die Ehe mit Aussätzigen aufzuheben. Sonst wäre er längst fort.« Die Stimme war nur noch ein Wispern. »Ich wünschte, ich wäre tot. Wenn ich mutiger wäre, hätte ich mir längst ein Messer in den Leib gerammt.«

Es kam Jakoba verkehrt vor, ein derartiges Gespräch durch eine Holzwand zu führen. Sie wünschte, sie könnte der Frau ins Gesicht schauen. »Es ist gut, dass Ihr es nicht getan habt. Euer Mann will Euch nicht verlieren. Ihr gehört zusammen. Euch kann geholfen werden, das glaube ich bestimmt. Kein Mensch kann sicher sein, dass er wirklich an Aussatz leidet, bis es erwiesen ist. Lasst mich ein, dann werde ich Euch untersuchen. Meister Arnold, mein Lehrer, ist ein erfahrener Medicus. Er hat mich gelehrt, die Krankheit zu erkennen.«

»Warum kommt dieser Medicus nicht selbst?«

Jakob berichtete von dem Überfall und Haggens Hilfe.

Das schien die Kranke zu überzeugen. »Meine Haut ist schorfig wie die einer Schlange. Sie beißt und juckt. Nachts ist es besonders schlimm, da traktieren mich die Teufel«, sagte sie.

»Was ist mit Euren Augen? Sind sie verklebt? Und Eure Nase? Ist sie zugeschwollen? Spürt Ihr etwas in den Fingerspitzen, oder sind sie taub?« Jakoba zählte die verschiedenen Anzeichen der Miselsucht auf. Die Kranke antwortete einsilbig.

»Ich könnte Euren Zustand besser beurteilen, wenn Ihr mich einlassen würdet, meine Dame«, sagte Jakoba schließlich.

»Ihr klingt selbst wie eine Dame.«

»Mein Bruder ist ein Ritter.«

»Wem dient er?

Herumzudrucksen würde das zarte Pflänzchen des Vertrauens wieder zunichtemachen, das wusste Jakoba. »Dem Herzog von Lüneburg.«

Nun öffnete sich die Tür. Jakoba stand einer abgehärmten Gestalt gegenüber, deren Gesicht von einem Schleier bedeckt war. Im Zimmer herrschte Zwielicht, die Luft war verbraucht, sodass Jakoba erst einmal den Holzladen öffnete. Das Stroh war matschig, auf einem Schemel lagen schmutzige Leibhemden, und der Nachttopf stank ekelerregend, weshalb Jakoba einen Warnruf ausstieß und ihn kurzerhand aus dem Fenster leerte.

»Mein Mann soll mich nicht so sehen.« Die Frau nahm den Schleier ab. Die braunen Haare lagen fettig an ihrem Kopf. Die Gesichtshaut war gerötet und zerkratzt, doch die Augen waren klar. So heftig rieb sie hinter dem Ohr, dass Jakoba ihr Handgelenk umfasste, um ihr Einhalt zu gebieten.

»Setzt Euch ins Licht, und berichtet mir, seit wann Euch diese Krankheit quält.«

Achtlos schob die Frau die Kleidung vom Schemel und ließ sich darauf fallen. »Vor sechs Wochen hat es angefangen. Es war eine schwierige Zeit. Die Vorräte wurden knapp, und es war nicht abzusehen, dass wir eine anständige Ernte einfahren oder zu Geld kommen würden. Mit Sack und Pack standen unsere Pfründner vor dem Tor. Wir ließen sie ein – und wussten doch, dass wir ihnen auf die Dauer nicht helfen konnten. Manche siechten vor unseren Augen dahin, sogar die kräftigen jungen Mägde. Dann fing es auch bei mir an.« Immer wieder fuhr sie sich über das Gesicht, sodass Jakoba das Schwarze unter ihren Fingernägeln sehen konnte. Während sie die Frau weiter befragte, begann sie, sie behutsam zu untersuchen. Zunächst scheute sie sich noch etwas, sie anzufassen, zumal die Kranke sehr schmerzempfindlich zu sein schien. Immer wieder zuckte sie zusammen oder jammerte, wenn Jakoba sie auch nur berührte.

Als sie die Holzgabel in die Nasenlöcher einführte, schrie die Frau auf.

»Nur ein wenig Geduld noch. Legt den Kopf zurück – ja, so macht Ihr es gut.« Jakoba hob mit der anderen Hand die Kerze, die sie entzündet hatte.

»Au – wollt Ihr mich versengen?!« Die Kranke zuckte zurück.

Jakoba hatte Mitleid, gleichzeitig ärgerte sie sich etwas, denn sie war schon sehr vorsichtig gewesen. »Der Ausschlag sieht nicht nach Lepra aus. Eure Nase scheint frei zu sein, aber ganz sicher bin ich noch nicht. Wenn Ihr also noch einmal den Kopf neigen würdet? Haltet den Nasenspreizer ruhig selbst fest, dann kann nichts schiefgehen«, sagte sie geduldig.

Anschließend reinigte sie die Holzgabel mit einem feuchten Tuch und holte das Nadeletui hervor.

Die Frau schob den Schemel ein Stück zurück. »Was soll das? Was wollt Ihr von mir?«, fragte sie ängstlich.

»Die Taubheit breitet sich bei Aussatz immer weiter aus, deshalb überprüfe ich mit Hilfe der Nadeln, wie es um die Empfindsamkeit Eurer Haut bestellt ist.«

Die Kranke verschränkte die Arme. »Meine Haut ist sehr empfindsam. Ich sage doch: Es piekst und zwickt überall.«

»Diese Untersuchung ist notwendig. Ihr habt schon so viel

hinter Euch gebracht, jetzt schafft Ihr das auch noch.« Doch
Jakobas Geduld wurde auf eine harte Probe gestellt, denn bei jedem Einstich schrie die Kranke auf, da halfen auch keine beruhigenden Worte. Schließlich bat sie die Kranke, sich auszuziehen.
Ein säuerlicher Geruch ging von dem knochigen Körper aus. In
den Hautfalten war der Ausschlag weit verbreitet, besonders um
Achseln, Gesäß und Bauchnabel. Die Herrin von Haggen litt auf
jeden Fall unter einer Krankheit, so viel stand fest. Aber Lepra
war es wohl nicht

»Ich schäme mich so dafür. Was die Leute alles geredet haben,
sogar unser Gesinde. Die Miselsucht sei eine Strafe für sünd-
hafte Ausschweifungen. Unmäßigen Verkehr. Aber mein Mann
und ich …« Sie stockte. »Natürlich sind wir uns zugetan. Im
normalen Maß.« Knallrot war sie geworden. »Bevor ich mich
auslachen oder herumschubsen lasse, verkrieche ich mich lieber.«

Jakoba bat die Kranke, ihre Blöße zu bedecken. »Ich hoffe
sehr, dass sich Euch bald wieder ein besseres Leben bietet«,
sagte sie und reinigte die Lanzette für den Aderlass mit Olivenöl. Trotz voller Konzentration gelang ihr der Schnitt mit dem
Lässeisen nicht sofort, sondern sie musste ein paarmal ansetzen,
was zu ausdauernden Schmerzensbekundungen der Kranken
führte. Endlich konnte Jakoba das Blut auffangen und verband
die Wunde. Zuletzt bat sie noch um etwas Urin. Umstandslos
hockte die Frau sich hin und pinkelte in die Schale.

»Soll ich Euch eine Schale Wasser bringen lassen, damit Ihr
Euch waschen könnt?«, fragte Jakoba beim Hinausgehen.

»Um Gottes willen, nein! Ich will meinen Körper nicht weiter
schwächen.«

Arnold saß auf dem Bett und sortierte die Fläschchen in seinem
Arzneikästchen. Als Jakoba eintrat, sagte er gerade: »Die Unholde haben uns nicht nur bestohlen, sondern auch sonst großen

Schaden angerichtet. Gut die Hälfte der Phiolen ist zersprungen. Wir werden früher nach Venedig zurückkehren müssen, als ich dachte.«

»Ich habe nichts dagegen, das weißt du. Aber bis dahin brauchen wir …« Mona verstummte und sah Jakoba erwartungsvoll an. In der Ecke spielte Paul mit dem Äffchen, das sie nun doch hereingeholt hatten.

Jakoba fasste ihre Beobachtungen zusammen, verschwieg aber auch ihr Missgeschick beim Aderlass nicht. Unschlüssig hielt sie das Uringlas und die Schale mit dem Blut in den Händen. Wohin damit?

»Auch die weiteren Untersuchungen werdet Ihr übernehmen müssen. Der Urin der Leprösen enthält nach Villanova trockene, erdige und körnige Bestandteile und ist heller, dünner und flüssiger als normaler Urin. Schwenkt ihn einmal, wir werden hören, ob er den verräterischen hellen Klang von sich gibt.« Jakoba tat wie geheißen, aber sie hörten nichts Ungewöhnliches.

»Stellt das Glas jetzt auf den Tisch. Wir werden sehen, ob sich etwas absetzt. Wichtig ist ohnehin der Blutkuchen. Nehmt ein frisches Leinentuch, und seiht etwas Blut durch«, forderte Arnold sie auf. »Seht Ihr kleine weiße Körper auf dem Tuch?«

Jakoba verneinte.

»Wie ist es mit den erdigen Bestandteilen der Krankheitsmaterie?«

Wieder verneinte Jakoba.

»Dann füllt jetzt etwas Blut ab und streut ein paar Körnchen Salz darauf. Beobachtet genau – lösen sie sich auf?«

»Sie sind schon weg.«

»Gut, das dachte ich mir. Nun lasst das Blut stehen. Wir müssen einige Stunden warten, bis sich der Blutkuchen absetzt.«

Jakoba tat wie geheißen und reinigte in der Waschschale ihre Hände. »Was bedeutet das?«

»Das bedeutet, dass es vermutlich Hoffnung für die Dame des

Hauses gibt.« Arnold versuchte, sich auf die Seite zu drehen, gab aber stöhnend auf. »Mein Rücken bringt mich noch um«, murrte er.

»Beug dich vor, Lieber, dann massiere ich dich mit wohlriechenden Ölen«, bot Mona an, doch auch diese Bewegung schien mit dem geschwollenen Bein unmöglich zu sein.

»Wenn es nicht die Miselsucht ist, was ist es dann?«, fragte Jakoba, um Arnold abzulenken.

»Die Krätze, da bin ich fast sicher. Die Beschreibung passt.«

»Auch der Grind ist auf schlechtes Blut und ein Ungleichgewicht der Säfte zurückzuführen«, wusste Jakoba.

Arnold zog abschätzig die Mundwinkel herunter. »Ein weit verbreiteter Glaube. Ein Lebewesen ist es, das Krätze oder, wie Ihr sagt, Grind, verursacht.«

»Ich habe kein Tier gesehen.«

»Winzig ist das Tierchen, nur ein Pünktchen unter der Haut.«

»Wie könnt Ihr wissen, dass es da ist, wenn es nicht zu sehen ist?«

»Weil es berühmtere Ärzte, als ich einer bin, herausgefunden haben. Wenn ich alles Wissen infrage stellen würde, würde ich nicht weit kommen.«

Jakoba entschied sich, Meister Arnold zu glauben, beschloss aber auch, bei der nächsten Untersuchung ganz genau auf diese Tierchen zu achten. »Und was können wir gegen diese Lebewesen tun?

»Schwefel- oder Quecksilbersalben können wir kaum anrühren, dafür reichen meine Vorräte nicht. Wie habt Ihr im Kloster den Grind behandelt?«

»Wir haben Umschläge aus Ackerminze gemacht. Waschungen mit dem eigenen Urin dürften auch helfen.«

»Dann könnt Ihr Euch gemeinsam mit Paul ja auf die Suche nach frischer Minze machen.«

Im Vorhof trafen Jakoba und Paul auf Herrn von Haggen, der

sie mit Fragen bestürmte. Jakoba berichtete ihm von den bisherigen Ergebnissen ihrer Untersuchungen.

»So wird sie also wieder gesund!«, jubilierte der Mann, obgleich Jakoba ihm gesagt hatte, dass die Untersuchungen noch nicht abgeschlossen waren. »Da hat es sich doch gelohnt, dass ich für euch gelogen habe.«

»Wie meint Ihr das?«

»Nun ja, ein paar finstere Gesellen standen vor der Tür. Suchten einen fahrenden Medicus und eine junge Adelige. Ich habe sie nach Süden geschickt«, sagte er leichthin.

Jakoba erstarrte. Wer waren die Verfolger? Waren es die Mordbuben, die sie überfallen hatten? Oder Annos Häscher?

»Kann ich mein Weib aus dem Turm holen?«

»Noch nicht. Wir müssen noch etwas warten, bis wir ganz sicher sein können«, sagte Jakoba reserviert. Etwas, was von Haggen gesagt hatte, ging ihr nicht aus dem Kopf. »Wie kommt Eure Frau darauf, dass Ihr sie loswerden wollt?«

Er wandte den Blick ab. »Wir haben gestritten, bevor sie krank wurde. Sie meinte, ich vergnüge mich mit den Mägden. Deshalb hat sie die Bauern, die bei uns Zuflucht suchten, aus der Burg getrieben. Hat ihr Zeug behalten, als Ausgleich für die verlorene Arbeit. Nichts hatten sie mehr … und damit war ich nicht einverstanden.« Trotzig sah er Jakoba an. »Gottes Strafe kam auf den Fuß. Ich hoffe, dass sie etwas daraus gelernt hat.«

Jakoba dachte an die Stoffberge in der Kemenate. Vielleicht war es das gute Recht der Burgherrin gewesen, die Kleidung an sich zu nehmen, aber Glück hatte sie ihr nicht gebracht.

»Ihr solltet die Kleidung aus der Kemenate schaffen, sie waschen, gründlich den Raum durchfegen, den Boden wischen. In diesem Schmutz gedeihen Krankheiten gut.«

»Das ist nicht meine Aufgabe, sondern ihre. Außerdem hat mein Weib mich nicht eingelassen.«

»Ich denke, bald wird sie es tun.«

Als Jakoba das getrocknete Blut auswusch und den Blutkuchen untersuchte, gab es keine Anzeichen für Aussatz. Also behandelte sie die Kranke mit Ackerminze-Umschlägen und Waschungen mit dem eigenen Urin. Schon am übernächsten Tag ging es der Hausherrin besser. Arnolds Wunde jedoch schwoll weiter an, und er begann heftiger zu fiebern. Da jedoch ihre Vorräte erschöpft waren, hatten sie keine Wahl, als aufzubrechen. Angetrieben vom Hunger packten sie nach fünf Nächten ihre Habseligkeiten zusammen. Die Frau des Burgherrn half ihnen dabei. Herr von Haggen selbst war unterwegs.

Erst als sie beinahe fertig mit Packen waren, kehrte er zurück, Bogen und Pfeile auf dem Rücken. Sein Hemd war schweißfeucht, denn nach dem späten Schneefall war der Sommer mit einer derartigen Macht eingekehrt, als müsste er Versäumtes nachholen. Auch Jakoba schwitzte in ihrem Kleid.

Strahlend hielt von Haggen einen Stecken hoch, an dem zwei Gänse baumelten. »Der heilige Hubertus war mir hold!«

Behände löste die Burgherrin die Gänse vom Holz und reichte sie an Mona weiter. »Das ist das Mindeste, was wir Euch zum Dank geben können.«

Mona winkte ab. »Eine reicht! Ihr müsst selbst wieder zu Kräften kommen!«

»Solltet Ihr wieder hier vorbeikommen, seid Ihr uns herzlich willkommen. Wir werden Euch nicht noch einmal abweisen«, versprach von Haggen. Er legte den Arm um die Schultern seiner Frau. »Ihr werdet sehen, wie sich dann hier alles zum Besseren verändert hat! Jetzt, wo meine Gattin wieder gesund ist. Wenn wir erst neue Dienstleute gefunden haben … Aber erst einmal wünschen wir Euch viel Glück und Gottes Segen.«

»Das können wir gebrauchen«, sagte Mona bedrückt, als sie gemeinsam Arnold auf die Wagenpritsche hoben. Der Zustand des Medicus setzte auch Jakoba und Paul sehr zu. Arnold war kaum ansprechbar. Fürsorglich polsterten sie seinen Rücken und sein Bein mit Kissen ab. Da zwei Frauen auf dem Kutschbock nach leichter Beute aussehen würden, nahm Paul neben Mona Platz. Mona lenkte den Wagen durch das Holztor.

Nach einigen Meilen auf dem Feldweg überholten sie einen Mann und ein Kind, die mit schweren Bündeln beladen waren.

Jakoba erkannte sie sofort. Auf ihren Ruf hin stoppte der Wagen, und sie sprang ab. Eine düstere Ahnung machte ihre Schritte jedoch schwer. Das Gesicht des Mädchens war eine traurige Maske.

Der Mann musterte sie abwehrend. »Was wollt ihr?«

»Das ist die Frau, die uns mit dem Medicus zusammen geholfen hat«, sagte das Mädchen zaghaft. Sie linste in den Wagen. »Und da ist auch das Äffchen, sieh nur, Vater. Glaubst du mir jetzt? Ich habe nicht gelogen!«

»Möchtest du deinem Vater das Äffchen zeigen?«, fragte Jakoba. Das Kind nickte schüchtern. Sie gingen zum Wagen zurück. Paul rief das Tier zu sich, das an einem Band befestigt durch den Wagen streifte, und ließ Sasa einige Kunststücke machen. Das Mädchen lachte, für einen Augenblick von seinem Kummer abgelenkt.

»Dank Euch ist mir wenigstens eines meiner Kinder geblieben«, sagte der Mann rau zu Jakoba.

»Und die Mutter der Kleinen?«

Er presste die Lippen zusammen, dann sagte er: »Sie ist mit unseren Jüngsten im Himmel.«

Jakoba schwieg, erschüttert über die Härte dieses Schicksals. »Wohin wollt Ihr jetzt?«

»Arbeit suchen. Ich kann den Hof nicht allein bewirtschaften. Muss in Lohn und Brot gehen.«

Die Aussichten waren schlecht; kaum jemand hatte genug, um neues Gesinde anzunehmen. Außer … Sie hatte eine Idee. »Kennt Ihr die Sattelburg, ein Stück zurück? Herr von Haggen braucht dringend einen neuen Knecht. Grüßt ihn von uns – er nimmt einen tüchtigen Mann sicher gerne auf.«

Ernst nickte er. »Die Sattelburg kenne ich. Aber hat seine Frau nicht die Miselsucht?«

»Das ist nur ein böses Gerücht. Sie ist ganz gesund, wir waren gerade dort. Meister Arnold ist ein Medicus. Er hat sie behandelt.«

Der Blick des Mannes fiel auf Arnold, der aufgewacht war, aber fiebrig wirkte. »Was soll das für ein Medicus sein, wenn er sich nicht selbst heilen kann?«

»Der Beste«, gab Jakoba erzürnt zurück. »Er leidet an den Folgen eines Unfalls.«

Der Mann straffte sich. »Tüchtig bin ich wohl. Und mein Mädchen auch. Sie kann schon in der Küche helfen und auf dem Feld.« Die Kleine hatte zugehört und reckte stolz das Kinn vor. Nachdem sie ein letztes Mal das Äffchen gestreichelt hatte, nahm sie die Hand ihres Vaters, und die beiden machten sich auf den Weg. Ihre Tapferkeit schnürte Jakoba die Kehle zu.

Sie fuhren in entgegengesetzter Richtung davon. Jakoba saß neben Arnold und drängte die Tränen zurück.

»Trauere um die, die du nicht retten konntest, aber weine nicht, solange du dein Bestes gegeben hast«, sagte Arnold matt. »Wir kamen zu spät, ihre Körper waren schon zu geschwächt. Denk an das Mädchen, das dank unserer Hilfe überlebt hat. Wenn du nur eine einzige Seele retten kannst, ist es das wert.«

Besorgt sah Jakoba ihn an. Seine fahle Haut, die tiefen Augenringe und der Schweiß auf seiner Stirn verhießen nichts Gutes.

Es war eine entbehrungsreiche Weiterfahrt. Kaum einmal fanden sie Behausungen, und wenn, dann waren sie verlassen oder ihre Bewohner vertrieben die Reisenden aus Furcht vor Räubern. Zu kaufen gab es nichts. Sie hatten schrecklichen Hunger, und auch der Durst plagte sie sehr. Nur selten fanden sie Bäche, die so klar waren, dass sie daraus zu trinken wagten. Mehr Sorgen machte ihnen allerdings der Medicus. Arnolds Bein war inzwischen so geschwollen, dass die kleinste Berührung ihn qualvoll aufstöhnen ließ; auch sprach er wirr. Mona hatte Jakoba die Zügel überlassen und leistete ihrem Mann Beistand.

Dann schließlich war eine Weiterreise unmöglich. Mitten im Walddickicht mussten sie zur Nacht rasten. Mona spießte die Gans auf und hängte sie über das Feuer. Paul suchte Reisig, Pilze und wilde Beeren.

Als Jakoba den Verband von der Wunde löste, musste Mona ihren Mann festhalten. Arnold war vor Fieber und Schmerz wie von Sinnen. Gestank stieg aus dem gärenden Fleisch auf.

Mit purer Verzweiflung im Blick sah Mona Jakoba an. »Ihr müsst etwas tun, irgendwas, sonst wird er das Bein verlieren oder sterben.«

Behutsam versuchte Jakoba, die Wunde zu reinigen, aber Arnold wand sich unter ihren Händen. Ihr war übel, nicht nur vor Ekel oder Hunger, sondern vor Kummer. Noch nie hatte sie gesehen, dass jemand eine derartige Wunde überlebt hatte.

»Aus… ausbrennen müsst Ihr die Wunde«, stieß Arnold hervor. »Schürt ein Feuer und … holt das Eisen zum Kauterisieren und die Apostelsalbe.«

Jakoba schluckte trocken – auch das hatte sie noch nie getan. Sie öffnete das obere Fach des schwarzen Kistchens. Vor ihr lagen verschiedene Messer, Spatel, Skalpelle, Pinzetten und Brenneisen aufgereiht. Während Mona die Hand ihres Mannes hielt und Paul Reisig auf das Lagerfeuer warf, hielt Jakoba dem Medicus die verschiedenen Eisen vor die Augen. Immer wieder ruckte er mit dem Kopf – aber schließlich hatte sie das richtige gefunden.

»Erhitzt es und dann … brennt das faule Fleisch weg. Aber vorher … gebt mir … Theriak und … Bilsenkraut.«

Jakoba tat wie ihr geheißen, obgleich ihr die betäubenden

Stoffe sehr stark erschienen. Ihre Hände zitterten, als sie das Eisen ins Feuer hielt. Als es glühte, presste sie es auf die Wunde. Es zischte und stank. Obgleich Arnold betäubt war, mussten Mona und Paul ihn festhalten, so sehr zuckte er vor Schmerz. Tränenüberströmt redete Mona auf ihren Mann ein. Auch Jakoba musste immer wieder die Tränen wegblinzeln. Weder die Schatten der Nacht noch die Geräusche des Waldes nahm sie wahr. Als die Wunde vollständig ausgebrannt und mit frischem Werg verbunden war, stolperte sie in den Wald und übergab sich, bis ihr leerer Magen das Krampfen aufgab.

Arnold war am nächsten Morgen kaum transportfähig, aber sie mussten weiter. Schließlich erreichten sie Quedlinburg, einen weitläufigen Ort mit Häuseransammlungen zwischen Schlossberg und Münzberg, über denen bröselige Sandsteinfelsen und die Stiftskirche Sankt Servatius thronten. Auch hier waren viele Häuser verwaist, aber Jakoba wertete es als gutes Zeichen, dass in den Gassen einzelne Krämer und Gewandschneider Geschäfte machten. Von ihrem letzten Geld mieteten sie eine Kammer in einem Gasthaus und versorgten Arnold, der jedoch mehr tot als lebendig zu sein schien. Als sie nichts mehr tun konnten, schickte Mona Jakoba los, um den Silberdupsing zu verkaufen, doch es war unmöglich, einen Händler zu finden, der ihr dafür eine angemessene Summe geben konnte. Von ihrem allerletzten Geld erstand Paul einen Eintopf, Dünnbier und Brot. Mona stocherte in ihrer Schale. Sie sah müde aus, denn sie hatten abwechselnd Nachtwache gehalten, und sprang dennoch alle Augenblicke auf, um nach ihrem Mann zu sehen.

»Du musst bei Kräften bleiben, sonst kannst du Arnold nicht helfen«, redete Jakoba ihr ins Gewissen.

Mona führte einen Löffel zum Mund, legte ihn aber sogleich wieder ab. Ein tiefes Schluchzen entrang sich ihrer Kehle. »Wenn Arnold stirbt, dann will ich auch nicht mehr leben«, flüsterte sie.

»Das darfst du nicht sagen! Arnolds Körper muss erst einmal die Strapazen der Behandlung verarbeiten, dann wird es ihm besser gehen – du wirst schon sehen!« Jakoba nahm ihre Hand und streichelte den geäderten Handrücken.

Mona sank immer mehr in sich zusammen. »Wie konnte das nur passieren? Schon so oft habe ich ihn gebeten, er möge sich zur Ruhe setzen. Wir haben eine Bleibe in Venedig, dort könnte er arbeiten, ohne reisen zu müssen. Aber er …« Sie schlug die Hände vors Gesicht.

Jakoba wollte sie auf andere Gedanken bringen. »In Venedig? Warum nicht in Paris, bei Meister Arnolds Ziehsohn? Ist es wegen des Theriaks?«

Mona hob den Kopf ein wenig. »In Paris sind wir nur noch ab und zu. In Venedig wird der beste Theriak hergestellt, weil die Handelsflotte die dafür nötigen Waren von der Levante bringt. Es ist eine besondere Stadt für uns beide.« Sie tupfte die Tränen ab.

Jakoba schob die Eintopfschale etwas näher, und nun aß Mona doch endlich einen Löffel. »Wenn die Straßen durch Schnee und Eis unpassierbar sind, bleiben wir dort. Es ist die schönste Zeit im Jahr für mich«, sagte sie versonnen.

»Erzähl mir mehr davon!«, bat Jakoba sie.

Mona schien in ihre Erinnerungen abzutauchen, denn ihr Blick schweifte in die Ferne. »Während Arnold sich mit Theriak und anderen Heilmitteln eindeckt, führe ich einen richtigen Hausstand. Ich koche, aber richtig – nicht diesen Kleinkram wie unterwegs! Kräutertorte, salsa peverada, Zelatiam – ein Gaumenschmaus. Der Winter ist mild in Venedig, der Sommer nicht zu heiß – es lässt sich in der Lagunenstadt gut leben.« Sie aß mit etwas Appetit, bis der Kummer sie wieder erstarren ließ.

Jakoba fiel die Bemerkung wieder ein, die sie belauscht hatte. »Du sagtest neulich, es seien keine einfachen Räuber gewesen, die uns überfallen haben.«

Monas Gesicht wurde abweisend. »Sagte ich das? Ich weiß nicht, sie kamen mir so … gestohlen haben sie.« Sie stand auf, um zu Arnold zurückzugehen. »Aber was weiß ich schon! Auf jeden Fall werden wir uns ohne Geld zu irgendwelchen alten Kunden von Arnold durchschlagen müssen, die Mitleid mit uns haben.«

»Es gibt noch eine andere Möglichkeit«, sagte Jakoba. »Wir werden arbeiten. Sicher gibt es auch hier in Quedlinburg wohlhabende Bürger, die sich Theriak leisten können oder die Hilfe einer Heilerin benötigen. Wenn du mich unterstützt, können wir sicher etwas verdienen.«

Mona war skeptisch. »Was kann ich schon tun?«

»Du weißt am besten, wie Arnold Zugang zu den Honoratioren der Stadt erlangt, wie er Patienten findet.«

»Arnold braucht mich aber hier«, wandte Mona ein.

»Und wir werden auch weiterhin alles tun, um die bösen Säfte aus seinem Körper zu vertreiben. Meister Arnold kommt an erster Stelle«, versprach Jakoba.

Sie ließen den Gastwirt wissen, dass ein Theriak-Krämer und eine Heilerin im Ort seien, und vertrauten darauf, dass sich die Nachricht herumsprechen würde. Tatsächlich klopften schon bald die ersten Hilfesuchenden an. Am Abend machten sich Jakoba und Mona mit dem Medizinkästchen und dem Affenkäfig auf den Weg, um einen wohlhabenden Kaufmann gegenüber dem Rathaus zu besuchen, der unter den Folgen des Schlagflusses litt. Paul wachte bei Arnold; er versprach, sie sofort zurückzuholen, wenn es dem Medicus schlechter gehen sollte.

Der Kaufmann war skeptisch, und so musste Jakoba zum ersten Mal das Loblied auf Andromachus und seinen Theriak singen. Geschickt wich sie den Nachfragen aus; es gab so vieles über den Heiltrank, was sie nicht wusste. Mit Hilfe des Äffchens führten sie und Mona die Wirksamkeit des Tranks vor, und der

Kaufmann erwarb ein Fläschchen. Als sie ins Gasthaus zurückkehrten, fieberte Arnold zwar noch, aber sein Verband war trocken. Das Ausbrennen hatte geholfen.

Die nächsten Tage waren aufreibend. Abwechselnd wachten sie bei Arnold und versorgten Kranke. Jakoba fühlte sich durch die Arbeit beflügelt, aber Mona vertrug die Anstrengung immer schlechter. Obgleich Jakoba ihr gut zuredete, aß und schlief sie wenig.

Doch ihr Einsatz wurde belohnt: Die Schwellung des Beines und das Fieber ließen nach, und Arnold wurde täglich munterer. Als sie nach vier Tagen von einer Schwangeren kam, deren Kind überfällig war, saß er aufgerichtet und angezogen im Bett.

»Was haben wir denn heute?«, begrüßte Arnold sie aufgeräumt.

Mona bedeckte sein Gesicht mit Küssen. »Mein Herz, mein Leben, es ist so schön, dich so munter zu sehen!«, rief sie aus und ließ sich neben ihn auf das Bett sinken.

Arnold lächelte weich. »Sagt mir, welche Kranken habt ihr versorgt? Wen plagt welches Gebrechen?«

»Wir waren bei einer Schwangeren, deren Kind einfach nicht kommen will. Da die Wehfrau verstorben ist, ist im Moment niemand im Ort, der ihr Hilfe leisten kann. Gleich wollen wir noch einmal zu einem Kaufmann beim Rathaus. Er leidet unter den Folgen des Schlagflusses und hat bereits einmal Theriak gekauft, ist aber noch nicht zufrieden.«

»Noch nicht zufrieden mit meinem Theriak? Paul, bring mir die Krücke!«

Mona war entsetzt. »Du willst doch nicht etwa aufstehen?«

»Und ob ich das will!« Arnold stemmte sich auf die Füße, obwohl er so heftig wankte, dass Jakoba seinen Arm packen musste.

»Gönnt Euch doch lieber noch ein paar Tage Ruhe!«, redete Jakoba ihm ins Gewissen.

»Nein! Mir geht es gut! Mir ist nur ein wenig schwummrig, das vergeht gleich wieder. Komm mit, mein Lieb.«

Mona ließ sich auf das Kissen sinken. Eine steile Falte zeigte sich auf ihrem Gesicht. »Sei nicht bös, aber ich muss mich ein wenig ausruhen. Nachher bin ich wieder für dich da.«

Jakoba und Arnold musterten sie besorgt. »Brauchst du etwas?«, fragte der Medicus.

»Alles in Ordnung, geh nur.«

So begeistert war er von der Aussicht, endlich wieder das Bett und die Kammer verlassen zu können, dass er sie auf die Stirn küsste und mit Jakoba hinaushumpelte.

Als sie zurückkamen, lag Mona zusammengekrümmt auf dem Bett; ihr Rock war blutrot. Arnold warf die Krücke von sich, um schneller zu seiner Frau zu kommen, doch die hielt ihn mit einer schwachen Geste auf. »Nein, bitte, lass mich … «, sagte sie. »Jakoba …«

Widerstrebend humpelte Arnold aus dem Zimmer. Jakoba kam ihr sogleich zu Hilfe. Mona umklammerte ihre Hand. Sie schien furchtbare Schmerzen zu haben. »Mein Monatsfluss … ich habe das Gefühl, dass ich … auslaufe … auseinanderbreche. Arnold soll nicht sehen … schäme mich so.«

Jakoba erinnerte sich, dass Mona bei ihrer ersten Begegnung ein Kleid im Fluss gewaschen hatte. Damals hatte sie sich gewundert, jetzt glaubte sie zu verstehen. »Das musst du nicht, das ist doch keine Schande. Ich helfe dir. Du hast Krämpfe?«

»Mein Unterleib … die Beine, so schwer. Meine Brüste …«, stieß Mona leise hervor, als dürfte es niemand hören. »Ich habe es schon gestern gespürt, aber ich wollte nicht … durfte nicht … Arnold braucht mich doch.«

Eilig suchte Jakoba Johanniskraut, Frauenmantel und Flohminze und bereitete einen Trunk. Dann zog sie Mona behutsam den besudelten Rock aus und wusch sie. Mona schämte sich sehr und bedeckte sich schnell, nachdem Jakoba ihr ein Tuch zwischen die Beine und ein wärmendes Fell auf den Bauch gelegt hatte. »Ein paar Riechkräuter ... kannst du sie auf das Feuer streuen? Sie sollen den Geruch des Blutes ... und der Schwäche vertreiben.«

Jakoba tat, was Mona wünschte, und suchte noch einmal in Arnolds Kiste. »Hier ist das richtige Öl für deinen Bauch. Es wird die Krämpfe lindern. Möchtest du es selbst einmassieren?«, fragte sie, doch da krümmte sich Mona schon wieder zusammen.

»Bitte, mach du es ...«

Zart verrieb Jakoba das Minzöl auf dem Bauch. Auch gegen die Brustschmerzen würde es helfen. Also öffnete sie Monas Hemd ein wenig. Erschrocken bemerkte sie die tiefe Narbe an einer Brust. Warum hatte sie diese Narbe im Dampfbad nicht gesehen? Die langen Haare mussten darüber gelegen haben.

Mona nahm ihr das Fläschchen aus der Hand. »Ich mache das schon ... geh jetzt ... ich möchte nur noch schlafen ... Danke, Jakoba.«

Jakoba fand Arnold in der Gaststube, etwas abseits an einem Tisch. Vor ihm wellte sich eine Pergamentrolle. Tintenfässchen, Federmesser und Gänsefeder lagen bereit. Als er Jakoba sah, sprang er auf. »Wie geht es ihr?«

»Etwas besser«, sagte Jakoba und berichtete ihm, was sie getan hatte. »Ich wollte ihre Brüste einreiben, aber sie ...« Jakoba stockte. »Was hat sie da für eine Narbe?«

Arnold nahm wieder Platz und setzte das Messer an die Feder. Er schnitt ein Stück ab, doch die Kante war schief. Ein weiterer Schnitt – zu gerade. Und noch einer ... Er drehte die Feder zwischen den Fingern und seufzte schwer. »Eine Geschwulst. Ein befreundeter Chirurgicus hat sie im letzten Jahr herausgeschnitten.«

Jakoba hatte so etwas befürchtet. Aus dem Kloster wusste sie, wie schwerwiegend derartige Krankheiten waren. »Aber Ihr gebt ihr doch Theriak …«, erinnerte sie sich.

Der Medicus setzte noch einmal das Federmesser an, dieses Mal aber rutschte es ab und fuhr ihm in den Daumen. Fluchend steckte er den blutenden Finger in den Mund. »Die Arznei braucht eine Weile, bis sie wirkt. Wenn der Körper schon zu geschwächt ist … Die Krankheit kann wiederkommen, dort oder an anderer Stelle, sagte der Freund.«

»Ich begreife nicht, dass Ihr Eurer Frau in diesem Zustand überhaupt diese Strapazen zumutet«, brachte Jakoba heraus.

Arnold saugte noch einmal das Blut aus der Wunde, dann stellte er den Ellbogen auf und hielt die Hand hoch. »Es ging Mona schon besser – und sie wollte mich unbedingt begleiten. Wir mögen nicht gerne lange getrennt sein.« Er stieß schwer die Luft aus. »Ich verstehe nichts von Frauenleiden, habe nie etwas davon verstanden. Schon Trotula, eine berühmte Ärztin aus der Schule von Salerno, war der Ansicht, dass Frauen sich lieber ihren Geschlechtsgenossinnen anvertrauen. Es macht mir Angst, wenn Mona so leidet. Ich weiß nicht, wie ich ihr helfen kann. Und sie will es auch nicht. Sie schämt sich. All ihre Duftkräuter, ihre Öle – sie will vollkommen sein für mich.« Eindringlich sah er Jakoba an, aber seine Augen schwammen von Tränen. »Deshalb erschien es mir wie eine Fügung, als du in unser Leben getreten bist – ich habe Euch geduzt, verzeiht.« Ein dicker roter Tropfen rann den Daumenballen hinunter.

»Nicht doch! Es wäre mir eine Ehre, wenn Ihr mich duzen würdet.« Sie sah sich nach einem Tuch um, mit dem sie die Wunde verbinden konnte.

»Eine Fügung … schließlich kannst du ihr helfen, wo ich es nicht vermag.« Arnold wischte kurzerhand den Blutstropfen an der Hose ab. »Ich habe dich geprüft, vor ein paar Wochen in Lutter. Habe eigens eine Frau gesucht, die wie Mona leidet. Wollte sehen, ob du ihr helfen kannst.« Jakoba sah die junge

Magd noch genau vor sich. Die armselige Hütte, die entzündete Brust ...

»Nun hast du einen Lehrer, dessen Leben du retten musstest, und eine Reisegefährtin, die krank ist – das hast du dir sicher anders vorgestellt.« Arnold lachte bitter. »Nach Pfingsten hast du mich gebeten, dich mitzunehmen, und ich zögerte, weil ich nicht für deine Sicherheit garantieren kann. Jetzt bitte ich dich, uns nicht zu verlassen, obwohl wir nicht das sind, was wir zu sein scheinen.«

»Glaubst du wirklich, ich würde euch deshalb im Stich lassen? Du wirst wieder gesund – du bist es ja schon fast. Und Mona wird auch wieder zu Kräften kommen! Die viele Arbeit und die Nachtwachen haben sie ausgelaugt. Ich werde alles für ihre Gesundung tun, was ich kann«, versprach Jakoba und hoffte inständig, dass ihre Worte wahr würden.

Arnold sah sie fest an. »Du wirst es nicht bereuen. Wenn du meiner Frau beistehst, werde ich dir alles beibringen, was ich weiß, das gelobe ich.«

Jakoba wollte zu Mona zurückgehen, aber ein wenig hatte sie auch das Gefühl, dass die Krankheit nicht das Einzige war, was der Medicus ihr verheimlichte. »Mona vermutete, dass es keine einfachen Räuber waren ...«, sagte sie geradeheraus.

»Es gibt Halunken, die gezielt Heiler angreifen, weil sie wissen, dass diese gut verdienen und Schätze mit sich führen.« Arnold nahm die Feder auf und wollte sie noch einmal anspitzen. Dieses Mal gelang der Schnitt, doch er besudelte die Feder mit Blut.

»Was sind das für Pergamente, die du mit dir führst? Und was ist mit den vielen Briefen?«

Der Medicus kniff die Augenbrauen zusammen. »Hast du es dir anders überlegt? Willst du uns doch nicht weiter begleiten?«

Jakoba verstand, dass sie mit ihrer Neugier zu weit gegangen war. »Nein, ich wundere mich nur darüber.«

»Ich habe viele Patienten, die meinen Rat suchen, und zudem eine große Familie.«

Sie stand auf. »Werden wir bei deinen Verwandten Station machen?«

Arnold warf die Schreibfeder hinter sich auf den Boden. »Unser Verhältnis ist nicht das beste. Das kennst du doch, oder? Wenn du Paul begegnest, schick ihn zu mir – ich brauche eine neue Feder.«

Es war, als hätte Mona sich gerade so lange auf den Beinen gehalten, bis Arnold außer Gefahr war, und als hätte sie sich dann erst gestattet, ihrem eigenen Leid nachzugeben. Sie schlief viel, zwang sich zu essen, wurde von Arnold liebevoll umsorgt und von Jakoba gepflegt. Glücklicherweise erholte Mona sich im Laufe der nächsten Woche wieder. Erst dann trieb der Medicus sie weiter.

Die Landschaft wandelte sich allmählich. Nachdem die Sonne auch die letzte Unwetterwolke verscheucht hatte, blühte überall das Leben auf. Die Natur prangte in frischem Grün und Blumen, und auch die Menschen strotzten vor Arbeitseifer und Lebenslust, ganz so, als wären die Entbehrungen der letzten Jahre nur noch eine düstere Erinnerung. Auch der Handel setzte wieder ein. Mit jedem Sonnentag schien es auf den Märkten mehr frisches Obst und Gemüse zu geben, und durch die bessere Versorgung erholten sich Mensch und Tier. Eine Zeit lang musste Arnold sich noch schonen, aber schon bald warf er die Krücken weg, und selbst das Humpeln ließ bald nach.

Jakoba hatte nur selten gesehen, dass sich jemand nach einer so schweren Verletzung so schnell erholte. Arnolds Arzneien und Behandlungsmethoden schienen tatsächlich Wunder zu wirken. Er unterwies Paul im Umgang mit dem Schwert und übte dabei auch seine erschlafften Glieder. Mona gewann ebenfalls langsam an Stärke zurück. Der Sonnenschein schien auch ihr Kraft zu verleihen. Wenn sie erneut die Schwäche ihres Leibes übermannte, leistete Jakoba ihr stillschweigend Hilfe. Durch Mona waren das Reisen und die Ungewissheit, wo sie bei der nächsten Station landen würden, nur halb so beunruhigend, weil sie jeden Ort gemütlich herrichten konnte. Dennoch ertappte Jakoba sich manchmal dabei, dass sie Mona beobachtete. Es grämte sie, dass sie nicht bemerkt hatte, wie schlecht es der Gefährtin ging.

Jakoba hatte viel zu tun. Sobald sie in einer Stadt oder auf einer Burg halt machten, gab es Kranke zu versorgen. Meist war Arnold schon bekannt und wurde mit allen Ehren empfangen. Gerne aber präsentierte er sich und seine Heilkünste auch mit einer Vorführung, bei der Jakoba oft zusah und jedes Mal etwas dazulernte.

Die Hilfe suchenden Frauen überließ der Medicus ihr bereitwillig, und er hielt sie dazu an, von jedem Kranken einige Münzen zu nehmen. Sie hatten sich eingeschränkt und das meiste gespart. Der Winter war lang, und Venedig war teuer, das betonte Arnold immer wieder.

Jakobas Ausbildung lief nebenbei. Sie beobachtete, lauschte und probierte aus. Sie lernte, den Puls zu fühlen und die verschiedenen Färbungen des Urins zu beurteilen. Wenn es an kompliziertere Sachverhalte oder Techniken wie die Herstellung von Pastillen kam, vertröstete Arnold sie auf den Winter: In Venedig sei Zeit für so etwas.

Immer wieder musste Jakoba auch Kranke zur Ader lassen, was ihr bald besser gelang, aber nach wie vor wenig gefiel. Jemanden vorsätzlich zu verletzen erschien ihr falsch, auch wenn es einem guten Zweck diente. Als Lernobjekt musste Paul herhalten, der, nur ein Tuch um die Hüften, dastand, während Arnold ihr die Stellen zeigte, an denen die Haut eingeritzt werden musste. Dem Jungen schien das furchtbar peinlich zu sein.

Paul aß alles, was er in die Finger kriegen konnte, und schien jeden Tag ein Stück größer zu werden. Jakoba versuchte, das

Wissen mit vollem Einsatz einzusaugen – wer wusste schon, wann Arnold genug von ihrer Gesellschaft haben würde?

Oft besuchte der Medicus hohe Herren, und manchmal durfte sie ihn begleiten. Arnold ließ sie aber auch allein, empfing Boten oder schrieb Briefe. Es war, als beschäftigte ihn etwas, was mit der Medizin nichts zu tun hatte; darüber sprechen wollte er jedoch nicht. Mit Mona redete Jakoba über deren Heimat, über ihr Leben in Venedig und Paris oder über das Unterwegssein. Ihre Sklavenzeit sparte Mona aus. Wenn sie jedoch Leibeigene oder Sklaven auf den Feldern oder in den Städten sahen, spürte Jakoba, wie sehr ihr der Anblick zu schaffen machte. Vor allem aber überredete Jakoba sie dazu, ihr Wörter, Redewendungen und Lieder auf Französisch beizubringen, was beiden großen Spaß machte. Sie suchten gemeinsam Badehäuser oder Tuchhändler auf, spazierten über Märkte und durch Kirchen oder unterrichteten Paul im Lesen, Schreiben oder in gutem Benehmen. Immer mehr schloss Jakoba ihre Reisegefährten ins Herz.

Nach dem späten Sommeranfang kam viel zu schnell der Herbst. Ende Oktober, als sie in der Landgrafschaft Hessen unterwegs waren, verkündete Arnold, dass er nur noch einen wichtigen Besuch in Mainz tätigen würde und dass sie dann auf direktem Weg nach Süden reisen würden, um dort zu überwintern. Doch es gab weitere Hindernisse, wie sich herausstellen sollte.

16

Dahlenburg

Anno hielt sich krampfhaft an den Dachbalken des Burgturms fest. Der Herbstwind pfiff ihm unangenehm um die Nase. Wo blieb Wulf denn mit dem nächsten Balken, verdammt? Seine Hände waren zerkratzt und geschwollen, etliche Male hatte er sich auf die Finger gehauen oder beim Hantieren mit den Dachbalken gequetscht. Seine Oberschenkel zitterten, dass es eine Schande war. Er war für den Aufenthalt in dieser Höhe nicht geschaffen. Er war überhaupt nicht für diese Arbeit geschaffen. Und schon gar nicht bei diesen Temperaturen. Aber wenn er vor dem Wintereinbruch das Dach nicht zubekam, dann Gnade ihnen Gott.

Mit zusammengebissenen Zähnen murmelte er seinen täglichen Fluch auf Jakoba, der ihm so zur Gewohnheit geworden war wie das Amen in der Kirche. Hätte sie nicht Schande über dieses Haus gebracht, wäre es besser um ihn und seinen Besitz bestellt und er müsste nicht dieser schändlichen Arbeit nachgehen. Aber seit sie in Magdeburg Jakobas Spur verloren hatten ...

Ein Reiter preschte in den Hof. War es ein Bote?

Immeke ging schwerfällig, die Hände in die Hüften gepresst, auf ihn zu – schon wieder war sie schwanger. Wie sollten sie dieses Kind denn auch noch durchbringen? Mädchen waren eine Last, und Jungen mussten ausgebildet werden. Ihre Verwandtschaft hatte schon die Nase voll davon, ständig ihre Sprösslinge aufnehmen und durchfüttern zu müssen.

Immeke sprach mit dem Reiter, aber zu seinem Ärger konnte Anno sie nicht verstehen. Seine Zunge fuhr in seine Mundwinkel, die von der Kälte aufgesprungen waren. Sein Weib legte den

Kopf in den Nacken, sodass er in ihren Ausschnitt sehen konnte. Ihm gefielen ihre üppigeren Formen, die weichen Brüste und die kräftig geformten Brustwarzen. Abgelenkt rutschte Anno mit dem Fuß ab und konnte sich mit den klammen Fingern kaum festhalten. Der Schreck fuhr ihm in die Glieder. Zornig über sich selbst hallte sein Wutschrei über seine Ländereien, die mit jedem Monat kleiner wurden. Er war ein Ritter, kein Zimmermann! Aber wenn es so weiterging, war er nicht einmal mehr das ...

»Anno, Liebster – alles in Ordnung?«, rief Immeke besorgt, um gleich hinterherzuschicken: »Eine Nachricht aus Lüneburg ist gekommen. Offenbar hat Jakoba ihren Dupsing in Quedlinburg verkauft. Durch die Initialen und das Wappen ist der Silbergürtel wieder hier gelandet ...«

Was zum Teufel machte Jakoba in Quedlinburg? War sie überhaupt noch da? Er musste es darauf ankommen lassen.

Endlich kam Wulf mit dem Balken heran. Der treue Gefährte ächzte unter der Last. Auch er hatte sich ein geruhsameres Leben ausgemalt.

»Pack das Ding weg – ich habe eine Aufgabe für dich ...«, fuhr Anno ihn an.

17

Vor Wiesbaden, Anfang November 1318

Über den Klostermauern züngelten Rauchsäulen in den Himmel. Obgleich der Oktober kalt und feucht gewesen war, standen die kahlen Bäume und das Gesträuch lodernd in Flammen. Weinend und mit verrutschten Schleiern stolperten die Nonnen durch das Klostertor. Manche der Klarissinnen trugen Kreuze, Heiligenstatuen oder Bücher im Arm, um sie vor dem Feuer und den Plünderern zu retten, was sie erst recht zur leichten Beute der Söldner machte. Oft strauchelte eine über ihr braunes Habit und wurde von den schwer bewaffneten Männern überwältigt.

Jakoba zitterte im Schutz des Kobelwagens vor Angst und Zorn. Eigentlich waren sie auf dem Weg nach Mainz gewesen, doch als sie sich von Norden genähert hatten, waren die Straßen von königlichen Truppen versperrt, und sie mussten sich den Weg durch Scharen von Söldnern bahnen. Nur weil Arnold sich als Medicus zu erkennen gab, waren sie bislang unbehelligt durchgekommen. Jetzt sah sie, wie eine Klosterfrau und ihr Angreifer um einen Goldleuchter rangen, zwei anderen drohte Gewalt angetan zu werden.

»Wir müssen anhalten, den Nonnen helfen oder einige mitnehmen!«, forderte Jakoba.

Arnold gab den Pferden die Peitsche, was er bislang nur selten getan hatte. »Wir sollten uns nicht in die Fehde zwischen König Ludwig und den Grafen von Nassau einmischen! Bald haben wir den Belagerungsring um Wiesbaden passiert, dann seid Ihr in Sicherheit und ich kann den König aufsuchen.«

Monas Kopf schnellte herum. »Hast du etwa gewusst, dass hier gekämpft wird?«

Statt einer Antwort stierte Arnold nach vorn. Da griff ihm seine Frau in die Zügel. »Lass sie aufspringen, zwei oder drei – das schaffen die Pferde schon.«

»Damit wir auch noch von den Söldnern angegriffen werden? Wollt ihr etwa auch Opfer dieser Mordbuben werden? Paul und ich können euch nicht allein verteidigen!«

»Doch, das schaffen wir schon!«, rief Paul von hinten und zückte sein Messer. »Habt Ihr nicht gesagt, dass ich schon ein veritabler Jüngling bin?«

Neben ihnen wurde eine Nonne von einem Söldner zu Boden geworfen. Grob zerriss der Mann ihr Habit, weiß schien ihr nackter Leib auf. Die Frau flehte um Gnade und rief die Heiligen an, doch er hatte kein Erbarmen. Jakoba und Mona konnten vor Entsetzen kaum hinsehen und schrien auf.

Da endlich stoppte Arnold den Wagen. Er packte sein Schwert und sprang ab, Paul mit seinem Messer hinterher. Mona holte ihren Nierendolch und übernahm die Zügel, bereit loszufahren. Jakoba ergriff den Spaten, damit auch sie sich verteidigen konnte.

Immer mehr Söldner stürzten sich auf die Klosterfrauen. Arnold wollte den Nonnenschänder aufhalten, doch dieser griff ihn sofort an. Der Medicus verteidigte sich, aber er war deutlich langsamer als der Söldner. Gleichzeitig half Paul der Nonne auf. Der Söldner rief seine Kumpane herbei. Sogleich kamen sie ihm zu Hilfe und hieben auf Arnold ein, der ihnen kaum standhalten konnte. Weitere Krieger rannten brüllend und mit erhobenen Schwertern auf den Kobelwagen zu.

Panisch blickte Jakoba sich um. Beinahe zehn Angreifer waren es inzwischen. Es war leichtsinnig gewesen anzuhalten – aber hätten sie die Nonnen im Stich lassen dürfen? Schon hatte der erste Söldner beinahe den Wagen erreicht. Jakoba fürchtete, dass endgültig ihr letztes Stündlein geschlagen hätte. Kurzerhand packte sie den Spaten und schlug dem Mann das Blatt ins Gesicht.

Da brachen Reiter durch die Klosterpforte. Ein Ritter in Kettenhemd, Beckenhaube und Gambeson, dessen Schultern, Ellbogen und Knie durch schwarz gefärbte Panzerplatten geschützt waren, preschte voraus. Wie ein Sturmwind ritt der Adelige die Söldner über den Haufen oder brachte sie mit gezielten Schwerthieben zu Fall. Ein Reiter mit Prunkhelm folgte ihm, ebenso kampfstark. Er schlug noch brutaler zu, spaltete Schädel oder durchschnitt Hälse.

Immer mehr Nonnen konnten in ein Wäldchen entkommen. Paul stützte eine humpelnde Nonne auf dem Weg zum Kobelwagen. Auch Arnold hatte die Ablenkung für sich nutzen können. Jetzt wandten sich die verbliebenen Söldner dem Wagen zu; einige hatten sie fast erreicht. Beherzt versuchten Jakoba und Mona, mit Nierendolch und Spaten die Angreifer fernzuhalten. Arnold half ihnen, geriet jedoch in gefährliche Bedrängnis.

Der Ritter bemerkte ihre Not. Kurz bäumte sich sein Pferd auf, dann sprang er ab und griff die Söldner an. Furchtlos warf er sich in den Kampf. Jakoba half der Nonne auf, die Paul endlich zu ihrem Wagen geführt hatte. Zwei weitere konnten sich ebenfalls in den Wagen retten.

Eilig leistete Jakoba erste Hilfe. So sehr beeilte sie sich, dass Arnolds medizinische Utensilien samt der Brennschere, die immer ungenutzt im Weg lag, weil sich keiner von ihnen die Haare kräuselte, aus dem Kästchen fielen. Die Kampfgeräusche verklangen langsam. Als sie wieder aufschaute, waren die Angreifer unschädlich gemacht oder flüchteten.

Der Ritter mit der schwarzen Panzerung und Arnold standen einander gegenüber. Gegen den hochgewachsenen Kämpfer wirkte der Medicus fast wie ein Halbwüchsiger. Was hatte der Fremde vor? Da steckte der Ritter das Schwert weg und schob die Beckenhaube hoch. Ein wilder blonder Schopf und ein hitziges rotes Gesicht kamen zum Vorschein. Er war etwa Mitte, Ende zwanzig. Seine Wangenknochen waren hart, die Nase markant.

Jakobas Erstaunen war groß, als Arnold den Ritter umarmte

und ihm auf den Rücken klopfte. Der Ritter stieß ihn jedoch von sich.

Was war da los? Von Neugier gepackt reckte Jakoba den Kopf weiter vor. Zornig blickte der Ritter von Arnold zum Wagen. Sie zuckte zurück.

»Bist du vollends verrückt geworden … nicht nur Madame Mona, sondern auch noch … «, blaffte er den Medicus an.

Der Gefährte des Ritters hatte den Prunkhelm abgenommen. Er war ein wilder bärtiger Kerl und spuckte zu Jakobas Entsetzen vor Arnold aus. Der Ritter gebot ihm mit einer kraftvollen Geste Einhalt.

Arnold redete los, doch der Ritter hörte gar nicht zu, sondern pfiff nach seinem Pferd, das heranpreschte. Sogleich sprang er auf. Er rief Arnold etwas zu, das Jakoba jedoch nicht verstand. Auf seinen Wink galoppierten seine Gefährten den Nonnen nach.

Was hatten sie vor? Jakoba verstand nicht – warum war der Ritter ihnen erst zu Hilfe gekommen, um sich dann diesen Ton zu erlauben? Hinter ihr weinten die Nonnen; sie sollte sich weiter um sie kümmern, statt sich über diesen Rüpel Gedanken zu machen.

»Und bei diesem groben Klotz müssen wir uns auch noch bedanken, dass er uns geholfen hat! Was bildet er sich ein, wer er ist?«, sagte Jakoba zu Mona, als sie zurück ins Wageninnere kletterte.

Mona sah sie mit versteinertem Gesicht an. »Das war Roger, Arnolds früheres Mündel.«

Während Jakoba die weinenden Nonnen beruhigte und verarztete, sprang Arnold auf und steuerte den Kobelwagen ebenfalls in das Wäldchen. Jakoba konnte nicht fassen, was sie gesehen und gehört hatte – *das* sollte Arnolds Ziehsohn sein? Ein Ritter? Wie war es dazu gekommen? Was für ein Schicksal steckte dahinter? Und wie kam der Ritter hierher? Gehörte er zum Gefolge König Ludwigs? Aber warum hatte er dann Ludwigs Söldner angegriffen? Und warum war er so unfreundlich zu seinem Ziehvater gewesen?

Nach einer Weile hatten sie die fliehenden Klarissinnen eingeholt und brachten sie gemeinsam mit den Rittern zum Rheinufer. Dort brachte Roger einen Fährmann mit Geld und Drohungen dazu, die Klarissinnen ins sichere Mainz überzusetzen.

Als das Boot ablegte, wandte sich der junge Ritter noch einmal dem Kobelwagen zu. Ohne Mona oder Jakoba auch nur eines Blickes zu würdigen, beschrieb er Arnold den Weg zum Heerlager des Königs und zu seinem eigenen Zelt, dann preschten die Reiter davon.

»Was macht Roger hier?«, wollte Mona leise von ihrem Mann wissen, als sie losfuhren. Doch Arnold schwieg.

Jakoba hatte noch nie eine so große Menge Ritter, Söldner und Fußvolk an einem Ort gesehen. Dabei musste der Großteil des Heeres im engsten Belagerungsring um Wiesbaden liegen.

Die Zurückgelassenen pflegten ihre Wunden, übten sich im Dreck der Zeltstadt im Kampf, polierten ihre Waffen oder palaverten. Unverhohlen verfolgten sie den Kobelwagen mit den Augen. So frech waren die Blicke, dass Mona mit Paul den Sitz tauschte und sich ins Wageninnere verzog. Paul jedoch war begeistert. Er bewunderte die Schwerter und Schlachtrösser sowie die farbenprächtigen Wappen der Adeligen, die auf Standarten und Schabracken ihren Ruf verkündeten. Unterdessen hatte Arnold die Sprache wiedergefunden und berichtete, dass König Ludwig aus Bayern hier gegen die Anhänger des Gegenkönigs Friedrich kämpfte. Da im Klarissinnenenkloster Klarenthal Töchter aus Friedrichs Verwandtschaft und aus dem Kreis seiner Anhänger residierten, hatte Ludwig es offenbar kurzerhand zur Plünderung freigegeben. Natürlich kannte Jakoba diesen König nicht, aber allein für diese Entscheidung konnte sie ihn nicht ausstehen.

Als Arnold den Platz neben dem Zelt seines ehemaligen Ziehsohns gefunden hatte, stiegen die Frauen aus – nur um sich sofort wieder hinter den vermeintlichen Schutz des Wachstuchs zurückzuziehen. Jakoba hatte das Gefühl gehabt, dass jeder der Söldner sie lüstern oder zumindest abschätzig angeglotzt hatte, und Mona schien es ebenso zu gehen. Hatte dieser Roger seinen Ziehvater mit Recht derart angefaucht? Mussten sie unter diesen groben Männern um Leib und Leben fürchten, so wie die Nonnen? Andererseits war es kein angemessenes Benehmen einem alten Mann gegenüber gewesen, dem Roger zudem vermutlich einiges zu verdanken hatte.

Der Medicus ging zu dem Gehöft, das der König bezogen hatte und das schwer bewacht wurde, während Paul neben dem Wagen ein Feuer entfachte und die Frauen im Wageninneren Gemüse für die Suppe schnitten. Es war offensichtlich, dass Mona kein gutes Verhältnis zu Arnolds früherem Mündel hatte, und Jakoba hätte gern gewusst, warum das so war.

»Du scheinst nicht sehr erfreut über Rogers Anwesenheit zu sein«, sagte sie.

»Unser Verhältnis ist nicht gerade das beste. Er schätzt mich nicht, sosehr ich mich auch um ein freundliches Einvernehmen bemüht habe.«

Jakoba konnte es kaum fassen. Warum konnte Roger die Dame, die sein Ziehvater so offensichtlich vergötterte, nicht leiden? Und wie konnte er die umgängliche und großherzige Frau das noch dazu spüren lassen? Dieser Roger musste ein ziemlicher Flegel sein. Empörung baute sich in ihr auf. Allein aus Respekt sollte Roger sich Mona gegenüber freundlicher zeigen!

»Warum ist Roger hier? Auf wessen Seite steht er? Wie kann er den Nonnen gegen die Söldner helfen und gleichzeitig hier beim König lagern?«

Mona wirkte auf einmal sehr müde. »Frag mich etwas Leichteres. Oder besser – frag mich so etwas gar nicht. Es gibt Dinge, auf die man keine Antwort bekommt.« Es klang, als hätte sie auch schon oft versucht, mit Arnold darüber zu sprechen.

Es dauerte eine Weile, bis Arnold wieder da war. Die Dämmerung senkte sich über das Lager, und immer mehr Kämpfer kehrten hungrig und durchgefroren von ihren Einsätzen zurück. Überall flammten Lagerfeuer auf, es roch nach Gebratenem. Rufe, Lachen und Schmerzensschreie hallten über das Lager, auch glaubte Jakoba Frauenstimmen zu hören. Bald entdeckte sie die Huren, die sich ungeniert den Söldnern anboten und mit ihnen im nächsten Zelt oder Gebüsch verschwanden. Jakoba wünschte, sie könnte, wie sonst auch, am Feuer sitzen, aber das war hier natürlich für eine ehrbare Frau ausgeschlossen. Sie schmiegte sich in ihren Umhang. In den Nächten wurde es empfindlich kalt, bald würden die ersten Fröste einsetzen. Mona hatte sich in Decken gewickelt und war, ihr Äffchen auf dem Schoß, eingedöst. Im Schein einer Öllampe zerstampfte Jakoba Gewürzsamen in einem Mörser, um ihre Medizinvorräte wieder aufzufüllen.

Plötzlich stand Arnold in der Tür. »Sie haben mich warten lassen, nur um mir zu sagen, dass der König unterwegs ist. Immerhin will sein Diener ihm ausrichten, dass ich da bin.«

Mona öffnete die Augen und gähnte verhalten. »Dann musst du nachher noch mal weg? Ich nehme an, der König hatte nach dir geschickt, dir geschrieben?«

Arnold nickte leicht. »Sorge dich nicht, Herz meines Lebens. Roger hat uns eigens den Weg hierher gewiesen, damit seine Männer auf euch achtgeben können.« Hufgetrappel war zu hören, und er verschwand von der Rückseite des Wagens.

War er das? Jakoba löste die Decke, die sie um ihre Schulter gelegt hatte, und rückte ans Ende der Plane. Sie war begierig darauf, diesen Ritter noch einmal von Nahem zu sehen. Als ihr einfiel, dass Roger ja auch das Wort an sie richten könnte, prüfte sie, ob ihre Haare noch ordentlich hochgesteckt waren, schalt sich aber gleich darauf für ihre Eitelkeit – was für eine Rolle spielte es, wie sie aussah?

Im Wagen lag noch allerlei herum. Eilig begann sie, Messer und andere Geräte in Arnolds Kistchen zu packen, doch die Neugier war größer, und sie linste wieder hinaus.

Sie hörte eine tiefe Stimme, deren Samtton leicht kratzig ausklang. »Ich muss mich für mein Benehmen entschuldigen. Aber Frauen hierher zu bringen, halte ich für waghalsig … und Madame Mona – du weißt, wie ich über sie denke.« Jakoba warf Mona einen Blick zu und sah voller Trauer, wie diese resignierend die Lider senkte.

»Lass uns nicht wieder davon anfangen«, sagte Arnold fest.

»Und diese andere junge Dame …« Jakoba glaubte, ein missbilligendes Schnauben zu hören. »Wer ist sie überhaupt? Nein, sag es mir nicht, es ist besser, wenn ich es nicht weiß.«

»Dann sei es so. Ich freue mich trotzdem sehr, dich zu sehen, Roger.« Arnold sprach in dem weichen Ton, den er sonst für Mona reserviert hatte. »Lass uns in dein Zelt gehen, dort können wir in Ruhe reden.«

Roger rief seinen Männern einen Befehl zu. Dann sagte er: »Ich will nur der Höflichkeit Genüge tun und den Damen meine Aufwartung machen.«

Eilig rutschte Jakoba in eine Position zurück, die nicht verriet, dass sie gelauscht hatte, griff blindlings nach etwas und tat so, als wäre sie damit beschäftigt.

Rogers Gestalt zeigte sich an der rückwärtigen Öffnung des Wagens. Die Panzerplatten auf seinem Waffenrock spiegelten das Licht der Öllampe. Die dunklen Schlieren auf den Eisenplatten und auf seinem Gesicht bewiesen, dass er gekämpft hatte.

»Meine Damen«, er deutete eine Verneigung an. »Ich hoffe, Ihr seid wohlauf. Sorgt Euch nicht. Ich habe meinen Gefährten aufgetragen, über Euch zu wachen.«

Jakoba bemerkte, wie sein Blick sie kurz prüfte, zu ihren Händen und dann schnell weiterwanderte. Hatte ein spöttisches Lächeln an seinen Lippen gezupft? Aber wieso – hatte sie etwas an sich, über das man sich lustig machen konnte? Noch nie hatte sie ein einziger Blick derart verunsichert, und sie spürte, wie ihr die Hitze den Rücken hochschoss. Entschlossen, sich nichts anmerken zu lassen, hielt sie den Kopf hoch.

»Wir sind Euch sehr zu Dank verpflichtet, Roger«, sagte Mona mit dünnerer Stimme als üblich.

Was hatte dieser junge Mann an sich, dass es die Frau des Medicus derart verunsicherte?

Erst als Jakoba das Ding aus den Händen legte, mit dem sie sich so spontan beschäftigt hatte, bemerkte sie, dass es ein Brenneisen war. Erbost warf sie es in die Kiste zurück. Kein Wunder, dass er sich über ihren Anblick amüsiert hatte! Er musste sie für eine eitle Gans halten!

Der König hatte an diesem Abend keine Zeit für den Medicus, aber früh am nächsten Morgen ließ er nach ihm schicken. Jakoba wollte Mona das Medizinkästchen reichen, doch diese winkte ab.

»Ich habe König Ludwig schon einmal gesehen. Nichts Besonderes, wie so viele Herrscher. Geh du mit Arnold.«

Jakoba spürte Stolz in sich aufsteigen. Wenn ihre Großeltern oder gar ihr Bruder wüssten, dass sie gleich dem König gegenüberstehen würde! Ein Wermutstropfen war allerdings, dass der König nicht wusste, wer sie war, und es vermutlich auch nie erfahren würde. Außerdem hatte sie ihm noch nicht verziehen, dass er die Klarissinnen geopfert hatte. Sie nahm den Affenkäfig an sich, folgte dem Medicus und sah sich dabei verstohlen um. Von Roger und seinen Gefährten war nichts zu sehen; auch die Pferde waren fort. Die Eisschicht auf den Pfützen zersprang unter ihren Füßen: Tatsächlich hatte es in der Nacht zum ersten Mal in diesem Herbst gefroren.

Die Diele des Gehöfts war mit Wandteppichen und Fahnen in den Farben des Königs geschmückt. Etliche Männer warteten auf eine Audienz und murrten, als der Medicus und seine Begleitung vorgelassen wurden. Ein Diener nahm sie in Empfang und kündigte sie dem Herrscher an.

König Ludwig saß vor Pergamentrollen und Aktenbündeln an einer Tafel und unterzeichnete Schriftstücke. Lange mussten sie warten, doch dann legte er endlich die Feder ab. Unruhig wanderten seine Augen durch den Raum. Jakoba schien er gar nicht wahrzunehmen – sie war nur eine Dienerin von vielen für ihn. Ludwig war groß und schlank, und sein rotblondes lichtes Haar fiel auf die Schultern hinab. Seine Augen waren sehr rund, und sein Mund schien zu lächeln, obgleich ihn etwas Trauriges umgab. Als er sprach, stand er auf und ging unruhig umher. Arnold schien er bereits zu kennen, denn es bestand keine Notwendigkeit, dass sie den Trick mit dem Affen vorführten.

Während der Medicus ihn befragte und zur Ader ließ, schimpfte der Bayer über den ungünstigen Verlauf der Belagerung, die er vermutlich bald abbrechen würde, sowie die halsstarrigen Adeligen und den Papst, die ihm nicht nur die Anerkennung als König, sondern auch die wohlverdienten Reichskleinodien verweigerten.

Nachdem er Dampf abgelassen hatte, sprach der König allmählich vernünftiger. Er klagte darüber, wie schwer es sei, die Truppen unter Kontrolle zu halten. Ganz und gar nicht sei er damit einverstanden gewesen, das Klarissinnenkloster zu plündern, was ihn in Jakobas Augen ein wenig sympathischer machte.

Jakoba reichte Arnold sein Werkzeug, doch irgendwann machte der König eine schroffe Geste. Sie verstand und zog sich rückwärts und gesenkten Hauptes zurück. Als sie durch die Diele hinausging, spürte sie erneut die Augen der Wartenden auf sich und ihr Getuschel hinter ihrem Rücken. Unwillkürlich blickte sie auf – der Mann dort kam ihr bekannt vor. Ihr fiel ein, wer es war, und es überlief sie heiß: Er gehörte zu den Lüneburger Burgmannen! Was hatte er hier zu suchen? Den Blick gesenkt hastete sie hinaus. Schnell versteckte sie sich wieder im Wagen, den Mona und Paul abreisefertig gepackt hatten. Sobald Arnold zurück war, brachen sie auf.

»Der König hat mich gebeten, über München zu fahren und nach seiner Frau zu sehen, die gerade von einer Tochter entbunden wurde und leidend ist. Das liegt ja quasi auf dem Weg. Wir müssen nur noch in Nürnberg anhalten und Theriak kaufen – meine letzte Phiole habe ich dem König überlassen.« Arnold nahm tröstend die Hand seiner Frau, während er mit der anderen den Wagen durch das Heerlager lenkte. »Es wird unsere Ankunft in Venedig nur um wenige Tage verzögern, Liebes, glaub es mir. Und einem König schlägt man keine Bitte ab.«

Jakoba schaute ins Heerlager zurück und ertappte sich dabei, dass sie Ausschau nach Roger hielt. Sie hätte Arnolds Ziehsohn gern besser kennengelernt, um den ungünstigen ersten Eindruck revidieren zu können. Sie konnte ihn jedoch nirgends entdecken.

»In der Diele wartete auch einer der Lüneburger Burgmannen auf eine Audienz«, berichtete sie.

»Viele Adelige suchen den König auf, um sich ihre Rechte bestätigen zu lassen – warum nicht auch die Lüneburger?« Arnold wandte sich zu ihr um. »Keine Sorge, niemand hat dich erkannt. Und weißt du auch, warum? Weil dich niemand hier erwartet. Die meisten erkennen nicht, was ihnen vor Augen steht, weil sie es nicht erkennen wollen. Und was sollten sie auch tun – dich nach Lüneburg zurückschleppen?«

Jakoba schwieg. Dass sie überhaupt hier war, war eigentlich unmöglich. Am besten dachte sie nicht mehr darüber nach, sondern nahm es hin, dass der Allmächtige oder die Göttin Fortuna ihr diesen Weg aufgetan hatten.

Die nächsten Wochen verliefen ohne weitere Zwischenfälle. Meister Arnold kaufte in Nürnberg bei einem Apotheker Theriak, fand jedoch die Qualität schlecht und den Preis überteuert. Anschließend kamen sie dem königlichen Wunsch nach und fuhren zum Alten Hof nach München. Königin Beatrix und ihre neugeborene Tochter waren jedoch sehr geschwächt und sprachen nur langsam auf ihre Behandlung an. Dann waren sie endlich auf dem Weg nach Venedig. Mit jeder Stunde entfernte Jakoba sich weiter von ihrer Heimat, doch sie schaute nicht mehr zurück. Viel zu sehr freute sie sich auf das, was sie in der Fremde erwartete.

18

Winter 1318

Anfangs hatte der Anblick der Berge sie begeistert, die sich grau-weiß und majestätisch am Horizont abzeichneten. Jakoba hatte auf der Weltkarte in Ebbekestorpe zwar Gebirge gesehen, aber wirklich und wahrhaftig vor ihnen zu stehen war doch etwas ganz anderes. Noch etwas anderes war es allerdings, diese Höhenzüge tatsächlich erklimmen und überqueren zu müssen. Sie folgten der Großen Tiroler Straße, einem alten Handelsweg, auf dem sich Karren und Kobelwagen drängten. Immer schmaler und steiler war der Weg geworden, und sie kamen immer langsamer voran. Den Pferden machte die Anstrengung zu schaffen, sodass die Frauen oft neben dem Wagen herliefen, um sie zu entlasten. Bald schon waren Jakobas Füße wund und die Zehen halb erfroren. Ihre Oberschenkel brannten von der ungewohnten Anstrengung so, dass nicht einmal mehr das Arnika-Öl half, das sie sich in die Muskeln massierte.

Auf dem Kuntersweg, einem neuen Saumpfad zwischen Bozen und dem Brennerpass, war das Gedränge der Wagen besonders groß. Hier überraschte sie der erste Schnee, und viele Wagen rutschten ineinander, verkeilten sich oder glitten den steilen Abhang hinunter. Das schrille Wiehern der Pferde, die von der Last in die Tiefe gerissen wurden, klang Jakoba noch lange in den Ohren. Kein Wunder, dass viele Kaufleute Maultiere oder Esel beluden und ihre Wagen stehen ließen! Arnold jedoch fuhr unbeirrt weiter, wie eine Schnecke, die nicht auf ihr Haus verzichten konnte.

Bei jedem Aufbruch hatte Jakoba gebetet, dass der heilige Christopherus ihre Schritte segnen möge. Jede Rast sehnte sie herbei. Doch die Tavernen waren überfüllt und teuer, dazu kam der Wegzoll, den sie für jeden Abschnitt aufs Neue entrichten mussten. Immerhin gab es genügend Händler oder andere Reisende, die die Dienste des Medicus in Anspruch nahmen. Vor allem Mona war das Reisen leid und konnte es gar nicht erwarten, in der Lagunenstadt zur Ruhe zu kommen – wenigstens für einige Monate. Vierzehn bis sechzehn Tage brauchte ein Frachtwagen von Bayern nach Venedig im Schnitt, ein reitender Bote konnte den Weg in vier bis sechs Tagen schaffen, das hatte Jakoba oft genug in den Tavernen gehört. Sie aber waren schon zwei Wochen unterwegs und hatten gerade erst die Berge hinter sich gelassen.

»Wenn wir die Berge überwunden haben, wird das Wetter besser, dann hört der Schnee auf.« Wie oft hatte Mona das in den letzten Wochen gesagt.

Und was sahen sie jetzt, so weit das Auge reichte? Schnee.

Arnold legte den Arm um die Schulter seiner Frau. »Wenn wir erst in Venedig sind … dort habe ich noch nie Schnee gesehen«, sagte er tröstend. Mona zog fröstelnd die Schultern hoch.

Der Kobelwagen quälte sich durch das frische Weiß. Jakoba und Paul sprangen ab und gingen nebenher, wie sie es in den letzten Tagen oft getan hatten. Der Junge formte eine Schneekugel und zielte auf eine Tanne, um auf den schneebedeckten Zweigen eine Lawine auszulösen. Leise sang er vor sich hin. Jakoba hauchte in ihre halb erfrorenen Hände und schob sie dann unter den Umhang. Immerhin ging es inzwischen stetig bergab.

Die Schilfblüten im Schwemmland beugten sich unter der Last der Schneeflocken. Eiszapfen zierten die Pfosten des Anlegers. Mestre war eine ungastliche und schwer befestigte Stadt, aber am Hafen gab es viel zu sehen. In dieser letzten Festlandsstation vor Venedig kamen die Handelskonvois an. Pferde und Wagen wurden vermietet, Träger verdingt, Waren wechselten den Besitzer.

Frachtsegler und Ruderboote wippten im Wasser und schwankten bedenklich, wenn sie be- oder entladen wurden. Aufgeregt riefen und liefen Händler und Schiffsführer durcheinander, bis die Ladung in Sicherheit war.

Jakoba und Paul standen neben dem Kobelwagen und beobachteten das Schauspiel. Sie war erschöpft und durchgefroren, ihre Lederschuhe waren durchweicht, und die Zehen spürte sie kaum mehr – und doch prickelte die Aufregung in ihrem Herzen. Endlich waren sie da!

Auch sie luden ihre Kisten und Kästen ab. Kobelwagen und Pferde brachten sie zu einem weitläufigen Hof am Hafenrand. In einem Schuppen standen die Frachtwagen bereits dicht an dicht, eingestaubt, wie große Tiere, die Winterschlaf hielten. Mona nahm dem Bauern das Versprechen ab, gut für die Pferde zu sorgen, dann bezahlte Arnold für einige Monate im Voraus.

Zurück am Kai mussten sie lange warten, bis das nächste Boot kam. Die Segel wurden eingeholt, Ruderer übernahmen das Anlegemanöver. Zusammen mit etlichen Kaufleuten drängten sie an Deck. Als Jakoba das schwankende Schiff betrat, wurden ihre Knie weich. So tief lag das Schiff, dass man vom Bordrand das Wasser berühren konnte. Auf einmal wurde Jakoba bewusst, dass sie nicht schwimmen konnte. Aber einen anderen Weg, nach Venedig zu gelangen, gab es wohl nicht.

Das Wasser der Lagune war an manchen Stellen unergründlich grün-schwarz, an anderen hellgrau. Oft spitzte Schilf aus der Oberfläche oder Stecken markierten das Fahrwasser. Möwen kreisten über ihren Köpfen, stießen schreiend hinab. Frachtschiffe und Ruderboote kamen ihnen entgegen. Die Schiffsführer begrüßten sich mit einem Nicken.

Arnold war mit den Kaufleuten ins Gespräch gekommen. Jakoba und Paul starrten von der Reling aus in den Schneegriesel. Sie konnten es kaum erwarten, dieses Venedig endlich zu sehen.

Paul beschirmte seine Augen mit den Händen. »Wo ist es

denn nur? Ich kann nichts erkennen!«, sagte er ungeduldig. In dem knappen Dreivierteljahr, das sie einander kannten, war er ein gutes Stück in die Höhe geschossen und überragte Jakoba nun beinahe um Haupteslänge. Ein schwer beladenes Lastschiff verschwand vor ihnen im Weiß.

»Nur die Ruhe«, sagte sie und lächelte. »Da wird es schon irgendwo sein. Es muss. Vielleicht ist es schüchtern, dieses Venedig, und versteckt sich vor uns.«

»Schüchtern? Wohl kaum.« Arnold gesellte sich nun wieder zu ihnen. »Venedig ist eine Dame, die den großen Auftritt liebt. Sie überrascht einen immer wieder.« Er wandte sich an Mona, die dick eingemummelt auf einem Fass saß. »Heuer werden wir sie das erste Mal in einem Schneekleid sehen, nicht wahr, mein Lieb? Das hätte ich mir nicht träumen lassen.«

»Träumen, sagst du?« Mona wischte ungehalten die Schneeschicht von ihrem Umhang. »Auf diese Überraschung hätte ich gut verzichten können. Ich kann es kaum erwarten, dass wir endlich bei Ser Maffio waren, unsere Casa bezogen haben und der Kamin eingeheizt ist.« Ser Maffio, ein alter Freund Arnolds, würde ihnen wie jedes Jahr ein kleines Haus überlassen, das hatten sie oft angekündigt.

»Da ist ein Turm!«, rief Paul. Tatsächlich zeichnete sich ein rotbraunes Gebilde im Dunst ab.

»Der Campanile di San Marco, der ›Herr des Hauses‹, wie man hier sagt – bald sind wir da«, freute sich Mona und stellte sich neben Jakoba an die Reling.

Als langsam der Rest der Stadt aus dem Dunst auftauchte, kam Jakoba aus dem Staunen gar nicht mehr heraus. Ein Häusermeer, mitten im Wasser. Inseln, bis an den Rand bebaut. Sie fuhren in die breite Mündung des Canale Grande ein, von dem Jakoba schon so viel gehört hatte. Schneebestäubte Steinbauten flankierten die Einfahrt, wechselten sich mit hohen, berankten Mauern und Holzhäusern ab, die mit ihrer farbenfrohen Bemalung selbst im Winter sommerlich wirkten; vereinzelt sah sie auch einfache Holzhütten mit Strohdächern. An den Seitenarmen des Kanals hangelten sich Menschen über vereiste Brücken oder stiegen auf eines der Boote, die hier anscheinend in jeder Größe vorhanden waren. Es gab schwerfällige Lastkähne, Segelboote, Ruderboote, aber auch lang gestreckte Gondeln, an deren Ende Ruderer standen. Manche der Boote hatten gewölbte Dächer oder goldene Verzierungen.

Ein wenig kamen diese geschmückten Boote Jakoba wie die Standeszeichen der Ritter vor, die kostbaren Wappen, Schabracken und Standarten, mit denen diese ihren hohen Stand verkündeten. Die Steinhäuser waren zweigeschossig, mit Anlegern vor dem säulengeschmückten Untergeschoss. Überall prangten Marmorplatten, Arkaden, Spitzbögen und anderer Fassadenschmuck. Oft konnte sie durch die Säulengänge ins Erdgeschoss der Häuser sehen, beobachtete, wie dort gewerkelt, Schnee weggefegt oder Feuerholz geholt wurde. Mühlen säumten die breiteren Kanäle und nutzten den Gezeitenstrom. Es schien Gärten zu geben, was die kahlen Äste bewiesen, die hinter Mauern aufragten, aber keine Freiflächen, keine Äcker und Wiesen, wie sie in ihrer Heimat so häufig vorkamen.

»Befinden sich die Felder auf der anderen Seite der Stadt? Oder gibt es hier keine Bauern?«, sprach Jakoba ihre Gedanken aus.

Ihre Bemerkung brachte Mona zum Lachen. »Die Venezianer sind doch keine Bauern! Sie ackern nicht – und doch gibt es hier einen größeren Reichtum als anderswo. Ihr Boden bringt nichts hervor, und doch leben sie im Überfluss. Wenn man genug Geld hat, kann man alles kaufen.«

Wie groß die Stadt war! Immer weiter schlängelte sich der Kanal, doch das Häusermeer riss nicht ab. Ja, je weiter sie kamen, desto seltener sahen sie die einfachen Holzbauten. Jetzt ähnelten die Häuser Palästen. »Nur die reichsten Familien haben am

Canale Grande ihre Häuser. Hauptsächlich Nobili, alter Adel, aber auch der neue Kaufmannsadel«, sagte Mona.

»Ob Venedig auch unter der Hungersnot zu leiden hatte?«, warf Jakoba ein.

Arnold hatte ihre Frage gehört. »Das wollte ich von unserem Schiffer auch wissen. Natürlich hat auch in Venedig der Handel gelitten, wenn auch die Getreidespeicher groß sind und noch größere erbaut werden sollen. Vor allem aber hat es den Handel behindert, dass im Frühjahr der Fondaco dei Tedeschi abgebrannt ist, das Deutsche Haus – seitdem müssen die deutschen Kaufleute in Gasthöfen und Pilgerherbergen untergebracht werden. Wir wollen hoffen, dass Maffio trotzdem ein Plätzchen für uns hat.«

»Ich habe lange im Dienste venezianischer Familien gestanden, zur Not finden wir schon jemanden, der uns ein Zimmer vermittelt«, sagte Mona, doch Jakoba bemerkte die Sorgenfalten in ihrem Gesicht.

Just in diesem Moment tat sich zu ihrer Linken eine klaffende Lücke im Häusermeer auf. An den rußgeschwärzten Mauern der Nebengebäude ließ sich erahnen, dass hier ein Handelshaus abgebrannt war. Allerdings wurde schon eifrig an einem Neubau gewerkelt. Arnold erklärte, dass alle Kaufleute deutscher Zunge in einem Haus Quartier nehmen und dort auch ihre Waren vorzeigen müssten. Sie lebten in der Fondaco unter Aufsicht des Rates und durften keinen Handel ohne Vermittler tätigen.

Wenig später näherten sie sich einer gewölbten Holzbrücke, die an beiden Seiten überdacht und mit winzigen Fenstern versehen war. Die Mitte war durch ausgeklappte Zugbrücken verbunden. So viele Menschen und Reiter überquerten die Holzplanken, so laut hallten Hufe und Füße unter der Brücke, als sie darunter entlangglitten, dass Jakoba beinahe fürchtete, sie könnte einstürzen. Auch am Fuße der Brücke tummelten sich die Menschen, doch das wunderte Jakoba weniger, schließlich war es die einzige Verbindung zwischen den Stadtinseln, die sie bislang gesehen hatte.

Ihr Segelschiff machte einen Steinwurf vom Brückenfuß entfernt fest. Träger und Zöllner warteten schon auf die Kaufleute, umringten sie und verhandelten. Wie voll es hier war! Wie vielfältig die Menschen! Pilger auf dem Weg ins Heilige Land schoben sich an Rittern vorbei, Handwerker an Patriziern, Mönche an Nonnen, dunkelhäutige Sklaven folgten ihren Herrn. Noch nie hatte Jakoba ein derartiges Gemisch verschiedener Sprachen gehört.

Arnold rief einen Mann heran, der ihnen beim Umladen ihres Gepäcks auf ein Ruderboot half. Mit diesem fuhren sie noch ein Stück den Canale Grande entlang und bogen dann zur Rechten in einen Seitenkanal ein.

Jakoba konnte sich an dem Schauspiel auf dem Wasser und zu Land gar nicht sattsehen. Am liebsten wäre sie sofort vom Boot gesprungen, durch die Gassen geschlendert und hätte in den Kramläden gestöbert.

An einem Platz mit großen Lorbeerbäumen legten sie an. Arnold wies den Bootsführer an zu warten und ging voraus zu einem großen, eher schlichten Steinhaus. Sie betraten eine Diele, in der ein heilloses Durcheinander herrschte. Schwerter, Schilde und Ruder baumelten an den Wänden, in Regalen und auf den Schränken waren Vasen und Geschirr zusammengewürfelt, auf dem Boden reihte sich verziertes Sattelzeug an Kessel und Tuchballen. Vor einer kleinen Waage prüfte ein Mann gerade den Münzschatz eines anderen. Als Arnold an einer Hintertür klopfen wollte, öffnete sich diese, und ein alter Herr mit üppig wuchernden Ohr- und Nasenhaaren begrüßte sie überschwänglich. Die Männer unterhielten sich einen Augenblick, dann wurde auch Arnolds Begleitung willkommen geheißen.

Für Jakoba und Paul wechselte Ser Maffio in die deutsche Sprache. »Natürlich habe ich ein Häuschen für euch, mein

Freund. Habe ich dich je im Stich gelassen? Ein Stückchen weiter, Richtung Klosterneubau. Ich muss euch aber warnen: Nach dem Brand des Fondaco wurde einem Teil der Kaufleute gestattet, in die Gasthöfe und Herbergen zu ziehen, aber die Kontrollen sind scharf.« Ser Maffio reichte ihnen einen Schlüssel und beschrieb ihnen den Weg zu ihrer Unterkunft. »Den Wein bringe ich nachher mit«, kündigte er an.

Sie gingen zur Barke zurück und fuhren weiter durch das Gewirr der Kanäle, die manchmal so schmal waren, dass die Ruderer sich von den Hauswänden abstoßen konnten.

»Wie gut Ser Maffio unsere Sprache beherrscht!«, staunte Jakoba.

»Er ist weit herumgekommen, wie die meisten Handelsleute in Venedig. Menschen jeglicher Nation gehen bei ihm ein und aus, leihen sich Geld oder verpfänden ihre Habe. Natürlich gibt es hier auch Übersetzer, aber hilfreich für das Geschäft ist es schon, wenn man in der Zunge seiner Kunden verhandeln kann«, sagte Arnold.

»Was meinte Ser Maffio mit ›scharfe Kontrollen‹?«

»La Signora und ihr oberster Vertreter, der Doge, achten streng auf die Einhaltung der Gesetze. Jedes Gewerbe wird kontrolliert. Das gilt auch für uns: Kein Arzt darf ohne Erlaubnis praktizieren. In der Zunft ›ars medicorum‹ sind die Medici, die Physici und die Chirurgen organisiert. Jeder Händler muss alle Waren vor der Visdomini offenlegen und darf kein Geschäft ohne ihr Wissen tätigen. Besonders genau werden Spezereienhändler beobachtet, und nur die kundigsten von ihnen dürfen Theriak herstellen.«

Jakoba dachte an die Fortschritte zurück, die sie in den vergangenen Monaten gemacht hatte, und an Arnolds Versprechen. »Ich freue mich darauf, endlich mehr über die Herstellung dieses Allheilmittels zu erfahren«, sagte sie.

An einem schmalen Holzbau legten sie an. Arnold und Paul

sprangen ab und öffneten die Wasserpforten. Das Erdgeschoss war karg und wenig einladend. Ein kleines Ruderboot war aufgebockt, daneben lag ein Stapel Feuerholz. Zwischen Eingang und Treppe befand sich ein Alkoven, den Paul sogleich in Beschlag nahm. Nach vorne gab es einen kleinen Platz mit dem Brunnenkopf einer Zisterne. Sie gingen die knarrenden Treppen hoch. Die quietschenden Türen und ächzenden Bohlen verrieten, wie alt das Haus war. Doch als sie den Saal im ersten Stock betraten und Mona die Fensterläden zum Kanal öffnete, umfing Jakoba sogleich ein heimeliges Gefühl. Die Wände des Saals waren mit Blumenranken bemalt, die Holzmöbel waren schlicht, aber schön, es gab einen Kachelofen, und auf einem Bord stand allerlei irdenes Geschirr. Zur Stadtseite gingen neben der Treppe zwei Kammern und eine Kochnische ab. Eine schmale Stiege führte auf einen Dachboden, und dort gab es sogar eine – wenn auch ein wenig morsche – Holzplattform, um die Wäsche zu trocknen.

Mona wirkte müde, und doch bestand sie darauf, an diesem ersten Abend das Essen zu bereiten, und schickte Arnold zum Einkauf.

Als Arnold und Paul zurückkehrten, hatten sie Ser Maffio im Schlepptau, der seinen Krug Ribolla-Wein sogleich entkorkte und ihnen allen einschenkte. Mona kochte, sang, plauderte und wirkte sehr glücklich. Jakoba half ihr, zufrieden, für die nächste Zeit ein gemütliches Zuhause zu haben. Zum ersten Mal seit langer Zeit schlemmten sie wirklich: Kräutertorte mit Mangold, Petersilie, Minze, Speck und Eiern, Braten mit salsa peverada, einer Soße aus Brot, Rindermark und reichlich Pfeffer, und zum Abschluss Zelatiam, eine Art Gelee. Sie ließen es sich schmecken, redeten und lachten.

Ernster wurde es, als Maffio von der Stimmung in der Stadt berichtete, die seit dem niedergeschlagenen Aufstand noch immer angespannt war. »Alteingesessener Adel gegen die neueren, reichen Familien – aber die Nobili werden sich die Macht nie und nimmer aus der Hand nehmen lassen. Unsere Konkurrenz in Verona und Genua macht uns noch immer das Leben schwer. Bewaffnetes Geleit ist unumgänglich, um die Händler zu schützen. Immerhin werden neue Handelsabkommen geschlossen – mit Flandern beispielsweise. Der Thronstreit im Reich ist auch gut fürs Geschäft – jeder der beiden deutschen Könige muss ständig neue Söldner ausrüsten und hält Geldverleih, Metallhandel und Handwerk in Schwung. Außerdem heißt es, der französische König bereite nun doch einen neuen Kreuzzug vor.«

»Tatsächlich?« Arnold wirkte skeptisch.

»Angeblich hat der König in Narbonne und Marseille zehn Schiffe bestellt.«

»Schon lange wollen die französischen Könige wieder als Bellator Rex glänzen, aber das Geld rinnt ihnen durch die Finger …«

Jakoba war todmüde und zog sich in eine der Kammern zurück. Auf die hohe Politik hatte sie heute keine Lust mehr. Sie würde gut schlafen, und sie freute sich darauf, dass nun eine unbeschwerte, lehrreiche Zeit beginnen würde.

Am Morgen kündigte Arnold an, er würde einen Theriak-Händler aufsuchen, und er hatte nichts dagegen, dass Jakoba ihn begleitete. Sie gingen zu Fuß. Es schneite nicht mehr, aber der Schneematsch vermischte sich mit Pferdemist, was das Fortkommen nicht angenehmer machte, zumal immer wieder Reiter durch die Gassen preschten, sodass die Passanten sich in Hauseingänge drücken mussten.

»Ich hätte nicht gedacht, dass es hier so viele Pferde geben würde.«

»Hier gibt es viele hohe Herren, also gibt es auch Pferde. Sogar Reiterspiele werden in Venedig veranstaltet, wenn auch nicht gerade in diesem Viertel, sondern eher auf dem Markusplatz.

In San Polo findet dafür traditionell die Stierhatz statt.« Sicher führte der Medicus sie durch das Gassengewirr.

Mehr als einmal wäre Jakoba nur zu gern stehen geblieben, um die bunten und vielfältigen Auslagen in den Läden zu betrachten. Auch wünschte sie sich, in einer der Kirchen für ihre glückliche Ankunft zu danken, aber Arnold schien es eilig zu haben. Einige Hausecken weiter stieg Jakoba ein unverkennbarer Duft in die Nase: Zimt, Weihrauch und Lavendel lagen in der Luft. Anscheinend hatten sie ihr Ziel erreicht. »Sind in dieser Gasse nur Spezereien-Händler?«, fragte sie.

»Hier im Rialto-Viertel gibt es alles. Aber es stimmt, hier sind auch die *specier da grosso, specier da confetti* und *specier da medicine* ansässig; Letztere nennen wir auch Apotheker. Sie alle unterstehen den *Consoli dei Mercanti,* der Überwachungsbehörde, die ich erwähnte.«

Sie betraten ein unscheinbares Haus, das jedoch im Inneren einen direkten Blick auf die belebte Klappholzbrücke bot.

Ein gesetzter Mann mit Kugelbauch und Hängewangen kam mit ausgestreckten Armen auf sie zu. Er war in ein langes Gewand aus karminrotem Atlas gehüllt und trug eine Samtmütze auf dem Kopf.

Selbst die Apotheker scheinen in dieser Stadt auf ein beeindruckendes Aussehen Wert zu legen, dachte Jakoba.

»Meister Arnold! Etwas später in diesem Jahr, nicht wahr? Aber noch früh genug für die Festivitäten.«

Arnold schüttelte die Hände des Mannes. »Ser Filipo! König Ludwig aus Bayern bat mich, seine Frau zu untersuchen – diesen Wunsch kann man ihm natürlich nicht abschlagen. Leider war mir Euer Theriak ausgegangen, und ich musste mit Nürnberger Ware vorliebnehmen.«

»Ihr seid gefragt wie eh und je! Eine Schande, denn die Gefahr, dass der Theriak verschnitten wurde, ist groß – und Ihr wisst, dass die Wirksamkeit dann nicht mehr garantiert werden kann. Nur hier gibt es die geprüfte Ware. Aber besser in Nürnberg kaufen als gar nicht, oder? Wie sagen wir so schön über die fränkische Reichsstadt: Alle Städte Deutschlands sind blind, nur Nürnberg sieht auf einem Auge.«

Jakoba hörte nur mit einem Ohr hin. Fasziniert ging sie weiter in den Verkaufsraum hinein, der edel ausgestattet war. Die Wände waren mit tiefblauer Seide bespannt und durch etliche Öllampen erleuchtet. Auf polierten Regalen thronten Gold- und Silbergefäße sowie schimmernde Gläser. Zierliche Metallschilder verkündeten, welche Spezereien sich darin befanden. Auch hinter einer Kordel lagen Waren aus: Töpfe mit Kräutern und Pulvern, gefüllte Seidensiebe, Glasgefäße mit Flüssigkeiten, Bastkörbe. Etwas abseits der Kordel stand auf einem Bord – ja, was war das? Jakoba beugte sich hinunter. In diesem Augenblick fiel die Sonne durch die Fenster zum Kanal und brachte die orangefarbene Flüssigkeit, in der etwas Schwarzes schwamm, zum Funkeln. War das eine Wurzel oder … Sie erkannte schaudernd mehrere Beine und einen hochgebogenen Schwanz. Was für ein Lebewesen war das?

»Feinstes Skorpion-Öl. Gut gegen Blasen- und Nierensteine. Es hat exakt sechs Monate in der Sonne gestanden, damit sich die Wirkstoffe entfalten können, und ist nun reif«, erläuterte ein Mann, der plötzlich neben ihr stand.

Jakoba wandte sich um und war überrascht. Er hatte in einem gewichtigen Tonfall und mit starkem Akzent Deutsch gesprochen, weshalb sie mit einem älteren Herrn gerechnet hatte. Der Redner war allerdings erst etwa zwanzig – offenbar der Sohn des Apothekers. Er war seinem Vater wie aus dem Gesicht geschnitten, sogar den Ansatz zu Kugelbauch und Hängewangen hatte er schon, allerdings war er schlichter gekleidet, und sein Haar war noch schwarz. Beinahe musste sie über die Ähnlichkeit lachen. Er schien mit seiner gemessenen Sprache Respekt einzufordern.

Arnold hatte mitgehört und schritt zu ihnen. »Das ist Domina

Jakoba, die Gesellschafterin meiner Frau, eine wissbegierige junge Dame. Sie interessiert sich besonders für die Geheimnisse des Theriaks.«

»Tatsächlich? Damit wird mein Baldino kaum überfordert sein, nicht wahr, Grillo«, sagte der Apotheker und gab seinem Sohn einen Klaps auf den Hinterkopf.

Jakoba unterdrückte ein Lächeln. Bei dem Namen Baldino hatte sie sogleich an Baldrian denken müssen – und so einschläfernd wirkte seine Redeweise tatsächlich. Die Schmähung als »Heuschrecke« empfand sie jedoch als unpassend. Baldino war zwar etwas feist, und seine gelben Zähne verrieten mangelnde Pflege, aber seine Augen waren groß und von derart dichten und langen Wimpern umgeben, wie Jakoba sie noch nie bei einem Mann gesehen hatte.

»Wo habt Ihr Madame Mona gelassen?«, fragte der Apotheker neugierig.

»Sie erholt sich von der Reise.«

»Habt Ihr schon Personal? Ich kann Euch eine Sklavin schicken, die sie im Haus unterstützt – oder besser, eine Magd. Ihr wisst, wir stehen in Monas Schuld. Nein? Dann bestellt ihr meinen besten Gruß. Wo war ich gerade stehengeblieben? Ach ja, die Versorgung mit Levante-Gütern stockt in diesem Jahr etwas, weil …« Plaudernd entfernten sie sich.

Jakoba wandte sich Baldino wieder zu. Dieser strich gravitätisch über die Reihe Bernsteinknöpfe an seinem Wams. »Wenn Ihr Euch wirklich für Theriak interessiert, habt Ihr Glück, denn heute ist der erste unserer drei Schautage.«

»Schautage für Theriak? Was versteht man darunter?«

»Von Rechts wegen sind wir verpflichtet, vor der Fertigung des Theriaks alle Bestandteile auszustellen. Jedermann soll sich von der Güte der Zutaten überzeugen können. Erst danach wird, ebenfalls unter Aufsicht der Gerbulatori, der vereidigten Beamten, die Arznei hergestellt.«

Jakoba beugte sich über die Waren hinter der Kordel. »Was haben wir hier?« Sie wedelte den Duft zu sich. »Ich erkenne schwarzen und weißen Pfeffer. Dies hier ist auch leicht.« Sie zeigte nacheinander darauf: »Petersilie, Anis, Rosenblätter, Ingwer, Safran, Zimt und Fenchelsamen. Aber hier«, am liebsten hätte sie den Finger hineingesteckt. »Ist das Weihrauch?« Sie zeigte auf die Bastkörbe in der Mitte. »Und dort, was ist da drin?« Sie streckte sich – beinahe bekam sie den Deckel zu fassen.

»Halt!« Baldino fasste sie am Ellbogen. »Darin befinden sich die Vipern.«

Jakoba löste sich von ihm. Arnold und der Apotheker waren offenbar in Verhandlungen vertieft. Wenn sie überhaupt je Schlangen gesehen hatte, waren diese stets schnell im Dickicht verschwunden, doch die Neugier überwog ihre Angst. »Darf ich sie sehen?«

»Wenn Ihr unbedingt wollt. Aber erschreckt Euch nicht, meine Dame!« Aufgeblasen vor Wichtigkeit hob Baldino mit einer Holzzange den Deckel. Im Inneren des Korbes wimmelte es in verschiedenen Brauntönen. »Wir züchten die Schlangen selbst, um eine gleichbleibende Qualität zu gewährleisten.«

»Aus wie vielen Bestandteilen stellt Ihr Euren Theriak her? Meister Arnold berichtete, dass es einige Rezepte gäbe mit neun, andere mit bis zu hundert Zutaten.«

»Wir arbeiten nach dem Rezept des jüngeren Andromachus.«

»Dann also fünfundsechzig. Wäre es wohl möglich, einmal bei der Zubereitung zuzuschauen?«

Baldino war über ihr Wissen erstaunt, riss aber ebenso theatralisch wie entsetzt die Hände hoch. »Auf keinen Fall! Die Herstellung des Theriaks unterliegt der Geheimhaltung. Ihr kennt Euch schon jetzt besser damit aus, als es mir für eine so reizende Dame passend erscheint.« Er zwinkerte mit dem linken Auge, als wolle er ihr schöntun. Im nächsten Moment wurde er wieder ernst. »Ah, die hohen Herren – willkommen!«

Auch der Apotheker schien die Neuankömmlinge gesehen zu haben, denn er ließ Arnold stehen, um sie zu begrüßen. Wie er wandte sich Baldino den schwarz gekleideten Herren zu, die einen arroganten Eindruck machten.

Der Medicus trat zu Jakoba; in den Händen hielt er eine kleine Dose aus Weißblech, die mit dem charakteristischen Siegel versehen war. »Lassen wir die Herren Apotheker lieber mit den Gerbulatori allein«, flüsterte er und führte sie hinaus.

»Ich wusste nicht, dass die Herstellung des Theriaks eine so geheimnisumwitterte Angelegenheit ist. Ich kann es kaum erwarten, dass wir endlich diese Arznei gemeinsam anmischen«, sagte Jakoba.

Es hatte wieder zu schneien begonnen. Eilig gingen sie im Windschatten der Häuser die Gasse entlang. »Erst einmal möchte ich überprüfen, was du alles schon gelernt hast. Danach machen wir uns an die Herstellung komplizierterer Salben und Pillen. Und dann, irgendwann, können wir uns dem Theriak zuwenden«, sagte Arnold und sprang zur Seite, weil wieder ein Reiter vorbeikam und dabei achtlos den Schneematsch aufspritzen ließ. »Bei welchen Krankheitszeichen öffnest du beispielsweise die Ader unter der Zunge?«

Jakoba sank der Mut, gleichzeitig fühlte sie sich herausgefordert. Sie hatte bereits so viel gelernt, sie würde Arnold schnell beweisen können, dass sie kundig genug für das letzte große Geheimnis der Arzneikunst war. »Bei Angina und Rachenpest.«

»Und die Venen in den Augenwinkeln?«

»Gegen Augenkrankheiten und übermäßige Behaarung.«

Arnold nickte zufrieden. Sie erklommen nun die Holzbrücke, die unter den Schritten der vielen Menschen zitterte, gingen ein Stück geradeaus, bogen nach rechts und standen plötzlich vor einer kleinen Kirche, die sich eingezwängt zwischen den Wohn- und Geschäftshäusern zu behaupten suchte. Arnold kaufte eine Kerze, und sie traten ins Zwielicht des Kirchenschiffs.

Als sich ihre Augen an das Kerzenlicht gewöhnt hatten, sah Jakoba drei Männer, die in der Nähe des Eingangs auf einer Bank saßen und ungeniert palaverten.

»Dieser Wirt ist ein Halunke, er nimmt mich aus nach Strich und Faden. In der Fondaco konnte man sich wenigstens beschweren, aber so dauert es ewig, bis man die Visdomini zu fassen kriegt«, hörte Jakoba jemanden auf Deutsch schimpfen.

»Mir machen die jüdischen Konkurrenten das Leben sauer. Kaum kommt eine vielversprechende Ladung an, haben sie sich auch schon das Beste gesichert. Nur weil ich meine Waren noch nicht zu einem akzeptablen Preis erstehen konnte, bin ich überhaupt noch hier.«

Jakoba folgte Arnold zu dem Altar, auf dem ein wahres Lichtermeer brannte. Der Medicus spendete die Kerze, und sie knieten nieder, um zu beten. Jakoba sprach das erste Gebet für ihren verstorbenen Sohn, ihren ersten Mann und ihre anderen Verwandten. Ob ihr Großvater wohl noch lebte? Und wie es der Großmutter ergehen würde, wenn Elmbert tot war? Sicher würde Anno sie aus dem Haus treiben, wie er es schon lange vorgehabt hatte. Auch an Gevehard dachte sie. Sie hoffte, dass er versuchen würde, ihre Ehe für ungültig oder sie für tot erklären zu lassen, damit er erneut heiraten konnte. Ihr wäre es gleich, sie hatte ohnehin nicht die Absicht, je Anspruch auf seinen Besitz oder ihre Mitgift zu erheben. Sie hatte sich damit abgefunden, ein klösterliches Leben zu führen, wenn sie auch zugeben musste, noch das eine oder andere Mal an Arnolds Ziehsohn Roger gedacht zu haben. Ja, Roger faszinierte sie – vermutlich weil er so geheimnisvoll war. Wie hatte Arnold ihn kennengelernt? Warum war er ein Mündel des Medicus geworden? Und wie war das Verhältnis der beiden Männer heute? Noch ein paar Mal hatte sie versucht, von Arnold oder Mona mehr über ihn zu erfahren, sie war jedoch stets auf Schweigen gestoßen.

Ein Mann hustete lautstark, dann sagte er mit kratziger

Stimme: »Ja, lästig ist es dieses Jahr in Venedig. Nirgendwo kann man sich in Ruhe austauschen, weil es in den Tavernen nur so von Kaufleuten wimmelt. Jede Nachricht, jedes gute Angebot macht sofort die Runde.«

Arnold zischte ihn an, um ihn zum Schweigen zu bringen, aber die Männer ließen sich dadurch nicht stören.

»Ich warte nur noch auf den letzten Handelskonvoi, der ist extrem spät dran, dann geht es zurück nach Hause – die Reise wird bei diesem Wetter ohnehin ewig dauern! Ich will zur ersten Versammlung des Rates zu Cathedra Petri wieder in Lüneburg sein.«

In Lüneburg. Jakoba erstarrte, doch ihr Herz raste. Sie wusste nicht, welcher der drei gesprochen hatte, ohnehin hatte sie die Gesichtszüge kaum erkennen können. *Nur die Ruhe!* Es musste schon mit dem Teufel zugehen, wenn der Mann Gevehard kannte oder gar bei ihrer Hochzeit zu Gast gewesen war. Und doch erschreckte sie diese zufällige Begegnung so sehr, dass sie sich zwingen musste, das Gebet zu beenden.

Ein Lachen, ein Husten. »Jetzt schon Venedig verlassen? Wo zu dieser Festzeit doch die meisten Huren unterwegs sind – das bedeutet viel Auswahl und niedrige Preise!«

Arnold sprang auf. »Das hier ist eine Kirche, ein Ort der Einkehr – und kein Hurenhaus«, fauchte er die Kaufleute an.

Der Mann lachte erneut laut. »Einkehr, ha – aber in ein Hurenhaus kehren wir doch auch ein, Alter!«

»Du …« Arnold packte ihn am Kragen. Ein hitziger Wortwechsel folgte.

Jakoba bekreuzigte sich und steuerte auf den Ausgang zu. Auf keinen Fall wollte sie Aufsehen erregen. Da kam der Medicus ihr auch schon hinterher. »Ungehobelte Bande«, schimpfte er. »Wissen nicht, was sich gehört.« Er sah sie von der Seite an. »Warum bist du so blass?«

»Einer der Kaufleute war aus Lüneburg.«

»Tatsächlich? Das muss ich überhört haben. Na ja, hier treffen eben Kaufleute aus den verschiedensten Regionen zusammen – warum also auch nicht aus Lüneburg? Dann gehst du besser nicht mehr nach San Bartolomeo, dies ist nämlich das Gotteshaus der deutschen Kaufleute. Ich werde dir den Weg zu San Polo Apostolo zeigen, das ist ebenfalls in der Nähe unserer Unterkunft, aber etwas weiter ab vom Trubel des Rialto.«

»Gehen wir jetzt zurück?«, fragte Jakoba befangen.

»Noch nicht. Mona hat mir einige Besorgungen aufgetragen.« Arnold führte sie zurück zur Rialtobrücke, wo sie warten mussten, da die Zugbrücken gerade für ein Segelschiff hochgeklappt waren. »Mona geht nicht gerne zum Rialtomarkt, weil dort auch Sklaven gehandelt werden – und zum Markt und den Bäckerstuben auf dem Markusplatz ist es heute zu weit.«

Der Zweimaster hatte die Brücke passiert, und sie konnten mit den anderen Wartenden den Canale Grande überqueren. Sie gingen an einer weiteren Kirche vorbei, die in der dichten Bebauung kaum mehr zu sehen war, und an Häusern, über denen eine Flagge mit dem venezianischen Löwen hing. Schließlich erreichten sie den Marktplatz, der von langen Lagerhäusern eingefasst war.

Kaufleute tummelten sich vor den Läden, das Sprachengewirr war enorm. Erstaunlich viele Frauen waren unter den Händlern, vermutlich vertraten sie ihre Männer, die auf Einkaufsfahrt waren. Obst und Feldfrüchte waren gestapelt, Meeresfrüchte verschiedenster Art aufgereiht, in Gläsern und Tontöpfen standen Eingemachtes und Konfekt, Gewürze und Spezereien. Einiges davon hatte Jakoba noch nie gesehen. Arnold kaufte bei einem Krämer ein, und während sie die Waren in Augenschein nahm, merkte Jakoba, wie sie langsam wieder zur Ruhe kam. Sicher hatte Arnold recht, und ihre Sorge, dass jemand sie erkennen und zurückschleppen könnte, war unbegründet. Als ihr dann noch der Verkäufer auf einem Teller einige Bissen Konfekt anbot und sie die verschiedenen Sorten kostete, war ihr Seelenfrieden beinahe wiederhergestellt. Das war ja wirklich ganz wunderbar!

Zurück im Haus fanden sie Paul im Untergeschoss. Er hatte Holz gehackt und widmete sich nun seiner liebsten Freizeitbeschäftigung: Er übte ein Kunststück mit Sasa ein. Die Pforte zum Kanal stand offen. »So können wir zusehen, wenn jemand hier vorbeifährt«, freute Paul sich und warf Sasa eine Nuss zu, die das Äffchen geschickt auffing. »Ich habe die Gegend ein wenig erkundet. Es gibt sogar einen Zugang zu dieser Zisterne – ein gruseliges Verlies!« Er schauderte. »Die Burschen aus der Nachbarschaft haben mich vertrieben, aber das lasse ich mir nicht noch mal gefallen!«

Im Obergeschoss glühte der Kachelofen, und eine Suppe köchelte auf dem Herd. Mona kam ihnen entgegen, aber Jakoba sah an den Druckstellen ihrer Haartracht und an den Falten in ihrem Gewand, dass sie gelegen hatte. Sie sah müde aus und war in den vergangenen Monaten zusehends grauhaariger geworden.

»Getrocknete Mascara-Kirschen!« Freudig kostete Mona von dem klebrigen Obst. Genüsslich schloss sie die Augen. »Ah, wie habe ich das vermisst!« Sie nahm Arnolds Gesicht in die Hände und küsste ihn auf die Stirn. Dann bewunderte sie ausgiebig das frische Obst und Gemüse. »Und das im Winter und bei der schwierigen Versorgungslage – der Markt auf dem Rialto ist wirklich ein Wunder!« Noch einmal steckte Mona ein Konfektstück in den Mund, dann hielt sie Jakoba ein weiteres hin: »Hier, das sind getrocknete Aprikosen – die musst du unbedingt probieren.« Einen Augenblick genossen sie die fruchtige Süße. Dann wandte sich Mona wieder an Arnold: »Hast du erreicht, was du wolltest?«

Arnold rührte für Mona Theriak-Wasser an und füllte es in eine Phiole. Folgsam trank seine Frau ein Schlückchen. »Ser Filipo verlangt einen unverschämten Preis, wir werden noch etwas verhandeln müssen. Er lässt dich grüßen und hat angeboten, dir eine Haushaltshilfe zu schicken.«

»Seine Frau ist eine falsche Schlange. Sie wollte mir noch nie etwas Gutes. Sicher würde die Magd nur spionieren.«

Jakoba lächelte über diese Vermutung. »Was soll eine Magd hier schon herausfinden? Immerhin hättest du Hilfe im Haushalt.«

»Nein, ich will keine Fremde im Haus haben. Wir kommen allein zurecht. Was brauchen wir schon? Setzt Euch und macht … was immer Ihr wollt. Ich koche so lange«, sagte sie und band eine Schürze um.

Arnold legte das feuchte Wams ab, schenkte sich einen Becher Wein ein und setzte sich vor den Kamin. »Nun denn, Jakoba. Du prüfst den Harn eines Mannes und entdeckst darin auf- und absteigende Körner, die eine Art Nebel bilden. Was sagt dir das?«

Jakoba setzte sich auf einen Schemel und lächelte über diese Fangfrage. »Dass er schwanger ist, vermutlich. Also besser: dass er mich auf die Probe stellen will und mir deshalb den Urin einer Schwangeren unterjubelt.«

Arnold lachte. »Richtig. Weiter …«

In den nächsten Wochen und Monaten pendelte sich ihr Leben in einen ruhigen Rhythmus ein. Aufstehen, Kirchgang, Kranke besuchen – gerade unter den Deutschen hatte sich herumgesprochen, dass Arnold in der Stadt war –, Unterricht, Essen, Mittagspause, Unterricht und erneuter Kirchgang. Oft staunte Jakoba, in welchen Feinheiten der Heilkunst der Medicus sie noch unterweisen konnte. Mona schlief oft lange, sodass Jakoba zusammen mit Paul einen Gutteil der Hausarbeit übernahm und sich bisweilen wünschte, sie hätten doch eine Magd angeheuert. Mona fror jämmerlich; oft stand die Feuerschale so nah an ihrem Bett, dass Jakoba einen Brand fürchtete. Anders als während ihrer Reise war Arnold nur selten allein unterwegs und hatte selbst das Briefeschreiben beinahe ganz eingestellt.

Im Dezember begann in Venedig die Zeit der Feste, Messen und Prozessionen. Besonders beeindruckte Jakoba die feierliche Abfahrt der Handelskonvois im Frühjahr: dreißig, vierzig Galeeren und Frachtsegler, die gemeinsam ablegten und sich dann nach Konstantinopel, Apulien, Alexandria, Syrien oder dem Maghreb aufteilten. Venedig lernte sie immer besser kennen, sie staunte über die gewaltigen Klosterbaustellen und über die grünen Winkel: Neben den bepflanzten Plätzen gab es Weingärten, Gemüsefelder und sogar einen Wald in der Lagunenstadt, bei der Barbaria dell Tole, durch den sie ab und zu spazierten.

Manches Mal, wenn sie am Abend vom Kirchgang kamen, streiften sie an den festlich erleuchteten Adelspalästen vorbei, hörten die schwungvolle Musik und sahen die kostbar gekleideten Bürger mit ihren Masken – dabei war die Maskierung eigentlich verboten, wie Arnold berichtete, denn die Nobili fürchteten einen erneuten Aufstand –, und Jakoba spürte verwundert, wie sich der Wunsch in ihr regte, auch einmal einen derartigen Ball zu besuchen.

Hatte sie nicht gedacht, die Zeit des Feierns und der Feste war für sie vorbei? Anderseits war sie noch jung, gerade erst neunzehn Jahre alt, und die Lebenskraft in ihr war stark.

19

Dahlenburg

Das ist alles?« Entsetzt betrachtete Anno die fünf Lämmer, die seine Söhne Leo und Lüder in den Pferch trieben. »Das gibt ja nicht mal einen anständigen Braten!«

Wulf half dem Knecht, mit dem Zugseil den letzten Getreidesack auf den Speicherboden zu befördern. »Mehr gibt der Lämmerzins nicht her. Bei dem schlechten Wetter ist und bleibt der Zins mager – da kann ich drohen, soviel ich will. Und seit schon wieder ein Hof an Dietrich gefallen ist …«

Dietrich. Anno spürte, wie ihm die Hitze in den Kopf schoss. Dass er seine Ländereien nicht halten konnte, war das eine. Aber dass ausgerechnet sein Schwager von seinem Niedergang profitierte, das ertrug er nicht. Regelmäßig gab Dietrich ihm das Gefühl, versagt und Immeke in die Schande gerissen zu haben.

Ute trug eine Kiepe mit Pastinaken herein. Dreizehn war sie jetzt. Ihr kleiner Busen zeichnete sich deutlich unter dem fadenscheinigen Kleid ab. Sie reichte Wulf die Kiepe, der Hofmeister machte eine Bemerkung, und das Mädchen wurde rot.

Eine Ader pulsierte auf Annos Stirn. Seine Tochter war doch keine Magd! Und dies war kein Wirtshaus, in dem man ungeniert anbandeln konnte! »Hast du im Haus nichts zu tun? Deine Mutter braucht sicher Hilfe mit dem Hosenscheißer!«, fuhr er Ute an.

Verschüchtert senkte seine Tochter den Blick. »Um den Kleinen kümmert sich Hilde schon.«

Gab jetzt etwa auch noch seine Tochter Widerworte? »Was hast du gesagt?«

»Gewiss, Vater, ich gehe«, murmelte Ute und eilte hinaus.

307

Anno schoss auf Wulf zu. »Hab ich dir nicht gesagt, du sollst die Finger von ihr lassen?«

Wulf ritzte etwas in eine Wachstafel. Ordentlich war er, das musste man ihm lassen. »Mach ich doch. Ich flachs nur ein bisschen mit ihr …«

»Flachsen, das kenn ich. Und im Sommer steht sie mit 'nem dicken Bauch da!«

Sein Hofmeister setzte eine Unschuldsmiene auf. »Ich würd doch nie gegen deinen Willen handeln.«

Trotzdem packte Anno ihn am Kragen. »Das will ich dir auch geraten haben.«

Ein meckerndes, unechtes Gelächter ertönte hinter ihnen. »Wie reizend. Der hohe Herr von Dahlenburg und sein treuer Dienstmann. Ein Muster an Ritterlichkeit.«

Dietrichs Miene troff vor Spott. Anno bemerkte, wie Wulf neben ihm die Hände zu Fäusten ballte. Sie mochten zwar oft aneinandergeraten, aber letztlich würde Wulf für ihn durchs Feuer gehen, das wusste er genau.

Der Ritter spazierte herein und sah sich angewidert um. An der Tür tauchten jetzt auch seine Söhne auf. Schon von Weitem sah Anno, dass ihre Waffenrüstung vom Feinsten war.

»Was passiert eigentlich mit deinem Titel, Schwager, wenn du keine Ländereien mehr besitzt? Aber deine Burg wirst du ja wohl wenigstens halten können, oder? Wenn ich mir allerdings das Dach so ansehe, tss.« Dietrich schnalzte mit der Zunge. »Noch einen Winter hält das nicht. Ich habe meiner Schwester schon angeboten, dass sie gerne bei uns unterschlüpf…«

Das reichte! Mühsam beherrscht fiel Anno seinem Schwager ins Wort: »Was willst du?«

Finger für Finger zog Dietrich seine bestickten Kalbslederhandschuhe aus. »Ich könnte ein paar deiner Jagdhunde gebrauchen, und wo du ja ohnehin noch bei mir in der Kreide stehst, jetzt, wo dein Lüneburger Schwager ausgefallen ist …«

»Lass Gevehard aus dem Spiel.«

Dietrich tätschelte mit den Handschuhen Annos Arm. »Gevehard? Ach ja, du duzt ihn. Gleich und gleich gesellt sich gern, wie? Hat sich wohl etwas übernommen, der Herr Reppenstede. Schade, dass deine Schwester Jakoba kein Mann ist, die hätte wenigstens die Eier …«

Unbeherrscht packte Anno seinen Schwager. Sofort schossen Dietrichs Söhne vor und zogen ihre nagelneuen Schwerter. Aus dem Augenwinkel sah Anno, dass Wulf sich dem Waffenschrank näherte. Auf ihn war wenigstens Verlass. Aber bis er bewaffnet wäre …

Anno ließ Dietrich los. Die Ader auf seiner Stirn pulsierte heftig. »Was willst du, frage ich«, presste er durch die Zähne.

»Ein paar von deinen Jagdhunden, das sagte ich doch schon.«

»Die brauche ich selbst.«

Dietrich lächelte schmallippig. »Nun gut, wie du willst. Wir können ja am Heertag des Herzogs noch mal sprechen. Herzog Otto und seine Söhne planen wohl wieder, ein paar widerspenstige Adelige zur Ordnung zu rufen. Du hast doch sicher schon ein neues Schlachtross.«

Anno zögerte. Die Kosten für ein Schlachtross hatte er bislang nicht aufbringen können, und Geld lieh ihm niemand mehr. Was jedoch war ein Ritter ohne Ross?

Dietrich sah sich kopfschüttelnd in dem Speicherschuppen um. »Das alte hast du doch bestimmt schon zu Wurst verarbeitet, so mager, wie es um eure Vorräte bestellt ist.« Er schlenderte seinen Söhnen entgegen. Über die Schulter sagte er: »Deine Schwester hingegen lässt es sich wohl gut gehen …«

Schon wieder Jakoba! Anno war inzwischen gallig vor Zorn. »Bring es hinter dich. Sag doch einfach, was du sagen willst, und verschwinde«, zischte er.

Noch einmal wandte sein Schwager sich um. »Jakoba ist gesehen worden. Am Hof von König Ludwig, bei Wiesbaden. Sie treibt sich mit einem Medicus herum. Macht dich zum Gespött der Leute. Also, nicht dass da noch …«

Anno, der sich nun kaum noch beherrschen konnte, schoss auf ihn zu, hielt aber im letzten Augenblick inne. Nur die Ruhe! Gut möglich, dass er ein weiteres Mal auf Dietrichs Hilfe angewiesen sein würde. Die Zeit der Rache würde schon noch kommen.

20

Venedig, Mitte April 1319

Behutsam berührte Jakoba Monas Schulter. Es war schon Mittag, und die Frau des Medicus schlief noch immer. Dabei waren sie doch heute Abend auf einen Ball eingeladen – endlich. Und nicht nur das: Ausnahmsweise hatten sich der Medicus und seine Frau bereitgefunden, die Einladung anzunehmen, denn der Gastgeber war ihr alter Freund Ser Maffio, der sich für diesen Ball nicht lumpen ließ. Er hatte sie sogar dazu aufgefordert, sich aus Stoffen und Bändern aus seinem Lager neue Kleider nähen zu lassen. Jakoba und Mona hatten Tage im Tuchlager zugebracht. Selbst Paul hatte ein schmuckes Pagengewand aus dunkelblauem Samt bekommen.

»Wach auf, wir wollten doch noch ins Badehaus«, flüsterte Jakoba sanft. Noch immer war Mona nicht wieder gesund. Jakoba schloss die Freundin täglich in ihre Gebete ein und hoffte, dass der Theriak sie vollständig heilen würde.

Nun flatterten Monas Lider, und sie schlug langsam die Augen auf. »Wo ist Arnold?«, war wie immer ihre erste Frage.

»Unterwegs.« Der Medicus war in den letzten Tagen ständig außer Haus gewesen. Unablässig hatte Jakoba ihn gebeten, ihr endlich beizubringen, wie man Theriak anmischte. Immerhin hatte er ihr erklärt, wie man Pastillen aus Meerzwiebeln herstellte, die ein wichtiger Bestandteil des Theriaks waren, aber weiter waren sie noch nicht gekommen. Wenn sie nicht bald mit dem vollständigen Rezept anfingen, wäre die Winterpause um, und sie würden wieder losziehen, und dann würde es vielleicht bis zum nächsten Jahr dauern, bis sie das Geheimnis erfuhr.

Diese Aussicht verdüsterte ihre Laune, aber das wollte sie auf keinen Fall, also setzte sie ein Lächeln auf. »Es ist Mittag. Die Sonne scheint. Frühlingshaft warm ist es. Wenn wir vor dem Ball ins Badehaus wollen, sollten wir langsam losgehen.« Besorgt musterte sie die Gefährtin. »Oder ist es dir zu anstrengend? Sollen wir die Einladung absagen?«

Mona setzte sich mühsam auf. »Auf keinen Fall. Arnold soll nicht allein gehen müssen. Und das zauberhafte neue Kleid …«

»Das Kleid kannst du doch auch hier im Haus tragen.«

Mona lächelte. »Das ist nicht dasselbe.«

Sie kam auf die Füße, und Jakoba nahm dabei ihre Hand. In einem Anflug von Zärtlichkeit strich sie Mona eine weiße Strähne aus der Stirn. Sie sah vor ihrem inneren Auge noch ihre erste Begegnung vor sich, als Mona die Pferde vom Bach geführt hatte, mit geschürztem Rock und nassen Beinen und dennoch so hoheitsvoll. »Du hast recht. Jeder soll sehen, wie schön du bist«, sagte Jakoba.

»Schön … ich? Alt und verbraucht wohl eher«, sagte Mona hart.

Jakoba schüttelte den Kopf. »Du strahlst von innen heraus.«

Mona legte die Hand auf Jakobas Wange. »Du hast ein gutes Herz, Jakoba. In meinem Inneren bin ich jung, das stimmt.« Für einen Augenblick lehnte Mona sich an sie. »Habe ich dir schon mal die Geschichte vom Jungbrunnen erzählt? Meine Mutter liebte diese Geschichte sehr. Am Fuße des Berges Olymp, nicht weit vom Paradies entfernt, aus dem Adam vertrieben wurde, entspringt ein Quellwasser. Das Wasser enthält alle Arten von Wohlgerüchen und verändert im Laufe der Tag- und Nachtstunden seinen Geschmack. Es heißt, wenn einer dreimal nüchtern von jenem Quellwasser gekostet hat, dann wird er von diesem Tag an keine einzige Krankheit mehr erleiden und immer zweiunddreißig Jahre alt sein, so lange er auch leben mag.« Mona löste sich von Jakoba. »Aber ich weiß nicht, ob ich mein Leben lang dreißig sein möchte. Jedes Alter hat wohl seinen Reiz, scheint es mir. Und nun komm, wir wollen meine alte Hülle auch zum Strahlen bringen.«

Im Badehaus ließen sie sich nach allen Regeln der Kunst verwöhnen. Wohlduftend, frisiert und von Kopf bis Fuß aufs Schönste ausstaffiert, erwarteten sie einige Stunden später Arnolds Rückkehr. Durch das Fenster drangen der Gesang der Vögel und der Menschen, das Lachen der Kinder und das Läuten der vielen Glocken Venedigs herein. Zu dieser Jahreszeit war Venedig eine fröhliche Stadt, jedermann sang bei seinen Beschäftigungen, von der Waschfrau bis zum Wasserverkäufer.

»Ich freue mich wirklich sehr auf dieses Fest. Auch Arnold wirkte in den letzten Tagen so heiter, als hätte er eine erfreuliche Botschaft erhalten. Er will mir allerdings nicht verraten, was der Grund für seine Freude ist. Aber Männer müssen wohl ihre Geheimnisse haben«, sagte Mona. Sie sah Jakoba mütterlich besorgt an. »Sind deine Schuhe bequem? Kannst du dich darin gut bewegen? Auch du sollst heute tanzen und feiern!«

Nichts wünschte sich Jakoba mehr, dennoch plagten sie Skrupel. »Die Schuhe sind sogar sehr bequem«, gab sie zu. Einer der deutschen Schuhmacher, die sich in Venedig angesiedelt hatten und der von Arnold seine Verdauungsbeschwerden behandeln ließ, hatte sie angefertigt. »Ich weiß nur nicht, ob es ... schicklich ist.«

Mona winkte ab. »Vergiss für heute diese Sorge! Du bist jung, und das Leben ist kurz! Es wird reichlich junge Männer geben, die mit dir tanzen wollen und sich keinen Deut für deine Vergangenheit interessieren. Wozu auch? Es geht um einen Tanz – und nicht um den Bund fürs Leben.«

Das Ächzen der Eingangstür erklang – endlich war Arnold zurück, und sie konnten los. Der Medicus schloss seine Frau in die Arme. »Eine vollkommene Frau für diesen lauen Abend«, sagte er zärtlich, und Jakoba sah, wie sehr sich Mona über dieses Kompliment freute.

Als er seiner Frau in den Umhang half, sagte er: »Habe ich dir eigentlich gesagt, dass Roger auch beim Ball sein wird?«

Mona erstarrte. »Roger ist in der Stadt? Nein, davon hast du mir nichts gesagt.«

»Er kam überraschend nach Venedig. Wir haben uns vorhin getroffen, und er wird schon morgen wieder abreisen«, sagte Arnold beiläufig. Jakoba jedoch sah, wie es in Mona arbeitete.

»Dein früheres Mündel ist in der Stadt? Wird er uns hier besuchen?«, fragte Jakoba neugierig.

»Ich glaube kaum, dass Zeit dafür bleibt«, gab Arnold vage zurück.

Warum nicht? Wozu diese Hast? Was trieb ihn weiter? Sie hätte sich gerne noch einmal mit diesem Roger unterhalten.

Immerhin wird er beim Ball sein, dachte Jakoba nervös und war gleichzeitig erleichtert darüber, dass sie sich ihres Aussehens nicht zu schämen brauchte.

Sie gingen ins Erdgeschoss. Paul blieb der Mund offen stehen, als er die beiden herausgeputzten Damen sah. Kaum konnte er die Augen abwenden, während er mit Arnold das Boot zu Wasser ließ.

Mona neigte sich zu Jakoba und flüsterte: »Vielleicht sollte ich doch besser hierbleiben. Roger ist immer so …«

»Auf keinen Fall! Du hast dich doch so auf den Ball gefreut! Es wird trotzdem ein schönes Fest werden!«, redete Jakoba ihr gut zu.

Auf der Bootsfahrt plauderte Arnold aufgekratzt, als wollte er nicht wahrhaben, wie es seiner Frau ging. Jakoba jedoch ärgerte sich sehr darüber, dass ihre Freundin das Zusammentreffen mit Roger so sehr verunsicherte.

Der Anleger des Palazzo, in dem der Ball stattfinden sollte, war von Fackeln erleuchtet. Sogleich eilten Diener herbei, um ihnen aus dem Boot zu helfen und sie ins Innere zu geleiten. Musik perlte durch das herrschaftliche Haus, in dem an jeder Ecke Diener mit Wein oder Konfekt standen. Kerzenschein brachte das Kristall und die Silbertabletts zum Funkeln. Die Herrschaften waren prächtig herausgeputzt, parlierten und scherzten. Viele Frauen hatten die Lippen korallenrot und die Haare blond gefärbt und trugen auffällige Stelzenschuhe. Jongleure und Feuerspucker streiften durch die Gästeschar und zeigten ihre Künste.

Jakoba spürte die Blicke der Männer auf sich und genoss die Bewunderung. Zum ersten Mal seit vielen Jahren war sie sich wieder auf eine unschuldige Art und Weise ihrer Weiblichkeit bewusst. Sie beobachtete, wie junge Mädchen von ihren Eltern vorgeführt wurden, und war froh, dass sie diesem Heiratsmarkt, in dem es einzig um die günstigste Verbindung ging, entkommen war.

Im Piano Nobile wurde bereits getanzt. Eine Weile prägte Jakoba sich die Schrittfolge der Tanzenden ein, die anders war, als sie es von zuhause gewohnt war, und doch nicht so kompliziert, dass sie sie nicht würde meistern können. Es juckte ihr in den Füßen, selbst mitzumachen. Als der erste Gast sie aufforderte, zögerte sie nicht. Arnold und Mona lächelten ihr wohlwollend zu und schlenderten langsam weiter. Sie würde die beiden leicht wiederfinden.

Die nächsten Stunden verbrachte Jakoba auf der Tanzfläche. Allerdings wurde sie zunehmend von Baldino in Beschlag genommen, der kaum einen anderen Tänzer zum Zuge kommen ließ. Das wäre nicht schlimm gewesen, hätte der Sohn des Apothekers wenigstens tanzen können. Das jedoch war nicht der Fall. Seine Schritte waren zu gemessen für das Tempo, seine Hände klebrig und der Atem unangenehm. Vor allem aber lobte er die eigene Tanzkunst über alle Maßen, schalt Jakoba, wenn sie seinen – falschen! – Takt nicht hielt, und sprach ständig über seine Mutter, die ihm dieses oder jenes gesagt hatte.

Der nächste Tanz mit einem Fremden war eine wahre Wohltat. Als Jakoba Baldino danach schon wieder auf sich zusteuern sah, verschwand sie eilig in der Menge und machte sich auf die Suche nach Meister Arnold und seiner Frau. Es war jedoch schwieriger, die beiden zu finden, als sie gedacht hatte. Sie spähte in die Hinterzimmer, wo um Geld gewürfelt oder poussiert wurde, und ließ immer wieder ihren Blick über die Köpfe der Ballbesucher schweifen.

Wo steckten sie nur? Ob sie inzwischen Roger getroffen hatten? Aber nein, sie sollte nicht so viel an ihn denken! Schon wurde Jakoba gemustert, als gehörte sie zu den herausgeputzten Dirnen, die sich hier ungehemmt an die Herren heranmachten. Vielleicht hätte sie Paul doch als Anstandsbegleitung mitnehmen sollen, statt ihn bei den Dienern am Bootsanleger warten zu lassen. Ihre Feierstimmung schwand. Die ungewohnte Enge, die stickige Luft, das schrille Lachen, die fremde Sprache und die laute Musik wurden ihr zu viel. Sie hatte auf einmal das beängstigende Gefühl, ganz allein in dieser Stadt zu sein.

Da tippte ihr jemand auf die Schulter.

Nicht schon wieder dieser Baldino! Jakoba fuhr herum. »Nein, bitte schenkt diesen Tanz einer anderen Dame, ich habe vorerst genug!«, fauchte sie.

Doch es war Roger. Seine hohe Gestalt überragte sie ein gutes Stück. Das blonde Haar schimmerte im Kerzenschein und kontrastierte mit seinen kantigen Wangenknochen und dem markanten Kinn. Auch in feiner Festkleidung macht er eine gute Figur, stellte sie verlegen fest. Allerdings wirkte seine Nase wulstig, als hätte er sie sich schon einmal gebrochen.

»Enchantée, Demoiselle. Nicht dass ich bislang auf die Idee gekommen wäre, Euch meine Gunst aufzudrängen. Ich fürchte, ich bin bereits in Gesellschaft«, antwortete er auf Deutsch. Roger warf ein halbes Lächeln über die Schulter, was zu haltlosem Kichern bei zwei jungen Damen führte, die nur einen Schritt entfernt warteten. Er schien sich seiner Wirkung so bewusst, dass es Jakoba abstieß. Zu oft hatte sie Ritter wie ihn am Hofe ihres Vaters erlebt, die die Frauen reihenweise verführten und dann achtlos fallen ließen.

»Ich glaubte Euch vorhin mit Meister Arnold gesehen zu haben, aber da haben mir meine Sinne wohl einen Streich gespielt«, sagte er.

Jakoba nestelte an ihrem Ärmel. Wie peinlich! Erkannte er sie denn nicht wieder? Aber er hatte sie im Heerlager vor Wiesbaden ja auch nur kurz gesehen. »Meister Arnold … Es stimmt, ich habe ihn … verloren«, stotterte sie und hätte sich dafür ohrfeigen können. Hatte sie denn ihre Erziehung vollends vergessen? Sie benahm sich ja wie ein Bauerntrampel!

Grazil neigte sie das Haupt. »Jakoba von Dahlenburg«, sagte sie.

»Roger d'Aval.« Er verbeugte sich elegant und wechselte ins Französische. »Wollen wir gemeinsam suchen, was wir verloren haben?« Er wandte sich an die jungen Damen und vertröstete sie mit angedeuteten Handküssen auf später, was bei diesen sichtliche Enttäuschung hervorrief.

Sie gingen an den Tanzenden vorbei, wobei vor allem Roger Ausschau hielt. Jakoba wusste, dass der gute Ton eine höfliche Plauderei verlangte, aber ihre Gedanken waren bei Rogers angespanntem Verhältnis zu Mona – und das konnte sie wohl kaum ansprechen. Neben der Tanzfläche standen die Honoratioren und sahen zu. Gaukler sowie mehrere Herren der gefürchteten Stadtpolizei kamen ihnen entgegen.

Plötzlich nahm Roger ihre Hand. »Ich kann der Musik nicht widerstehen – schenkt Ihr mir nun doch einen Tanz, Domina Jakoba?«

Schon hatte er sie mit einer gekonnten Drehung zwischen die Tänzer geführt. Die Reihe der Tanzenden öffnete sich, um sie aufzunehmen. Von ihrem Bauchgefühl getrieben, ließ sie sich auf ihn ein. Eine Weile näherten sie sich einander im Takt der Melodie und schritten aneinander vorbei. Jakoba merkte immer mehr, wie sehr sie die Bewegungen genoss. Roger führte sie sicher und anmutig, seine Hände waren warm und trocken. Wenn sie ihm nahe kam, roch sie einen Hauch Sandelholz. Die Röte stieg ihr in die Wangen. Es war, als wäre die Erinnerung ihres Körpers daran, wie es war, eine sinnliche und lebenslustige Frau zu sein, verschüttet gewesen. Jetzt brach die Kruste, die sie sich selbst zum Schutz angelegt hatte, einfach auf – und sie konnte nichts dagegen tun. Sie verstand nicht, warum sie ausgerechnet bei diesem Tanz so fühlte. Dieser Roger war weder ansehnlicher noch männlicher als andere Tanzpartner. Je mehr sie sich darüber verwunderte, desto ärger wurde es. Bei jeder zufälligen Berührung prickelte ihr Körper noch ein bisschen mehr. Sie genoss und verfluchte es zugleich.

»Euch hat es also aus dem fernen Lüneburg nach Venedig verschlagen. Die Hintergründe hat Arnold mir allerdings verschwiegen. Wie ist es dazu gekommen?«, fragte Roger und sah sie halb prüfend, halb mit einem Lächeln an; seine Augen waren so klarblau wie ein Wintertag.

»Findet Ihr diese Frage nicht ein wenig indiskret?«

»Keineswegs – ich möchte doch wissen, wen ich am Arme führe.«

Ein Schweißtröpfchen kitzelte hinter ihrem Ohr. »Dann würde mich interessieren, warum Ihr so kühl zu Madame Mona seid, dass sie die Begegnung mit Euch scheut«, platzte Jakoba heraus.

Sie bemerkte eine kurze Irritation in seinen Bewegungen. Er sah sich um, überrascht zog er eine Augenbraue hoch. »Ah, wenn man davon spricht – da hinten sind sie ja. Habt Dank für diesen Tanz.« Roger drehte sie geschmeidig aus dem Reigen, der sich hinter ihnen wieder schloss, und deutete einen Handkuss an. Dann führte er sie zu dem Medicus und seiner Frau. Zur Begrüßung nickte er Mona zu. Arnold bat ihn beiseite.

Die Frau des Medicus wirkte geknickt. »Unsere erste Begegnung nach Jahren, und Roger schafft es nicht einmal mich höflich zu begrüßen.« Seufzend sah sie sich nach einem Sitzplatz um.

Jakoba geleitete sie zu einem Stuhl, der gerade frei wurde.

»Arnold führt die ganze Zeit Gespräche. Wir haben noch nicht einmal getanzt! Sogar Beamte der Consoli dei Mercanti haben mit ihm geredet, es klang beinahe wie ein Verhör.«

Jakoba sorgte sich sogleich. Hatte sich herumgesprochen, dass Arnold unerlaubt Kranke behandelte? Gab es deswegen vielleicht Probleme? Oder hätte er den Theriak und die anderen Arzneimittel über einen Unterhändler kaufen müssen? Er hatte doch ganz zu Anfang ihres Aufenthalts erzählt, dass die Kontrollen in Venedig streng waren.

Eine Weile sahen sie den vorbeischlendernden Festbesuchern zu, und Jakoba versuchte, ihre Freundin mit amüsanten Beobachtungen abzulenken. Da kam Arnold zu ihnen zurück.

»Entschuldige, Herz meines Lebens – jetzt tanzen wir aber wirklich!«, sagte er, als hätte er die Klage seiner Frau gehört.

Jakoba blieb zurück und blickte sich nach Roger um. Sie entdeckte ihn in der Nähe des Balkons, wo er mit einem Mann sprach. Ohne lange nachzudenken, ging sie zu ihm. »Wenn ich Euch auf ein Wort bitten dürfte?«

Überrascht sah er sie an. »Wie könnte ich einer so schönen Dame einen Wunsch abschlagen?« Er vertröstete seinen Gesprächspartner auf später und begab sich mit ihr auf den Balkon. Fackeln erleuchteten die vorbeigleitenden Gondeln und brachen sich im sanften Wellengang des Kanals. Es war kühl, aber die Kälte half Jakoba, den Kopf freizubekommen. Da zog Roger auch schon sein Wams aus und legte es ihr um. »Ich will ja nicht drängen, aber dürfte ich nun um das Wort bitten, das Ihr mir zu sagen wünschtet?«

Wie sollte sie anfangen, um ihn nicht gleich zu verprellen? »Es hat mit Madame Mona zu tun.«

Das war eindeutig der falsche Anfang, denn er hob verärgert die Augenbraue. »Wenn Euch die Feinheiten der Konversation vertraut wären, hättet ihr bemerkt, dass mir dieses Thema nicht genehm ist.«

Die Wut prickelte in ihren Adern. »Und wenn Euch die Feinheiten des menschlichen Miteinanders vertraut wären, würdet Ihr nicht so mit der Gattin Eures Ziehvaters umgehen.«

»Ich glaube kaum, dass Euch ein Urteil über meine Angelegenheiten zusteht.«

Eine Gänsehaut zeigte sich auf seinem Hals. Auch Jakoba fror. Was tat sie hier nur?

»Mona ist mir zur Freundin geworden. Ich schätze sie sehr, und es tut mir weh, sie so unglücklich zu sehen. Es kostet Euch wenig, ihr mit einem Mindestmaß an Höflichkeit zu begegnen.«

»Was wisst Ihr schon darüber, was es mich kosten würde!«

»Dann sagt es mir!«

»Ich bin Euch keine Rechenschaft schuldig.« Er machte eine knappe Geste. »Wenn ich mein Wams zurückhaben dürfte.«

Jakoba schleuderte es ihm beinahe entgegen, sodass das Wams zu Boden fiel. Gelassen nahm er es auf, um sich ebenso gelassen anzuziehen und zum Gehen anzuschicken. Brachte ihn denn nichts aus der Ruhe?

Unglücklich nagte Jakoba an ihrer Unterlippe. »Verzeiht!«, rief sie ihm hinterher.

Roger drehte sich zu ihr um.

»Ich war unhöflich, und ich bitte um Entschuldigung. Aber Mona ist … sie ist krank. Es würde sie sicher glücklich machen, wenn Ihr nur ein wenig freundlicher wäret. Ihr vergebt Euch nichts dabei.«

Abwägend sah er sie an, dann verschwand er in der Menge. Unschlüssig schlenderte sie herum. Einen Augenblick später spürte sie Finger auf ihrer Schulter – und dieses Mal war es wirklich Baldino. Jakoba hatte nicht die Kraft, den Apothekersohn abzuweisen. Während sie tanzte und sich erneute Lobeshymnen auf Baldinos Mutter anhörte, sah sie, wie Roger sich mit Arnold und Mona unterhielt; die Freundin lachte, und ihre Wangen röteten sich vor Freude. In diesem Augenblick wusste Jakoba, dass ihre Frechheit sich gelohnt hatte. Sie wollte, sie *musste* Roger dafür danken!

Nach dem Tanz entwischte sie Baldino und machte sich auf die Suche nach Roger, fand ihn jedoch nicht. War er schon gegangen?

Schließlich entdeckte sie ihn doch. Gerade beendete er das Gespräch mit einem Ritter. Sie passte Roger an einem Durchgang zum Spielzimmer ab. »Ich wollte Euch danken.«

Roger schien ihr nicht böse zu sein. »Ihr hattet recht, ich habe mir dabei nichts vergeben.«

In diesem Augenblick traten in einiger Entfernung die Signori di notte aus dem Saal. Die Herren der Nacht waren für Sicherheit und öffentliche Ordnung in Venedig zuständig und sprachen nun die Festgäste an, als suchten sie jemanden.

»Wollen wir noch ein Stückchen gehen?« Roger berührte zart Jakobas Schulterblatt, um ihr den Weg ins Nebenzimmer zu weisen.

Jakoba folgte ihm, sagte aber: »Ihr solltet vorsichtig sein. So wie Ihr Euch benehmt, könnte man denken, Ihr hättet etwas zu verbergen.«

In diesem Teil des Hauses war nur noch wenig los. Ein Paar tändelte, Diener räumten die Gläser ab, und ein alter Herr war auf einem Stuhl eingedöst. Roger lächelte. »Ihr habt mich ertappt: Ich wollte mein Interesse an Euch verbergen.«

Gegen ihren Willen fühlte Jakoba sich geschmeichelt. Sie kannte diesen Mann nicht, würde ihn vielleicht nie mehr wiedersehen – warum sollte sie nicht ein wenig mit ihm plaudern? Leichten Herzens unterhielten sie sich. Es war eine amüsante Plauderei, die sich um nichts Besonderes drehte und ihr dennoch bedeutsam erschien. Bewusst vermieden sie es beide, über Arnold oder Mona zu sprechen. Schließlich beendete er das Gespräch; er müsse das Fest jetzt verlassen. Jakoba fühlte sich ein wenig brüskiert durch den schroffen Abgang. Gerne hätte sie mehr von ihm erfahren oder noch einmal mit ihm getanzt.

Roger verließ den Saal und ging hinunter zum Anleger. Jakoba suchte Arnold und Mona. Endlich entdeckte sie das Paar an einer Galerie und drängte sich zu den beiden durch. Arnold sprach mit einem Herrn, und Mona hatte auf einer seidenbespannten Bank Platz genommen.

»Wie ist es euch ergangen?«, wollte Jakoba von ihrer Freundin wissen.

»Hast du gesehen? Roger hat mit mir geplaudert!«, flüsterte Mona froh, wenn auch ein wenig müde lächelnd. Als der Medicus seine Unterhaltung beendet hatte, bat sie darum aufzubrechen. Sie machten sich auf den Weg zum Ausgang.

Plötzlich erstarrte Mona. »Du sagtest, dass nur Baldino hier wäre – nicht sie«, flüsterte sie ihrem Mann zu.

Jakoba folgte ihrem Blick – Mona hatte den Apotheker, den verlegen wirkenden Baldino und eine üppige Matrone entdeckt. Warum wühlte Mona der Anblick so auf?

Arnold wirkte zerknirscht. »Ich war davon auch überzeugt, sonst hätte ich nie zugesagt. Aber glücklicherweise sind wir ja ohnehin auf dem Heimweg. Hilf du meiner Liebsten bitte, Jakoba. Ich werde Paul suchen und ihn unser Boot holen lassen.«

Arnold steuerte auf den Ausgang zu, wurde auf dem Weg jedoch von schwarz gekleideten Herren abgefangen und in ein Gespräch verwickelt.

»Was macht *sie* hier?« Eine schrille Stimme ließ Jakoba zusammenfahren. Die Matrone steuerte mit ausgestrecktem Zeigefinger auf Mona zu. Die Frau des Medicus erbleichte noch ein wenig mehr, wenn das überhaupt möglich war.

»Nun, sie ist hier wohl ebenso zu Gast wie wir«, sagte der Apotheker in beschwichtigendem Ton zu seiner Frau und trippelte ihr hinterher. »Das ist ihr gutes Recht, nicht wahr?« Er sah sich hektisch um. »Sieh nur, dort hinten haben sich die Nobili versammelt ...«

»Gutes Recht? Was hat eine Sklavin hier unter den vornehmen Ständen der Stadt zu suchen?«, kreischte die Frau.

Schon drehten sich die ersten Gäste pikiert nach ihnen um. Baldino standen Schweißtröpfchen auf der Oberlippe. Er blickte zur Decke, als wünschte er sich fort. Monas Finger krallten sich in Jakobas Fleisch. Wo nur Arnold blieb? Er sah zu ihnen, konnte das Gespräch aber anscheinend nicht unterbrechen.

Der Apotheker legte seiner Frau den Finger über den Mund. »Schsch. Eine *ehemalige* Sklavin, Portia. Lass es gut sein. Vergiss nie, was sie für uns ...«

»Gut sein lassen?!« Die Matrone senkte nun ihre Stimme, aber ihr Tonfall klang dadurch eher noch gefährlicher: »Sie hat behauptet, ich sei betrunken gewesen und hätte meinen Sohn in Lebensgefahr gebracht, indem ich ihn bei den Schlangen spielen ließ.« Sie wurde nun wieder laut: »Diese Sklavin ist eine notorische Lügnerin, eine Diebin und eine Hure noch dazu. Sorg dafür, dass sie hinausgeworfen wird, aber sofort!«, forderte sie ihren Mann auf.

Mona zitterte jetzt. Warum kam Arnold nicht?

»Das ist nicht unser Ball, vergiss das nicht.«

»Sofort!«

Der Apotheker umfasste den Ellbogen seiner Frau. »Wir gehen!«

Stur blieb die Matrone stehen. »Ich werde nicht vor ihr das Feld räumen. Lügnerin! Diebin! Hure!«, kreischte sie.

Jakoba bebte vor Zorn. Sie wusste zwar nicht, worum es ging, aber sie war sicher, dass Mona großes Unrecht getan wurde. Nur mühsam konnte sie sich beherrschen, der Matrone nicht einfach eine Ohrfeige zu verpassen und sie so zum Schweigen zu bringen.

Endlich stürmte Arnold heran. Jakoba war überzeugt, dass er den Apotheker und seine Frau zur Rechenschaft ziehen würde, aber stattdessen zog er Mona mit sich.

Voller Empörung wollte Jakoba ihn aufhalten: »Hast du gehört, wie sie deine Frau beschimpft hat? Willst du denn nicht Monas Ehre verteidigen?«

Der Medicus reagierte gar nicht auf ihre Mahnung. Eilig führte er sie zum Anleger und bat dort Paul, sie sicher nach Hause zu bringen. Dann verschwand er in der Nacht; er habe noch etwas zu erledigen.

Hatte es mit den Herren der Nacht zu tun? Oder mit Roger? Was tat Roger überhaupt in Venedig? Jakoba hatte ganz vergessen, danach zu fragen.

Auf dem Heimweg weinte Mona haltlos. Jakoba hingegen grollte. Arnold hielt seine Versprechen ihr gegenüber nicht, und nun ging er auch noch so schändlich mit seiner Frau um – was war nur in ihn gefahren?

Arnold saß händeringend am Tisch. Sein Haar war zerzaust und die Schatten unter den Augen tief – hatte er überhaupt geschlafen? Ohne ein Wort feuerte Jakoba den Herd an. In der Nacht hatte sie kein Auge zugetan. Ihre Gefühle, die so unerwartet beim Tanzen aufgebrochen waren, hatten sie durcheinandergewirbelt – gleichzeitig war ein Teil ihres Herzens voller Groll. Monas Leid hatte ihr sehr wehgetan, und sie war erleichtert gewesen, als die Gefährtin endlich eingeschlafen war.

»Wie geht es ihr?« Arnolds Stimme klang rau.

»Sie hat sich in den Schlaf geweint«, sagte Jakoba kühl.

Arnold sprang so ungestüm auf die Füße, dass sein Stuhl ins Kippeln geriet und fiel. »Maße dir kein Urteil über mich an! Was ich getan habe, habe ich nicht gerne getan!«

Jakoba kippte Wasser in einen Grapen, aber die Hälfte ging daneben und verdampfte zischend im Feuer; Paul würde zum Brunnen laufen müssen. »Es ist dir aber anscheinend auch nicht besonders schwergefallen.«

Wütend ging der Medicus einige Schritte. »Was weißt du schon!«

Jakobas Nerven waren zum Zerreißen gespannt. »Ich weiß, dass du sie hättest verteidigen müssen! Und ich weiß, dass du versprochen hast, mir beizubringen, wie man Theriak herstellt. Beides hast du nicht getan.«

Arnold trat auf sie zu. Seine Augen funkelten so zornig, wie sie es noch nie erlebt hatte. »Es geht dir also nur um den Theriak? Dann will ich dir etwas sagen – ich weiß gar nicht, wie man diese Arznei herstellt! Ich kaufe meinen Theriak fertig!«

Jakoba wich zurück. »Aber du hast doch versprochen …«

»Habe ich das tatsächlich? Oder war es nur das, was du hören wolltest? Wie kann ich dir etwas versprechen, was ich gar nicht vermag?« Er presste die Hand auf seinen Mund und sah sie abwägend an. »Jetzt wollen wir mal sehen, was *deine* Versprechen wert sind. Ich muss abreisen, heute noch brechen wir auf. Wirst du uns begleiten, so wie du es versprochen hast? Obgleich ich nicht dein Theriak-Wunderheiler bin?« Jakoba schnappte nach Luft. Was war nur in ihn gefahren? Hatte sie sich so in ihm getäuscht?

Ein dumpfes Poltern ließ sie herumfahren. Mona lag im Leibhemd am Fuß der Tür. Sie musste die Auseinandersetzung mitangehört haben und zusammengebrochen sein. Beide stürzten zu ihr. Arnold nahm seine Frau auf den Arm und trug sie zum Bett. Ganz eingefallen sah Mona heute aus. Ihr Anblick schnürte Jakoba die Kehle zu.

Mona legte die Hand auf die Wange ihres Mannes. »Ich kann dich nicht begleiten, Herz meines Lebens. Das schaffe ich noch nicht, und vielleicht schaffe ich es nie mehr«, flüsterte sie.

»Sag doch so was nicht, Liebes.« Arnold warf Jakoba einen kurzen Blick zu.

Jakoba ging aufgewühlt hinaus. Die arme Mona! Wie konnte Arnold ihr das nur antun? Wohin musste er auf einmal? Hatte sein Aufbruch mit Rogers Auftauchen zu tun? Sie bereute, dass sie mit Arnold gestritten hatte. Sie schätzte ihn sehr, außerdem hätte sie sich gerne nach Roger und dem Ziel seiner Reise erkundigt.

»Habe ich was verpasst?«, fragte Paul, als sie die Küche betrat. Er rührte lässig in dem Grapen. Auf seiner Schulter saß Sasa. Der Junge hielt dem Äffchen eine Rosine hin, die das Tier genüsslich verspeiste.

Jakoba ließ sich auf einen Stuhl fallen. »Meister Arnold wird uns noch heute verlassen.«

Paul hielt inne. »Und wir?«

Jakoba hob die Schultern, doch ihre Entscheidung stand fest.

Trotzig sah sie in die entgegengesetzte Richtung, als der Medicus einige Stunden später von Paul zum Anleger gebracht wurde. Arnold hatte darauf bestanden, dass der Siebzehnjährige bei ihnen blieb. Paul hingegen hatte den Medicus unbedingt begleiten wollen, er hatte gebettelt und gefleht, und nun schmollte er. Dass Arnold nicht nur ihn zurückgelassen, sondern auch das Äffchen mitgenommen hatte, gefiel ihm überhaupt nicht. Immerhin hatte Arnold ihnen Geld dagelassen und sicherheitshalber auch das Haus für den nächsten Monat im Voraus bezahlt. Er selbst würde sich in Mestre ein Pferd für die Reise mieten, denn die Zugpferde waren für das schnelle Tempo, das er plante, nicht geeignet.

Mona legte die Hand auf Jakobas Arm. »Zürne Arnold nicht. Er tut nur, was er muss.«

»Was könnte so wichtig sein, dass er dich hier zurücklässt?«

Mona lächelte müde. »Ich hätte ihn begleiten können.«

»Er hätte hierbleiben können.«

»Das hätte er nicht. Arnold kann nicht gegen seine Natur handeln. Wenn man ihn ruft, dann kommt er. Und ich weiß, er kommt so schnell zu mir zurück, wie er kann.«

Bemüht lächelte Jakoba zurück. »Aber welcher Kranke ist so wichtig, dass Arnold dich dafür verlässt? Ist es seine Familie, die ihn gerufen hat? Oder hat sein Aufbruch mit Roger zu tun?«

Mona ließ ihre Fragen unbeantwortet. »Du willst sicher wissen, warum die Frau mich gestern so angegangen hat. Das ist eine längere Geschichte. Ich würde mich gerne hinlegen.«

»Natürlich, ich komme gleich.« Jakoba hatte das Gefühl, etwas Süßes könnte ihnen guttun, und holte das restliche Konfekt; dann legte sie neues Holz in die Feuerschale neben Monas Bett und setzte sich auf die Bettkante. Aber selbst die Mascara-Kirschen konnten Mona nicht verlocken.

»Ich kam als Sklavin nach Venedig, das habe ich dir ja bereits erzählt. Als der Sklavenhändler mich schließlich doch verkaufte, landete ich bei dem Apotheker und seiner Familie. Seine Frau hatte bereits vier Mädchen geboren, aufgeweckte Kinder allesamt. Portia war das zu viel, zumal sie schon wieder schwanger war, aber mich mochten die Mädchen sofort. Dann kam der Junge auf die Welt, aber Portia, sie … Eine unbestimmte Traurigkeit überkam sie, die sie in reichlichem Essen und Wein zu ertränken suchte. Mit ihren Kindern konnte sie nur wenig anfangen, gleichzeitig war sie aber eifersüchtig, weil ich mich so gut mit ihnen verstand. Oft entzog sie mir ihren Sohn, ohne sich allerdings wirklich um ihn zu kümmern. Eines Tages, als ich gerade mit den Mädchen unterwegs war, schlief Portia nach einer üppigen Mahlzeit auf der Terrasse ein. Ihr Sohn, er war damals knapp ein Jahr alt, krabbelte abenteuerlustig durch den Garten. Wie das Schicksal es wollte, stand die Tür zur Schlangenzucht offen. Niemand bemerkte, dass er dort hineinkroch.«

Mona schluckte schwer. »Als ich zurückkam, lag Portia in ihrem Erbrochenen. Ich schrie um Hilfe, suchte Baldino überall und fand ihn schließlich, als er gerade die Hand in einen der Schlangenkörbe steckte. Portia zürnte mir, denn viele Diener und auch ihr Mann hatten sie besudelt gesehen.«

Sie lauschten kurz: Jemand hatte sich an der Tür zu schaffen gemacht; es war jedoch nur Paul.

Mona griff hinter ihr Kopfkissen und holte das Elfenbeinkästchen hervor, das Jakoba schon öfter bei ihr gesehen hatte. Sie hielt ihr eine Korallenkette hin: »Filipo schenkte mir aus Dankbarkeit diese Kette. Ich habe sie nie getragen, weil mir das Geschenk unpassend erschien, aber seit damals beschimpft Portia mich als Diebin, und sie unterstellte uns ein Verhältnis, sodass Filipo gar nicht anders konnte, als mich zu verkaufen.«

In diesem Augenblick klopfte es im Untergeschoss an der Pforte. Sie hörten, wie Paul öffnete und mit jemandem sprach.

»Als Arnold mich schließlich freikaufte und heiratete, war Portia entsetzt, aber bis gestern hat ihr Mann es immer geschafft, sie auf Abstand zu halten. Venedig ist groß genug für uns beide, war es zumindest.«

»Warum kauft Arnold nicht bei einem anderen Apotheker?«

Bevor Mona antworten konnte, stand Paul in der Tür. »Ein Ser Filipo will Meister Arnold sprechen.« Ein seltsamer Zufall, wo sie doch gerade von ihm gesprochen hatten, aber vielleicht hatte auch dem Apotheker der Streit keine Ruhe gelassen.

Mona stellte die Ellbogen auf. »Bitte ihn, kurz zu warten, dann führe ihn herein«, wies sie Paul an. Dann bat sie Jakoba: »Hilfst du mir mit dem Kleid und den Haaren?«

»Willst du ihn wirklich empfangen? Ist das nicht zu anstrengend für dich?«

»Filipo ist der beste Apotheker weit und breit. Vertrau mir.« Schnell klopften sie die Falten aus dem Kleid und steckten ihre Haare frisch auf.

Ser Filipo war untröstlich und wollte wieder gehen, als er erfuhr, dass Meister Arnold nicht da war. Dass Jakoba auf einem Stuhl in der Nähe saß und zuhörte, schien ihm ebenso wenig zu gefallen. Dennoch entschuldigte er sich wortreich bei Mona. Das Verhalten seiner Frau war ihm so unangenehm, dass es ihm schwerfiel, Mona in die Augen zu schauen.

»Ich nehme Eure Entschuldigung an, auch wenn ich sie lieber aus dem Mund Eurer Gattin gehört hätte. Allerdings habe ich eine Bedingung.« Jakoba stockte der Atem, als sie Monas nächste Worte vernahm. »Ich möchte, dass Ihr meiner Freundin hier beibringt, wie man Theriak herstellt.«

Der Apotheker erstarrte. »Das kann ich nicht.«

»Ich habe das Leben Eures einzigen Sohnes gerettet und muss mich nochmals dafür beschimpfen lassen. Vor aller Augen hat Eure Gattin mich brüskiert. Ist das keinen kleinen Gefallen wert?«

»Das ist kein kleiner Gefallen. Die Signora will um jeden Preis verhindern, dass das geheime Wissen venezianischer Kaufleute und Handwerker verbreitet wird. Auf den Verrat von Berufsgeheimnissen stehen eine hohe Galeerenstrafe und ein ebenso hohes Bußgeld.« Filipo erhob sich. »Selbst wenn ich es wollte, ich dürfte es nicht.«

Jakoba war gerührt, dass Mona sich so für sie einsetzte, und ergriff jetzt selbst das Wort: »Ich würde mich verpflichten, Stillschweigen über das zu bewahren, was ich erfahre. Ich könnte es schwören. Wie ein Schatten würde ich kommen und gehen. Nie würde ich den Verkaufsraum betreten und nie da sein, wenn Kunden oder Kontrolleure im Haus sind.« Als er noch immer nicht geneigt schien, kam ihr eine Idee: »Ihr müsstet Euch nicht einmal selbst darum kümmern, überlasst es Eurem Sohn. Wenn jemand fragt, erzählt ihr von einer unschuldigen Freundschaft zu einer deutschen Adeligen, von der niemand etwas wusste.« Am liebsten hätte sie sich auf die Zunge gebissen. Vor lauter Eifer hatte sie sich schon wieder verplappert!

Der Apotheker musterte Jakoba erstaunt. »Einer deutschen Adeligen?«

Mona übernahm nun wieder das Reden: »Das ist sie. Jakobas Familie stammt aus dem Fürstentum Lüneburg, wenn ich Euch bei dieser Tatsache auch aus Gründen, die hier nichts zur Sache tun, um Verschwiegenheit bitten möchte.«

Noch immer schien der Apotheker nicht überzeugt. Mona ergriff seine Hand. »Es ist der Wunsch einer Sterbenden. Ich bin sehr krank, selbst mein Mann weiß nicht, wie sehr«, flüsterte sie.

Der Satz schockierte Jakoba. Selbst wenn sie die Wahrheit geahnt hatte, begehrte sie doch innerlich dagegen auf. Was verschwieg Mona ihnen?

Unglauben und Mitleid spiegelten sich in den Zügen des Apothekers. Endlich nickte er. »Dann sei es so«, sagte er rau. »Mein Sohn ist ohnehin der Verantwortung für das Geschäft noch nicht gewachsen, ihm könnte ein Skandal nicht so schaden wie mir. Aber wenn mich jemand darauf ansprechen sollte, weiß ich nichts davon.« Er verbeugte sich vor Mona und ging zur Tür, wo er sich noch einmal zu ihr umdrehte. »Kann ich etwas für Euch tun? Braucht Ihr meine Arzneien?«

Mona verneinte höflich. »Was getan werden kann, wurde bereits getan. Mir bleibt nur noch, meine Zeit bestmöglich zu nutzen.«

Sobald der Apotheker den Raum verlassen hatte, eilte Jakoba zu Mona und umschloss ihre Hände.

Ruhig sah Mona sie an. »Die Krankheit ist zurück«, sagte sie leise.

»Wo?«

Mona legte die Hand auf den Unterbauch. »Eine Geschwulst, ich spüre sie deutlich.«

»Darf ich sie untersuchen?«

»Wenn du unbedingt willst.« Mona legte sich auf das Bett. Sie schob ihren Rock hoch und legte die Leistengegend frei.

Jakoba sah die Geschwulst sofort. Vorsichtig betastete sie sie. Mona zuckte zusammen. Jakoba befragte die Freundin konzentriert, doch die Anzeichen waren unverkennbar.

»Und Arnold?«

»Einmal habe ich gesehen, wie ein Chirurg eine derartige Geschwulst entfernt hat. Die Frau ist ihm unter den Händen verblutet. Es war die reine Quälerei. Ich will mein Leben unversehrt und in Würde beschließen.«

Hilflosigkeit überfiel Jakoba. »Ich könnte dir einen heilkräftigen Umschlag bereiten. Wir könnten die Haut öffnen und mithilfe einer Salbe versuchen, die bösen Säfte herauszuziehen, oder ...«

Mona gebot ihr mit einer Geste zu schweigen.

»Du darfst dein Leben nicht aufgeben!«, appellierte Jakoba.

»Das tue ich nicht. Ich will leben, so lange es geht. Aber würdig leben«, erklärte Mona fest. Etwas versöhnlicher setzte sie hinzu: »Gegen Salbe und Kräuterumschläge habe ich nichts. Über den Rest lass uns sprechen, wenn Arnold zurück ist. Nutze jetzt erst einmal die Gelegenheit, dass ich Ser Filipo überzeugen konnte. Wir wissen nicht, wie lange er ein Auge zudrücken wird, denn dein Ansinnen ist gefährlich.«

Jakoba war nervös, als sie sich durch den morgendlichen Dunst zum ersten Mal auf den Weg zur Apotheke machte. In den drei Tagen seit Ser Filipos Besuch hatte sie verschiedene Ärzte und Ärztinnen der Stadt aufgesucht, ihnen Monas Beschwerden geschildert und sie um Rat gefragt, aber entweder hatten sie ihr nicht helfen können oder wollen. Sie wünschte wirklich, Meister Arnold wäre hier. Er würde wissen, was zu tun war.

Gerade erst wich die Dunkelheit. Nebel lag über den Kanälen und in den Gassen und hüllte sie wie Seidentücher ein. In einer beinahe andächtigen Stille waren die Ruderer und Karrenfahrer unterwegs, die fangfrische Fische zum Markt brachten. Nur das

Grunzen der Schweine, die durch die Gassen getrieben wurden, störte die Ruhe. Wie Baldino ihr durch einen Boten hatte mitteilen lassen, klopfte Jakoba an eine Seitentür des Hauses. Sogleich ließ er sie ein, als hätte er schon auf sie gewartet.

Baldino mied ihren Blick und sprach ungewohnt hastig. »Da seid Ihr ja tatsächlich. Nun denn, bringen wir es schnell hinter uns.«

Er führte sie in ein Hinterzimmer. Hier standen schlichtere Gefäße als im Vorraum, aber dafür wesentlich mehr. Sirup- und Ölkannen aus Zinn, glatte Büchsen aus Messing, Kräuterschachteln aus Holz. Mit Seidenbändern verschlungene Bündel von Kräutern und Wurzeln hingen neben Kesseln, in denen Honig eingedampft wurde. Dazu kamen Mörser aus Bronze, seidene Siebe und Messer aller Art. Über einem Tisch am Rande hing das Pistill, ein überdimensionaler Mörser, der mithilfe von Gewichten leicht bewegt werden konnte. Auch entdeckte Jakoba zwei Käfige: einen mit Schlangen und einen weiteren mit Mäusen.

»Einen Teil der Theriak-Bestandteile habt Ihr schon beim letzten Mal gesehen, aber der Vollständigkeit halber …« Baldino ratterte los: »Schwarzer Pfeffer, weißer Pfeffer, Mohnsaft, getrocknete Rosen, kretischer Knoblauch-Gamander, Meerzwiebel-Pastillen, Theriak-Pastillen …«

»Moment!«, bremste sie ihn. »Was sind Theriak-Pastillen? Und warum sind sie eigens für den Theriak aufgeführt? Theriak-Pastillen in Theriak – ist das nicht überreichlich?«

Mit halb verhangenen Augen sah er sie an. »Ich kann nicht jede Zutat in allen Einzelheiten erklären. Das ist zu viel verlangt! Ich finde es schon eine Zumutung, hier überhaupt mit Euch zu stehen.«

»Bei unserer letzten Begegnung hattet Ihr nichts dagegen, mit mir Zeit zu verbringen. Wie oft habt Ihr mich beim Ball noch zum Tanz gebeten?« Jakoba tat so, als ob sie überlegte.

»Das ist ganz etwas anderes.«

»Inwiefern?«

»Da war auch noch nicht … Da hatte meine Mutter noch nicht … Es war eben eine andere Situation!« Eigensinnig schob er das Kinn vor.

»Baldino, Ihr und ich, wir haben nichts damit zu tun, was beim Ball vorgefallen ist. Ihr seid ein Kind gewesen, als der Vorfall sich zutrug, der Eure Mutter derart verbittert.«

»Madame Mona hat mit Euch darüber gesprochen?«, fragte er peinlich berührt.

»Selbstverständlich. Der Angriff Eurer Mutter beim Ball war verstörend, und Mona wollte, dass ich den Grund dafür kenne.«

Er zerrieb einige trockene Rosenblüten zwischen den Fingern. Ein Hauch von Sommer erfüllte den Raum. »Meine Mutter ist eine gute Frau. Sie sagt immer …«

Wieder gebot Jakoba ihm Einhalt. Sie wollte verhindern, dass er erneut in eine Litanei über seine Mutter verfiel. Ihre Zeit war ohnehin knapp, schon beim nächsten Glockenschlag würden vermutlich die ersten Mitarbeiter kommen. »Nur Ihr und ich, wir sind hier. Nur wir zwei sprechen. Ganz im Geheimen und für uns. Nichts sonst darf uns beeinflussen.«

Bei diesen Worten sah er ihr tief in die Augen. Jakoba war verwirrt und hoffte, dass er sie richtig verstanden hatte.

»Wenn Ihr wirklich meint …«

»Theriak-Pastillen also …«, versuchte sie, ihm auf die Sprünge zu helfen.

Er lachte und sah richtiggehend sympathisch aus. »Mit den Theriak-Pastillen – auch Schlangenfleisch-Trochisi genannt – habt Ihr Euch gleich einen der kompliziertesten Bestandteile ausgesucht. Begleitet mich, ich muss ohnehin die Schlangen füttern.«

Beim Näherkommen erkannte sie, dass es in dem Käfig von Schlangen nur so wimmelte. Die Tiere waren gelblich, grau oder rotbraun, hatten eine dunklere blitzförmige Zeichnung auf dem Rücken und eine Art Horn auf dem Kopf.

Baldino zog weiche Lederhandschuhe an, holte einige Mäuse aus dem anderen Käfig und setzte sie lebend in das Schlangengehege. »Wir haben es hier mit Hornottern zu tun. Galens Anweisungen zur Verarbeitung der Schlangen sind detailliert. Weder der Sommer noch der Winter sind für die Zubereitung geeignet, auch dürfen die Schlangen nicht trächtig sein.« Ungerührt sah er zu, wie die Schlangen zubissen und die Mäuse verschlangen. »Man braucht nur das reine Fleisch der Vipern. Man tötet sie, entfernt Kopf und Schwanz – darin ist zu viel Gift –, zieht die Haut ab, entfernt die Eingeweide und wäscht das Fleisch.« Mit einem scheelen Blick beobachtete er Jakobas Reaktion.

Vielleicht hätte sie doch nach etwas weniger Ekligem fragen sollen. Sie schluckte trocken. »Ich nehme an, man kocht das Vipernfleisch?«

»Mit etwas Dill – ganz so, als wollte man das Fleisch essen. Danach löst man es vorsichtig von den winzigen Knochen – eine diffizile Angelegenheit – und zerkleinert es. Das Fleisch wird gemust und mit einer kleinen Menge Tiegelbrot gemischt.«

Er sprach klar und präzise. Jakoba dachte daran, wie abfällig sein Vater über ihn geredet hatte, und konnte dieses Urteil nicht nachvollziehen. »Kleine Menge – das bedeutet wie viel?«

Wieder lachte Baldino, und seine dicht bewimperten Augen wurden ganz schmal vor Freude. »Ihr wollt es wirklich genau wissen, wie?«

Sie nickte.

»Ein Viertel bis ein Fünftel. Wenn man es sorgfältig zerkleinert hat, formt man Pastillen wie diese Trochisi hier.« Er holte ein gläsernes Gefäß aus dem Regal und ließ ein paar auf seine Handfläche kullern.

Jakoba nahm eine etwa haselnussgroße Pastille zwischen die Finger und betrachtete sie.

In diesem Augenblick waren Geräusche aus dem Verkaufs-raum zu hören. Eilig klaubte er die Pastille aus ihren Fingern.

»Wie lange dauert es, sie zu trocknen?«, fragte sie.

Er brachte sie zur Tür. »Ihr müsst gehen.«

»Wie lange?«, beharrte sie.

»Vierzehn Tage, aber Ihr müsst sie ab und zu wenden. Und sie dürfen nicht direkt in der Sonne liegen.« Baldino spähte auf die Gasse und schob sie hinaus.

»Wie viele benötigt man für den Theriak?«

Der Apothekersohn stöhnte unwillig. »Ihr werdet Euch oh-nehin nicht alles merken können! Also gut: vierundzwanzig Drachmen.«

Von dieser Gewichtseinheit hatte sie noch nie gehört, aber sie würde sicher herausfinden, was sie bedeutete. »Die Theriak-Pastillen halten sich ziemlich lange, schätze ich«, sagte sie.

»Jahre.« Mit diesem Wort fiel die Tür ins Schloss.

Im Hause nahm sie eines von Arnolds Pergamenten und no-tierte sich eilig das Gehörte, bevor sie etwas vergessen konnte.

Am nächsten Morgen hatte Baldino etwas Konfekt und ge-wärmten Wein vorbereitet.

»Womit beschäftigen wir uns heute? Was steht an dritter Stelle auf der Theriak-Rezeptur des Andromachus?«, fragte Jakoba.

»Greift zu!«, forderte er sie auf und nahm einen kräftigen Schluck von dem Wein. Der Höflichkeit folgend nahm sich Ja-koba ein Stück Ingwerkonfekt und nippte am Malvasier.

»Seid Ihr wirklich eine Adelige?«, fragte er forsch.

Also hatte sein Vater doch nicht schweigen können. »Was tut das zur Sache?«

»Ich bin nur neugierig. Wir sind doch ganz im Geheimen und für uns«, wiederholte er, was sie gestern gesagt hatte.

Sie blickte zu den Käfigen. Die Schlangen züngelten ruhig. Wenn sie Glück hatte, hatte Baldino sie schon gefüttert. »Ihr wisst sicher, dass ich nicht darüber sprechen möchte. Aber ja, es stimmt: Ich bin von Adel. Welcher Bestandteil kommt heute dran?«

»Meerzwiebel-Pastillen.«

»Die Herstellung dieser Pastillen kenne ich bereits.« Er steckte eine getrocknete Feige in den Mund und kaute darauf herum. »Das kann ich mir kaum vorstellen.«

Jakoba beschrieb genau die Herstellung und überzeugte ihn so eines Besseren. »Ich weiß nur nicht, wie viel von den Meerzwiebel-Pastillen für den Theriak nötig sind.«

Eine kandierte Kirsche wanderte in seinen Mund. »Ihr gebt ja doch keine Ruhe: ebenfalls vierundzwanzig Drachmen.« Inzwischen hatte sie einen Händler befragt und erfahren, dass ein Pfund genau sechsundneunzig Drachmen oder zwölf Unzen entsprach.

Baldino näherte sich ihr, sodass sein Bauchansatz sie berührte, und legte seine Hand auf die ihre. »Seid Ihr immer so hartnäckig?«

Jakoba entzog sich ihm. »Ich verbitte mir solche Anzüglichkeiten. Wir sind zu einem ernsthaften Zweck hier.«

»Ich verstehe nicht, was Ihr gegen mich habt. Mutter sagt, jede Frau könnte sich glücklich schätzen, meine Gunst zu erringen«, sagte Baldino düpiert.

Jakoba unterdrückte ein Seufzen. »Es steht mir nicht zu, der Ansicht Eurer Mutter zu widersprechen. Kommen wir auf das Rezept zurück …«

Er küsste ihren Handrücken, bevor Jakoba zurückweichen konnte. »Ich bin verheiratet!«, protestierte sie.

»Ist das so? Aber Euer Mann ist nicht hier, nicht bei Euch, in Venedig …«

Allmählich sorgte sie sich um ihre Sicherheit. Niemand war in der Nähe, der ihr zu Hilfe eilen würde, falls sie in Bedrängnis geriete. Das Bild des Dahlenburger Hofmeisters Wulf stieg in ihr auf, der immer wieder eine Gelegenheit abgepasst hatte, in der er sie betatschen konnte. Das Bild Gevehards, wie er sich brutal an ihr verging. Beklemmung überfiel sie. »Reißt Euch zusammen! Wir wollen uns mit dem Theriak beschäftigen, mit nichts sonst!«, sagte sie heftig.

Baldino erschrak. »Verzeiht, aber ...« Die Angelegenheit schien ihn offenbar zu beschäftigen. Aus seinen schönen Augen blickte er sie betroffen an. »Glaubt Ihr, ich spüre nicht, dass Ihr mich als Mann ablehnt und ich nur Mittel zum Zweck bin? Ihr würdigt nicht, was ich zu bieten habe! Dabei kann nicht jeder ein Adonis sein. Manche der venezianischen Damen sind auch derartig anspruchsvoll, dass ich ...« Er spülte seinen Kummer mit einem Schluck Wein hinunter.

Jakoba fühlte sich ertappt und sah ihn bemüht freundlich an. Es fiel ihr schwer, in eine einfache Plauderei zurückzufinden. »Adonis? Geht es Euch also um Äußerlichkeiten? Ihr habt sicher auch Eure Vorzüge.«

»Sicher. Auch«, wiederholte er skeptisch. »Die da wären?«

»Ihr habt sehr schöne Augen, seid kenntnisreich und klug.«

Röte zeigte sich auf seinen Wangen. »Das hat noch keine Frau zu mir gesagt. Darf ich Euch vielleicht doch einen Kuss rauben?«

»Nein!«

Er lachte, und auch Jakoba spürte jetzt, wie sich ihre Anspannung legte. Dann endlich sprach er weiter: »Die dritte und letzte zusammengesetzte Zutat ist die aromatische dicke Salbe, für die wir eine ganze Reihe Dinge benötigen: Katzenkraut, Haselwurz, Majoran, Asphalatus, Binse, wohlriechendes Kalmus ...«

In Gedanken legte Jakoba eine Liste an. Was war Kalmus?, fragte sie sich.

»Phu, Holz des Balsambaumes, Saft vom Balsambaum, Zimt und Kostwurz ...«

Halt, halt! Hatte sie wirklich alles behalten?

»Myrrhe, Blätter von Malabathrum, indische Narde, gelber

Safran, Cassia, Amomum und Mastix. Das alles vermengt man mit einem geeigneten Wein ...«

Allein die letzten Zutaten ließen ihr den Kopf schwirren. »Kalmus?«

»Auch Würzhalm genannt.«

Sie nickte. »Malabathrum?«

»Die Blätter des indischen Lorbeerbaums.«

»Und Amomum?«

»Ein ingwerartiges Gewächs aus dem Himalaya-Gebirge.«

Wie sollte ein normaler Heilkundiger je an diese exotischen Kostbarkeiten kommen, die vermutlich unbezahlbar waren? Allmählich wunderte es sie nicht mehr, dass Meister Arnold jedes Jahr nach Venedig zurückkehrte.

»Bevor Ihr fragt: Mastix ist eine Art Harz, das wir aus dem Heiligen Land bekommen.«

»Ich verstehe nicht, dass Euer Vater sagte, Ihr seid dem Geschäft noch nicht gewachsen – so kundig, wie Ihr seid!«, platzte sie heraus.

Das Lob färbte ihm erneut die Wangen, doch dann wurde ihm der Rest ihrer Aussage klar. Er schob die Konfekt-Schale weg. »Wann hat er das gesagt?«

Sie zögerte. »Vor ein paar Tagen, Madame Mona gegenüber.«

Als Baldino ihr die Herstellung der aromatischen Salbe weiter erläuterte, schien er mit den Gedanken woanders zu sein, denn immer wieder vertauschte er Maße, Gewichte und Ingredienzien und musste sich korrigieren.

Es dauerte mehrere Tage, bis Jakoba auch nur einigermaßen über die Herstellung der aromatischen Salbe im Bilde war. Die nächste Zutat, die in einer größeren Menge im Theriak enthalten war, war der Mohnsaft, über dessen Vor- und Nachteile sie bereits lange mit Arnold gesprochen hatte.

In den nächsten Wochen ließ sie sich durch nichts von ihrer Lehrstunde abhalten, weder von Gewitter noch von Hochwasser oder Festumzügen, die das ganze Viertel lahmlegten. Sie wandten sich den Kräutern zu, die für den Theriak benötigt wurden. Danach kamen die Wurzeln, von Iris und Rhabarber bis zur feinen Osterluzei, einer giftigen Arzneipflanze mit herzförmigen Blättern. Die Arzneimittel wie Hirtentäschelkraut oder Kardamom folgten und schließlich die restlichen Zutaten.

Baldino ging ruhig und sachlich mit ihr um. Jedes Mal, wenn sie in ihre Unterkunft zurückkehrte, dröhnte ihr Kopf von den vielen Informationen, und sie musste sich erst einmal ein paar Stichworte aufschreiben. Die Pausen am Wochenende nutzte Jakoba, um ihre Notizen zu vervollständigen. Nie ging es um die bloßen Inhaltsstoffe, immer erwähnte Baldino zusätzlich, wie sie vermeiden könnte, auf minderwertige Ware oder gar Fälschungen hereinzufallen. Die Wahl des richtigen Weines für Theriak war kompliziert, genauso wie das Finden des besten Honigs. Auch die Verarbeitung war nicht einfach: Welches Kraut musste man zerstoßen, welches zermahlen? Verarbeitete man es mit Mehl oder Wein oder ohne?

Oft hatte Jakoba das Gefühl, sich auf eine allzu große, allzu schwierige Aufgabe eingelassen zu haben. Wie sollte sie, die Tochter eines einfachen Ritters, begreifen, was Gelehrte jahrelang studierten? Andererseits lernte sie bei jeder Zusammenkunft so viel über die Heilkunst, dass sie so oder so davon profitieren würde.

Baldino wuchs zusehends in ihrem Ansehen. Manchmal beklagte er sich darüber, dass sein Vater ihm eine wichtige Aufgabe nicht zugetraut hatte, dass seine Mutter ihn kaum einen Schritt allein gehen ließ oder dass junge Damen ihn abblitzen ließen. In Liebesdingen würde Jakoba ihm kaum helfen können, glaubte sie nach ihren abschreckenden Erfahrungen doch selbst nicht, jemals eine tiefe Beziehung zu einem Mann knüpfen zu können. Aber mit herrschsüchtigen Familienmitgliedern hatte sie ihre

Erfahrungen gemacht. Zumindest wusste sie, dass es wichtig war, auf sich selbst zu vertrauen. Baldino hatte genug, worauf er stolz sein konnte, also versuchte sie, ihn in dieser Hinsicht zu bestärken.

21

Ende Mai 1319

An einem späten Vormittag hörten sie, wie sich jemand an der Pforte zu schaffen machte. Paul legte die Mühlensteine ab, die er beim Nachdenken in der Hand bewegt hatte, steckte sein Messer an den Gürtel und ging hinunter.

»Meister Arnold!«

Pauls Ruf war noch nicht ganz verklungen, da stemmte Mona sich schon freudig aus dem Stuhl. Jakoba hielt sie untergefasst, als sie zur Tür gingen. Zwei Stufen auf einmal nehmend, als hätten weder das Alter noch die Strapazen der Reise ihm etwas anhaben können, sprang der Medicus die Treppe hoch und umarmte seine Frau stürmisch. Paul kam mit dem Affenkäfig hinterher und ließ Sasa frei, die sogleich an ihm hochkletterte.

»Seid ihr wohlauf? Ist es euch gut ergangen? Die vielen bösen Worte beim Abschied haben mir so sehr auf der Seele gelegen! Aber nun bin ich ja wieder da, bei euch!« Arnold sprach zwar immer von ihnen, aber er hatte einzig Augen für seine Frau. Am Schatten, der über sein Gesicht zog, bemerkte Jakoba, dass er erkannte, wie schlecht es ihr ging.

»Erzähl du erst mal! Ist alles gut gelaufen?«, fragte Mona.

Jakoba schenkte ihnen Wein ein und machte sich daran, den Braten zu wärmen.

»Das Reisen war natürlich furchtbar – die Wege verschlammt, Räuber und Gauner überall. Aber ja, alles ist gut gelaufen.« Ausführlich berichtete er von den Erlebnissen auf der Reise und den Gerüchten, die er unterwegs aufgeschnappt hatte. Immer wieder berührte er Mona dabei zärtlich, strich ihr über das Haar oder küsste ihr die Hand.

Jakoba und Paul zogen sich zurück; was das Ehepaar zu besprechen hatte, ging sie nichts an.

Arnold war anzusehen, wie sehr ihn die Nachricht aufgewühlt hatte. »Ich verstehe nicht, dass Mona mir vor meiner Abreise die Geschwulst verschwiegen hat!«, brach es am nächsten Morgen aus ihm heraus.

»Sie wusste, wie wichtig dir die Reise ist, und wollte dich nicht aufhalten.«

»Sie ist so tapfer, war es immer schon«, sagte er mit belegter Stimme.

Jakoba wollte ihn ablenken. »Hast du erreicht, was du wolltest? Warst du bei deiner Familie? Ich habe mich gefragt, ob du vielleicht sogar mit Roger gereist bist ...«, plapperte sie los.

Er unterbrach sie, als hätte er ihr gar nicht zugehört: »Wie lange behandelst du Mona schon? Und welche Salben und Kräuter hast du verwendet?«

Jakoba zählte es ihm genau auf.

Zufrieden war er vor allem mit dem Einsatz der Pappelsalbe und der Apostel-Salbe. »Hast du den Eindruck, dass die Geschwulst kleiner geworden ist?«

»Leider nicht. Aber sie ist auch nicht größer geworden.«

»Bist du sicher?«

»Ich habe den Umriss auf eine Wachstafel gezeichnet.«

Arnold nickte düster. »Ich werde gleich einen Chirurgicus suchen, den besten, den Venedig zu bieten hat, koste es, was es wolle. Er wird mir seinen Lohn schon stunden, bis ich ihn verdient habe.« Er sah Jakoba beinahe entschuldigend an. »Die Reise war teuer, vor allem die guten Mietpferde – unbezahlbar.«

»Mona sagte mir, sie möchte nicht, dass das böse Fleisch herausgeschnitten wird.«

»Ich weiß. Es ist aber die einzige Möglichkeit, ihr Leben zu retten.«

»Warum hilft der Theriak nicht?«

»Vielleicht war der Keim der Geschwulst schon gelegt, bevor der Theriak wirken konnte«, erklärte Arnold.

»Und warum operierst du Mona nicht?«, wagte sie leise zu fragen.

Arnolds Gesicht verdüsterte sich noch mehr. »Ich könnte es nicht ertragen, ihr Blut zu vergießen. Meine Hände würden zu sehr zittern, das weiß ich. Es gibt viele, die diese Kunst besser beherrschen. Außerdem würde ich es mir nie verzeihen, wenn sie den Eingriff nicht überstünde.«

Jakoba kam es nicht richtig vor, gegen Monas Willen zu handeln. Andererseits stand es ihr auch nicht zu, sich in die Angelegenheit des Paares einzumischen.

»Pass gut auf sie auf, während ich fort bin.« Der Hauch eines Lächelns huschte über sein Gesicht. »Ich weiß sie ja bei dir in guten Händen. Kundiger als ich bist du. Jetzt, wo du das Geheimnis des Theriaks kennst, hast du mich überflügelt.«

Angespannte Stille lag über dem Haus, als Arnold einige Stunden später seine Frau zu überzeugen versuchte, sich gleich am nächsten Tag dem Eingriff zu unterziehen. Jakoba war ausnahmsweise am frühen Abend nach Ladenschluss in der Apotheke bei Baldino gewesen und leistete nun Paul im Untergeschoss Gesellschaft, wo er hingebungsvoll Arnolds Schwert polierte. Es tat ihr gut zu plaudern, denn dann musste sie nicht darüber nachdenken, dass im Obergeschoss über Leben und Tod gesprochen wurde.

»Von mir aus könnten wir wieder losziehen«, sagte Paul gerade. »Venedig wird mir zu eng. Ich sehe gar nichts mehr von der Welt, komme nicht weiter. Und immer nur mit den Burschen aus der Nachbarschaft die Kräfte messen, das ist auch langweilig.« Er klang, als wäre er mit seinen siebzehn Jahren welterfahren und weitgereist – was in gewisser Weise durchaus stimmte.

»Du misst mit den anderen jungen Männern deine Kräfte? Das habe ich irgendwie verpasst«, sagte Jakoba lächelnd.

»Ihr seid ja auch so viel beschäftigt, Domina.« Mit einem Ledertuch arbeitete er jetzt das Öl auf die Klinge. »Von den Kerlen kann mir keiner mehr das Wasser reichen. Ich habe hier jeden Winkel erkundet – sogar die Zisterne – und meine Muskeln geübt.«

»Ist das wahr? Ich habe mich schon gewundert, dass du so stark geworden bist«, neckte sie ihn.

Er zupfte an seinem vernarbten Ohr, wie er es immer tat, wenn er nervös war. »Macht Euch nicht lustig über mich.«

Sie schämte sich ein wenig, dass sie ihn nicht ernst genommen hatte. »Wo hast du denn deine Muskeln geübt?«, fragte sie ernster.

»Hier.« Er sprang an einen Türbalken und zog sich einige Male an ihm hoch.

Jakoba sah jetzt, dass die Klimmzüge seine Muskeln tatsächlich stärker ausgebildet hatten. Beinahe war er schon ein richtiger Mann.

»Oder so!« Gekonnt machte er Kniebeugen und stemmte Kisten.

Da hörte sie, wie oben die Saaltür geöffnet wurde, und eilte hoch.

Arnold band gerade seinen Geldbeutel an den Gürtel. »Mona wird sich morgen dem Eingriff unterziehen«, verkündete er.

Jakoba setzte sich zu der Freundin ans Bett. »Arnold ist überzeugt davon, dass der Theriak mich danach heilen wird«, sagte Mona so bestimmt, dass es keinen Widerspruch zuließ.

Jemand schrie.

Schlaftrunken sprang Jakoba auf. War etwas mit Mona? Jakoba eilte im Leibhemd zur Tür, doch diese klemmte offenbar. Sie rüttelte fester – nichts. Gerade wollte sie rufen, da hörte sie nebenan eine fremde, dröhnende Stimme. Instinktiv legte Jakoba das Ohr an die Tür.

»Dachtest du wirklich, wir hätten deine Spur verloren?«

Ein lautes Rumsen, als wäre etwas Schweres umgefallen, Arnold stöhnte. Mona schrie erneut.

»Bring sie endlich zum Schweigen!«

Ein Klatschen.

Jetzt wimmerte Mona erstickt. Gleichzeitig konnte Jakoba hören, dass jemand die Treppe hochstapfte.

»Das Lager im Alkoven unten ist noch warm, ich habe aber niemanden gefunden.« Dieser Mann hatte eine nasale Stimme.

»Dann such weiter, verdammte Axt! Wer immer da war – wir müssen verhindern, dass er Hilfe holt!«

Jakobas Herz raste. Wer waren die Männer, und was wollten sie? Das klang nicht wie ein Einbruch! Und wo war Paul? Offenbar hatte er noch rechtzeitig sein Bett verlassen können.

Sie schwankte zwischen dem Wunsch, sich zu verkriechen, und dem Drang nachzusehen.

Sie lauschte erneut an der Tür – da rüttelte jemand an dem Holz. Jakoba zuckte zurück und wäre beinahe über ihre eigenen Füße gestolpert, konnte sich aber gerade noch fangen. Nur keinen Lärm machen!

»Abgesperrt«, brummte draußen ein Mann.

»Was du nicht sagst. Glaubst du, ich hätte nicht auch schon versucht, die Kammer zu kontrollieren? Und bevor du fragst – kein Schlüssel da«, näselte der andere gehässig. »Lauf jetzt lieber dem Diener nach, der im Alkoven gepennt hat. Ich durchsuche die Kisten des Verräters!«

Verräter? Wen meint er?

Dumpfe Schläge, Schreien und Wimmern drangen an Jakobas Ohr, sodass ihr die Haare zu Berge standen.

Wieder Schritte. Erneut machte sich jemand an ihrer Tür zu schaffen. Metallisch klang ein Schlüssel im Schloss. Jakoba packte schon ihren Schemel, um ihn dem Eindringling über den Schädel zu ziehen. Plötzlich aufgeregte Rufe und Tritte.

»Da war er! Der Diener! Ist zum Dach hochgelaufen!«

»Hinterher, du Rindvieh!«

Jetzt erst ging ihr auf, dass die Einbrecher in deutscher Zunge sprachen. Was hatte das zu bedeuten? Hatte der Überfall mit Arnolds Reise zu tun? Noch einmal bewegte sie, mehr gewohnheitsmäßig, den Türgriff – nun ließ die Tür sich öffnen! Eigentlich konnte es nur Paul gewesen sein, der aufgeschlossen hatte. Wie mutig er war!

Sie schob das Türblatt einen Spalt auf. Im Saal wühlte jemand in Arnolds Kisten und warf achtlos Phiolen und Pergamente durcheinander. Auf dem Dachboden trampelte jemand derart herum, dass Staub durch die Decke rieselte. Jakoba überlegte fieberhaft. Wenn sie richtig gehört hatte, waren es vier Männer: einer im Saal, einer auf dem Dach und zwei bei Arnold und Mona. Sie hatte unglaubliche Angst, dennoch kam es für sie nicht infrage zu fliehen. Sie konnte Arnold und Mona nicht im Stich lassen. Sollte sie zunächst Paul zu Hilfe eilen, damit sie dann gemeinsam versuchen konnten, die Eindringlinge zu überwältigen?

Auf bloßen Füßen huschte Jakoba an der Kochnische vorbei und packte den Schürhaken. Dann hastete sie die steile Stiege zum Dachboden hoch.

Da – ein Schrei, gefolgt von einem dumpfen Aufschlag. Jemand kam ihr entgegen. Panisch hob Jakoba den Schürhaken. Kurz bevor sie zuschlug, erkannte sie Pauls Umrisse. Gerade noch konnte sie den Schlag abfangen.

»Er ist vom Dach gestürzt – ich habe ihn auf die morsche Holzplattform gelockt«, wisperte Paul.

»Gut ge…«

Wieder das Trampeln. »Hast den Diener vom Dach gestürzt, was? He, Heineke – alles in Ordnung? Verflixt, mach doch mal die Kiemen auf!«, rief jemand hinauf. Dann stiefelte einer der Männer die Treppe hoch.

Paul und Jakoba drängten sich in die Finsternis der Dachschräge. Schweiß stand auf ihrer Stirn, und ihr Blut rauschte ohrenbetäubend.

Ein massiger Kerl linste durch die Dachgaube hinaus. »Wo steckst du denn?« Er wandte sich um. Gleich würde er ihre hellen Gestalten im Dunkel erkennen.

Ohne lange nachzudenken, stürzte Jakoba zu dem Kerl und zog ihm den Eisenhaken über den Schädel. Der Mann taumelte, ging jedoch nicht zu Boden. Paul nahm ihr den Haken ab und hieb ihm noch einmal auf den Kopf, sodass ihr Gegner bewusstlos zusammenbrach, dann fesselten sie ihn mit seinem Gürtel an einem Dachbalken.

»Zwei haben wir, zwei bleiben noch.«

»Hoffentlich hat uns niemand gehört«, gab Jakoba leise zurück.

»Was wollen die Männer wohl von Meister Arnold?«

Im gleichen Moment hörten sie, wie ein Mann den Medicus scharf anfuhr und ihn schlug. »Du willst nicht reden, was? Aber wir finden es auch so, glaub es mir!«

Paul und Jakoba starrten einander entsetzt an. Sie mussten etwas tun – irgendwas! Nur mit dem Schürhaken und Pauls Messer bewaffnet, schlichen sie die Treppe wieder hinunter.

Die Stimme des Mannes wurde lauter. »Ist das deine Metze? Vielleicht sollte ich sie mal nach dem Versteck befragen – was meinst du?«

Sie hörten Monas Wimmern und Sasas aufgeregtes Quieken; das Äffchen musste ebenfalls in der Kammer sein.

»Mach das Scheißvieh endlich tot – wie oft muss ich das noch sagen!« Die Käfigtür quietschte, und Jakoba musste Paul festhalten, der drauf und dran war, Sasa zu Hilfe zu kommen.

»Au – es hat mich gebissen! Halt!« Das Äffchen sauste aus

der Kammer, rannte beinahe an ihnen vorbei, packte dann doch Pauls Hose und kletterte an ihm hoch.

Ein Mann stürzte ihm hinterher aus der Kammer. Sein Gesicht war schmal, als wäre es zusammengedrückt worden. Auf seinem Handrücken blutete eine Bisswunde, er trug das Lederwams eines Söldners und ein Schwert am Gürtel. »Dieses Mistvieh ...«, näselte er. Paul hob den Eisenhaken, doch es war zu spät. »Wen haben wir denn da?«

»Was?« Eine ungehaltene Frage aus der Kammer.

»Hier sind noch zwei!« Jakoba und Paul wollten weglaufen, waren jedoch zu langsam; der Söldner packte sie und zerrte sie zur Kammer. Der Schürhaken wurde Paul entwunden und weggetreten. Jakoba sah aus dem Augenwinkel, wie Paul gerade noch sein Messer im Ärmel verschwinden lassen konnte.

In der Kammer bot sich ihnen ein Bild des Grauens. Arnold krümmte sich auf dem Boden. Das Gesicht des Medicus war verschwollen, und er blutete aus mehreren Wunden. Mona kniete, auch ihr Leibhemd war befleckt. Der Anführer der Männer hatte sich in ihren Haaren verkrallt und riss ihren Kopf nach hinten, sein Dolch ritzte bereits ihre Kehle.

Er trug einen schwarzen Umhang über dem Lederwams, und ein Teil seines Gesichts war von einer Seidenmaske verdeckt. Wer war er? Kannten sie ihn? Monas Züge waren angstverzerrt. Der Affenkäfig lag umgestürzt neben der Feuerschale mit glühenden Holzkohlen. Jakoba und Paul wehrten sich und traten um sich, konnten sich aus dem eisernen Griff jedoch nicht befreien. Auch das Äffchen verbiss sich immer wieder in dem Mann, bis dieser es mit einem Ruck gegen die Wand schleuderte.

Sasa rutschte herunter und blieb dann leblos liegen. Paul heulte auf. Voller Wut stürzte er sich auf den Mann. Auch Jakoba verlieh Sasas Tod zusätzliche Kräfte.

Doch da griff der Anführer ein. Er versetzte Paul einen harten Schlag ans Kinn, der den Jungen wie einen Stein zu Boden gehen ließ. Eine Ohrfeige ließ Jakoba gegen die Tür krachen. Die Tritte, die der Angreifer Paul und ihr in die Seiten versetzte, schmerzten so, dass es Jakoba den Atem nahm. Auch Paul stöhnte heftig.

Arnolds Stimme: »Nein! Lasst sie! Lasst sie gehen! Sie haben ... damit nichts zu tun!«

»Willst du jetzt endlich das Maul aufmachen?« Der Anführer stieß Mona weg und riss den Medicus hoch. Er zückte seinen Dolch, wie das Schwert mit dem verzierten Knauf ein kostbares Stück. Bei dem Dolch handelte es sich um einen Basilard mit einem goldglänzenden Knaufbalken, wie Jakoba ihn früher nur bei den wohlhabenden Kumpanen ihres Vaters gesehen hatte, das registrierte sie, als müsse sie sich von dem Horror ablenken, der sie umgab. »Ich habe die ganze Nacht Zeit und schneide gerne jedem hier jedes Körperglied einzeln ab, ganz so, wie es die übliche Strafe für Verräter ist, glaub es mir! Soll ich bei dir anfangen?« Der Anführer presste Arnolds Hand auf die Holzbohlen. »Sprich schon!«

Arnold schwieg einen Augenblick, und mit einem harten Schnitt trennte der Mann ihm zwei Finger ab. Der Medicus heulte auf. Mona schrie gellend.

»Schnauze!« Der Mann mit den Bissspuren versetzte ihr eine Ohrfeige.

Aus Arnolds Fingerstümpfen pulste das Blut. Jakoba wurde schlecht. Die Wunden mussten abgebunden werden, sonst würde er verbluten!

»Ich rede ja schon ... ich schwöre es!« Schaumiger Speichel flog aus Arnolds Mund.

»Wir wissen ja, was dein Schwur wert ist!«

Was redete der Mann da nur?

In diesem Augenblick schrie der dritte Eindringling vom Dachboden um Hilfe. Der Mann mit dem platten Gesicht fuhr herum. »Was habt ihr mit ihm gemacht?«

Wenn er den Mann befreite, hätten sie nicht mehr den Hauch einer Chance! Paul schien das Gleiche gedacht zu haben, denn er stemmte sich hoch und stürzte sich mit einem lauten Kampfschrei auf ihn. Ohne zu zögern, hieb er ihm sein kleines Messer in den Hals.

Der Mann hatte Paul gerade gepackt und wollte ihn wegreißen. Doch jetzt taumelte er, die Augen vor Verblüffung weit aufgerissen, und sackte röchelnd zusammen.

Der Anführer ließ Arnold achtlos fallen und ging mit gezücktem Basilard auf Paul los. »Du dreckiger Bastard ...«

Tapfer und flink verteidigte sich Jakobas junger Gefährte, doch der Maskenträger war schneller – schon traf er ihn am Arm. Paul verzog das Gesicht, gab jedoch nicht auf. Es war allerdings klar, dass er verwundet nicht lange durchhalten könnte. Jakoba war noch immer schwindelig, und ihre Rippen schmerzten, aber sie rappelte sich auf und wollte nun ihrerseits den Anführer wegstoßen.

Er stach gegen sie aus, gerade noch konnte sie ihm ausweichen.

Auch Arnold wollte helfen. Wild schlug der Maskenträger mit dem Dolch um sich – und traf Arnold unter dem Schlüsselbein.

»Mich schafft ihr Dreckskerle nicht!«, triumphierte der Angreifer und zog den Dolch aus Arnolds Fleisch, um erneut zuzustechen.

Mit einer ungeahnten Schnelligkeit kam Mona auf die Füße, umfasste mit beiden Händen die heiße Feuerschale und schleuderte dem Mann die Glut ins Gesicht. Sofort gingen die Seidenmaske und seine Haare in Flammen auf. Es stank nach verbranntem Haar und kokelndem Fleisch. Seine Haut schlug Blasen. Aufheulend versuchte er, das Feuer auszuschlagen.

Aber auch Mona fiel. Ihr Gesicht war von unbeschreiblichen Qualen verzerrt, ihre Hände wundrot.

Arnold kroch weinend zu ihr. »Herz meines ... Lebens, was

hat er dir … angetan? Das habe … ich nicht gewollt. Das habe ich nie … gewollt!«

»Wir müssen … weglaufen«, stieß Mona hervor.

»Nein, erst einmal müssen wir dich versorgen.« Arnold gab Jakoba ein paar knappe Anweisungen. Während sie alle Wunden, so gut es ging, verarzteten und Mona mit einem Schlafschwamm die Schmerzen erleichterten, fesselte Paul den Anführer, dessen Schädel auf der einen Seite nur noch eine verbrannte Masse war. Der Mann wimmerte jämmerlich, und trotz allem empfand Jakoba Mitleid.

»Wir müssen auch ihn verarzten …«

»Seid Ihr verrückt! Er kann froh sein, dass ich ihn nicht totgeschlagen habe, so einen Hass habe ich!«, brach es aus Paul heraus. Er wischte sich Tränen und Rotz aus dem Gesicht, als wäre er noch ein Kind. »Meister, wir sollten wirklich die Wachen holen oder fliehen. Wenn es den Männern gelingt, die Fesseln zu lösen, ist es um uns alle geschehen.«

»Packt unsere Sachen zusammen – wir fahren gleich los.«

»Was sollen wir mitnehmen?«

»Alles, was aufs Boot passt.«

Zunächst trugen sie Mona hinunter. Vorsichtig betteten sie die Schwerverletzte im Boot auf Decken und Kissen. Arnold schwankte, den Affenkäfig in den Händen, hinterher.

Sasa war doch tot! Jakoba eilte zu ihm und wollte ihm gerade den Käfig abnehmen, als sie eine Bewegung hinter dem Medicus bemerkte.

»Achtung!«, schrie sie.

Zu spät.

Ein metallisches Klirren, ein Stoß. Arnolds Gesicht verzerrte sich in einem Ausdruck ungläubigen Entsetzens, etwas brach glitzernd durch seine Brust, dann brach er zusammen. Hinter ihm tauchte der vierte Angreifer auf. Derjenige, den Paul vom Dach gestoßen hatte. Ein Arm und ein Bein schienen gebrochen zu sein; dennoch hatte er sich ins Haus zurückschleppen können und Arnold das Schwert bis zum Heft durch Rücken und Brust gerammt. Warum hatten sie ihn nicht eher bemerkt?

Von panischem Schrecken erfasst, versuchte Jakoba, den Medicus zu retten, doch das Schwert saß tief und die Verletzungen waren schwer. Paul versetzte dem Söldner einen Schlag auf den Schädel und fesselte ihn.

»Jakoba …« Arnolds verstümmelte Hand packte den Kragen ihres Leibhemds. »Du musst … in Sasas Käfig ist etwas versteckt … mein Medizinkästchen … bring es … und meine Pergamente … nach Paris … sofort, hörst du! Zögere nicht! Bringe es … zu Roger … gib es ihm … niemandem sonst! Nur ihm … kannst du noch trauen.«

Jakoba rieb sich heftig über die Augen, denn sie war tränenblind und wie betäubt. Sie begriff das alles nicht. Zu schnell war es gegangen, zu schrecklich waren die Ereignisse. »Nach Paris? Aber wohin da? Es ist eine große Stadt – wie soll ich ihn finden?«

Verzweifelt versuchte sie, die Blutung zu stoppen, doch immer mehr von dem kostbaren Lebenssaft quoll durch ihre Hände.

Arnolds Gesicht war zu einer Grimasse verzogen. Lippen und Zähne waren rot. »Versprich es … mir!«, stammelte er.

Jakoba eilte sich, den Sterbenden zu beruhigen: »Ich verspreche es!«

Krampfhaft nestelte er an seinen Fingern. Schließlich nahm er ihre Hand und presste ihr seinen Ring in die Handfläche. »Mein Thebal-Ring … Gib ihm den Ring … Roger wird wissen … Er soll dir Glück bringen. Und jetzt bete für meine … Seele.«

Noch einmal bäumte sich sein geschundener Körper auf. Ein Schwall Blut quoll aus seinem Mund. Sein Lebenslicht erlosch. Schluchzend tastete Jakoba nach seinem Puls und wusste doch, dass sie kein Zeichen des Lebens mehr in ihm finden würde.

Paul zog sie hoch. »Wir sollten fliehen – sofort. Kommt, Domina Jakoba, bevor es zu spät ist!«

Jakoba kam es vor, als steckte ihr Kopf unter Wasser. Alles ging in einem betäubenden Rauschen unter. Sie hatte das Gefühl zu ersticken. »Aber Arnold … die heiligen Sakramente … wir müssen … für eine Beerdigung sorgen.«

»Wir schreiben Ser Maffio, wenn wir weit genug von Venedig entfernt sind. Er wird Meister Arnold zur ewigen Ruhe betten lassen. Die Flucht wird mit Madame Mona und dem vielen Gepäck ohnehin nicht einfach. Wir müssen so viel aufladen wie möglich. Je mehr wir dabeihaben, desto besser. Wovon wollt Ihr unterwegs leben, wenn Ihr keine Arzneien bei Euch habt?« Pauls Gesicht war tränennass, und doch war er erstaunlich pragmatisch. »Nun kommt endlich, Domina Jakoba, sonst werden diese Mörder auch uns erledigen!«

Sie schniefte. »Hilf mir, Meister Arnold wenigstens anständig zu verabschieden.«

Nach einem kurzen Totenritus rafften sie einige Habseligkeiten und Medizinkästchen zusammen. Jakoba setzte sich in die Mitte des Bootes und nahm Monas Kopf in den Schoß. Wie sollten sie Mona nur beibringen, dass Arnold gestorben war und dass sie seinen Körper zurückgelassen hatten? Allein der Gedanke ließ Jakoba ganz mutlos werden.

22

Im Schilfdickicht, in sicherer Entfernung zu Mestres Stadtmauer, zogen sie das Ruderboot an Land. Jakoba fühlte sich taub
und stumm. Ihre Rippen schmerzten so sehr, dass sie sich kaum
rühren konnte. Die Fahrt war aufreibend gewesen, da Paul seiner Armwunde wegen nur schlecht rudern konnte und sie sich
hatten abwechseln müssen. Mona hatte im Schlaf gestöhnt und
gezuckt, jede Bewegung schien ihr Höllenqualen zu bereiten.

Jakoba sah sie an. Sie musste dringend die Verbände erneuern,
aber dafür brauchten sie Zeit – und erst mal mussten sie Abstand
zwischen sich und die Mörder bringen. Am liebsten wäre Jakoba
bei Mona geblieben, aber Paul meinte, dass man ihm Kobelwagen und Pferde kaum aushändigen würde.

Hatte Arnold nicht eine Art Pfand bekommen oder ein Stück
Pergament? Sie überwand sich, Arnolds Kistchen zu durchsuchen und gegen die Trauer anzukämpfen, die sie beim Anblick
seiner Besitztümer überkam.

Immer wieder huschten ihre Augen über die Lagune, aus
Furcht, dass die Mörder ihre Verfolgung aufgenommen hatten. Wenn der massige Söldner sich befreit und weitere Helfer
alarmiert hatte, konnte er jeden Augenblick hier eintreffen.

»Was soll ich machen, wenn Madame Mona wach wird? Sie
hat doch solche Schmerzen«, sagte Paul.

»Der Mohnsaft wird ihr helfen«, antwortete Jakoba und verabreichte der Freundin einen Löffel Theriak. Sie ließ Mona nur
ungern zurück, doch sie trug die Verantwortung für sie, für Paul
und nicht zuletzt auch für die Dinge, die Arnold ihr anvertraut
hatte – um was auch immer es sich dabei handelte.

Endlich fand sie den kleinen Zettel, um den Kobelwagen auszulösen. Hastig schrieb sie einen kurzen Brief an Ser Maffio, in dem sie von Arnolds Schicksal berichtete, ihn bat, für eine anständige Beerdigung zu sorgen, und ihn, was weitere Erklärungen anging, auf später vertröstete.

Am Anleger bezahlte sie einen Hilfsjungen dafür, dass er den Brief bei Ser Maffio abgab. Dann ging sie mit schweren Schritten zum Gehöft, wo sie den Kobelwagen untergestellt hatten. Enttäuscht über den Schnee, aber voller Vorfreude waren sie bei ihrer Ankunft gewesen – und jetzt? Arnold war tot, Mona rang um ihr Leben, und die lustige Affendame Sasa gab es nicht mehr. Fassungslos beobachtete Jakoba, wie für die anderen der Alltag weiterging: Kaufleute und Knechte beluden Venedig-Frachter, Segelschiffe kamen von der Lagunenstadt hier an. Bange suchte sie die Fahrgäste ab, doch ihr Verfolger war nicht zu sehen. Trotzdem kroch ihr die Nervosität in den Magen. Würde man einer Frau Wagen und Pferde überhaupt aushändigen?

Tatsächlich reagierten die Hofverwalter verblüfft, glaubten jedoch Jakobas Versicherung, dass ihr Gatte bald nachkommen würde. Knechte brachten ihr die Pferde und schirrten sie an den Kobelwagen. Frühwach und Blesse sahen wohlgenährt und erholt aus. Zum ersten Mal nahm Jakoba auf dem Kutschbock Platz, wo Arnold immer gesessen hatte, und fuhr los. Erst als die Entgegenkommenden sie anstarrten, merkte sie, dass ihr Tränen über das Gesicht liefen.

Auch Paul sah es. Er sprang zu ihr auf den Bock und nahm ihr die Zügel ab. »Herrin, Ihr müsst Euch beruhigen. Wenn wir den Leuten auffallen, werden auch unsere Verfolger uns finden.«

»Wie kannst du nur so reden! Quält dich denn gar nicht, was geschehen ist?« Sie schlug die Hände vor das Gesicht und ließ die Tränen fließen.

Paul starrte sie an. »Wie könnt Ihr nur so von mir denken!«

»Entschuldige!« Jakoba schämte sich. Für einen Augenblick

lehnte sie sich weinend an seine Brust, die erstaunlich breit war. Er wagte nicht, den Arm um sie zu legen. Auch sie durfte nicht vergessen, welches Benehmen sich für eine Frau ihres Standes ziemte. Schnell machte sie sich los und tupfte sich die Tränen ab. »Laden wir um!«

Sie polsterten Mona mit Kissen und Decken ein Lager auf dem Wagen. Vorsichtig hoben sie die Verletzte darauf, dann schoben sie die Kisten hinterher.

»Ich bleibe bei ihr, übernimm du vorerst die Zügel!«, wies Jakoba ihren Gefährten an.

Paul wandte sich vom Kutschbock aus zu ihr um. »Aber wohin soll ich fahren? Wo liegt Paris?«

»In Frankreich.«

»Also in welche Richtung?«, fragte Paul.

Ratlos sah Jakoba ihn an. Jetzt erst ging ihr auf, wie gut Arnold sich ausgekannt hatte. Blind waren sie ihm gefolgt. Er hatte immer den richtigen Weg gewusst, als wäre er schon Jahrzehnte quer durch alle Lande gereist. »Die nächste Frage ist: Haben wir Geld? Wenn nicht, muss ich mich unterwegs verdingen.«

»Ich könnte wieder Geld als Heilerin verdienen.«

Abwägend sah Paul sie an. »Später, ja, das schon. Nehmt's mir nicht übel, Domina, aber unterwegs ist es etwas anderes als in der Stadt. Als Dame … Natürlich kann ich Euch verteidigen, klar, aber …« Er druckste herum. »Wir sind leichte Beute«, sprach er schließlich die Wahrheit aus.

Ihnen blieb nichts übrig, als nach Mestre hineinzufahren, um nach dem Weg zu fragen. Jakoba war nervös. Sie fürchtete, dass die Mordbuben sich befreit hatten und jeden Augenblick hier auftauchen könnten. Vor einem Gasthof, bei dem Pferde gewechselt wurden und Reisekonvois zusammentrafen, hielten sie und fragten, welche Richtung sie einschlagen mussten.

Ein Fuhrmann musterte sie abschätzig. »Nach Paris wollt Ihr? Was seid Ihr – eine weggelaufene Ehefrau? Und das ist Euer junger Galan? Schämt Ihr Euch gar nicht? Eingesperrt gehört Ihr!«

Gesichter wandten sich ihnen zu, Männergesichter. Kaufleute, Fuhrleute, Knechte. Hauptsächlich junge und mittelalte Männer standen um sie herum. Die einzige Frau in Sichtweite war eine Schankmagd.

Jakoba fühlte sich in ihrer Ehre verletzt. Wie konnte er nur so etwas denken? »Mein Mann und sein Gehilfe kommen nach«, log sie.

»Wer's glaubt … aber so eine wie Ihr kriegt schon noch, was sie verdient«, sagte der Fuhrmann schroff und betrachtete sie lauernd. »Aber Geld habt Ihr schon? Für den Geleitschutz, den Wegzoll …«

Sein Blick gefiel Jakoba gar nicht. Was ging ihn ihr Geld an? Sie hatte das Gefühl, auf der Stelle fliehen zu müssen. »Ich sagte doch, mein Mann kommt nach. Habt Dank für Eure Auskunft«, beendete sie das Gespräch. Hinter sich hörte sie, wie die Männer ihr Schimpfworte zuwarfen, Dirne war noch das Harmloseste von ihnen.

Mit weichen Knien stieg sie zu Paul auf den Kutschbock. Sie bemerkte, dass der junge Mann die Hände zu Fäusten geballt hatte. »Fahr los, einfach den anderen Wagen nach durch die Stadt. Wir werden den Weg schon finden.«

Ihnen kam zugute, dass jetzt Hauptreisezeit für die Venedig-Händler war. So sahen sie, als sie Mestre verließen, in der Ferne eine Wagenkette.

»Dort – ein Handelszug! Ich glaube, auf diesem Weg sind wir auch gekommen. Ich erkenne die Häuser wieder«, sagte Paul.

»Gut, dann hinterher. Ich sehe nach Mona«, sagte Jakoba und kletterte in den hinteren Teil des Wagens.

Während sie über den von Tausenden Rädern zerfurchten Weg fuhren, wurde Mona wach. Bei jedem Stein, über den der Kobelwagen holperte, zuckte sie zusammen. Verwirrt und gequält von Schmerzen sah sie sich um. Jakoba beugte sich über sie und rief Paul zu, dass er baldmöglichst einen Rastplatz suchen sollte, damit sie Mona versorgen konnte. Wenn sie in diesem Tempo weiterfuhren, hätten die Männer sie bald eingeholt.

»Wo … ist Arnold? Geht es ihm … gut?« Monas Stimme war kaum mehr als ein Hauch.

Jakoba war übel, und sie biss sich auf die Lippen, um nicht sofort wieder loszuweinen. Sie wollte etwas sagen, doch alle Worte schienen auf einmal sinnlos, also schüttelte sie nur stumm den Kopf.

Mona riss die Augen auf. Sie wollte sich aufsetzen, die Hände zu Hilfe nehmen, konnte sich jedoch kaum rühren. »Was ist … mit ihm? Ihm ist doch nichts … passiert?«

Endlich stoppte Paul den Wagen, und das Gerumpel ließ nach.

Nur zu gern hätte Jakoba jetzt Monas Hände gehalten, aber das war wegen der Verbrennungen unmöglich. Tröstend berührte sie Monas Schulter. Es half nichts. Früher oder später würde Mona die Wahrheit ohnehin erfahren müssen. »Er ist gestorben. Einer der Männer hat ihn getötet«, brachte sie erstickt heraus.

Entsetzen zeichnete sich auf Monas Gesicht. »Aber ich … habe ihn doch … gerettet. Die Feuerschale …«

»Ja, das war sehr mutig von dir. Der Mörder war ein anderer. Es war der, den Paul vom Dach gestoßen hatte. Er hat sich angeschlichen. Wir … Ich habe ihn zu spät gesehen.« Schuldgefühle überfielen sie. Wenn sie nur … hätte sie den feigen Mord wirklich verhindern können? »Ich habe noch versucht, die Blutung zu stoppen. Aber das Schwert …« Ihre Stimme versagte.

Das Gesicht abgewandt, weinte Mona stumm. Auch Jakoba und Paul überwältigte erneut die Trauer. Eine Zeit lang war nur das Zupfen der Pferde am Gras zu hören.

»Und Sasa?«

Jakoba schüttelte den Kopf.

»Das treue, unschuldige Wesen!« Ein weiterer Gedanke nahm quälend Gestalt in Mona an. »Was ist mit Arnolds Leich… Körper?«, fragte sie rau. »Er sollte hier sein … bei mir.«

Jakobas Hals war noch immer wie eingeschnürt, und sie musste sich räuspern, um überhaupt sprechen zu können. »Wir mussten ihn zurücklassen. Euch beide hätten wir nicht ins Boot legen können.«

»Ihm ist keine Letzte Ölung zuteilgeworden? Wie soll er dann … in den Himmel eingehen?« Mona machte hilflose Versuche aufzustehen. »Wir müssen zu ihm … einen Priester finden …«

»Wir können nicht zurück! Paul und ich haben die Unholde gefesselt im Haus zurückgelassen – zurückzukehren wäre auch unser Tod!«, hielt Jakoba sie auf. »Ich habe in Mestre einen Brief an Ser Maffio geschrieben und ihn gebeten, Arnold zur letzten Ruhe betten zu lassen.«

Mona kniff die Augen zusammen, ihre Lippen bebten. Zwischen ihren Lidern glitzerten die Tränen. »Das wird er sicher tun, er ist … Arnold ein guter Freund gewesen.«

Die Gefährtin wirkte so schwach, dass Jakoba ihr keine Fragen zumuten mochte. »Wir müssen weiter«, sagte sie daher nur. »Aber vorher sollten wir deine Wunden versorgen. Die Verbände wechseln …«

Mona drehte den Kopf weg. »Lass mich … Ich hätte statt seiner … sterben sollen. Ich bin doch schon halb … tot. Das ist die Strafe für meine Sünde, unsere … Sünde.« Ein kehliger Laut entrang sich ihrer Kehle. »Ich wünschte, ich wäre tot.«

Ihre Worte taten Jakoba weh, doch sie musste sich zusammenreißen. »Sag das nicht!«, redete sie Mona ins Gewissen. »Arnold hätte alles für dich getan. Er hätte nicht gewollt, dass du dich aufgibst. Bitte, lass mich nach deinen Wunden sehen und dir etwas gegen die Schmerzen geben!«

Matt ließ Mona sie gewähren. Als sie weiterfuhren, war sie

bereits wieder weggedämmert. Doch auch Jakoba und Paul hatten für die zauberhafte Frühlingslandschaft mit dem blühenden Sumpfland, den weiten Flüssen und den üppig sprießenden Feldern keinen Blick, ebenso wenig wie für die Berge, die sich hellgrau und schneebedeckt am Horizont abzeichneten. Im Gegenteil: Jedes Wegstück, jede Brücke und jeder Berg waren Hindernisse, die überwunden werden mussten. Bei jedem Reiter, der sie überholte, zuckten sie zusammen. Sie hätten sich gerne einem Handelszug angeschlossen, aber seit sie angehalten hatten, um Mona zu versorgen, war keiner mehr in Sicht gekommen. Sie wollten nur noch eins: so viel Entfernung zwischen sich und Venedig bringen, wie es an diesem Tag möglich war.

Gegen Abend entdeckten sie ein Gehöft, in dessen Nähe zwischen Äckern, Wiesen und Wald einige Frachtwagen standen und Pferde weideten; es sah wie ein Nachtlager aus. Sie baten den Bauern, ebenfalls auf seinem Land rasten zu dürfen, und gegen Bezahlung erlaubte er es ihnen. Jakoba holte ein paar Münzen aus Arnolds Börse und kaufte auch noch Eier, Gemüse und Getreide.

Der Bauer versuchte, sie auszufragen. Woher sie kämen und was ihr Ziel sei. Wieso sie ohne Mann unterwegs seien. Ob sie keine Angst hätte, allein mit ihrem Knecht. Wieder erzählte sie, dass ihr Gatte nachkommen würde, und auch dieses Mal hatte sie den Eindruck, der Bauer glaubte ihr nicht. Kaum konnte sie ihn abwimmeln.

Monas Brandwunden nässten nicht mehr so stark, schmerzten aber sehr, was Mona nicht zugeben wollte, Jakoba ihr aber ansah.

»Wo fahren wir … hin?«

»Nach Paris. Bevor Arnold starb, bat er mich …«, Jakoba senkte die Stimme, als fürchtete sie, der Bauer könnte lauschen, »etwas nach Paris zu bringen. Zu Roger.«

Monas Augen wurden groß. »Was genau hat er … gesagt?«

Jakoba fasste Arnolds letzte Worte zusammen. Mona überlegte. Dann sagte sie beinahe tonlos: »Er muss etwas … mitgebracht haben von seiner letzten Reise. Es muss etwas vorgefallen sein, von dem ich nichts weiß. Danach also haben die Männer gesucht.«

»Aber warum haben sie ihn als Verräter beschimpft?«

Monas Blick driftete ab.

Jakoba suchte den Affenkäfig, der verwaist unter der Bank lag. Nur Deckel und Boden waren dick genug, dass man etwas darin verstecken könnte. »Wollen wir den Käfig öffnen? Nachsehen, um was es sich handelt?«

»Nein!« Mona bäumte sich auf. »Nein! Arnold wollte nicht … Er wollte nicht …« Sie zitterte vor Erregung.

»Schon gut – ich werde ihn nicht anrühren!«, versprach Jakoba, um sie zu beruhigen. »Aber Roger – wie sollen wir ihn in Paris finden?«

»Früher einmal hat er bei einer Familie d'Obazine auf der Rive Droite in der Nähe der Stadtmauer gewohnt …«, sagte Mona, als wäre sie gar nicht mehr wirklich da.

In diesem Augenblick brachte Paul ihr eine Schale Haferbrei. Jakoba versuchte, Mona damit zu füttern, aber die Frau des Medicus wollte nicht essen. Auch zum Trinken musste sie überredet werden.

Als Mona wieder schlief, saßen Paul und Jakoba am Lagerfeuer. Jakoba untersuchte Pauls Armwunde noch einmal, obgleich er versicherte, dass es nur ein Kratzer sei. Tatsächlich war es ein glatter Einstich, der sicher gut heilen würde. Trotz der Trauer und des Schocks kamen sie langsam zum Reden. Gemeinsam rekonstruierten sie die schrecklichen Ereignisse. Paul erzählte, wie er die Einbrecher an der Tür gehört hatte und nach oben geflüchtet war. Er hatte Jakobas Tür abgeschlossen und sich in der Küchennische versteckt. Kurz hatte er gefürchtet, entdeckt zu werden. Kaum waren die Männer außer Sicht, hatte er Jako-

bas Tür wieder geöffnet und war auf den Dachboden geflüchtet –
den Rest wisse sie ja.

»Du hast sehr klug und vorausschauend gehandelt«, lobte Jakoba ihn, was ihn sichtlich freute.

Paul stocherte in der Glut. »Der arme Meister Arnold. Was haben die Männer nur von ihm gewollt? Und Sasa! Wie kann man einem unschuldigen Tier nur so etwas antun?«

»Ich weiß es auch nicht. Ich weiß nur, dass Arnold uns nach Paris geschickt hat.«

»Zu Herrn Roger, dem Ritter.« Seinem Tonfall nach schien Arnolds Ziehsohn auch auf ihn Eindruck gemacht zu haben.

»Ihm werde ich Arnolds Nachlass geben, so wie ich es versprochen habe.« Niedergeschlagen erhob sie sich, um im Wagen die Habseligkeiten zu sichten. Sie hatten Arnolds Medizin, einen kleinen Vorrat Theriak, seine Papiere und Monas Elfenbeinkästchen, dazu ihre Kleider und Pauls neuen Anzug. Anschließend rieb sie sich ihre Rippen, auf denen sich die Prellungen bereits blau färbten, mit Heilöl ein. Dann zählte sie Arnolds Geld. Jakoba versuchte sich zu erinnern, was sie für Gasthöfe, Geleit und Wegzoll bezahlt hatten, und ahnte, dass sie damit nicht weit kommen würden.

Selbstmitleid wallte in ihr auf. Was hatte Gott mit ihr vor, dass er sie immer wieder an den Rand des Abgrunds trieb? Ihr kam es vor, als sei es dieser eine jugendliche Fehltritt gewesen, der sie auf die falsche Bahn gebracht hatte. Danach hatte sie nur immer wieder Kummer erlebt. Aber stimmte das wirklich? War nicht die Zeit mit ihrem Sohn Willekin schön gewesen? Wenn sie an diesen einen Tag am Fluss dachte – würde sie nicht ihr Leben geben, um wieder mit ihm zusammen zu sein? Der himmlische Gesang im Kloster, Schwester Walburgas Güte und Wissen – all das hatte sie geschätzt. Und letztlich war ihre Reise mit Meister Arnold und Mona trotz allen Elends, das sie gesehen hatten, auch wunderbar gewesen. Wie viel hatte sie gelernt, wie viel

Freude hatte sie erfahren! Und wie viel Glück hatte sie gehabt! Sie lebte, ihr Körper war weitgehend unversehrt.

Gerade wollte Jakoba aus dem Wagen steigen, um auch Paul etwas aufzumuntern, als sie ihn reden hörte. Sie erstarrte – mit wem sprach er? Hatten die Mordbuben sie gefunden? Leise schob sie Meister Arnolds Schwert in die Nähe der Wagentreppe, dann ging sie hinaus.

Paul saß mit einem Mann am Lagerfeuer und unterhielt sich. Er wirkte nicht besorgt, im Gegenteil, er lächelte ein wenig. Der Fremde erhob sich von der Kiste, die Paul aufgestellt hatte, als Jakoba in den Schein des Lagerfeuers trat. Mittelgroß und drahtig, mit dunklen Augen, spitzer Nase und leicht abstehenden Ohren hatte er etwas von einem Frettchen. Seine Kleidung verriet den Kaufmann. Jakoba versuchte, ihn einzuschätzen, und fand ihn harmlos. Aber konnte sie dem Äußeren trauen?

»Da ist ja die liebreizende Schwester! Mit Eurem Bruder habe ich schon etwas geplaudert«, begrüßte er sie.

Was hatte Paul ihm erzählt? Verlegen verzog ihr Reisegefährte das Gesicht – offenbar war ihm keine andere Erklärung eingefallen, warum sie ohne männliche Begleitung unterwegs waren.

Die Mutmaßungen des Fremden über ihr Verwandtschaftsverhältnis kommentierte sie nicht. »Guten Abend. Ihr seid Kaufmann, nehme ich an? Auf dem Weg nach Venedig?«

»Ganz genau. Ich bringe Pelze und Honig aus dem Osten. Einen Teil meiner Ware habe ich schon vorausgeschickt – ist sicherer, wisst Ihr. Sollte ich überfallen werden, ist nicht alles auf einen Schlag verloren.« Er bot ihnen aus seinem Bierkrug an, woraufhin sie sich mit einer Schale Eintopf revanchierten, die er sogleich weglöffelte. »Meine Reise stand unter einem guten Stern. Und Ihr? Wohin des Wegs?«

Was hatten sie zu verlieren? Sie bat Paul um eine weitere Kiste und setzte sich darauf. »Wir warten auf meinen Gatten und werden dann gemeinsam zu Verwandten nach Paris fahren. Mein

Ehemann hat mir nicht viel darüber verraten – vermutlich wollte er mich nicht verschrecken –, aber das scheint ja eine sehr weite Reise zu sein.« Jakoba wunderte sich selbst, wie leicht ihr diese Lüge über die Lippen kam. Vielleicht half auch das Bier, das stark und schwer war und ihr schon zu Kopf stieg.

»Und da hat er recht dran getan! Ich begreife nicht, wie ein verantwortungsvoller Mann seiner Frau so etwas zumuten kann!«

Jakoba tat pikiert. »Wollt Ihr meinen Gatten etwa beleidigen?«

Der Fremde hob beschwichtigend die Hände. »Davon kann natürlich keine Rede sein!«

»Ist Paris denn wirklich so weit entfernt?«

»Zwei Monate braucht Ihr mit dem Wagen sicher, wahrscheinlich mehr. Unzählige Berge, Flüsse, Grenzpunkte und wilde Wälder warten auf Euch, von Räubern ganz zu schweigen.«

Er nahm einen Stecken vom Feuerholz und zeichnete einige Umrisse in den Sand. Die Berge markierte er durch Zacken. Der Punkt für Venedig lag unten rechts unter der Bergkette, der Punkt für Paris ganz oben links.

Die Entfernung erschien Jakoba sehr groß. Zwei Monate, allein und ohne Schutz, nur mit Paul? Die Aussicht ließ sie beinahe verzagen. Dennoch sagte sie: »Wir müssen aber nun einmal nach Paris. Ich hoffe nur, dass mein Gatte den richtigen Weg weiß. Ein so erfahrener Herr wie Ihr kennt die Straßen dieser Lande sicher ganz genau.«

Er schien sich geschmeichelt zu fühlen. »Am besten fahrt Ihr nach Venedig. Einer der Handelskonvois segelt ab Venedig auch gen Flandern. Der nächste wird im Herbst ablegen.«

Paul warf ein paar Äste ins Feuer. »So lange können wir nicht warten.«

»Es gibt Kaufleute aus Frankreich, die von Mailand mit dem Flussschiff kommen«, bot der Kaufmann eine Alternative an.

»Das hört sich gut an«, fand Jakoba. »Das hat mein Gatte vielleicht auch im Sinn.«

»Ist nicht billig. Da sind dann auch Berge. Und von der Grenze aus müsst Ihr einige Wochen durch Frankreich.«

Um die Berge würden sie also nicht herumkommen. Außerdem war ihr Französisch noch nicht gut genug, um in Frankreich die Kranken so zu behandeln, dass diese sie willig bezahlen würden. »Ich habe gar keine Vorstellung von dem Weg. Könnten wir nicht auch länger durch das Reich fahren?«, fragte sie naiv.

»Natürlich könnt Ihr die Reschenstraße nehmen, auch Augsburgerstraße genannt, oder, wie die Venezianer sagen: den *Caminum Uspurgi*«, antwortete er und hielt ihr den Trinkschlauch hin. »Trinkt noch ein Schlückchen Bier!«

»Nein, danke.«

»Wollt Ihr mich beleidigen? Schmeckt es Euch etwa nicht?«, fragte der Kaufmann entrüstet.

Jakoba war dankbar, dass er ihnen so bereitwillig weitergeholfen hatte, und wollte ihn nicht erzürnen. »Nun gut, aber nur einen kleinen Schluck«, willigte sie ein. Kräftig schenkte der Mann ihr und Paul nach.

In der Nacht plagten Jakoba Albträume. Sie träumte, dass sie verfolgt und in die Enge getrieben wurde. Wenn sie dann aufschreckte, raste ihr Herz, und sie brauchte lange, um wieder einzuschlafen. Als sie schon glaubte, dass es jeden Moment dämmern müsse, schlief sie noch einmal fest ein. Sie erwachte, weil sie ein metallisches Klappern hörte. Kurz hoffte sie, dass auch Arnolds Tod ein Albtraum gewesen war. Dass er draußen auf sie wartete und in der Pfanne ihre erste Mahlzeit brutzelte, wie er es so oft getan hatte. Aber dann hörte sie Monas schweren Atem neben sich und wusste, dass der Medicus wirklich ermordet worden war. Sie spähte hinaus. Am Horizont zeigte sich ein schmales orangefarbenes Band. Die ersten Kaufleute nutzten die Morgendämmerung, um aufzubrechen. Jakoba musste sich dringend erleichtern, aber wo sollte sie hin? Einen Nachttopf hatte sie nicht. So stieg sie über Paul hinweg und lief zum Wäldchen. Hinter ein paar Büschen hockte sie sich hin.

Als sie wieder zurückgehen wollte, vernahm sie ein Knacksen hinter sich und fuhr herum.

Grinsend stakste der fremde Kaufmann durchs Unterholz. »Auch so früh hier? Dein Bruder schläft ja noch tief und fest. Ist das Bier wohl nicht gewöhnt!«

Was duzte er sie auf einmal? »Ich werde Paul mal wecken. Wir müssen los. Gehabt Euch wohl.« Jakoba wollte einen Bogen um ihn schlagen, aber er trat ihr immer wieder in den Weg. Allmählich bekam sie es mit der Angst zu tun.

»Nicht so eilig.« Der Mann packte ihr Handgelenk und zog sie an sich. »Das hat dein Gatte nun davon, dass er dich so lange allein lässt …« Schon spürte sie seinen schalen Atem auf ihrem Gesicht.

»Lasst sie los, aber sofort!« Paul stand in geringer Entfernung am Waldrand. Breitbeinig, Arnolds Schwert erhoben.

Dem Fremden verging das Grinsen. »Noch ein Milchbart und schon so ein großes Schwert.«

»Ich bin kräftig genug, um Euch damit schwer zu verletzen! Sofort loslassen, sagte ich!«

Endlich ließ der Griff des Mannes nach. Jakoba eilte zu Paul, der sie an der Hand nahm und hinter sich zog. »Wenn ich Euch noch mal in ihrer Nähe sehe, bringe ich Euch um.«

Leise dankte Jakoba ihrem Gefährten. Sie war erleichtert und auch stolz auf Paul, gleichzeitig war sie verwundert, wie schnell er sich zum Mann entwickelte. Zu oft vergaß sie, dass Paul längst in einem Alter war, in dem andere schon eine Familie gründeten.

Sie packten eilig den Wagen und fuhren los. Keiner von ihnen wollte in dieser Gesellschaft das Morgenmahl einnehmen und eine weitere Auseinandersetzung riskieren. Nach einem kurzen Wegstück bat sie Paul, einen etwas abgelegenen Platz für einen kurzen Halt zu suchen.

»Ich denke, wir wollen uns beeilen?«, wandte er ein.

»Was ich vorhabe, dauert nicht lange.« Er fuhr hinter einen Knick an den Rand eines Sumpfgebiets. »Leihst du mir deinen Pagenanzug? Und dein Messer?«, fragte sie Paul, während sie den Rock raffte und nach hinten kletterte. Seine Zustimmung kam zögerlich, was sie gut verstand, denn noch nie hatte er so etwas Kostbares besessen wie dieses Messer.

Jakoba nestelte an den Bändern ihres Kleides, doch diese hatten sich verknotet. Unbeherrscht riss sie sich das Kleid herunter. Sie wollte nicht länger falschen Anschuldigungen und Belästigungen ausgesetzt sein.

»Ich höre Reiter!« Paul klang nervös.

Jakobas Herz tat einen Sprung. Sie suchte Arnolds Schwert und reichte es nach vorne. Als Paul es entgegennahm, zuckte sein Blick in den Ausschnitt ihres Leibhemds. »Verzeiht!«, sagte er schnell.

Jakoba schlüpfte in Hose und Wams, die ihr etwas zu groß waren. An ihrer Brust trug das Wams deutlich auf. Sie nahm ein Zierkissen und stopfte es am Bauch aus – nun fiel es nicht mehr so sehr auf. Paul war schlank, aber auf ihren runden Hüften saßen die Beinlinge zu eng. Man sah deutlich, dass zwischen den Beinen nichts war. Kurzerhand rollte sie daher eines der kleinen Leinentücher und steckte es hinein. Sie teilte ihr Haar in zwei dicke Strähnen, hielt jede straff und säbelte sie auf Kinnhöhe ab. Dann griff sie hinaus zu den Rädern und verteilte etwas Dreckschmiere auf ihren Wangen. Jetzt brauchte sie nur noch eine Kappe, um ihre weichen Züge zu verschatten. Es blieb ihr nichts anderes übrig, als eine von Arnolds Gugeln zu nehmen. Sie roch noch ein wenig nach den Zypressennadeln, mit denen Mona die Kleidung auszuräuchern pflegte, damit sie angenehm duftete.

Jakoba drängte die Trauer weg, die sie zu übermannen drohte. Mit einem großen Schritt kletterte sie zu Paul auf den Sitz. Wie viel besser sie sich in Hosen bewegen konnte!

»Was ist mit den Reitern?«, fragte sie angespannt.

»Ich glaube, die sind vorbeigeprescht.« Paul sah sie verdattert an. »Eure schönen Haare«, sagte er bedauernd.

»Falls dich jemand fragt: Ich bin Jakob, dein Herr.«

Weiterhin folgten sie dem Heerweg in Richtung Berge. Angesichts der ausgefahrenen Straße konnte es so falsch nicht sein. Nach einigen Meilen tauchte vor ihnen ein langsamer und von Reitern begleiteter Handelskonvoi auf. Paul trieb die Pferde an, bis sie das Ende der Kolonne erreichten. Der Reiter, der hinter dem letzten Wagen ritt, kam zu ihnen. Er hatte ein junges, rundliches Gesicht, das nass glänzte, trug einen verbeulten Helm und ein kurzes Kettenhemd. An seiner Seite baumelte ein Schwert in einer abgewetzten Scheide, am Sattel hielt er die Fahne mit dem Löwen, die zeigte, dass er im Auftrag Venedigs unterwegs war.

»Ihr scheint es eilig zu haben. Wollt Ihr überholen?«, fragte der Schutzreiter.

Jakoba räusperte sich und versuchte, ihrer Stimme einen dunkleren Klang zu geben. »Wir möchten uns Euch anschließen.«

»Dann zeigt Euren Geleitsbrief.«

»Wir haben keinen«, sagte Jakoba. »Wohin fährt dieser Handelszug?«

Er zog den Helm ab. Mit dem Handschuh wischte er den Schweiß ab. »Wir bringen die Händler bis zum Reschenpass, die meisten Kaufleute fahren dann nach Augsburg oder Flandern weiter.« Der Reiter musterte sie und versuchte dann, an ihnen vorbei in den Kobelwagen zu spähen. »Was transportiert Ihr?«

»Heilkräuter.«

Er ritt um den Wagen herum. »Da liegt jemand«, konstatierte er.

Niemand würde ihr glauben, dass Mona mit ihr verwandt war, zu dunkel waren Monas Haut und Augen. »Die Magd unserer Familie. Sie ist krank.«

Seine Lippen schürzten sich ein wenig und enthüllten mehrere Zahnlücken. »Hat sie etwa eine Seuche?«

»Nein«, eilte Jakoba sich zu versichern. »Sie hatte einen Unfall. Ich bin Heiler und versorge sie. Wir würden uns Euch gerne anschließen. Wir werden für den Geleitsbrief bezahlen.«

Der Schutzreiter schob seine Zunge in eine Zahnlücke, und seine Wange beulte sich aus, während er seine Gedanken abwog. »Das muss der Hauptmann entscheiden«, sagte er schließlich. Er prüfte, ob in der Umgebung Gefahr drohen könnte. Als niemand in Sicht war, ritt er an die Spitze des Konvois. Einige Augenblicke später kam er zurück. »Wir machen demnächst in Treviso halt, da könnt Ihr die Formalitäten erledigen«, sagte er zu Jakoba und ließ sich hinter ihren Wagen zurückfallen.

Zwischen Flüssen und Weinbergen lag Treviso, eine kleine Stadt mit erstaunlich prächtigen Häusern. Sie rasteten an einem Gasthof. Die Männer ließen die Pferde saufen. Jakoba wurde in die Taverne zu einem grobschlächtigen Kerl mit Pockennarben geführt, der sein Schwert neben dem Weinkrug auf dem Tisch platziert hatte. Ein hagerer Kaufmann redete auf ihn ein. Im Näherkommen erkannte Jakoba einen gelben Stoffring auf seinem Gewand, der ihn als Juden auswies.

Der Kaufmann war hager, hatte eine hohe Stirn und einen wachen Blick. »Aber Ser Zanzio, das kann doch nicht Euer Ernst sein! Jetzt schon wieder rasten – so komme ich nie rechtzeitig nach Augsburg! Meine Waren werden dort dringend erwartet! Wann reisen wir weiter?«

Ungerührt bestellte Ser Zanzio bei einer Magd eine Mahlzeit.

»Ihr wollt doch nicht jetzt schon wieder etwas essen? Wie lange das dauert! Ich bezahle doch nicht dieses Geleit, um zu spät in …«

»Bringt auch Brot, aber reichlich!«, rief der Geleitsführer der Magd hinterher. Sichtlich genervt wandte er sich dem Kaufmann zu. »Meister Lämmlin, Ihr bezahlt dieses Geleit, um *sicher* wo auch immer anzu…«

»In Augsburg.«

Eine Schale mit Brot wurde auf den Tisch gestellt. Ser Zanzio riss ein Stück ab und stopfte es in sich hinein. Schmatzend sagte er: »Interessiert mich nicht, aus welchem Kaff Ihr kommt. Unterbrecht mich gefälligst nicht, sonst könnt Ihr auf den nächsten Geleitzug warten. Ich lasse mich von niemandem drängen, schon gar nicht von Euch. Ihr und die anderen bezahlt dieses Geleit, um nicht von feindlichen Reitern nach Padua oder Verona umgeleitet zu werden, wo Ihr gezwungen wäret, Eure Waren feilzuhalten. Und damit ich Euch und die anderen sicher zum Pass bringen kann, muss ich essen, verstanden? Also verschwindet, und haltet mich nicht noch länger auf – sonst kommen wir nie nach Bassano!« Seine Worte schienen zu fruchten, denn der Kaufmann senkte das Haupt und zog sich grollend zurück. Jetzt kam ein Teller mit Braten und dicker Soße, die Ser Zanzio sogleich mit dem Brot auftunkte.

»Das ist der Nachzügler«, stellte der Schutzreiter Jakoba vor und zog sich wieder zurück.

»Ihr wollt einen Geleitsbrief? Von Mestre bis zum Reschenpass wird eine halbe Zecchine fällig.«

Jakoba schluckte. Sie hatte nur eine dieser Goldmünzen in Arnolds Börse gefunden. »Wir sind aber doch schon beinahe in Treviso …«, wagte sie einzuwenden.

Ser Zanzio knallte den Knauf des Messers, mit dem er gerade sein Fleisch zerteilt hatte, auf den Tisch. »Wollt Ihr etwa handeln? Ihr könnt gerne warten. Spätestens morgen kommt einer meiner Kollegen. Aber der wird Euch auch nichts anderes sagen. Bleibt ruhig hier – noch einen Quälgeist kann ich ohnehin nicht gebrauchen.«

Sie kramte die Goldmünze aus dem Beutel und reichte sie dem Mann. Prüfend biss er darauf, dann steckte er die Münze ein. »Ihr habt eine Kranke im Wagen, habe ich gehört. Ich will sie sehen, bevor ich meine Entscheidung fälle.«

Ser Zanzio widmete sich nun ganz seinem Essen, und Jakoba wusste, dass sie entlassen war. Sie wagte nicht, nach ihrem Wechselgeld zu fragen.

Sie fand Paul am Fluss, wo er die Pferde tränkte und sich mit dem Schutzreiter unterhielt.

Pauls Blick flackerte über die Neuankömmlinge, denn zahlreiche Wagen und Reiter rasteten hier. »Und, dürfen wir mit? Die Schutzreiter sind allesamt gut bewaffnet, das bestätigt auch Vidal.« Der junge Schutzreiter nickte Jakoba zu.

»Der Hauptmann will Mona sehen, bevor er sich entscheidet«, sagte Jakoba und kletterte behände auf den Wagen. Mona gab vor zu schlafen, aber Jakoba wusste, dass sie wach war; der seelische Zustand der Freundin gab ihr mehr Anlass zur Sorge als der körperliche.

»Willst du nicht einen Augenblick mit hinauskommen? Die frische Luft und die Sonne werden dir guttun«, sagte Jakoba.

Mona starrte das Wachstuch an. Ihr Blick war klar, jegliche Betäubung war von ihr gewichen.

»Komm mit hinaus, ich bitte dich«, versuchte Jakoba es noch einmal, doch Mona schüttelte den Kopf. Wenn Ser Zanzio sie so liegen sah, würde er nie und nimmer glauben, dass Mona keine tödliche Seuche in sich trug. »Der Hauptmann dieses Geleits will dich sehen. Er fürchtet, du könntest die anderen anstecken. Wir können nicht allein fahren, das wäre zu gefährlich.«

Mona sah sie an. Jetzt erst fiel ihr auf, wie sehr Jakoba sich verändert hatte. »Das ist Arnolds Gugel«, sagte sie niedergeschlagen.

Schnell zog Jakoba die Kopfbedeckung ab; sie fühlte sich ertappt, dabei versuchte sie doch nur, unauffälliger zu reisen.

Die Freundin wollte die Hand ausstrecken, die Bewegung brach jedoch ab. »Deine Haare …«

»Ohne männliche Begleitung werden wir es nie bis nach Paris schaffen. Vielleicht lassen sie mich ja als Mann durchgehen«, sagte Jakoba und zwang sich zu einem Lächeln. Gleichzeitig spürte sie, wie die Schwere ihrer Lage sie niederzudrücken drohte. Zur Gesundung war es nötig, ein heiteres Gemüt zu haben, aber sie wusste beim besten Willen nicht, wie sie Mona aufmuntern sollte. »Bitte, hilf uns … tu es für Arnold.«

Endlich ließ Mona sich aufhelfen. Sie setzte sich auf die Wagenbank. Jakoba richtete Monas Kleid und Haare. Gerade entfernte sie das Deckenlager vom Wagenboden, als Ser Zanzio am Wagenende auftauchte.

»Sie soll rauskommen«, sagte der Geleitsführer schroff.

Mona war so wackelig auf den Beinen, dass Jakoba ihr hinaushelfen musste. Ser Zanzio musterte sie. Trotz ihrer Bemühungen wirkten Monas Haare fettig, ihr Gesicht war aufgequollen, die Augen waren rot unterlaufen, und ihr Kleid war fleckig. Und das, wo die Freundin doch sonst so sehr auf ihr Äußeres achtete! Es war eine erniedrigende Situation, und Jakoba spürte, wie sehr Mona unter den prüfenden Blicken litt.

Ser Zanzio klopfte sich mit der Faust auf die Brust und stieß sauer auf. »Eine Sklavin, wie? Ihr hättet Euch in Venedig eine neue zulegen sollen – die hier macht's nicht mehr lange«, sagte er kalt.

Ärger wallte in Jakoba auf, und die Hitze stieg ihr in die Wangen, aber sie beherrschte ihre Zunge. »Mona ist unsere treue Dienerin. Sie hat sich beim Kochen die Hände verbrannt.«

»Rührseliges Gewäsch. Wenn ihr sie mitschleppt, müsst ihr am Ende noch für das Begräbnis aufkommen! Aber meine Sorge soll's nicht sein.«

Da sah Mona auf. Schleppend sagte sie: »Ich kenne Euch. Oft bin ich mit meinem verstorbenen Mann, dem Medicus Arnold, auf dieser Strecke unterwegs gewesen.«

Lange ruhte der Blick des Hauptmanns auf ihr, als könnte

er es kaum glauben. Dann gab er der Wache einen Wink und schickte sich zum Gehen an. »Stell ihm den Geleitsbrief aus.«

Ihr Herz schlug laut, trotzdem hob Jakoba noch einmal die Stimme: »Und mein Wechselgeld? Eine halbe Zecchine bekomme ich noch.«

Ser Zanzio ging weiter. Über die Schulter sagte er: »Die behalte ich, bis ich sicher sein kann, dass Ihr mir keinen Ärger macht.«

Sie trotteten langsam die Straße entlang. Vor ihnen rollte der Wagen des jüdischen Kaufmanns, ein altes, vollbeladenes Gefährt. Einige der Zugpferde taten sich schon jetzt schwer mit ihrer Last – wie sollte es erst werden, wenn sie in den Bergen waren? So würden sie Monate bis ins Reich brauchen! Andererseits konnte sie es nicht ändern.

Allmählich ließ Jakobas Anspannung etwas nach. Verkleidet und im Geleit fühlte sie sich sicherer. Selbst wenn sie von Reitern überholt wurden, wandte sie sich nicht mehr ab. Mona hatte sich wieder hingelegt. Jakoba wünschte, sie könnte sie trösten oder aufheitern, gleichzeitig wusste sie aber, dass es zu früh dafür war; der Verlust war noch zu frisch.

Sie selbst lenkte sich ab, indem sie darüber nachdachte, was sie in Venedig gelernt hatte. Baldino war mit ihr einmal das Theriak-Rezept des jüngeren Andromachus durchgegangen, aber konnte sie nun wirklich selbst diesen wirkmächtigen Trank herstellen? Sie brannte darauf, es auszuprobieren.

Da lenkte der Wagen vor ihnen ein Stück gen Wegrand, ein Zeichen, dass ihnen jemand entgegenkam. Jakoba erkannte den Reiter sofort, und ihr Herz setzte einen Schlag aus: Es war der massige Kerl, den Paul und sie auf dem Dachboden überwältigt und gefesselt hatten. Aber warum kam er aus Richtung der Berge? Es war zu spät, sich abzuwenden, also tat sie so, als konzentrierte sie sich auf den Weg. Fieberhaft überlegte sie, ob der Mann sie erkennen könnte. Eigentlich hatten sie ihn hinterrücks niedergeschlagen, und als Paul ihn gefesselt hatte, war er bewusstlos gewesen. Vermutlich hatte er nur eine vage Beschreibung durch seine Kumpane erhalten. Solange diese ihn nicht begleiteten, waren sie sicher.

Jakoba atmete auf, als sie sah, dass nur unbekannte Männer dem Mordbuben folgten. Paul grüßte höflich, aber er war blass geworden. Dann waren die Reiter vorbei. Jakoba konnte ihre Stimmen noch hören.

»Ich suche eine junge Frau, einen Jüngling und eine verletzte Alte. Sie müssen auf der Augsburgerstraße, auf dem Caminum Uspurgi, unterwegs sein«, sprach der Mordbube Vidal an.

Jakoba und Paul tauschten Blicke. Der aufdringliche Kaufmann vom Bauernhof musste sie verraten haben.

»Wir sind weit und schnell vorausgeritten, konnten sie aber nirgends entdecken.«

»Weshalb werden sie gesucht?«, wollte Vidal wissen.

»Die drei haben in Venedig …« Die Stimme ihres Verfolgers verklang, offenbar waren die Reiter ein Stück zurückgefallen.

In einem Anflug von Panik spielte Jakoba ihre Möglichkeiten durch. Sich mit ihrem einen Schwert verteidigen – gegen drei? Unmöglich. Mit dem Kobelwagen den Reitern entkommen? Aussichtslos. Auf Hilfe durch den Hauptmann hoffen? Die Wahrscheinlichkeit war hoch, dass er sie fallenlassen und ihr Geld behalten würde.

Doch sie hatten Glück, ihr Verfolger kam nicht zurück.

Am Abend bauten sie bei einem Gehöft eine Art Wagenburg. Die Wachen platzierten sich außen herum, während der Hauptmann ein Zelt in der Mitte errichten ließ. Dunkel ragten die Berge vor ihnen auf. Überall wurden Lagerfeuer entzündet, und es wurde gekocht. Als ihr Eintopf fertig war, kletterte sie auf den Wagen und versuchte, Mona herauszulocken. Die Freundin lag eingerollt zwischen Decken und Fellen, sodass Jakoba sie kaum sehen konnte.

»Komm doch zum Essen ans Feuer. Es ist eine klare Nacht. Man kann die Sterne über den Bergkuppen sehen«, sagte Jakoba sanft zu ihr. Die glockenhellen Töne einer Flöte drangen zu ihnen in den Wagen, draußen lachte jemand.

»Ich habe keinen Hunger.«

Jakoba fühlte sich hilflos – sie konnte ihre Freundin doch nicht zum Essen zwingen! Zu trauern war eines, aber sich aufgeben, das war etwas ganz anderes. »Erzähl mir von Arnold. Wie war er, als du ihn kennenlerntest?«

Die Decken bewegten sich etwas. »Ein stattlicher Ritter, das war er, mein Arnold …«

»Ein Ritter?«, wunderte sich Jakoba. »Das erklärt natürlich, warum er so gut mit dem Schwert umgehen konnte. Aber wie ist er zum Medicus geworden?«

»Er liebte das Ritterleben nicht, aber seine Eltern hatten es ihm so bestimmt.«

Ein Schatten zog über Jakobas Gemüt. »Wir müssen seiner Familie mitteilen, was Arnold zugestoßen ist. Weißt du, wo wir sie finden? An wen wir schreiben können?«

Monas Kopf lugte nun heraus. »Du fragtest, wie er Medicus geworden ist. Es gab einen Wundarzt, der ihn und seine Kampfgefährten versorgte. Arnold half ihm und verbrachte bald mehr Zeit im Krankensaal als bei seinen Kampfübungen. Der Arzt war ein kundiger Mann, der die Schriften der berühmten arabischen und jüdischen Ärzte studiert hatte …«

Jakoba wunderte sich darüber, dass Mona ihre Frage einfach übergangen hatte, aber sie wollte sie nicht unnötig aus dem Redefluss bringen. Sie rief nach Paul und bat ihn, eine Schale Eintopf hereinzureichen. Da Monas Hände noch immer verbunden waren, half sie ihr mit dem Essen, doch schon nach ein paar Löffeln hatte die Freundin genug.

»Können wir eine Kirche aufsuchen? Ich möchte für Arnold beten.«

Dass sie daran nicht früher gedacht hatte! »Natürlich, gleich morgen werden wir in ein Gotteshaus gehen!«, versprach Jakoba.

Draußen begann jemand zu singen. Mona wollte sich schon wieder hinlegen, aber Jakoba bestand darauf, ihr den täglichen Löffel Theriak-Essenz zu geben und sie zu untersuchen. Die Brandwunden sahen schon viel besser aus. Als sie aber den Kräuterumschlag von der Geschwulst entfernte, stieg Freude in ihr auf – sie war eindeutig kleiner geworden!

Jakoba umfasste Monas Schultern und sah ihr in die Augen. »Du wirst wieder gesund!«

Mona nahm die gute Nachricht gleichgültig hin. »Gesund, wofür?«, fragte sie. »Ich habe das Einzige verloren, das mir etwas bedeutet hat.«

Sie hatten noch keine Gelegenheit gehabt, ausführlich über den Überfall zu sprechen, und eigentlich wollte sie die Erinnerung daran nicht wieder aufwühlen, aber es gab so vieles, was Jakoba nicht verstand. »Hast du denn wirklich keine Ahnung, was die Unholde gesucht haben? Hast du vielleicht einen der Männer erkannt? Woher kamen sie? Wieso sprachen sie deutsch? Hat Arnold dir erzählt, wen er aufgesucht und wen er auf seiner letzten Reise getroffen hat?«, sprudelte sie heraus. »Was verbirgt sich in dem ...« Sie wagte nicht, es auszusprechen. »Und warum sollen wir es zu Roger bringen?«

Mona deckte sich schwerfällig wieder zu. »Ich habe dir doch schon gesagt, dass es Dinge gibt, auf die eine Frau keine Antwort bekommt. Das ist so ein Fall. Arnold hat auch mit mir nicht über alles gesprochen – zu meiner eigenen Sicherheit, sagte er. Und jetzt ist er tot. Nichts ist mir mehr geblieben.«

»Doch. Arnolds Ring, wenigstens das.« Jakoba holte ihn hervor und legte ihn Mona in die Hand. »Ich hätte ihn beinahe vergessen.«

Mona umschloss den Ring einige Atemzüge in ihrer Faust, als könne sie Arnold dadurch spüren. Dann wollte sie ihn anstecken. Er war so groß, dass er nur auf ihren Zeigefinger passte.

»Was bedeutet die Gravur?«, wollte Jakoba wissen. Sie hatte Arnold nie danach gefragt. Es war eine der vielen Fragen, die sie ihm zu stellen verpasst hatte.

»Er soll gegen Krankheiten schützen. Die Inschrift besagt: *Du mögest Glück bringen, Glück für mich.* Diese Magie hat wohl bei meinem Liebsten nicht gewirkt«, sagte Mona matt. Schon war ihr Kopf wieder unter der Decke verschwunden.

Jakoba verließ enttäuscht den Wagen. Überall hatten sich gesellige Runden gebildet. Männer schlenderten von einem Wagen zum anderen, um zu plaudern, Kegel zu werfen oder zu würfeln. Paul unterhielt sich mit Vidal.

Der junge Schutzreiter prahlte gerade lautstark mit den guten Verdienstmöglichkeiten, die seine Arbeit bot: »Die kostbaren Waren, die täglich hier herumtransportiert werden, locken Räuber an. Ihren Schutz lassen sich die Kaufleute was kosten. Aber man muss natürlich auch was vorzuweisen haben. Als Erstes spare ich für ein besseres Pferd, dann für eine schmucke Rüstung – das macht übrigens auch bei den Mädchen etwas her …«

Der jüdische Kaufmann, der an seinem Wagen werkelte, und Jakoba waren allein.

Am Morgen passierten sie Bassano. An einen Kirchgang war jedoch nicht zu denken. Die Schutzritter waren nervös und erhöhten das Tempo, denn da Venedig im Dauerstreit mit Festlandsstädten wie Verona oder Genua steckte, kam es auf dieser Strecke häufig zu Überfällen, das zumindest hatte Vidal gestern Paul erzählt.

Dicht hingen die Wolken über den Tälern, von den Gipfeln war nichts mehr zu sehen. Zu der Steigung gesellte sich Regen.

Tropfnass saßen sie bald auf dem Kutschbock, vor allem aber verwandelte sich die Straße in ein Matschbett, auf dem Ross und Räder wegrutschten. Als es in einer Kurve besonders eng und abschüssig wurde, geriet auch der Wagen vor ihnen ins Rutschen. Angstvoll wieherten die Pferde, aber unaufhaltsam glitt das Gefährt auf den Abhang zu.

Der Knecht des jüdischen Kaufmanns lief herbei und versuchte, den Wagen zu stützen; auch Paul sprang ab. Schon neigte sich die Handelslast gefährlich zur Seite. Vidal blies ins Horn, aber keiner der anderen Kaufleute reagierte. Jakoba sah, dass sich der Konvoi in einiger Entfernung weiterbewegte.

Noch einmal ertönte das Horn, aber auch diesmal hielt niemand an. Paul und der Knecht hatten den Wagen zum Stehen gebracht, aber die Gefahr war noch nicht gebannt. Tief sanken die Räder ins aufgeweichte Gras. Jakoba sprang ihnen bei, stemmte sich mit aller Kraft gegen das Holz. Sie musste eine andere Lösung finden.

»Ein Brett muss unter das Rad!«, presste der Knecht hervor.

Schon hatte Jakoba ein rechteckiges Holzstück aus dem Wagen gezerrt. »Hebt den Wagen mit an – ich schiebe es drunter!«, rief sie.

Hastig tauschten sie die Plätze. Da ging ein Ruck durch das Gefährt. Es rutschte weiter! Der Knecht schrie auf – ein Rad war auf seinen Fuß geglitten, die Radnaben bohrten sich in sein Schienbein.

Jetzt kam auch Vidal herbei und half – endlich hob sich der Wagen ein Stück. Der Fuß kam wieder frei, der Knecht hielt mit zusammengebissenen Zähnen die Stellung. Endlich schob Jakoba das Brett unter das Rad, und sie konnten den Wagen stabilisieren. Gemeinsam ruckten sie die Räder Stück für Stück aus der Böschung und auf die Straße zurück. Sie waren völlig nass, verdreckt und außer Atem. Vom restlichen Handelszug war nichts mehr zu sehen. Doch noch konnten sie nicht weiter, denn zunächst musste Jakoba das Schienbein des Knechtes verarzten, das aufgerissen und gequetscht war.

Als sie am Abend endlich in einem Wirtshaus in Grigno ankamen, war Jakobas Kleidung noch immer durchweicht, und ihre Muskeln brannten wie Feuer. Wie gerne hätte sie sich ein Bad gegönnt, doch dann hätte jeder gesehen, dass sie eine Frau war. Einfach die Kleidung zu tauschen war ebenfalls unmöglich – sie hatte nur diesen einen Anzug. Ihr Geld würde gerade noch für eine warme Mahlzeit reichen. Sie musste wohl oder übel mit dem Hauptmann sprechen.

Jakoba bat Paul, schon mal die Pferde unterzustellen und zu versorgen. Dann ging sie ins Gasthaus, das groß und gut besucht war. Die anderen Kaufleute ihres Handelszugs drängten sich in der Diele, um sich ein warmes Lager zu sichern. Der Wirt und eine Handvoll Schankweiber kümmerten sich bereits um sie. In der Gaststube war es warm und stickig. Vor dem Kamin dampfte die Kleidung der Reisenden. Viele hatten sich auch ihrer nassen Schuhe entledigt und sprachen dem Bier zu, die Gesichter waren bereits glühend rot. Wie stets, wenn er nicht gerade auf einem Pferd saß, war der Hauptmann beim Essen.

»Ser Zanzio, ich benötige das Wechselgeld«, sagte Jakoba formlos.

»Setzt Euch erst einmal, und spendiert mir einen Krug Bier. Wir haben zu reden.«

Was wollte er von ihr? Sie setzte sich, unterließ es aber, die Schankmagd herbeizurufen, was Zanzio für sie übernahm. Großzügig schenkte er sich von ihrem Bier ein. »Ich habe gesagt, dass ich das Geld einbehalten würde, bis ich sicher sein kann, dass Ihr keinen Ärger macht«, sagte er und nahm einen Schluck.

»Das habe ich nicht. Wir haben sogar geholfen, als …«

»Das habe ich gehört. Niemand sonst wollte dem Juden helfen, was? Aber Ihr dürft nicht vergessen, dass so eine Hilfe auch übel enden kann. Der Wagen rutscht weiter, reißt euch mit – so hat schon mancher Kaufmann nicht nur sein Hab und Gut verloren, sondern auch sein Leben.« Er rülpste.

Jakoba erhob sich angewidert. »Das Geld, mein Herr.«

Er grinste. »Ihr seid ein merkwürdiger junger Mann – Ihr habt ja noch gar nichts getrunken. Greift zu. Ist schließlich Euer Bier.« Lauernd betrachtete er sie. »Gestern hat sich jemand nach zwei Frauen und einem Jüngling erkundigt. Einer jungen Frau, einer alten, kranken und einem Halbwüchsigen, vielleicht so alt wie Euer Gehilfe.«

Ihr Herzschlag beschleunigte sich. Notgedrungen setzte sie sich wieder und nahm einen Schluck. »Die drei sind mir leider nicht begegnet«, sagte sie bemüht desinteressiert.

Noch einmal nahm er einen tiefen Zug. »Sollen in Venedig drei Männer lebensgefährlich verletzt und etwas gestohlen haben. Etwas Kostbares.«

»Das ist ja entsetzlich! Verbrecher gibt es wohl überall, die einem das Geld oder andere Dinge aus der Tasche ziehen.« Am liebsten hätte sie die letzten Worte zurückgenommen – musste sie ihn wirklich provozieren?

»So wie ich Euch das Geld aus der Tasche gezogen habe, meint Ihr? Ist das nicht ein bisschen undankbar?« Er furzte lange und laut.

Jakoba bemühte sich, seine Körperregungen medizinisch zu betrachten. Die viele Luft, die sein Körper entließ, deutete auf Verdauungsprobleme hin. »Undankbar wollte ich beim besten Willen nicht erscheinen. Es ist nur so, ich will ehrlich sein: Ich brauche das Geld. Ihr wisst, unsere Magd ist krank ...«

»Auch morgen wird überall Wegzoll fällig. Wenn Ihr nicht zahlen könnt, sorgt Ihr für Ärger und das bedeutet ...« Mundwinkel und Augenbrauen wanderten hoch, als sei er ganz unschuldig an ihrer Notlage.

Jakoba wusste auch so, was es bedeutete. Wutentbrannt ging sie in den Stall, wo Paul zwischen den anderen Knechten gerade die Pferde abbürstete. »Er rückt das Geld einfach nicht heraus!«, flüsterte sie. »Wir können uns keine Kammer leisten, nicht einmal eine Schale Suppe. Ich weiß nicht, wie ich …«

Jemand räusperte sich hinter ihr. Es war der jüdische Kaufmann. »Ich glaube, ich habe mich noch gar nicht für Eure beherzte Hilfe vorhin bedankt.«

»Nicht der Rede wert. Ich sehe gern nachher noch mal nach Eurem Knecht.«

»Ich finde schon, dass es der Rede wert ist. Mein Name ist Eljakim Lämmlin, Kaufmann aus Augsburg«, stellte er sich vor. Auch Jakoba tat der Höflichkeit genüge.

Eljakim ging ein Stück und strich mit der Hand über das polierte Holz ihres Kobelwagens. »Ein schöner Wagen, den Ihr da habt, beneidenswert gut in Schuss. Was transportiert Ihr?« Jakoba berichtete von den Kräutern, von Mona und ihrer Heilkunst.

»Benötigt ihr vielleicht Hilfe? Eine verrenkte Schulter, ein Zipperlein im Fuß – irgendwas?«, mischte sich Paul vorwitzig ein.

Eljakim lachte. »Das nicht. Außerdem haben wir in Augsburg ausgezeichnete jüdische Ärzte; bis zum Besuch bei ihnen würde ich jedes Zipperlein aushalten. Ihr braucht Geld?«, riet er richtig.

Jakoba gab es zu.

»Gibt es etwas, das Ihr entbehren könnt? Ich betreibe einen kleinen Handel und könnte Euch etwas abkaufen. So könnte ich mich auch gleich für Eure Hilfe erkenntlich zeigen.«

Jakoba besaß nichts mehr als den Ehering an ihrem Finger. Kurzentschlossen zog sie ihn ab, doch Eljakim wehrte ab. »Den kann ich nicht annehmen.«

Sie überlegte. Vielleicht wusste Mona Rat. Sie besprach sich mit der Freundin, doch Mona schien alles egal geworden zu sein. Wenn es doch irgendeinen Weg gäbe, die Freundin aus ihrer Lethargie zu befreien! Schweren Herzens hatte Jakoba sich gerade entschieden, ein chirurgisches Messer und ein Brenneisen aus Arnolds Medizinkiste zu verkaufen, als Mona die Korallenkette des Apothekers ins Spiel brachte; auf dieses unselige Geschenk könnte sie leicht verzichten.

Dieses Mal willigte der Kaufmann ein und bezahlte sie anständig.

Die Zimmer des Gasthofes waren jedoch bereits alle vergeben, sodass sie im feuchten Wagen schlafen mussten. Jakoba bereitete sich auf der Wagenbank ihr Lager, Paul würde unter dem Wagen schlafen, was ihm wenig auszumachen schien. Nachdem er stundenlang mit Vidal in der Schankstube verschwunden war, schlief er wie ein Stein, sodass sie ihn am Morgen wecken musste. Wenig später sah sie, wie er sich am Brunnen wusch und mit Vidal und den Mägden scherzte. Als Vidal ihren Blick auffing, gab sie sich beschäftigt. Sie hatte schon oft das Gefühl gehabt, dass der Schutzritter sie beobachtete.

Bei der Abfahrt regnete es wieder.

Die Handelsstraße führte durch ein Tal. An den Bergrücken zu beiden Seiten stürzte das Wasser weiß schäumend hinab und verschlammte die Wege zusätzlich. Paul sang leise ein Lied. Beiläufig sagte Jakoba zu ihm: »Du scheinst dich mit Vidal gut zu verstehen.«

»Er ist lustig. Es hilft mir nichts, wenn ich immer nur um Meister Arnold und Sasa trauere, so wie Madame Mona. Man darf sich nicht so hängen lassen. Es klingt blöd, aber das Leben geht weiter, für uns Lebende zumindest. Und tot will ich nun wirklich nicht sein.« Er warf verstohlen einen Blick über die Schulter. »Vidal kennt die Gasthöfe auf dieser Strecke in- und auswendig. Gestern haben uns die Mägde so manchen Krug Bier beschafft – ganz umsonst.« Ein stolzes Lächeln huschte über sein Gesicht.

Vor ihnen schlingerte der Wagen des jüdischen Kaufmanns wieder. Sie verlangsamten die Fahrt. Als sie wieder schneller anfahren wollten, drehten auch ihre Räder durch. »Ich mach das schon«, sagte Paul und reichte die Zügel weiter, um ihren Wagen anzuschieben. Die Pferde mühten sich, und schließlich ging es mit einem Ruck weiter. Paul sprang im Fahren auf, über und über mit Dreck bespritzt.

»Worüber redet ihr so, Vidal und du?«, hakte Jakoba nach einer Weile wieder ein.

Beinahe entrüstet sah er sie an: »Denkt Ihr, ich lasse mich ausfragen? So dumm bin ich nicht! Vidal erzählt von seinen Eltern, einfachen Handwerkern aus Mestre. Natürlich will er wissen, woher ich stamme, was wir so treiben, aber ich verrate nichts.«

Jakoba wusste, dass sie Paul vertrauen konnte. Aber der Hauptmann schien zu ahnen, dass mit ihnen etwas nicht stimmte, und so wie Vidal sie beobachtete, ahnte er es wohl ebenfalls. Da wurde sie unvermittelt aus ihren Gedanken gerissen. Holpernd fuhren sie über einen Stein, es krachte – ihr Wagen bekam Schlagseite.

»Oh nein!«, stöhnte Jakoba.

Schon waren Paul und sie abgesprungen. Seite an Seite stützten sie den Wagen auf der Seite. Immer weiter neigte er sich. Wie aus der Ferne hörte sie Vidals Horn. Ihre Arme zitterten vor Anstrengung, trotzdem versuchte sie, unter den Wagen zu spähen – eine der Achsen war gebrochen!

Endlich kamen Vidal und andere Männer heran und halfen ihnen. Woher sollten sie nur Werkzeug nehmen? Und Holz? Doch da preschte auch schon der Hauptmann heran und rief einige Sätze in die Runde. Tatsächlich konnte ein Kaufmann aus Straßburg ihnen aushelfen. Der Konvoi fuhr voraus, während Vidal und einige Knechte halfen, den Wagen zu reparieren.

Jakoba fasste beherzt mit an, ganz so wie es von ihr erwartet wurde. Als sie endlich weiterkonnten, tat ihr jeder Muskel weh, und ihre Hände waren zerkratzt und aufgesprungen.

Wie hatte sie je auf die Idee kommen können, sich als Mann

zu verkleiden? Was für ein schönes Leben hatte sie doch als Frau gehabt!

Spät stießen sie in Levico wieder zum Rest des Konvois. Bei der Rettungsaktion hatte Jakoba leichtsinnigerweise versprochen, alle Helfer zu einem Schluck einzuladen. Das musste sie jetzt auch tun, obgleich sie beinahe stehend einschlief. Sie wollte Mona mit in die Schankstube locken, doch diese weigerte sich, den Wagen zu verlassen. Vermutlich war es auch besser, wenn jemand auf Arnolds Habseligkeiten acht gab – und mit dem leeren Affenkäfig konnten sie wohl kaum in der Stube auftauchen. Vielleicht sollte sie doch den Käfig einmal in Ruhe untersuchen und das, was darin war, woanders verwahren.

In der Schankstube wurde musiziert und getanzt. Zum Entzücken der Männer flogen die Rocksäume der Frauen sehr hoch. Paul war mittendrin im Vergnügen, was Jakoba freute, hatte er doch genug entbehrt. Wie er auf ungelenke Art zwischen Heranwachsendem und ganzem Kerl changierte, schien den Mädchen zu gefallen: Eine Magd schäkerte eindeutig mit ihm. Nachdenklich beobachtete Jakoba sie. Würde sie selbst irgendwann wieder glücklich sein? Oder gar die Liebe noch einmal erleben? Sie kam nicht dazu, länger darüber nachzusinnen, denn alle Helfer waren eingetroffen. Sie spendierte den versprochenen Krug Wein und stieß mit ihnen an. Jakoba wollte sich gerade zurückziehen, als der Straßburger Kaufmann ihr erneut zuprostete. Natürlich wäre es unhöflich gewesen, ihn stehen zu lassen. Schon kam der nächste und trank ihr zu. Der Wein stieg Jakoba immer mehr zu Kopf. Sie musste raus hier, bevor sie die Kontrolle über die Situation verlor.

Gerade als sie durch die Tür war, nahm jemand ihre Hand.

Paul roch nach Wein, und seine Wangen glühten, als er flüsterte: »Zu schade, dass ich dich … das s ich Euch nicht auch ein wenig herumschwenken … dass wir nicht auch tanzen können.«

Trunken lehnte er seine Stirn an ihre. »Ich finde nämlich ... wir sind ein gutes Gespann ... oder etwa nicht?«

Überrascht und auch ein wenig erschrocken über sein Benehmen machte Jakoba sich los. »Du vergisst dich!«, sagte sie und lief davon. Auf dem Weg zum Stall kam ihr Vidal entgegen. Sie kletterte in den Wagen und legte sich auf die Bank. Mona schien zu schlafen. Jakobas Herz raste. Was war nur in Paul gefahren?

Trient, Terlan, Schlanders – die Namen ihrer Etappen wechselten, aber die Tage glichen sich. Grau hingen die Regenwolken über den waldreichen Tälern. Nur selten ließen sich die schneebedeckten Gipfel erahnen. Es war kalt geworden. Jakoba konnte sich kaum vorstellen, dass bald Sommer wäre. Haut und Haare waren strohig von der ewigen Feuchtigkeit, auch die Pferde waren inzwischen vom nassen Zuggeschirr wund gescheuert. Bei den Männern lagen durch die Strapazen die Nerven blank. Immer öfter kam es zu Unfällen, auch grassierten Husten, Schnupfen, Fieber und Durchfall. Viele der Kaufleute und Knechte baten sie um Hilfe, doch was sie zahlten, reichte nicht aus. Noch einmal hatten sie etwas von Monas Schmuck verkaufen müssen. Nach ihrer nächtlichen Begegnung im Gasthof war Paul distanziert und wortkarg. Auch Mona begegnete er schroff.

Tatsächlich erfüllte das Verhalten der Freundin auch Jakoba mit Hilflosigkeit. Die Wunden waren gut verheilt, und die Geschwulst wurde kleiner, aber Mona weigerte sich weiterhin, ordentlich zu essen oder sich im Rahmen ihrer Möglichkeiten an ihrem Zusammenleben zu beteiligen. Der einzige Weg, den sie bereitwillig auf sich nahm, war der zu den vereinzelten Bergkirchen.

Jetzt näherten sie sich Mals, danach würden sie den Reschenpass nehmen, und ihr Geleitschutz würde zurückkreisen. Jakoba war beruhigt. Seit dem Beginn ihrer Reise hatte sie ihre Verfolger nicht mehr gesehen, niemand hatte sich mehr nach ihnen erkundigt. Sie hatten nirgendwo für Ärger gesorgt, also würden sie ihre halbe Zecchine zurückbekommen und vielleicht sogar Monas Schmuck wieder auslösen können.

»Unser letzter Abend – komm, lass uns feiern!«, sagte Vidal zu Paul, als sie im Gasthof die Pferde abschirrten. »Auch Euch will der Hauptmann nachher noch auf einen Becher Wein einladen!«, setzte er an Jakoba gerichtet hinzu.

Die Zustände im Gasthof waren jedoch alles andere als fröhlich. Es hustete und schniefte allerorten. Viele lagen mit Magenkrämpfen und Erbrechen darnieder. Hatten die Gäste fauliges Wasser getrunken? Die Gesunden ließen es sich jedoch gutgehen. Jakoba sah, wie Paul von einer Magd weggeführt wurde.

Sie wollte zu Mona, da kam Vidal eilig auf sie zu. »Der Hauptmann lässt nach Euch schicken! Bringt Eure Medizin mit!«, sagte er.

Jakoba fand Ser Zanzio auf dem Abort, wo es erbärmlich stank. Eine intensive Befragung ergab, dass er tatsächlich regelmäßig an Magenbeschwerden litt. Nach dem ersten Bier und einer Suppe in diesem Gasthof sei es ihm jedoch übler als sonst ergangen.

Jakoba suchte in Arnolds Kiste nach den passenden Kräutern, fand sie jedoch nicht. Sie eilte zum Kobelwagen zurück, aus dem Geräusche zu hören waren. So hatte Mona endlich wieder zu ihrer Lebenskraft zurückgefunden? Erfreut kletterte sie hoch. Auf dem Wagenboden standen Kisten – geöffnet allesamt, der Inhalt herausgerissen. Vidal wühlte darin.

»Du Dieb!«, schrie Jakoba jäh, bevor er sich auf sie stürzen konnte. Mona war nirgends zu sehen. Vidal warf sich auf Jakoba und presste ihr die Hand auf den Mund. Seine andere Hand wanderte zwischen ihre Beine. Krampfhaft presste sie die Schenkel zusammen. Heiße Panik erfüllte sie.

»Ein Kerl willst du sein, was?«, blaffte Vidal, und der Speichel sprühte auf ihr Gesicht. »Aber ich habe dich beobachtet – du bist ein Weib, das kann doch jeder sehen, der genau hinschaut. Zu dumm nur, dass ihr diesen Wagen nie aus den Augen lasst. Wo hast du versteckt, was du gestohlen …«

Jemand sprang auf den Wagen und riss den Mann von ihr. Paul. Er schleuderte Vidal auf die Erde und setzte sich ihm auf die Brust. »Du lässt die Finger von meinem Herrn!«, fuhr er ihn an. »Was hast du überhaupt hier gesucht? Hast du mich doch ausgefragt? Mich hier weggelockt, um …« Heftig schlug Paul auf Vidal ein.

»Paul, nicht!« Taumelnd kam Jakoba auf die Füße. Eine Frau schrie – war das Mona? Sie fuhr herum. Nein, die junge Schankmagd, das Leibchen geöffnet und die Haare zerzaust, flehte Paul ebenfalls an einzuhalten. Männer liefen herbei, und da war auch Mona. Jakoba schloss sie in die Arme.

»Vidal hat gesagt, dass ich dringend zu dir auf die andere Seite des Gasthofs kommen soll – aber du warst nicht da«, wisperte die Freundin und krallte sich in Jakobas Wams, weil ihre Beine sie nicht mehr tragen wollten. Geschickt hatte Vidal sie vom Wagen weggelockt. Wenn Jakoba nicht überraschend zurückgekehrt wäre, hätten sie den Raub möglicherweise gar nicht mitbekommen.

Endlich war es den Männern gelungen, Paul und Vidal auseinanderzubringen. Das Gesicht des Schutzreiters schwoll bereits an und blutete aus mehreren Platzwunden. Jakoba war erschrocken über die Gewalt, mit der Paul zugeschlagen hatte. Andere Schutzreiter schleiften Vidal zum Hauptmann.

Sichtlich elend saß Ser Zanzio auf seinem Bett und wartete auf Jakobas Medizin; gerade noch hatte sie die richtigen Kräuter zusammengerafft. Über ihren Bericht war er ganz und gar nicht erfreut.

»Was ist in dich gefahren, Ser Jakob zu bestehlen?«, fuhr er Vidal an.

»Ich habe sie nicht bestohlen! Sie hat gestohlen!«, verteidigte Vidal sich und wischte blutige Spucke an seinem Ärmel ab.

»*Er* meinst du wohl! Hast du dafür irgendeinen Beweis?«

»Es kann doch jeder sehen, dass sie eine Frau ist. Sie tut nur so, als wenn sie ein Heiler wäre! Der Mann vor Treviso, der sich nach den Dieben erkundigt hat, hat mir eine Belohnung versprochen, wenn ich das Diebesgut zurückbringe. Sie sind die Gesuchten, da bin ich ganz sicher!«

»Und, hast du etwas gefunden?«, wollte der Hauptmann wissen.

Gespannt starrten alle, einschließlich Jakoba, den jungen Mann an.

»Nein«, musste Vidal zugeben.

Von den Kaufleuten, die ihnen zu Hilfe geeilt waren, berichteten nun etliche, dass Jakoba sie verarztet oder mit Heilkräutern versorgt hatte. Dem Hauptmann zeigte sie die Kräuter, aus denen sie eine Medizin für ihn anfertigen würde.

»So viel dazu, dass er kein Heiler ist«, sagte der Hauptmann sarkastisch und presste die Hand auf seinen Bauch. Er war ganz käsig im Gesicht. »Schafft Vidal raus. Ich werde mich später um ihn kümmern«, wies er seine anderen Schutzritter an.

Als sie allein waren und Jakoba die Kräuter anmischte, sagte Ser Zanzio: »Ich muss mich bei Euch für meinen Helfer entschuldigen. Tatsächlich kannte ich den Medicus Arnold gut. Er war ein ehrenwerter Mann. Daher wusste ich, dass die Anschuldigungen des Fremden aus der Luft gegriffen sind. Ich konnte ja nicht ahnen, dass Vidal sich so schändlich benehmen würde, nur um eine Belohnung zu kassieren.«

Jakoba verabreichte ihm die Medizin und erklärte ihm, wie oft er sie einnehmen müsse. »Es ist ja noch mal gut gegangen«, sagte sie.

Am Wagen traf sie auf Paul, der versuchte, das Durcheinander wieder aufzuräumen; Mona schlief. »Ich muss mich bei dir

bedanken, dass du so schnell gekommen bist«, sagte Jakoba zu
ihrem Gefährten.

Paul mied ihren Blick. »Es war meine Schuld. Ich hätte ihm
nie vertrauen dürfen«, stieß er hervor. »Ich wusste doch, um was
es geht ... und dass dieses Geheimnis nichts Gutes bringt.«

Jakoba berührte ihn sacht. »Mir tut es leid ...«, begann sie.

Doch Paul sprang auf. »Ich brauche Euer Mitleid nicht!«

Am nächsten Tag überreichte Ser Zanzio Jakoba die halbe
Goldmünze und verabschiedete sich; der Hauptmann war noch
zu leidend, um den Weg zum Reschenpass zu schaffen. Vidal bekamen sie nicht mehr zu Gesicht, und Jakoba fragte nicht nach
ihm. Stattdessen zahlte sie den Wegzoll und hielt sich an Eljakim, wussten sie doch, dass er sie nach Augsburg führen würde.

Gemeinsam schlossen sie sich einem neuen Handelszug an.
Über Naunders und Pfunds ging der Weg, und auch wenn sie
nun bald die anstrengenden Berge hinter sich hatten, waren sie
bedrückt. Ohne erkennbaren Grund siechte Mona dahin. Jeden
Tag wurde sie weniger, nur noch Haut und Knochen war sie. Es
war schwierig, sie zum Aufstehen zu bewegen. Obgleich Paul
und sie Mona stets stützten und kaum aus den Augen ließen, war
sie auf dem Weg zu einer Kapelle erneut zusammengebrochen.

Jakoba tat es weh, die Freundin so zu sehen. Sie war mit ihrem
Wissen am Ende. Was hatte sie nur falsch gemacht? Wenn sie
doch nur mehr über die Kunst des Heilens wüsste! Wenn Arnold
doch noch lebte! Warum wirkte der Theriak nicht? Hatte Eljakim nicht gesagt, dass es in Augsburg gute Ärzte gäbe?

Eljakims Laune stieg mit jedem Tag, an dem sie sich Augsburg näherten. Inzwischen war es Mitte Juni. Oft saßen sie jetzt
abends zusammen, und er erzählte ihnen von seiner Heimatstadt,
wo die Juden Seite an Seite mit Christen lebten und sich sogar
am Bau der Stadtmauer beteiligt hatten. Großzügig lud er sie an
sein Feuer ein, was ihnen sehr gelegen kam, da sie inzwischen

fast alles, was sie entbehren konnten, verkauft und für Wegzoll, Unterkunft, neue Hufeisen und Reparaturen ausgegeben hatten. Manchmal fühlte Jakoba sich beobachtet, schalt sich jedoch dafür. Sie hatten die Verfolger längst abgehängt.

In Augsburg wies Eljakim ihnen den Weg von der Judengasse in der Nähe des Doms zu einer jüdischen Ärztin namens Sophya, von der er viel Gutes gehört hatte. Jakoba und Paul mussten Mona in das Haus der Ärztin tragen. Sophya war eine ältere, gütige Frau, die Jakobas Maskerade sofort zu durchschauen schien. Ruhig befragte die Ärztin sie. Jakoba hatte das Gefühl, ihr alles sagen zu können. Sophya sprach klar und sachlich, aber gleichzeitig voller Mitgefühl. Schließlich bat die Ärztin die beiden, vor der Tür zu warten, während sie Mona untersuchte.

Angespannt lief Paul die Gasse auf und ab. »Ich verstehe das einfach nicht! Madame Monas Hände sind beinahe wieder heil, und Ihr sagt, dass auch die Geschwulst fast verschwunden ist, dazu bekommt sie täglich Theriak – und doch ist sie mehr tot als lebendig! Was ist denn nur mit ihr los?«

Hilflos hob Jakoba die Schultern, wusste sie doch selbst keinen Rat.

Nach einer langen Zeit öffnete sich die Tür und sie wurden hereingerufen.

Sophya setzte sich mit ihnen an den Tisch. »Madame Mona wird sterben«, sagte sie ruhig.

Abgrundtiefe Trauer wallte in Jakoba auf. »Aber warum? Was habe ich nur falsch gemacht? Hätte ich doch nur früher einen Arzt aufgesucht – er hätte sie vielleicht retten können!«

»Ihr habt nichts falsch gemacht. Jeder Trank, jeder Kräuterumschlag war richtig. Aber jetzt ist es genug. Lasst sie gehen. Nichts anderes wünscht sie sich. Erfüllt ihr diesen Wunsch. Lasst sie in Frieden gehen.«

Tränen schossen in Jakobas Augen. Sie scherte sich nicht mehr darum, dass man sie für einen Mann halten sollte. Paul nahm ihre Hand, doch Jakoba konnte seine Berührung nicht ertragen und sprang auf.

Sophya wartete, bis sie sich ein wenig beruhigt hatte. »Warum weint Ihr so sehr? Weint Ihr wirklich um sie? Oder tut Ihr Euch selbst leid?«, fragte sie leise.

Beschämt wischte Jakoba ihr Gesicht mit dem Ärmel ab. »Natürlich weine ich um Mona! Sie ist ein wunderbarer Mensch. Sie hat dieses Schicksal nicht verdient!«, schniefte sie. »Kann ich denn gar nichts tun?«

»Sucht einen schönen, ruhigen Platz, an dem Madame Mona ihre letzten Stunden verbringen und diese Welt friedlich verlassen kann. Das ist alles, was Ihr noch für sie tun könnt.«

Noch an diesem Tag verkauften sie schweren Herzens Arnolds Wagen an Eljakim und mieteten eine lichte Kammer in einem geschützten Hinterhof, in dem trotz der widrigen Witterung die Rosen blühten.

Jakoba ließ Lorbeerblätter auf die Feuerschale rieseln und genoss den würzigen Duft. Seit vier Tagen wachte sie nun schon an Monas Bett; wenn sie zu müde wurde, löste Paul sie ab. Sie wusch die Freundin, salbte sie mit wohlriechenden Ölen, kämmte ihr Haar. Mona war in den wenigen Wochen seit Arnolds Tod rapide gealtert, ohne dass sie den Grund dafür erkennen konnte. Es war, als hätte die Melancholia Monas Geist überschüttet und verdeckt, so wie die Sonne verschwindet, wenn sich der Nebel davorschiebt. Noch einmal hatte Jakoba mit Sophya gesprochen. Die Ärztin war sicher, dass es nicht nur Monas Kummer über Arnolds Tod war, der sie des Lebens müde werden ließ, sondern dass die Krankheit irgendwo in ihrem Körper weiterwütete.

Meistens schlief die Freundin, manchmal unterhielten sie sich, jedoch nie über Schwermütiges. Auch jetzt setzte Jakoba sich wieder zu der Schlafenden und berührte ihre Hand; Mona sollte spüren, dass sie da war. Was wohl aus ihr geworden wäre, wenn

Arnold und Mona ihr in Braunschweig nicht geholfen hätten? Manchmal durchzuckte sie der Gedanke, wie es weitergehen sollte. Was sie tun sollte, wenn sie endlich in Paris war, wenn sie Arnolds Wunsch erfüllt hatte. Der Gedanke schnürte ihr die Brust derart ein, dass sie ihn schnell wieder fallen ließ. Sie wusste es nicht.

Monas Lider flatterten. »Arnold?«

Ihre Stimme war leise wie ein Hauch. Jakoba musste sich vorbeugen, um sie zu verstehen. »Ich bin es, Jakoba«, sagte sie sanft und streichelte die Hand der Freundin.

Mona atmete schwer, jedes Wort schien sie Mühe zu kosten. »Es ist eine Strafe, weißt du ... Die Krankheit ist eine Strafe. Arnold und ich ... Wir haben uns gegen unsere Bestimmung ... aufgelehnt. Auch dich ... wir hätten nie ... Ich hätte nie ...« Sie hustete trocken, und Jakoba gab ihr einen Schluck Wasser, der Mona gutzutun schien. »Wir hätten dich nie mitnehmen dürfen. Spätestens in Magdeburg ... Arnold wollte dich zurückschicken. Aber ich ... habe mir so sehr Hilfe gewünscht ... und eine ... Gefährtin, eine ... Freundin.« Tränen glitzerten in ihren Augenwinkeln.

»Und das bin ich. Deine Freundin.« Jakobas Hals war so eng, dass sie diese Worte kaum herausbekam.

Monas Gesicht war in einem stummen Schmerz verzerrt. Jakoba wollte ihre Glasphiole holen. Noch immer hoffte sie, dass der Theriak Mona helfen würde.

Die Kranke hielt sie fest. »Spar die Arznei für jemanden auf ... dem sie wirklich nützt. Du bist eine gute ... Heilerin. Aber ich ... möchte keinen Theriak mehr. Selbst wenn es einen ... Jungbrunnen gäbe ...« Ihre Mundwinkel zuckten in der Erinnerung an die Legende, die sie so sehr liebte. »Ich würde nicht hineinspringen oder davon trinken. Nicht ohne Arnold an meiner Seite.«

Mona sank zurück. Sie war unruhig, schien unbedingt noch etwas sagen zu wollen, fand aber nicht mehr die Kraft dazu. Beruhigend summte Jakoba ein Lied und streichelte ihre Hand. Da bäumte sich die Freundin noch einmal auf. »Strafe für unsere Sünden … Wir hätten niemals … die Templer … « Ihre Fingernägel bohrten sich in Jakobas Hand. »Und doch ist es das wert gewesen. Sag es Roger. Gib ihm Arnolds Ring. Sag es ihm! Es ist das wert!«

»Was meinst du? Ich verstehe es nicht!« Ganz nah neigte sich Jakoba über die Freundin, damit ihr auch ja kein Wort entging, aber Mona war verstummt.

Wieso Templer? Was hatten die Tempelritter damit zu tun? Was sollte sie Roger sagen? In der Hoffnung, dass Mona dieses Rätsel noch aufklären würde, wagte Jakoba sich kaum von ihrer Seite. Als sie spürte, dass es mit Mona zu Ende ging, bat sie Paul, einen Priester zu rufen, der ihrer Freundin die Sterbesakramente spendete. Ohne ein weiteres Wort zu sagen, hauchte die Frau des Medicus ihr Leben aus.

23

Paris, Anfang Juli 1319

Zermürbt und gerädert erreichten sie Paris. Vierzehn Tage waren seit Monas Tod vergangen. Vierzehn Tage, in denen sie kaum geredet und nur geritten waren. Still hatte Jakoba vor sich hingetrauert. So einsam sie sich auch fühlte, so wenig mochte sie Pauls gut gemeinte Versuche, sie zu trösten, annehmen. Ihr Reisegefährte grollte mit ihr, fühlte sich vermutlich verletzt und zurückgewiesen. Aber jetzt, wo er beinahe ein Mann war und sie allein weiterreisten, musste sie mehr denn je Distanz wahren.

In Augsburg hatten sie Mona beerdigt. Sie hatten die Besitztümer des Paares durchgesehen und vieles verkaufen müssen, weil sie nur einen kleinen Teil auf den Pferden transportieren konnten. Von Arnolds medizinischem Gerät, seinen Pergamenten und Monas Elfenbeinkästchen hatte sie sich jedoch nicht getrennt. Sie würde es Roger übergeben, und er würde hoffentlich wissen, ob es Erben gab. Zuletzt hatten sie sich an Sasas Käfig gewagt. In dem etwa armdicken Boden hatten sie eine verborgene Vorrichtung entdeckt, die ihnen früher nie aufgefallen war. Eine Holzplatte hatte sich gelöst, und ein Fach war zum Vorschein gekommen. Darin lag, in Wachsleinen verpackt und versiegelt, ein Päckchen. Trotz aller Versuchung hatte Jakoba es ungeöffnet in Arnolds Medizinkästchen verstaut, das sie, an die Satteltaschen geschnürt oder neben dem Bett, stets mit sich führte. An der Satteltasche trug sie außerdem Arnolds Schwert, das ihr sperrig und schwer erschien. Unterwegs hatte sie Geld verdient, hatte Beinbrüche geschient, Heiltränke verabreicht und Kranken ihr Leid gelindert, die an der Ruhr litten. Es war, wie Arnold gesagt hatte: Wieder ließ der Regen die Flüsse über die

Ufer treten, und wieder grassierte diese Seuche. Seit sie hinter Straßburg die Grenzen des Reiches hinter sich gelassen hatte, erprobte sie ihr Französisch.

Nichts ersehnte sie mehr, als endlich in Paris anzukommen, Roger zu finden und ihm Arnolds Vermächtnis zu überbringen. Jakoba mochte keine schäbigen Gasthöfe mehr sehen und keine rüpelhaften Männer. Sie mochte nicht mehr auf verlausten Liegen schlafen, nicht mehr um ihre Sicherheit bangen und nicht mehr auf einem Pferderücken sitzen. Ihr Gesäß war wund von der ungewohnten Belastung, und ihr Rücken fühlte sich an, als würde er jeden Augenblick auseinanderbrechen. Sie mochte sich auch nicht mehr das Gesicht beschmutzen, um Bartschatten vorzugeben. Sie wollte nur noch ein Bad und ein sauberes Bett. Ständig war sie müde, sogar beim Reiten fielen ihr die Augen zu.

Obgleich sie so oft Monas Erzählungen gelauscht hatte, fand sie Paris größer als erwartet. Noch nie hatte sie eine so beeindruckende Stadtmauer gesehen. Doppelt so hoch wie ein normales Haus und von etlichen Türmen unterbrochen, zog sie sich schier endlos dahin. Dahinter wogte ein wahres Meer aus Häusern und Kirchen. Mona hatte gesagt, Paris habe so viele Häuser wie Blätter im Wald, wie Ähren auf dem Feld, und die Vergleiche kamen Jakoba heute sehr treffend vor.

Sie passierten einen Galgen, an dem mehrere Männerleichen hingen, teilweise durch Vogelschnäbel zerfetzt. Die Menschen gingen daran vorbei, als würden sie das Grauen gar nicht wahrnehmen.

»Was haben die armen Kerle wohl getan?«, wollte Paul wissen.

Jakoba musste einen Augenblick nach den richtigen Worten suchen, bevor sie einen Passanten fragte. Genauso schlecht verstand sie dann auch die Antwort. Die Aussprache war völlig anders als bei Mona und Arnold, geschweige denn in Venedig.

»Bäcker waren's. Haben allen möglichen Dreck in Brote gebacken. Eicheln, Kork, sogar Scheiße. Dachten wohl, niemand merkt's vor lauter Hunger. Haben sich geirrt«, sagte ihnen schließlich ein Bauer etwas deutlicher.

Sie passierten das Stadttor. Die Straßen waren zwar gepflastert, aber die Pferde stapften doch durch den Dreck, der stinkend auf den Steinen klebte. Haus drängte sich an Haus, schob sich Stockwerk für Stockwerk vorkragend in die Höhe, bis sich die Firste beinahe berührten und nur noch ein schmaler Streifen Himmel zu sehen war. Ständig bestand die Gefahr, dass jemand aus einem der unzähligen Fenster seinen Nachttopf entleeren oder Unrat auf die Straße werfen könnte. Nur langsam kamen sie voran. Sie mussten den Holzläden der Krambuden ausweichen, die von beiden Seiten in die Straße ragten, und den Menschenmassen. Frauen und Männer wuselten achtlos über den Weg, blieben unvermittelt stehen, um zu plaudern oder nach dem Weg zu fragen, Kinder liefen den Reitern bettelnd nach.

Immer wieder fragten sie nach Rogers Wohnort – ohne Erfolg. Keiner schien eine Familie d'Obazine zu kennen. Schnell hatte Jakoba die Orientierung verloren. Paris war ein wahres Babylon, riesig und so vielgestaltig, dass der Einzelne hier leicht in der Masse unterging. Vieles gefiel ihr aber auch, vor allem die beeindruckenden Häuser und Kirchen. Wie in Venedig gab es auch hier eine große Vielfalt an Menschen. Adelige und Bürger, die ihren Reichtum ungeniert zur Schau trugen, aber auch zahlreiche Bettler – junge und alte, gebrechliche und gesunde, Frauen und Männer.

Manchem Kranken hätte Jakoba am liebsten sofort mit einer Kräutermischung oder einer Salbe geholfen. Sie stellte sich vor, wie auch sie in dieser Menge verschwand und endlich das tun konnte, was sie am liebsten wollte: Kranken helfen. Würde sie sich diesen Wunsch erfüllen können, oder war es vermessen von ihr, überhaupt davon zu träumen? Wie gern wäre sie einfach aus allem ausgebrochen, was andere für sie vorsahen!

Es wurde schon dunkel. Vereinzelte Fackeln warfen verzerrte Schemen an die Hausmauern. Finstere Gestalten schienen sie zu beobachten oder gar zu verfolgen. Ihre alte Angst keimte auf. Sie glaubte, ihren Bruder Anno in den Schatten zu sehen, Gevehard oder auch den verräterischen Schutzritter Vidal.

Immer wieder wurden sie nun von herumstreifenden Kerlen angesprochen, die sie so lange belästigten, bis Paul ihnen Schläge androhte. Einmal musste Jakoba sogar Arnolds Schwert ziehen und hoffte, dass sie dabei nicht zu unbeholfen aussah. Das nächtliche Paris schüchterte sie so sehr ein, dass sie ihrem Gefährten notgedrungen vorschlug, morgen weiterzusuchen.

Der einzige Gasthof, den sie sich leisten konnten, war ein dreckiges Loch, vor dem übles Gesindel herumlungerte. Sie bestellten etwas zu essen, aber das Brot war madenverseucht, und der Eintopf roch so eklig, dass ihn nicht einmal Paul, der sonst keine Mahlzeit ausließ, herunterbekam. In einem Schlafsaal mussten sie sich ein Bett mit zwei anderen Gästen teilen. Der Strohsack war fleckig, und Jakoba konnte mit bloßem Auge die Flöhe und Wanzen erkennen, die darauf herumkrabbelten. Sie knackte etliche Tiere mit den Fingernägeln, wusste aber, dass im Stroh noch mehr sein würden. Ihre Bettnachbarn stanken nach Wein und Bier und machten sich so breit, als würden sie es darauf anlegen, dass der Platz neben ihnen frei blieb.

Erst wollte Jakoba sich überhaupt nicht hinlegen, aber die Müdigkeit setzte ihr zu, und schließlich überredete Paul sie, dass sie am Rand liegen und er sie gegen die Fremden abschirmen könne. Paul bemühte sich, sie nicht zu berühren; dennoch konnte Jakoba seine Hitze spüren. Steif lag sie da, versuchte, das Jucken der Flohbisse ebenso zu ignorieren wie das Schnarchen und Furzen der Männer. Noch nie hatte sie sich so sehr in ihr früheres Leben zurückgesehnt.

Bei Morgengrauen fühlte Jakoba sich wie gerädert, ihre Haut juckte überall, ihr Rücken war bretthart, und sie hatte drückende Kopfschmerzen. Paul hingegen wirkte erstaunlich frisch. Wieder fragten sie sich stundenlang durch. Würden sie Roger denn in diesem Ameisenhaufen von Stadt nie finden?

Sie dachte an ihre Begegnung in Venedig zurück, an ihren Tanz und seine Berührungen, und sie spürte ein Ziehen in ihrem Herzen, weil sie sich so sehr danach sehnte, gehalten und getröstet zu werden. Beinahe fürchtete sie, Roger habe die Stadt verlassen, als ihnen endlich ein Büttel den Weg wies. Sie mussten in die Rue Saint Martin, direkt hinter das Stadttor. Vor einem breiten Steinhaus, das sich vor der Stadtmauer zu ducken schien, banden sie die Pferde an, um nach Roger d'Aval zu fragen.

Ein Diener verwies sie gleich weiter zum Hôtel du Bourbon: Direkt neben dem Louvre würden sie es finden. Also noch einmal durch die halbe Stadt; Jakoba hätte am liebsten geweint.

Immerhin hatten sie nun eine Adresse, nach der sie fragen konnten. Ein Stück ritten sie eine imposante Straße hinunter, bis sie ein weites Friedhofsgelände passierten. Nach diesem Friedhof der Unschuldigen, wie ein Passant ihn nannte, bogen sie rechts ab. So intensiv war der Verwesungsgestank, dass Jakoba sich die Gugel vor den Mund ziehen musste.

Je weiter sie sich durchfragten, desto mehr erfuhren sie über ihr Ziel. Bei dem Hôtel du Bourbon handelte es sich um das Stadtpalais der Bourbonen in Paris. Es war ein imposantes Steingebäude an einer breiten Stelle der Seine. Direkt dahinter ragten die Mauern und Türme des Louvre, des königlichen Palastes, auf. Es war eine ausgezeichnete Lage. Roger schien ein angesehener Mann zu sein.

Etwas eingeschüchtert suchten Jakoba und Paul den Eingang.

In einem farbenprächtigen Samtanzug, der in Lüneburg jeden Adeligen mit Stolz erfüllt hätte, öffnete ein Lakai. Abfällig betrachtete er sie und rief die Knechte, um sie fortzujagen, ehe Jakoba ihm verständlich machen konnte, was sie wünschten.

»Wartet! Nur einen Augenblick Geduld! Ich muss unbedingt Sieur Roger d'Aval sprechen!«

Ihr war klar, was er sah: zwei zerlumpte, zerbissene und schmutzige junge Männer, Bettler vermutlich. Sie holte Arnolds Ring aus dem Gepäck. »Diesen Ring soll ich Messire d'Aval bringen. Außerdem dies hier.« Sie nahm auch noch das Päckchen und Arnolds Schwert heraus.

Der Lakai zog die Augenbraue hoch. Ihr Anliegen war aus seiner Sicht eindeutig eine Anmaßung. »Nun gut, folgt mir. Ein Knecht wird auf eure Pferde achtgeben.«

Er ging ihnen voraus in einen Stall, der so imposant war wie das ganze Haus. Pferde waren kaum zu sehen. Dafür erschallten Schwerterklirren und Männerstimmen aus dem Hof. Als der Diener das Tor öffnete, sahen sie, dass sich im weiten Geviert zahllose waffenstarrende Ritter in den Kampfkünsten übten. Hier gingen sie mit Zweihändern aufeinander los, dort stachen sie mit Lanzen, und auf der anderen Seite des Hofs hieben sie im vollen Ritt mit Streitkolben auf Schilde. Während Jakoba sich kaum noch auf den Beinen halten konnte, weil Müdigkeit und Kopfschmerz sie so plagten, beobachtete Paul fasziniert die Kämpfer. Gerade preschte ein Ritter mit einem Prunkhelm auf den Schildträger zu.

Der Lakai sprang aus dem Weg. »Sieur Roger?«, rief er laut.

Der Reiter sah auf und schlug vorbei. Seine Waffe zischte am Schild vorbei und traf das Pferd, das scheute und ihn abwarf. Ein weiterer Reiter brach aus der Reihe der Wartenden aus. Es war Roger – Jakoba glaubte die schwarz gefärbten Platten an seiner Rüstung zu erkennen und das blonde Haar, das unter dem Helm hervorschaute. Neben dem gestürzten Ritter sprang Roger ab, um diesem aufzuhelfen. Zornig nahm er den Prunkhelm ab und schleuderte ihn zu Boden. Es war der Bärtige, den Jakoba ebenfalls vor Wiesbaden gesehen hatte. Roger untersuchte den Kratzer am Hals des Pferdes, das ein Knappe derweil eingefangen hatte.

»Was hast du hier zu suchen, du machst uns die Pferde scheu!«, fuhr der Bärtige den Lakai an. »Und was will dieses Gesindel hier?«

»Verzeiht, Comte d'Obazine. Hier ist jemand, der Messire Roger sprechen möchte!«

Roger wandte sich ihnen zu. »Was wollt Ihr von mir?«, fragte er in schroffem Ton.

Jakoba sammelte noch einmal ihre Kräfte. »Ich bringe eine Nachricht von Meister Arnold«, sagte sie mit fester Stimme.

Mit der Hand am Schwertknauf kam Roger ihnen entgegen. Auf seiner geröteten Haut glänzten Schweißtröpfchen, und seine Augen funkelten misstrauisch. »Wer seid Ihr?«

Jakoba zog die Mütze ab. Ein Hauch des Erkennens durchzuckte Roger. »Seid Ihr etwa … Domina Jakoba?«

»Was redest du – ich sehe hier keine Frau …«, mokierte sich der Bärtige.

Bei diesen Worten war es, als risse der eiserne Ring um Jakobas Brust, den sie seit Arnolds Tod gespürt hatte, unvermittelt entzwei. Als verschwinde mit einem Mal die Last, die sie seit ihrer Abreise aus Venedig auf ihren Schultern gespürt hatte. Endlich war sie angekommen! Tränen schossen ihr in die Augen, und ihre Knie gaben nach. Das Hofgeviert, die Mauern, die Männer – alles verschwamm. Arnolds Schwert glitt ihr aus den Händen.

Bevor sie selbst auf den Staub schlug, hatte Roger sie schon aufgefangen. »Wir müssen sie hier wegbringen!«

Sie ließ es zu, dass er sie hochhob. Wie gut es tat, sich für einen Augenblick fallen zu lassen und aller Verantwortung ledig zu sein! Ganz leicht und sicher fühlte sie sich in seinen Armen.

Unter den Augen der anderen Ritter trug Roger sie in den

Stall und bettete sie auf einen Strohhaufen. Er rief etwas. Sogleich kam der Diener mit einem Becher Wein. Behutsam flößte er ihr ein paar Schlucke ein.

Endlich ließen der Schwindel und der stechende Schmerz in ihrem Kopf etwas nach. Sie sah wieder klarer. Die Männer beugten sich über sie: Roger, Paul, der Arnolds Schwert trug, und der Bärtige. Jakoba strich sich übers Gesicht, wollte aufstehen, doch wieder drehte sich alles um sie.

»Domina Jakoba, wie seht Ihr nur aus? Was soll diese Maskerade? Warum ist Arnold nicht bei Euch?«, fragte Roger eindringlich.

Ihre Lider flatterten. Jakoba versuchte, sich an seinen blauen Augen festzuhalten. »Ich bringe Euch Arnolds Vermächtnis«, wisperte sie und gab Paul einen Wink, Roger das Schwert zu reichen.

Roger hielt das Schwert in den Händen, als verstünde er erst jetzt. »Arnolds Vermächtnis?« Ein wenig wankte er, musste sich an den Tragebalken des Stalls stützen. »Was ist geschehen? Wie ist er … gestorben?«

»Arnold wurde ermordet.« Stockend berichtete sie von dem Überfall in Venedig, von Arnolds Tod und ihrer Flucht.

Roger unterbrach sie oft. Der Bärtige lief unruhig auf und ab.

»Wie sahen die Männer aus? Wie haben sie gesprochen? Hatten sie besondere Kennzeichen? Wappen auf Wams oder Schwert? Haben sie sich mit Namen angeredet?«, prasselten Rogers Fragen auf sie ein.

Jakoba versuchte, sich daran zu erinnern, doch ihr Kopf schmerzte zu sehr. Es fiel ihr schwer, die Augen offen zu halten, außerdem hatte sie Hunger und Durst. Sie zählte auf, was ihr noch in den Sinn kam, und Paul ergänzte ihre Worte. Den Männern schienen die Informationen nicht auszureichen, das war deutlich zu merken. Als der Comte ihm etwas zuwisperte, legte Roger die Hand auf seine Schulter. »Ruhig, Thierry!«, beschwichtigte er ihn. »Auch ich würde am liebsten sofort aufbrechen und Arnold rächen, das weißt du! Aber wir können jetzt nicht einfach losreiten – die Männer sind längst über alle Berge. Wir besprechen gleich, wie wir am besten vorgehen. Gerade weil wir weder wissen, wer die Mörder waren, noch wonach sie gesucht haben, müssen wir mit Bedacht vorgehen.«

Noch einmal riss Jakoba sich zusammen. »Was das angeht, kann ich Euch vielleicht weiterhelfen.« Sie reichte Roger das Päckchen und den Ring, die sie die ganze Zeit umklammert hatte. Ihre Finger berührten seine tröstend. »Es war Arnolds letzter Wunsch, dass ich Euch dies bringe. Ihr seid der Einzige, dem ich vertrauen könnte, sagte er.«

»Das waren seine Worte?«

Sie kniff sich mit den Fingerspitzen in die Nasenwurzel, doch es fiel ihr schwer, sich zu sammeln. Roger rieb sich über das Gesicht, dann sagte er: »Verzeiht, dass ich Euch so bedränge. Die Reise hat Euch zugesetzt.« Lediglich ein leichtes Blinzeln verriet jetzt noch, wie sehr die Nachricht ihn bestürzte. »Es bedeutet mir viel, dass Ihr mir Arnolds Nachlass gebracht habt. Dafür stehe ich tief in Eurer Schuld. Was habt Ihr nun vor? Habt Ihr eine Unterkunft?«

Jakoba verneinte. Paul berichtete, dass sie seit gestern die Stadt durchstreift und in einem üblen Gasthof übernachtet hatten. »Ich kann ja sogar in einem Stall schlafen, das macht mir nichts aus, aber habt Ihr hier nicht vielleicht eine Kammer für Domina Jakoba?«, fragte er.

Roger zögerte.

»Hier kann sie nicht bleiben, das weißt du«, mischte Thierry sich ein.

»Wir können eine Dame aber auch nicht auf die Straße zurückschicken. Domina Jakoba ist von Adel …«, sagte Roger.

»Bringen wir sie zu meiner Mutter. Sie liebt Gäste – auf einen mehr oder weniger kommt es nicht an. Da muss Mutter sich wenigstens nicht mehr die ganze Zeit von diesem Priester Honig ums Maul schmieren lassen, diesem Marsilius«, schlug der Bärtige vor.

»Aber eine unbegleitete Dame … und so, wie sie … aussieht.« Roger blinzelte verlegen.

»Eine Dame ist eine Dame«, sagte der Bärtige und reichte ihr ungewohnt höflich den Arm.

Paul fasste Jakoba an der anderen Seite unter. Sie ließen einen Wagen anspannen und ihre Habseligkeiten aufladen. Kaum bekam Jakoba mit, wie sie zur Rue Saint Martin zurückgefahren und in eine saubere Kammer des Hauses begleitet wurde. Eine junge Magd nahm ihr die Kleidung ab, wusch ihr notdürftig den Straßenstaub ab und half ihr ins Bett. Das Linnen duftete frisch gewaschen. Tief sank Jakobas Kopf in das weiche Kissen ein. Als sie einschlief, klangen Rogers Abschiedsworte in ihrem Ohr: »Ihr habt enorme Strapazen und Gefahren auf Euch genommen, um hierherzugelangen. So gerne ich auch mehr erfahren möchte, muss ich Euch doch Ruhe gönnen. Wir unterhalten uns morgen.«

Jakoba schlief wie ein Stein. Als sie zum ersten Mal aufwachte, war es Nacht, beim zweiten Mal schien die Sonne schon wieder durch die Fensterläden. Zunächst wusste sie nicht, wo sie war, aber dann setzten sich Stück für Stück die Erinnerungen zusammen. Ihr Zusammenbruch stand ihr noch einmal klar vor Augen. Was für einen Eindruck musste sie auf Roger gemacht haben! Von ihrem zerlumpten Aussehen und der bäuerlich gebräunten Haut ganz zu schweigen! Jetzt konnte sie sich kaum mehr erklären, wie es zu diesem Schwächeanfall gekommen war. Wie erholsam doch guter Schlaf war!

Jakoba fiel ein, was Arnold ihr vom Tempel des berühmten griechischen Arztes Asklepios erzählt hatte. Der Schlaf in diesem Tempel galt als besonders heilsam, auch, weil den Kranken im Traum ein Arzt erschien und ihnen Ratschläge gab.

Sie sah sich um. In dieser Kammer schien alles vom Feinsten, von den Wandbehängen bis zu den Leinendecken. Auf einem Tischchen stand neben einer Vase mit Blumen ein Glöckchen. Alles sah so zierlich aus. Über ihrer Satteltasche und dem Medizinkästchen hing ihr Kleid an einer Stange. Das Fenster war durch einen Laden verriegelt, schien aber auf eine Gasse zu führen, denn sie hörte das Klappern von Wagenrädern auf dem Pflaster. Jakoba stand auf und läutete die Glocke.

Die Magd trat ein, als hätte sie nur auf Jakobas Zeichen gewartet. Sie war etwa fünfzehn, hatte kräftige Augenbrauen und einen offenen Blick und erinnerte Jakoba an Lene. Ob Gevehard herausgefunden hatte, dass die junge Magd ihr geholfen hatte? Ob er sie bestraft hatte? Was wohl aus ihr geworden war?

»Wie ist dein Name?«, wollte sie von der Magd wissen.

»Agnes, Domina Jacqueline. Messire d'Aval hat mich bezahlt, damit ich mich bis auf Weiteres um Euch kümmere.«

Erst stutzte Jakoba über die Anrede, aber dann mutmaßte sie, dass das wohl die französische Variante ihres Namens sein musste. »Wo bin ich hier?«

»Im Hause der edlen Comtesse d'Obazine. Sie ist die Mutter des edlen Comte Thierry.«

Jakoba nahm ihr Kleid von der Stange. »Ich sollte mich bedanken, dass sie mich aufgenommen hat.«

»Wollt Ihr nicht vielleicht erst ein Bad nehmen?«, wagte Agnes vorsichtig anzumerken.

Nach den Strapazen der Reise kam Jakoba dieser Vorschlag beinahe unwirklich vor. »Das wäre wunderbar. Ich sehe sicher noch immer wüst aus.«

Agnes verschwand und kehrte nach einiger Zeit zurück, um sie in eine weitere Kammer zu bringen, in der ein Badezuber bereitstand. Das Bad war wohltuend und mit duftenden Rosenblättern versetzt; auch ihre Leibwäsche hatte die Magd bereits gewaschen. Es erschien Jakoba wie eine kleine Entschädigung, dass sie nach all dem Elend hier gelandet war, und sie beschloss, das Bad zu genießen. Monas Worte fielen ihr ein: »Es gibt nichts Besseres für den Menschen unter der Sonne, als zu essen und zu trinken und fröhlich zu sein.«

Sie wusch sich, ölte die schmerzenden Rückenmuskeln mit Arnika-Öl ein, tupfte eine Paste auf die aufgeriebenen Stellen und salbte die Flohbisse. Ihr kamen die Pergamentrollen in den Sinn, die Arnold zwischen seinen Kleidern gehabt hatte. Sie hatte ganz vergessen, sie Roger zu geben.

»Hast du meinen … Diener gesehen? Paul? Wo steckt er?«, wollte Jakoba schließlich wissen.

»Der schweigsame junge Mann?« Ein Lächeln huschte über Agnes' Gesicht. »Er ist zu Messire Roger geritten. Der Herr wollte sogleich benachrichtigt werden, wenn Ihr aufsteht. Auch die Hausherrin weiß schon Bescheid.«

Als ihre Haare getrocknet waren, half Agnes ihr in das Kleid und steckte ihr notdürftig die abgeschnittenen Haare zusammen; dann legte Jakoba zum ersten Mal seit Wochen wieder das schmale Gebende an. Gerade wollte sie ihre Salbentiegel und Ölfläschchen wegstellen, als, ohne anzuklopfen, zwei hochgewachsene Damen eintraten. Die Frauen waren unverkennbar Mutter und Tochter. Die Ältere war dunkel und hochgeschlossen gekleidet, trug ein perlenbesetztes Gebende und hielt zierlich ein Seidentuch in einer Hand. Die Jüngere war etwa in Jakobas Alter. Ein Kleid aus feinstem Samt umschmeichelte ihre Figur, und die blonden Haare fielen in perfekten Wellen auf die halb nackten Schultern.

Unterwürfig knickste Agnes. Das mussten die Damen des Hauses sein, also beugte auch Jakoba die Knie. »Bonjour, Comtesse d'Obazine. Ich wollte mich eben auf den Weg zu Euch machen. Ich danke Euch sehr für die gastfreundliche Aufnahme«, sagte sie.

Statt einer Begrüßung wedelte die Ältere mit dem Taschentuch in Richtung des Medizinkästchens und fragte harsch: »Was ist das hier? Doch nicht etwa Gift?«

»Oh nein!« Jakoba lächelte, um die Feindseligkeit aus der Begrüßung zu nehmen. »Das sind Heilkräuter, gesund machende Salben und wirkmächtige Arzneien.«

»Und was habt Ihr damit vor?«

»Ich verstehe mich auf die Heilkunst.«

»Und das sollen wir Euch glauben? Ihr seht gar nicht so aus!«, bemerkte die Jüngere skeptisch.

»Ich habe mich schon als junges Mädchen für die Heilkunst interessiert und durfte von verschiedenen Heilkundigen lernen«, versicherte Jakoba ihr schnell. Aufs Geratewohl zog sie einige Phiolen und eine Weißblechdose aus dem Kästchen. »Seht her, Veilchen-Öl und Meereszwiebel-Pastillen. Und hier: der Theriak des Andromachus, die Arznei der Könige.«

Die Ältere musterte sie mit dem scharfen Blick eines Falken. Ihr Mund war zusammengezogen, als hätte sie in etwas Saures gebissen, aber die Falten verrieten, dass dies ihr gewohnter Gesichtsausdruck war. »Ausgerechnet Ihr sollt diese Kostbarkeiten besitzen? Oder schickt mein Onkel mir eine Giftmischerin, um meinem Leben ein Ende zu bereiten?« Sie hüstelte so krampfhaft, dass ihr Gesicht anschwoll und sie das Seidentuch vor den Mund pressen musste.

Verunsichert packte Jakoba ihre Arzneien weg. »Ich kenne Euren Onkel nicht mal. Hat Messire Roger Euch denn nicht gesagt, wer ich bin?« Sie straffte sich. »Aber ich will Euch weder zur Last fallen noch Euch beunruhigen. Ich verlasse sofort Euer Haus, wenn das Euer Wunsch ist.«

Mit gespitzten Lippen sah die Ältere sie an. »Mein Sohn und sein Gefährte Roger haben sich für Euch eingesetzt. Sie sagten,

Ihr seid eine junge Adelige, die ein ungünstiges Schicksal hierher verschlagen hat und die nun darauf wartet, von ihrer Familie abgeholt zu werden.«

So hätte Jakoba es nicht gerade ausgedrückt, und auf keinen Fall wollte sie ihre Familie hier sehen. Vom Beginn ihrer Flucht an hatte sie sich immer mehr in Lügen verstrickt, und sie sehnte sich danach, die Wahrheit sagen zu dürfen. Trotzdem senkte sie zustimmend das Haupt. »Ich bin Jakoba aus dem Hause derer zu Dahlenburg. Mein Bruder ist ein Gefolgsmann des Herzogs von Lüneburg.«

»Ihr tragt das Gebende der verheirateten Frau, dürfte ich erfahren, was mit Eurem Mann geschehen ist?«, forschte die Ältere nach.

Immer diese Lügen! Wie schwer es Jakoba inzwischen fiel, die Unwahrheit zu sagen und anderen etwas vorzuspielen. »Mein Mann und mein Sohn starben bei einem Unfall.«

»Unfall? Oder nahmen sie vielleicht etwas Falsches zu sich?«, stichelte die Jüngere.

Jetzt hatte Jakoba genug. »Wollt Ihr mich beleidigen? Damit Ihr es genau wisst: Wir wurden angegriffen, ein Feuer brach aus, und sie kamen in den Flammen um.« Sie nahm das Medizinkästchen auf, bereit zu gehen.

In diesem Augenblick trat ein Diener ein. »Die Herren Thierry und Roger machen Euch ihre Aufwartung, Herrin«, kündigte er an.

»Bring sie schon in den Saal, wir kommen gleich.« Die Ältere wandte sich noch einmal Jakoba zu. »Bleibt unser Gast. Ich glaube Euch – zumindest glaube ich, dass Euch nichts Böses hierher getrieben hat. Begleitet uns.«

Die Damen rauschten voraus. Jakoba folgte ihnen, noch immer zitternd über die Verdächtigungen. Sie gingen an verschlossenen Türen und weiten Treppen vorbei; kleine Fenster öffneten den Blick zu einem Hinterhof, der von der Stadtmauer begrenzt wurde. Das Haus war beeindruckend groß, wirkte aber verlassen. Trotz des Sommers war es kalt in den Gängen. Selbst in dem großen und mit prächtigen Wandbehängen geschmückten Saal waren die Fensterläden geschlossen, und ein Feuer prasselte im Kamin.

Die Männer warteten bereits. Roger hatte seine Rüstung gegen einen leichten Waffenrock getauscht. Sein Aussehen erinnerte sie an Venedig, und tatsächlich schien auch sein Benehmen heute etwas Geschmeidigeres zu haben. Ebenso ehrerbietig wie galant begrüßte er die Damen des Hauses, dann erst wandte er sich Jakoba zu. »Geht es Euch besser? Ist Euch noch etwas eingefallen, das uns dienlich sein könnte?«, fragte Roger leise.

»Ich habe ganz vergessen, Euch Arnolds weitere Pergamente …«

Ehe Jakoba ausreden konnte, schritt die Ältere auf sie zu. »Wir bekommen Euch nur noch so selten zu Gesicht, mein Lieber«, sprach sie Roger leutselig an. »Ich habe meinem Sohn schon häufig aufgetragen, Euch mitzubringen, vor allem Violante vermisst Eure anregende Gesellschaft sehr. Ihr …« Ein Hustenanfall unterbrach ihre Rede, was ihr sehr peinlich zu sein schien. »Ihr bleibt doch mit Thierry zum Essen?«

»Die Vorbereitungen auf den Heerzug lassen mir leider nur wenig Zeit, Eure Gesellschaft zu genießen. Wir werden schon bald gen Flandern aufbrechen. Ich wollte mich nur nach Domina Jakobas Befinden erkundigen. Sie hat eine Nachricht von einem gemeinsamen Bekannten für mich.«

Die Jüngere legte nun grazil die Hand auf seinen Arm. »Nur für diese Dame seid Ihr also hier? Wie unartig von Euch, wo ich unsere Plaudereien doch stets so sehr genieße«, neckte sie ihn.

Roger deutete einen Handkuss an. »Ihr missversteht mich, liebe Violante. Natürlich ist jedes Zusammentreffen mit Euch ein Gewinn. Allerdings fürchte ich, dass es eine wichtige Nachricht sein könnte, die Domina Jakoba für mich hat.«

»Was könnte wichtiger sein, als mit uns zu speisen?«, fragte die Ältere pikiert. »Erzählt mir, lieber Roger, was im Haus des Herzogs vor sich geht …«

»Wie du weißt, Mutter, zieht der König erste Truppen zusammen«, sagte Thierry rasch. »Wir werden mit fünfhundert Reitern aufbrechen. Die ganze Zeit üben wir uns schon in den Kampfkünsten, damit wir die feindlichen Truppen überwinden können. Und ich wage zu sagen, dass uns dieses Mal niemand gefährlich werden kann. Ich persönlich …«

Jakoba wunderte sich. Im Kampf hatte sie Thierry als rücksichtslos erlebt, aber seiner Mutter gegenüber schien er geradezu handzahm. Comtesse d'Obazine hörte jedoch kaum hin, sondern plauderte mit Roger weiter.

Nun schwangen die Türen zu einem weiteren Saal auf, und Harfenmusik erklang. Über einer gedeckten Tafel schimmerte Silbergeschirr im Schein der Kerzenleuchter. Die Hausherrin hakte sich bei Roger ein. »Das Essen ist bereit. Wollen wir?«

»Aber Mutter, unsere Kampfübungen …«, wollte ihr Sohn einwenden, doch sie unterbrach ihn.

»Für ein gepflegtes Mahl ist immer Zeit! Ich halte diesen Aufmarsch wirklich für eine Narretei. Wenn man bedenkt, wie viele Leben und wie viel Geld in den letzten Jahren in Flandern geopfert worden sind!«, sagte sie und führte Roger in den Speisesaal.

Jakoba bemerkte den entnervten Blick, den der Bärtige Roger zuwarf, aber dann gingen sie doch alle gemeinsam zu Tisch. Niemand außer Jakoba schien sich darüber zu wundern, dass die Hausherrin von einer Magd jedes Gericht vorkosten ließ; ihre Furcht vor Giftmischern war wirklich ausgeprägt. Das Essen war ausgezeichnet und die musikalische Begleitung angenehm, wenn sie auch die rauchige Kaminluft als drückend empfand. Gerade bei ihrem Husten sollte die Hausherrin die frische Luft suchen! Schwester Walburga hätte ihr sicher sofort tägliche Spaziergänge im Freien verordnet.

Da Jakoba kaum in das Gespräch einbezogen wurde, beobachtete sie, wie unterschiedlich die Sympathien verteilt zu sein schienen: Roger plauderte mit den Damen, und diese lauschten interessiert; die Jüngere himmelte ihn geradezu an. Thierry und Jakoba wurden weitgehend ignoriert. Der Sohn des Hauses berichtete weitschweifig von den Kriegsvorbereitungen, aber nur selten ging jemand auf seine Bemerkungen ein. Immer wieder fing Thierry mit dem Flandernzug an.

»Nun hör doch damit auf! Wenn nur dieser lästige Krieg endlich vorbei wäre!«, rief schließlich die Comtesse gereizt aus.

»Wir alle warten nur darauf, dass dieser Krieg vorbei ist. Erst wenn Flandern befriedet ist, können König Philipp und sein Gefolge ihre Gelübde einlösen und zu einem Kreuzzug aufbrechen, um das Heilige Land aus den Händen der Ungläubigen zu befreien«, beharrte Thierry und wischte Krümel aus seinem wilden Bart.

Die Hausherrin presste das Taschentuch auf den Mund. Dann sagte sie: »Der nächste Kreuzzug – ich kann es nicht mehr hören! Seit Jahren sprechen alle davon, aber niemand scheint ihn wirklich in Angriff nehmen zu wollen. Zwei Könige sind darüber gestorben, Gott sei ihrer Seele gnädig, dahingerafft von Giftmischern und Meuchelmördern …«

»Aber Mutter!«, rief Thierry dazwischen.

»… und ob es diesem König gelingen wird, das Geld zusammenzuhalten, um genügend Truppen zu sammeln, wage ich zu bezweifeln. Er ist ein Verschwender, wie alle Kapetinger!«

»Mutter, es reicht!« Tatsächlich wandte sich das Gespräch anderen Themen zu.

Immer wieder machte Roger Anstalten, das Essen zu beenden und Jakoba beiseite zu bitten, aber stets wurden sie unterbrochen. Schließlich erhob sich Roger. »Ich möchte mich noch kurz mit Domina Jakoba über unseren gemeinsamen Bekannten unterhalten, außerdem hat sie einige Briefe von ihm für mich.

Wenn Ihr erlaubt, gehen wir kurz zu ihrer Kammer und holen sie.«

»Ihr könnt doch die Magd schicken!«, schlug Violante vor.

»Sie wird sie kaum finden«, wandte Jakoba ein, froh, für einige Zeit frischere Luft zu schnappen.

»Ich bin gleich wieder da«, versprach Roger, woraufhin die Damen ihren Widerstand aufgaben.

»Ich werde trotzdem die Magd rufen lassen«, sagte die Hausherrin und läutete ein Glöckchen.

Da Agnes nicht kam, machten sich Jakoba und Roger allein auf den Weg. Sie war nervös. Gleich würde sie ihn alles fragen können, was ihr auf der Seele brannte.

»Es ist so schrecklich stickig in diesem Saal! Warum lässt Madame d'Obazine denn die Fensterläden nicht öffnen, es ist doch Sommer!«, klagte Jakoba leise, um die Stille zu überbrücken, die sich zwischen ihnen ausbreitete.

»Die Comtesse ist von schwacher Konstitution und sehr zugempfindlich. Sie fürchtet stets, dass ihr Husten schlimmer werden könnte«, erklärte Roger.

»Vor allem fürchtet sie Gift. Merkwürdig.«

»Nein, gar nicht. So geht es vielen hier in Paris. Madame d'Obazine ist wohlhabend und wird von ihrem Onkel unter Druck gesetzt, sich in ein Kloster zurückzuziehen und ihm ihren Reichtum zu überlassen ...« Er verlangsamte den Schritt und zögerte. »Wer ist da?«

Vor der Kammer stoben zwei wie ertappt auseinander – Agnes und Paul. Die Situation war eindeutig, denn Wangen und Lippen der Magd leuchteten rot.

Jakoba war wütend. Hatte Paul denn wirklich nichts Besseres zu tun, als die Gastfreundschaft aufs Spiel zu setzen und mit der Magd herumzuschäkern?

»Geh nach den Pferden sehen, und lungere nicht hier herum!«, fauchte Jakoba ihn an.

»Ich habe nichts … Sie hat …«, stammelte Paul.

Wollte er etwa die Schuld auf das Mädchen abwälzen? »Untersteh dich!«, fuhr Jakoba ihn an.

Paul kniff die Lippen zusammen, verschwand aber. Roger und sie gingen hinein. Agnes wartete vor der Tür, damit Jakoba sie rufen konnte, falls ihr Gefahr drohte. Es war merkwürdig, allein mit Roger in ihrer Kammer zu sein; auch er schien sich unwohl zu fühlen, denn er blinzelte nervös. Jakoba brannte darauf zu erfahren, was in dem Päckchen gewesen war. Sie holte die Pergamentrollen hervor und reichte sie Roger, der sie ungelesen in sein Hemd schob.

»Habt Ihr schon etwas über den Überfall herausgefunden? War Euch das Päckchen dabei dienlich? Der Überfall muss mit Arnolds letzter Reise in Verbindung stehen. Ich habe immer gehofft, dass Ihr mehr über Grund und Ziel der Reise wisst. Schließlich brach er direkt nach Eurem Zusammentreffen in Venedig auf«, plapperte Jakoba los, um ihre Nervosität zu überspielen.

Roger drehte an Arnolds Ring, den er nun an seinem Finger trug. Seine Hände waren kräftig, aber nicht zu breit.

Hände, die hart und zart sein können, schoss ihr durch den Kopf, und Hitze stieg in ihr auf.

»Seid versichert, diese Möglichkeit prüfen wir genau«, sagte Roger reserviert.

»Ich habe mich gefragt, was die Männer gesucht haben, was in dem Päckchen ist …«, schob Jakoba nach.

»Selbst wenn ich es dürfte, würde ich es Euch nicht sagen. Ihr seid schon viel zu weit in diese Angelegenheit hineingezogen worden. Unverantwortlich weit – Arnold ist wieder einmal …« Roger machte eine wegwerfende Handbewegung. Es machte den Eindruck, als würde er nicht um den Ziehvater trauern, sondern sei vielmehr wütend auf ihn. »Ist Euch noch etwas eingefallen, das uns bei der Suche nach den Mördern dienlich sein könnte?«, forschte er nach.

»Ihr fragtet mich gestern nach Namen. Einen einzigen habe ich gehört: Heineke. Und noch etwas ist mir aufgefallen: Schwert und Dolch des Anführers waren kostbar.« Genau beschrieb Jakoba die Verzierungen der Waffen. Ein wenig war sie stolz darauf, in der brenzligen Lage so gut aufgepasst zu haben.

Roger war skeptisch: »Frauen pflegen üblicherweise nicht auf derartige Feinheiten zu achten.«

Glaubte er ihr etwa nicht? »Frauen reisen üblicherweise auch nicht nach Venedig oder Paris. Schon gar nicht allein oder als Mann verkleidet«, gab sie spitz zurück. »Mein Vater führte einen geselligen Hof; bei seinen Bohurten und Turnieren ließen sich alle Adeligen der Gegend sehen, die mit Begeisterung Zweihänder und Basilarde vorzeigten. Meine Brüder hatten ebenfalls eine Vorliebe für schöne Waffen.«

»Eure Familie wird sich freuen, Euch bald wiederzusehen. Wie werdet Ihr reisen?«

Er konnte es anscheinend gar nicht erwarten, sie loszuwerden! »Ich habe vorerst nicht vor zu reisen.«

»Ich könnte die Reise für Euch arrangieren. Jemanden finden, der vertrauenswürdig ist und Euch nach Lüneburg bringt. Sorgt Euch nicht um die Kosten. Aus alter Verbundenheit würde ich …«

»Nein, danke!«

Roger zog den Thebal-Ring von einem Finger und steckte ihn auf einen anderen, als würde er ihm nicht passen. Prüfend sah er sie an. »Wie alt seid Ihr, zwanzig vielleicht? Ihr solltet nicht hier sein. Ihr solltet verheiratet sein, Kinder haben …«

Unvernünftigerweise hatte sie mehr Dankbarkeit und Respekt erwartet. »Ich war verheiratet, hatte ein Kind«, schnappte Jakoba. »Und ich glaube kaum, dass Ihr Euch ein Urteil über mich anmaßen dürft.«

»Ich weiß nur, dass Arnold Euch nie in diese Lage hätte bringen dürfen.«

Allmählich platzte ihr der Kragen. »Wie redet Ihr denn von ihm? Als ob sein Tod Euch nichts bedeuten würde! Wisst Ihr eigentlich, was Ihr Arnold bedeutet habt? Und Mona ...«

Er blinzelte heftig. Jemand anders hätte sich vielleicht über diesen kleinen Tic mokiert, aber Jakoba fand, dass diese Angewohnheit seine makellos ritterliche Haltung wohltuend brach. Sie zeigte, dass er nicht vollkommen war, sondern auch Schwäche kannte.

»Ach, kommt mir nicht mit Mona!« Es war, als ob ihm erst jetzt aufgefallen wäre, dass sie fehlte. »Wo steckt sie überhaupt?«

Sosehr sie auch Haltung bewahren wollte, jetzt schossen ihr doch die Tränen in die Augen. »Noch auf dem Sterbebett hat sie von Euch gesprochen. Eine Botschaft hat sie Euch zugedacht. Sie wollte, dass Ihr den Thebal-Ring bekommt. Aber das bedeutet Euch ja ohnehin nichts!« Sie wandte sich ab.

Roger berührte ihre Schulter. »Auch Mona ist tot? Wie ist sie gestorben? Was hat sie gesagt, das für mich sein könnte?«

Jakoba erschauderte, als sie den rauen Klang seiner Stimme hörte und seinen Atem auf ihrem Hals spürte. Sie drehte sich um und sah Roger fest in die Augen. »Ich soll Euch sagen, dass es das wert ist.«

Er blinzelte. Schwieg. Blinzelte wieder. »Dass es das wert ist?«, echote er. »Sonst nichts?«

Jakoba schüttelte den Kopf.

»Für gefühlsduseliges Gewäsch habe ich keine Zeit!«, stieß er hervor.

Wenn das alles war, was er zu sagen hatte, wollte sie keinen Augenblick länger in seiner Nähe sein! »Was seid Ihr nur für ein Eisklotz!«, schimpfte sie und wies ihm wütend die Tür.

Ebenso erbost öffnete er. Agnes zuckte zurück. Hatte sie etwa gelauscht? Roger verließ sie mit einer schroffen Verbeugung.

Jakoba war aufgewühlt. Wie konnte er nur so kalt sein? Was war vorgefallen, dass er so einen Groll gegen Mona hegte? Ihr fiel ein, dass sie vieles anzusprechen vergessen hatte. Was sollte mit Arnolds und Monas weiteren Habseligkeiten geschehen? Warum hatte Mona von Sünde gesprochen? Warum hatte sie die Templer erwähnt? Jetzt war es zu spät für weitere Fragen. Um etwas anderes musste sie sich jedoch kümmern.

»Schick bitte Paul zu mir«, bat sie die Magd.

Wenig später trat Paul ein. Zerknirscht fuhr er sich mit beiden Händen durch die Locken, sodass zum ersten Mal seit Langem mal wieder sein verstümmeltes Ohr zu sehen war. Sofort sprudelte er los: »Vielleicht hätte ich ihr aus dem Weg gehen sollen – nein, schickt mich nicht wieder weg! Agnes passt mich immer wieder ab, fragt, wo wir herkommen, wo ich hin will. Sie lacht mich wegen meiner Aussprache aus – aber nett ist sie doch, irgendwie. Und ehrlich, Domina Jakoba, es ist langweilig hier. Ich kann doch nicht immer nur im Stall bei den Knechten sitzen! Die halten sich für was Besseres und wälzen die unangenehmsten Arbeiten auf mich ab, Ihr glaubt es kaum.«

Jakoba unterdrückte ein Lächeln. Plötzlich sah sie Paul mit Agnes' Augen: ein junger Mann, unfertig noch, aber liebenswert zwischen frech und unsicher schwankend.

Etwas mutiger geworden, trat er auf sie zu. »Ihr habt es gut, badet und werdet in den feinen Salon gebeten, wo es köstliches Essen gibt. Wie Ihr schon duftet! Als wäret Ihr selbst eine Rose!« Er neigte sich ein wenig zu ihr, als wollte er an ihrem Hals schnuppern.

Schlagartig wurde Jakoba sich der Ungeheuerlichkeit dieser Situation bewusst. Wenn Agnes wieder lauschte oder zufällig die Tür öffnete, hätte die Gastfreundschaft ein Ende. »Du vergisst dich schon wieder! Hast du denn gar keinen Anstand!«, fauchte sie impulsiv.

Paul zuckte zurück. »Was habt Ihr denn? Ich habe doch nicht …«

»Agnes!«

Paul starrte sie ungläubig an und stürzte hinaus. Jakoba ließ sich mit zitternden Knien auf das Bett sinken. Sie hatte es doch tatsächlich geschafft, gleich zwei Männer aus ihrer Kammer zu vergraulen! Als sie sich etwas beruhigt hatte, ließ sie sich Feder und Pergament bringen und bat Roger in einem Brief um ein weiteres Gespräch.

In der ersten Woche gefiel Jakoba das ruhige Leben noch, weil sie sich an Leib und Seele erholen konnte, in der zweiten Woche jedoch wurde ihr die Zeit schon lang. Sogar auf die Kirchgänge freute sie sich, weil es die einzigen Stunden waren, in denen sie das Haus verließen. Sie suchten die Kirche Saint-Martin-des-Champs auf, die etwas weiter außerhalb lag, aber zu einer bedeutenden Klosteranlage gehörte. Die Hausherrin und ihre Tochter sah sie zudem zu den Mahlzeiten, aber da Jakoba ihren Fragen über Roger und den geheimnisvollen gemeinsamen Bekannten auswich, waren ihre Gespräche belanglos.

Oft bekamen die Damen Besuch, aber Jakoba wollte sich nicht aufdrängen, zumal die meisten Besucher Adelige auf Brautschau waren, die mit Violante anbändeln wollten. Häufiger Gast zu Tisch war auch der junge Priester Marsilius, der sich mit Bibellektüre und gelehrten Gesprächen den Damen widmete. Die junge Frau genoss es sichtlich, umschwärmt zu werden, trieb aber keine der Verbindungen gezielt voran.

Gelegenheit, mit Paul zu sprechen, hatte Jakoba kaum. Die Knechte wurden von den Damen ferngehalten; doch so konnte er auch keinen Unfug mit Agnes anstellen, die inzwischen in Jakobas Kammer schlief.

Geduldig sah Jakoba ihre Notizen durch und sichtete die ihr verbliebenen Arznei- und Kräutervorräte. Es wurde Zeit, dass sie mit Roger sprach, doch er reagierte nicht auf ihren Brief. Auch Thierry ließ sich nicht mehr im Haus sehen. Vermutlich waren die Ritter gen Flandern unterwegs; ohnehin schienen die Männer die Gesellschaft der Ritter der Familie vorzuziehen.

In der dritten Woche, als Jakoba gerade eine Liste anfertigte, welche Spezereien ihr zur Herstellung eines eigenen Theriaks fehlten, stand plötzlich Agnes in ihrer Kammer. Sie wirkte aufgeregter als sonst. »Ihr kennt Euch doch wirklich mit Heiltränken aus, oder? Paul sagt das zumindest, und ihm glaube ich eigentlich.«

Prüfend sah Jakoba sie an. »Bist du krank? Plagt dich etwas?«

»Nein, um mich geht es nicht. Aber die Comtesse, sie … Ich hörte, wie die Wäscherinnen sich unterhielten – ich habe nicht gelauscht, bestimmt nicht – wenn sie hustet, ist Blut im Seidentuch.«

Jakoba dachte an das Misstrauen der Hausherrin. Sie würde vermutlich keine Hilfe annehmen. »Warum ruft sie keinen Medicus?«

»Die Comtesse traut den Ärzten nicht.« Agnes seufzte. »Ich glaube, sie würde sogar Euch mehr trauen. Paul meint auf jeden Fall, dass man Euch trauen kann.«

Wieder Paul. Anscheinend verbrachten die beiden doch mehr Zeit miteinander, als Jakoba recht sein konnte. Sie schloss das Medizinkästchen und klemmte es sich unter den Arm. Dann lächelte sie Agnes an. »Bring mich zu ihr, dann sehen wir, wie es um ihr Vertrauen bestellt ist.«

Die Haustür stand offen, und ein Knecht fegte den Dreck vor die Tür. Sonnenstrahlen ließen den feinen Staub aufscheinen. Agnes begleitete Jakoba in den Saal und kündigte sie an. Madame d'Obazine saß vor dem Kamin, in dem ein Baumstamm glühte. Die Luft war drückend, kein Wunder, dass der Dame der Schweiß auf der Stirn stand. »Was wollt Ihr? Geht – ich fühle mich nicht gut. Ich habe meine Tochter auch schon weggeschickt«, sagte sie matt.

»Eben deshalb bin ich hier. Agnes sorgt sich um Euch.«

»Und Ihr wollt mir helfen, wie? Ich weiß schon, was mir guttut – die Hitze ist es. Sie wird das Blut in meinem Inneren austrocknen.«

Jakoba zog sich einen Schemel heran und setzte sich. Als Madame d'Obazine nicht protestierte, befragte sie sie behutsam. Beiläufig, als plauderten sie nur ein wenig, fand sie immer mehr über den Gesundheitszustand ihrer Gastgeberin heraus. Auch auf Jakobas Haut prickelte der Schweiß, und es kam ihr vor, als bekäme sie zu wenig Luft. »Darf ich ein wenig das Fenster öffnen?«

»Lieber nicht. Wenn ich mich verkühle, ist es bald ganz um mich geschehen.«

»Der heilige Benedikt sagt, dass frische Luft die Heilung fördert.«

»Nun gut, ein wenig aber nur …«

Jakoba öffnete den Fensterladen. Zu ihrem Erstaunen erblickte sie einen kleinen Innenhof, in dem Wildwuchs herrschte. Verwitterte, von Klettkraut und Efeu überwucherte Flechtzäune unterteilten die Fläche und krochen an der Stadtmauer hoch. »War das früher einmal ein Kräutergarten?«, fragte Jakoba staunend.

Wieder hüstelte Madame d'Obazine. »In der Tat. Mein Mann ließ ihn anlegen. Jetzt baut die Köchin nur noch in einer Ecke die Küchenkräuter an, glaube ich.« Sie hustete nun so keuchend, dass ihre Augen hervortraten und sie ihr Taschentuch einblutete.

Jakoba fühlte sich hilflos. So konnte es wirklich nicht weitergehen, sonst würde die Dame sich noch die Lunge aushusten! »Ich würde Euch zur Erleichterung Eures Hustens Schröpfköpfe an der Brust, Senfpackungen an der Kehle, Brustwickel sowie einen Trank aus Thymian und Holunderblüten empfehlen, dazu zur allgemeinen Stärkung täglich einen Löffel Theriak.«

»Die Brustwickel lasse ich mir ja noch gefallen. Aber ansons-

418

ten … dieser Theriak … Ich werde ganz sicher nichts einnehmen, was ich nicht kenne!«

Jakoba hatte dieses Misstrauen erwartet. »Einer meiner Lehrer hatte ein Äffchen, das die Tränke einnahm und so unter Beweis stellte, dass sie ungiftig waren.« Ein Schatten zog bei der Erinnerung über ihr Gemüt. »Damit kann und will ich nicht dienen. Entweder Ihr vertraut mir oder eben nicht. Ich werde Euch die Brustwickel bereiten. Wollt Ihr dabei zusehen, damit Ihr wisst, was hineinkommt? Andernfalls würde ich Euch raten, Euch inzwischen ins Bett zu begeben; dort kann der Wickel besser einwirken.«

Madame d'Obazine ließ sich von einer Dienerin in ihr Gemach bringen, während Jakoba in der Küche den Brustwickel anfertigte. Gerade als sie das duftende heiße Päckchen auflegen wollte, stürzte Violante herein und schob sich zwischen Jakoba und das Krankenbett. »Was tut Ihr da?«, fuhr sie Jakoba an. Und dann zu ihrer Mutter: »Du wolltest doch nicht, dass sie …«

»Lass nur, Kind. So kann es ja nicht weitergehen.«

»Ich lasse einen Medicus rufen! Ich schicke jemanden zur medizinischen Fakultät der Universität, dort sollen sie mir den besten Arzt empfehlen, den Paris zu bieten hat!«

»Einen dieser Quacksalber etwa, die nicht einmal unseren Königen helfen konnten? Die mir auf diese Art und Weise nur das Geld aus der Tasche ziehen? Die meinen faltigen Körper begutachten und sich nachher darüber mokieren? Nein, das möchte ich nicht. Riechst du nicht, wie wohltuend die Kräuter duften?«

Als Jakoba den Brustwickel auflegte, zuckte Madame d'Obazine zunächst wegen der ungewohnten Wärme zusammen, aber dann seufzte sie schwer. »Wie gut das tut! Jakoba, Ihr hattet recht …«

Am nächsten Tag konnte Jakoba die Comtesse überreden, ein paar Schritte in den Hof zu gehen. »Ich muss mich für diesen

Anblick entschuldigen. Hier sieht es ja wirklich fürchterlich aus, was macht das für einen Eindruck!«, sagte die Dame und stützte sich gleich darauf auf Jakobas Arm, weil sie ein Hustenanfall schüttelte. »Nach dem Tod meines Mannes mochte ich von diesem Kräutergarten nichts mehr wissen. Ich wollte ihn einfach nicht mehr sehen, deshalb wurde er vernachlässigt.«

»Ihr braucht Euch nicht zu rechtfertigen. Ich weiß, wie man sich fühlt, wenn man verliert, was man liebt. Die Welt wird nie wieder ganz heil, so erscheint es einem zumindest«, sagte Jakoba und dachte an ihren geliebten Sohn. Sie sah Willekin vor ihrem inneren Auge, sah vor sich, wie er durch das hohe Gras am Fluss lief und sich im Schilf versteckte, wie er giggelte, wenn sie ihn herumschwenkte, und ein Lächeln huschte über ihr Gesicht.

Von der Seite sah die Comtesse sie an. »Ihr wirkt aber gerade nicht traurig, sondern eher versöhnt.«

Jakoba bückte sich, um den Efeu auszurupfen, der den Weg überwucherte. »Versöhnt? Das nicht. Aber ich habe gelernt, nach dem Verlust meines Kindes weiterzuleben.« Bei Tageslicht sah sie, dass das Gesicht der Hausherrin von Fältchen überzogen und der Haaransatz vom modischen Auszupfen der Haare weit zurückgewichen war. »Das Leben ist ein Geschenk – es wäre Verschwendung und zugleich undankbar, es nicht auszukosten.«

»Ihr seid eine ungewöhnliche junge Frau.«

Noch einmal riss Jakoba an dem Efeu. Jetzt schien ein gelb blühendes Gesträuch zwischen den verdorrten Blättern auf. »Das ist vermutlich wahr. Oh, seht nur – schwarzer Senf. Und was für eine kräftige Pflanze! Ihr hat der Schutz durch das Laub gutgetan!«

»Seht Ihr, genauso wie dieses Pflänzchen habe ich mich auch vor den Unbilden der Witterung geschützt«, meinte Madame d'Obazine.

»Ein wenig Schutz zur rechten Zeit ist gut. Aber man darf den Körper auch nicht zu sehr verweichlichen.«

Madame d'Obazine lächelte. »Ihr seid streng mit mir.«

»Oh nein, ich möchte nur, dass Ihr wieder gesund werdet.«

Sie gingen nun weiter. »Dieser Husten ist hartnäckig. Er plagt mich schon Jahre.«

»Schlimm genug. Dann wird es höchste Zeit, dass er verschwindet.«

Die Dame blieb stehen und verschnaufte etwas.

»Lasst uns zurückgehen, und ruht dann aus. Ich werde den nächsten Brustwickel für Euch bereiten«, schlug Jakoba vor.

»Denkt Ihr denn, mit den Brustwickeln ist es getan?«

Jakoba wog ihre Worte ab. »Ich fürchte nicht. Um es genau zu wissen, müsste ich Euer Blut und Euren Urin prüfen. Zudem empfehle ich nach wie vor den Theriak.«

»Blut und Urin prüfen? Ist das nicht den studierten Ärzten vorbehalten?«

Jakoba hob die Schulter. »Das weiß ich nicht. Ich weiß nur, dass ich mich auf diese Kunst verstehe.«

Madame d'Obazine spitzte die Lippen, und Jakoba war sicher, dass sie ablehnen würde. Dann aber sagte die Dame: »Tut, was Ihr nicht lassen könnt. Besser Ihr als einer dieser gelehrten Herren, die Frauen nur für eine Hülle voller Schleim und Eingeweiden halten.«

Während die Kranke mit dem Brustwickel ruhte, nahm Jakoba die Harnschau vor. Anschließend prüfte sie, welche Zeit und welcher Ort am besten für den Aderlass wären. Mit ihrem Lässeisen und eigens ausgewählten Arzneien machte sie sich auf ins Zimmer der Hausherrin. Sie war aufgeregt, weil sie eine Ader öffnen musste, aber alles ging gut. Sogar einen Löffel Theriak ließ Madame d'Obazine sich zum Entsetzen ihrer Tochter verabreichen.

So ging die dritte Woche zu Ende. Endlich, am Sonntag, stand Roger überraschend im Salon des Hauses. In aufgeräumter

Stimmung plauderte er mit den Damen. »Ich möchte Euren Gast zu einem Ausritt abholen. Domina Jakoba hat ja noch fast nichts von Paris gesehen. Ihr erlaubt doch?«, wandte er sich an Madame d'Obazine.

»Sicher. Frische Luft wird ihr guttun, nicht wahr?« Die Dame blinzelte Jakoba zu. Sie hustete zwar noch immer, aber der blutige Auswurf war verebbt.

Ihre Tochter durchbohrte Jakoba mit Blicken. »Vergesst aber unser Fest heute Abend nicht, Roger. Ich rechne fest mit Euch.«

»Ich kann es kaum erwarten, mit Euch zu tanzen, liebe Violante«, sagte Roger galant, bot aber Jakoba den Arm und führte sie hinaus. Paul wartete bereits im Stall mit den Pferden, auch Agnes stand bereit.

Der Himmel war wie blank geputzt. Sie ritten die Rue Saint Martin hinunter, die sie am himmelhohen Turm Saint-Jacques vorbei direkt zum Fluss führte. Am Seine-Ufer herrschte rege Betriebsamkeit. Unzählige Handelsschiffe verschiedenster Größe hatten hier angelegt. Den Eingang einer mit Häusern bebauten Brücke flankierte ein Kastell, das Châtelet, Sitz der königlichen Gerichtsbarkeit und Gefängnis, wie Roger erklärte. Da heute die Arbeit ruhte, flanierten am Ufer Paare, und Familien gaben sich Kegelspielen und Federball hin.

Nebeneinander schritten ihre Pferde einher in Richtung Louvre, während Paul und Agnes ihnen in einigem Abstand folgten. Jakoba entschloss sich, Roger nicht mehr zu grollen, sondern den schönen Tag zu genießen. Wie glücklich sie sich schätzen konnte, dass sie all ihre Abenteuer gesund überstanden hatte!

»Ich bin Euch sehr dankbar, dass Ihr meiner Bitte nachgekommen seid. Es ist ein wunderbarer Einfall mit dem Ausritt. Ich gestehe, dass ich es nicht mehr gewöhnt bin, den ganzen Tag im Haus zu verbringen.«

Roger bedachte sie mit einem leicht missbilligenden Blick.

»Nein, bitte – schimpft nicht gleich wieder auf Arnold«, kam sie ihm zuvor. »Ich wollte ihn unbedingt begleiten, wollte unbedingt sein Lehrling sein. Überhaupt bin ich dankbar, dass ich Arnold und Mona kennenlernen durfte. Sie waren wunderbare Menschen.«

Roger protestierte dieses Mal nicht. »Erzählt mir von Euren Reisen. Wo habt Ihr Arnold kennengelernt? Erinnere ich mich recht, dass es in Magdeburg war?«

»Nein, genaugenommen haben wir ihn schon ein paar Tage früher getroffen, an einem Fluss zwischen Lüneburg und Ebbekestorpe. Wir hörten einen Hilfeschrei und eilten los, um zu helfen, aber es war nur Arnold, der sich in der Plane seines Kobelwagens verfangen hatte.« Sie musste bei der Erinnerung lachen und steckte Roger damit an. Ihr ging auf, dass es das erste Mal war, dass er in ihrer Gegenwart so fröhlich war. Er hatte ein schönes Lachen, das tief aus seinem Herzen zu kommen schien.

»Ja, Arnold war etwas tollpatschig, was Alltägliches anging. Wie oft waren sein Wams falsch geknöpft oder die Beinlinge schief angenestelt! Einmal, ich war noch ein Junge, wollte Arnold mir zeigen, wie man Fährten liest. Leider übersah er dabei einen Graben und landete hüfttief im Matsch. Ich bekam einen Lachanfall – sosehr ich mich auch zusammenreißen wollte, war ich doch machtlos. Erst zürnte er mir, aber dann lachte er einfach mit. Als ich ihm aufhelfen wollte«, Roger schmunzelte nun in der Erinnerung, »nun ja, Ihr könnt Euch sicher vorstellen, was passierte.«

»Ihr beide, matschbeschmiert von Kopf bis Fuß, das muss ein lustiger Anblick gewesen sein. Da wäre ich gerne dabei gewesen«, sagte Jakoba lächelnd.

Er blinzelte sie an. Seine Lippen waren geschwungen wie ein Eibenbogen, die Zahnreihe dahinter war weiß und vollständig. »Ich glaube kaum, dass Ihr trocken davongekommen wäret – in der Stimmung, in der wir waren! Ein anderes Mal wollte Arnold ...«

Noch lange erzählte er von seinem Ziehvater, und es beflügelte sie beide, ihre Erinnerungen auszutauschen. Sie ritten noch ein Stück und setzten sich dann am Flussufer ins Gras.

Vor ihnen tat sich das Panorama von Paris auf. Roger beschrieb ihr das Zentrum von Paris, die Île de la Cité, die dem König und den Bischöfen gehörte, mit der Kathedrale Notre-Dame, die Bürgerstadt auf dem rechten Ufer und das Viertel der Gelehrten und Studenten auf der linken Flussseite. Trotz der Größe war Paris von hier aus erstaunlich grün, umgeben von Hügeln und Weinbergen. Direkt gegenüber lag auf der Seine-Insel der königliche Garten.

Jakoba fühlte sich ihm sehr nah. Roger war sehr ernsthaft und schien hohe Ansprüche an sich und andere zu stellen. Gleich bei der ersten Begegnung hatte sie sich von ihm angezogen gefühlt, und jetzt konnte sie sich kaum mehr vorstellen, dass er der Verführer war, für den sie ihn gehalten hatte. Aber warum hatten ihn in Venedig die beiden jungen Damen so umflattert? »Violante hält große Stücke auf Euch«, sagte sie.

»Ich kenne sie und ihren Bruder Thierry schon viele Jahre. Manchmal glaube ich, ich bin wie ein weiterer Bruder für sie.«

Jakoba dachte an die ganz und gar nicht schwesterlichen Blicke, mit denen Violante ihn bedacht hatte, wollte ihn damit aber jetzt nicht behelligen. »Was ist mit Eurer eigenen Familie?«, fragte sie stattdessen.

»Meine Eltern sind tot, ebenso mein älterer Bruder. Da unser Besitz nicht allzu viel abwirft, verdinge ich mich beim Herzog von Clermont, in dessen Haus Ihr mich aufgesucht habt.« Einen Augenblick schwieg er nachdenklich. »Ihr habt mich ›Eisklotz‹ genannt. Gestattet, dass ich mich verteidige. Für viele Jahre war Arnold der wichtigste Mensch in meinem Leben. Mein Vorbild. Als es zum Bruch kam, litten wir beide schrecklich, glaubt es mir. Es dauerte Jahre, bis wir überhaupt wieder miteinander sprechen konnten. Ich bedaure seinen Tod zutiefst.«

»Hatte Euer Bruch mit Mona zu tun?«

Er nickte, erhob sich aber aus dem Gras. Dieser Teil des Gesprächs schien ihm nicht zu gefallen. Trotzdem hielt er Jakoba galant die Hand hin, um ihr aufzuhelfen.

»Kurz bevor Mona starb, erwähnte sie die Templer – ganz so, als habe Arnold mit ihnen zu tun gehabt. Dabei gibt es meines Wissens diesen Orden gar nicht mehr«, sprach Jakoba aus, was sie seit Langem beschäftigte.

Rogers Blick ging in die Ferne. Eine Fähre pendelte zwischen den Ufern. »Der Orden der Tempelritter ist schon vor Jahren aufgelöst worden. Vermutlich waren Monas Sinne bereits verwirrt.« Er wandte sich seinem Pferd zu.

Es tat ihr leid, dass sie ihn verschreckt hatte. »Ich führe noch immer Arnolds Medizinkästchen und andere Habseligkeiten mit mir. Würdet Ihr diese seinen Erben übergeben? Er erwähnte oft seine große Familie, aber ich hatte nicht die Ehre, sie kennenzulernen«, sagte sie. »Außerdem: Was ist mit Monas Nachlass? Und den Pferden?«

»Arnolds Familie?«, wiederholte Roger geistesabwesend. »Ich habe im Augenblick nicht die Zeit, mich damit zu befassen.«

»Ich könnte den Nachlass einstweilen verwahren«, bot Jakoba an.

»Was habt Ihr damit vor? Ihr wollt doch nicht etwa … medizinisch tätig werden?«

Jakoba lächelte unschuldig. Offenbar hatte die Comtesse über ihr Gebrechen Stillschweigen bewahrt. Ihr konnte es nur recht sein.

Seine Augen blieben an ihren Lippen hängen, dann wanderten sie weiter zu Paul, der mit der Magd scherzte. »Ich glaube, Ihr verkennt den Ernst Eurer Lage, Domina Jakoba. Ihr seid auf die Mildtätigkeit einer fremden Familie und das Wohlwollen aller angewiesen. Seht Ihr diesen Palast und den Turm dort? Kennt Ihr seine Geschichte?« Er wies auf ein wehrhaftes turmgeschmücktes Gebäude auf dem gegenüberliegenden Flussufer. Als sie verneinte, sprach er weiter: »Es handelt sich um das Hôtel de Nesle. In diesem Palast sollen vor etwa fünf Jahren zwei Schwiegertöchter König Philipps des Schönen Ehebruch begangen haben. Es gab einen Skandal, und die jungen Männer wurden auf barbarische Weise hingerichtet. Man folterte sie, häutete sie und schnitt ihnen das Gemächt ab. Die Reinheit der Dynastie der Kapetinger dürfe nicht gefährdet werden, hieß es.« Eindringlich sah Roger sie an. Jakoba schluckte entsetzt. »Verzeiht meine drastische Schilderung, aber ich fürchte, sie ist nötig. Paris ist eine große Stadt, eine freie Stadt. Doch auch hier gelten moralische Grundsätze. Eine Adelige kann nicht einfach so als Medica arbeiten. Und ein mittelloser Knecht kann nicht ungestraft mit einer Magd anbändeln.«

Bei seinen Worten war Jakoba kalt geworden. Wo sollte sie hin, wenn ihre Gastgeber sie auf die Straße setzten? Sie hatte kein Geld, keinen Besitz, nichts. Welche Strafe würde ihr drohen, wenn sie je nach Lüneburg zurückkehrte? Wie würde Gott sie für ihre Sünden strafen? Oder würde sie wie Mona, wenn sie das Leben aushauchte, sagen können, dass sich ihr Fehlverhalten gelohnt hatte?

Jakoba straffte die Schultern. Sie würde sich keine Angst einjagen lassen. Nicht mehr. Ernüchtert sah sie an Roger vorbei. »Was Paul angeht, mögt Ihr recht haben. Er ist ein vielversprechender junger Mann, der es nie leicht gehabt hat. Ein Waise und mittellos dazu. Arnold und mir stand er stets treu und mutig zur Seite.« Jetzt hielt ihr Blick Rogers fest. Es war ihr egal, ob er sie verurteilen würde, aber Pauls Leben konnte sie vielleicht noch zum Besseren wenden. »Ich stimme Eurem unausgesprochenen Vorwurf zu: Ich bin der Verantwortung für Paul nicht gewachsen. Deshalb möchte ich Euch bitten, dass Ihr Euch seiner annehmt. So hat er wenigstens die Hoffnung, eines Tages ein geachtetes Leben zu führen. Er wird Euch nicht enttäuschen.«

Als sie zurückkamen, spielten die Musiker bereits auf. Kostbar gewandete Herrschaften tummelten sich im Haus, an vielen Tischen wurde getafelt und gewürfelt. Comtesse d'Obazine schien wohlauf zu sein. Demoiselle Violante plauderte mit einem jungen blond gelockten Mann, dessen Haare vom häufigen Gebrauch des Brenneisens stumpf wirkten. Auch Violante war festlich herausgeputzt. Sie trug ein fließendes Oberkleid, das durch Halsausschnitt und Armlöcher dezente Einblicke auf ihr durchscheinendes Leibhemd bot.

Freudig nahm Violante Roger wieder in Empfang. Zu Jakoba sagte sie: »Ihr seid sicher von Eurem Ausritt erschöpft und möchtet Euch zurückziehen.«

Jakoba neigte fügsam das Haupt – auf keinen Fall wollte sie ihre Gastgeberinnen verärgern.

An diesem Abend klopfte Paul an Jakobas Tür, um sich zu verabschieden. »Ihr schickt mich weg«, sagte er und zupfte betrübt an seinem vernarbten Ohr. »Womit habe ich das verdient? Ich wollte Euch nicht zu nahe treten, Euch nicht brüskieren.«

Seine Trauer traf sie. Zart legte sie die Hand auf seinen Unterarm. »Das ist nicht der Grund, warum ich dich gehen lasse. Du warst mir ein guter Gefährte. Du hast mehr verdient, als hier bei den Knechten zu versauern«, sagte Jakoba beklommen.

Sie war ein weites, beschwerliches Stück ihres Weges mit Paul gegangen. Sie hatte ihn in die Höhe schießen und reifen sehen. Und jetzt würde sie ihn verlieren. »Ich lasse dich nicht gern gehen. Und ich wünschte, ich könnte mehr für dich tun.«

»Ihr wisst … Ich bin immer für Euch da … was auch passiert.« Paul ruckte mit den Armen. Fast glaubte sie, er wollte sie zum Abschied umarmen, doch dann warf er sich den Beutel mit dem Pagenanzug, aus dem er längst herausgewachsen war, über die Schulter. Auch Frühwach, sein Reisepferd, würde er mitnehmen. »Passt auf Euch auf«, sagte Paul noch, dann war er fort.

24

Jakoba begann, in Begleitung ihrer Magd durch die Stadtviertel zu streifen. Sie wählte die Stunden nach dem Kirchgang aus, in denen die Damen des Hauses nicht gestört werden wollten. Niemand würde bemerken, dass sie sich nicht in ihre Kammer zurückgezogen hatte; zu unwichtig war sie im Gefüge dieses Haushalts.

Zunächst erkundete sie die Gassen um das Wohnhaus, dann schlug sie weite Kreise. Ihre Wege waren wie die Spirale eines Schneckenhauses, die sich immer mehr von ihrem Ausgangspunkt entfernte. Während Roger in einer feinen Gegend von Paris untergekommen war, mischten sich im Umfeld des Hauses der Comtesse die Schichten. Es gab mehr Handwerker, Arme und Bettler. Viele Häuser waren baufällig und bis unters Dach belegt, was dazu führte, dass sich der Dreck unter den Fenstern bisweilen wadenhoch türmte.

Außerhalb der Stadtmauer und selbst durch hohe Mauern geschützt, lag der Templer-Bezirk. Die Ritter des Templerordens hatten das Land dem Sumpf abgetrotzt und bebauen lassen, doch seit der Zerschlagung des Ordens gehörte der Bezirk der Königsfamilie.

Agnes war nicht wohl dabei, sie dorthin zu begleiten, und sie beklagte sich oft über diese Zumutung; vor allem aber schien sie es Jakoba nachzutragen, dass sie Paul hatte gehen lassen. »Es mag ja dort, wo Ihr herkommt, nicht bekannt sein, aber es schickt sich nicht, dass eine Dame einfach so durch die Straßen wandert. Zu groß ist die Gefahr, überfallen zu werden«, klagte Agnes, als sie wieder einmal aufbrachen.

Jakoba musste schmunzeln. »Da, wo ich herkomme, schickt es sich ebenfalls nicht. Wenn es dir so zuwider ist, warum begleitest du mich überhaupt?«

Entsetzt sah die junge Magd sie an. »Ich kann Euch doch nicht allein gehen lassen! Messire d'Aval würde mir Vorwürfe machen, und ich hätte keine ruhige Minute, bis Ihr wieder da wärt. Außerdem hoffe ich jedes Mal, dass wir Paul einen Besuch abstatten.« Neugierig sah sie Jakoba ins Gesicht. »Ihr möchtet doch sicher auch gern wissen, wie es ihm geht?«

»Selbstverständlich. Dass wir einfach im Hôtel du Bourbon auftauchen, halte ich aber nun wirklich für unschicklich.«

Agnes seufzte. »Sucht Ihr denn nach etwas Bestimmtem oder geht Ihr nur, um mir Verdruss zu bereiten?«

Jetzt musste Jakoba lachen. Weil sich die Menschen pikiert nach ihr umdrehten, hob sie die Kante ihres Umhangs vor den Mund. »Nur um dich zu ärgern, natürlich. Nein, im Ernst: Ich schaue mich nach Spezereienhändlern um, weil ich einige Kräuter benötige.«

Entrüstet sah Agnes sie an: »Warum sagt Ihr das denn nicht gleich? Dann weise ich Euch den Weg, und wir sind ganz schnell wieder zu Hause!« Abrupt wandte sie sich um.

Jakoba tat es ihr nach. Vor ihnen sprang jemand hinter die nächste Hausecke. Von einem unguten Gefühl getrieben, lief Jakoba ihm nach. Kurz sah sie die Hälfte eines Gesichts unter einer Kapuze aufscheinen – dann rannte der Mann davon. Jakoba erstarrte. War das Vidal? Was wollte der Schutzreiter hier in Paris? Hatte er sie etwa verfolgt? Sie raffte ihren Rock und lief ihm nach.

»Nicht, Domina – bleibt hier!«, rief Agnes und folgte ihr dann doch.

Bald wurde die Gegend so finster, dass selbst Jakoba sich nicht weitertraute. Ohne Paul und jedwede Waffe waren sie eine allzu leichte Beute. Sie kamen an einem Hauseingang vorbei, in dem ein Paar sich ungeniert umschlang. An der nächsten Ecke trat ein Mann aus dem Hauseingang, starrte sie an und pfiff durch die Zähne. Ängstlich und außer Atem klammerte sich Agnes an sie. Wieder lief Jakoba voraus, bis sie eine breitere Straße erreicht hatten. Dort atmete sie auf. Sicher hatte sie sich geirrt. Sie hatte nicht viel von dem Gesicht erkennen können. Wahrscheinlich war es nur ein einfacher Beutelschneider gewesen, der sie ausgespäht hatte.

»Wir sollten tatsächlich Paul aufsuchen«, sagte sie dennoch.

Dieses Mal hatte Agnes nichts gegen einen weiteren Spaziergang.

»Seid Ihr ganz sicher?« Alarmiert blickte Paul sie an. Er hatte im Stall des Palastes die Pferde versorgt, während sich die Knappen im Ringkampf übten. Sein Oberkörper war nackt und glänzend, und Jakoba bemerkte, dass Agnes den Blick gar nicht von ihm abwenden konnte.

»Eigentlich nicht«, musste Jakoba eingestehen. Inzwischen kam ihr der Verdacht gänzlich unbegründet vor.

»Andererseits habt Ihr Euch schon oft verfolgt gefühlt.«

Sie zwang sich zu einem Lächeln. »So oft, dass ich es selbst schon nicht mehr ernst nehme.«

»Das müsst Ihr aber«, sagte Paul besorgt. »Vielleicht ist Vidal nach wie vor auf die Belohnung aus, wer weiß das schon. Wenn ich Gelegenheit dazu habe, werde ich mich in dem Viertel nach ihm umhören.« Er zog das Messer aus dem Gürtel, das er von Meister Arnold bekommen hatte, und reichte es Jakoba. »Nehmt es, ich habe hier bessere Waffen, und Euch kann es nützlich sein.« Anschließend legte er die Hand auf Agnes' Schulter. »Und du musst gut auf die Herrin achtgeben – und auf dich natürlich auch«, setzte er hinzu.

Die Wangen der Magd färbten sich merklich.

Jakoba ließ das Messer in ihrem Ärmel verschwinden. Es

rührte sie, dass Paul es ihr lieh. Noch einmal sah sie sich um. »Ist Messire Roger nicht im Hause?«

Pauls Gesicht verschloss sich. »Messire hat einen wichtigen Botendienst übernommen. Er ist der schnellste Reiter weit und breit. Ich werde von ihm lernen, was dabei zu beachten ist, wie ich überhaupt hier sehr viel lerne.« Er neigte das Haupt. Noch einmal warf er Agnes einen tiefen Blick zu. »Entschuldigt mich jetzt, ich habe zu tun.«

Als sie am nächsten Tag aus dem Haus gingen, spähten sie unauffällig in alle Richtungen. Nichts Ungewöhnliches war zu sehen. Überhaupt waren die Straßen leer, denn es hatte geregnet. Das Pflaster war noch mehr als üblich verschlammt. Dennoch wollte Jakoba hinaus. Ihr Vorrat an getrockneten Holunderblüten war aufgebraucht, und sie benötigte das Kraut für Madame d'Obazines Tee. Auf Holztrippen stakste sie über den gröbsten Matsch.

»Dass Ihr auch noch bei diesem Wetter losmüsst! Dabei hat es so viel geregnet, dass ich Euch sogar ein Bad bereiten lassen könnte. Die Zisterne ist voll. Aber nein, aber nein!«, lamentierte die Magd.

Ihre Klagen hatten einen ernsten Hintergrund, wie Jakoba inzwischen wusste: Paris war zwar eine Stadt des Überflusses, das Wasser allerdings wurde immer wieder knapp; oft reichte es kaum, um sich waschen und damit kochen zu können. Gerade im Sommer trocknete die Seine oft aus. Und wenn es dann viel regnete, trat der Fluss über die Ufer – mit verheerenden Folgen für Menschen und Bauwerke.

»Du hast gesagt, du wüsstest, wo ein Spezereienhändler zu finden ist. Führ mich hin – umso schneller sind wir wieder zurück«, trieb Jakoba sie an.

»Ich habe mich sogar noch einmal bei anderen Mägden erkundigt. Natürlich gibt es rund um die Universität auf dem linken Ufer welche und auch auf der Petit Pont beim Hôtel-Dieu …«

»Hôtel-Dieu? Ist das eine Kirche?«

Agnes lachte. »Eine Kirche gibt es da auch, Domina Jakoba, aber eigentlich ist es ein Hospital.«

Jakoba machte einen großen Schritt über Pferdeäpfel. »Wenn jeder kranke Pariser dorthin geht, muss es groß sein.«

»Groß? Sehr groß sogar! Sechshundert Kranke finden darin Platz. Es ist so groß, dass tausenddreihundert Besen im Jahr gebraucht werden, um das Spital zu reinigen!«

Der Maßstab trieb Jakoba ein Lächeln ins Gesicht, aber sie beherrschte sich. »Dieses Spital würde ich gerne sehen.«

Die Magd runzelte die Stirn. »Aber bestimmt nicht heute!« Sie hielt ihren Rocksaum zwar hoch, aber trotzdem hingen weite Teile schon nass und befleckt hinunter. Jetzt begann es erneut zu tröpfeln. »Auch das noch!«, rief Agnes aus.

Jakoba prüfte den Himmel. Die Regenwolken zogen schnell, doch es war nicht abzusehen, ob sie bald ein Ende hatten. »Wollen wir zurück?«

»Zurück? Nein! Wir sind ja gleich da, im Laden stellen wir uns unter.«

Sie steuerten auf den Fluss zu. Trotz des Regens hetzten zwischen den Lagerhäusern und dem Kiesstrand, an dem die Schiffe anlandeten, die Arbeiter hin und her. Der Niederschlag wurde heftiger, sodass sie im Schutz der Hausmauern liefen. Vor ihnen tat sich die Grand Pont auf. Die bebaute Brücke war, abgesehen von einem Holzsteg, die einzige Verbindung vom rechten Seine-Ufer zur Île-de-la-Cité und dem linken Seine-Ufer dahinter. Die Brücke war ebenfalls aus Holz und bis an die Ränder mit schlanken Giebelhäusern zugebaut. An einem Tor wurde von den Händlern normalerweise der Zoll kassiert, heute aber war niemand zu sehen.

Auch Jakoba und Agnes hatten für die Attraktionen der Brücke keinen Blick. Dabei gab es hier bestimmt hundert Geschäfte des Luxusgewerbes: Goldschmiede, Geldwechsler und Tuchhändler, aber auch Buchmaler, Pergamentmacher und Spezereienhändler. Unter den Brückenbögen klapperten die Mühlen. Manche waren an die Pfeiler gebaut, andere schwammen als Schiffsmühlen auf dem Fluss.

Mit einer besonders dichten Regenbö fielen sie in ein Holzhaus ein, das dreimal so hoch wie breit war. Sogleich nahm Jakoba den Duft von Lavendel und Weihrauch wahr. Ein heimeliges Gefühl überkam sie. Mit den üppigen Spezereienhandlungen in Venedig hatte diese hier freilich nichts gemein. Es war alles sauber und ordentlich, doch die Regale waren wurmstichig, viele Tongefäße schlicht und angestoßen. Von der Decke hing an der Längsseite des Raums ein funktionstüchtiges Pistill, das ein kräftiger Mann mit O-Beinen bediente.

Eine zierliche Frau kam aus dem Hinterzimmer und fragte nach Jakobas Begehr. Sie musste zwischen dreißig und vierzig sein, genauer konnte Jakoba es wegen ihrer Sommersprossen und der Locken, die vorwitzig aus dem Gebende quollen, nicht schätzen. So laut schlugen die Regentropfen jetzt gegen Fensterläden und Tür, dass sie die Stimme heben musste.

»Verkauft Ihr auch Composita?«, fragte Jakoba neugierig.

»Selbstverständlich besitzen wir, wie es vorgeschrieben ist, ein Exemplar des *Antidotarium Nicolai*. Unsere Spezialität sind jedoch Latwerge. Für kompliziertere Arzneien wie Theriak müsst Ihr auf die Petit Pont, fürchte ich.«

»Oh, Theriak kann ich selbst herstellen«, platzte Jakoba heraus. Skeptisch sah die Apothekerin sie an. »Theoretisch zumindest«, setzte Jakoba hinzu.

Die Tür sprang auf, und eine Frau scheuchte eine Horde Kinder herein. Draußen war nur noch ein durchgehender Regenschleier zu sehen. Sofort breiteten sich Pfützen auf dem Boden aus, aber die fünf Kinder lachten und drängelten sich um den

Verkaufstisch. Als die Apothekerin eine Weißblechdose hervorholte, die bis zum Rand mit Quittenbrot gefüllt war, und an die Kinder schmale Streifen des fruchtigen Konfekts verteilte, verstand Jakoba auch den Grund der Aufregung. Sogar Agnes bekam ein Stück ab. Jetzt hörte auch der Apotheker mit seiner Arbeit auf und plauderte mit den Kindern und der Mutter. Die Frau wirkte müde und gehetzt; an ihrem Umhang trug sie den kleinen gelben Ring, der sie als Jüdin auswies. Jakoba musste sofort an die jüdische Ärztin Sophya denken.

»… hat lange gedauert, bis ich den Stein zu fassen gekriegt habe, was bei seinem Körperumfang ja nicht gerade verwunderlich ist. Aber es wird noch dauern, bis er wieder arbeiten kann«, sagte die Jüdin gerade.

»Ihr seid Medica?«, fragte Jakoba, erstaunt über diesen Zufall.

»Steinschneiderin. Eine Medica gibt es hier nicht.«

»In ganz Paris nicht?«

»Keine Ahnung. Vor langer Zeit praktizierte die Ärztin Hersende auf der Petit Pont, aber die hatte auch König Ludwig IX. als Leibärztin ins Heilige Land begleitet und war mit dem Apotheker des Königs verheiratet. Heute darf sich hier nur Medicus nennen, wer an der Pariser Universität studiert hat – und das sind ausschließlich Männer.«

Ein kleines Mädchen, etwa vier Jahre alt, stapfte auf die Frau zu und streckte die Ärmchen nach ihr aus. Der Anblick versetzte Jakoba einen Stich. Dieses Alter hatte Willekin schon nicht mehr erleben dürfen. Die Frau nahm ihre Tochter hoch und setzte sie auf die Hüfte, doch nun wollten auch andere Kinder auf den Arm.

»Ich habe mal die Bekanntschaft einer jüdischen Ärztin in Augsburg gemacht. Sophya war ihr Name«, lenkte Jakoba von ihren traurigen Erinnerungen ab.

Abgespannt sah die Jüdin sie an. »Und jetzt denkt Ihr, ich müsste sie kennen, weil wir ja alle eine Mischpoke sind?«

Betreten senkte Jakoba den Blick. Tatsächlich war es naiv von ihr zu glauben, die beiden Frauen könnten sich kennen.

»Hat sie Euch denn wenigstens geholfen, diese Ärztin?«

»Eigentlich nicht. Meine Freundin war schwer krank, und die Medica riet mir, sie in Frieden gehen zu lassen.«

»Eine weise Frau«, urteilte die Jüdin. »Manchmal geht es nicht anders.« Sie öffnete die Tür einen Spalt. Es hatte beinahe aufgehört zu regnen. »Reißt euch los, Kinder! Celie und Gaspard haben auch noch anderes zu tun, als sich um euch zu kümmern!«

Maulend trödelten die Kinder zur Tür. Auch das Apothekerpaar schien den Aufbruch zu bedauern. Die Kinder nahmen sich bei den Händen, dann liefen sie los. Bei jedem Schritt spritzte das Wasser aus den Pfützen. Einige der kleineren Kinder sprangen übermütig hinein, bis ihre Mutter sie schimpfend weiterzog. Lächelnd sahen die Apotheker ihnen nach.

»Was für Wirbelwinde!«, sagte Gaspard ein wenig wehmütig und wandte sich Jakoba zu. »Was war es doch gleich, was Ihr wolltet?«

»Getrocknete Holunderblüten.«

»Sambucus Nigra haben wir nicht da. Aber ich kann es Euch beschaffen, wenn's recht ist. Kommt morgen wieder.«

Noch einige Male suchte Jakoba das Haus der Apotheker auf. Doch täglich wurde sie vertröstet, weil die Lieferung noch nicht eingetroffen war. Sie ärgerte sich nicht darüber. Bei jedem Besuch kam sie mit Celie oder Gaspard ins Gespräch und konnte fachsimpeln; auch genoss sie es, dass es in dem Laden so lebendig zuging. Ständig kam jemand herein, manchmal um etwas zu kaufen, manchmal aber auch nur, um einen Schwatz zu halten. Bald war sie über etliche Bewohner der Brücke im Bilde.

Besonders aufmerksam hörte sie zu, wenn es um die jüdische Steinschneiderin Belota ging, die sich als Witwe mit ihren Kindern allein durchschlagen musste, und um den betagten Medicus, der an einem Blasenstein operiert worden war und nun mit dem Tode rang. Für viele andere Anwohner hatte das Apothekerpaar ein offenes Ohr, und es half Kranken, auch wenn diese kein Geld hatten. Bei diesen Gesprächen ergab es sich, dass Jakoba einer Frau zu einem Mittel gegen Warzen riet und einem Mann zur Hilfe bei fauligen Fußnägeln.

Am darauffolgenden Nachmittag warteten vor der Apotheke eine Handvoll Menschen. Manche wirkten leidend, Kinder weinten oder wurden getröstet. Jakoba grüßte sie freundlich und trat in das Haus. »Was ist denn hier bei Euch los, Meister Gaspard? Drängt man sich so nach Euren Medikamenten?«

Der Apotheker lächelte verschmitzt. »Mitnichten. Man wartet auf Euch, Domina Jakoba.«

»Auf mich?« Verwundert sah sie sich um. Einige der Wartenden waren ihr gefolgt und sahen sie hoffnungsvoll an.

»Der Medicus ist noch immer krank«, sagte er. »Als Apotheker dürfen wir nicht praktizieren, sonst verlieren wir unsere Erlaubnis. Aber Ihr ...«

Ein Tagelöhner mit glatt rasiertem Quadratschädel drängte sich nach vorn. Er trug einen etwa neunjährigen Jungen auf dem Arm, der einen pusteligen Ausschlag im Gesicht und auf den Armen hatte. »Ich war als Erster hier, Domina. Bitte schaut Euch mein Söhnchen Ivo an, ganz heiß ist er, und diese furchtbaren Pickel. Die ersten Schlaumeier meinen schon, es sei der Aussatz! Aber das kann doch nicht sein!«

Mitleid überkam sie. »Aber wo soll ich ... Ich habe gar nicht ...« Wenn sie das geahnt hätte, hätte sie Arnolds Medizinkästchen mitgebracht.

»Ich kann Euch eine Ecke hier frei machen, da könnt Ihr Euch den Sohn von Charles ansehen. Einiges an Kräutern und Salben könnt Ihr auch von mir bekommen«, sagte der Apotheker.

Sofort reichte der Tagelöhner Agnes sein Kind und fasste mit an. Wenig später standen zwei Schemel und ein Tischchen be-

436

reit, sogar ein Tuch wurde gespannt, um Jakoba und ihre Patienten vor neugierigen Blicken abzuschirmen. Agnes redete ihrer Herrin verstohlen ins Gewissen, weil dieses Verhalten ungehörig sei, aber Jakoba machte die Aussicht glücklich, Menschen helfen zu können.

»Seid Ihr schon bei einem Arzt gewesen?«, fragte sie den Tagelöhner.

»Im Hôtel-Dieu hat man mich warten lassen, aber als ich hörte, dass Master Herman mit Blick auf meinen Sohn etwas von Aussatz murmelte, bin ich schnell weg. Nicht, dass sie Ivo ins Lepraspital schaffen. Ich habe oft genug Leprakranke gesehen – das ist es bei meinem Jungen nicht! Und jüdischen Ärzten traue ich nicht über den Weg! Diese Christusmörder haben nur ihren Geldbeutel im Sinn!«, zischte der Tagelöhner.

Jakoba wollte etwas einwenden, aber er redete schon weiter: »Deshalb war ich ja so froh, als meine Nachbarin mir erzählte, dass Ihr uns armen Seelen helft!« Charles rang die Hände. »Geld habe ich nämlich nicht viel …«

»Ist schon gut, sorgt Euch deswegen nicht«, sagte Jakoba. Sorgfältig untersuchte sie das Kind, und sie erkundigte sich genau, wie lange der Junge schon krank sei und wie sich die Krankheit entwickelt habe. Schließlich kam sie zu dem Schluss, dass es bestimmt nicht die Lepra war, und verordnete Ivo Waschungen und eine Salbe. Erleichtert, dass Jakoba sich seines Sohns angenommen hatte, bot der Tagelöhner ihr sein letztes Geld an.

Sie bat ihn, dem Apotheker etwas für die Kräuter zu geben und ansonsten abzuwarten, wie die Arznei wirkte. Anschließend kümmerte sie sich um den nächsten Kranken. Es war ungewohnt für sie, so viele Menschen zu versorgen, aber zugleich auch befriedigend.

Agnes, die ihr geholfen und die wartenden Kinder abgelenkt hatte, wandte sich ihr zu. »Herrin, wir sollten jetzt wirklich gehen. Ihr könnt froh sein, dass hier niemand vorbeikommt, der Euch kennen könnte. Wenn die Comtesse davon erfährt …«

»Ja, Ihr solltet wirklich gehen.« Die jüdische Ärztin war eingetreten und hatte vom Apotheker einen Tontopf bekommen.

Scham überfiel Jakoba. »Ich wollte Euch keine Kunden abspenstig machen«, sagte sie entschuldigend und dachte an die fünf Kinder, die Belota zu versorgen hatte.

»Ich glaube kaum, dass Ihr mir Kunden abspenstig gemacht habt – oder schneidet Ihr auch Steine?«

»Nein, das habe ich nie gelernt.«

»Seht Ihr. Aber die Schergen der Universität sind streng, wenn es um unerlaubtes Praktizieren geht. Die Strafen sind hoch, seht Euch also vor.« Belota bezahlte die Kräuter im Tontopf und ging hinaus.

Verlegen sah Jakoba die Apothekerin an.

»Belota meint es nur gut«, sagte diese. »Ich glaube allerdings, dass keine Gefahr besteht. Kaum ein Studierter verirrt sich hierher. Hurenhäuser, Tavernen und Spezereienhändler gibt es im lateinischen Viertel mehr als genug.«

»Hurenhäuser? Müssen die Studenten nicht enthaltsam leben?«, wunderte sich Jakoba.

Gaspard lachte. »Leben die Priester oder Bischöfe etwa keusch? Haben sie denn keine Bastarde?«

Jakoba wurde rot. Auch in ihrer Heimat hatten viele Priester Konkubinen gehabt. Warum sollte es hier anders sein?

»Wir würden uns auf jeden Fall freuen, wenn Ihr morgen wiederkommt. Vielleicht ist dann ja endlich auch der Sambucus Nigra da.« Der Apotheker lächelte verschmitzt.

An den nächsten Tagen brachte Jakoba das Medizinkästchen mit, um besser gerüstet zu sein. Agnes' Klagen, dass Jakobas Arbeit ungehörig sei, ließen langsam nach.

Doch eines Nachmittags, als Jakoba und Agnes gerade in die Apotheke eintreten wollten, fing Roger sie ab. Aufgebracht herrschte er Jakoba an: »So ist es also tatsächlich wahr?! Ich wollte es nicht glauben, als Paul es mir erzählte, aber Ihr geht wirklich einer Arbeit nach und bringt Schande über Euren Stand?«

Jakoba erschrak über Rogers Zorn. »Ich kann mir nicht vorstellen, dass es eine Schande ist, anderen Menschen zu helfen. Ich halte das für einen christlichen Dienst am Nächsten«, verteidigte sie sich tapfer, während ihre Magd sich unter die Kranken mischte, als könnte sie in der Menge verschwinden.

»An Widerworten mangelt es Euch nicht, was?«

»Nein, in der Tat«, schnappte Jakoba. »Was ist denn auch falsch daran, Dinge zu verteidigen, die einem am Herzen liegen?«

Resignierend warf Roger die Hände in die Luft. Er neigte sich zu ihr, sodass sie seinen charakteristischen Sandelholzduft wahrnahm. »Folgt mir! Für ein Streitgespräch haben wir jetzt keine Zeit. Ich muss etwas mit Euch besprechen«, zischte er.

»Ich denke nicht daran, meine Zeit mit fruchtlosen Diskussionen zu vertrödeln. Seht Ihr die Menschen dort? Sie warten auf mich. Ihnen kann ich etwas Gutes tun.«

Er umfasste ihren Ellbogen. »Folgt mir, ich bitte Euch. Es geht um Leben und Tod.« Der Ernst in seiner Stimme trieb ihr eine Gänsehaut auf den Rücken.

Jemand räusperte sich. Es war der Apotheker. »Ist alles in Ordnung, Domina Jakoba?«, fragte er zaghaft. »Benötigt Ihr Hilfe?«

»Nein, danke, Gaspard. Das ist nur ... ein Bekannter.« Der Apotheker wirkte erleichtert. Jakoba wandte sich den Wartenden zu. »Entschuldigt mich. Ich komme später wieder ... oder morgen.« Enttäuschung machte sich breit.

Ein Stück weiter machte Jakoba sich von Roger los. »Was ist denn nur passiert? Ist etwas mit Paul?«

Roger legte den Arm um ihre Schulter und schob sie zu seinem Pferd. »Wir haben diesen Vidal«, wisperte er.

Jakoba erstarrte. Also war es doch Vidal gewesen, sie hatte sich nicht geirrt. Roger umfasste ihre Taille und hob sie aufs Pferd, als wöge sie nichts, dann schwang er sich hinterher.

Es machte sie ganz kribbelig, ihn so nah hinter sich zu spüren. »Und was soll ich jetzt tun? Ihm einen Wahrheitstrunk einflößen, damit er uns verrät, was er vorhat?«, fragte sie.

Roger legte die Arme um sie, um nach den Zügeln zu greifen. Mit einer leichten Bewegung seines Schenkels trieb er sein Pferd an. »Das wohl eher nicht, nein. Ihr sollt den Lockvogel spielen.«

Sie ritten in die Nähe des Friedhofs der Unschuldigen, zu dem alle in Paris Verstorbenen gebracht wurden. Es war ein übles Viertel, weil sich auf dem Friedhofsgelände allerlei zwielichtiges Gesindel herumtrieb; das hatte Jakoba zumindest aus Gesprächen herausgehört. Das bewachte Tor eines Hauses öffnete sich für sie. Roger half ihr abzusitzen und führte sie hinein.

Jakoba war gespannt bis in die Haarspitzen. Was hatte das zu bedeuten? Warum hatten sie Vidal hierhergebracht? Sie folgte Roger in den Keller des Hauses, in dem es feucht von den Wänden tropfte.

»Wartet hier kurz«, sagte Roger. Er ging einen schmalen Gang entlang und verschwand.

Sie blieb zurück. Furcht und Neugier breiteten sich in ihr aus. Jakoba hörte Stimmen, verstand aber nichts. Da war auch Paul … Sie konnte nicht anders, sie musste hinterher.

Vidal war an einen Stuhl gefesselt, das Hemd zerrissen, das Gesicht geschwollen von Schlägen. Als er sie sah, bäumte er sich auf. »Da ist sie ja, die feine Dame! Aber warte nur, dir wird man das Verkleiden schon austreiben!«, brüllte er sie hasserfüllt an. Thierry wollte ihm den Mund verbieten, aber Vidal keifte weiter: »Du kriegst, was du verdienst, und ich auch. Wenn meine Verbündeten erst hier sind, bekomme ich meine Belohnung, und du …« Er spuckte aus. »Ficken wird man dich nach Strich und …«

Ein Faustschlag ließ ihn den Rest des Satzes verschlucken. Und noch einmal schlug Thierry zu.

»Es reicht!«, fuhr Roger ihn an. Jakoba warf er einen erzürnten Blick zu. »Habe ich Euch nicht gebeten zu warten? Könnt Ihr nicht ein Mal, ein einziges Mal nur, tun, um was man Euch bittet? Bring sie hinaus!«, wies er Paul an.

Der junge Mann führte Jakoba auf den Gang zurück. Hätte sie nur auf Roger gehört! Sie zitterte am ganzen Leib – dieser Hass, wo kam der nur her?

»Was hat man ihm angetan?«

»Das war Thierry – ich habe damit nichts zu tun. Und die Frage ist doch außerdem, was Vidal *uns* angetan hat«, flüsterte Paul.

»Wie meinst du das?«

»Er …«

Paul brach ab, als Roger und Thierry auf den Gang traten. Thierry schloss hinter sich die Tür, und Roger schob eine Kiste von der Mauer und bat Jakoba, sich zu setzen. Er selbst lief unruhig in dem Keller von Wand zu Wand. »Vidal hat Euch offenbar von Augsburg aus verfolgt. Er konnte sich ja denken, dass Ihr mit diesem Eljakim gereist seid. In Augsburg hat er Euch aufgespürt, ohne dass Ihr es bemerkt habt. Und in Paris hat er Euch beobachtet. Offenbar hat er einen Brief nach Mestre an Arnolds Mörder geschrieben. Sie haben ihn angewiesen, Euch im Auge zu behalten, bis sie da sind und Euch in die Mangel nehmen können. Der Eilbotendienst zwischen der Lagunenstadt und anderen Handelsorten ermöglicht eben auch den Schurken einen schnellen Nachrichtenaustausch. Unbedingt wollen die Mörder das beschaffen, was ihnen in Venedig entging.«

Jakoba wünschte, er würde sich etwas genauer ausdrücken. Worum handelte es sich nur?

»Vidal kennt jeden Weg, den Ihr geht – ob zur Kirche oder zum Spezereienhändler.«

Ihr war eiskalt geworden, was nicht nur an der Kühle des Kellers lag. »Warum lasst Ihr ihn nicht einfach ins Gefängnis werfen?«, fragte sie hilflos.

»Und dann? Die Männer wissen längst, wo Ihr wohnt. Ihr könnt Euch nicht immer im Hause verstecken – ganz abgesehen davon, dass Ihr auch Eure Gastgeber in Gefahr bringt.«

Daran hatte Jakoba noch gar nicht gedacht. Wie furchtbar war die Vorstellung, dass jemand leiden sollte, nur weil er ihr geholfen hatte! Madame d'Obazine und Violante hatten damit nichts zu tun! Sie drängte die Übelkeit zurück, die sich in ihrem Magen ausbreitete. »Und jetzt soll ich den … Lockvogel spielen?«

Roger sah sie fest an.

»Unsere einzige Möglichkeit, die Mörder zur Rechenschaft zu ziehen, ist, sie auf frischer Tat zu ertappen«, kam Thierry ihm zuvor.

»Auf frischer Tat?«, wiederholte Jakoba ängstlich. Das hörte sich lebensgefährlich an.

Roger kniete sich neben sie und nahm ihre Hand. »Natürlich werden wir die Männer aufhalten, bevor sie Euch etwas antun können. Wir werden immer in Eurer Nähe sein und Euch beobachten. Sorgt Euch nicht um Eure Sicherheit!«

Doch genau das tat sie.

Sie wusste nicht, wie die Männer Vidal dazu brachten, bei ihrem Plan mitzuspielen, aber sie schienen sich darauf zu verlassen, dass er sie nicht verraten würde. Möglicherweise erschienen ihm die drei Ritter bedrohlicher als seine Auftraggeber, eine Einschätzung, die nur auf Unkenntnis beruhen konnte, wie Jakoba befand, wenn sie schaudernd an den Überfall in Venedig dachte. Aber noch waren die Mörder nicht in Paris. Es war vereinbart, dass Vidal Roger benachrichtigen würde, wenn sie einträfen. Dieser würde dann wiederum ein Kreidekreuz auf die gegenüberliegende Hauswand malen.

Damit sie sich bis dahin sicher fühlte, wurde Paul zu ihrem Schutz abgestellt. Sobald Jakoba aus dem Haus trat, folgte Paul ihr wie ein Schatten. Ihn in ihrer Nähe zu wissen tat Jakoba gut, und Agnes nutzte jede Gelegenheit, um unauffällig ein paar Worte mit ihm zu wechseln.

Dann schließlich kam der Tag, an dem sie das Haus verließen und weiß und strahlend ein Kreuz auf der Mauer prangte. Schlagartig wurden Jakobas Knie weich. Agnes blieb zurück. Comtesse d'Obazine und ihre Tochter gingen schon voraus zur Kirche Saint-Martin-des-Champs, der Abstand zwischen ihnen wurde stetig größer.

Nun aber schnell! Jakoba nahm ihre Magd an der Hand und zog sie mit sich. »Lass dir nichts anmerken, sonst gefährdest du nicht nur Pauls Leben«, wisperte sie. »Wir machen alles, wie wir es sonst auch tun.«

Ihre Sinne waren bis zum Äußersten gespannt, als sie durch die Straßen gingen. Es war, als sähe sie den wohlbekannten Weg zum ersten Mal. Sie musste sich zwingen, sich nicht nach Arnolds Mördern umzusehen. War nur der massige Kerl hier, der bereits im Kaufmannskonvoi nach ihnen gesucht hatte? Hatte derjenige, den Paul vom Dach gestoßen hatte, die Knochenbrüche überstanden? Was war mit dem, dem Paul das Messer in den Hals gerammt hatte? Dass der Anführer die schweren Brandverletzungen überlebt hatte, glaubte Jakoba kaum.

Sie hatten die Kirche erreicht. Bei der heiligen Messe strömten die Worte des Priesters durch sie hindurch, ungehört, unverstanden. Wie im Traum vollzog sie die Bewegungen, kniete sich hin, bekreuzigte sich.

Agnes war bleich. Tränen standen in ihren Augen, die sie krampfhaft wegblinzelte. Die Magd zitterte wie Espenlaub. Madame d'Obazine und Violante jedoch plauderten ahnungslos miteinander.

Zum Haus zurück und dann der Aufbruch zur Grand Pont –

alles wie immer. Wann und wo würde es geschehen? Wo und wann würden die Übeltäter sie angreifen? Hoffentlich machten Roger und seine Gefährten sie unschädlich, bevor sie ihnen zu nahe kamen!

Selbst in der Apotheke, wo Jakoba sonst immer ganz auf die Kranken konzentriert war, fiel ihr das Zuhören schwer. Angstbilder stiegen in ihr auf: wie die Mörder mit gezücktem Schwert hier eindrangen und Frauen und Kinder niederschlachteten. Wie sie selbst geschändet und ermordet wurde. Und Agnes ... Sie hätte ihr diese Gefahr nicht zumuten dürfen. Zumal die Magd ja gar nicht wusste, was los war. Jakoba hatte sie mit Andeutungen abgespeist.

»Habt Ihr Lärchenschwamm und Saft vom Sonnenwerbel? Ich benötige sie zur Abführung von gelber Galle«, sagte Jakoba.

Doch der Platz am Verkaufstresen war leer. Erst da ging Jakoba auf, dass sie Celie noch gar nicht gesehen hatte. Gaspard kochte gerade Rosenblätter in Olivenöl aus, was den Raum mit einem blütenschwangeren Duft erfüllte. »Wo ist denn Eure Frau?«

Gaspard rührte vorsichtig im Topf. »Sie musste sich hinlegen.«

»Soll ich nach ihr sehen?«

Gaspard wirkte niedergeschlagen. »Nicht nötig. Das wird schon wieder«, sagte er und holte ihr die gewünschten Kräuter.

Jakoba bat Agnes, ihr ein Fläschchen aus dem Medizinkästchen zu bringen, doch die Magd ließ es fallen.

»Auch nicht ganz auf der Höhe heute, was?«, fragte Gaspard mitleidig.

Jakoba schalt die Magd nicht, obgleich der Schaden erheblich war. Wann würde sie wieder genug Geld haben, um diese Phiole zu ersetzen? Sie mahnte sich zur Konzentration. Als Heilerin durfte ihr kein Fehler unterlaufen. Sie musste auf Roger und Paul vertrauen.

Als sie schließlich einen Augenblick Zeit hatte, suchte sie Celie auf. Die Apothekerin lag im Bett, blass und matt, mit dicken Fellen umwickelt. Jakoba setzte sich auf die Bettkante.

»Ich war so sicher, endlich guter Hoffnung zu sein«, flüsterte Celie.

Mitleid überfiel Jakoba. Die Apotheker waren zwar schon Ende dreißig, aber noch nicht zu alt, um Kinder bekommen zu können. »Ich dachte, Ihr hättet Kinder. Eure Kinder wären schon aus dem Haus.«

»Wenn es doch so wäre!«

»Habt Ihr schon ...«

»Wir haben alles versucht. Alles«, sagte Celie schroff.

»Natürlich. Verzeiht.«

»Bibergeil, Hirschhoden, Gebete, Wachsspenden«, zählte Celie auf. »Wir müssen uns endlich damit abfinden, dass Gott uns mit Unfruchtbarkeit straft.«

»Aber wofür sollte Gott Euch strafen? Ihr seid gute Menschen!«

»Gott findet immer einen Grund«, sagte die Apothekerin bitter.

Jakoba seufzte. Unfruchtbarkeit wurde allgemein auf die Kälte des weiblichen Körpers zurückgeführt, weshalb im Kloster als erste Maßnahme Bäder und Bedampfungen verordnet worden waren. »Ich nehme an, Ihr habt bereits Bäder mit Betonie, Wermut und Tausendgüldenkraut ausprobiert? Oder Bedampfungen?«

Celie schüttelte stumm den Kopf. Tränen traten ihr in die Augen. »Was soll das schon helfen? Wir hatten so gehofft, dass diesmal ...«

Ein Ruf unterbrach sie. »Domina Jakoba!«

Agnes.

Waren die Häscher da?

Beim nächsten Glockenschlag verließen sie die Apotheke, um wie üblich rechtzeitig zum Essen wieder im Haus zu sein. Zuletzt hatte Jakoba noch einen Metzger verarztet, der sich beim Fleischschneiden einen halben Finger abgetrennt hatte – seinetwegen hatte Agnes sie gerufen. Nichts sonst war geschehen.

Hatten Roger und seine Gefährten die Mörder bereits unschädlich gemacht, aber vergessen, ihnen Bescheid zu sagen?

Sie eilten zurück, wie sie es sonst auch taten. Gegenüber dem Châtelet entdeckte sie Paul; ratlos hob er die Schultern. Noch waren die Mörder also nicht aufgetaucht.

Sobald sie im Haus der Comtesse waren, brach Agnes vor Anspannung in Tränen aus. Jakoba beruhigte sie. Auch der Stein in ihrem Magen schien sich langsam aufzulösen. Plötzlich bekam sie Hunger, hatte sie doch den ganzen Tag nicht essen können. Würde sie morgen der gleiche nervenaufreibende Ablauf erwarten?

Früh ging sie, Pauls Messer unter dem Kopfkissen, zu Bett.

Etwas schepperte. Jakoba fuhr hoch. Sofort sah sie im fahlen Licht des Kienspans die Gestalt, die sich im Fensterrahmen bewegte.

Agnes wimmerte, kam zappelnd auf die Füße und riss panisch an der Tür.

Das Messer! Jakoba bekam es zu fassen und sprang auf. Sie wollte sich gerade auf den Mann stürzen, der im Begriff war, durch das Fenster zu klettern, als die Tür aufflog und Paul hereinstürzte, ein Kurzschwert gezückt.

»Kommt! Schnell!«, rief er ihnen zu.

Agnes klammerte sich schon an seinen Arm, aber Jakoba zögerte noch. Das Medizinkästchen – sie durfte es nicht der Zerstörung überlassen! Jemand versuchte von außen, den Mann zurück in die Gasse zu zerren. Sie sprang vor, packte das Kästchen und wollte Paul nachlaufen, da riss sie jemand am Kleid zurück.

Laut polternd fiel sie zu Boden. Offenbar hatte sich der Einbrecher losmachen und ganz hereinklettern können.

»Hiergeblieben!« Jemand warf sich auf sie, zerrte ihr das Kästchen aus den Armen. Die Gugel des Angreifers verrutschte – und sie sah in ein grässlich entstelltes Gesicht. Sie hatte nicht geglaubt, dass der Anführer von Venedig die Brandwunden überlebt hatte, aber jetzt wurde sie eines Besseren belehrt. Gellend schrie sie, bis eine Ohrfeige sie verstummen ließ. Funken tanzten in ihrem Schädel. Jakoba schmeckte Blut.

Der Mann schüttelte sie. »Wo ist es? Rück es raus – aber zackig!«

»Ich weiß nicht, wovon Ihr sprecht!«

Eine Schwertklinge blitzte. Mit einem Ruck wurde der Mann von ihr heruntergerissen. Blut spritzte.

Jakoba kniff verschreckt die Augen zusammen. Es war Roger, der sie befreite und ihr aufhalf. Durch das Fenster sah sie, wie auf der Gasse mehrere Männer kämpften. Warum waren es so viele? Roger nahm sie bei der Hand und zog sie mit sich.

Im Flur des Hauses herrschte Chaos. Die Comtesse und ihre Tochter hatten sich offenbar in der Küche verschanzt, denn von dort drangen ihre hysterischen Hilfeschreie. Agnes hämmerte gegen die Küchentür und flehte um Einlass. Paul kämpfte an der Eingangstür, um zu verhindern, dass ein weiterer Angreifer ins Haus eindrang. Sogleich ließ Roger sie los, um seinem Schützling zu helfen. Gemeinsam konnten sie den fremden Schwertkämpfer abwehren. Andere folgten ihm jedoch nach. Erbittert wurde gekämpft. Hinter ihnen war erneutes Scheppern zu hören – jemand durchwühlte offenbar Jakobas Kammer. Schnell schloss sie zu Roger auf. In seiner Nähe fühlte sie sich am sichersten.

»Verschanze dich mit den anderen in der Küche!«, rief Roger ihr zu.

Gleichzeitig drängten die Angreifer ihn und Paul zurück. Knechte kamen nun heran, mit Forken und Spießen bewaffnet.

Jakoba lief zur Küchentür, die noch immer nicht geöffnet worden war, da hörte sie hinter sich ein Geräusch. Sie wandte sich um – da war der Entstellte schon wieder. Agnes kreischte.

Jakoba hob Pauls Messer, doch der Mörder schlug es ihr grob aus der Hand. Schon hatte er sie gepackt und hielt ihr seinen Basilard an die Kehle.

»Hol mir das Päckchen, sonst ziehe ich dir die Haut ab!«, zischte er.

Roger stürzte herein. Aus seinem Gesicht sprach Schrecken. »Jakoba!«

Ihre Gedanken rasten. »Ich habe es … im Stall versteckt. Bei meinen Pferden«, keuchte sie.

»Stimmt das auch wirklich – oder willst du mich reinlegen?«

Heiß lief etwas ihren Hals hinunter. Blut. Ihr Blut. Panik erfüllte sie. »Es stimmt … wirklich.«

Er schob sie weiter, ihren Körper wie einen Schutzschild vor sich haltend.

Roger senkte das Schwert. »Nimm mich statt ihrer.«

Eine Klinge blitzte hinter ihm auf. Fuhr auf sein Haupt zu.

»Obacht!«, schrie Jakoba.

Roger duckte sich – gerade noch rechtzeitig.

Tiefer senkte sich die Messerklinge in ihr Fleisch. Ein heißer Tropfen lief ihr die Kehle hinunter. Sie wagte kaum mehr zu atmen. War das ihr Ende? Halb schleifte ihr Angreifer sie weiter. Mit stolperndem Herzen musste sie ihm den Weg weisen. Aus den Augenwinkeln sah sie, dass weiterhin erbittert gekämpft wurde. Das Getöse und das Stimmengewirr waren ohrenbetäubend. Sie hatten den Stall erreicht. Gleich würde ihre Lüge auffliegen.

Blesse schnaubte in ihrer Ecke. »Da … da hinten … eingenäht in die Satteldecke …«, fiel Jakoba gerade noch ein.

»Wehe, du lügst!« Er stieß sie vorwärts ins Stroh und setzte den Fuß auf ihren Hals.

Jakoba konnte kaum noch atmen. Von panischem Schrecken gepackt, schnappte sie nach Luft. Schon wurde ihr schwarz vor Augen. Er griff nach der Satteldecke. Stück für Stück tastete er den Stoff ab. Gleich würde er merken, dass sie nur Zeit geschunden hatte. Ihr schwanden die Sinne.

Jetzt ist es um mich geschehen. Das war also mein Leben.

Eine große Ruhe überkam Jakoba. *Ich habe nicht alles richtig gemacht, aber ich bin wenigstens meinem Herzen gefolgt. Nur eines bereue ich …*

Sterne tanzten vor ihren Augenlidern, und sie konnte den Gedanken nicht mehr zu Ende bringen.

Mit einem Ruck schwand das Gewicht von ihrer Kehle. Sie sog krampfhaft frische Luft ein. Was war geschehen? Die Satteldecke fiel. Jemand sprang über sie hinweg.

Schwerterklirren.

Keuchend kroch sie beiseite, ganz in die Ecke des Stalls, wo niemand sie finden würde. Krümmte sich zusammen wie ein verschrecktes Kind. Sie sah den Entstellten. Ein Pfeil steckte in seiner Brust, doch er kämpfte weiter.

Roger, Paul. Und da waren weitere Männer, Büttel …

Weinend verbarg sie den Kopf zwischen den Knien. Ihre Kehle war wund, kaum konnte sie schlucken. Da berührte jemand sie sacht. Roger. Endlich schloss er sie in die Arme, ließ es sogar zu, dass sie sich an seine Brust schmiegte, bis ihre Tränen versiegt waren.

Jakoba sah zu Roger auf. Wie nah sein Gesicht war, wie gut er roch! Sein Mund war leicht geöffnet, die Lippen so nah. Ein heftiges Sehnen ergriff von ihr Besitz, füllte sie bald so sehr aus, dass sie sich nicht mehr dagegen wehren mochte. Dabei wusste sie genau, dass sie so nicht für ihn empfinden durfte, dass sie keusch bleiben musste, in Gedanken und Taten. Ehebruch war eine Todsünde! Wie sehr sie sich wünschte, ihm näher zu sein, seine Lippen auf den Ihren zu spüren, für einen Augenblick mit

ihm zu verschmelzen und all das hier zu vergessen! Unwillkürlich neigte sie sich ihm entgegen, spürte schon seinen Atem auf
ihrem Gesicht. Sein Blick war weich und aufgewühlt zugleich –
da erhob er sich abrupt.

»Die anderen brauchen sicher meine Hilfe«, sagte er rau.

Jakoba wusste, dass es besser war, ihren Gefühlen keinen Raum
zu lassen, und blieb doch zutiefst verletzt sitzen.

Die Comtesse d'Obazine saß eingesunken in ihrem Lehnstuhl.
Sie trug eine Decke über ihrem Leibhemd, die Nachthaube
saß schief auf ihrem Kopf. Leise hüstelnd nippte sie an ihrem
Würzwein. Der junge Priester war wieder da und tröstete Vio-
lante, die sich weinend in seine Arme geworfen hatte. Steif stand
Roger daneben.

»Das ist alles nur ihre Schuld, ihre …«, schluchzend wies Violante auf Jakoba.

Unbeholfen tätschelte der Priester ihre Schulter. »Sich mild-
tätig dem Nächsten gegenüber zu erweisen ist eine Zierde, auch
wenn sich nicht jeder als würdig erweist«, sagte er und warf Jakoba einen vernichtenden Blick zu.

»Unwürdig ist sie, das ist wahr! Diese Fremde hat unser Leben
in Gefahr gebracht«, rief Violante. Sie griff nach Rogers Hand
und presste sie an ihre tränennasse Wange. »Oh, Roger! Ihr
müsst genauso enttäuscht von ihr sein wie wir – habt Ihr Euch
doch so für sie eingesetzt!«

Madame d'Obazine fuhr ihre Tochter an: »Reiß dich zusammen, Kind, und setz dich her!«, sagte sie, hüstelte heftig und
presste die Hand an die Kehle. Etwas widerwillig kam Violante
dem Befehl ihrer Mutter nach. »Wir wissen nicht, warum die
Männer dieses Haus überfallen und wonach sie gesucht haben.
Vielleicht war es ein Zufall, dass sie ausgerechnet durch Jakobas
Zimmer eingedrungen sind. Gehen wir also davon aus, dass Jakoba genauso ein Opfer dieser Schandtat ist wie wir.«

Violante und der Priester wollten etwas einwenden, aber Madame d'Obazine überging sie einfach.

Jakoba war ihr dankbar für diese Worte, auch wenn sie ahnte, dass die Dame diese Mutmaßung selbst nicht glauben konnte.

Die Hausherrin wandte sich nun an Jakoba: »Ich schätze Euch, und tatsächlich bin ich Euch zu Dank verpflichtet, denn es geht mir schon deutlich besser. Wer weiß, ob ich ohne Euch meine Erkrankung dieses Mal überstanden hätte, aber Ihr müsst verstehen, dass ich Euch nach diesem … Vorfall nicht länger hier dulden kann. Dieses Haus darf nicht in Verruf geraten.« Sie hielt ihrer Tochter die Hand hin und wartete darauf, dass Violante ihr aufhalf. So schleppend, wie sie sich bewegte, schien ihr der Schreck noch in den Knochen zu sitzen. »Natürlich müsst Ihr nicht heute ausziehen oder morgen.« Sie sah Jakoba mitleidig an. »Übermorgen jedoch spätestens. Es wird sicher eine respektable Herberge geben, in der Ihr auf die Ankunft Eurer Verwandten warten könnt.«

Wenig später brachte Roger Jakoba in ihre Kammer, wo ein Knecht gerade dabei war, den Fensterladen notdürftig zuzuhämmern.

Jakoba war aufgewühlt. Ihre Ohren und ihre Wangen glühten. Hinzugekommen war jedoch ein Stein, der sich tief in ihren Magen gesenkt hatte. Wo sollte sie hin? Was sollte sie tun? Es gab keine Verwandten, die sie abholen würden – und irgendwann musste sie das eingestehen. Auch zu dem Überfall hatte sie noch viele Fragen. Fragen, auf die sie eine Antwort wollte. Jetzt, sofort. Doch sie musste warten, bis der Knecht seine Arbeit beendet hatte. Traurig sammelte sie die Glassplitter von Phiolen und verbeulte Weißblechdosen auf.

Als der Knecht endlich gegangen war, brach es aus ihr heraus: »Warum waren sie hinter Arnold her? Wonach haben sie gesucht? Was werdet Ihr jetzt mit ihnen machen?«

Roger wirkte angespannt. Die Schultern hatte er hochgezo-

451

gen, die Ellbogen ausgestellt, als müsste er sich noch immer verteidigen. »Es ist besser, wenn Ihr das nicht wisst.«

»Besser?« Jakoba stampfte mit dem Fuß auf, weil sie nicht wusste, wohin mit ihrem Zorn. »Ich habe zwei Menschen verloren, bin selbst in Lebensgefahr geraten und musste unter schwierigsten Umständen von Venedig nach Paris reisen, wo mir aufs Neue nach dem Leben getrachtet wurde. Und Ihr erlaubt Euch zu sagen, es sei besser, wenn ich den Grund dafür nicht wüsste? Roger, wenn Ihr je ein Herz gehabt habt, wenn Ihr je den Mut gehabt habt, zur Wahrheit zu stehen, dann beweist es mir jetzt – sonst sind wir geschiedene Leute.«

»Vielleicht wäre das die beste Lösung.«

Fassungslos starrte Jakoba ihn an. Hatte sie sich denn die Nähe, die sie zwischen sich und ihm zu spüren geglaubt hatte, nur eingebildet? War sie ihm vollkommen einerlei? »Ihr enttäuscht mich. Nun denn«, sagte sie und mühte sich, das Zittern in ihrer Stimme zu beherrschen. »Gott schütze Euch.«

Sie schickte sich an, ihm die Tür zu weisen, doch nach wenigen Schritten hörte sie seine Stimme, leise und beherrscht. »Was ich Euch jetzt sage, darf diesen Raum nicht verlassen. Es darf niemals über Eure Lippen kommen, das müsst Ihr mir schwören.«

Jakoba näherte sich ihm erneut. So nah war sie, dass sie ihn berühren konnte. »Ich schwöre es«, sagte sie heiser.

Noch immer zögerte er. »Arnold gehörte dem verbotenen Orden der armen Ritterschaft Christi und des salomonischen Tempels zu Jerusalem an«, sagte er so leise, dass sie es kaum verstehen konnte.

Es war, als ob ein Blitz sie durchzuckte. »Ein Tempelritter? Also hat Mona doch wahr gesprochen!«

»Nicht unbedingt. Arnold war kein Ritter. Er war ein Sergeant oder Servient, ein dienender Bruder, was ihm nach der Auflösung des Ordens zugutekam.«

»Also entschloss er sich, seine Jugendliebe zu suchen und Mona zu heiraten.«

»Eine Entscheidung, die ihm viele übel genommen haben. Wenn man bedenkt, dass vierundfünfzig Templer für ihren Glauben den Feuertod starben und unzählige weitere in Kerkern dahinsiechen.«

»Deshalb haben die Mordbuben in Venedig ihn also einen Verräter genannt.«

»Möglicherweise. Wer weiß schon, was diese Fanatiker antrieb.«

»Aber ist es nicht besser zu leben, als zu sterben?«

»Solange man seine Ehre dabei nicht verliert. Nicht verrät, woran man glaubt.«

Endlich verstand sie. »Und das hat Arnold, auch in Euren Augen.«

»Nicht alle Templer wurden hingerichtet, eingekerkert oder schlossen sich anderen Orden an, wie es vom Papst vorgesehen war. Manche leben im Verborgenen und hüten das geheime Wissen.«

Jetzt gelang es Jakoba, in vieles, was sie mit Arnold erlebt hatte, einen Sinn zu bringen. »Mit ihnen stand Arnold in Verbindung. Als Theriak-Krämer war er vermutlich der unauffälligste Bote, den man sich vorstellen konnte.«

»Arnold stand diesen Templern sehr nahe, auch wenn viele seine Heirat verurteilten. Eine andere Familie hatte er nicht mehr – *sie* waren seine Familie.«

Ihr fielen die graubärtigen Männer ein, die Arnold als »Brüder« angeredet und die ihn und Mona scharf abgewiesen hatten. Damals hatte sie es nicht verstanden, aber jetzt ... »Und wer sind nun seine Mörder? Wer hat den Überfall in Auftrag gegeben?«

»*Waren* seine Mörder, meint Ihr wohl. Sie sind bei den Kämpfen umgekommen.«

Sie ließ diese Nachricht sacken. Der Entstellte, Vidal und ihre

Spießgesellen waren tot. Unglaubliche Erleichterung durchströmte sie – dabei litten jetzt doch vier weitere Seelen die Qualen des Höllenfeuers. Möglicherweise trauerten irgendwo Ehefrauen und Kinder um diese Männer.

»Auftraggeber war Erzbischof Burchard von Schraplau. Als Ihr in Magdeburg gewesen seid, gelangte Arnold in den Besitz einiger Unterlagen, die er vor diesem Unhold in Sicherheit bringen wollte. Einen Teil davon führte er bis zu seinem Tode mit sich ...«

Jakoba zuckte zusammen, als Roger den Erzbischof so schmähte. Aber hatte Burchard von Schraplau nicht tatsächlich viel Elend über seine Gemeinde gebracht? Aufgeregt lief sie auf und ab. »Arnold war beim Pfingstgottesdienst nicht da. Vermutlich nutzte er die Zeit, in der alle, auch der Bischof, in der Kirche waren, um in Besitz dieser Dinge zu kommen«, rekapitulierte sie. »Gleich darauf brach er überhastet auf. Arnold wollte mich zunächst nicht mitnehmen – die Reise sei zu gefährlich, meinte er. Er wusste, dass er verfolgt werden würde. Der Überfall auf die Burg. Die Verfolger. Der zweite Angriff. Ich habe es für Zufall gehalten. Und Mona – wusste sie davon?« Ihre Gedanken rasten so sehr, dass ihre Zunge kaum nachkam.

»Ich weiß nicht, was Arnold ihr verraten hat ...«

Jakoba dachte an das Verhalten der Freundin zurück. »Vielleicht wollte sie es auch nicht so genau wissen.« Durchdringend sah sie Roger an. »Aber der Überfall in Venedig ereignete sich nach einer weiteren Reise. Nach Eurem Besuch. Was habt Ihr mit der ganzen Sache zu tun? Und sagt mir jetzt nicht, es sei besser, wenn ich es nicht wüsste.«

»Ihr würdet der Folter nie standhalten.«

»Ich würde Euch verraten, meint Ihr?« Jakoba musterte ihn. Sie rechnete. »Der Orden wurde, wenn ich mich richtig erinnere, im Jahre 1307 verboten. Ihr seid zu jung für die Gelübde gewesen«, hielt sie fest.

»Und Ihr solltet Eure Geisteskräfte besser auf anderes verwenden.«

»Auf Haushaltung und Kindererziehung, meint Ihr?« Sie konnte den bitteren Spott in ihrer Stimme nicht unterdrücken. Im gleichen Augenblick wusste sie, dass sie ihre Möglichkeit verspielt hatte, mehr zu erfahren.

»Was wäre so falsch daran?« Roger trat zu ihr und umfasste ihre Schultern. Fest sah er ihr in die Augen. Sein Blick war weidwund. »Ihr wisst schon mehr als genug. Lasst es gut sein, Jakoba.«

Sie hatte keine Ahnung, wo sie hinsollte, kein Geld mehr, um eine Kammer zu mieten. Roger hatte ihr angeboten, die Heimfahrt für sie zu arrangieren, und wenn sie erst verzweifelt genug war, würde ihr nichts übrig bleiben, als sein Angebot anzunehmen. Die Comtesse würde sie noch einige Tage dulden, aber Jakoba wusste, dass jede weitere Nacht unter ihrem Dach eine Nacht zu viel war. Immerhin hatte Agnes sich bereit erklärt, bei ihr zu bleiben.

Unruhig verließ Jakoba das Haus. Allein ging sie in die Kirche, um Rat bei Gott zu suchen. Sie nahm – ohne recht zu wissen, was sie tat – den Weg, den sie in den letzten Wochen viele Male zurückgelegt hatte. Paris war babylonisch, es war schmutzig und verrucht, aber gleichzeitig hatte sie hier eine kurze Zeit der Freiheit und der Erfüllung erlebt.

Bald war sie wieder auf der Grand Pont. Bereits einige Häuser von der Apotheke entfernt grüßten sie die ersten Männer und Frauen. Menschen, denen sie geholfen hatte. Stolz erfüllte sie. Und jetzt sollte sie zurück in ein ungewisses Schicksal? In eine brutale Ehe? Zu einer grausamen Strafe? Nein, sie war keine Märtyrerin, sie wollte nicht freiwillig leiden. Mochten die anderen sie verurteilen, mochten sie sie verachten und ausstoßen, sie würde ihrem Weg weiter folgen.

Sie schob die Tür zur Apotheke auf. Celie und Gaspard ließen alles stehen und liegen und stürzten ihr entgegen. »Domina Jakoba – wie erleichtert wir sind, Euch zu sehen! Wir haben von dem Überfall gehört. Was war denn nur los? Kommt, setzt Euch, nehmt ein paar Zuckermandeln, und erzählt!«

Während Jakoba berichtete, musste sie die Tränen der Verbitterung zurückdrängen. Etwas gefasster sagte sie dann: »Bevor ich abreise, wollte ich Euch noch etwas raten. Ich habe während meiner Reisen viele unfruchtbare Paare behandelt.« Sie begann aufzuzählen, was den Paaren geholfen hatte.

Aufmerksam hörten die Apotheker zu. »Aber was meint Ihr mit: ›Bevor ich abreise‹?«

Jakoba berichtete knapp. Das Paar bedauerte diese Entwicklung so sehr, dass Jakoba all ihren Mut zusammennahm. »Oder gibt es hier in der Nähe wohl eine Kammer, die eine alleinstehende … Witwe mit wenig Geld mieten könnte?«, fragte sie schließlich.

Vor dem Haus der Comtesse wartete Roger auf sie. Jakobas Herz tat einen Sprung, als sie ihn sah, aber sie zwang sich zur Ruhe. Es war sicherlich kein freundschaftlicher Besuch.

Tatsächlich war Roger sehr ernst. »Ich habe bei der Pilgerherberge vorgesprochen. Ihr könntet für die nächsten Tage dort eine Kammer bekommen. Ein mir bekannter Händler bricht Ende der Woche gen Frankfurt auf. Er würde Euch mitnehmen und für Euch eine Weiterfahrt nach Lüneburg arrangieren.«

»Ich habe kein Geld für diese Reise«, wandte sie ein.

»Dafür ist gesorgt.«

»Außerdem habe ich …« Der Stolz ließ ihre Stimme zittern. »Ich habe bereits eine Kammer gefunden.«

»Wo?« Sein Ton war scharf.

Jakoba sammelte sich, weil sie wusste, dass es ihm nicht gefallen würde. »Bei meinen Bekannten, dem Apothekerpaar. Sie überlassen mir eine Kammer unter dem Dach. Nichts Besonderes, aber ausreichend für Agnes und mich. Ich werde die Miete mit meiner Heilkunst verdienen.«

Ihm war anzusehen, wie sehr ihn diese Ankündigung schockierte. »Das könnt und das dürft Ihr nicht. Als alleinstehende Frau, als Witwe … als Dame von Stand …«

Seine Ablehnung verletzte sie. »Ich kann es, und ich werde es auch«, beharrte sie.

Unruhig lief er auf und ab. »Ich verstehe nicht, wie Ihr Euch so gegen Euren Stand versündigen könnt! Geht zurück nach Lüneburg, und heiratet erneut. Lebt ein angemessenes Leben – und streift hier nicht herum, als wäret Ihr eine dahergelaufene …«

»Eine dahergelaufene was?«, fiel sie ihm scharf ins Wort. »Ich dachte, Arnold hätte Euch von meinem gewalttätigen Bruder berichtet! Ich habe mit meiner Familie gebrochen und werde nicht zurückkehren.«

Er funkelte sie an. »Glaubt nicht, dass ich immer auf Euch aufpassen werde!«

»Das erwarte ich auch nicht von Euch! Ich bin nicht auf Euch angewiesen!«

25

Paris, Ende April 1320

Jakoba wendete die Schlangenfleischpastillen, die sie in der Nähe der Gaube trocknete. Manche bröselten etwas, aber sie würde sie sicherheitshalber noch ein paar Tage liegen lassen, damit auch der letzte Rest Feuchtigkeit verdunsten konnte. Die Schlangen-Trochisi waren das Letzte, was ihr noch zur Zubereitung des ersten eigenen Theriaks fehlte.

Monat um Monat hatte sie einige Münzen gespart, um weitere Zutaten zu kaufen. Illyrische Iris und bitterwürzige Baummilch des libyschen Terpentinbaums hatte sie in Paris nicht bekommen und bei Baldino in Venedig bestellt. Der Apothekersohn hatte ihr das Gewünschte geschickt und ihr geschrieben, dass sich ein Mann aus Lüneburg nach ihr erkundigt habe; er habe über ihren Verbleib geschwiegen und werde es weiterhin tun. Übrigens sei er inzwischen verlobt.

Am schwierigsten war es gewesen, in Besitz einer Hornschlange zu kommen, aber Gaspard hatte ihr bereitwillig geholfen. Sie konnte kaum erwarten, endlich die Zutaten zu verarbeiten!

Dankbar dachte sie an die letzten Monate zurück. Sie wusste ohnehin nicht, was sie ohne Celie und Gaspard gemacht hätte. Die beiden hatten ihr eine kleine Ecke ihres Ladens fest eingerichtet, ihr geholfen, mit ihr gelacht und geweint und waren ihr wahre Freunde geworden. Leider war Celie noch immer nicht schwanger, obgleich Jakoba ihr die verschiedensten Heilkräuter für Bäder, Bedampfungen und zum Einnehmen empfahl und das Paar mit so viel Lust daran arbeitete – Jakoba konnte sie jeden Abend durch die dünnen Wände des Hauses hören. Sie schienen verliebt wie am ersten Tag – beneidenswert.

Jakoba blickte hinaus. Eine Amsel trippelte auf dem Fenstersims vorbei und plusterte sich in der Sonne. Auch nach gut zehn Monaten im Haus der Apotheker hatte Jakoba sich noch immer nicht an dem Ausblick sattgesehen. Unter ihr strömte die Seine dahin und ließ die Schiffsmühlen in den Wellen tanzen. Am Ufer wurden eifrig Waren verladen, denn beim Grand Pont lag der wichtigste Hafen von Paris. Das Châtelet vermittelte ein Gefühl der Sicherheit. Das Dachgewirr der Seine-Insel breitete sich vor ihr aus, bekrönt durch die Türme von Notre-Dame, die ehrfurchtgebietend über das Zentrum der Stadt herrschten.

Eine zweite Amsel umflatterte die erste, woraufhin sich beide zu einem zwitschernden Wirbel erhoben. Frühling lag in der Luft, und man sah allerorten, wie auch die Menschen die Last und Einsamkeit des Winters abschüttelten.

Auch Agnes traf sich regelmäßig mit Paul; offenbar glaubte sie, Jakoba bekäme das nicht mit. Jakoba hoffte nur, dass die Magd nicht leichtsinnig wurde. Wie schwer es unverheiratete Schwangere hatten, das hatte sie oft genug auf der Brücke beobachtet. Häufig blieb den bemitleidenswerten Frauen nur die Flucht in eine lieblose Ehe oder in die Prostitution. Doch Jakoba vertraute auch auf Pauls Anstand. Jedes Mal, wenn sie ihn sah, war sie aufs Neue erstaunt, wie sehr er sich unter Rogers Einfluss zu einem ansehnlichen Mann mit guten Manieren mauserte.

Roger ... Fest klemmte Jakoba den Rahmen mit dem Leinentuch in das Fenster, damit die Vögel nicht ihre kostbaren Arzneien anknabberten. Der Ritter missbilligte nach wie vor, was sie tat. Manchmal erblickte sie ihn in der Kirche oder auf der Brücke und gab sich dann gerne der Illusion hin, er würde nach ihr sehen. Aber vermutlich war es nur einer seiner mannigfaltigen und streng geheimen Aufträge, die ihn zufällig in ihre Nähe führten.

Agnes' Schritte waren auf der Treppe zu hören, und kurz darauf öffnete sich die Tür. Die langen Haare der jungen Magd ergossen sich frisch gekämmt über ihre Schultern; sie trug ihr Sonntagskleid. »Habt Ihr denn noch immer Eure Haare nicht gerichtet? Ihr wart wohl wieder mit diesen ekligen Schlangendingern beschäftigt. Dabei müssen wir uns sputen, sonst verpassen wir noch die Wagen!«, rief sie. »Ich habe Euer Kleid und die Seidenschuhe abgebürstet. Setzt Euch, ich helfe Euch.« Geschickt flocht sie Jakobas Haare, drehte die Zöpfe zu Schnecken, steckte sie über den Ohren fest und bedeckte sie mit einem Schleier.

»Erwartet die Comtesse viele Gäste?«

Agnes half Jakoba ins Kleid und schnürte die Seiten. »Sehr viele. Dieses Frühlingsfest hat Tradition in Madame d'Obazines Familie. Nicht einmal zu Zeiten der Hungersnot hat sie es ausfallen lassen. Ihr werdet sicher sehr viele Bekannte dort treffen.«

Regelmäßig hatte Jakoba das Haus ihrer früheren Gastgeberin aufgesucht. Die zarte Gesundheit der Comtesse bedurfte steter Fürsorge, doch manchmal glaubte Jakoba, dass die Dame sich nur nach Zuwendung sehnte, die sie von ihrer Tochter nicht erhielt. Sie schlüpfte in ihre alten Lederschuhe, die Agnes neu eingeölt hatte. Glücklicherweise würden die abgetragenen Dinger unter ihrem Rocksaum verschwinden. »Wird Paul auch da sein?«, fragte sie beiläufig.

»Das weiß ich nicht«, sagte Agnes ein wenig zu schnell. »Aber ich glaube schon. Wenn Sieur Roger denn die Zeit für derartige Vergnügungen findet – er ist immer so beschäftigt!« Sie musterte Jakoba und zupfte deren Schleier zurecht. »Ihr wärt so ein hübsches Paar ...«

»Agnes!«

»Schon gut, verzeiht, Herrin.«

Sie staksten die schmale Stiege hinunter und an der Schlaf- und der Vorratskammer des Apothekerpaares vorbei. Jakoba unterdrückte ein Seufzen. Regelmäßig merkte die Magd an, wie gut Roger und sie zueinander passen würden. Er sei Junggeselle, Jakoba Witwe – warum sollten sie nicht zusammenkommen?

Sie verabschiedeten sich von Gaspard und Celie und gingen auf die Brücke hinaus, auf der das übliche Gedränge herrschte.

Schräg gegenüber verkaufte Ivo, der Sohn des Tagelöhners, mit seinen Geschwistern Reisigbesen. Die Familie war seit dem Tod der Mutter darauf angewiesen, dass die Kinder möglichst viel dazuverdienten. Als er sie sah, schob er sich durch die Menge und bahnte Jakoba und Agnes den Weg. Der Ausschlag des Jungen war noch immer nicht vollständig gewichen, aber sehr viel besser geworden, sodass er deswegen nicht mehr gehänselt wurde.

Viele Ladenbesitzer und Arbeiter grüßten Jakoba freundlich. Kurz hielten sie bei Belota an, um sich nach dem Befinden ihrer Kinder zu erkundigen; das Kleinste hatte an schmerzhaften Koliken gelitten, und Jakoba hatte ihm einen sanften Einlauf verabreicht.

Bis zum Ende der Brücke begleitete Ivo sie noch, dann lief er zurück. Sie spazierten die weite Rue Saint Martin entlang, auch daran hatte Jakoba sich gewöhnt. Für ihr Pferd gab es auf der Brücke keinen Platz; zudem war es in Pauls Obhut besser aufgehoben.

Vor Madame d'Obazines Haus warteten bereits etliche Wagen verschiedener Größen samt Dienstpersonal und Spielleuten. Schon stiegen die ersten Herrschaften ein.

Jakoba begrüßte ihre Gastgeberinnen, die sich in Begleitung des Priesters in den vordersten Wagen begaben. Jakoba und ihre Magd wurden zu weniger bedeutenden Gästen auf dem letzten Wagen platziert, und kurz fragte sie sich, warum sie sich überhaupt auf diese Einladung eingelassen hatte. Andererseits war es sehr großzügig, dass die Comtesse sie überhaupt dazugebeten hatte. Es war eine schöne Abwechslung, einen Ausflug aufs Land zu machen.

Reiter mit wappengeschmückten Fahnen setzten sich an die Spitze des Zugs. Unter den Fanfaren der Trompeter fuhren sie los. Roger hatte Jakoba bislang noch nicht zu Gesicht bekommen, auch Paul nicht, und Agnes wirkte darüber ein wenig enttäuscht.

Sie fuhren zwischen Seine-Ufer und Königspalast durch die Porte du Louvre und passierten die Faubourgs. Wenn sie Dörfer durchfuhren, wurden sie ob ihres Aufzugs und der regelmäßigen Trompetensalven bestaunt und bewundert. Bauern, an denen sie vorbeikamen, fielen auf die Knie und grüßten sie ehrfürchtig.

Durch eine Allee rollten sie auf ein kleines Lustschloss zu, in dessen weitläufigem Garten baldachingeschützte Bänke und Tische standen. Holzpodeste mit kostbar eingedeckten Tafeln luden zum Verweilen ein. Ein Geviert war abgeteilt, für Ritterkämpfe vermutlich. Musikanten spielten auf, und wie aus dem Nichts erschienen Gaukler und unterhielten die Ankommenden. Es war eine exquisite Gesellschaft. Die Damen trugen Suckenien und Tasselmäntel nach neuester Mode, die Haarflechten hatten sie in großen Schlaufen an den Kopf gesteckt. Brokatseide und farbiger Samt waren die vorherrschenden Stoffe. Die halblangen Haare der Jünglinge waren gewellt, das Stirnhaar war kurz geschnitten und nach innen gedreht. Manche waren in Miparti gekleidet. Die Kombination der verschiedenfarbigen Stoffe gab ihnen allerdings etwas Geckenhaftes, wie Jakoba fand.

Kurz nach ihnen erreichte ein weiterer Wagen das Landgut. Er war mit Fahnen mit dem königlichen Symbol der Lilie geschmückt und wurde von etlichen Reitern begleitet. So viel Glanz hatte Jakoba noch nie gesehen: Die Sporen der Ritter waren vergoldet und die Steigbügel mit klirrenden Glöckchen versehen. Eine Dame stieg aus dem Wagen. Da jedermann und jede Frau sich in den Staub warfen, tat Jakoba es ihnen nach. Konnte das Johanna von Burgund sein, die Königin? Oder eine ihrer Verwandten? Jakoba musste zugeben, dass sie nicht viel über die Königsfamilie wusste.

In den nächsten Stunden vergnügte man sich allenthalben. Besonders beliebt waren bei den jungen Herrschaften Pfänderspiele. Von einem sonnengeschützten Platz aus sah Jakoba zu. Ab und an verwickelte einer der Herren sie in ein kurzes Gespräch, aber sie hatte kein Interesse an näheren Bekanntschaften. Vor allem Violante war mit Begeisterung bei den Spielen. Etliche junge Männer buhlten um ihre Gunst, aber Violante war wählerisch. Mittendrin war auch der Priester. Schließlich wurde Marsilius eine Gugel verkehrt herum aufgesetzt, und Violante drehte ihn im Kreis, bis er taumelte. Unter viel Gekicher neckten ihn die jungen Frauen, kniffen ihm in die Seite oder schlugen ihn mit einem Stofftuch. Schließlich konnte der Priester eine von ihnen packen und umarmte sie so lange, bis sie ihn von der Gugel befreite. Unter aufpeitschenden »Noch mal«-Rufen begann die nächste Runde.

Jakoba wollte nach der Comtesse sehen, doch die Dame war guter Dinge und schien keine Stärkung zu benötigen. Sie saß neben der Königlichen und deren Gefolge unter einem Baldachin, lauschte dem Gesang eines Spielmanns, naschte Konfekt und trank Malvasier.

Einige Schritte ging Jakoba durch den sonnenbeschienenen Garten. Wie schön diese Landschaft war und wie prachtvoll der Wohnsitz! Der Reichtum der französischen Adeligen war dem, was sie aus dem Norden des Reiches kannte, weit überlegen – Bauern waren sie dagegen! Tief atmete sie ein und aus. Nach den Monaten in der Enge der Stadt mit ihren vielen qualmenden Herdstellen tat es gut, saubere Luft zu riechen und frisches Grün zu sehen. Sie zog die Schuhe aus und ließ ihre Zehen im Gras spielen. Weich gab die Erde unter ihrer Haut nach. Die Sonne fiel durch das sprießende Laub und funkelte über das Gras. Unwillkürlich wanderten ihre Gedanken in ihre Heimat zurück, an diesen einen vollkommenen Tag am Fluss, der ihr so intensiv vor Augen stand, als sei es gestern gewesen.

»Ihr wirkt bedrückt, Domina Jakoba.« Die bekannte Stimme trieb ein Prickeln über ihren Rücken.

Sie wandte sich um. Roger saß ab und ließ sein Pferd los, als wäre er sicher, dass es nicht weglaufen würde. Wie war es ihm gelungen, sich so unauffällig zu nähern? Er sah gut aus, trug allerdings Gambesson und Kettenhemd sowie das Schwert am Gürtel.

Jetzt entdeckte Jakoba zwischen den Bäumen auch Paul, der ihr stumm von seinem Ross aus zunickte und sich dann auf einen Wink seines Herrn dem Fest zuwandte. Rogers Gefährte Thierry, der mit seinem zotteligen Bart und den geschorenen Haaren wie stets eher wüst und wenig festlich aussah, war bereits zu seiner Mutter gegangen.

Mit einem Mal hatte sie den Wunsch, ihre Erinnerung mit Roger zu teilen. »Ich dachte gerade an einen wunderschönen Tag, den ich mit meinem Sohn am Fluss verbracht habe. Willekin war noch klein und entdeckte die Flussauen, wie nur ein Kind die Welt entdecken kann. Alles war für ihn neu und aufregend. Die Gänseblümchen, die Fische, die Libellen. Ich habe mich so sehr an seinem Staunen gefreut, an seiner Lebenslust!«

»Erzählt mir mehr von ihm, von Eurer Heimat«, forderte Roger sie auf, als hätte es nie eine Missstimmung zwischen ihnen gegeben.

Sie war froh, dass er ihre Halsstarrigkeit nun hinzunehmen schien, und kam seinem Wunsch gerne nach. Sie gingen ein Stück unter den Bäumen entlang. Schließlich sagte er: »Ein Stück von dieser Freude scheint Ihr Euch bewahrt zu haben. Immer wenn ich Euch auf der Brücke sah, wirktet Ihr zufrieden.«

»Habt Ihr mich etwa beobachtet? Ich dachte, ich müsse ohne Euren Schutz auskommen«, neckte sie ihn lächelnd.

Roger zog die Stirn kraus. »Macht Ihr Euch über mich lustig?«

»Keineswegs«, versicherte sie ihm eilig. »Ich bin froh darüber, Eure Gunst trotz meines unmöglichen Benehmens nicht gänzlich verloren zu haben. Und Ihr habt recht: Wenn ich Menschen helfen, sie möglicherweise sogar heilen kann, macht mich das glücklich.«

Eine Weile plauderten sie über Belangloses. Doch auch dieser Teil ihres Gesprächs bedeutete Jakoba viel, weil sie sich freute, Roger nahe zu sein.

Je länger sie sprachen, desto abgelenkter erschien ihr Roger allerdings, als würde er auf etwas lauschen. Bald schlug er den Rückweg ein, und viel zu schnell näherten sie sich dem Trubel der Festgesellschaft. Beim Blinde-Kuh-Spiel fiel gerade eine junge Frau johlend um; ein junger Mann hatte ihre Füße umklammert. Andere Männer fochten ein Stück weiter zum Zeitvertreib. Am Stall sahen sie Agnes, die mit Paul plauderte.

Jakoba blickte Roger von der Seite an. Sie hätte ihn gerne berührt, ihm gerne eine Hand auf den Arm gelegt, wagte es aber nicht. »Und Ihr? Ich hörte, Ihr seid viel unterwegs gewesen.«

»Man bedurfte meiner Dienste, das ist richtig«, sagte er.

»Wird es nach dem Friedensschluss in Flandern tatsächlich zu einem Kreuzzug kommen?« Sie hatte die politischen Gespräche intensiv verfolgt, seit sie wusste, dass sie auch Rogers Schicksal betrafen.

»Zumindest treiben König Philipp und mein Brotherr die Vorbereitungen voran. Wenn auch nicht schnell genug, wie manche finden.«

»Wie meint Ihr das?«

Bevor sie eine Antwort bekam, hatten die anderen sie bemerkt. »Roger, da seid Ihr ja endlich! Diese jungen Herren brennen darauf, sich mit Euch im Kampf zu messen. Ich habe dem Sieger eine Strähne meines Haares versprochen!«, begrüßte Violante ihn strahlend und ließ dafür einen hellblonden Mann bester Herkunft stehen.

Galant küsste Roger ihr die Hand. »Ich glaube kaum, dass ich die angemessene Wahl für einen derartigen Buhurt bin.«

»Doch, ich bestehe darauf!«

Ihre Mutter schien ihre Worte gehört zu haben, denn sie rief Violante zu sich. Roger begrüßte die Dame aus dem Königshaus und die Comtesse ehrerbietig. »Du bringst Sieur Roger mit deiner Halsstarrigkeit in Verlegenheit«, mahnte sie ihre Tochter.

»Ein Kampf nur, mir zu Ehren!«, quengelte Violante.

»Nun gut, ein einziger Kampf. Ich hoffe, Ihr wisst, was Ihr zu tun habt, Sieur Roger«, gab Madame d'Obazine nach. Die Spielleute wurden angewiesen, zur Zusammenkunft zu rufen. Die jungen Ritter handelten untereinander aus, wer gegen Roger antreten durfte. Der Hellblonde setzte sich schließlich durch.

Er kniete sich zu Violantes Füßen und küsste den Saum ihres Kleides. »Eine Strähne Eures Haares wäre das Höchste, was ich zu erringen wünsche!«, sagte er.

Violante kicherte verlegen.

Um den Kampfplatz sammelten sich die Zuschauer. Nicht nur die jungen adeligen Damen, auch die Männer und Mägde schienen sich auf das ritterliche Spiel zu freuen. Nun wurden einfache Holzstangen und Schilde verteilt, um gleiche Chancen zu gewährleisten. Roger prüfte seine Waffen ausgiebig. Von Paul ließ er sich sein Pferd bringen. Auch der Blonde saß auf, und schon preschten die Ritter aufeinander zu. Während die Stange des Hellblonden wankte, hielt Roger gerade und kraftvoll auf ihn zu; es wirkte, als wäre er mit seinem Pferd verwachsen.

Mit einem Krachen traf Rogers Stange auf den Schild des Blonden; nur mit Mühe konnte dieser sich auf dem Pferd halten. Die Zuschauer stöhnten auf. Auch beim zweiten Gang wurde der Blonde schwer getroffen. Im dritten Durchgang fiel er endlich, schleuderte seinen Helm von sich und forderte Roger zum Schwertkampf. Die Herausforderung eines Ranghöheren durfte Roger nicht ausschlagen. Eine gespannte Stille machte sich breit. Stumpfe Schwerter wurden gebracht. Ruhig stieg Roger ab, prüfte das Schwert, dann streckte er die Waffen. Die Zuschauer protestierten lautstark.

»Ihr gebt also auf?«, fragte der Blonde ungläubig.

»Es ist mir unmöglich, mit diesem Schwert einen anständigen Kampf auszutragen. Euch gebührt der Sieg, Duc«, sagte Roger und neigte das Haupt, um sich vom Kampfplatz zurückzuziehen.

Der Blonde stürzte sich auf ihn. »So leicht kommt Ihr mir nicht davon! Ich lasse mich nicht durch diese Finte bloßstellen!«, wetterte er, während er bereits weit mit seinem Schwert ausholte.

Jakoba sog erschrocken die Luft ein. Obgleich die Klinge stumpf war, konnte ein Schlag damit gefährliche Verletzungen verursachen.

Gewandt wirbelte Roger herum. Mit seinen Kettenhandschuhen griff er mitten in den Schlag, packte die Klinge und entwand dem Blonden die Waffe. Achtlos warf er sie zu Boden. »Holt Euch Eure Trophäe, mein Herr, ich will sie nicht«, zischte er.

Jakobas Blick flog zu Violante. Sofort sah sie, dass auch Violante die Worte vernommen hatte. Das Gesicht der jungen Frau schien auseinanderzubrechen, dann rannte sie ins Haus. Eine andere junge Dame wollte ihr nacheilen, ebenso wie Jakoba, doch Madame d'Obazine hielt sie auf und schickte stattdessen den Priester hinterher.

Einige weitere Kämpfe wurden ausgetragen, aber Violante kehrte nicht zurück. Auch Roger war verschwunden.

Gegen Abend wurden die Gäste ins Haus gebeten. Für jeden hohen Gast stand ein Zimmer bereit, Jakoba und Agnes teilten sich mit anderen Damen eine Kammer. Beim Abendessen waren alle wieder anwesend. Violantes Gesicht war nun so glatt wie polierter Marmor. Roger saß weit von ihr entfernt und unterhielt sich konzentriert mit Thierry.

Die Comtesse ließ sich nicht lumpen: Es gab Huhn in Granatapfelsoße, gefüllte Wachteln am Spieß, marinierte Forellen, Birnenpastete, Käse und zum Abschluss kandierten Koriander, um den Atem zu reinigen. Anschließend wurde Reigen getanzt und gesungen. Violante trank mehr Wein, als gut für sie war, und ließ rotgesichtig keinen Tanz aus.

Auch Jakoba ließ sich zum Tanz bitten, war aber in Gedanken noch immer bei den Geschehnissen des Nachmittags. Wie hatte Roger die junge Frau so brüskieren können? Wo war er überhaupt geblieben? Auch Thierry, Agnes und Paul waren verschwunden.

Da die Luft in dem Saal zum Schneiden dick war, ging sie hinaus. Kühl lagen die Schwaden über den von Pferdehufen zerfurchten Wiesen. Vorsichtig sah Jakoba sich um. Nichts regte sich. Sie glaubte nicht, dass jemand in der Nähe war oder Gefahr drohte. Langsam ging sie in den Garten hinein, strich mit den Fingerkuppen über die feuchten Büsche und sog den Duft der Nacht ein. Da hörte sie zwischen den dicken Baumstämmen ein ersticktes Rascheln. Ihr Herz tat einen Sprung. Mit dem Schlimmsten rechnend, wollte sie zurückweichen. Oder sollte sie herausfinden, wer es war, und die anderen warnen? Auf Zehenspitzen ging sie weiter – und erkannte zwei Körper, die sich, an den Baum gepresst, in einem unhörbaren Takt bewegten.

Eine Hand legte sich auf ihre Schulter. Der Duft von Sandelholz. Ein Wispern in ihrem Ohr. »Geht nicht dorthin.« Eine Gänsehaut kitzelte ihren Nacken. Roger stand hinter ihr, so nah, dass sie die Hitze seines Körpers spüren konnte.

»Sind das etwa Agnes und …«

Er lächelte, und im schwachen Schein der Sterne waren seine Züge weicher als üblich. »Was denkt Ihr denn von meinem Schützling?« Sanft berührte er ihren Ellbogen. »Still, lasst sie uns in dieser grauen Stunde der Nacht, die jedes Geheimnis verbirgt, nicht stören.«

Sie ging ihm voraus und spürte seine Fingerspitze auf ihrem unteren Rücken. Noch nie war ihr eine Berührung aufregender erschienen. Impulsiv und ohne recht zu wissen, was sie tat, drehte sie sich um und zog Roger an sich, um ihn zu küssen. Seine Lippen waren wirklich so zart, wie sie es sich erträumt hatte. Sie spürte, wie er erstarrte, wie er protestieren wollte, aber nun, da sie einmal damit angefangen hatte, da sie das Unerhörte gewagt hatte, mochte sie nicht aufhören. Und dann sträubte er sich auch nicht mehr.

Seine Hände legten sich auf ihre Schulterblätter, hielten sie behutsam wie ein kostbares Geschenk. Sanft berührte ihre Zunge seine Mundwinkel. Seine Lippen öffneten sich zögernd, und dann küsste er sie, innig und hingebungsvoll. Ein Kribbeln breitete sich in ihr aus, ein Glühen und Sehnen, das ihren Körper immer noch näher an seinen trieb. Die graue Stunde der Nacht ...

Sie mochte gar nicht von ihm ablassen, doch langsam, als risse er sich das Herz heraus, machte er sich los. Schon übernahm ihr Verstand, wo eben noch ihr Gefühl regiert hatte. »Ich verstehe dich einfach nicht«, flüsterte sie.

Sein Blick war verletzlich und offen, die Lippen rot geküsst und so sinnlich, dass sie ihn am liebsten sogleich wieder umarmt hätte. Aber der Moment war vorbei. »Ich verstehe mich manchmal ja selbst nicht.«

»Wie konntest du das Violante nur antun? Sie so bloßzustellen?«

Ein Schleier schien sich über seine Züge zu senken. »Wäre es dir lieber gewesen, ich hätte ihren unvernünftigen Schwärmereien weiter nachgegeben? Ich bin kein Mann für Violante, stehe ohnehin im Rang viel zu weit unter ihr, das müsste ihr längst klar sein. Ich müsste sie meiden, und wenn Thierry nicht wäre, täte ich es längst. Glaub mir, ohne ihn wäre ich nicht hier ...«

Seine Worte versetzten ihr einen Stich. »Und ich?«, stieß sie hervor und wusste doch genau, dass sie kein Recht auf seine Liebe hatte.

»Auch dich würde ich meiden«, sagte er rau.

Was war denn ihr Kuss gewesen? Nichts als eine günstige Gelegenheit? Zutiefst verletzt floh Jakoba ins Haus.

Am nächsten Morgen fühlte die Comtesse sich schwach und musste mit Brustwickeln und Theriak behandelt werden. Gerade als sie den Wickel umgelegt hatte, ließ sich die königliche Dame ankündigen. Jakoba beugte die Knie.

Madame d'Obazine stellte sie vor, samt Adelstitel und Kenntnissen. »Jakoba ist eine fromme Witwe und ohne Tadel«, sagte sie dann. »Ich bin sehr froh, dass ich sie gefunden habe. Ich wagte nicht mehr, zu diesen studierten Ärzten zu gehen, die sich im Feilschen um ihren Lohn in düsteren Prognosen überbieten.«

Die Adelige musterte Jakoba. »Ihr sprecht mir aus der Seele, liebste Freundin. Wie oft habe ich die Leibärzte des Königshauses schon am Krankenbett streiten und feilschen hören. Es ist, als versuchten sie, gleichzeitig mit den Eitermassen das Geld aus dem Beutel des Patienten zu extrahieren.«

»Wenn Ihr mir eine Bemerkung erlaubt, Hoheit: Zuversicht, Freude und Heiterkeit kräftigen Geist und Körper, sodass diese besser gegen Krankheiten ankämpfen können. Für einen Kranken ist eine friedliche Umgebung genauso wichtig wie die Medizin.« Jakoba wusste selbst nicht, woher sie den Mut genommen hatte zu sprechen.

»Habt Dank für Eure kundigen Worte. Dann weiß ich, was ich den gelehrten Herren beim nächsten Mal entgegnen kann. Gebe Gott, dass es kein nächstes Mal gibt und wir alle gesund bleiben.«

»Das wünsche ich Euch auch, Hoheit.«

Madame d'Obazine machte eine vage Geste zu Jakoba hin. »Ich denke, ich komme nun allein zurecht.«

»Sicher.« Jakoba ließ die Damen allein, die offenbar etwas zu besprechen hatten.

Die Gäste feierten und spielten unverdrossen weiter. Deshalb stellte sich Jakoba schon darauf ein, der Comtesse eine weitere Nacht auf diesem Landgut Gesellschaft zu leisten, als am späten

Mittag ein Bote eintraf und von Thierry und Roger in Empfang genommen wurde.

Jakoba beobachtete sie aus einiger Entfernung. Nichts wünschte sie sich mehr, als nach Paris zurückzukehren. Keine Nacht länger wollte sie mit Roger unter einem Dach verbringen, um nicht erneut in Versuchung geführt zu werden. Wie eine Pfennighure kam sie sich vor. Den ganzen Tag über war sie ihm so gut wie möglich aus dem Weg gegangen, und auch er schien ein Zusammentreffen zu meiden, als würde er ihre nächtliche Begegnung am liebsten ungeschehen machen.

Nachdem Thierry und Roger mit dem Boten gesprochen hatten, baten sie Madame d'Obazine um eine Unterredung. Ein hektisches Gelaufe von Dienern und Knechten setzte ein. Was war passiert? Welche Nachricht konnte der Bote überbracht haben?

Jakoba suchte Paul auf, der in Agnes' Gesellschaft war. Nun bemerkte Jakoba erst, dass sich der junge Mann einen Bart stehen ließ, den sie, weil er so zauselig war, albern fand.

»Was ist denn hier auf einmal los?«, wollte Jakoba wissen.

»Hat Messire Roger es Euch nicht verraten?«, fragte Paul mit einer Spur Schärfe in der Stimme. »Hirten ziehen von der Normandie her auf Paris. Sie wollen den König dazu bringen, endlich seinem Schwur nachzukommen und sie auf einen Kreuzzug zu führen.«

»Hirten?« Das erschien ihr nicht gerade gefährlich.

»Tausende sind es, manche sagen, es seien Zehntausende. Dabei fing alles mit einem einzelnen Jungen an.« Stolz, sich so gut auszukennen, sprach Paul weiter. Agnes hing an seinen Lippen; es war rührend zu sehen, wie vernarrt sie in ihn war. Jakoba konnte sich noch gut daran erinnern, wie es gewesen war, so unschuldig verliebt zu sein.

»Einem Jüngling ist an Ostern der Heilige Geist in Gestalt einer Taube erschienen. Gott trug ihm auf, die Menschen gegen die heidnischen Mauren zu führen, die auf der spanischen Halbinsel ihr Unwesen treiben. Auch sei der Kreuzzug zum Heiligen Land schon zu lange aufgeschoben worden. Viele sammelte er um sich, Heranwachsende überwiegend, einfache Arbeiter und Hirten, weshalb sie sich der Hirtenkreuzzug nennen. Eigentlich hieß es, sie seien noch weit genug entfernt von Paris, aber der Bote meldet, dass sie sich schnell nähern. Messire Roger scheint besorgt zu sein, denn es könnte sein, dass die Aufrührer hier vorbeikommen.«

Agnes ergriff seine Hand, und Paul ließ es geschehen. »Zu Recht ja auch, die vielen Frauen hier – Ihr könnt sie nicht alle verteidigen«, sagte sie bange.

Unruhig flüsternd standen auch die übrigen jungen Damen und Herren beieinander.

Roger und Thierry kamen aus dem Zimmer der Gastgeberin, und sogleich wurden die Wagen vorgefahren, und ein unfeines Drängeln setzte ein.

Madame d'Obazine musste gestützt werden, als sie aufstieg. Der Wagen der königlichen Dame fuhr so eilig voraus, als könne sie es kaum erwarten, wieder hinter den schützenden Mauern des Louvre zu verschwinden.

26

Zwei Drachmen Bibergeil, dazu die Wurzeln der feinen Osterluzei und trockenes Erdharz. Was kam als Nächstes? Jakoba konsultierte ihre Notizen und fügte Tausendgüldenkraut und fettes Galbanum hinzu. Galens Anweisungen waren klar, und sie erinnerte sich gut an Baldinos hilfreiche Hinweise. Hirtentäschelkraut lieber einzeln zerkleinern, weil es am Mörser kleben blieb, und es mit Wein auflösen. Weihrauch zerkleinern und durchsieben.

Geduldig mischte sie die Zutaten für den Theriak. Vor einer Woche, gleich nach ihrer Rückkehr nach Paris, hatte sie angefangen, die Arznei zuzubereiten. Obgleich Gerüchte über die plündernden Hirten die Runde machten, war es ruhig in der Stadt. Die Ritter des Königs waren in Alarmbereitschaft, und sicherheitshalber war die Seine vom Tour de Nesle zum Louvre mit Ketten gesperrt worden. Nur unterbrochen von ihren Behandlungsstunden hatte sie Stück für Stück die Zutaten zusammengefügt. Jetzt war es bald geschafft. Schon in wenigen Wochen konnte sie die Wirksamkeit der Arznei überprüfen.

In der Ruhe dieses Hauses hatte sie ihre Gelassenheit zurückerlangt. Selbst der Lärm der Straße störte sie nicht, obgleich es heute draußen besonders laut war. Die Nacht auf dem Landgut erschien ihr wie ein ferner Traum. Obgleich sie noch immer traurig über Rogers Worte war, bereute sie doch den Kuss nicht. Wie könnte man etwas so Wunderbares je bereuen? Wenn er sie meiden wollte – bitte, sie drängte sich nicht auf. Es war vermutlich ohnehin besser für sie, wenn sie Abstand hielt. Denn eigentlich war sie ja, das musste sie sich eingestehen, kurz davor gewesen, eine Todsünde zu begehen; gedanklich zumindest. Und Ehebruch war nicht nur vor dem Gesetz, sondern auch vor Gott strafbar.

Immer gellender wurden die Rufe auf der Straße. Schmerzensschreie mischten sich in Kampfrufe.

Jakoba hob den Kopf. Da stimmte doch etwas nicht!

»*Dieu le veut!* Gott will es!«, rief die Menge.

Jakoba legte den Spatel ab und eilte zum Gaubenfenster. Das gegenüberliegende Ufer war schwarz von Menschen. Vor dem Châtelet wurde gekämpft. Offenbar verstärkte das Symbol der königlichen Macht den Hass der Aufrührer. Ritter und andere Reiter versuchten, dem Pöbel Einhalt zu gebieten, kamen jedoch gegen ihn nicht an. Mit Stöcken bewaffnet, stürzte sich die Menge auf die Königlichen, zerrte so manchen Ritter auf den Boden und versuchte, in das Gefängnis einzudringen. Immer mehr strömten herbei – es mussten wahrlich Tausende sein! Eine beängstigend große Menge. Schon wurden die ersten an die Uferkante gedrängt und suchten nach anderen Zielen, auf die sie ihren Zorn richten konnten.

»Bekämpft die Heiden! Bekämpft die Juden und Brunnenvergifter! Gott will es!«, stachelte jemand die Menge auf. Wie eine Welle, die sich an einem Felsen brach, wechselte der Menschenstrom die Richtung.

Sie kommen hierher!

Jakoba schob Pauls Messer in den Gürtel und stürzte Hals über Kopf die Stiege hinunter. Die anderen mussten gewarnt werden! Sie mussten die Häuser verbarrikadieren, bevor es zu spät war!

Jakoba stolperte, fiel, rappelte sich wieder auf. Ihr Knöchel schmerzte. Hätte sie nicht besser aufpassen können? Das fehlte gerade noch! »Celie, Gaspard – sie kommen! Verschließt die Läden, legt den Riegel vor!«

Verdutzt sahen die Apotheker sie an. Sie standen in inniger

Umarmung im leeren Laden, Gaspard hatte die Hände auf den Bauch seiner Frau gelegt. »Wir müssen dir etwas ...«

»Der Hirtenkreuzzug«, fiel Jakoba ihnen ins Wort. Eilig fasste sie zusammen, was sie gesehen hatte. »Schnell jetzt – ich warne Belota!«

Agnes trat aus dem Hinterzimmer und wollte sie aufhalten, weil es zu gefährlich sei, aber Jakoba ließ sich nicht beirren. Ja, es mochte gefährlich sein, aber Belota war allein mit ihren Kindern – sie durfte sie nicht den Angreifern ausliefern.

Schon hatten die ersten Aufrührer die Brücke erstürmt. Schon breitete sich Panik aus. Menschen rannten durcheinander. Andere traten Türen ein, prügelten sich oder nutzten die Gelegenheit, um zu plündern. Im Zickzack kämpfte sich Jakoba durch den Menschenstrom. Noch nie war ihr der Weg zu Belotas Haus so weit erschienen. Jetzt preschten auch noch Ritter durch die Menge, stießen wild mit Lanzen um sich, trampelten achtlos Männer, Frauen und Kinder nieder.

Im Tumult wurde auch Jakoba beiseite gestoßen.

»Was hast du denn da? Bist du eine von uns?« Ein Mann streckte die Hand nach dem Messer in ihrem Gürtel.

Sie stieß ihn kräftig von sich und hatte Glück, weil er über die Füße eines anderen stolperte.

»Warte nur, das werd ich dir heimzahlen!«, rief er ihr nach.

Schnell humpelte sie weiter, zog den Kopf ein, damit ihr Verfolger sie nicht entdeckte – gleich hatte sie es geschafft.

Die Läden von Belotas Haus waren bereits verriegelt, doch die Tür stand noch einen Spalt offen. Zwei Weiber zerrten daran, eine hatte den Fuß schon in den Türspalt geschoben. »Komm raus, Christusmörderin!«, forderten sie.

Jakoba hörte das Weinen der Kinder aus dem Inneren, sah das angstverzerrte Gesicht von Belota, die mit ihrem Ältesten panisch versuchte, die Eindringlinge aufzuhalten.

Was sollte sie nur tun? Wie konnte sie helfen? Auf einmal

spürte Jakoba einen Ruck an ihrem Kleid – ihr Verfolger hatte sie erreicht. Angst durchfuhr sie. Wäre sie doch bei ihren Freunden geblieben! Sie riss das Messer aus dem Gürtel und stach wild um sich. Der Mann versuchte, ihr das Messer aus der Hand schlagen. Hinter ihr wurden die Schreie der Kinder lauter. Da sah sie etwas hinter dem Mann und verstand augenblicklich. Furchtlos gab sie ihm einen Stoß – er fiel über Ivo, der sich hinter seinen Füßen hingehockt hatte. Sein Vater, der Tagelöhner Charles, versetzte dem Angreifer einen Schlag mit einem Knüppel, sodass dieser bewusstlos liegen blieb.

»Und nun helfen wir Domina Belota! Sie mag nicht meine liebste Nachbarin sein, aber so geht es auch nicht!« Mit dem Knüppel um sich schlagend, bahnte Charles ihnen den Weg. Kraftvoll trieb er die zwei Weiber von der Tür zurück. Mit Charles polterten sie in Belotas Haus und verriegelten die Tür.

Die zitternden Kinder klammerten sich an ihre Mutter. Jakoba versuchte sie zu beruhigen, während die Aufrührer gegen das Holz donnerten.

Dann hörten sie einen Ruf. »Feuer, holt Feuer!«

Panisch tauschten sie Blicke. Wenn dieses Haus in Brand geriete, wäre es vermutlich nicht nur ihr Ende, sondern gleich das Ende aller, die sich auf dieser Brücke befanden.

Charles schulterte seinen Knüppel. »Ich halte sie auf.«

»Das schaffst du nicht allein!«, mahnte Jakoba ihn. »Riskier nicht zu viel! Auch du hast eine Familie zu versorgen!«

Doch er fackelte nicht lange. »Wenn die Brücke abbrennt, bleibt uns nichts mehr! Auf drei öffnet Ihr. Eins, zwei …«

Bei drei war er draußen, und sein Sohn gleich mit. Was sollte sie selbst tun? Wie konnte sie verhindern, dass Feuer gelegt wurde?

Belota sank tränenüberströmt zu Boden und begann zu beten. Ihre Kinder taten es ihr nach. Auch Jakoba schickte ein Stoßgebet gen Himmel.

Eine unerträglich lange Weile geschah nichts. Dann hörte sie durchdringende Kampfschreie und donnernde Hufe auf der Holzbrücke – endlich kam Hilfe!

Belota reckte die gefalteten Hände gen Himmel. »Gott hat unser Flehen erhört!«

Jakoba dankte still. Vielleicht hatte der Herrgott sie doch nicht vergessen. Letztlich war es einerlei, welcher Gott eingegriffen hatte – Hauptsache, die Angreifer wurden vertrieben.

Im Schutz des Hauses warteten sie das Ende der Kämpfe ab. Jakoba sang den Kindern etwas vor, und besonders der fremdartige Klang von *Wir wollen alle fröhlich sein* – wie so oft war ihr kein anderes Lied eingefallen – trieb selbst den Größeren ein Lächeln auf das Gesicht.

»Habt Dank, dass Ihr hierhergekommen seid, um uns beizustehen«, sagte Belota schließlich, als auch sie sich wieder beruhigt hatte.

Jakoba lächelte nur; ihr war es selbstverständlich vorgekommen.

Als der Kampflärm nachließ und nur noch das Wehklagen der Verletzten zu hören war, ging sie hinaus, um ihr Medizinkästchen zu holen. Sie wurde gebraucht.

»Jakoba? Domina Jakoba? Habt Ihr Domina Jakoba gesehen?«

Rufe hallten über die Reihen der Verletzten, die an den Hausmauern lehnten. Jakoba verband gerade Charles' Quadratschädel. Dem Tagelöhner war eine heftige Platzwunde beigebracht worden. Sie wusste nicht, seit wie vielen Stunden sie schon erste Hilfe leistete. Erschöpft erhob sie sich.

»Hier!«, rief sie.

Roger stürzte aus einem Hauseingang. Sein Gesicht, das von Sorge gezeichnet gewesen war, hellte sich auf. Er umarmte sie stürmisch. Ihm folgte Paul, der Jakoba ebenso erleichtert, aber auch ein wenig betreten ansah. Abrupt ließ Roger sie los und trat einen Schritt zurück. Verlegen fuhr er sich mit den Händen durch das Haar. Zerzaust und befleckt, wie er war, sah man ihm an, dass er gekämpft hatte. »Niemand wusste, wo du warst. Ich bin erleichtert, dich gesund hier zu sehen«, sagte er rau.

Jakoba freute sich sehr über seine Freude. Warum nur verbarg er seine Gefühle so oft? Um ihre Erregung zu überspielen, fragte sie: »Was ist mit dem Hirten und seinen Anhängern geschehen?«

»Wir haben sie aus der Stadt getrieben. Sie sollen sich zerstreuen, in ihre Heimat zurückkehren«, sagte Roger.

Paul hatte sie lange angesehen. »Ihr seht müde aus, Domina Jakoba«, sagte er voller Mitgefühl. »Kommt mit, wir bringen Euch nach Hause. Ihr habt genug getan. Ich trage Euer Medizinkästchen, wie früher.« Er lächelte scheu, und trotz ihrer Erschöpfung staunte sie wieder einmal, was für ein schmucker junger Mann er geworden war.

Langsam sah Jakoba die Reihe der Verletzten entlang. Auf sie warteten noch Menschen mit schweren Prellungen durch Pferdehufe, Schnittwunden und Brüchen. Verletzungen, die so schnell wie möglich verarztet werden mussten. Es waren zwar auch Bader und Wundärzte im Einsatz, aber ihre Kräfte reichten bei Weitem nicht aus.

»Ich kann hier noch nicht fort«, sagte sie und wandte sich dem nächsten Kranken zu.

Resignierend hob Roger die Schulter. »Dann werden wir dir wenigstens helfen«, sagte er und kniete sich neben sie. »Ich verstehe allerdings nur wenig von Medizin. Du musst mir sagen, was ich zu tun habe.«

Mit schweren Gliedern ging sie abends zu ihrer Unterkunft zurück. Das Apothekerpaar hatte die Schäden, die die Meute angerichtet hatte, schon weitgehend behoben. Agnes schloss Paul erleichtert in die Arme, während Roger ihr Medizinkästchen nach oben trug. Er war so groß, dass er kaum die schmale Stiege hinaufpasste. Auf dem Dachboden musste er den Rücken rund machen, weil er sich sonst den Kopf gestoßen hätte.

Neugierig sah er sich um. »Hier lebst du also …« Auch aus seiner Stimme sprach Erschöpfung.

Am liebsten hätte Jakoba ihn fest umarmt oder sich mit ihm ins Bett gelegt und eng an ihn gekuschelt – aber nein, an so etwas durfte sie nicht einmal denken!

»Du hättest zu Hause eine Burg haben können … und nun hast du das hier.« Es klang weniger abfällig als vielmehr erstaunt.

»Ich habe alles, was ich brauche«, sagte sie und ließ sich auf ihr Bett sinken.

»Ich sollte dich allein lassen, aber … Was ist das hier alles?« Er wies auf die Kräuter, Tiegel und Phiolen.

»Ich fertige meinen eigenen Theriak an.«

Sein Blick wurde beinahe ehrfurchtsvoll. »Das halte ich für ein Wunder!«

Jakoba musste auf einmal lachen, obgleich es eigentlich nicht so komisch war. Vermutlich war es die Anspannung, die sich endlich löste. »Zu viel der Ehre«, sagte sie, als sie ein paarmal nach Luft geschnappt hatte. »Es ist einfach nur Arzneimittelkunde.«

Roger wirkte über ihren Lachanfall irritiert, was ihr leidtat.

»Möchtest du dich nicht zu mir setzen?«

Sein Blick willigte ein, aber sein Körper wich zurück, als hätte sie ihn bedroht. Reue überfiel sie. Sie hatte es wieder getan! Sie hatte ihn wieder bedrängt, obgleich er ihr doch oft genug zu verstehen gegeben hatte, dass er sie nicht wollte. Und auch sie durfte ihn doch nicht begehren … Gleichzeitig aber waren ihre Gefühle für ihn so stark!

Jakoba senkte die Lider. »Ich sollte dich nicht bedrängen, wenn du mich nicht willst«, flüsterte sie. »Aber ich …« Auf einmal liefen Tränen über ihr Gesicht. Vielleicht sollte sie dieses Gespräch führen, wenn sie ausgeruhter war!

Er kniete sich vor sie und wischte ihr sacht die Tränen ab. Es wirkte, als müsste er um die Worte ringen.

Sie kam ihm zuvor und schmiegte die Wange in seine Handfläche. Mit geschlossenen Augen sagte sie: »Ich fühle mich sehr zu dir hingezogen! Mein Herz schlägt für deines. Dabei ist es doch eine Todsünde! Es darf einfach nicht sein.«

Sie führte seine Hand zu ihrem Mund und küsste die Innenfläche. Seine Haut schmeckte ein wenig salzig und roch nach Eisen und Leder, was ihr gefiel. Dann sah sie ihm fest in die Augen. Sie mochte ihn einfach nicht mehr belügen. »Roger, ich bin noch verheiratet. Mein Mann lebt …«

Ungläubig starrte er sie an. Sprang auf die Füße. Taumelte zur Tür.

Sie hatte eine heftige Reaktion erwartet, aber dies dann doch nicht. Er sollte sie doch nur verstehen! »Er hat mich geschlagen, mir Gewalt angetan, immer und immer wieder. Da habe ich mich gewehrt … und bin geflohen. Nie wieder kehre ich zu ihm zurück, das habe ich mir geschworen! Aber ich bin nicht … frei.«

Schon stolperte er die Stiege hinunter.

Jakoba blieb verzweifelt zurück. Würde sie ihn je wiedersehen?

27

Paris, September 1321

Wie schwül es war! Drückend lag die Feuchtigkeit in der Luft. Der stinkende Dunst stieg zu Jakoba auf und ließ sich selbst durch intensivste Räucherkräuter nicht mehr vertreiben. Die Hitze hatte die Seine beinahe trockenfallen lassen, sodass die Abfälle und der Unrat, die im Fluss landeten, nicht weggespült wurden. Manchmal hatte Jakoba den Eindruck, der Gestank setze sich sogar in ihren Haaren und Kleidern fest.

Auf der Straße keiften lautstark zwei Frauen. Auch ein Jahr nach dem Hirtenkreuzzug, der nach dem Abzug aus Paris noch wochenlang Frankreich unsicher gemacht hatte, war keine Ruhe eingekehrt.

Es war Spätsommer, und die Hitzewelle, die das Land heimsuchte, schien jeden Bewohner der Stadt in den Wahnsinn zu treiben. Vor allem Durchfallerkrankungen grassierten, weshalb seit einigen Wochen das Gerücht die Runde machte, jemand würde die Brunnen vergiften. Als Schuldige waren dieses Mal nicht nur die Juden, sondern auch die Aussätzigen ausgemacht worden. Angeblich warfen sie vergiftetes Brot in die Brunnen, um ihre Feinde zu ermorden.

Sogar der König beteiligte sich an dieser Hetzjagd: Im Süden des Landes waren auf sein Geheiß bereits unzählige Lepröse auf dem Scheiterhaufen hingerichtet worden. Auch in Paris musste jeder, der einen Ausschlag im Gesicht trug, fürchten, angegriffen zu werden. Jakoba half den verängstigten Kranken, so gut sie konnte. Sie behandelte einfache Hautausschläge und verteidigte die Krätze-Kranken vor Angriffen. Selbst Ivo hatte sein Vater wieder aus den Händen der Häscher befreien müssen.

Doch nicht alles war in den vergangenen Monaten schlecht gewesen. Celie und Gaspard hatten Anfang des Jahres Nachwuchs bekommen. Celies Schwangerschaft war die gute Nachricht gewesen, die sie Jakoba am Tag des Hirtenkreuzzugs mitteilen wollten. Jakoba hatte der Hebamme bei der Geburt geholfen und Mutter und Sohn gepflegt. Das Apothekerpaar war überglücklich, zumal Celie schon wieder schwanger war – etwas zu schnell nach der ersten Geburt, aber das kümmerte sie nicht.

Jakoba lüftete ihr Kleid ein wenig, was ihr jedoch kaum Linderung verschaffte. Sie wählte aus ihren Glasphiolen die nötigen Heiltränke aus, außerdem eine neue Weißblechdose ihres Theriaks, der ausgezeichnet zu wirken schien.

Beklommen dachte sie an den Krankenbesuch, der ihr bevorstand. Seit Tagen schon pflegte sie Rahel, die Gattin eines Geldwechslers, die an der Schwelle des Todes stand. Bislang hatte sich keine Besserung gezeigt. Der Fall war tragisch: Wegen hohen Fiebers und Unterleibsschmerzen war sie ins Hospital gegangen, aber die studierten Ärzte hatten sich geweigert, sie zu berühren, und jede Untersuchung abgelehnt. Als Rahels verzweifelter Mann zu Jakoba gekommen war, war es schon beinahe zu spät gewesen. Jakoba hatte alles getan, was in ihrer Macht stand, aber ob das ausreichte, war nicht sicher.

Sie ging die Stiege hinunter. Im Laden standen wie üblich Kunden, kauften ein oder plauderten. Leises Jammern war zu hören. Agnes hatte Celies Säugling auf dem Arm und versuchte, das Kind zu beruhigen. Etwas über ein halbes Jahr war der kleine Tola nun alt, und er war die Freude nicht nur des Apothekerpaares, sondern vieler Nachbarn.

Kaum dass Jakoba die Treppe heruntergestiegen war, wurde sie auch schon angesprochen. Sie war inzwischen so bekannt für ihre Heilkünste, dass sie überall und ständig um Rat gefragt wurde – ob in ihrer Behandlungsnische, auf der Straße oder gar in der Kirche.

Jakoba beantwortete einige Fragen und ging dann zu Agnes. »Was hat er denn heute nur? Verträgt er die Hitze nicht, wie manche Erwachsene?«, fragte sie, weil sie hörte, wie sich auf der Brücke schon wieder Passanten lautstark stritten.

»Tola hat sich vermutlich noch immer nicht damit abgefunden, dass Celie ihn nicht mehr stillt. Der Brei will ihm einfach nicht schmecken«, sagte Agnes.

Inzwischen sprach die Magd wieder mit ihr, aber Jakoba spürte deutlich, dass Agnes ihr noch immer grollte. Sie gab Jakoba die Schuld daran, dass Paul den Kontakt zu ihr abgebrochen hatte. Auch Roger hatte Jakoba nicht mehr gesehen, seit dieser im letzten Jahr aus ihrer Kammer geflohen war. Oft dachte sie sehnsüchtig an ihn. Wie es ihm wohl ging? Ob er überhaupt noch in Paris weilte? Und was war mit Paul? Ob er seinen Schwur wahr gemacht, Anno getötet und so seinen Vater gerächt hatte? Sie wollte es lieber nicht wissen.

»Zeig mir mal deine Zähnchen«, flachste Jakoba mit dem Kind und kitzelte es am Bauch. Der Kleine giekste kurz, aber dann verzog sich sein Gesicht wieder zu einer jammervollen Grimasse. »Vielleicht schmerzt die ungewohnte Nahrung im Bauch. Lass dir von Gaspard getrockneten Fenchel, etwas Anis und Kümmel geben und einen Tee ansetzen«, riet sie der Magd.

Die Glocken von Notre-Dame schlugen. Es wurde Zeit, dass sie zu ihrer schwer kranken Patientin kam. Im Schatten der Häuser passierte sie die Brücke, an Wasserverkäufern, Ausrufern und Blumenhändlern vorbei, die regen Zulauf hatten. Fast jeder trug derzeit Blüten am Kragen, um den Gestank abzuwehren, der von den Straßen und Körpern aufstieg.

Der Geldwechsler erwartete sie bereits an der Tür. »Wie geht es Eurer Gattin?«, wollte Jakoba wissen.

Saul wischte sich den Schweiß von der Glatze. »Etwas besser, glaube ich. Ihr Körper ist nicht mehr ganz so heiß. Schwer zu sagen, bei diesen Temperaturen.«

Jakoba untersuchte die Kranke. Tatsächlich schien sich ihr Zustand etwas verbessert zu haben. Während sie Wadenwickel anlegte und ihr die Medizin verabreichte, plapperte der Mann, als könnte er damit seine Sorgen überwinden. »Wir sind nicht die Einzigen, die unter einer Krankheit zu leiden haben. Es heißt, der König sei zurück in der Stadt, aber er sei krank. Das ist der Fluch der Templer!«

»Der Fluch der Templer?« Verwundert tauchte Jakoba das Leinen für die Wadenwickel in kaltes Wasser. Davon hatte sie noch nie gehört.

Sauls Stimme nahm einen gewichtigen Ton an. »Es war im Jahr 1314, als Jacques de Molay und andere Anführer des verfemten Templerordens gleich hier um die Ecke, an der Westspitze der Cité, auf dem Scheiterhaufen verbrannt wurden. Am 18. März war es, und manche sagen, man kann die schwarze Stelle in der Erde noch immer sehen. Kurz bevor er starb, beschwor er seine Unschuld. Anschließend hat er König Philipp den Schönen und den Papst verflucht – und beide starben noch im gleichen Jahr.«

Er half Jakoba, seine Frau auf die Seite zu drehen, damit sie die Lunge abhören konnte. Rahel murmelte einige unverständliche Worte. Jakoba merkte auf; so ein Lebenszeichen hatte sie seit Tagen nicht von sich gegeben.

»So erzählen es sich auf jeden Fall die Leute«, fuhr Saul fort. »Ich habe da meine Zweifel, denn auch ich war dabei, als Molay brannte, aber einen Fluch habe ich nicht gehört. So oder so sind die Kapetinger nicht sehr langlebig. Ludwig der Zänker, ältester Sohn Philipps des Schönen, der ihm auf dem Thron folgte, regierte nur zwei Jahre, bevor ihn der Tod holte. Johann I. starb kurz nach der Geburt. Und nun ist auch noch König Philipp der Lange krank. Man munkelt, er fürchte, dass man ihn zu vergiften versucht. Etliche Berater und Diener soll er schon ins Verlies geworfen haben, weil er sich nicht mehr sicher fühlt. Na ja, einen männlichen Kapetinger gibt es nach ihm ja noch. Karl den Schönen nennt man ihn, weil er genauso gut aussehen soll wie sein Vater. Hoffentlich ist er nicht genauso maskenhaft. Wie ein Uhu hat Philipp der Schöne immer gewirkt – prächtig, aber nutzlos. Nach ihm ist erst mal Schluss mit den Kapetingern. Frauen dürfen den französischen Thron seit 1317 nicht mehr besteigen, und wenn diese beiden ohne männliche Nachkommen sterben, dann gnade uns Gott.« Er hatte sich sichtlich in seinen Vortrag hineingesteigert und rang nach Luft.

»Wieso, was wird dann passieren?«, wollte Jakoba wissen.

»Dann gibt es Krieg, weil mehrere Adelige gleichwertige Ansprüche auf den französischen Thron haben, unter anderem der englische König. Also gebe Gott, dass Philipp der Lange noch viele Jahre regieren wird.«

»Gebe es Gott«, wiederholte Jakoba.

»Man hört auch von erneuten Überfällen auf Juden. Viele wurden als Brunnenvergifter beschuldigt und ins Gefängnis geworfen. Manche sind sogar schon auf dem Scheiterhaufen gelandet«, redete Saul weiter. Er schien ernsthaft besorgt zu sein.

»Der König wird euch beschützen«, versuchte Jakoba ihn zu beruhigen.

»Da bin ich nicht so sicher. Wir sind früher schon aus dem Land vertrieben worden. Das Einzige, was König Philipp von uns Juden will, ist unser Geld. Es heißt, er sucht händeringend nach neuen Einkommensquellen. Der König ist pleite.«

»Wie kann das sein?«

»Seine Vorfahren und er haben den Staatsschatz verschleudert. Auch war der Krieg in Flandern teuer. Ihr seht es schon daran, dass immer wieder Anstalten gemacht wurden, endlich auf den nächsten Kreuzzug zu gehen, und es doch niemals dazu kam, obgleich der Papst dem französischen König mehrfach den Zehnten gab.«

»Ihr kennt Euch aber gut aus«, staunte Jakoba.

»Bei uns in der Synagoge wird viel geredet.«

Jakoba war fertig mit der Behandlung seiner Frau. »Euer Eindruck hat Euch nicht getrogen: Eurer Frau geht es besser. Verabreicht ihr weiter die Medizin, wie besprochen. Ich werde morgen wieder nach ihr sehen.«

Saul senkte den Blick. Ihm schienen ausnahmsweise die Worte zu fehlen. »Ich weiß gar nicht, wie ich Euch danken soll.«

Jakoba lächelte ihn aufmunternd an. »Ich bin glücklich, wenn ich helfen konnte.«

Als Jakoba in die Apotheke zurückkehrte, fing Celie sie an der Tür ab. »Eine hohe Dame wartet auf dich.« Jakoba wollte schon hinter die Trennwand gehen, aber Celie hielt sie nochmals auf. »Ich habe sie nach oben geschickt, damit sie niemand sieht.«

Dann musste es wirklich sehr hoher Besuch sein. Eilig stieg Jakoba die Treppe empor.

»Violante? Was tut Ihr hier?«, begrüßte sie ihren Gast überrascht.

Die junge Frau wirkte aufgelöst. »Hat mich jemand erkannt? Hat Agnes mich gesehen? Niemand darf erfahren, dass ich hier bin!«

Jakoba setzte sich zu ihr und beruhigte sie. »Ich glaube kaum, dass jemand weiß, dass Ihr hier seid. Und Agnes kümmert sich gerade um Tola, das Kind von Celie und Gaspard. Aber was tut Ihr hier? Ist etwas mit Eurer Mutter? Ich wollte die Comtesse ohnehin in den nächsten Tagen aufsuchen.«

Die junge Adelige ergriff ihre Hand. Jakoba wunderte sich, dass sie auf einmal so vertrauensvoll war; früher war Violante ihr wegen ihrer Nähe zu Roger eher distanziert begegnet. »Bitte, sagt Mutter nicht, dass ich hier gewesen bin! Sie darf es nicht erfahren!« Violante sprang auf, als wollte sie am liebsten fliehen.

Jakoba wollte sie nicht drängen. Doch als die junge Frau beharrlich schwieg, fragte sie: »Was treibt Euch her?«

Violante ließ sich wieder neben sie sinken. »Ich werde heiraten«, sagte sie gepresst.

»Aber das ist doch wunderbar!«, gratulierte Jakoba ihr. Hoffentlich nicht Roger, fuhr es ihr durch den Kopf. Doch dann rutschte ihr heraus: »Habt Ihr endlich einen Ehemann gefunden, der Euren hohen Ansprüchen genügt?«

Violante schnaubte tränenerstickt. »Ja, er ist ein großartiger Mensch. Eben deshalb …« Schluchzend schlug sie die Hände vor das Gesicht. Lange musste Jakoba sie trösten, ehe sie weitersprechen konnte.

Violante hätte es wohl längst gesagt, wenn es Roger wäre, dachte Jakoba. Sie schämte sich für ihre eigennützigen Gedanken. Außerdem sollte sie sich freuen, wenn er glücklich wurde.

»In meiner Hochzeitsnacht … Ich habe solche Angst … Er wird sofort merken, dass ich keine … Jungfrau mehr bin.«

Jakoba verkniff sich jede Reaktion. War sie schockiert? Oder hatte sie etwas Derartiges befürchtet? Es schmerzte sie vor allem, wenn sie an Madame d'Obazine dachte: Sie hätte ihre Tochter besser im Zaum halten sollen. Andererseits kannte Jakoba die Verlockungen, denen junge Frauen ausgesetzt waren, aus eigener Erfahrung. Sie war die Letzte, die Violante verurteilen durfte.

»Ich habe nur einmal, mit einem … aber gerade mit ihm hätte ich nie …« Grob wischte Violante sich die Tränen ab. »Erinnert Ihr Euch an Magister Marsilius?«

Jakoba erstarrte. »Den Priester?«

Violante nickte. »Wie Ihr wisst, ging er in unserem Haus ein und aus. Viele Male bat er mich, ich möge mich ihm hingeben. Ich weigerte mich, auch weil ich gehört hatte, dass eine Frau, die sich mit einem Priester einlässt, nie das Antlitz Gottes sehen wird. Darauf hat er gesagt, ich sei eine unwissende Närrin. Seit dem Frühlingsfest im letzten Jahr, bei dem auch Ihr gewesen seid, bedrängte Marsilius mich jedes Mal, wenn wir alleine waren. Seine Hand war während unserer Bibelstunden öfter an meinem Busen als an den Buchseiten.«

»Warum habt Ihr es denn Eurer Mutter nicht gesagt? Sicher hätte sie ihn sogleich des Hauses verwiesen.«

»Ich habe mich so sehr geschämt. Er behauptete, ich würde ihn ermutigen. Schließlich gab ich seinem Drängen nach.« Wieder bedeckte sie das Gesicht mit den Händen.

Jakoba war wütend, bemühte sich aber, es sich nicht anmerken zu lassen. »Es war unrecht von ihm, weniger von Euch. Ihr seid jung und unerfahren. Er hingegen hat seine Macht und seine Stellung ausgenutzt.«

»Immer wenn sich die Gelegenheit ergab, hat er mich fleischlich erkannt, sogar in der Christnacht, obgleich es doch verboten ist.«

»Und Ihr seid nicht schwanger geworden?«

»Damit verschonte Gott mich. Marsilius trug aber auch ein Amulett mit Kräutern um den Hals, das die Empfängnis verhüten sollte.«

Von diesem Aberglauben hatte Jakoba schon oft gehört, allerdings meistens von Frauen, die schwanger zu ihr gekommen waren. »Dafür müsst Ihr dem Herrgott wirklich danken«, sagte sie harsch. »Ich hoffe, Ihr konntet seinem sündigen Treiben ein Ende setzen?«

»Nein, ich war zu schwach. Mutter tat es. Vielleicht ahnte sie etwas. Sie verwies ihn des Hauses und lud einen anderen Priester ein. Einen Greis. Bei seinen Unterweisungen besteht höchstens die Gefahr, an Langeweile zu sterben.« Violante lachte leise.

Da war sie wieder, die Leichtfertigkeit, die die junge Frau erst in diese Lage gebracht hatte. Hatte Jakoba selbst nicht oft genug gesehen, wie vertraulich Violante mit dem Priester umgegangen war? Jakoba spielte beinahe mit dem Gedanken, ihr die Hilfe zu verweigern und sie die Folgen ihres Leichtsinns ausbaden zu lassen. Aber diese Härte erschien ihr dann doch unangemessen.

»Und nun sorgt Ihr Euch um Eure Jungfräulichkeit?«, kam Jakoba auf den Grund des Besuchs zurück.

Violante nickte. »Wenn der Duc, mein Zukünftiger, von meiner Sünde erführe, wäre meine Schande unermesslich«, sagte sie und begann wieder herzzerreißend zu weinen.

Zum zweiten Mal an diesem Tag dankte Jakoba in Gedanken Mona. Gerade um die Nöte vieler Frauen zu beheben, war ihr Wissen nützlich. »Es gibt eines, was Ihr tun könnt. Es bedarf jedoch einiger Vorbereitung und etwas Geschicks.« Unwillkürlich senkte sie die Stimme. »Also, Ihr nehmt ein Taubenei …«

28

Und dann habe ich zu Meister Herman gesagt, schon bei meinem letzten Fieber hat Domina Jakoba mir geholfen – dann gehe ich eben wieder zu ihr und kaufe ihren Theriak, wenn eure Medizin nicht wirkt!« Der hibbelige Mann, über dessen Gesicht ganze Bäche von Schweiß flossen, sah sie Beifall heischend an. Magister Etienne war ein Rechtsgelehrter und bot auf der Île de la Cité seine Dienste als Schreiber an, um seine Familie durchzubringen. »Es ist doch gut, wenn ich Euren Ruhm mehre, oder? Erlasst Ihr mir dafür einen Teil Eurer Gebühren?«

Jakoba lächelte säuerlich und tupfte einen Tropfen ab, der ihr die Schläfen hinunterrann. Es war so heiß heute, dass die Kerzen in der Apotheke weggeschmolzen waren und sie den staubigen Boden mit Wasser besprengt hatten. Wenn es wirklich so war, wie ihr Patient berichtete, hatte er ihr einen Bärendienst erwiesen. Gerade in den letzten Monaten waren die Kontrolleure der Universität unterwegs gewesen und hatten Quacksalber und andere Wunderheiler ohne Lizenz festgenommen. Die Strafen waren hart: Arbeitsverbot, Geldbußen und Kirchenbann. Bislang hatte sie den Kontrolleuren immer ausweichen können; zudem hatten Gaspard und Celie sie gut geschützt. Andererseits fühlte sie sich im Recht: Sie kannte sich inzwischen sehr gut in der Heilkunst aus – das bestätigten ihr immer wieder Patienten, die von den studierten Ärzten aufgegeben worden waren, denen sie jedoch hatte helfen können. Auch die Frau des Geldverleihers, die Jakoba so lange gepflegt hatte, hatte sich letztlich erholt.

»Kommt beim nächsten Mal einfach gleich zu mir und redet

nicht lange darüber – Meister Herman tut sicher sein Bestes«, sagte sie freundlich.

»Ach was! Nichts hat er getan! Wie ist es denn nun mit den Gebühren?«

Sie schob ihm die Phiole mit der Theriak-Essenz hin. »Bezahlt mich für den Theriak und ansonsten, wie es Euch angemessen erscheint – aber erst, wenn meine Arznei auch wirklich geholfen hat. Seid Ihr damit einverstanden?«

Magister Etienne schüttelte zufrieden ihre Hand. »Einverstanden. Ich empfehle Euch gerne weiter.«

Als er hinausgegangen war, schüttelte Jakoba seufzend den Kopf. Auch dankbare Patienten konnten einem gefährlich werden.

Agnes trat ein und übergab Jakoba einen Brief. »Ein geheimnisvoller Mann hat ihn abgegeben. Hab ihm noch nachgesehen, aber er war zu schnell im Gewirr verschwunden.«

»Danke.«

Jakoba drehte den Brief zwischen den Fingern; etwas Hartes war darin. Das Siegel war ihr unbekannt. Sie erbrach es, und ein Goldstück fiel ihr in den Schoß.

In einer schnörkeligen Schrift stand auf dem Pergament: »Findet Euch heute Abend beim achten Glockenschlag am östlichen Eingang des Louvre ein. Kommt ohne Begleitung.«

Was hatte das zu bedeuten?

Regen hatte eingesetzt, doch weder er noch die Nacht brachten Erleichterung. Noch immer war es drückend. Im Licht vereinzelter Fackeln glitzerten die Tropfen im Fall. Die Wege waren verschlammt und glitschig, der Fluss stank. Schwer hing Jakobas Rock herunter, denn der Saum war mit Wasser vollgesogen. Hochhalten konnte sie ihn kaum, brauchte sie ihre Hände doch für das Arzneikästchen.

Sie verbarg sich immer wieder in Tordurchgängen, um anderen Nachtschwärmern aus dem Weg zu gehen. Zu diesen Zeiten, in denen vielen immer noch die Folgen der Hungersnot zu schaffen machten, war es gefährlich, allein am Seine-Ufer zu sein, aber bald hätte sie es zum Louvre geschafft.

Sie machte einen erschrockenen Hüpfer, weil sie beinahe auf eine Ratte getreten wäre. Bei Nacht kroch dieses Ungeziefer überall aus den Löchern. Dass die Seine hoch stand und an einigen Stellen bereits wieder über die Ufer getreten war, schien die Ratten in noch größerer Zahl auf die Straßen zu treiben. Schon zeichneten sich die Türme des Louvre am Nachthimmel ab. Der Haupteingang befand sich, von Zwillingstürmen flankiert, zum Fluss hin, eine kleinere Toröffnung an der östlichen Seite zur Stadt, das hatten Gaspard und Celie gesagt, die ihre Neugier kaum hatten bändigen können. Auch Jakoba war angespannt. Wer war es wohl, der sie gerufen hatte?

Sie passierte Erdwall und Graben.

»Wer da?« Wachen kreuzten an der Zugbrücke die Lanzen, um ihr den Durchgang zu verwehren.

Jakoba hatte vorausschauend den Brief eingesteckt und zeigte nun das Siegel vor, woraufhin die Männer sie durchließen. Sie wurde durch die Wehrmauern geführt, konnte kurz einen Blick auf den zylinderförmigen Donjon in der Mitte des Gevierts werfen, dann bogen sie zu den Königsgemächern ab. Ein alter Diener ließ sie ein, kontrollierte den Brief und besah ihn sich noch einmal. Dann gab er ihr mit einer Geste zu verstehen, dass sie ihm folgen sollte.

Es war ein düsteres, kaltes Gemäuer, in dem die Feuchtigkeit aus den Wänden blühte. Ihr durchnässter Umhang schien schlagartig unangenehm klamm zu werden. Durch mehrere Gänge lief sie dem Diener nach. Bald mischten sich die Düfte von Räucherungen mit einem anderen Dunst – dem Gestank unnatürlicher Ausscheidungen.

Jakoba hielt sich ein Stück ihres Umhangs vor die Nase. Sie

kannte diesen Geruch genau. Wenn es der Himmel günstig mit ihm meinte, hatte der Kranke nur Durchfall. Es konnte aber auch genauso gut die Rote Ruhr sein.

Durch zwei Zimmer, deren Wände mit kostbaren Wandbehängen geschmückt waren, traten sie in einen schwach durch Kerzen erleuchteten Raum. Auch hier waren die Wände mit Tapisserien und Vorhängen bedeckt. Es war heiß im Zimmer, weil auf dem Boden Holzscheite in Feuerschalen glühten.

Der Diener gab ihr zu verstehen, dass sie an der Tür warten sollte. Er selbst trat an das große Himmelbett. »Majestät, sie ist da. Diejenige, die Ihr gerufen habt.«

Eine leidende Stimme: »Lass sie vortreten.«

Jakoba kam näher, während der Diener sich hinter einen Vorhang zurückzog. Ein langer, magerer Körper zeichnete sich unter den Decken ab. Blass, mit eingefallenen Wangen und Augenhöhlen. Der Mann zitterte.

Diese elende Gestalt sollte der König sein? Es stand schlecht um ihn, das sah sie sofort. Obgleich sie oft auf König Philipp den Langen geschimpft hatte, weil er offen zur Hetzjagd gegen Aussätzige aufgerufen hatte, regte sich doch Mitleid in ihr.

Wieder gab der Diener ihr ein Zeichen – schroff dieses Mal. Sie verstand und sank auf die Knie. »Ich bin Domina Jakoba, Majestät.«

»Kommt, kommt …« Seine Stimme war kaum mehr als ein Hauch.

Sie erhob sich und ging zu ihm. Ihre Knie waren weich. Hatte sie nicht erst gestern gehört, dass der König bereits etliche Ärzte ins Verlies hatte werfen lassen, weil er glaubte, sie würden ihn vergiften? Was, wenn er ihr unter den Fingern wegstarb?

Während er sprach, irrten seine Augen durch den Raum, und seine Hand umklammerte ein kostbares Reliquiar. »Es heißt, ein König könne allein durch Handauflegen heilen. Oft habe ich meine Hand auf Skrofeln gelegt, habe die Geschwüre an Gesicht und Hals der Leidenden kraft meines heiligen Standes zu lindern versucht. Doch nun reicht meine Kraft nicht einmal mehr, um mich selbst zu heilen. Sie ist aufgebraucht.«

Von der wundertätigen Heilkraft der Könige hatte Jakoba gehört, aber mit einem, der wirklich durch Handauflegen von den Skrofeln geheilt worden war, hatte sie nie geredet. Dass der König sich allerdings selbst aufgab, war gefährlich. Zu deutlich stand ihr noch Monas Dahinsiechen vor Augen. Sie wusste nicht, wie sie mit dem König sprechen sollte. Ein normaler Patient war er jedenfalls nicht.

»Was kann ich für Euch tun, Majestät?«

König Philipp wandte sich ihr zu, und seine Augen kamen für einen Moment zur Ruhe. »Unsere Gattin und Unser Kammerdiener haben Euch empfohlen ...« Sein Gesicht verzerrte sich in einem Krampf, und er rief nach seinem Diener.

Der Mann hastete heran und schob dem König eine Art Pfanne unter. Blubbernd entwich den Gedärmen des Königs Luft. Der Diener wischte den Leib des Königs ab und entfernte die Pfanne wieder.

Jakoba hatte beschämt beiseitegestarrt; am liebsten wäre sie hinausgegangen, aber es schien üblich zu sein, dass auch bei diesen Geschäften des Königs jemand dabei anwesend war. Wie hätte Arnold gesagt: Ein König ist nie allein.

Erschöpft ließ der kranke Herrscher sich in die Kissen sinken und küsste die Reliquie. »Die Königin hat Euch empfohlen. Sie sagte, unter den Frauen der Stadt rühmt man Euren Theriak.« Rasselnd sog er die Luft ein. »Ihr fertigt ihn selbst an?«

»Ja, Majestät.«

»Wo habt Ihr diese Kunst erlernt?«

Jakoba erzählte gerade von Venedig, als den König ein erneuter Krampf schüttelte. Wieder kam der Diener mit der Pfanne heran. Dieser schmerzhafte Stuhldrang ohne nennenswerte Ausscheidung war charakteristisch für die Rote Ruhr, das wusste Jakoba.

Seine Augenlider flatterten, als Philipp der Lange sich wieder niederlegte. »Dann tut, was Euch Heilern zu eigen ist, und gebt Uns Eure Arznei«, brach er ihre Erläuterungen ab.

Einen Augenblick zögerte Jakoba. Sollte sie wirklich den König untersuchen? Aber warum sollte sie sich bei ihm zieren, wenn er doch litt? Unterbrochen von weiteren Stuhlgängen fühlte sie seinen Puls und befragte ihn eingehend. So fand sie heraus, dass er bereits seit August krank war. Kein Wunder, dass er so ausgezehrt wirkte. Sein Puls war schwach, er klagte über Wadenschmerzen. Manchmal verspürte er zwanzig- bis dreißigmal am Tag den Drang zur Ausscheidung, aber abgesehen von Schleim und Blut kam wenig aus seinem Körper.

Schließlich sagte sie: »Alles deutet auf die Rote Ruhr hin, Majestät.«

Ungehalten schüttelte der König den Kopf. Spucke flog durch die Luft, als er geiferte: »Das behaupten Unsere sechs Leibärzte auch! Sie geben Uns Pastillen aus Siegelerde, Drachenblut und Perlen. Wir aber wissen, dass ein Gift Unseren Körper schwächt! Der Herrgott hat die Juden und die Aussätzigen ausgesandt, um Uns zu strafen, weil Wir immer noch nicht in den Heiligen Krieg gezogen sind! Die Brunnen vergiften sie, um Uns loszuwerden. Und Unser Bruder unterstützt sie dabei. Er ist es, der den französischen Thron will – er und der verdammte Edward von England, dieser Sodomit! So beharrlich redet Karl Uns ein, Wir seien sterbenskrank, dass Wir es schon selbst glauben!«

Jakoba senkte den Blick und kniff die Lippen zusammen. Hatte die Krankheit auch schon Geist und Herz angegriffen? War der König verwirrt?

»Oder was glaubt Ihr, warum Wir den besten Theriak wollen? Sagt man nicht, es sei die Arznei der Könige? Der beste Schutz gegen alle Gifte?«, blaffte er.

Sie wollte, dass König Philipp sich beruhigte. In seinem angegriffenen Zustand war eine derartige Erregung nicht ratsam. In einem sanften und beruhigenden Ton erzählte sie ihm die Geschichte von König Mithridates und alle weiteren Sagen, die sie über die Heilkraft des Theriaks wusste. Mit jedem Wort schien der König sich etwas mehr zu entspannen. Schließlich holte sie eine Weißblechdose und eine Glasphiole hervor.

Argwöhnisch sah er sie an. »Woher wissen Wir, dass Ihr Uns nicht auch vergiften wollt?«

Wenn sie doch Sasa hier hätte! »Habt Ihr ein Haustier, das Ihr probieren lassen könnt? Ihm wird nichts geschehen, dafür verbürge ich mich.«

Er verschränkte die Arme vor der Brust: »Ihr werdet den Theriak zuerst einnehmen.«

»Aber Majestät, der Mohnsaft darin ...«

»Wollt Ihr Euch etwa dem König widersetzen?«

Jakoba neigte das Haupt. Wie sollte sie nur nach der berauschenden Arznei nach Hause finden? »Natürlich nicht, Eure Hoheit. Ihr benötigt zudem Salbeitee und einen Absud aus Blutwurz, den ich für Euch ansetzen könnte ...«

»... und die Ihr ebenfalls probieren werdet.«

»Wenn es Euer Wunsch ist, Hoheit. Der Absud braucht allerdings einige Stunden, außerdem habe ich keine frische Blutwurz hier.«

»Dann werdet Ihr morgen eben wiederkommen.«

»Des Weiteren fertige ich ein krankheitshemmendes Heilpflaster für Euch an. Die Kräuter dafür habe ich dabei«, versicherte sie ihm.

Zufrieden schloss er die Augen. Jakoba machte sich an die Arbeit.

Sie hatte Glück: Mit einem Wagen wurde sie bis zum Brückenkopf gebracht. Den Rest des Wegs schaffte sie, obgleich sie sich nach der Theriak-Probe wie in weiche Schaffelle gepackt fühlte. Gaspard und Celie stürzten aus ihrer Kammer und wollten wis sen, wo sie gewesen war, aber Jakobas Zunge fühlte sich so dick an, dass sie sich kaum verständlich machen konnte. Ohnehin hatte der Diener ihr das Versprechen abgenommen, über den Zustand des Königs zu schweigen, und sie wollte auf keinen Fall in Ungnade fallen. Dem König zu Diensten zu sein war heikel genug. In seinem Zustand konnte er jeden Augenblick das Leben aushauchen.

Das Apothekerpaar und Agnes bedrängten sie am nächsten Tag nicht; sie zogen vermutlich ihre eigenen Schlüsse. Mit ihrer Magd ging Jakoba zu den Krämern am Place du Grève und in die Hallen und suchte eine kräftige Siebenfinger-Pflanze, aber es dauerte lange, bis sie eine geeignete gefunden hatte. Dann kochte Jakoba den Absud und packte weitere Kräuter ein, die zur Behandlung der Ruhr nützlich sein konnten. Als sie sich am Abend erneut zum Louvre begab, kroch ihr die Angst den Rücken hoch. Warum hatte der König sie nur rufen lassen? Warum verließ er sich nicht auf seine Leibärzte, die an der Universität von Paris studiert hatten und weitaus gebildeter waren als sie? Was, wenn er ihr unter den Händen wegsterben würde? Was, wenn der Zorn ihn wieder packte und er sie einkerkern ließ? Sie wäre nicht die Erste, die ohne triftigen Grund vom König in Haft gesetzt wurde. Er könnte auch annehmen, dass sie mit den Giftmördern gemeinsame Sache machte, und sie zum Scheiterhaufen verdammen. Am liebsten wäre sie gar nicht in den Königspalast zurückgegangen, aber wenn sie sich dem Befehl verweigerte, würde der König erst recht wütend werden. Was sie auch tat, sie brachte sich in Gefahr – und das nur, weil sie einem todkranken Menschen half! Sie hätte sich jemanden gewünscht, dem sie ihre Not anvertrauen konnte, der sie unterstützen würde. Aber es gab niemanden, der ihr so nah war.

Lange ließ der Diener sie in einem Seitenarm des Ganges vor

den Königsgemächern warten. Sie konnte leises Murmeln hören, angespannte Stimmen und sogar eine hitzige Diskussion. Immer wieder spielte sie mit dem Gedanken, einfach davonzulaufen, aber sie blieb.

Endlich kam der Kammerdiener zu ihr zurück. »Der König ist sehr schwach. Die hohen Herren Mediziner haben empfohlen, nach einem Priester zu schicken.«

»Soll ich gehen?«, fragte sie hoffnungsvoll.

»Nein. Soweit ich ihn verstanden habe, wolltet Ihr ihm eine weitere Arznei bringen. Die Ärzte haben sich übrigens sehr über die Glasphiole von Euch gewundert, die neben seinem Bett steht …«

Jakobas Herz raste. Sie durfte keine Spuren hinterlassen! Besonders nicht, wo jeder nicht anerkannte Arzt gnadenlos verfolgt wurde! Aber wenn der König sie doch rief …

König Philipp war tatsächlich noch schwächer als gestern. Jakoba mühte sich trotzdem, einen hoffnungsfrohen Eindruck zu machen. Wieder erkundigte sie sich nach seinem Befinden, fühlte den Puls und fertigte einen Wickel an. Dann musste sie den Absud vorkosten, der so scheußlich schmeckte, dass sie ihn für den König mit gutem Honig verrührte – und noch einmal kosten musste. Mehr konnte sie nun nicht für ihn tun.

In den nächsten Tagen rechnete sie ständig damit, dass die Ausrufer den Tod des Königs verkünden würden, doch nichts dergleichen geschah. Ihre Angst ließ langsam nach, und sie ging weiter ihrer Arbeit nach.

Anfang Oktober, als die ersten Herbststürme die Schieferdächer abdeckten und die Seine an den Brückenpfeilern riss, bestellte sie jedoch ein neuer Brief in den Louvre.

Zu ihrer Überraschung hörte sie bereits auf dem Gang Lautenklänge, die jedoch verklangen, bevor sie eintreten durfte. König Philipp saß aufrecht in seinem Bett und las, vor sich eine Art

Tablett mit Füßen, auf dem Pergamente und ein Buch lagen. Er war mager, aber seine Augen blitzten munter.

Jakoba verneigte sich tief. »Ich bin sehr erleichtert, Euch so wohlauf zu sehen.«

»Ja, es geht bergauf mit Uns. Offenbar sind Unsere heilenden Kräfte doch ausgeprägter, als Wir selbst geglaubt haben. Sicherheitshalber möchten Wir jedoch noch etwas von Eurem Theriak.«

Menschen waren auf dem Gang zu hören. Der Diener trat ein. »Was ist denn?«, fragte der König unwirsch.

»Einer der Herren Räte, Majestät. Er sagt, es sei dringend. Soll ich Domina Jakoba durch den Geheimgang …«

»Nein, Wir sind noch nicht fertig. Schick sie hinter den Vorhang. Es wird schon nichts Wichtiges sein. Was will er denn wieder? Wir haben doch gerade heute Morgen erst gesprochen!«

Der Diener schob Jakoba hinter einen Vorhang. Der Stoff teilte eine Nische ab, in der sich ein schmales Lager befand. Offenbar war es die Schlafstatt des Kammerdieners.

Nervös lehnte sie sich gegen die Wand. Hoffentlich kam keiner der Herren auf die Idee, hinter den Vorhang zu schauen – was sollten sie denken! Und hoffentlich sprachen sie nichts, was sie nicht hören durfte. Das könnte gefährlich für sie werden! Vorsichtshalber legte Jakoba die Hände auf die Ohren. Dennoch kam sie nicht umhin, einige Satzfetzen der leisen Unterhaltung zu verstehen.

»Beim Vorzeigen der Folterwerkzeuge ist es nicht geblieben. Dennoch …«

Jakoba schauderte. Von welchem bemitleidenswerten Wesen sprachen sie?

»… ein Greis ist er, aber man glaubt gar nicht, wie halsstarrig. Es ist sein verteufelter Glaube, der ihn das Geheimnis wahren lässt …«

»Eben deshalb ist es ausgeschlossen, Gnade walten zu lassen«, befand der König streng. Er senkte die Stimme. »Für uneinsichtige Templer wie ihn gibt es nur lebenslange Haft oder den Tod. Wenn dieser ihn etwas früher ereilt … nun gut, dann haben wir einen Gefangenen weniger.«

Templer? Noch immer waren einige von ihnen im Gefängnis? Hatte Arnold davon gewusst? Hatte er auch diesen Gefangenen geholfen? Jakoba stand unter Hochspannung.

Noch leiser fuhr der König fort: »Und er hat wirklich nicht die leiseste Andeutung über den Templerschatz gemacht?«

»Nichts, Majestät. Dabei hängt ihm schon das Fleisch in Fetzen. Erst heute haben wir …«

Die nächsten Worte waren zu leise, dass sie sie verstehen konnte. Vielleicht war es besser so. Auch so wurde Jakoba schon übel, wenn sie an den Geknechteten dachte.

»… ihm etwas Ruhe gönnen. Sonst stirbt er schneller, als …«

»Keine Gnade, sagte ich! Ihr wisst, dass Wir ohne das verborgene Vermögen den Kreuzzug nie antreten können. Und dieser Kreuzzug ist nun, wo Wir genesen sind, Unser oberstes Ziel. Also sollte es auch Euer oberstes Ziel sein!«

»Natürlich, Majestät«, murmelte der Mann.

Wieder hörte Jakoba Schritte. Sie setzte sich auf das Lager, weil ihre Knie so zitterten, und presste sich erneut die Hände auf die Ohren. Als der Diener sie holen wollte, reagierte sie nicht, sondern tat so, als hätte sie ihn nicht gehört. Er musste sie fest anstoßen, damit sie aufsah.

Jakoba war entsetzt über die Härte des Königs und hätte sich am liebsten geweigert, ihm zu helfen. Ging es bei einem Kreuzzug nicht um das Eintreten für den Glauben? Wie konnte er sich nur so unchristlich verhalten und andere Menschen quälen, nur um seine Ziele zu erreichen?

Sie zwang einen unbeteiligten Ausdruck auf ihr Gesicht und bemühte sich besonders um heitere Gelassenheit, als sie den König untersuchte und mit Arzneien versorgte. Was hatte es mit diesem Schatz auf sich? Wem konnte sie von dem Gehörten berichten?

Vielleicht wusste Roger, wer außer Arnold den früheren Tempelrittern half? Ihr Herz tat einen Sprung. So oder so wäre es ein guter Anlass, um Roger endlich einmal wiederzusehen. Noch an diesem Abend schrieb sie Roger einen Brief und bat ihn dringend um ein Gespräch. Viele Tage lang wartete sie auf Antwort. Hatte er endgültig mit ihr gebrochen?

Dann, nach zwei Wochen fing Roger sie nach dem Besuch der Kirche Saint-Germain-l'Auxerrois, zu deren Pfarrbezirk ein Teil der Grand Pont gehörte, ab. Jakoba war gerade in Begleitung von Agnes aus der Kirche auf den Platz getreten, als Roger sie ansprach.

Jakoba schickte ihre Magd voraus, die sich nicht einmal suchend nach Paul umschaute, der sonst stets Roger begleitete. Agnes hatte jetzt ernsthaft mit Remigius, dem Sohn des Goldschmieds angebändelt. Er war eine gute Partie, und Jakoba war froh, dass Agnes über Paul hinweg war.

Sturm umtoste sie und trieb Laub in kleinen Wirbeln über die Straße. Da brachte eine Bö die Äste einer Linde zum Ächzen. Roger trat mit ihr in den Schutz der Kirchenmauer. Die Schatten unter seinen Wangen waren tief, und er wirkte gehetzt.

Nach Plaudern war ihm anscheinend nicht zumute, denn er fragte direkt: »Du hast nach mir geschickt?«

Jakoba berichtete ihm leise von dem belauschten Gespräch. Ihre Stimme überschlug sich ein paarmal, weil sie so nervös war, aber sie wusste, dass sie ihm vertrauen konnte.

Rogers Gesicht verdüsterte sich. »Sie haben von einem Greis gesprochen?«

»Ja. Weißt du, wer das sein könnte? Der König ist besessen von diesem Kreuzzug. Er glaubt, sein Heil hänge davon ab. Vielleicht kennst du jemanden, der mit dem Templer in Verbindung stand und dem Gefangenen helfen könnte.«

Roger ging einige Schritte am Uferpfad, als hielte es ihn nicht auf einem Platz. Immer wieder sah er sich verstohlen um.

»Was hat es mit diesem Schatz auf sich?«, wollte Jakoba noch wissen.

»Der Schatz ...« Beinahe fürchtete sie, er könnte es bei diesem Stoßseufzer belassen, aber er fuhr schließlich doch fort: »König Philipp der Schöne zerschlug den Orden der Tempelritter aus zwei Gründen: Erstens wollte er einen neuen Orden ins Leben rufen, den er selbst oder einer seiner Söhne befehligen sollte, und zweitens brauchte er Geld. Die Münzfälschungen und der Steuerbetrug hatten ihm noch nicht genug eingebracht.« Aus Rogers Stimme sprach Verachtung. »Es hieß, dass die Templer große Reichtümer besäßen. Doch der König fand diese Reichtümer nicht. Und das wenige, was er fand, ließ der Papst auch noch den Johannitern übertragen.« Er sah sie durchdringend an: »Haben sie gesagt, wo genau der Greis gefangen gehalten wird?«

Jakoba durchsuchte fieberhaft ihr Gedächtnis, musste aber verneinen. Sie hatte den Eindruck, er würde gleich gehen, und war enttäuscht. Trotz allem hatte sie darauf gehofft, etwas mehr Gefühl in Roger zu entdecken. Den warmen Glanz in seinen Augen, wenn er sie sonst manchmal betrachtet hatte. Stattdessen berührte sie nur diese zornige Kälte.

Da umfasste er für einen Moment doch noch ihre Schultern und hielt ihren Blick fest. »Geh nicht mehr in den Palast, hörst du! Es ist zu gefährlich. Und bitte, bitte, lausche nie mehr einem derartigen Gespräch. Du bringst dich in Lebensgefahr.« Sein Griff wurde fester, und kurz hoffte sie, er würde sie umarmen, aber dann ließ er sie los und eilte davon.

Es wurde Winter. Ein grausamer Winter, in dem der Fluss zufror und der Schnee sich brusthoch in den Straßen türmte, sodass es kein Durchkommen mehr gab. Allmorgendlich wurden steif gefrorene Leichen auf Schlitten durch die Straßen zum

Friedhof der Unschuldigen geschoben. Die Brücke ächzte derart unter den Schneemassen, dass viele Bewohner es mit der Angst zu tun bekamen, war der Grand Pont doch schon einmal wegen Eisgangs eingestürzt. Die Preise für Nahrungsmittel und Holz schossen in die Höhe. Die Brückenbewohner rückten enger zusammen und teilten die beheizten Stuben.

Anders als sonst war der Winter keine Zeit der Ruhe und der Einkehr, denn allzu viele waren krank. Husten, Fieber und Lungenleiden grassierten, auch die Ruhr plagte viele.

Jakoba und Agnes schleppten gerade einen Kessel voller Schnee ins Haus, um diesen zu schmelzen, damit sie Wasser für eine Suppe hatten, als ihnen jemand die Last abnahm. Jakoba hätte ihn beinahe nicht erkannt. Auch Agnes' Augen weiteten sich. Es war Paul. Wie lange hatte sie ihn nicht mehr gesehen? Wie alt war er jetzt? Sie war einundzwanzig, also musste er etwa neunzehn sein. Er war jetzt ein richtiger Mann: Seine Schultern waren gut ausgebildet, die Hüften schmal, die Beine kräftig. Noch immer trug er die Locken so lang, dass sie sein verstümmeltes Ohr bedeckten, aber die sorgfältig rasierten Wangen waren kantiger geworden, und sein Blick wirkte so reif, dass es sie beinahe schmerzte.

Paul trug den Kessel ins Haus, als wöge er nichts. Dann sagte er: »Ich muss mit Euch sprechen, Domina Jakoba. Messire Roger ist verschwunden.«

Jakobas Brust wurde eng. Wo war Roger? Konnte sein Verschwinden mit den Informationen zu tun haben, die sie ihm gegeben hatte? Aber er sollte sie doch nur weitergeben, an jemanden, der dem gefangenen Greis helfen konnte!

Um ungestört reden zu können, gingen sie in Jakobas Dachstube. Sie entzündete ein wenig Holz in einer Glutpfanne und wickelte sich in Monas Umhang.

Pauls Blick wanderte über das Medizinkästchen, Arnolds Gerätschaften und das Pergament, auf dem die verschiedenen

Farben des Urins abgebildet waren, und sein Gesicht hellte sich für einen Wimpernschlag auf. »Nach seinem Gespräch mit Euch war Messire Roger ganz außer sich. Er war oft tagelang unterwegs, hat Pläne geschmiedet, geheime Pläne.« Aus Pauls Worten sprach ein Hauch Enttäuschung, dass Roger sein Vorhaben nicht mit ihm geteilt hatte. »Dann verschwand er ohne ein Wort. Das hat er noch nie getan. Ich rechne mit dem Schlimmsten.«

Jakobas Hals war eng, und ihr Herz stolperte. Was hatte dieses Verschwinden mit dem Gefangenen zu tun? Hatte sie Roger in Lebensgefahr gebracht? »Und nun möchtest du wissen, was ich ihm erzählt habe?«, fragte sie.

Paul zupfte an seinem Ohr, wie er es früher schon getan hatte, wenn er nervös war. »Wenn Roger mich nicht für würdig erachtet, es zu erfahren, steht mir dieses Wissen vermutlich nicht zu. Aber ich muss ihn doch finden. Möglicherweise ist er in einer Notlage.«

»Ich vermute eher, dass er es dir nicht gesagt hat, weil er dich schützen wollte.«

Seine Augen blitzten vor Neugier, aber er drängte sie nicht weiter. Was für ein wohlerzogener Mann er geworden ist, dachte Jakoba. »Was ist mit Thierry?«, fragte sie.

»Auch er ist unterwegs. Ich habe ihm eine Nachricht hinterhergeschickt, aber noch ist er nicht zurück. Ich muss selbst herausfinden, was geschehen ist.«

Durfte sie Paul ihr Geheimnis anvertrauen? Würde sie auch ihn damit in Gefahr bringen?

Ungestüm kniete er sich neben sie und nahm ihre Hand. »Bitte, Domina Jakoba, Ihr könnt mir vertrauen, das wisst Ihr doch.«

Sie drückte seine Finger. »Das ist es nicht. Ich fürchte um deine Sicherheit.«

Paul sprang auf. »Ich würde alles für Messire Roger tun. Ihr und er seid die zwei Menschen, für die ich durch die Hölle gehen würde.«

Leise berichtete sie Paul von dem Gespräch und Rogers Reaktion. Dankesworte murmelnd stürzte der junge Mann hinaus.

Schon am übernächsten Abend, als die Eiskristalle klirrend gegen die Holzläden gedrückt wurden, suchte Paul sie erneut auf. Jakoba hatte vor Sorge nicht schlafen können. Auch er wirkte aufgewühlt. In der Apotheke war es ruhig, trotzdem nahm Paul sie ein Stück beiseite.

»Sie halten Roger im Donjon des Louvre gefangen«, wisperte er erregt. »Foltern ihn, wie ich gehört habe. Wollen irgendetwas von ihm wissen. Die Wache, mit der ich sprach, wusste nicht, was.«

Jakobas Magen schien zu einer Murmel zu schrumpfen. Im Louvre? Hatte er etwa versucht, den Greis zu befreien? Der arme Roger! Was für furchtbare Schmerzen musste er leiden! Was hatte sie nur getan! Ohne sie wäre er möglicherweise niemals in diese Lage gekommen.

»Und Thierry?«, fragte sie hilflos.

»Ist immer noch verschwunden. Was sollen wir nur tun?« Paul sah sie ratlos an.

Wir. Jakoba sank der Mut. Was sollte sie schon tun? Eine Frau, Fremde in diesem Land noch dazu. »Ich bin immer wieder unauffällig um den Louvre gestrichen. Ich glaube schon, dass ich irgendwie hineinkommen würde, aber heraus, mit einem Schwerverletzten …« Paul schüttelte den Kopf, dass seine Locken zornig wippten.

»Tu das nicht! Sie würden auch dich noch den Folterknechten übergeben, und Roger wäre erst recht nicht geholfen!«, redete sie ihm ins Gewissen.

»Doch, ich werde es tun! Ich muss es einfach! Ihr seid doch

im Palast gewesen! Beschreibt mir, was Ihr vom Louvre gesehen habt! Wie sieht er innen aus? Wie dick sind die Mauern, die Gitter?«, fragte Paul erregt.

Die plötzliche Erkenntnis riss Jakoba beinahe von den Füßen. Ja, sie war im Louvre gewesen. Beim König. Und er war der Einzige, der Roger freilassen konnte. Jetzt wusste sie genau, was sie zu tun hatte. »Warte den heutigen Abend noch ab, dann sehen wir weiter«, sagte sie.

Das Gesicht des Dieners war abweisend. »Der König erwartet Euch nicht.«

»Trotzdem muss ich dringend mit ihm sprechen.«

»Jeder muss dringend mit dem König sprechen.«

Jakoba legte die Hand auf seinen Arm. »Ich bitte Euch! Ihr wisst, dass ich vertrauenswürdig und kundig bin. Ihr selbst habt mich dem König empfohlen. Ich habe besten Theriak für ihn dabei, den kann er doch sicher gebrauchen.«

»Ich weiß nicht, ob Theriak jetzt noch hilft«, sagte der Diener bekümmert.

»Dem König geht es wieder schlechter? Warum hat er denn nicht nach mir geschickt?«, rutschte es ihr heraus.

»Seine Ärzte und sein Bruder kontrollieren ihn streng. Ich weiß nicht einmal, ob ich Euch zu ihm bringen könnte.«

»Ihr müsst es versuchen. Es geht um Leben und Tod.«

Der Diener seufzte. »Wie immer also«, sagte er, ließ sie aber ein.

Kälte strahlte von den Mauern, und vereinzelte gefrorene Pfützen machten den Steinboden spiegelglatt. Je näher sie den Königsgemächern kam, desto stärker roch es nach Ausscheidungen und Tod. Jakoba schauderte. Der Diener hieß sie erneut in einem entfernteren Gang zu warten.

Nach längerer Zeit, als ihre Füße schon zu Eisklumpen geworden waren, holte er sie. »Ich konnte sie für einen Augenblick hinauskomplimentieren. Ihr könnt nur kurz bleiben, die Ärzte sind gleich zurück.«

In diesem Moment tauchte am Ende des Ganges eine Gestalt auf. War das einer der Leibärzte? Hatte er etwas vergessen? Sie sah dunkle Augenhöhlen und einen ebenso dunklen Gabelbart. Der Mann schien sie anzustarren. Schnell schlüpfte sie ins Königsgemach. Würde der Fremde zurückkommen? Hatte er ihr Gesicht erkennen können? Ihr blieb nicht viel Zeit.

Der Gestank im Königsgemach war Übelkeit erregend. Sie musste ein Würgen unterdrücken.

»Majestät«, sagte sie gepresst und sank auf die Knie.

»Geht fort. Niemand kann Uns mehr ... helfen. Wir wollen nur noch das Antlitz des ... Herrn schauen.«

»Ihr dürft Euch nicht aufgeben, Majestät. Ich habe Euch Arzneien mitgebracht.«

»Ein lebender Leichnam ... sind Wir.«

»Mein Theriak ...«

»Wir haben Euch nicht ... gerufen. Was wollt Ihr wirklich? Lügt Uns nicht ... an. Das tun schon ... die anderen.«

Jakoba nahm all ihren Mut zusammen. Das Herz schlug ihr bis zum Hals. »Ich wollte Euch um die Freilassung von Roger d'Aval bitten. Ihr habt ihn in den Kerker werfen lassen. Aber er ist ein guter Mann, ein ehrenwerter Mann, der fest zum Königshaus steht.«

»Was ... wollt Ihr? Wir verstehen ... nicht«, sagte der König etwas wirr und winkte nach seinem Diener.

Dieser flüsterte ihm einige Sätze zu. Dann sagte der Diener: »Es gab einen Ausbruch aus den Kerkern des Louvre. Roger d'Aval wird verdächtigt, mehrere Gefangene befreit zu haben. Zumindest wurde er gleich danach in der Nähe des Louvre aufgegriffen.«

Jakobas Herz blieb beinahe stehen. Ihre Gedanken rasten. »Aber es gibt keine Beweise, dass er es wirklich war?«

»Das nicht, nein. Deshalb wird er der Folter unterworfen.«

Es stimmte also tatsächlich. Ihr Mund war trocken vor Zorn. Es musste doch eine Möglichkeit geben, Roger zu befreien! »Das ist ein Irrtum. Sieur d'Aval steht fest zu Euch, Majestät. In Flandern hat er für Euch gekämpft …« Sie ärgerte sich, dass ihr nicht noch mehr einfiel, um ihn zu rühmen.

»Aber jetzt … hat er sich … gegen Uns gewandt.«

»Nein, auf keinen Fall! Bitte, erweist ihm Gnade! Er ist ein edler Ritter, der stets für Euch eintreten würde.«

»Nein, er verdient Unsere Gnade nicht.«

»Aber ich … ich liebe ihn doch!« Ihre Stimme brach bei der Erkenntnis.

»Dann betet für ihn … und für Uns. Das, was man Liebe nennt, hat ohnehin schon zu viel Unglück über diese Welt gebracht.« Ein Krampf schüttelte den Kranken. Dieses Mal war der Diener mit der Bettpfanne nicht schnell genug.

Jakoba schlug die Hand vor den Mund. »Geht …«, hörte sie den König noch sagen, bevor seine Stimme in einem schmerzerfüllten Wimmern unterging.

Sie taumelte auf den Gang hinaus und erbrach sich krampfend. Alles war umsonst gewesen. Roger litt, würde vielleicht sterben. Nie würde sie ihn wiedersehen. Nie würde sie ihm sagen können, dass sie ihn liebte, trotz allem.

Da trat der Diener zu ihr. Er hatte ihr Medizinkästchen dabei. Auch er war bleich. Seine Hände zitterten, als er ihr ein sauberes Tuch reichte, damit sie sich reinigen konnte. »Das ist sehr gütig von Euch«, brachte Jakoba hervor.

»Ich stehe zu meinem König bis in den Tod, wenn ich auch nicht alles gutheißen kann, was er tut.«

Vom Ende des Ganges näherten sich Schritte. Der Kammerdiener half ihr auf und schob sie in die andere Richtung. »Geht jetzt, schnell! Ihr habt damals meiner Frau geholfen, als keiner der Ärzte im Hôtel-Dieu es vermochte, deshalb gebe ich Euch einen Hinweis: Der Wächter Eures Geliebten heißt Pierre. Er ist ein übler Kerl. Wenn der König wüsste, dass Pierre regelmäßig Dinge aus dem Louvre mitgehen lässt, würde er ihn selbst in den Kerker werfen lassen. Pierre ist ständig in Geldnot, hat von mehreren Frauen etliche Bälger.« Er schob sie durch das Tor. »Vielleicht nützt Euch diese Information, um Euren Geliebten freizubekommen ...«

Er schloss die Tür hinter ihr. Jakoba hastete davon.

Paul wartete in der Nähe des Louvre auf sie und brachte sie nach Hause. Er war zornig, als er hörte, dass der König abgelehnt hatte, Gnade walten zu lassen. Auch der Hinweis des Dieners vermochte nicht, ihm Hoffnung zu machen. »Erpressung und Bestechung also – aber woher sollen wir das Geld nehmen?«

Jakoba sah ihn von der Seite an. Schneeflocken glitzerten in seinem Haar. Paul wirkte entschlossen und mutig. Wenn Agnes ihn so sehen könnte ...

»Ich habe etwas gespart«, sagte sie.

Kurz bevor sie sich zusammen in der Stube das Deckenlager für die Nacht errichteten, in dem sie gemeinsam schliefen, seit es in den anderen Räumen des Hauses zu kalt und das Holz knapp war, polterte es an ihrer Tür. Zwei Nächte war es her, seit Jakoba beim König gewesen war. Inzwischen hatte König Philipp sich dem Vernehmen nach in die Abtei von Longchamp bringen lassen, um sein Leben im Kreise von Klosterfrauen zu beschließen.

Kaum konnte Gaspard die Tür öffnen, weil so viel Neuschnee dagegendrückte. Weiße Schneewehen schlugen ihnen ins Gesicht.

Paul stolperte herein, trotz der Kälte durchgeschwitzt. Er trug einen Körper über den Schultern. »In diesem Zustand kann ich ihn nicht in das Haus des Herzogs bringen«, keuchte er. »Außerdem ist es wohl besser ... Ihr seht ihn Euch an.«

Sie nahmen ihm Roger ab und betteten ihn auf den Boden.

Sein Zustand ließ sie erstarren. Roger war wachsweiß, wie Kohlestriche waren die Balken unter seinen Augen; er musste viel Blut verloren haben. Keinen Laut gab er von sich. Seine blau geschwollenen Augenlider flatterten nicht. Auf seinem Jochbogen war die Haut aufgeplatzt, die Nase offensichtlich gebrochen. Seine Finger und Zehen waren offene Wunden, um die Gelenke hatten sich Bänder tief in die Haut geschnitten, und auch Brust und Füße waren geprellt und blutig. Seine Kleidung hing in Fetzen.

Was hatten sie ihm nur angetan? Tränenblind rief Jakoba ihrer Magd Anweisungen zu. Auch Paul und Gaspard halfen sofort, während Celie die Kinder hinausbrachte, um sie vor dem Anblick zu schützen.

»Ich musste diesem Hurensohn von Wächter ernsthaft drohen, bis er endlich die Kerkertür öffnete und mich mit Roger verschwinden ließ. Trotzdem hat er mir noch ein Vermögen abgeknöpft«, berichtete Paul zornig.

Zunächst flößte Jakoba Roger ein schmerzstillendes Mittel ein, dann wusch sie vorsichtig seine Wunden, die offenbar von rostigen Zangen herrührten. Auch Brandwunden zeichneten seine Haut. Kaum konnte sie den Anblick ertragen, während Paul vor Hass förmlich vibrierte. Manche Wunden bepflasterte sie, andere musste sie vernähen oder ausbrennen. Sie tauchte tief in die Tätigkeit ab, um nur nicht nachdenken zu müssen.

Als sie fertig war, trugen sie Roger in die Vorratskammer im ersten Stock und betteten ihn dort auf Decken.

»Ich werde an seinem Bett wachen«, sagte Jakoba.

»Und ich löse Euch ab«, entschied Paul.

Gaspard brachte ihnen etwas von dem wenigen Holz, das ihnen geblieben war. Er wirkte ernst. In der Stube jammerten die Kinder und mussten von Agnes beruhigt werden.

»Ich weiß, dass Roger nicht hierbleiben kann. Er darf euch nicht auch noch in Gefahr bringen«, sagte Jakoba zu ihren Freunden.

Celie hob hilflos die Schultern. »Du weißt, wir haben ein gastliches Haus, aber …«

»Es ist zu gefährlich, keine Frage. Wir werden uns etwas anderes überlegen müssen.«

Jakoba ging mit Paul in die Kammer. Noch immer lag Roger regungslos da. Jakoba befühlte seine Stirn, nahm seinen Puls und ließ einen Kräutertrank in seinen Mund tropfen. Dann setzte sie sich zu Paul an die Feuerschale. Es tat gut, ihn neben sich zu spüren.

»Wird er überleben?«, fragte Paul leise.

»Ich hoffe es sehr. Keine der Verletzungen ist auf den ersten Blick lebensbedrohlich, aber er hat viel Blut verloren. Solange er nicht das Bewusstsein wiedererlangt, werden wir es nicht sicher wissen …«

Jakoba fröstelte. Immer deutlicher sickerte in ihr Herz und ihren Verstand, was geschehen war und wie schlecht es um Roger stand. Sie konnte die Tränen nicht mehr zurückhalten. Es würde eine kalte und lange Nacht werden.

Fürsorglich schob Paul die Glut etwas zusammen und legte ihr die Decke um. »Ich muss oft daran denken, wie wir Meister Arnold kennengelernt haben. Wisst Ihr noch? Wir waren auf der Salzstraße unterwegs, als jemand um Hilfe rief«, sagte er. »Damals war uns beileibe nicht zum Lachen zumute – und Euch verständlicherweise schon gar nicht –, aber heute weiß ich, dass es ein besonderer Moment war.«

Jakoba stand nicht der Sinn nach Plauderei, aber sie wusste, dass Paul sie nur aufheitern wollte; vermutlich lenkte die Erinnerung auch ihn ein wenig ab.

Bang wachten sie die Nacht durch.

Am Morgen wechselte Jakoba Rogers Verbände und entfernte üble Säfte von den Wunden. Noch immer rührte Roger sich nicht. Sein Gesicht war fahl, und die Haut sank tief in die Höhlen ein, was ihm ein totengleiches Aussehen gab. Es war, als hätte seine Seele sich weit in ihn zurückgezogen, als reichten seine Kräfte nicht einmal mehr für winzigste Regungen.

Jakoba wusste kaum, wie sie ihre Trauer im Zaum halten sollte. Mit bebenden Fingern löste sie Theriak in Weinessenz auf und tropfte ihm die verdünnte Flüssigkeit in den Mund. Es tröstete sie, aus dem Flur leise Stimmen zu hören.

»… habe einen Verlobten …«, sagte Agnes gerade.

Jakoba merkte auf. Davon, dass ihre Magd sich verlobt hatte, wusste sie ja gar nichts!

»Das freut mich sehr für dich«, antwortete Paul

»Ja, ich bin auch sehr glücklich. Das mit uns …«

Jakoba schloss die Tür, um die beiden nicht länger zu belauschen. Was sollten sie nur tun? Roger brauchte Ruhe, aber ihn hierzubehalten war einfach zu gefährlich. Als sich etwas an der Tür regte, murmelte sie: »Ich weiß nicht, wo wir ihn verstecken sollen. Fällt dir nicht etwas ein, Paul?«

Doch es war nicht Paul, der ihr antwortete, sondern Belota. »Wer ist er, dass du dieses Risiko eingehst?«, fragte sie.

Jakoba sah die Freundin müde an. Belota hielt einige Weißblechdosen mit Kräutern in den Händen, die sie wohl gerade hatte auffüllen lassen. »Gaspard und Celie haben mir von eurem … Gast erzählt.«

Knapp berichtete Jakoba von Meister Arnold und ihrer Anfangszeit in Paris. Belota hörte nachdenklich zu, dann machte sie einen Vorschlag.

Die Ritter polterten schwer bewaffnet ins Haus, sodass etliche Kunden und auch die Hausbewohner zurückwichen. Im Schein der Kienspäne funkelten ihre Waffen und die schneebedeckten Panzerplatten. Die Zeit der Dämmerung war noch nicht gekommen, aber ein erneuter Eissturm verdunkelte den Himmel, sodass Beleuchtung nötig gewesen war.

»Ist eine Domina Jakoba anwesend?«, donnerte ihr Anführer.

Jakoba, die einem Patienten gerade Salbe auf erfrorene Zehen massiert hatte, trat hinter der Trennwand hervor. »Ich bin es«, sagte sie fest.

Die Reihe der Ritter öffnete sich, und ein Mann trat vor, ein hagerer Mann mit schwarzem Gabelbart. Er trug Talar und Tonsur. Das war doch der Leibarzt des Königs, der sich im Louvre nach ihr umgeschaut hatte! Jakoba durchfuhr es heiß, aber sie ließ sich ihren Schrecken nicht anmerken.

»Ist sie das, Magister Jean?«, wollte der Wortführer der Ritter von ihm wissen.

Der Mann wischte sich mit der tintenbefleckten Hand über die Nase. »Ja, diese Frau habe ich im Louvre gesehen. Sie hat den König um Gnade für den Gefangenen Roger d'Aval gebeten.«

Jakoba sammelte sich. »Hättet Ihr die Güte, mir zu verraten, mit wem ich es zu tun habe?«

»Ich bin Jean de Padua, königlicher Leibarzt, Chirurgicus und Magister der Medizin.«

»Und weshalb wünscht Ihr mich zu sprechen? Ist etwas passiert?«, fragte Jakoba gespielt ahnungslos, obgleich ihr Herz raste. Sie sah aus dem Augenwinkel, dass Kunden aus dem Laden flüchteten. Sie konnte es ihnen nicht verdenken. Niemand wollte mit den Rittern des Königs aneinandergeraten.

Der Ritter trat drohend auf sie zu. »Erwähnter Gefangener gilt als flüchtig. Bei seinem Dienstherrn ist er nicht aufgetaucht. Verbergt Ihr ihn hier?«

»Ich?« Jakoba legte erschrocken die Hand auf die Brust. Sie musste aufpassen, dass sie sich nicht verriet. »Wie das? Sieur d'Aval befindet sich doch im Gefängnis.«

»Er wurde gestern fälschlicherweise entlassen. Ein unglückliches Versehen. Wir werden dieses Haus durchsuchen.«

Auf einen Wink des Ritters trampelten seine Männer mit ihren schweren Stiefeln los. Das Haus ächzte unter ihren Schritten. Hoffentlich fanden sie nichts Verdächtiges! Jetzt nahm auch der letzte Kunde Reißaus. Gaspard und Celie sahen Jakoba unglücklich an.

Jean de Padua strich durch den Laden. Er spähte sogar hinter die Trennwand, was jetzt auch noch ihren Patienten vertrieb, der eilig davonhumpelte.

Am Salbentopf schnuppernd fragte er: »Was treibt Ihr damit?«

Aufpassen, mahnte sich Jakoba. »Ich bin Heilerin, also Kräuterfrau. Diese Salbe ist gegen Frostbeulen.« Unruhig lauschte sie auf die Ritter, die noch immer durchs Haus polterten. »Und Ihr? Gehört Ihr den Leibärzten des Königs an? Was für eine verantwortungsvolle und ehrenvolle Aufgabe! Ihr müsst sehr kundig sein.«

Der Magister war sichtlich geschmeichelt. »Ich war lange Jahre für seinen Vater Philipp den Schönen als Leibarzt tätig. Allerdings muss die Verantwortung für die Gesundheit eines Königs auf mehrere Schultern verteilt werden.« Er legte den Daumen gegen ein Nasenloch und schnäuzte sich auf den Boden – ein übliches Verhalten, aber in diesem Augenblick sehr unpassend, fand Jakoba.

Schon stampften die ersten Ritter wieder die Treppe hinunter. Hatten sie etwas entdeckt? »Nichts. Nur leere Zimmer mit allerlei Zeugs«, berichtete einer.

Jakoba war erleichtert, mahnte sich aber weiter zur Vorsicht. Noch waren die Eindringlinge nicht fort.

Der Ritter sah den Tontopf in der Hand des Arztes und betrachtete ihn konsterniert. »Wenn Ihr fachsimpeln wolltet, hättet Ihr auch allein hierherkommen können, Meister Jean. Ihr verschwendet unsere Zeit. Wir ziehen ab!«, rief er seinen Männern zu, die geschlossen hinausstapften.

Als Letzter wandte Jean de Padua sich zur Tür. »Ich werde Euch im Auge behalten«, sagte er drohend, bevor er den Salbentopf wieder auf den Tisch stellte.

»Euer Interesse an meiner unwürdigen Person ehrt mich«, gab Jakoba mit dünner Stimme zurück.

Sie hatten Roger keinen Augenblick zu früh zu Belota gebracht.

Fünf Tage lang schwebte Roger zwischen Leben und Tod, und Jakoba musste ihre gesamten Heilkünste aufwenden, um ihn zu retten. Abwechselnd mit Paul wachte sie an Rogers Bett. Jakoba war Belota sehr dankbar dafür, dass sie sich bereit erklärt hatte, ihn auf ihrem Speicherboden einzuquartieren. Im Haus einer fremden jüdischen Ärztin würde Roger niemand vermuten.

Nun endlich war ein wenig Farbe in Rogers Haut zurückgekehrt. Auch hatte sich inzwischen über den meisten seiner Wunden etwas Schorf gebildet. Doch auch sein Geist musste in diese Welt zurückkehren.

Jakoba zupfte behutsam an Rogers Schläfenhaaren und hielt ihm, als er noch immer nicht reagierte, eine Riechflasche unter die Nase.

Nichts. Wohin hatte seine Seele sich nur zurückgezogen?

Schließlich kniete sie sich neben ihn, legte seinen Kopf in ihren Schoß und setzte einen Becher mit belebenden Kräutern an seine Lippen. Das Wasser netzte seine Haut und dann ... trank er!

Sie schluchzte vor Erleichterung. Seine Augenlider flatterten. Sie sah jetzt, dass das Weiße in seinen Augen rot unterlaufen war. Wie brutal diese Unmenschen ihn geprügelt haben mussten! Heißer Zorn überfiel sie. Sein Blick verfing sich in ihrem, flackerte aber gleich weiter.

»Jakoba ...« Seine Stimme klang heiser.

»Schsch«, machte sie sanft und küsste ihn auf die Stirn. »Ruh dich aus. Du bist hier in Sicherheit.«

»Wer hat ...?«

»Paul hat dich gerettet. Er ist ebenfalls hier.«

»Der gute Junge … Wo ist …« Rogers Augen verdrehten sich, und er sackte wieder weg, ohne den Satz zu beenden.

Am nächsten Tag schmolz sie mit Belotas Kindern Schnee und stieg dann nach oben, um nach Roger zu sehen. Es verschlug ihr den Atem, als sie ihn aufrecht im Bett sitzen sah. Unbeholfen versuchte er, in sein Leibhemd zu schlüpfen. Ein wenig waren die Schwellungen auf seinem Körper abgeklungen, manche färbten sich auch schon blau und grün.

»Was hast du vor?« Mit sanfter Gewalt drückte sie ihn aufs Lager zurück. Die Hand auf seiner Brust zu spüren, ihre Haut auf seiner, und seine jähe Nähe brachten sie jedoch ganz durcheinander. Mit klopfendem Herzen hielt sie inne.

Sein Gesicht war nur eine Handbreit von ihrem entfernt. Seine Lippen, in die endlich wieder hellrosa das Leben zurückgekehrt war … Am liebsten würde sie ihn jetzt küssen. Ein unbezwingbares Sehnen breitete sich in ihrem Leib aus. Es gab nur eins, in dem sie ihrem verabscheuungswürdigen Bruder recht geben musste: Sie war eine sinnliche Frau …

»Bitte, tu das nicht«, sagte Roger leise.

»Du darfst noch nicht aufstehen.«

»Du weißt, dass ich das nicht meine.« Ein trauriges Lächeln huschte über sein Gesicht. »Sieh mich nicht so an, als ob du mich küssen wolltest.«

Jakoba legte den Kopf schief und kräuselte die Lippen. Sie konnte ihre Gefühle keinen Augenblick länger zurückhalten. »Aber genau das würde ich gerne tun. Ich bin so froh, dass du hier bist! Dass du wieder gesund wirst! Ich hätte es nicht ertragen, dich zu verlieren, ohne dir zu sagen, dass …«

Sein Blick war weich, als er ihr mit einer zärtlichen Geste Einhalt gebot. »Ich weiß. Mir geht es ebenso«, gestand er rau. Jakobas Herz weitete sich, doch seine nächsten Worte versetzten ihr einen Schlag. »Aber wir können niemals vereint sein.«

Sie wollte dem Kummer keinen Raum geben, der in ihr aufstieg. Hätte sie ihm doch niemals von Gevehard erzählt! »Wir könnten gemeinsam weggehen, irgendwohin, wo uns niemand kennt ...«

»Das wäre deiner unwürdig. Und selbst wenn: Ich werde niemals mit einer Frau zusammen sein. Ich hätte es dir längst gestehen müssen, Jakoba, aber ich wollte dich nicht in Gefahr bringen.« Roger schien es viel Kraft zu kosten, die nächsten Sätze herauszubringen. »Ich gehöre dem Bund der Templer an. Auch ich habe einen Eid geschworen ...«

Sie hatte das Gefühl, dass ihr der Boden unter den Füßen weggerissen würde. Was sagte er da? Das konnte doch nicht sein!

»Aber du warst zu jung. Die Templer sind seit beinahe fünfzehn Jahren verboten ... Warum hat man dich nicht ... Und was war mit den anhänglichen Damen in Venedig?«, stammelte sie.

»Damen sind für einen Mönchsritter die perfekte Tarnung, und manche sind eben auch käuflich«, sagte Roger mit einem entschuldigenden Lächeln. Er nahm ihre Hände und hielt sie ganz fest. »Es stimmt, ich war jung, als mein Vater mich dem Orden übergab. Er war schwer krank und folgte meiner Mutter bald in den Tod nach. Mein älterer Bruder sollte den Familienbesitz übernehmen, ich sollte im Templerorden für unseren Glauben eintreten. Arnold wurde mein Mentor, ja, mehr als das, mein Ziehvater.« Er schwieg einen Augenblick. »Aber dann kam dieser verhängnisvolle Freitag im Jahr 1307, an dem die Templer verhaftet und wegen widerlicher Verbrechen angeklagt wurden. Es ging um Häresie, Sodomie und andere Ketzereien. Ich war am Boden zerstört, glaubte nicht, dass die Glaubensbrüder solche Sünden begangen haben könnten. Viele Templer wurden vor Gericht gestellt, gefoltert, eingekerkert oder auf dem Scheiterhaufen verbrannt.«

»Und du?« Jakobas Stimme war nur noch ein Hauch.

»Arnold kämpfte für meine Freiheit. Ich war zu jung gewesen, um einen bindenden Eid abzugeben, urteilten die Richter. Die Ordensregeln sehen vor, dass nur vollwertige Männer Templer werden dürfen, weil nur sie sich bewusst für ein Leben in Keuschheit und Kampf entscheiden können. Dass trotzdem Jünglinge in den Orden aufgenommen wurden, sei ein Fehler gewesen. Ich aber wollte die Freiheit nicht. Ich hatte geschworen, mein Leben dem Orden zu weihen und für meine Brüder einzutreten. Und genau das werde ich tun, egal, was ein König, ein Papst oder ein Richter beschließen!«

Jakoba musste sich eingestehen, dass es auch diese Ehrenhaftigkeit und Geradlinigkeit war, die sie an Roger bewunderte. Es war schon merkwürdig, dass gerade sie, die beinahe Nonne geworden wäre, und der verfemte Tempelritter sich so voneinander angezogen fühlten.

»Arnold und ich begannen, im Verborgenen für die Templer zu kämpfen«, fuhr er fort. »Wir überbrachten Botschaften zwischen den letzten geheimen Gemeinschaften, setzten uns bei Bischöfen und Landesherren für den Verbleib ihrer Güter und die körperliche Unversehrtheit der Brüder ein. Aber noch immer sind viele von uns im Gefängnis und leiden dort unvorstellbare Qualen.« Er löste sich von ihr und schaffte es nun doch, sein Leibhemd überzuziehen.

Jakoba konnte sich nicht rühren. Die Wucht der Wahrheit drückte sie nieder. Roger hatte tatsächlich ein Geheimnis gehabt, ein Geheimnis, das sie für immer trennen würde. »Gefangene, wie dieser ... Greis.«

»Sein Name ist Hugues de Pairaud. Er war zuletzt Visitator des Ordens in Frankreich, hat aber im Gegensatz zu Jacques de Molay alle Schandtaten gestanden. Molay hielt seine Kerkermeister jahrelang hin und widerrief, als er wusste, dass die Templerschätze und die meisten Ordensbrüder in Sicherheit waren. Pairaud aber war schwach, und viele hassen ihn dafür. Dennoch sind wir eine Gemeinschaft, eine Familie. Als ich von dir erfuhr,

dass König Philipp neue Folterungen veranlasst hat, ließ mir das
keine Ruhe. Wir befreiten ihn …«

»Wir?«

»Thierry und ich. Thierry schafft Bruder Hugues außer Landes. Es war richtig, das Risiko einzugehen. Wenn du gesehen
hättest, wie sie diesen alten Mann zugerichtet haben! Jetzt muss
ich ihnen nach, denn er und die anderen brauchen weiteren
Schutz.«

»Die anderen?«

»Weitere Ordensleute werden nach Portugal fliehen.«

»Portugal?«, echote sie fassungslos. »Das ist doch am Ende der
iberischen Halbinsel! Du kannst nicht reisen.«

Roger versuchte, sich hochzustemmen. »Oh doch, ich kann.
Und ich werde.« Stöhnend sackte er zusammen. »Aber vielleicht … nicht sofort.«

Jakoba hatte noch viele Fragen, aber plötzlich stand Paul in
der Tür. Wie verletzt er beim Anblick ihres vertraulichen Bei-
sammenseins aussah! Ohne ein Wort lief er hinaus. Roger wollte
etwas sagen, aber die Augen fielen ihm zu.

Jakoba ließ ihn allein, damit er ein wenig schlafen konnte. Sie
fand Paul in dem kleinen Spalt zwischen den Hauswänden, der
zum Fluss hinausging. Es war der einsamste und verwahrloseste
Ort auf dieser Brücke, weil die Bewohner nur hierherkamen, um
ihre Abfälle über die Balustrade in die Seine zu werfen.

Paul drehte sich nicht einmal zu ihr um. »Ich werde abreisen,
sobald Messire Roger wieder einigermaßen beisammen ist.«

Jakoba war überrascht. »Woher wusstest du, dass ich es bin?«

Ein ersticktes Schnauben. »Glaubt Ihr, ich kenne nach all den
Jahren Eure Schritte nicht genau?«

Jetzt erst wurde ihr klar, was er gesagt hatte. »Du willst weggehen? Aber ich dachte, es gefällt dir hier. Ich dachte, du lernst
viel bei Roger.«

Heftig wandte er sich zu ihr um. »Ich bin Messire Roger sehr dankbar, dass er mich aufgenommen hat und, ja, ich habe viel von ihm gelernt. Dennoch vertraut er mir nicht ganz. Er hat Geheimnisse – glaubt Ihr, ich wüsste nicht davon? Ich bin nun einmal kein Ritter, und ich werde nie ein Ritter sein. Nicht mal ein anständiger Knappe bin ich, das haben mich die anderen im Palais Bourbon oft genug spüren lassen.«

»Was willst du denn tun? Womit willst du Geld verdienen?«

»Ich kann lesen und schreiben, bin ein schneller und zuverlässiger Bote. Vor allem aber kenne ich mich mit Pferden aus. Die Knappen haben mich ja immer in den Stall abgeschoben. Aber die Pferde waren ohnehin eine bessere Gesellschaft als diese Esel.« Paul lächelte bitter, aber seine Augen blieben ernst. »Eines habe ich in den letzten Jahren gelernt: Man darf nie vergessen, woher man kommt. Und dort, wo ich herkomme, wartet noch eine offene Rechnung auf mich. Ich kann nicht für immer vor meiner Vergangenheit weglaufen.«

Die unterschwellige Anspielung traf sie. »Willst du damit sagen, dass auch ich mich meiner Vergangenheit stellen sollte? In Lüneburg?«

»Wer bin ich, dass ich Euch Ratschläge geben dürfte?«

»Du weißt, dass du mir immer ein wertvoller Reisegefährte gewesen bist, deshalb erlaube ich mir eine Anmerkung: Rache ist keine Lösung«, wandte sie schwach ein. »Du solltest dein Leben nicht für einen wie Anno aufs Spiel setzen. Du bist tausendmal mehr wert als er.«

Mit einem verwundeten Blick sah er sie an. »Aber ich kann nicht hierbleiben.«

»Warum nicht?«

»Wisst Ihr denn nicht, dass ich Euch liebe? Dass ich Euch immer geliebt habe? Als wir damals Messire Roger kennenlernten und als ich sah, wie Eure Gefühle für ihn wuchsen, konnte ich es kaum ertragen.«

Jakoba war verwirrt über dieses plötzliche Geständnis. Die

Vorstellung, nun auch Paul zu verlieren, schmerzte sie. Ja, sie hatte gewusst, dass Paul sie gernhatte, aber so sehr …

»Und was war … mit Agnes?«, fragte sie leise.

»Ihre Bewunderung hat mir gutgetan. Agnes mag mich so, wie ich bin.«

Seine Worte taten Jakoba weh. Hatte sie ihm je genug für das gedankt, was er für sie getan hatte? »Du warst ein mutiger Junge, und du bist zu einem wunderbaren Mann herangewachsen. Jede Frau kann sich glücklich schätzen, wenn sie deine Gunst gewinnt.«

»Jede Frau außer Euch.« Paul wandte sich ab. »Mein Entschluss steht fest.«

Sosehr Jakoba auch auf Rogers Gesundung hoffte, hielt sie die Geschwindigkeit doch für zu schnell, in der er aufstand, zu Kräften kam und sich reisefertig machte.

Es war, als fürchtete er, dass ihm die Zeit davonlaufen könnte, um das zu erledigen, was er für seine Pflicht hielt. Andererseits konnte er auch nicht mehr allzu lange in Belotas Haus bleiben; die Gefahr war zu groß, dass ihn jemand bemerkte. Die Wachen patrouillierten nun täglich auf der Brücke, und immer wieder schauten sie auch in die Apotheke. Seit König Philipp Anfang Januar 1322 in der Abtei von Longchamps verschieden war, machten in der Stadt erneute Gerüchte über eine Verschwörung und Giftmord die Runde. Viele glaubten an die Wühlarbeit des Teufels. Und wer sonst als die Juden und die Aussätzigen sollte seine Finger dabei im Spiel gehabt haben? Inzwischen kam es Jakoba vor, als wäre die halbe Stadt von einem Wahn befallen. Dem König selbst trauerten nur wenige nach. Viele hofften, dass Karl der Schöne, der nächste König aus dem Hause der Kapetinger, gerechter regieren würde.

Wenigstens war Roger ihr gegenüber jetzt offen, während er Paul seine wahren Aufgaben weiterhin verschwieg. Die Männer hatten gestritten, als Paul seinen Entschluss verkündet hatte. Aber Paul war von seiner Entscheidung nicht abzubringen gewesen, sosehr Roger ihm auch ins Gewissen zu reden versucht hatte.

In seinen Ruhestunden erzählte Roger ihr aus der Geschichte des Templerordens. Er berichtete ihr, dass die Templer nach Portugal flohen, weil der Orden überall sonst verboten worden war. Im Frühjahr 1319 hatte der Papst verkündet, dass in Portugal ein neuer Ritterorden gegründet werden durfte: der Christusorden. In diesen sollten die portugiesischen Besitztümer des Templerordens übergehen. Roger war in Avignon gewesen, als Johannes XXII. die Entscheidung getroffen hatte. Sogleich hatten die verborgenen Templer eine Versammlung in Venedig einberufen. Deshalb war Arnold also zu dieser Zeit so aufgeregt und froh gewesen. Mona war es aufgefallen, sie hatte den Grund dafür aber nicht gekannt.

»Er war erleichtert, dass seine Mission ein Ende haben würde. Dennoch war es ein gefährlicher Abend. Mit einigen Brüdern konnten wir nur im Schutz des Balles sprechen, da wir ständig von Handlangern der Inquisition verfolgt wurden«, bestätigte Roger ihre Vermutung.

»War unser Tanz also nur ein Ablenkungsmanöver?«, fragte Jakoba ernüchtert.

Roger sah sie lange an. »Ich habe unseren Tanz trotzdem sehr genossen, viel zu sehr«, antwortete er und erzählte schnell weiter: Etliche Tempelritter hatten sich in den vergangenen zwei Jahren in die Ordensritterburg von Castro Marim an der Algarve geflüchtet. Auch hatte man viele Kisten aus dem Templerarchiv dorthin gebracht, was Roger aus unerfindlichen Gründen für besonders wichtig hielt. Weiteren Fragen über den Templerschatz und dieses mysteriöse Archiv wich er jedoch aus.

Zwei Wochen nachdem sie Roger aus dem Gefängnis freigekauft hatten, standen sie in Belotas Stube zusammen und warteten schweigend. Nur das Schniefen und Husten der erkälteten Kinder war zu hören. Es war etwas wärmer geworden, und der Schnee hatte sich in eisigen Graupel verwandelt, der einen durchnässte, sobald man auch nur einen Fuß vor die Tür setzte.

»Hoffentlich hat ihn niemand verfolgt«, sagte Jakoba leise. Pauls Geständnis hatte ihr deutlich gemacht, wie nah sie einander standen, wie eng ihre Schicksale verbunden waren und wie sehr sie Roger mochte.

»Bei dem Wetter? So gut wird keiner der königlichen Ritter bezahlt, dass er diese Unannehmlichkeit auf sich nehmen würde«, erwiderte Roger und zupfte die Schweinsblase etwas aus dem Rahmen, um aus dem Fenster zu sehen. »Da – ich glaube, da kommt er!«

Einen Augenblick später platzte Paul mit dem Gepäck herein. So durchweicht war er, dass er die Holzbohlen volltropfte.

Jakoba nahm ihm sogleich den Umhang ab, um ihn auszuwringen und vor das Feuer zu hängen. Paul schüttelte seine Locken wie ein nasser Hund sein Fell.

»Was hat er gesagt?«, wollte Roger wissen.

»Der Comte hat Euren Brief gelesen und geschimpft, dass Ihr lieber Euren Pflichten nachkommen solltet, als ihn derartig in Verlegenheit zu bringen. Ständig hätten die Ritter ihn belästigt, was eine unerträgliche Zumutung gewesen sei. Ihr sollt Eure Angelegenheit schnellstmöglich in Ordnung bringen, dann würde er erwägen, Euch wieder in seine Gunst aufzunehmen. Immerhin hat er mich unbehelligt packen lassen.«

»Ich hatte ohnehin die Nase voll davon, mehreren Herren zu dienen«, murmelte Roger, nahm sein Schwert und zog es aus der Scheide, um die Klinge zu inspizieren.

»Nicht in meinem Haus«, sagte Belota scharf.

Der Ritter sah sie konsterniert an und steckte das Schwert wieder ein, bevor er es umgürtete. »Ich sollte aufbrechen, solange dieses Unwetter anhält«, sagte Roger und legte sich seinen Umhang um.

Auch Paul machte sich reisefertig. Sie traten vor die Tür, wo die Pferde angebunden waren. Jakoba schauderte. Für beide würde es ein aufreibender und gefährlicher Ritt werden. Aber wenn sie an die Seereise und die Winterstürme dachte, die Roger erwarteten, legte sich die Angst wie eine Klammer um ihre Brust. Sie kannte die genauen Stationen der Reise nicht, was auch sicherer war, ahnte aber, dass er bei ehemaligen und verborgenen Ordensbrüdern unterschlüpfen würde. Trotzdem …

»Wollt ihr nicht doch …«, wagte sie einzuwenden.

»Wir haben doch schon darüber gesprochen.« Roger sah sie ungeduldig an. »Jeder Tag, den ich hierbleibe, erhöht das Risiko, entdeckt und wieder ins Verlies geworfen zu werden. Ich kann nicht länger warten. Die Frage ist viel eher«, er richtete das Wort an Paul, »ob du mich nicht doch begleiten willst.«

Paul warf seine Satteltasche auf Blesse und band sein Pferd los. »Auch darüber haben wir schon gesprochen. Für mich wird es ebenfalls Zeit.« Er stieg auf und nickte ihnen noch einmal zu. Einen langen Lidschlag hielt sich sein Blick an ihrem fest.

Jakoba schnürte es die Kehle zusammen. Dass sie an einem Tag gleich die beiden Männer verlieren sollte, die ihr so sehr am Herzen lagen!

Noch einmal sah sie Roger an, um sich seine Züge ganz genau einzuprägen. Ein Gedanke quälte sie schon die ganze Zeit. »Du wirst doch nicht auch in Por… Du wirst doch wiederkommen?«, wisperte sie.

In einem Anflug von Zärtlichkeit legte Roger einen Finger unter ihr Kinn. »Ich verdanke dir mein Leben und stehe in deiner Schuld. Mir bleibt ja gar nichts anderes übrig, als zu dir zurückzukommen«, sagte er, ehe er seine Lederhandschuhe anzog und die beiden Männer in entgegengesetzte Richtungen aufbrachen.

Schuld und Ehre – geht es denn immer nur darum?, fragte sich Jakoba enttäuscht und spürte noch lange Rogers Berührung nach.

29

Mitte Januar 1322 polterten die königlichen Ritter erneut in die Apotheke, und wieder flüchteten die Kunden, so schnell sie konnten. Auch Jakoba schwante Übles.

»Begleitet uns bitte«, forderte der erste Königsritter sie auf.

Jakoba hatte gerade ihre Lässeisen gereinigt. »Worum geht es denn? Ist etwas passiert?«, fragte sie nervös.

»Ihr habt keine Fragen zu stellen.«

Sie konnte sich kaum weigern. Hastig warf sie einen Umhang über, verabschiedete sich von ihren furchtsam dreinblickenden Freunden und folgte ihm hinaus. Ein einfacher Schlitten wartete auf sie. Durch den grauen Schneematsch fuhren sie zum Louvre. Dieses Mal wurde sie durch das Haupttor am Fluss in die Königsgemächer geführt. Es wunderte sie nicht, dass man Kissen, Decken und Behänge ausgetauscht hatte, aber auch Tapisserien und Ausstattung schienen erneuert worden zu sein, wenn auch weiterhin das königliche Fleur-de-Lys-Muster auf Azurblau dominierte.

Ein Mann Ende zwanzig stand auf einem Holzpodest. Um seine Schultern lag ein eindrucksvoller Hermelinumhang. Während Schneider an seinen Beinen Maß nahmen und golddurchwirkte Borten an seine Arme hefteten, diktierte er seinem Schreiber Anweisungen für die Krönungsfeier. König Philipps früherer Kammerdiener stand neben ihm und hielt eine geöffnete Schatulle. In der Nähe der Tür standen fünf altehrwürdige Herren in den langen Roben der Gelehrten – und Magister Jean de Padua.

Der Königsritter meldete ihre Ankunft, doch Karl, der »der Schöne« genannt wurde – er musste der Mann im Hermelin sein –, ließ sich nicht bei seinem Diktat stören. Nicht dass Jakoba eine besondere Schönheit an ihm aufgefallen wäre, eher fand sie das flache Gesicht ein wenig langweilig. Zu wenig Lebenserfahrung spiegelte sich darin.

Eilig flog die Feder des Schreibers über das Papier. Die ehrwürdigen Herren räusperten sich schon vernehmlich. Jakoba musterten sie feindselig.

Dann schließlich ließ sich der Thronfolger zu ihnen herab. Jakoba knickste und ließ sich dann auf die Knie sinken.

»Was meint Ihr Herren: Sollen Wir das Gewand lieber mit Rubinen schmücken lassen oder mit Smaragden?«, wandte König Karl sich an die Gelehrten.

»Beides ziert Euch sicher ausgezeichnet, Eure Majestät«, antwortet einer unverbindlich.

»Mein Rat ist: Bewegt diese Entscheidung in Eurem Herzen, bis wir diese unerfreuliche Angelegenheit geklärt haben, Hoheit.« Jean de Padua wies auf Jakoba.

Karl zog die Augenbrauen hoch und sagte gewichtig: »Wie Uns zu Ohren gekommen ist, habt Ihr Unseren Bruder, Gott sei seiner Seele gnädig, vor seinem Tod aufgesucht.«

»Das entspricht der Wahrheit, Hoheit.«

»Was trieb Euch zu ihm?«

Ihr Blick flackerte zu dem Diener, der jedoch zu Boden starrte. Vermutlich war Leugnen zwecklos. »Der König ließ mich rufen.«

»Welchen Grund könnte Unser unglücklicher Bruder dafür gehabt haben?«

»Er bat mich um einen meiner heilsamen Kräutertränke«, sagte sie vage.

Die Gelehrten hinter ihr zischten gehässig. Jean de Padua schoss vor. »Hört Ihr, Majestät, sie leugnet es nicht einmal. Vermutlich hat sie Euren Bruder vergiftet!«

Jakobas Blut raste durch ihre Adern. »Meine Tränke heilen,

sie schädigen nicht«, verteidigte sie sich. »Als ich den König zum ersten Mal aufsuchte, war er bereits leidend, das kann sein Kammerdiener bezeugen.«

»Ist das richtig?«, fragte Karl.

Der Diener nickte zögerlich.

»Unserem Bruder standen sechs studierte Ärzte zur Verfügung, darunter Magister Jean de Padua. Warum sollte er sich ausgerechnet an Euch wenden?«

»Es steht mir nicht zu, mir über die Beweggründe des Königs eine Meinung anzumaßen.«

»Ihr sprecht gewählt«, wunderte sich der Thronfolger.

Sie musste alles tun, um ihre Lage zu verbessern. Stand erst einmal der Vorwurf der Hexerei im Raum, war falsche Bescheidenheit sinnlos. »Ich stamme aus dem Hause derer zu Dahlenburg. Einem Adelsgeschlecht im Norden des Kaiserreiches. Lehnsleute des Herzogs von Lüneburg.«

Karl nahm prüfend einen Edelstein in die Hand und hielt ihn über den Hermelinpelz. Das Kerzenlicht brach sich rot in dem Stein und funkelte über den weißen Flaum. »Lüneburg? Das sagt Uns nichts …«

»Ein Teil des Reichs, Majestät«, klärte ihn einer der Gelehrten auf.

»Ah ja. Ein Thron, der beinahe ebenfalls den Kapetingern gehört hätte.«

Dem Chirurgicus schien der Gesprächsverlauf nicht zu gefallen, denn er kramte in dem Almosenbeutel, den er am Gürtel trug, und holte zu Jakobas Schrecken ihre Glasphiole heraus. »Gehört diese Phiole Euch?«, fragte er lauernd.

Jakoba betrachtete die Phiole. »Ein schönes Stück. Venezianische Herstellung, nehme ich an.« Sie gab sie ihm zurück.

»Ich habe Euch etwas gefragt.«

»Ich besitze ebenfalls Phiolen dieser Art. Allerdings bringen Händler sie zu Hunderten aus der Lagunenstadt mit.«

»Habt Ihr dem König eine dieser Phiolen überlassen oder nicht? Und wenn ja – was war darin?«

»Theriak.«

Die Gelehrten lachten. »Da seht Ihr die Unverschämtheit dieser Frau. Einen zufällig zusammengepanschten Kräutersud als Theriak zu verkaufen!«

Jetzt reichte es Jakoba! »Erstens habe ich ihn nicht verkauft. Und zweitens habe ich ihn nach dem Rezept des jüngeren Andromachus hergestellt.« Ihre Verbesserungen an dem Rezept gingen die Gelehrten nichts an.

Das Lachen der Männer wurde laut. Der Thronfolger hingegen kramte erneut in der Schatzkiste. »Was ist so lustig?«, fragte er schließlich ernst. »Wir möchten auch mitlachen.«

Wieder ergriff Jean de Padua das Wort: »Die Vorstellung, dass diese Frau Theriak hergestellt haben soll, ist lachhaft.«

»So? Nun, meine Dame, teilt Uns mit, was Ihr hineingetan habt. Dann werden Wir wissen, ob es sich um eine Lüge oder gar gefährliche Quacksalberei handelt, die Unseren Bruder das Leben gekostet haben könnte. Ihr wisst vielleicht, dass sich in Unserem Königreich in den letzten Jahren gravierende Fälle von Hexerei zugetragen haben. Sogar der Bischof von Cahors landete vor einigen Jahren auf dem Scheiterhaufen, weil er versuchte, mit Wachspuppen und Krötenasche den Papst zu verhexen. Also, was war in dem Trank, den Ihr Unserem Bruder verabreicht habt?«

Erwartungsvoll neigten die Männer sich zu ihr.

Ruhig begann Jakoba, die Zutaten aufzuführen, und erwähnte stets auch die benötigte Menge sowie die Zubereitung.

Schnell hatte der König genug von dieser langweiligen Aufzählung. »Also hat er tatsächlich eine Heilerin statt seiner Leibärzte geholt. Unser Bruder war anscheinend gegen Ende seines Lebens nicht mehr ganz bei Sinnen. Ihr dürft gehen. Wir haben zu tun«, sagte Karl zu Jakoba und den Gelehrten und stieg wieder auf das Podest.

»Mit Verlaub, Hoheit. Oft schon haben wir darauf hingewiesen, dass die Herstellung derartiger Arzneien streng reglementiert werden muss«, wagte Jean de Padua einzuwenden.

Karl wedelte mit der Hand, als wollte er ein lästiges Insekt verscheuchen. »Macht eine Eingabe, meine Herren. Unsere Kanzlei wird diese Eingabe prüfen, wenn die Zeit gekommen ist. Jetzt steht Wichtigeres an.« Er wandte sich an den Schneider. »Ich denke, ich nehme die Rubine *und* die Smaragde.«

Jakoba wurde von den königlichen Rittern hinausgeführt. Hinter sich hörte sie die Gelehrten aufgebracht flüstern. Sie hoffte sehr, dass die Angelegenheit damit erledigt war.

In der Apotheke erwarteten Gaspard und Celie sie bereits. Es war seltsam ruhig im Haus. Kein Kunde war da, und die zwei Kinder des Apothekerpaares spielten friedlich mit Holzmarionetten. »Setz dich doch zu uns, Jakoba, wir haben Wein gewärmt und kandierte Orangenschale bereitet«, lud Celie sie ein.

Kurz sprachen sie über das, was vorgefallen war, aber Jakoba hielt es für besser, das Paar nicht noch weiter in diese Angelegenheit hineinzuziehen. Sie pickte sich ein Konfektstück heraus. Ein wenig knabberte sie daran und freute sich an dem Geschmack von Frucht, Honig und Ingwerpulver, aber die Aussicht auf das Gespräch, das sie erwartete, bedrückte sie. Schon lange hatte sie damit gerechnet.

Gaspard legte zärtlich die Hand auf den Schoß seiner Frau. »Wir haben es dir noch gar nicht gesagt, weil wir ganz sicher sein wollten: Celie ist wieder guter Hoffnung.«

In Jakoba wallte Freude auf. »Wie wunderbar! Ich gratuliere euch und wünsche euch von Herzen Gottes Segen«, sagte sie und umarmte beide glücklich.

Der Apotheker nahm einen Schluck Wein und sah sie entschuldigend an. »Du weißt, wir haben dich gerne aufgenommen. Aber jetzt …« Er seufzte. »Wir benötigen Platz für die Kinder, einen Lehrjungen, brauchen eine weitere Magd, einen Gesellen ...«

Obgleich sie es erwartet hatte, war Jakoba enttäuscht. Trotzdem lächelte sie. »Ich bin euch dankbar für euer Vertrauen und für eure Freundschaft. Ich habe eure Gastfreundschaft schon viel zu lange in Anspruch genommen. Gleich morgen werde ich mich nach einer neuen Bleibe umhören. Vielleicht finde ich ja sogar etwas hier in der Nähe oder gar auf der Brücke! Dann kann ich euch und die Kinder besuchen!«

»Das wäre fantastisch! Du wirst uns immer willkommen sein«, sagte Celie. Die Erleichterung war ihr anzuhören.

In den nächsten Wochen sah Jakoba Magister Jean de Padua mehrmals auf der Brücke, aber nie mehr trat er in die Apotheke ein.

Jakoba hatte nach wie vor viel zu tun. Wenn Patienten sie bezahlten, legte sie das Geld zurück, denn sie wollte so schnell wie möglich bei Gaspard und Celie ausziehen. Viele Kranke kamen eigens zu Jakoba, weil das Gerücht die Runde gemacht hatte, dass der König sie gerufen hatte.

Jakoba hütete sich, dieses Gerücht zu kommentieren; sie wollte die Leibärzte nicht noch mehr gegen sich aufbringen. Aber sie freute sich auch, zusätzliche Patienten in den Adelspalästen, den Bischofssitzen oder aus den Spitälern gewonnen zu haben. Ihre Heilkünste und ihre wirksamen Arzneien wie der Theriak hatten ihr den Ruf beigebracht, selbst den Tod aufhalten zu können – eine schwere Bürde, wie Jakoba fand, auch wenn sie tatsächlich den einen oder anderen Todkranken gerettet hatte. Immer öfter suchte sie die Kranken jetzt zu Hause auf, verordnete ihnen Dampf- und Räucherbäder, Einreibungen und Arzneien. Wenn größere Körperkräfte nötig waren oder sie Hilfe benötigte, begleitete Gaspard sie.

Regelmäßig wanderten ihre Gedanken zu Roger und Paul.

Ob die beiden gut durch den Winter gekommen waren? Hatte Roger seine Gefährten gefunden? Waren sie sicher nach Portugal gereist – oder waren sie noch immer unterwegs? Und Paul – würde er seine unvernünftigen Rachepläne unterwegs aufgeben? Würde sie die beiden Männer je wiedersehen? Oder wenigstens einen von ihnen?

Abgesehen von diesen Gedanken fand Jakoba jene heitere Gelassenheit zurück, die auch den Kranken so guttat.

Dann allerdings, im Sommer, wurde ihr ein Brief zugestellt, der ihr Leben erneut aus der Bahn werfen sollte.

30

Juli 1322

Obgleich es schon auf den Abend zuging, war es noch immer sehr heiß. Die Hausmauern strahlten eine enorme Hitze aus, das merkte Jakoba schon im Vorbeigehen. Sie eilte durchs Lateinische Viertel auf dem rechten Seine-Ufer. Das Viertel hatte einen schlechten Ruf. Mord und Totschlag waren an der Tagesordnung. Die Geräusche, die aus den offenen Türen und Fenstern auf die Straße drangen, waren beschämend. Betrunken grölende und anzügliche Lieder singende Studenten waren noch das Harmloseste. Ärgerlicher fand sie das Locken und Stöhnen aus den Zimmern der Dirnen. Von einer Patientin wusste sie, dass in manchen Häusern im Obergeschoss ein ehrenwerter Professor seine Stunden gab und im Untergeschoss Huren ihrem Gewerbe nachgingen. Jakoba fragte sich, wie man bei dieser Geräuschkulisse überhaupt lernen konnte. Ganz abgesehen davon, dass die Studenten offiziell die niederen Weihen empfangen mussten, Tonsur trugen und zum Zölibat verpflichtet waren. Zudem waren hier viele Angehörige der verschiedenen Bettelorden und Beginen unterwegs.

Jakoba hatte außerhalb der Stadtmauern, in der Nähe von Saint-Sulpice, eine Patientin besucht, und ihr Schritt wurde leichter, als sie an die Frau dachte. Johanna aus Monaco hatte an einem Gebrechen der Nieren gelitten. Elf Tage lang hatte sie im Hospital von Saint-Sulpice gelegen und war dort von den Ärzten Guilbert, Herman, Manfred und Thomas untersucht worden – aber keiner hatte ihr helfen können. Ein Freund hatte ihr Jakobas Dienste empfohlen. Sie hatte sie untersucht und mit einer Arznei behandelt. Bereits nach wenigen Anwendungen hatte das Nierenleiden nachgelassen, und als Jakoba heute nach ihr hatte sehen wollen, hatte Johanna schon wieder ihren Kramladen offen gehabt.

Immer wieder machte es sie glücklich und stolz, wenn ihr solche Heilungen gelangen. Manchmal fragte sie sich aber auch, was die studierten Ärzte falsch machten. Sehr oft kamen Patienten zu ihr, die von ihnen aufgegeben worden waren.

An der Ecke zur Rue de la Bûcherie prügelten sich ein paar Kleriker, denen Jakoba ausweichen musste. Sie ging am Petit Châtelet vorbei, einem mit zwei Türmen flankierten Tor, und überschritt den Petit Pont, auf dem Studenten und Mönche flanierten. Beim Hôtel-Dieu half Bruder Odo gerade, die Wände zu weißen. Dabei kletterte er wie eine Gämse eine Leiter auf und ab. Wer hätte das noch vor ein paar Wochen gedacht!

»Bonjour, Bruder Odo! Ich hoffe, Ihr habt noch von meinem Heilöl?«, sprach sie ihn amüsiert an.

Der Dominikanermönch drehte sich auf der Leiter um und lachte gutwillig. Weiße Farbe tropfte auf den Weg, was ihn nicht zu stören schien; auch sein schwarzer Umhang hatte schon einige Spritzer abbekommen. »Natürlich! Aber ich weiß jetzt ja auch, was zu tun ist. Außerdem glaube ich kaum, dass es mir noch mal so schlecht gehen wird. Seht, ich bin wieder ganz gelenkig!« Übermütig kreiselte er auf der Leiter, dass es Jakoba angst und bange wurde.

»Ich freue mich sehr für Euch. Bleibt so gesund!«, rief Jakoba und lief weiter, bevor er noch auf die Idee kam, Kunststückchen zu machen.

Sein Ruf hielt sie auf: »Ist denn schon Johann der Schmied bei Euch gewesen? Er leidet sehr an Kopf und Ohren, durch die Hitze vermutlich. Hier im Spital konnte ihm keiner der Ärzte helfen, deshalb habe ich ihn zu Euch geschickt.«

Jakoba verneinte, bedankte sich aber für die Empfehlung. Sie bog nach links ab und ging an der ehemaligen Königsresidenz, dem Palais de la Cité, entlang und schließlich auf den Grand Pont.

Vor dem Haus des Apothekers saß ein Mann im Schatten und schien zu schlafen. Sie nahm sich vor, ihm ein Glas Wasser anzubieten, als er ein Auge öffnete und fragte: »Domina Jakoba?«

»Die bin ich.«

Er stand auf und drückte ihr einen Brief in die Hand. Dann schlenderte er pfeifend davon, als hätte er damit sein Tagwerk erledigt.

Im Haus begutachtete sie den Brief. Das Siegel zeigte unter einem Baldachin die Jungfrau Maria mit Jesus, mehrere Heilige und Gelehrte mit Büchern. Die umlaufende Schrift war verwischt. Wer war der Absender? Jakoba erbrach das Siegel und faltete den Brief auseinander.

Wieder und wieder flogen ihre Augen über die verschnörkelte Schrift. Es dauerte etwas, bis sie die komplizierten und verschachtelten Sätze verstand. Dann taumelte sie.

»Jakoba – alles in Ordnung?« Celie kam heran und führte sie zu einem Schemel. »Sicher hast du heute viel zu wenig getrunken, und das bei der Hitze – hier, nimm!« Sie reichte Jakoba einen Becher verdünnten Wein. Jetzt erst bemerkte Celie den Brief. »Schlechte Nachrichten?«, fragte sie.

Fassungslos sah Jakoba sie an. »Das Gericht der Universität von Paris beschuldigt mich der unerlaubten Ausübung der Medizin und verurteilt mich zu einer Geldbuße von sechzig Pariser Silberpfund und dem Kirchenbann. Am Elften des Monats August soll ich mich vor den Vertretern der Universität sowie des Bischofs einfinden.«

Ob Magister Jean de Padua, der Leibarzt des Königs, sie angeschwärzt hatte?

Mit einer steilen Falte im Gesicht presste Celie die Hand auf ihren Bauch. Jakoba machte den Schemel für die Freundin frei und rief nach Gaspard. Sogleich kam er herbei. Auch der Apotheker war wie vor den Kopf geschlagen.

Ausgestoßen aus der Gemeinschaft der Gläubigen, verachtet und geschmäht. Für das Strafgeld würde ihr Erspartes nicht ausreichen, sie würde sich sogar noch viel Geld leihen müssen. Und was am furchtbarsten war: Sie durfte ihren geliebten Beruf nicht mehr ausüben. Wovon sollte sie leben? Wie sich über Wasser halten?

Haltlos begann Jakoba zu weinen. Auf einmal fühlte sie sich so hilflos und schwach wie schon lange nicht mehr. Sie wünschte, Roger und Paul wären hier, um ihr zu helfen.

Gaspard versuchte, ihr Mut zu machen. »Du bist nicht die Erste und wirst nicht die Letzte sein, die von der Universität gestraft wird. Ich frage mich, mit welchem Recht die überhaupt den Stab über jemandem brechen – und dann über jemandem wie dich! Du verstehst ja nun wirklich etwas von Medizin!« Ungehalten lief er auf und ab. »Wir werden uns erkundigen, was du tun kannst! Damit dürfen die nicht durchkommen.«

»Ihr habt schon so viel für mich getan.«

»Und du für uns! Ohne dich hätten wir keines unserer wunderbaren Kinder! Auch uns hatten die Ärzte aufgegeben!«

In diesem Augenblick stürzte Belota herein. Ihre Augen waren aufgequollen. Sie hielt ebenfalls einen Brief mit dem Siegel der Universität in der Hand.

Noch an diesem Abend suchten sie den Rechtsgelehrten Magister Etienne auf, der ebenfalls bereits von Jakoba behandelt worden war. Unruhig mit den Knien wippend, inspizierte er die beiden Briefe. Sie hatten ihm einen Krug Wein und etwas Quittenbrot mitgebracht, von dem er sich sogleich bediente.

»Alors, das Übliche, würde ich sagen. Mit so was kommt die Universität in letzter Zeit öfter. Ich hatte schon mit einigen dieser Fälle zu tun. Die medizinische Fakultät will, dass nur derjenige in Paris als Arzt arbeitet, der auch von ihr ausgebildet, geprüft und zugelassen wurde. Angeblich ist das Gesetz schon zweihundert Jahre alt, aber einen Beweis haben die Professoren dafür nicht. Außerdem gibt es die medizinische Fakultät selbst erst seit hundert Jahren.«

»Aber was können wir denn nur dagegen tun?«, fragte Jakoba.

Etienne hob die Schultern. »Das Unangenehme ist, dass die Universität den Kanzler der Kathedrale von Notre-Dame und den Bischof von Paris hinter sich hat.«

Jakoba dachte an Magister Jean de Padua. Ob er hinter der Anklage steckte? Auffällig oft hatte sie ihn in der Nähe der Apotheke gesehen. Gegen ihn würde sie vermutlich den Kürzeren ziehen …

Wieder begann Belota zu weinen. Sie hatten die Steinschneiderin, seit sie in die Apotheke gekommen war, kaum beruhigen können. »Nichts können wir tun! Und das mir, mit meinen fünf Kindern! Wie soll ich die Kleinen ernähren? Wo sollen wir hingehen? Wie soll ich mit ihnen reisen? Hier ist doch unser Zuhause!«

Jakoba streichelte ihr über den Rücken, bis sie ruhiger wurde.

»Tatsächlich ist die Lage für angeklagte Juden noch schwieriger. Schon mehrfach wurde Euer Volk des Landes verwiesen. Die Verfolgungen im letzten Jahr haben den Ruf der Juden nicht gerade gebessert.«

»Es war reine Verleumdung, die Juden und die Aussätzigen der Brunnenvergiftung anzuklagen!«, verteidigte Jakoba die Freundin.

»Das mag sein, aber Ihr wisst genauso gut wie ich, dass viele einfache Leute daraufhin die Juden angegriffen haben.« Der Magister trommelte mit den Händen auf der Tischplatte. Seine Wangen waren glänzend rot.

Ihm würden sicher einige kühlende Kräuter oder etwas Baldrian guttun, dachte Jakoba.

»Ich sage ja nur, ihr seid nicht die Einzigen, denen die medizinische Fakultät das Leben schwermacht. Fangen wir mal mit den Chirurgen an, da gibt es die studierten Langroben von der Bruderschaft der Heiligen Cosmas und Damian und die niederen Wundärzte und Bader. Alles wollen die Magister regeln: Die Chirurgen sollen nur schneiden, die Apotheker nur Kräuter mischen, und niemand außer den Studierten darf den Puls fühlen oder eine Harnschau vornehmen.«

»Genau das habe ich die ganze Zeit getan«, gestand Jakoba ein.

»Gott sei gedankt dafür! Manch einer läge ohne Euch im kalten Grab«, sagte Etienne lachend und fügte an Belota gerichtet hinzu: »Und ohne Eure Schneidekünste natürlich auch.«

»Dann sollen die Magister uns doch einfach Brief und Siegel geben und uns offiziell arbeiten lassen!«, brach es aus Jakoba heraus.

»Doch nicht in Paris! Die Universität ist Männern vorbehalten. Wenn Ihr offiziell wirken wollt, müsst Ihr ins Königreich Neapel gehen. Dort sollen, wie ich gehört habe, auch Frauen studieren und als Medica arbeiten dürfen.«

Was für eine aussichtslose Lage! Jakoba rang die Hände. Zusammen mit dem Bischof hatte die Universität viel zu viel Macht. Aber sie würde nicht kampflos aufgeben – das hatte sie noch nie getan.

Früh am nächsten Morgen stand Belota mit ihren Kindern in der Apotheke. Die älteren Kinder hielten die jüngeren an den Händen; alle wirkten sehr ernst. Belota sah aus, als hätte sie in der Nacht kein Auge zugetan. Niedergeschlagen sah sie sich um.

»Wir wollten uns von Euch verabschieden. Die Nachbarn wissen nichts von der Klage. Ihnen habe ich gesagt, dass wir Verwandte besuchen.«

»Wann werdet ihr zurückkommen?«, fragte Jakoba.

»Vorerst gar nicht. Wir werden in Amiens unser Glück versuchen. Die Stadt ist weit genug weg und doch für uns einigermaßen erreichbar, wenn wir uns einem Kaufmannszug anschließen können.« Belota umarmte ihre Freunde. Als sie ihren Kindern die Hände reichte, wirkte sie gefasst.

Jakoba bedrückte die Situation hingegen sehr. »Ich bedaure, dass du fliehen musst. Außerdem grämt mich die Frage, ob es deine Hilfe für Roger gewesen ist, die die Fakultät auf dich aufmerksam gemacht hat«, gestand sie.

»Mach dir darüber keine Gedanken. Ich habe von vielen jüdischen Ärzten gehört, die vor ähnlichen Problemen stehen. Und ich denke nicht daran, der Fakultät für das Berufsverbot auch noch Geld zu geben!«, sagte Belota kämpferisch. »Ich verstehe mein Handwerk – ich werde auch woanders für uns ein Auskommen finden. Und meine Ältesten können inzwischen auch mitarbeiten.«

»Können wir noch etwas für euch tun?«, wollte Jakoba wissen.

»Tut einfach so, als würde ich demnächst zurückkehren.«

Die Gerichtsverhandlung wurde in der Kathedrale abgehalten. Das Kirchenschiff von Notre-Dame war so gewaltig, dass Jakoba sich ganz unbedeutend vorkam – und das sollte wohl so sein.

Vor dem eigens in der Nähe des großen Taufbeckens aufgestellten Podest und einigen Stühlen verloren sich ein paar Studenten und die anderen, die mit Jakoba angeklagt worden waren, Männer und Frauen. Beim Anblick dieses Häufchens Elend spannte Jakoba die Schultern und reckte das Kinn. Sie würde sich nicht unterkriegen lassen.

Ein Universitätsdiener wies sie an, sich hinzusetzen. Lange mussten sie warten, bis die Verlesung begann. Sie durften sich nicht einmal unterhalten, da die Studenten sie dann auszischten. Alles schien darauf ausgerichtet zu sein, ihnen zu beweisen, wie unwichtig sie waren. Jakoba lenkte sich ab, indem sie die beeindruckenden Glasfenster und den Bauschmuck der Kathedrale betrachtete.

Da kam eine Handvoll alter Männer in langen scharlachroten Roben, wie sie nur Doktoren der Medizin und der Juristerei tragen durften, den Chorumgang entlang. Jakoba erkannte sofort, dass Jean de Padua unter ihnen war. Den Vorsitz der Verhandlung führte ein gewisser Johannes de Bethunia, anwesend war außerdem Johan von Sankt Nicholas, Verwalter der Universität. Gemessen verlas der Gelehrte Anklage und Strafe – kaum mehr, als in dem Brief gestanden hatte. Als die Reihe an Jakoba kam, würdigte Magister Jean sie keines Blickes. Die Gelehrten erhoben sich wieder.

Jakoba war entgeistert. »Das war alles?«, flüsterte sie.

Nun sprang Magister Etienne auf. »Hohe Herren! Ich lege als Domina Jakobas Rechtsbeistand Beschwerde ein und beantrage die Prüfung des Falls.«

Johannes de Bethunia zog eine säuerliche Grimasse. »Wenn es denn sein muss! Die Anhörung findet im Oktober statt.«

31

Oktober 1322

Obgleich sie wusste, was sie erwartete, war Jakoba nervös, als sie zur Kathedrale gingen. Immer wieder hatten sie in den letzten Wochen zusammengesessen und Argumente gesammelt, um die Anklage der Fakultät zu entkräften. Mit vielen ehemaligen Patienten hatte sie gesprochen, um diese zu bitten, sich für sie einzusetzen. Daneben hatte sie wie rasend gearbeitet. Sie war zwar nicht von ihrem Grundsatz abgewichen, dass die Kranken nur bezahlen sollten, wenn sie genesen und zufrieden waren, aber sie wollte unbedingt genügend Geld zusammenbekommen, bis das Urteil rechtskräftig war. Sechzig Silberpfund waren ein wahres Vermögen, und sie würde auch noch Geld benötigen, um ihr Leben danach zu gestalten.

Danach. Die Vorstellung jagte ihr eine Heidenangst ein, eine Angst, die sie lange überwunden geglaubt hatte. Könnte sie einfach in eine andere Stadt ziehen und hoffen, dass sie dort über die Runden kam wie Belota? Aber was war mit dem Kirchenbann? Sie hatte inzwischen herausgefunden, dass es viele Menschen gab, die halbwegs normal unter dem Bann weiterlebten; teilweise war er aber auch wegen lächerlichster Delikte verhängt worden. Von der Gemeinschaft ausgestoßen zu sein war jedoch nur ein Aspekt dieser Strafe. Sie war gläubig, und ohne den Segen des Herrn zu sterben war für sie eine fürchterliche Vorstellung.

War dieser Prozess bereits eine Strafe? War er vielleicht sogar ein Zeichen, dass sie nach Lüneburg aufbrechen und sich endlich ihrer Schuld stellen musste? Aber würde es wirklich etwas besser machen – egal was –, wenn sie es tat?

Sie dachte an Roger, von dem eine kurze Nachricht eingetroffen war, kaum mehr als ein »Mir geht es gut« – aber immerhin. Würde er zurückkehren, bevor sie Paris verlassen musste?

In der Nähe des großen Taufbeckens warteten etliche Menschen, dem Aussehen nach zu urteilen normale Bürger der Stadt. Es waren auch einige frühere Patienten darunter, und Jakoba nickte ihnen erfreut zu.

In schier endloser Folge wurden nun die Anklagepunkte verlesen. Jakobas Fall war als letzter an der Reihe.

»Genannte Domina Jakoba Félicie de Almania«, Johannes de Bethunia nannte sie bei dem Namen, den ihr dankbare Patienten gegeben hatten: Jakoba die Glückliche aus Deutschland, »hat in Paris und den Vororten Kranke besucht, den Puls gefühlt sowie ihren Urin und ihre Körper untersucht. Sie hat versichert, dass sie die Kranken heilen könnte, und Geld von ihnen erhalten.«

Sofort wollte Jakoba protestieren. Sie hatte nie jemandem ohne guten Grund versichert, dass sie ihn würde heilen können, und nie im Voraus Geld verlangt!

Magister Etienne hielt sie jedoch zurück. »Das hier ist erst einmal die Verlesung der Anklage. Alles Weitere kommt später«, raunte er ihr zu. Wieder zischelten die Studenten, aber er ließ sich davon nicht stören.

Magister Bethunia setzte seine Verlesung fort: »Nachdem sie Verträge aufgesetzt hat«, bei dieser Lüge durchzuckte es Jakoba erneut, »hat sie die Kranken in ihrem Haus aufgesucht und behandelt *ad modum physicorum et medicorum*.«

Da immerhin hatte er recht: Sie hatte die Kranken tatsächlich wie eine Ärztin behandelt. Was hatte er dagegen?

Seine Stimme wurde leiernd, als langweilte dieser Vortrag ihn entsetzlich. »Weiterhin werfen wir ihr vor, dass sie den Kranken Sirupe zu trinken gab oder andere Stärkungsmittel, Abführmittel oder verdauungsfördernde Mittel, entweder flüssig, fest oder als Lecksaft, die sie in ihrer Gegenwart und unter ihren Anweisungen einnahmen.«

Das stimmte ebenfalls.

»Auch ist sie schuldig, dass sie, obgleich sie weder von der medizinischen Fakultät noch vom Kanzler der Kathedrale von Paris geprüft und bestätigt wurde, Medizin ausübte und bis zum heutigen Tag ausübt. Dies hat sie sogar getan, nachdem sie von der Fakultät verwarnt wurde.«

Ach ja? Und wann sollte das gewesen sein? Spielte er etwa auf das Zusammentreffen mit Jean de Padua im Louvre an?

»Die Strafe wird festgelegt mit sechzig Livre Parisis und der Verhängung der Exkommunikation«, schloss er.

Jakoba sank der Mut. Wie sollten sie dagegen ankommen?

Nun stand Magister Etienne auf. Er sprach jedoch nur kurz: »Wir rufen zunächst die folgenden Zeugen auf: Jean aus Saint-Omer, Tavernen-Besitzer und Bürger von Paris.«

Davon, dass Zeugen berufen werden konnten, hatte Jakoba nichts gewusst. Sie dachte, die Patienten könnten allein durch ihre Anwesenheit Flagge zeigen.

Der massige Mann wurde eingelassen und riss angesichts der Gerichtsherren seinen Strohhut herunter. Als er vor die Gelehrten trat, glühten seine Wangen. Ihm war anzumerken, dass er großen Respekt vor den Magistern hatte. Trotzdem sprach er mit fester Stimme. »Am Fest Johannes des Täufers wurde ich krank. Domina Jakoba hat mich so oft besucht und sich so besorgt um mich gekümmert, dass ich ohne sie niemals kuriert worden wäre«, sagte er und drehte seinen Strohhut nervös in den Händen.

Gerührt lächelte sie ihn an. Es war sicher auch für ihn nicht ungefährlich, sich gegen die staatlichen Institutionen zu stellen.

»Viele andere Ärzte haben mich einfach weggeschickt oder mir so scheußliches Zeugs gegeben, dass ich dachte, die wollten mich vergiften!«, setzte Jean hinzu.

Die Menschen im Publikum lachten und mussten zur Ordnung gerufen werden. Der Verwalter der Fakultät, ein Greis mit

Falkennase, räusperte sich. »Wie habt Ihr überhaupt von Domina Jakoba erfahren?«

»Freunde haben sie empfohlen.«

»Hat Domina Jakoba einen Vertrag mit Euch gemacht, Euch Heilung versprochen und Geld von Euch verlangt?«

Der Wirt runzelte die Stirn. »Einen Vertrag gemacht? Na ja, wir haben uns in Anwesenheit meiner Frau und meines Freundes, des Schmieds, die Hände gereicht. Wir haben abgemacht, dass ich kein Geld zahlen muss, es sei denn, es geht mir besser.«

»Woran habt Ihr gelitten?«

»Ach, keine Ahnung – an allem Möglichen.«

Jakoba rutschte auf ihrem Stuhl herum. Sie hätte natürlich sofort die Krankheiten des Wirts aufzählen können, aber sie wurde nicht gefragt. Jean war es wie vielen Männern ergangen, mit denen sie zu tun gehabt hatte: Die Wehwehchen und Krankheiten häuften sich, bis sie nicht mehr zu ertragen waren. Erst dann suchten sie Hilfe.

»Was hat Domina Jakoba Euch verordnet?«

»Das war so eine klare Arznei. Ich war misstrauisch – hatte schon mal schlechte Erfahrungen gemacht. Aber sie hat selbst davon getrunken, und so nahm ich es auch. Das hat mich geheilt.«

»Und dann habt Ihr sie bezahlt?«

»Wie es sich gehört, das Geld ist es mir wert gewesen.«

»Sag uns, Jean von Saint-Omer, seid Ihr mit dieser Frau befreundet – oder hasst Ihr sie vielleicht?«, fragte Jean de Padua nach.

Das Publikum lachte und machte anzügliche Bemerkungen, worauf die Gerichtsdiener sie mit drohenden Gebärden zur Ruhe bringen mussten.

Empört knetete der Wirt seinen Hut. »Weder noch. Ich schwöre, dass ich einfach nur die Wahrheit gesagt habe.«

Nachdem er das Podest wieder verlassen hatte, ließ Magister de Bethunia Jean den Schmied aufrufen. Dieser berichtete, dass er im Sommer unter großen Schmerzen in Kopf und Ohr gelitten habe. Jakoba habe ihn besucht und habe ihm einige Arzneien verordnet. Auf Nachfrage der Gelehrten gab er an, dass sie keinen Vertrag gemacht hatten, er ihr aber, als er geheilt war, freiwillig Geld gegeben habe. So überzeugend sprach er, dass Jakoba ganz rot vor Stolz wurde. Die Gelehrten hingegen wirkten konsterniert.

Dann trat Bruder Odo auf. Offen erzählte er von seiner Gebrechlichkeit, die es ihm unmöglich gemacht habe aufzustehen. Als Dominikanerbruder aus dem Hôtel-Dieu kannte er natürlich sehr viele Ärzte. Der berühmte Jean de Turre und die Ärzte Meister Martin, Meister Herman und andere hätten ihn besucht. »Keiner hat mir helfen können. Aber dann kam Domina Jakoba.« Dankbar blickte er sie an. »Sie hat mir Dampfbäder verordnet, Ölmassagen und Umschläge mit Kamille und Steinklee. Unablässig hat sie mich gepflegt, bis meine Gesundheit wieder ganz hergestellt war.«

»Habt Ihr einen Vertrag mit ihr gemacht oder Domina Jakoba Geld gegeben?«

»Einen Vertrag – nein, warum? Und natürlich habe ich ihr Geld gegeben, als ich wieder gesund war. Aus freien Stücken.«

Diese Antwort gefiel den Gelehrten offenbar gar nicht – schon gar nicht aus dem Munde eines geachteten Dominikanermönches.

»Überhaupt: Ich habe gehört, dass Domina Jakoba in Chirurgie und Medizin kundiger ist als jeder Meister der Medizin oder Chirurgie in Paris – und das glaube ich auch.«

Im Publikum wurde getuschelt. Jean de Padua klopfte ungehalten mit der Faust auf den Tisch. »Genug!«, rief er. »Sind wir endlich fertig?«

Eine Frau drängte sich aus dem Publikum nach vorne. Es war

Clementia von Beauvais, die gegenüber dem königlichen Palast eine Töpferei betrieb. Clementia war eine sehr empfindliche, leidensfähige Frau, die sich gerne von anderen die Entscheidung abnehmen ließ. Jakoba fragte sich, ob sie für oder gegen sie aussagen würde.

Die Zeugin bat um einen Schemel, auf den sie sich setzen könne, da ihr Zustand langes Stehen nicht gestatte. »Auch ich war krank, und die Ärzte konnten mir nicht helfen«, sagte sie dann. »Mein Mann hatte von Domina Jakoba gehört und schickte nach ihr. Sie untersuchte meinen Urin und fühlte meinen Puls, aber sie sagte nichts. Dann gab sie mir eine Arznei aus Kräutern – aber der Geschmack war so scheußlich, dass ich sie nicht herunterbekam. Deshalb haben mein Mann und die anderen Ärzte mir verboten, sie zu trinken.«

»Und wie ist es heute um Eure Gesundheit bestellt?«, warf Magister de Bethunia ein.

»Schlecht. Ich bin immer noch sehr krank!«, sagte die Töpferin gequält.

»Ich kann mir nicht vorstellen, dass die Ärzte Euch noch immer nicht helfen konnten. Was quält Euch denn?«, wollte der Gelehrte wissen.

Clementia senkte den Blick. »Das möchte ich hier nicht sagen.«

»Warum nicht?«, fragte er verständnislos. »Sagt es uns!«

»Es … handelt sich um ein … Frauenleiden.«

Da schwand das Interesse des Gelehrten. »Dann sind wir wohl durch«, sagte er abschließend.

Magister Etienne stand gelassen auf. »Unser nächster Zeuge ist Jeanne Bilbaut.«

Ein vernehmliches Seufzen ging durch die Reihe der Gelehrten. Noch eine? Den Zuschauern hingegen schien es zu gefallen, dass die Vorstellung noch kein Ende hatte.

Jeanne – auch sie? Jakobas Brust wurde vor Rührung weit, weil so viele ihrer Patienten den Mut aufbrachten und sich die Zeit nahmen, sie zu verteidigen. Gerade Jeanne, die seit ihrer überstandenen Krankheit so gebrechlich wirkte.

»Ich wurde am Fest des heiligen Christoph schwer krank. Viele Ärzte behandelten mich, darunter der Franziskaner Meister Herman und Meister Manfred von Mailand. Ich war so krank, dass ich nicht mehr sprechen konnte und die Ärzte sagten, dass ich sterben würde. So wäre es auch gekommen, wenn Domina Jakoba mir nicht geholfen hätte. Sie untersuchte mich und verschrieb mir ein abführendes Mittel, das die schlechten Säfte aus meinem Körper spülte. So wurde ich wieder gesund. Wir haben keinen Vertrag gemacht, doch nachdem ich wieder gesund war, bot ich Domina Jakoba Geld an. Sie wollte es aber nicht nehmen.«

Jakoba bereute diese Weigerung nicht. Jeanne und ihr Mann Dionysos waren alt und konnten ihre Taverne kaum noch betreiben, sie brauchten jeden Denier selbst.

Auch Johanna aus Monaco, die Wirtin Mathilda, Johann Faber und Yvo Tueleu, der am bischöflichen Hof arbeitete, sagten für sie aus.

Jakoba erwartete, dass die Ankläger nun Zeugen aufrufen würden, die gegen sie aussagen würden, aber niemand kam. Magister Etienne sagte später, er habe gehört, dass sie niemanden gefunden hatten, der mit Jakobas Diensten unzufrieden war.

Wenige Tage später hatte Jakoba endlich das Geld zusammen, um bei dem Apothekerpaar auszuziehen. Ein Geldverleiher auf der Brücke hatte sich bereit erklärt, ihr zwei Kammern zu vermieten: eine für ihre Behandlungsräume und eine weitere, in der sie leben und schlafen konnte. Alles war sehr beengt, aber sie würde es in der nächsten Zeit schon in diesem neuen Heim aushalten.

Trotz der geringen Größe war die Miete unverschämt hoch,

doch der Geldverleiher verwies auf das Risiko, überhaupt an eine Witwe zu vermieten – und dann noch an eine, die einen Prozess am Hals hatte. Aber Jakoba blieb keine Wahl: Bald würde Celie niederkommen, und Gaspard würde einen Gesellen anstellen müssen, der ihn unterstützte. Sie hingegen war ganz allein, denn Agnes, die ja mit dem Sohn des Goldschmieds verlobt war, würde weiter für Celie als Magd arbeiten.

Auch wenn sie ihre Freunde täglich sah, fühlte Jakoba sich doch einsam.

Womit habe ich es verdient, dass ich allein, ohne Mann und Kinder, leben muss?, fragte sie sich manchmal, wenn das Selbstmitleid sie überfiel. Aber dann musste sie sich eingestehen, dass sie den Grund dafür genau kannte.

Am 2. November 1322 kleidete sich Jakoba mit besonderer Sorgfalt. Ihr dunkelbraunes Kleid war hochgeschlossen und mit unauffälligen Hornknöpfen versehen. Dazu trug sie ein schlichtes Gebende. Sie wollte auf eine beiläufige Art ehrwürdig aussehen, wenn sie vor das Universitätsgericht trat. Beflügelt durch den Zuspruch, den sie von den Kranken bekam, und wütend über die Ungerechtigkeit dieses Prozesses, hatte sie sich eine kleine, treffende Rede zurechtgelegt.

An diesem Tag war der Zuschauerraum voll besetzt. Ihre Freunde und viele Patienten waren erneut erschienen, aber auch unzählige Schaulustige. Während einige der Angeklagten die Strafe akzeptierten oder gar nicht erst vor Gericht erschienen, trat Jakoba selbstbewusst vor. Erhobenen Hauptes sah sie ihren Anklägern in die Augen.

»Geehrte Herren, Ihr habt mich vor dieses Gericht gerufen, doch bevor ich im Einzelnen auf Eure Vorwürfe eingehe, verlange ich, dass Ihr mir einen gültigen Beweis vorlegt, dass Ihr überhaupt befugt seid, mich anzuklagen. Bislang seid Ihr Herren einen derartigen Beweis schuldig geblieben«, begann sie.

Raunen, ungläubiges Lachen und Zischeln ging durch die Reihen. Es gab aber auch Zuhörer, die sie ausbuhten.

Die Ankläger wurden blass vor Wut. »Verstehe ich richtig, dass Ihr es wagt, die Rechtmäßigkeit dieses Gerichtes anzuzweifeln?«, fragte Magister de Bethunia scharf.

»Das versteht Ihr richtig«, sagte sie selbstbewusst. »Des Zweiten fühle ich mich nicht gebunden, Johan von Sankt Nicholas zu antworten, der behauptet, Verwalter der Fakultät zu sein, bis er mir einen Beweis seines Vertretungsauftrags vorlegt.«

Der Erwähnte schnaubte unwillig.

Jakoba ließ auch diese Forderung sacken. »Zum Dritten: Wenn diese Fakultät bisher eine Ermahnung, ein Verbot oder einen Kirchenbann aussprach, richteten sich diese an einfache unwissende Menschen, die Medizin ausübten. Ich jedoch fühle mich nicht angesprochen, weil ich eine Expertin in Fragen der Medizin und sehr gut in den Regeln der Heilkunst ausgebildet bin.«

Viele Zuhörer klatschten jetzt. Einige besonders Lautstarke wurden von den Bütteln hinausgetrieben. Auf ihren nächsten Punkt hatte Etienne sie hingewiesen: »Die Verordnung, auf die Ihr Euch bezieht, wurde vor einhundertzwei Jahren erlassen und richtete sich gegen ungesetzliche und unwissende Heilkundler. Ihr seht, ich bin höchstens dreißig.« Sie übertrieb, um seriöser zu wirken. »Damals war ich noch nicht einmal geboren, und die Zustände haben sich seitdem erheblich geändert, deshalb sind diese Dokumente hinfällig. Das Gesetz besagt zudem, dass diejenigen, die es betrifft, es auch bestätigen sollen. Weder ein Doktor der Fakultät, ein Student, ein Lehrmeister noch ein Bischof, ein Adeliger oder ein Bürger von Paris wird in diesem Gesetz erwähnt – also ist es null und nichtig.«

»Seid Ihr jetzt etwa auch noch Rechtsgelehrte?«, rief der Fakultätsverwalter empört.

Höhnische Rufe aus dem Publikum wurden laut, die schnell niedergeschrien wurden.

Mit rasendem Puls ließ Jakoba den Angriff an sich abperlen. Sie hatte mit Widerstand gerechnet. Wieder erhob sie die Stimme: »Abgesehen davon ist es besser für eine kranke Frau, sich an eine weise und kundige Heilerin oder Medica zu wenden, insbesondere im Zusammenhang mit Frauenleiden, als an einen Mann, dem es nicht erlaubt ist, die Hände einer Frau zu berühren, geschweige denn Brust, Unterleib, Füße oder Beine. Tatsächlich muss ein Mann sogar vermeiden, sich mit den verborgenen Regionen einer Frau zu beschäftigen. Deshalb sind einige Frauen dem sicheren Tod überlassen worden, statt dass man ihnen erlaubt hätte, sich von einem Mann untersuchen zu lassen – dessen sind sich die Vertreter der Fakultät, wie ich weiß, sehr bewusst.« Sie hatte mehrere Fälle diese Art gehabt, wollte sie aber nicht aufzählen, um die betroffenen Frauen nicht in Verlegenheit zu bringen.

Einer der Gelehrten unterbrach sie schroff: »Es ist Euch als Weib aber überhaupt nicht gestattet, wie ein Arzt zu handeln!«

Magister Etienne hob die Stimme, um zugunsten von Jakoba vorzusprechen. »Heißt es nicht, dass kleinere Übel toleriert werden sollten, um größere zu verhindern? Da Domina Jakoba eine Expertin der Heilkunst ist, sollte es ihr erlaubt sein, Patienten zu behandeln, anstatt diese dem Tod zu überantworten. Wer heilt, darf nicht bestraft werden!« Jean de Padua wollte ihm den Mund verbieten, aber Etienne fuhr fort: »Abgesehen davon ist die Strafe des Kirchenbanns und der Geldstrafe von sechzig Silberpfund für Domina Jakoba null und nichtig, weil ein Urteil eines kirchlichen Gerichts nicht mit einer Geldstrafe verbunden werden darf.«

»Schweigt sofort, sage ich!«

»Zudem berührt das Urteil das öffentliche Wohl: die Heilung der Bürger von Paris. Und genau das hat Domina Jakoba getan: Sie hat Bewohner von Paris geheilt.«

»Schweigt still!«, schrie der Chirurgicus.

»Da dieses Urteil nicht nur illegitim ist, sondern Domina Ja-koba auch Schwierigkeiten und Kosten verursacht hat, fordert sie eine Erstattung der Kosten durch die Ankläger!«

Applaus wurde laut.

»Ruhe!«

Immer wieder hämmerte Magister de Bethunia mit seinem Stock auf den Tisch. Im Publikum brach ein derartiger Tumult los, weil die Menschen jubelten, schimpften oder miteinan-der diskutierten, dass die Verhandlung unterbrochen werden musste.

Als einige Zuschauer des Kirchenraums verwiesen waren und wieder Ruhe eingekehrt war, setzten die Gelehrten die Verhand-lung fort. Es schien, als wollten sie den Prozess so schnell wie möglich beenden.

Schon bei den ersten Worten der Vorsitzenden ahnte Jakoba, dass alle Bemühungen, alle Argumente und Fürsprachen um-sonst gewesen waren. »Dass Ihr die Rechtmäßigkeit dieses Ge-richtes und des betreffenden Gesetzes anzweifelt, beweist, wie ungebildet Ihr seid, Domina Jakoba«, griff der Vorsitzende sie sogleich an.

Im Publikum wurde applaudiert. Jakoba sah sich verstohlen um; offenbar hatte man vor allem ihre Anhänger aus der Kirche entfernt.

»Sagt, sprecht Ihr überhaupt Latein?«

»Ein wenig«, antwortete Jakoba ehrlich.

»Die Angeklagte gibt also selbst zu, wie ungebildet sie ist. Ihr wisst ja nicht einmal, dass ein Weib nicht als Anwalt oder Zeuge in einem derartigen Prozess auftreten darf.«

Aber hatten die Gelehrten nicht selbst die Patientinnen als Zeugen befragt?

»Darüber hinaus ist es wesentlich gefährlicher, einen Mann durch die Vergabe einer falschen Medizin zu töten, als eine Ge-richtsverhandlung zu verlieren. Der Einwand, dass es besser ist, wenn eine Frau eine Frau behandelt, ist einer Antwort nicht würdig.«

Jakoba schnappte nach Luft.

»Euer Argument, dass Ihr viele Patienten geheilt haben wollt, die die Meister der medizinischen Fakultät nicht heilen konnten, ist lachhaft. Ein Meister der Medizin, der von der Fakultät bestätigt wurde, kann Kranke in jedem Fall besser heilen, als ein Weib es vermag. Wir verkünden also das Urteil: Genannte Domina Jakoba Félicie de Almania wird wegen unerlaubten Praktizierens der Medizin zu einer Geldstrafe von sechzig Livre Parisis verurteilt und aus der Gemeinschaft der Gläubigen ausgeschlossen.«

Etliche Zuschauer klatschten erneut. Die Gelehrten erhoben sich und eilten hinaus, als könnten sie es gar nicht erwarten, endlich Notre-Dame zu verlassen.

Notgedrungen musste Jakoba das Strafgeld bezahlen. Es tat ihr leid um jeden Denier, den sie sich so hart erarbeitet hatte. Als sie ebenfalls die Kirche verlassen wollte, rempelte ein Mann sie an und spuckte vor ihr aus: »Beschmutze mich nicht mit deiner Sündhaftigkeit!«, fauchte er.

Als habe er mit seinem Angriff eine Schleuse geöffnet, wurde Jakoba auf einmal bedrängt und gestoßen. Hätten ihre Freunde und Magister Etienne nicht versucht, sie zumindest ein wenig abzuschirmen, wäre es ihr übel ergangen. Sie wusste kaum, wie sie aus der Kathedrale herauskam. Auch an den Buchhändlern am Vorplatz vorbei verfolgte sie eine Meute, die zusehends größer wurde. Sogar mit Steinen wurden sie inzwischen beworfen.

Etienne hatte schon eine Platzwunde an der Stirn davongetragen, und auch Jakoba war am Hinterkopf getroffen worden. Celie schlug angsterfüllt vor, sich in eine Kirche zu retten, verstummte aber mitten im Satz, als ihr ein Hindernis klar wurde: Jakoba durfte kein Gotteshaus mehr betreten.

Jakoba presste ihre Hand auf die Seite, in der es von dem ungewohnten Laufen stach. »Rettet ihr euch in die Kirche – ich … komme schon zurecht.«

»Auf keinen Fall lassen wir dich hier mit diesen Unmenschen allein!«

Gaspard schlug den Weg in eine Gasse ein und verschwand in einer Taverne. Sie hetzten ihm nach, als er durch den Schankraum lief und durch den Hintereingang in den nächsten Hof flüchtete. Dann ging es weiter auf Schleichwegen durch einige Gassen, bis sie auch den letzten Verfolger abgehängt hatten.

Keuchend und zitternd vor Wut ließen sie sich unter Bäumen nieder, deren kahle Äste sich in den schwergrauen Himmel zu bohren schienen.

»Hoffentlich finden sie bald jemand anderen, an dem sie ihre Wut auslassen können«, sagte Celie, als ihr Atem sich etwas beruhigt hatte.

»Das ist doch kein normaler Hass auf Ausgestoßene! Die anderen Exkommunizierten haben sie in Ruhe gelassen. Das ist etwas Persönliches. Irgendjemand hat sie aufgestachelt«, sagte Magister Etienne.

Jakoba ahnte bereits, wer. War es nur sein verletzter Standesstolz, der Jean de Padua so handeln ließ?

»Das Schlimme ist: Die Meute weiß, wo du wohnst«, setzte Gaspard hinzu.

»Und was wird erst, wenn beim nächsten Gottesdienst die Exkommunikation auch in der Kirche verkündet wird?«, bemerkte Celie düster.

Jakoba wagte gar nicht, daran zu denken.

Vor dem Haus des Geldverleihers warteten bereits Menschen. Hitzig redeten sie auf Jakobas Vermieter ein. Als er Jakoba bemerkte, öffnete er die Tür zu ihrer Kammer und lief hinein.

Jakoba wollte zu ihm eilen und ihm versichern, dass sie alles tun würde, um den Bann schnellstmöglich aufheben zu lassen, doch da flog ihr schon Arnolds Medizinkästchen um die Ohren und prallte auf die Straße. Glasphiolen klirrten, Tontöpfe brachen, und Weißblechdosen verbeulten und platzten auf.

Sogleich stürzten einige ihrer Verfolger herbei, rafften heile Arzneibehältnisse an sich und rissen sich um das Holzkästchen, bis es ganz zerbrach. Noch einmal krachten die Teile zu Boden und gingen dabei vollends entzwei. Papiere und Päckchen flogen aus Deckel und Boden, die Jakoba noch nie gesehen hatte.

Kopflos sammelten sie und ihre Freunde ein, was sie retten konnten. Dann regneten auch noch ihre Kleidung und ihr weniger Hausrat auf sie herab.

»Verschwindet, und lasst Euch nie wieder hier blicken!«, schrie der Vermieter ihr zu.

»Aber ich habe Euch doch für die nächsten Monate bezahlt!«, appellierte Jakoba verzweifelt.

»Das Geld behalte ich als Entschädigung!« Er schlug die Tür zu.

Jakoba traf ein Stoß, sie fiel beinahe um.

»Komm zu uns ins Haus – sie werden nicht wagen, uns dort anzugreifen!«, rief Gaspard.

»Ihr dürft mich nicht beherbergen! Der Kirchenbann verbietet es.«

»Wir werden es trotzdem tun. Vorerst.«

Als sie ins Haus des Apothekers flohen, krachten noch ein paar Steine gegen die Wand, und jemand rüttelte an der Tür, aber dann ließ das Getöse nach.

Etienne sah hinaus. Offenbar sorgten königliche Ritter draußen für Ordnung. Im Haus waren alle erschüttert. Celie und Agnes mühten sich, die Kinder zu beruhigen, die vor Angst weinten. Gaspard hatte Messer und Knüppel hervorgeholt und schenkte ihnen Wein ein.

Jakoba verarztete Etienne. Dann ließ sie die Tränen fließen.

Schwach und mutlos fühlte sie sich. Von allen mitfühlenden Seelen verlassen. Nach einiger Zeit schien das Weinen aber auch Klarheit in ihre wirren Gedanken zu bringen. Hier konnte sie nicht bleiben, das stand fest. In Paris weiterhin für ihren Lebensunterhalt zu sorgen war ebenfalls unmöglich.

Auch durchlitt sie Seelenqualen. Sie war der Hölle verschrieben. Dies war die Strafe für die Sünde, die sie an Gevehard begangen hatte. Paul hatte recht gehabt: Auch sie musste sich ihrer Schuld stellen, sonst würde sie niemals Ruhe finden.

»Wie ... kann ich den Bann ... aufheben lassen?«, brachte Jakoba irgendwann schniefend hervor.

Magister Etienne kippte einen großen Becher Wein hinunter. »Ihr müsst Reue beweisen und Besserung geloben. Meist werden dem Exkommunizierten weitere Strafen aufgebürdet, Pilgerfahrten, Kerzenstiftungen und Ähnliches. Die nächsthöhere Instanz ist für die Aufhebung zuständig. In diesem Fall vermutlich der Erzbischof von Sens. Auch kann der König sich für Euch einsetzen. Und natürlich kann der Papst den Kirchenbann aufheben.«

Jeder dieser Wege schien Jakoba unmöglich, zumal sie mutterseelenallein dastand. Sie konnte und wollte ihren Freunden nicht zumuten, dass sie ihretwegen Leib und Seele in Gefahr brachten. Nicht einmal Paul hatte sie mehr an ihrer Seite. Eine Sünderin war sie, eine Pilgerin auf dem Pfad der Vergebung. »Wo finde ich den Erzbischof?«

»Er hat ein Palais an der Seine, im Marais. Wenn er dort nicht ist, müsst Ihr nach Sens, südöstlich von Paris, etwa vier Tagesreisen entfernt.«

Die Richtung stimmte. Aber sie hatte kein Pferd mehr. Hatte auch kein Geld für ein Pferd. War allein. *Allein.* Schon das Wort drückte sie nieder. Jakoba versuchte, klar zu denken. Die dringendste Frage war, wo sie bis zu ihrer Abreise bleiben sollte, verbot die Exkommunikation doch jedermann, Tisch und Bett mit ihr zu teilen. Sie brauchte nicht hinauszusehen, um zu wissen, dass die Dunkelheit sich schon über die Stadt senkte. »Ich werde sofort aufbrechen.«

Ihre Freunde sahen sie entsetzt an. »Aufbrechen? Aber wohin?«

»Zunächst einmal zum Palais und zur Not weiter bis nach Sens.«

Jakoba nahm Arnolds alte Satteltasche, deren Leder inzwischen rau und brüchig geworden war, und ihren Kräuterbeutel mit dem heiligen Christopherus darauf und begann eilig, die Reste des Medizinkästchens und ihre Habseligkeiten hineinzustopfen. Nur nicht genau hinsehen, damit der Kummer sie nicht niederdrückte!

Celie wollte sie aufhalten. »Das ist doch viel zu gefährlich! Heute wirst du nicht mehr weit kommen.«

Äußerlich ruhig, aber innerlich voller Verzweiflung sah Jakoba sie an. »Madame d'Obazine hat mich schon einmal aufgenommen. Sie hat einen Stall, in dem ich sicher für eine Nacht unterschlüpfen kann. Dort wird mich niemand vermuten.«

»Einen Stall? Aber Jakoba, weißt du denn wirklich, was du tust?«, fragte Celie ungläubig.

Natürlich hatte die Comtesse schon von der Verhandlung gehört. »Ihr seid das Stadtgespräch: eine Adelige, die heilkundig ist und den Gelehrten die Stirn bietet – das hat es noch nie gegeben!«, sagte sie. Zusammengesunken saß sie in ihrem kleinen Saal. Sie war alt geworden in den drei Jahren, die Jakoba sie kannte.

»Und das wird es vermutlich auch nie wieder geben«, gab Jakoba bitter lächelnd zurück. »Würdet Ihr mir wirklich für diese Nacht Obdach gewähren? Ich möchte Euer Seelenheil nicht gefährden.«

»Tant pis. Einige der ehrenwertesten Männer waren bereits

exkommuniziert. Diese Strafe wird, wenn Ihr mich fragt, ein wenig zu leichtfertig verhängt.«

Die gelassene Haltung der Comtesse beruhigte Jakoba. »Wie geht es Eurer Tochter?«

»Sehr gut. Ihr Mann ist hochzufrieden mit ihr, denn Violante beglückt ihn mit Stammhaltern. Dieses Problem haben wir Witwen ja glücklicherweise nicht mehr.«

Jakoba dachte an Gevehard, und es schmerzte sie, diese großherzige Frau zu belügen. Sie konnte es aber nicht riskieren, heute noch einmal auf die Straße gesetzt zu werden. Es wurde wirklich höchste Zeit, dass sie reinen Tisch machte.

»Ihr müsst sehr stolz auf sie sein. Das freut mich«, sagte Jakoba gequält.

»Bin ich, bin ich.« Die alte Dame beugte sich vor. »Aber ich weiß auch, dass diese Ehe ohne Euch niemals so harmonisch begonnen hätte.« Sie lächelte triumphierend.

»Ich hoffe, Ihr seht mir diesen kleinen Betrug nach.«

»Er hat seinen Zweck erfüllt, ist es nicht so? Habt Ihr übrigens mal wieder von Sieur Roger gehört? Ich vermisse seine Gesellschaft sehr und hoffe, dass es ihm gelingt, die Gnade seines Herrn zurückzuerlangen.«

Mit einem Stich im Herzen schüttelte Jakoba den Kopf. Beinahe ein ganzes Jahr war Roger schon fort. Vielleicht hatte er sich doch dem neuen Christusorden an der Algarve angeschlossen. Vielleicht war ihm aber auch auf der Reise etwas zugestoßen. Vermutlich würde sie es nie erfahren.

»Was habt Ihr jetzt vor?«

Jakoba war froh über den Themenwechsel. »Ich werde beim Erzbischof von Sens vorsprechen. Sicher finde ich eine Pilgergruppe, der ich mich anschließen kann. Ich werde geloben, Paris zu verlassen und hier nicht mehr gegen die Gesetze zu verstoßen.«

»Hier nicht mehr«, wiederholte d'Obazine schmunzelnd.

»Niemand kann von mir verlangen, die Heilkunst ganz aufzugeben.«

»Das wäre tatsächlich eine Verschwendung von Talent. Ist nicht Guillaume de Melun derzeit Erzbischof von Sens?«

»Ich habe keine Ahnung«, musste Jakoba zugeben.

»Doch, ich glaube schon. Ich bin weitläufig mit seiner Familie bekannt und werde Euch einen Brief an ihn mitgeben, das wird Euch den Zugang erleichtern.«

Jakobas Herz wurde weit. »Das würdet Ihr tun?«

»Natürlich.« Wieder beugte sich die Dame vor und legte die Hand auf Jakobas Knie. Sie schien Beschwerden beim Sitzen zu haben. »Wenn ich Euch derweil noch mit einer Frage behelligen dürfte? Neuerdings schmerzt es mich stark in meinem unteren Rücken und beim Wasserlassen …«

Früh am Morgen hastete Jakoba zum letzten Mal durch die Stadt. Sie wollte zum Hôtel de Sens, einem imposanten Steinbau am Seine-Ufer, aber sie hatte Pech: Der Erzbischof war nicht im Hause.

Warum sollte es auch einmal glattgehen? Die Kapuze weit über das Gesicht gezogen und den Blick stur auf den Weg gerichtet, eilte sie über den Grand Pont. Sie wusste, wenn sie jetzt die Apotheke oder einen ihrer Freunde sehen würde, würde sie zusammenbrechen. Es fehlte nicht viel, um ihr den Mut gänzlich zu nehmen. Doch es waren um diese Zeit nur wenige Menschen unterwegs.

Zum letzten Mal passierte sie die Île de la Cité, die Petit Pont, ging durchs lateinische Viertel. Sie dachte an ihre Ankunft in Paris zurück und stellte ernüchtert fest, dass sie weniger besaß als damals: kaum mehr als die Kleidung, die sie am Leib trug, und die wenigen medizinischen Gerätschaften und Arzneien, die den Rauswurf überstanden hatten.

Sie war so verzweifelt über die Zerstörung der vielen Phiolen und anderen Behältnisse, dass sie gestern, als sie die Kräuter für Madame d'Obazine zusammengesucht hatte, gar nicht genau nachgeschaut hatte. Das schlechte Gewissen hatte sie gequält. Eigentlich hätte sie die Comtesse weder untersuchen noch behandeln dürfen.

An ihrem Umhang trug sie das Pilgerzeichen, das der treue Knecht Make ihr damals in Ebbekestorpe geschenkt hatte und das immer, als eine Art Glücksbringer, in ihrem Almosenbeutel herumgeklimpert war. Sie würde sich nicht mehr verkleiden, nicht mehr verstellen. Sie würde Gott oder Fortuna entscheiden lassen, ob sie diese Reise überlebte oder nicht. Ganz gab sie sich in die Hand des Schicksals. Deshalb hatte sie ja auch das Angebot der Comtesse abgelehnt, dass ein Knecht sie mit dem Wagen bis zur Stadtgrenze brachte. Lediglich den Brief und etwas Geld – die Bezahlung für die Arznei – hatte sie angenommen.

Bald passierte sie die Stadtmauer. Die Wege waren matschig und von Rädern und Hufen aufgewühlt. Ihre Lederschlappen waren bereits völlig durchweicht.

Vor Jakoba quälte sich ein Karren langsam vorwärts. Das Ross schien ebenso altersschwach wie das Ehepaar, das auf dem Karren saß. Neugierig musterten die beiden sie.

»Wohin des Wegs?«, wollte die zahnlose Frau wissen.

»Nach Sens.«

»Ganz allein?«, wunderte sich der Mann.

»Ich pilgere zur Kathedrale.«

»Wir wollen nach Melun. Das liegt auf dem Weg.«

Die beiden wirkten harmlos. »Habt Ihr etwas dagegen, wenn ich mich Euch anschließe?«

»Könnt Ihr Geschichten erzählen? Oder Lieder singen? Dann vergeht die Zeit schneller.«

Sogleich fielen Jakoba die Kirchenlieder aus Ebbekestorpe ein, aber auch die Weisen, die Mona ihr beigebracht hatte, und sie begann zu singen, obgleich ihr das Herz eigentlich viel zu schwer war.

Der Mann hielt den Karren nicht an, aber er war ohnehin sehr langsam. »*Bien*«, lachte er. »Dann springt mal auf.«

32

Sens

Jakoba schrak aus dem Schlaf, weil sie spürte, wie kalte feuchte Hände sich ihre Beine hochtasteten. Jemand wälzte sich auf sie. Je wacher sie wurde, desto deutlicher konnte sie die Erregung des Mannes spüren, seinen Gestank riechen. Sie schrie gellend. Eine schwielige Hand klatschte auf ihren Mund. Beherzt biss sie hinein. Der Mann stöhnte schmerzerfüllt – und wurde gleich danach von ihr heruntergerissen. Es war der Knecht, der ihr am Abend ihren Teil der Strohmatratze im Pilgersaal zugewiesen und sie schon so lüstern gemustert hatte. Nun prügelte ihn die Nonne mit einer Rute hinaus.

Angeekelt sprang Jakoba auf. Sie stank nach seinen Ausdünstungen und nach fauligem, urindurchnässtem Stroh. Ihre Füße waren wund. Die Haut war von Flöhen zerstochen, im Haar kribbelten schon die Läuse. Die Kaufmannstavernen waren schon schlecht gewesen, aber die Pilgerherbergen, in denen sie in den vier Tagen seit ihrem Aufbruch aus Paris übernachtet hatte, waren dagegen die Hölle.

Zornig haderte sie mit diesem Gedanken – jemand, der unter dem Kirchenbann stand, sollte lieber nicht an die Hölle denken. Dabei hatte sie eigentlich bislang noch Glück gehabt. Die Reise mit dem Bauernpaar nach Sens war ruhig verlaufen. Danach hatte sie sich einer Gruppe von Gläubigen anschließen können, die in der Kathedrale von Sens Seelenmessen lesen lassen wollten. Auch schien die Strecke durch die vielen Geleitszüge der Kaufleute einigermaßen sicher zu sein. Aber irgendwo musste sie ja auch übernachten …

Inzwischen bezweifelte Jakoba, dass sie den Weg unbeschadet

überstehen würde. Die Angst um ihre unsterbliche Seele trieb sie dennoch weiter. Sie packte ihre Tasche und floh aus der ungastlichen Herberge.

Sens war eine kleine burgundische Stadt, die nur durch den Sitz der Erzbischöfe und die damit verbundenen Ereignisse der Kirchengeschichte Bedeutung erlangte: Hier war der Mönch Abaelard der Häresie angeklagt worden, hier hatte der englische Heilige Thomas Becket Schutz gesucht. Die Kathedrale Saint-Etienne war zugegebenermaßen imposant und der bischöfliche Palast daneben, vor dem die Menschen Schlange standen, nicht minder.

Jakoba stellte sich ebenfalls an. Quälend langsam ging es voran. Nur ein einziger Schreiber nahm die Anliegen der Gläubigen auf. Nach kaum einer Stunde war sie durchgefroren, hatte Hunger und Durst, auch spürte sie ein menschliches Bedürfnis. Aber wenn sie ihren Platz in der Reihe verließ, würde sie sich wieder ganz hinten einreihen müssen. Außerdem musste sie sich ihr Geld gut einteilen. Andererseits: Die Frau hinter ihr wirkte freundlich. »Würdet Ihr diesen Platz einen kleinen Augenblick für mich freihalten, gute Frau? Ich muss kurz …«

»Geht schon«, murrte die Reihennachbarin wortkarg.

Wo sollte sie nur hin? Jakoba irrte durch die Stadt auf der Suche nach einem Gebüsch oder einer Ecke, hinter der sie verschwinden konnte. Da, endlich, hinter dem Stall am Rande der Stadtmauer! Sich in alle Richtungen umsehend, erleichterte sie sich. Sie eilte zurück, suchte einen fliegenden Händler und kaufte einen Brotfladen. Der Frau, die ihr den Platz freigehalten hatte, konnte sie ja zum Dank ein Stück abgeben.

Die Schlange wand sich jetzt schon weit aus den Gärten des Priorats und um die nächste Häuserecke. Jakoba wollte wieder in ihre Lücke huschen, aber die Frau hielt die Reihe geschlossen.

»Aber Ihr wolltet doch …«, erinnerte Jakoba sie, als ein Mann sie von weiter hinten anschrie.

»He, so geht es aber nicht! Wir warten alle hier!«

»Versprochen hab ich gar nichts«, blaffte die frühere Reihennachbarin.

»So weit kommt es noch – sich einfach vorzudrängeln«, schimpfte der Nächste.

»Die hält sich wohl für was Besseres!«

»Was macht sie überhaupt allein hier? Rumtreiberin!«

Jemand gab Jakoba einen Stoß. Sie stolperte und fiel. Die Wartenden lachten laut und zeigten mit dem Finger auf sie. Jakoba sah in die kalten Gesichter und fühlte sich fatal an die Meute in Paris erinnert. Endlich war etwas los. Endlich konnte man seinen unterdrückten Zorn an jemandem abreagieren. Aber sie wollte nicht noch einmal das Opfer dieser Wut sein. Tränen brannten in ihr. Bebend kam sie auf die Füße und rannte davon.

»Ja, hau ab! Will nicht noch jemand verschwinden? Dann sind wir schneller dran!« Andere wiederholten lachend die Aufforderung des Mannes.

Jakoba lief.

»Warte!«, tönte es zwischen den Schmährufen.

Sie dachte nicht daran. Niemand sollte sehen, wie sehr ihr die Situation zu schaffen machte. Erst einmal beruhigen und dann … musste sie sich von Neuem anstellen. Wenn sie Glück hatte, waren ihre Angreifer am Ende der Schlange außer Sichtweite. Immer weiter rannte sie, um einen Winkel zu finden, in dem sie durchatmen konnte.

»Warte doch!«

In einer einsamen Gasse hörte sie Schritte hinter sich. Verfolgte man sie? Wollte einer der Männer ausnutzen, dass sie ohne Schutz war?

Doch dann ein weiterer Ruf: »Jakoba!«

Ihr Herz setzte mehrere Schläge aus. Diese Stimme – nein, das war unmöglich! Sie fürchtete, enttäuscht zu werden, aber dann fuhr sie doch herum.

Er war es.

Roger kam eilig auf sie zu. Er sah ehrfurchtgebietend aus: das Schwert über den Waffenrock gegürtet, der Umhang bauschte sich im Wind. Sein Gesicht war von Sorge gezeichnet. Vor lauter Erleichterung gaben ihre Knie nach, doch er fing sie auf, wie er es schon einmal getan hatte. Ganz fest hielt er sie, und sie schmiegte sich an seine Brust. Sollten die Passanten sie doch für ein leichtes Mädchen halten, es war ihr in diesem Augenblick einerlei.

»Was machst du denn nur? Warum lässt du dich von diesem Pöbel herumschubsen? Allein aus Paris loszulaufen! Ich konnte es kaum glauben, als Madame d'Obazine es mir gesagt hat! Bist du denn verrückt, dein Leben wegzuwerfen?«, schalt Roger sie sanft.

»Mein Leben ist doch ohnehin wertlos!«, brach es aus Jakoba heraus, und Tränen kullerten ihr die Wangen hinunter.

»Wie kannst du so etwas sagen!«

»Ich habe alles verloren, was mir etwas bedeutet hat! Aber dass du zurückgekehrt bist ... dass ich dich noch einmal sehe, bevor ich vielleicht sterben muss ...«

Er wirkte erschrocken. »Sterben?«

Tränenblind machte sie eine wegwerfende Handbewegung. »Wer weiß es schon? Vielleicht zerrt Gevehard mich vor Gericht – oder Anno bringt mich um. Untreue oder ungehorsame Frauen derart strafen – das gab es schon oft.« Es erschien ihr nicht unwahrscheinlich. Leidenschaftlich strichen ihre Hände über Rogers Schultern und wanderten seinen kräftigen Rücken hinunter. »Wie glücklich ich bin, dich zu sehen!« Jakoba reckte sich zu ihm, wollte mit ihm in einem tröstlichen Kuss versinken.

Zu ihrer Enttäuschung bog er sich ein wenig zurück.

»Du weißt, was geschehen ist? Hast du von dem Prozess gehört? Von dem Urteil?«, fragte sie bekümmert.

»Ich habe es gehört, aber ich konnte es nicht glauben.« Roger machte sich von ihr los und nahm ihr den schweren Sack ab. »Du musst mir alles erzählen.«

Roger fand einen Gasthof, in dem es neben dem Gemeinschaftssaal ausnahmsweise auch kleine Schlafkammern gab, und bezahlte die Magd, damit sie Jakoba ein Bad bereitete.

Frisch gewaschen und so gut wie möglich befreit von Flöhen und Läusen, kehrte Jakoba in die Kammer zurück. Roger war im Schein eines Kienspans auf dem schmalen Lager eingenickt. War er die ganze Nacht durchgeritten?

Vorsichtig setzte Jakoba sich neben ihn und beobachtete ihn ein paar Atemzüge lang. Seinem Antlitz sah man ein bewegtes Leben an. Von Sonne und Wind gegerbt und vernarbt war es. Die Folter im Louvre hatte ihn zusätzlich gezeichnet. Die Augen mit den dunklen Wimpern und die geschwungenen Lippen wirkten hingegen wie gemeißelt.

Plötzlich schreckte Roger hoch. Im Nu war seine Hand am Schwertknauf. Sein Blick war wirr, als weilte sein Geist noch in einer fernen Welt.

Jakoba legte die Hand auf seinen Unterarm. Der Ärmel war ein Stückchen hochgerutscht, und ihr gefiel es, seine feinen Härchen und die sehnigen Muskeln zu spüren. »Ich bin es nur.«

Roger erkannte sie jetzt. Er eilte zum Fenster und riss die Läden auf. Sich an beiden Seiten des Rahmens abstützend, atmete er tief. Kühle Novemberluft brachte den Kienspan zum Flackern.

»Ist eure Mission erfolgreich verlaufen? Seit wann bist du wieder hier? Warum bist du nicht in Paris geblieben?«, sprudelte Jakoba hervor.

Roger wandte sich zu ihr um. Als er sah, dass sie fröstelte, schloss er das Fenster, setzte sich aber nicht wieder. »Die Reise war entbehrungsreich. Nur mit Gottes Hilfe haben wir Castro Marim wohlbehalten erreicht. Die Burg liegt in einer menschenverlassenen Gegend, direkt an der Grenze zum Maurenland.

Immerhin hat sie einen Zugang zum Meer. Sie ist jedoch in einem schlechten Zustand, weil die Ordensritter sich ausschließlich um den Ausbau ihrer Anlage in Tomar kümmern. Deshalb mussten wir in Castro Marim selbst die Dächer ausbessern und Hütten errichten, was Monate in Anspruch nahm«, berichtete Roger. »Im September hat uns ein Handelsschiff nach Brügge zurückgebracht. Wir wollten gerade nach Paris weiterreisen, als wir hörten, dass es im Reich zur Schlacht zwischen den Gegenkönigen kommen sollte. Also machten Thierry und ich uns auf den Weg nach Mühldorf. König Ludwig konnte jede Unterstützung gebrauchen, und wir benötigen mächtige Unterstützer. Erst vor einigen Wochen war die Ehefrau des Königs aus Bayern verstorben. Er war nur mit Mühe aus seiner tiefen Trauer zu locken.«

Jakoba erinnerte sich noch gut an die Königin, die sie mit Arnold in München behandelt hatte. Mitleid überfiel sie. Königin Beatrix war vermutlich erst Anfang dreißig gewesen; viel zu jung, um zu sterben.

Roger fuhr fort: »Mit tausendachthundert Rittern und viertausend Fußsoldaten standen wir gegen die tausendvierhundert Ritter und fünftausend Leichtbewaffneten des Habsburgers. Es war ein unbarmherziger Kampf, mehr als tausend Männer fanden den Tod. Wir waren dabei, als König Ludwig aus Bayern Friedrich den Schönen besiegte. Der Habsburger wurde gefangen genommen. Damit dürfte der leidige Thronstreit beendet sein. Wir standen auf der richtigen Seite und hoffen nun, dass wir für Glaubensbrüder Gnadenerlasse erwirken können. Es heißt, dass der König sogar darüber nachdenkt, den Templerorden zu rehabilitieren.«

Er sah sie an. »Erst vor ein paar Tagen sind wir nach Paris zurückgekehrt. Offenbar lässt der König noch immer nach mir suchen. Ich war nicht sicher in der Stadt.« Unvermittelt rief Roger nach der Magd und trug ihr auf, sie solle Braten bringen.

Jakoba schwirrte der Kopf von den vielen Informationen, zumal es den Eindruck machte, dass Roger ihr stets nur einen Bruchteil von dem erzählte, was geschehen war. Er wäre also beinahe schon im Herbst zurück in Paris gewesen. »Die Comtesse sagte, dass der Herzog dich wohl wieder aufnehmen würde, wenn ...«

»Der Herzog.« Roger schnaubte kopfschüttelnd. »Louis de Clermont ist das personifizierte königliche Gewissen, was den Kreuzzug angeht. Mit fünftausend weiteren Rittern hat er das Kreuz genommen, aber es ist bei leeren Versprechungen geblieben. Lass uns lieber von etwas anderem sprechen. Ich brenne darauf, mehr über den Prozess zu erfahren.«

Ausführlich berichtete Jakoba, was geschehen war. »Es war fürchterlich. Kein Argument hat dieser Jean de Padua gelten lassen. So viele Kranke haben meine Heilkunst gerühmt, und niemand hat mich beschuldigt – und doch ist der Magister bei seinem Urteil geblieben.«

»Frauen wie du machen ihm vermutlich Angst.«

»Wie könnte ich jemandem Angst machen?«, fragte sie verblüfft.

»Du bist das pure Leben. Kundig noch dazu. Die Menschen vertrauen dir, und du kannst sie schon durch deine Ausstrahlung ein wenig fröhlicher machen.«

Jakoba spürte, wie sie bei diesem Kompliment errötete.

»Außerdem fürchtet er Konkurrenz – König Philipp hat seinen Diagnosen schon länger nicht mehr vertraut, und der Nachfolger König Karl hat ihn nicht einmal mehr berufen. Die Gelehrten der Universität hängen ihr Fähnchen gerne in den Wind – auch beim Templerprozess haben sie vor dem König gebuckelt und ihm nach dem Mund geredet.«

»Angst vor Frauen und Furcht vor Konkurrenz – deshalb hat Jean de Padua mein Leben zerstört?«, fragte sich Jakoba ernüchtert. Wehmütig sah sie Roger an. »Es tut gut, mit dir darüber zu sprechen, denn meine Gedanken drehen sich längst im Kreis. Ich verstehe nur noch immer nicht, was dich hierher getrieben hat.«

»Ich stehe in deiner Schuld, hast du das schon vergessen? Du hast dafür gesorgt, dass ich aus dem Gefängnis freikam. Du hast mich geheilt.«

»Zu viel der Ehre. Paul war der eigentliche Held«, sagte sie. »Ist es nicht wichtiger, dass du deine Angelegenheiten in Ordnung bringst?«

»Die Tempelritter waren ursprünglich für den Schutz der Pilger zuständig. Ich werde jetzt einen einzigen Gläubigen schützen: dich.«

Natürlich war Jakoba glücklich über seine Gesellschaft. Dennoch sagte sie: »Ich will zurück nach Lüneburg. Mich meiner Schuld stellen.«

Roger trat auf sie zu. Seine Augen wanderten über ihr Gesicht, als könnte er eine Antwort darin finden. »Warum willst du das tun? Es könnte gefährlich sein!«

»Du weißt doch am besten, was Ehre bedeutet. Was es heißt, zu seinem Wort zu stehen. Ich will nicht länger davonlaufen.«

»Dann begleite ich dich dorthin.«

»Bis nach Lüneburg?«

»Bis nach Lüneburg.«

Bevor Jakoba den Gefühlen Ausdruck verleihen konnte, die in ihr tobten, klopfte die Magd und brachte Braten und Brot. Während sie aßen, berichtete Roger von der Seereise und den Schönheiten des fernen Landstrichs. Von den Orangen, die an der Algarve an den Bäumen wuchsen, den Palmen und den üppigen Blumen.

»Ich hatte schon gefürchtet, dass du dortbleiben würdest«, gestand Jakoba.

»Beim Christusorden? Sie hätten mich wohl gerne genommen. Aber es ist nicht … dasselbe. Diese Ordensritter sind nicht frei. Sie sind dem König von Portugal verpflichtet. Dom Dinis will sie zu seiner Privatarmee machen. Ich lasse mich nicht vor einen fremden Karren spannen, das habe ich mir geschworen.«

Jakoba hätte gerne mehr erfahren, aber Roger drängte zum Aufbruch.

»Wir müssen sicher wieder stundenlang am Bischofspalast anstehen«, sagte sie wenig begeistert.

Roger zog die Augenbraue hoch. »Anstehen? Es gebührt einer Dame nicht, mit dem Pöbel anzustehen. Du darfst nicht deinen hohen Stand vergessen! Wir werden direkt vor den Schreiber des Bischofs treten.«

Und so machten sie es.

Für Jakoba war der Kirchenbann ein Schicksalsschlag, ein tiefer Einschnitt, ein Urteil, das sie in Seelenangst stürzte. Aber in der Schreibstube des Erzbischofs erkannte sie, dass sie bei Weitem nicht die einzige Betroffene war. Etliche waren gekommen, um einen Kirchenbann aussprechen oder aufheben zu lassen.

Als sie eine dahingehende Bemerkung zu Roger machte, sagte er: »Du müsstest mal die päpstlichen Kanzleien in Avignon sehen. Da ist täglich ein Heer an Schreibern nur mit dem Kirchenbann beschäftigt. Exkommunikation ist für den Papst vor allem eins: ein riesiges Geschäft.«

Aus diesem Blickwinkel hatte sie den Kirchenbann noch nie betrachtet. Als sich ein Schreiber für sie freimachte, suchte Jakoba in ihrem Sack nach Madame d'Obazines Empfehlungsbrief. Dabei fiel ihr ein Päckchen in die Hände. Was war das? Sie zog es hervor. Jetzt erinnerte sie sich wieder, wie es aus dem zerbrochenen Medizinkästchen aufgetaucht war. Es sah genauso aus wie das, was im Affenkäfig versteckt gewesen war.

Roger beugte sich zu ihr hinunter und nahm es ihr unauffällig ab. »Woher hast du das?«, flüsterte er.

»Es stammt aus Arnolds Medizinkästchen. Der Vermieter warf das Kästchen grob auf die Straße – und dabei ist das Holz zersprungen. Eine Schande! Ich war so verstört, dass ich die Reste einfach nur in diese Tasche geworfen habe. Seitdem habe ich es mir nicht angeschaut – ich wollte nicht mehr an den Verlust denken.«

»Was ist denn nun? Worum geht es? Habt Ihr nun etwas für mich oder soll ich mich dem Nächsten widmen?« Entnervt klopfte der Schreiber des Erzbischofs auf sein Schreibpult.

Roger schob das Päckchen unauffällig unter seinen Waffenrock. Jakoba reichte dem Schreiber den Empfehlungsbrief und schilderte ihm ihren Fall. »Ich bedaure den Schuldspruch zutiefst und gelobe, dass ich in Zukunft nicht mehr gegen die Gesetze des Bischofs, der Kurie und der medizinischen Fakultät in Paris verstoßen werde«, setzte sie reuig hinzu.

Sie rechnete mit einer erneuten Strafpredigt, doch der Schreiber fragte nur, ob sie das Bußgeld schon bezahlt habe, und ging mit ihrem Brief davon. Als er nach einer langen Zeit zurückkehrte, verkündete er die zusätzliche Bußstrafe des Erzbischofs und sprach sie vom Kirchenbann frei.

So einfach ging das also? Eben noch zur Hölle verurteilt und nun mit Brief und Siegel unbescholten? Fassungslos zahlte Jakoba mit ihrem letzten Geld die Strafe. Außerdem sollte sie in jedem Ort, den sie von nun an durchquerte, eine Wachsspende leisten – eine ebenso kostspielige Bürde. Sie würde arbeiten müssen, um sich das leisten zu können. Dennoch war sie dankbar, dass die Last von ihr genommen war.

Ihre Laune hellte sich weiter auf, als sie den bischöflichen Palast verließen. Sie strebten sogleich der Kathedrale zu. Froh, wieder in die Gemeinschaft der Gläubigen aufgenommen zu sein, stiftete Jakoba ihre erste Bußkerze und stimmte ein Gebet an. Auch Roger betete tief versunken.

Kurz spielte sie mit dem Gedanken, nun, wo sie vom Bann befreit war, in eine andere Stadt zu ziehen und sich dort ein Auskommen als Heilerin zu verschaffen. Das aber wäre feige gewesen, außerdem fürchtete sie, dass die Strafe Gottes sie erneut ereilen würde. Nein, sie war auf dem Weg in die Heimat, und sie würde ihn bis zum Ende gehen. Zumal sie jetzt Roger an ihrer Seite hatte.

Roger war ein angenehmer, aber rastloser Gesellschafter. Obgleich es dunkel war, liefen sie noch durch die Stadt, und er plauderte mit ihr, als fürchte er sich davor, ins Gasthaus zurückzukehren. Schließlich bemerkte er, wie erschöpft sie war, und brachte sie zurück in die Kammer. Er würde vor ihrer Tür seinen Umhang ausbreiten und auf dem Boden schlafen, kündigte er an. Jakoba fiel das Päckchen ein, und sie fragte ihn danach.

»Es ist besser, wenn du nichts davon weißt«, sagte Roger kühl.

»Ich habe es monate-, ja jahrelang herumgetragen, deshalb finde ich schon, dass ich wissen sollte, was es ist.« Beim Herausnehmen hatte sie es befühlt. Etwas Hartes war in dem Päckchen gewesen. »Vielleicht ist es ein wichtiges medizinisches Gerät.«

»Wenn es das sein sollte, werde ich es dir gleich morgen früh geben.«

Roger ging hinaus und schloss die Tür. Enttäuscht bettete sich Jakoba zur Ruhe. Würde Roger ihr nie vertrauen, so wie er Paul nie vertraut hatte? Und was würde auf sie zukommen am Ende ihres Wegs, nun, wo keine weiteren Verzögerungen zu erwarten waren?

Im Morgengrauen machte Roger sein Pferd bereit, das er im Stall untergestellt hatte, hob Jakoba auf die Satteldecke und führte sie aus der Stadt. Sie hatten versucht, eine Magd anzuheuern, die sie aus Gründen des Anstands begleiten würde, aber keine überzeugen können. Ohnehin fehlte es ihr an Geld für den Lohn. Gefrorener Regen peitschte in Böen vom Himmel und hüllte sie in eine glitzernde Eisschicht. Schiefergrau drückte der Himmel auf sie hinab. Es war einer dieser Tage, an denen es gar nicht hell zu werden schien.

Nachdem sie die Stadtmauern hinter sich gelassen hatten, bat sie Roger, sich zu ihr aufs Pferd zu setzen. Das Ross hatte sie schon einmal beide getragen, und so würden sie bei diesem Wetter schneller vorankommen. Er kam ihrem Vorschlag nach. Seinen Körper hinter sich zu spüren und seinen Arm, der sie beim Führen des Pferdes halb umschlungen hielt, verwirrte sie und gefiel ihr zugleich. Doch je länger sie ritten, desto mehr schien Roger von ihr abzurücken.

Bei einem Wäldchen am Fluss sprang Roger wortlos ab, wenig später hörte sie ein Platschen. Verwundert stieg sie ab und band das Pferd fest. War es nicht viel zu kalt für ein Bad? Doch Roger stand tatsächlich bis zur Brust im Wasser, bleich, die Arme bibbernd um die Brust geschlungen.

»Komm da raus – du wirst dir den Tod holen!«

Stumm schüttelte er den Kopf und machte kräftige Schwimmzüge.

Diese Kälte musste doch jegliche Gefühlsregung abtöten! Da endlich verstand Jakoba. Die Nähe, verbunden mit den sanften Bewegungen des Pferdes, mussten auch Rogers Gefühle in Wallung gebracht haben. Als sie wieder aufbrachen, führte er das Pferd am Zügel und ließ sie alleine reiten.

Nachmittags ließen Sturm und Regen nach. Sie passierten eine weite Ackerlandschaft mit zahlreichen Wäldern. Ein wenig kam jetzt sogar die Sonne heraus und tauchte den wolkenverhangenen Himmel in ein unwirkliches Licht. Bald würde es dunkel werden, und Jakoba hoffte, dass Roger wusste, wo sie unterkommen konnten. Es erschreckte sie ein wenig, wie sehr sie sich in seine Hand gab. Dabei war Roger seit dem Bad distanziert. Jakoba versuchte, wieder mit ihm ins Gespräch zu kommen. »Ich weiß, dass du mir nicht verraten willst, was in dem Päckchen war. Sag mir nur: War es das, was du erwartet hast? Ist es dir nützlich?

»Nützlich?«

»Oder hilfreich? Wissenswert? Arnold pflegte einen umfangreichen Schriftverkehr. Ständig schrieb oder empfing er Briefe.«

»Zumindest erklärt dieses Päckchen besser als das aus dem Affenkäfig, was die Häscher des Bischofs von Magdeburg gesucht haben. Was es wert war, Arnold dafür zu töten«, sagte Roger düster.

Nun konnte sie ihre Neugier kaum noch bändigen, doch er ließ ihre Fragen ins Leere laufen. »Wie viele gibt es noch von euch? Glaubst du, dass der Ruf des Templerordens eines Tages wiederhergestellt wird? Du weißt, dass ich nie verraten werde, was du mir erzählst. Ich vergesse es sofort wieder«, versicherte sie ihm lächelnd.

»Die meisten meiner Brüder haben sich anderen Orden angeschlossen, dem Deutschen Orden oder den Johannitern. Das käme für mich nie infrage – gerade Letztere haben den Untergang der Templer bewusst unterstützt.«

»Was meinst du damit? Sollten die geistlichen Orden nicht zusammenhalten?«

»Ja, das sollte man eigentlich erwarten. Aber Arnold erzählte, dass die Johanniter und die Templer schon im Heiligen Land immer aneinandergeraten sind; regelrechte Schlachten hat es zwischen ihnen gegeben. Nach dem Fall von Akkon 1291, der letzten Bastion der einst blühenden Kreuzfahrerstaaten, verschärfte sich der Konflikt. Die Ritterorden waren auf ganzer Linie gescheitert. Der Deutsche Orden wich auf die Heidenstaaten im Osten aus, aber die anderen gerieten unter Druck.«

Ihr Weg schlängelte sich in ein Wäldchen. Man konnte nicht mehr sehr weit sehen, und Jakoba bemerkte, dass Rogers Hand jetzt ständig am Schwertknauf ruhte.

»Es heißt, dass der französische König einen eigenen Ritterorden ins Leben rufen wollte.«

»Das ist richtig. Eine Zeit lang wurde auch überlegt, alle Orden zusammenzulegen. Aber bei den Adeligen ist der Glaube schwächer als das Fleisch. Noch und nöcher kassieren diese Herrscher den Zehnt, um einen Kreuzzug auszurüsten, und verbraten das Geld doch für Tand und Protz. So ein *passagium generale* ist teuer. Sogar der Papst hat von den leeren Versprechungen der französischen Könige die Nase voll.«

»Du bist doch selbst ein Adeliger. Hast du eigentlich deinen Familienbesitz noch?«

»Als mein Bruder starb, war ich der Alleinerbe. Der König wollte sich meinen Familienbesitz wie alle anderen Besitztümer von Templern unter den Nagel reißen, aber Arnold gelang es, sie freizukämpfen. Ich lasse die Ländereien bewirtschaften, werde sie aber nach meinem Tod den Ordensbrüdern vermachen. Wenn ich dort hinginge, wäre ich mehr Bauer als Ritter.«

»Klingt, als gefiele dir deine Heimat nicht besonders.«

»Meine Heimat gefällt mir sogar sehr. Die Normandie hat eine schroffe Schönheit und Weite, die ihresgleichen sucht, insbesondere bei den weißen Steilklippen, die sich in der Nähe unseres Landsitzes befinden. Als Kinder sind mein Bruder und ich oft am Fuß der Steilklippen geklettert und haben Strandgut gesucht.« Er sah in die Ferne. »Es war seltsam, aber an stürmischen Tagen kam es mir vor, als peitschte der Wind durch meinen Kopf, als strömte das Meerwasser durch meine Adern. Als wäre ich mit allem verbunden, was ist. Als wäre ich zugleich der Wind, der Fluss oder in diesem Baum hier. Als erfüllten die Elemente der Erde mich mit mehr Kraft, als Gott es je könnte.« Blinzelnd blickte er sie an. »Verrückt, oder?«

»Finde ich nicht. Durchströmt die Lebenskraft nicht auch jede Pflanze und jedes Tier? Ich wundere mich nur, dass du trotzdem einem geistlichen Orden dienst.«

Er ließ ihren Blickkontakt abreißen. »Das ist nun mal der Ort, an den ich gestellt wurde. ›Gehe hin, Gott wird dich besser machen‹, hieß es bei der Übergabe des Ordensmantels. Darauf hoffe ich.«

Sie schwiegen einige Pferdelängen. »Wohin könntest du noch gehen, wenn nicht nach Portugal?«, wollte Jakoba wissen.

»In Schottland haben sich einige meiner Ordensbrüder niedergelassen, insbesondere in Balantrodoch und auf der Insel Mull. Sie bewahren einen Teil unserer ...« Er verstummte.

»Des Templerschatzes?«

»Wenn man so will, ja. Aber sie sind jetzt Bauern und Baumeister, keine Ritter mehr.« Sein Ton klang erneut abfällig.

»Nichts für dich also«, mutmaßte sie. »Was stellst du dir für den Rest deines Lebens vor? Was willst du tun?«

Roger stöhnte. »Herr im Himmel – ist es nötig, dass du mich gleich am ersten Tag so ausquetschst?«, beklagte er sich schief lächelnd.

Sie erwiderte das Lächeln. »Nein, ich kann mir auch noch einige Fragen für später aufheben.«

Er wirkte ratlos. »Ich will zurückgehen. Weitere Templer befreien, bis auch der letzte den Schergen der Inquisition entkommen ...«

Der Rest seines Satzes ging in einem Schrei unter. Hinter der nächsten Wegbiegung stand jemand Todesangst aus!

Roger hieß sie zu warten, zog sein Schwert und stürzte sofort los.

Als Jakoba das Wegstück erreichte, kämpfte Roger bereits. Drei Gestalten, die bunt zusammengewürfelte Kleidung trugen, griffen ihn an. Zwei hielt er gerade mit einem weiten Rundhieb auf Abstand, während einer sich hinter einem umgestürzten Karren verschanzte. Jetzt wollte dieser sich mit gezücktem Dolch auf Roger werfen.

Jakoba stieß einen Warnschrei aus.

Roger reagierte sofort. Er holte aus und traf den Mann mit voller Wucht im Oberarm. Der Mann fiel. Das Schwert blieb stecken. Roger setzte den Fuß auf die Brust des Mannes und zog seine Klinge aus dem Fleisch. Da griff ihn schon der nächste an. Der dritte Räuber wandte sich, ein mörderisches Glitzern in den Augen, Jakoba zu.

Angst packte sie. Sie hatte nur Pauls Messer, um sich zu verteidigen. Schon griff der Räuber nach ihrem Bein, um sie vom Pferd zu zerren. Brutal hieb Roger auf seinen Angreifer ein und verletzte ihn schwer am Oberschenkel. Eine bislang unbekannte Härte lag in seinem Blick.

Der Räuber hatte ihren Knöchel umfasst. Sie konnte sich nicht mehr halten, auch weil das Ross aufgeschreckt unter ihr tänzelte. Triumphierend beugte sich der Mann über sie.

»Bitte …«, wollte sie um Gnade flehen. Im gleichen Augenblick spritzte Blut auf Jakoba.

Roger hatte dem Räuber eine tiefe Kerbe in die Halsbeuge geschlagen, aus der das Blut nur so sprudelte. Der Mann war auf der Stelle tot.

Jakoba schoss der Mageninhalt in die Kehle. Krampfhaft schluckte sie. Noch nie hatte sie jemanden so mitleidlos kämpfen sehen.

Roger half ihr hoch. In seinem Gesicht prangten rote Spritzer, die er achtlos abwischte. Die überlebenden Räuber griffen Waffen und einen Sack und wollten davonhumpeln, doch Roger eilte ihnen nach. Er nahm ihnen Dolch und Schwert sowie ihre Beute ab, dann jagte er sie fort.

Jakoba drängte die Übelkeit zurück und wandte sich dem Wagen zu. Auf der Erde, halb unter dem Karren vergraben, lag ein Mann in der einfachen Tracht der Bauern und wimmerte. Während Roger den Wagen hochstemmte, zog sie den Verletzten heraus. Das Bein des Bauern war seltsam verdreht und blau unterblutet. Sogleich eilte sie zu Rogers Pferd und holte ihren Sack. Sie war nicht mehr in Paris – sie durfte wieder Menschen heilen. Zumindest war hier niemand, der sie dafür anklagen würde. Mit Wasser aus einer Pfütze nässte sie ihren letzten Schwamm und flößte dem Verletzten das betäubende Mittel ein. Dann machte sie sich mit Rogers Hilfe daran, die gebrochenen Knochen zu richten. Der Bauer wurde ohnmächtig vor Schmerz. Als er seine Sinne wiedererlangte, war das Schlimmste überstanden. Er bat sie, ihn zu seiner Kate zu bringen; es solle ihr Schaden nicht sein.

Roger schwieg bei der Weiterfahrt.

»Du grämst dich sicher, weil du einem Menschen das Leben genommen hast«, meinte Jakoba mitfühlend.

Konzentriert die Gegend absuchend, meinte Roger: »Wenn der Räuber der Gerichtsbarkeit zugeführt worden wäre, hätte es ihn auch das Leben gekostet.« Er sah sie an. »Weißt du, was der Kreuzzugsprediger Bernhard von Clairvaux einst über uns sagte? ›Wenn der Tempelritter einen Übeltäter tötet, ist er kein Mörder, sondern ein Übeltöter.‹«

Jakoba schwieg dazu, froh, dass sie den Menschen das Leben meistens erhalten konnte.

Die Bauersfrau war schon völlig aufgelöst vor Sorge. Als sie von Rogers und Jakobas beherztem Eingreifen hörte, bot sie ihnen sogleich eine warme Mahlzeit und Obdach für die Nacht an. Sie fragte nicht lange, wer sie seien und woher sie kamen, sondern hielt sie offenbar für ein Ehepaar, weshalb sie ihnen ein schmales Spannbett bereitete. Roger schlief wieder auf der Erde. Jakoba war so aufgeregt, ihn neben sich zu spüren, dass sie kaum ein Auge zubekam.

Wegen gleichbleibend schlechten Wetters kamen sie in den nächsten Tagen nur langsam voran. Roger führte das Pferd meist am Zügel, oft ging er aber auch neben Jakoba. Das Gehen musste anstrengend sein, trotzdem nutzte er ihre Ruhepausen noch für Schwertübungen, bis der Schweiß ihm nur so runterlief. Er sprach offener, und Jakoba verstand, wie bedrückend die Lage der ehemaligen Templer war. Von den anderen Orden verachtet, stand ihnen aus dem früheren Templervermögen zwar ein

Zehrpfennig zu, der aber oft nicht ausgezahlt wurde, sodass viele Hunger leiden mussten. Die wenigen, die zu ihren Familien geflüchtet waren oder geheiratet hatten, lebten in steter Lebensgefahr, denn noch immer waren die Häscher des Papstes ihnen auf den Fersen. Immer deutlicher wurde es, dass Rogers rastloser Einsatz für die gefangenen und mittellosen Glaubensbrüder nur ein Tropfen auf den heißen Stein war.

»Die Redewendung ›Saufen und fluchen wie ein Templer‹ ist ja alt. Aber heute gelten die Templer als diejenigen, die auf das Kreuz speien, ihrem Oberen den Hintern küssen und andere Männer ficken, wie es bei dem Prozess von jeder Kanzel verkündet wurde«, sagte Roger drastisch. »Lügen allesamt! Die Geständnisse wurden unter der Folter erzwungen. Dass der Templerorden jahrhundertelang die Wege im Heiligen Land gesichert und die heiligen Stätten geschützt hat, ist vergessen.«

Sie wusste nichts dazu zu sagen, verstand sie doch zu wenig von diesem Teil der Geschichte. Sie konnte aber nachfühlen, wie zerrissen Roger sich fühlen musste. Seine raue Art erstaunte sie, hatte sie ihn bei Hof doch eher als galanten Mann erlebt.

Als sie eine entsprechende Bemerkung machte, schnaubte er nur: »Gute Bildung und noch bessere Manieren verschaffen mir den Zugang zur höheren Gesellschaft. Und du weißt doch, dass gerade die Damen oft am genauesten über die Fragen der Politik und des Glaubens Bescheid wissen.«

Immerhin konnten sie es sich leisten, in Gasthöfen abzusteigen. Anscheinend hatte Roger in der Beute der Räuber auch einige Münzen gefunden. Roger behauptete, dass er die Ehefrau seines Gebieters nach Hause geleitete, und ein üppiges Handgeld ließ die Wirte von neugierigen Nachfragen absehen. Auch er scheint das Lügen gewöhnt zu sein, notgedrungen wohl, in seiner Lage, dachte Jakoba.

Als sie einige Tage später in Châlons, einer Handelsstadt an der Marne, ankamen, waren die Straßen erstaunlich hell beleuchtet. Es war ein kalter, klarer Abend. Kinder liefen lachend durch die Gassen. Musik und Gesang klangen aus der Kathedrale. Auf dem Markt waren einige Buden mit Wachsvotiven und Bauernwaren aufgebaut, Gaukler zeigten ihre Künste.

Es war Martinstag, rechnete Jakoba nach, und tatsächlich strömte aus einigen Häusern der Duft von Festbraten. Ein Jammer, dass sie sich das nicht leisten konnten! Die Fröhlichkeit der Menschen tat Jakoba dennoch gut und erinnerte sie an glückliche Tage.

Nachdem sie das Pferd untergestellt hatten, bat sie Roger, mit ihr noch ein wenig durch die Stadt zu streifen. Er kam ihrem Wunsch bereitwillig nach. Sie hakte sich bei ihm ein, plauderte und spürte, wie auch er die Atmosphäre genoss.

Lange sahen sie einem Feuerspeier und Klopffechtern zu. Dann erregte ein Ruf ihre Aufmerksamkeit: »Thyriack, Thyriacken, für Spinn und für Schnacken, Dill, Petersill, Wurmsamen – in Gottes Namen! Heran, heran, wer da hat einen bösen Zahn. Hier ist der Mann, der ihn ohn' Schmerzen lange kann!«

Roger wollte in die andere Richtung gehen, aber sie nahm seine Hand und zog ihn weiter. Auf einem Kobelwagen stand ein hutzeliger Mann in einem weiten bunten Gewand und pries seinen Theriak an.

Ergriffen von der Erinnerung an Arnold, die sie mit Macht überfiel, lehnte sie sich an Roger; es fiel in der Menge kaum auf. Es tat ihr gut, seinen Herzschlag zu spüren.

»Wie soll ich wissen, dass Ihr mich nicht vergiften wollt mit Eurem Gesöff?«, brüllte ein Mann.

Der Krämer reckte theatralisch die Hände gen Himmel. »Oh, Ihr Ungläubigen, ich kann Euch die Wirksamkeit meiner Arznei unter Beweis stellen.«

Wie aufs Stichwort trippelte ein kleiner Junge mit einem Bastkorb heran. Sein Gesicht war mit Rußfarbe bemalt. Auf dem Kopf trug er einen Turban, seine Pumphosen waren bunt. Sollte er einen Orientalen darstellen? Was hätte Mona wohl bei diesem Anblick gesagt?

Die Zuschauer lachten, und auch dem Jungen schien sein Auftritt Spaß zu machen. Mit großer Geste zog der Krämer Handschuhe an und holte aus dem Körbchen eine Schlange hervor, die er so am Hinterkopf fasste, dass sie den Kiefer aufsperrte. Mit dem Schwanz schlug das wütend zischelnde Tier um sich. Vor allem die Frauen im Publikum grausten sich zur Freude ihrer Männer lautstark.

»Diese Schlange ist die Quelle des allerstärksten Giftes. Wenn Ihr nun sehen wollt, wie stark mein Stärkungsmittel und Gegengift ist, schaut her!« Der Krämer flößte der Schlange aus einer Glasflasche eine Flüssigkeit ein. Eine Weile hielt er sie triumphierend in die Höhe, dann schleuderte er sie zu Boden. Wieder kreischten die Frauen, aber auch einige Männer sprangen zurück. Durch eine Lücke zwischen den Köpfen sah Jakoba, dass die Schlange auf dem Podium wild zuckte und dann totengleich liegen blieb.

»Den giftigen Wesen schadet mein Theriak. Den Menschen schützt und stärkt es hingegen.« Mit großer Geste holte der Krämer eine Eisenstange heraus, die er einem Mann im Publikum reichte. Dieser sollte die Stange verbiegen, es gelang ihm jedoch nicht.

»Komm her, Junge!«, rief der Krämer und zeigte das Eisen noch einmal in alle Richtungen. Wieder trippelte der Junge heran. Schon lachten die Ersten. Diesem Knaben sollte gelingen, was der Mann nicht vermocht hatte? Der Junge trank etwas Theriak – und verknotete die Stange kurzerhand.

»Das ist ja unglaublich! Ein Wundermittel!«, schrie eine Zuschauerin.

Schon stürzten die Ersten auf die Bühne, um dem Krämer

seinen Heiltrank abzukaufen oder sich von ihm anderweitig behandeln zu lassen.

Jakoba lachte leise. »Die Stange hat er unauffällig mit einer aus weicherem Metall aus den Falten seines Gewandes ausgetauscht. Und das arme Tier! Ob es diesen Rausch wohl übersteht?«

Roger sah sie fragend an. Noch immer durfte sie seine Hand halten.

»Arnold amüsierte sich stets sehr über die Tricks der Jahrmarktskrämer.« Jakoba lächelte. »Schlangen, Kröten oder Spinnen mit Aqua Vitae zu vergiften ist nur eine Möglichkeit, die Wirksamkeit des Tranks unter Beweis zu stellen.«

Sie verließen die Menge und mussten sich voneinander losmachen, um nicht aufzufallen. Jakoba kam es mit einem Mal vor, als ob ein Stück ihres Körpers fehlte. Nichts ersehnte sie mehr, als Roger nah zu sein. Dabei war es das, was sie am wenigsten durfte.

»Du musst sehr stolz sein, dass du diese Arznei tatsächlich herstellen kannst. Denn dein Theriak wirkt wirklich, das habe ich in Paris oft genug gehört«, sagte er.

»Ich bin tatsächlich ein wenig stolz darauf. Auch wenn meine Heilkunst manchmal auch versagt hat.« Das Bild von Mona stieg in ihr auf, der auch der beste Theriak nicht mehr geholfen hatte. Melancholisch begann sie, über ihre Erinnerungen zu sprechen. Dieses Mal wich Roger ihr nicht aus, sondern hörte geduldig zu.

An diesem Abend fühlte Jakoba sich ihm so nah, dass sie alle warnenden Gedanken beiseiteschob und ihn mit in ihre Kammer nehmen wollte. Zart umschlang sie seine Finger, ließ die andere Hand auf seiner Hüfte ruhen, wölbte sich ihm zu einem Kuss entgegen. Roger erschauderte – und stürmte aus der Kammer.

Beschämt wollte sie ihm nachlaufen, doch da polterte Roger schon in die Gaststube hinunter. Wenig später brach dort unten eine heftige Prügelei aus, aus der er mit einer aufgeplatzten Augenbraue zurückkehrte.

Stumm und verletzt verarztete sie ihn. Am nächsten Tag versuchten sie erneut, eine Magd zu finden – erfolglos. Im Winter schien es niemanden zu geben, der freiwillig die heimatliche Scholle verließ, um sich auf eine derart gefahrvolle Reise einzulassen.

Obgleich die Bedingungen ihrer Reise schwierig waren und immer schwieriger wurden, je weiter der Winter voranschritt, genoss Jakoba sie. Die Strapazen und die Kälte machten ihr nichts aus, wenn Roger ihr fürsorglich in den Umhang oder aufs Pferd half, sie verteidigte und sich mit ihr unterhielt. Zunehmend verlor er die Scheu vor ihr, enthüllte ihr seine Wut und seine Angst.

Nur über eines sprachen sie nicht: über ihre Gefühle füreinander. Dabei löste jedes Zusammentreffen ihrer Hände ein Prickeln in Jakobas Körper aus. Sie suchte die Gelegenheiten, in denen sie beiläufig seine Finger anfassen, ihm eine Haarsträhne aus dem Gesicht streichen oder seinen Nacken berühren konnte. Oft beobachtete sie, dass dann eine Gänsehaut über seine Haut huschte. Oder dass er sie ansah, wenn er sich unbeobachtet glaubte. An diesen Tagen gab er sich besonders intensiv seinen Schwertübungen hin.

Jakoba war bewusst, dass es falsch war, was sie fühlte. Und doch konnte und wollte sie nicht anders. Roger schien es ähnlich zu gehen, denn je weiter sie nach Norden kamen, desto langsamer schritten sie voran.

Als jedoch um die Jahreswende der Schnee mannshoch lag, als sie von Wölfen hörten, die über die gefrorene Nord- und Ostsee streiften, und als es so kalt war, dass ihnen draußen die Haut abstarb, beschlossen sie, auf der Burg eines früheren Kampfgefährten von Roger Schutz zu suchen. Wetter und schlechte Wege hatten sie inzwischen in die Pfalz verschlagen.

Jakoba war nervös, als sie auf das Burgtor zuritten. »Bislang konnten wir verhindern, dass mir zu viele Fragen über meine Vergangenheit und den Grund meiner Reise gestellt wurden.

Aber wenn wir hier für Tage, vielleicht sogar Wochen unterschlüpfen müssen ...«

Roger ging neben ihr. Er trug nur seinen gefütterten Waffenrock, denn seinen Umhang aus Lamm- und Schafsfell hatte er ihr gegeben. Um seine Hände waren dicken Stoffbahnen gewickelt. In seinen Wimpern hingen Eiskristalle. »Ich kann nicht verantworten, dass du dir hier draußen den Tod holst. Wir werden sagen, dass du auf Pilgerfahrt gewesen bist, aber abbrechen musstest und ich dich zu deinem Gatten zurückbringe.«

Diese erneute Lüge widerstrebte ihr zutiefst. »Ich habe es so satt, ständig die Unwahrheit sagen zu müssen!«, platzte sie heraus.

»Wir lügen nicht. Wir sagen nur einen Teil der Wahrheit, den anderen verschweigen wir. Ist es nicht in gewisser Weise eine Pilgerfahrt? Hast du nicht in jeder Kirche seit Sens eine Kerze gestiftet?«

In der Altenbaumburg wurden sie gastfreundlich aufgenommen. Roger brachte ihre Ausrede so überzeugend hervor, dass niemand nachfragte. Da die weitläufige Burganlage wegen Erbstreitigkeiten unter verschiedenen Bewohnern aufgeteilt war, fielen zwei Gäste mehr oder weniger ohnehin kaum auf.

Jakoba war als Gesellschafterin der Burgherrin gefragt, auch sprachen sich ihre heilkundlichen Fähigkeiten schnell herum. Roger war mit den anderen Männern meist auf der Wildschweinhatz. Wenn sie bei Mahlzeiten, Vergnügungen oder der Heiligen Messe in der nahe gelegenen Burgkapelle von Iben zusammentrafen, wirkte er angespannt und unruhig.

Eines Abends gelang es Jakoba, ihn einen Augenblick alleine zu sprechen. Die Ritter und ihre Damen waren mit Ratespielen und Stelzenlauf beschäftigt. »Es tut mir leid, dass du meinetwegen hier verharren musst. Ich weiß, dass du Wichtigeres zu tun hast«, sagte sie.

»Mit dir hat das nichts zu tun. Es ist dieser verfluchte Winter. Ich hasse die Untätigkeit. Diese Vergeudung von Lebenszeit. Männer, die ihre Tage mit Saufen und Tändeleien totschlagen, nur damit sie einander nicht ständig an den Kragen gehen. Und dann die erzwungene Gastfreundschaft: immer dem Gastgeber nach dem Mund reden«, schimpfte er.

»Du hättest längst zurück in Paris sein können.«

»Auch da geht nichts voran, Thierry hat mir zurückgeschrieben. Er wird im Haus seiner Mutter genauso verrückt wie ich hier.« Nachdenklich sah er sie an. »Thierry wird sich dem Deutschen Orden anschließen und in den Heidenkampf nach Litauen ziehen.«

»Und du?«

Roger hob wortlos die Schultern. Sie mussten ihr Gespräch abbrechen. Jakoba wurde zu einer der Hofdamen gerufen, die sich beim Rangeln mit einem Ritter den Knöchel verdreht hatte.

Auch Jakoba begann bald, die Tage zu zählen, doch der Winter hielt das Land weiter im Griff. Ihr Aufenthalt verlängerte sich sogar noch einmal, weil Roger als Dank für die Gastlichkeit bei der Abwehr einer Fehde half. Als seinen Anteil am Lösegeld für Gefangene und sonstige Beute wählte er ein zweites Reitpferd; auch stellte die Burgherrin eine Magd für Jakoba ab. Bei der Wahl des Reitpferds vermissten sie nicht zum ersten Mal Paul, der ein gutes Händchen für die Tiere gehabt hatte.

Mit dem Einsetzen des Tauwetters begann auf der Burg ein allgemeiner Aufbruch: König Ludwig hatte zum Hoftag nach Nürnberg geladen. Jakoba hatte ein mulmiges Gefühl, als sie zusammenpackte. Sie fürchtete die Rückkehr nach Lüneburg mehr denn je.

Beim Abschiedsessen berichtete die Burgherrin, es gäbe das Gerücht, dass König Ludwig erneut an der Schwermut erkrankt sei.

In Jakoba keimte ein Plan: Wenn sie dem König helfen konnte, würde er es ihr sicher vergelten. Mit einem Empfehlungsbrief des Königs wäre sie als Heilerin in Lüneburg kaum angreifbar. Sie bat Roger zu sich und legte ihm ihre Gedanken dar. Glücklicherweise hatte er nichts gegen einen Umweg einzuwenden.

Obgleich die Frühjahrskälte noch in der Luft lag, wurde überall in Nürnberg gewerkelt. Für diesen besonderen Hoftag, den ersten, nachdem König Ludwig seinen Rivalen überwunden hatte, schien sich die Stadt besonders herausputzen zu wollen. Sogar die Stadtmauern sollten endlich fertiggestellt werden.

Im Vorhof der trutzigen Burg pinselten Maler gerade an den Wappen der Reichsfürstentümer, und Jakoba sah im Vorbeireiten auch die Wappen Braunschweigs und Lüneburgs, die ebenfalls einen Neuanstrich nötig hatten.

Bald wurden Roger und sie in den Palas geführt. Vor dem großen Saal warteten bereits Adelige auf ihre Audienz. Diener kredenzten Wein, und ein Spielmann sorgte für musikalische Untermalung. Während Roger mit einigen Rittern sprach, hielt Jakoba sich mit ihrer Magd, einem verschüchterten jungen Mädchen namens Madlen, etwas abseits und nahm das Schauspiel in sich auf. Schnell bemerkte sie, dass die Stimmung angespannt war. Unvermittelt wurden die Gespräche hitzig, oder man trennte sich ohne ein Wort. Möglicherweise lag die Anspannung jedoch auch an dem Spielmann, denn sein Gesang klang auf Dauer leiernd und schrill.

Als Roger zu ihr zurückkam, sagte er: »Der König hat schon seit Tagen niemanden empfangen. Es ist ärger als vor der Schlacht von Mühldorf: Die Lebensgeister scheinen ihn verlassen zu haben. Angeblich verlässt er sein Bett kaum noch. Dabei sollte er froh sein, denn er wird endlich den Teil seiner Krönung nachholen können, der ihm damals verwehrt wurde: Er wird mit den Reichskleinodien geschmückt werden.«

Sie dachte daran, wie sehr König Ludwig um die Gesundheit

seiner Frau besorgt gewesen war, und an Mona, die nach Arnolds Tod jeglichen Lebensfunken verloren hatte. »Mich wundert, dass die Leibärzte dem König nicht helfen können.«

»Vielleicht greifen sie zu den falschen Mitteln. Wenn alles gut geht, weißt du bald mehr. Ich habe dringlich um eine Audienz nachgesucht.«

Tatsächlich wurden sie bereits nach zwei weiteren langen und quälenden Gesängen aufgerufen. Jakoba bat ihre Magd zu warten und ging Roger hinterher. Sie konnte nicht fassen, dass sie gleich zum zweiten Mal vor dem deutschen König stehen würde. Neidische Blicke folgten ihnen. Aus dem Augenwinkel sah sie, wie ein Ritter dem Spielmann einen Becher an den Kopf warf, damit er endlich schwieg.

Sie wurden angekündigt. Im Königssaal war es sehr still, und es herrschte eine bedrückende Stimmung.

König Ludwig aus Bayern hing mehr in seinem Thron, als dass er saß. Seine Haltung war schlaff – von den weit ausgestreckten Beinen über die runden Schultern bis zu den hängenden Mundwinkeln, die ihn beinahe debil wirken ließen. Sein lichtes, ehemals rotblondes Haar war grau durchsetzt. »Sieur d'Aval, einer der Helden von Mühldorf. Ihr ließet Uns eine Nachricht zukommen, die Uns aufmerken ließ …«, wandte er sich an Roger.

Der Ritter verneigte sich tief vor dem König. Jakoba fiel auf die Knie.

»Ich stehe bei der edlen Domina Jakoba in der Pflicht und geleite sie zurück nach Lüneburg«, erklärte Roger.

»Ihr schriebet, sie sei eine Adelige aus dem Norden Unseres Reiches, eine Schülerin Meister Arnolds, die sich als Heilerin in Paris einen Namen machte und dort sogar vom König gerufen wurde.«

So hätte es Jakoba sicher nicht formuliert.

Der König musterte sie müde. »Es kommt Uns vor, als hätten Wir Euch schon einmal gesehen, Domina Jakoba.«

»Bei der Belagerung von Wiesbaden hatte ich vor einigen Jahren gemeinsam mit Meister Arnold die Ehre, Euer Majestät dienen zu dürfen.«

»Richtig, jetzt, wo Ihr es sagt, fällt es Uns wieder ein.«

»Meister Arnold und ich haben damals auch Königin Beatrix und Eure Tochter aufgesucht, Gott sei ihrer Seele gnädig.«

Der König presste die Zeigefinger so fest auf die Lider, dass Jakoba sich Sorgen um seine Augäpfel machte. »Danach ging es ihnen eine Zeit lang besser, aber dann … Es waren grauenvolle Jahre, die viele Unserer Lieben das Leben gekostet haben.« Er sah auf, seine Augen waren rot unterlaufen. »Wie geht es Meister Arnold? Wir haben seinen Heilkünsten immer vertraut.«

»Leider ist er vor einigen Jahren gestorben. Ich führe seine Heilkunst fort. Zudem habe ich seit seinem Tod in Venedig und Paris die Medizin weiter erforscht. Eine Pilgerfahrt führt mich nun zurück in die Heimat. Wenn Ihr es mir erlaubt, stelle ich mein Wissen vorher bereitwillig in Euren Dienst, Hoheit«, bot sie an.

»Unsere Leibärzte finden nichts. Sie schröpfen Uns nur stets aufs Neue, bis kein Tropfen Blut mehr in Unseren Adern ist. Beinahe fürchten Wir, jemand vergiftet Uns schleichend. So schlaff fühlen Wir Uns, so mutlos. Dabei ist Unser Erzfeind Friedrich doch auf Burg Trausnitz in der Oberpfalz eingekerkert.«

Der König starrte vor sich hin, und beinahe fürchtete Jakoba, er könnte einschlafen.

»Habt Ihr auch Theriak? Von Meister Arnold bekamen Wir den besten«, sagte er unvermittelt.

»Natürlich. Ich habe ihn nach den Anweisungen Galens selbst hergestellt.«

»Dann gebt Uns davon.«

»Ich halte es für notwendig, Euch zunächst zu untersuchen, Majestät.«

Ludwig machte eine schlaffe Geste. »Schaden kann es ja wohl

nicht. Wenn sowohl Meister Arnold als auch Sieur Roger Eure Gewährsmänner sind, dann sei es Euch erlaubt.« Er wandte sich an den Ritter. »Wacht über Uns, damit dem Anstand Genüge getan wird.«

Roger senkte das Haupt. »Natürlich, Hoheit.«

In den nächsten Stunden bot Jakoba all ihr Wissen und ihre Kunstfertigkeit auf, um die Gesundheit des Königs zu prüfen, fand jedoch keinen Hinweis auf ernsthafte körperliche Erkrankungen.

»Wann haben Eure Erschöpfungszustände begonnen, Majestät?«

»Schon viel zu lange quält die tiefe Trauer Uns. Diese vielen Schlachten der letzten Jahre, dieser blutige Kampf um die Krone. Wir fragten Uns oft, ob es nicht besser sei, von der Krone zu lassen, als dass so viele ihr Leben lassen müssten.« Langsam betastete er seine hohe Stirn. »Wir haben Unserer Familie Unsere Nöte nicht mitteilen mögen, um Unserer Gemahlin das schwere Leben nicht noch mehr zu verdüstern.« Etwas unwirsch setzte er hinzu: »Bekommen Wir nun endlich den Theriak?«

»Natürlich, Majestät.« Jakoba machte sich daran, etwas Theriak mit Weinessenz zu vermischen und in eine Phiole zu füllen. Sie wusste jedoch, dass ihn die Arznei allein nicht gesund machen würde. »Die Lebenskraft ist stark in Euch, das spüre ich deutlich. Viele große Aufgaben warten auf Euch, denn Euer Reich braucht nach den Jahren des Leidens eine kundige und gewissenhafte Führung. Ihr könnt Euch glücklich schätzen, dass Ihr Kinder habt, für die Ihr diese Welt zu einer besseren machen könnt. Und sicher werdet Ihr zum Wohle Eures Reiches auch eine neue Ehe eingehen.«

Ludwig nickte düster. »Die Erinnerung an Unser geliebtes Weib Beatrix schmerzt Uns sehr.«

»Und doch ist eine weitere Ehe eine dynastische Notwendigkeit. Zudem ist der Mensch nicht dafür geschaffen, allein zu sein.

Er bedarf einer Gefährtin oder eines Gefährten.« Unwillkürlich fiel ihr Blick auf Roger, der sie still beobachtet hatte.

Um von ihrer Gefühlsaufwallung abzulenken, tropfte Jakoba etwas Theriak-Essenz auf einen Silberlöffel. »Diese Arznei wird Euch helfen. Die Freude wird in Euer Leben zurückkehren, dessen seid gewiss, und Ihr werdet die notwendige Kraft haben, um Euer Reich zu neuer Blüte zu führen«, sagte sie beinahe beschwörend.

»Euer Wort in Gottes Ohr«, sagte der König und umschloss ihre Hand mit seiner. Gemeinsam führten sie den Löffel zu seinem Mund.

Ein wenig ist es wie eine heilige Handlung, dachte Jakoba, und eine Gänsehaut strich über ihren Arm.

Die nächsten Tage verbrachte sie damit, das Gemüt des Königs aufzuhellen und seine Säfte wieder ins Gleichgewicht zu bringen. Die Missbilligung seiner Leibärzte ignorierte sie in der Hoffnung, dass die Zeit ihres Aufenthalts nicht ausreichen würde, um Ränke gegen sie zu schmieden. Sie durfte sich sogar von den Nürnberger Spezereienhändlern Kräuter und Zutaten für ihren Theriak bringen lassen.

Jakoba fühlte sich sicher in ihren Diagnosen und Behandlungsvorschlägen; was das anging, plagte sie kein Zweifel mehr. Sie war überzeugt davon, dass es vor allem Ludwigs Seele war, die litt und den Körper in Mitleidenschaft zog. Deshalb riet sie ihm, kundige Spielleute zu rufen. Geistige Anstrengung führe bei vielen Gelehrten und Königen zu völliger Erschöpfung, deshalb sei für sie Musik besonders wichtig.

Er hörte auf sie, und bald schlug ihre Behandlung an.

Kurz vor Beginn des Hoftags entließ König Ludwig sie aus seinen Diensten. Zum Dank gab er ihr einen Brief an Herzog Otto den Strengen von Lüneburg und seine Söhne mit, in dem er Jakobas Heilkunst und Unbescholtenheit rühmte.

»Wir sind mit den Herzoghäusern von Braunschweig und Lüneburg eng verbunden und werden sicher in den nächsten Jahren den Norden Unseres Reiches aufsuchen. Es ist gut, dann eine kundige Medica dort zu wissen«, sagte der König zum Abschied.

33

Braunschweig, März 1323

Unter Mühen und Gefahren durchquerten sie weitere Landstriche und schließlich den Harz. Ihre Magd hatte sie längst wieder verlassen – Madlen hatte schlimmes Heimweh gequält.

Knapp fünf Jahre nachdem Jakoba aus Braunschweig geflüchtet war, setzte sie nun wieder einen Fuß in die Stadt. Sie quartierten sich im Löwen ein, dem Gasthof, in dem ihr damals Mona geholfen hatte, sich vor Anno zu verstecken. Roger verschwand und kehrte missgelaunt zurück.

Jakoba bat ihn wie so oft, mit ihr durch die Stadt zu gehen. Sie brannte darauf, das Haus ihrer Großeltern zu sehen – und fürchtete sich zugleich davor. Doch das Haus war verschwunden, und ein neuer Giebelbau erhob sich an seiner Stelle.

Roger wunderte sich. »Hier also haben deine Großeltern gewohnt?«

»Warum fragst du danach?«

»Der Sitz des Templerordens in Braunschweig befand sich einst genau daneben. Heute haben, wie könnte es anders sein, die Johanniter den Daumen darauf.«

Unschlüssig ging Jakoba umher und sprach schließlich ein altes Mütterchen an, das vor seinem Haus den Schnee wegschippte. »Sind vor Jahren schon gestorben, Domina Cyeke und der ehrenvolle Ritter Elmbert. Der Enkel hat das Haus gleich zu Geld gemacht. Ein Ratsherr hat's gekauft und sofort abreißen lassen.«

»Und die Besitztümer der früheren Bewohner?«

»Sag ich doch, hat der Bengel alles zu Geld gemacht. Hat ihm nichts genützt, sagt man. Ist so arm wie eh und je. Na, wenn die

Taschen erst mal Löcher haben ...« Die Alte lachte und zeigte ihre schwarzen Zähne.

»Wisst Ihr, wo man sie beerdigt hat?«

»In der Stiftskirche. Sind doch anständige Christen gewesen, die alten Leutchen. Bisschen verschroben und eigenbrötlerisch, aber anständig.«

Tiefe Trauer überfiel Jakoba. Sie hätte ihren Großeltern in der Stunde ihres Todes beistehen sollen!

Roger sprach ihr tröstend zu und begleitete sie in die Blasius-Kirche, wo sie ihre gewohnte Wachsspende ableistete und einen Priester dafür bezahlte, dass er für ihre Großeltern Seelenmessen las.

Der Priester hielt mit seiner Entrüstung nicht hinter dem Berg: »Endlich! Eine Schande ist's. Sich was darauf einbilden, dass man alter Adel ist, aber kein Geld auf der Naht, um für die Toten Gebete sprechen zu lassen!«, platzte er heraus.

»Heißt das, dass Anno von Dahlenburg keine Seelenmessen veranlasst hat?«, fragte Jakoba ungläubig.

Der Geistliche schüttelte den Kopf. »Das Geld für das Haus hat er kassiert, der feine Herr, und dann ist er abgehauen.«

Wieder einmal schämte Jakoba sich für ihren Bruder.

Später wollte Roger wissen, ob es ihr etwas ausmachen würde, ihn auch noch nach Süpplingenburg zu begleiten.

Jakoba hatte nichts dagegen. Keiner von ihnen schien es eilig zu haben, Lüneburg zu erreichen und sich ihrem Schicksal zu stellen.

Schneebedeckt lag Süpplingenburg da. Der Burggraben war zugefroren, aber die Gegend wirkte so verlassen, dass keine Gefahr zu drohen schien. Die ganze Zeit überfielen sie Erinnerungen an den ersten Abschnitt ihrer Reise mit Arnold, Mona und Paul. Oft rätselte sie mit Roger darüber, wie es wohl Paul ergangen war. Ob er versucht hatte, sich an Anno zu rächen? Ob er zum

Mörder geworden war? Oder ob er längst verheiratet war und Pferde züchtete? Diese Vorstellung gefiel ihr am besten. Jakoba bangte sehr um ihn. Würde sie ihn je wiedersehen?

Ein alter bärtiger Mann im schlichten dunklen Umhang öffnete die Zugbrücke. Obgleich Jakoba ihn bei ihrem letzten Besuch nur kurz gesehen hatte, erkannte sie den Burgherrn gleich wieder. Roger trat zuerst ein und konnte schnell glaubhaft machen, wer er war. Dann erst wurde auch Jakoba eingelassen.

Ehrerbietig begrüßte sie den alten Herrn. »Letztes Mal habt Ihr hier sehr viele Hungernde gespeist, und wir haben in einer Art Gästehaus übernachtet«, sagte sie.

»Letztes Mal?«

Kurz berichtete sie von Arnold und ihrer Reise. »Tatsächlich, ich erinnere mich an Euch. Tretet ein, das sehen wir nicht mehr so eng. Weiblicher Besuch kann uns in unserem hohen Alter ohnehin nicht mehr gefährlich werden. Wir wollten gerade essen.«

Langsam schlurfte er ihnen voraus durch die düsteren Gänge der Burg. In dem Saal war es kühl, nur ein kleines Feuer brannte. Der Alte legte den Umhang ab; darunter kam ein weißer Mantel mit rotem Kreuz zum Vorschein.

Seit Jahren hatte Jakoba die Templertracht nicht mehr gesehen; dass Bruder Otto sie trug, bewies, wie sicher sich die Tempelritter hier fühlten. Drei Holzschalen standen auf der Tafel. Ein gebeugter Mann rührte in einem Grapen und begrüßte sie ebenfalls; Bruder Ludger schien schwerhörig zu sein. Bruder Friedrich war über die Jahre noch gebrechlicher geworden. Sie setzten sich zum Essen.

Jakoba sah Roger an, wie konsterniert er war. Diese drei waren alles, was in der Kommende Süpplingenburg von den einstmals stolzen Tempelrittern übrig geblieben war?

»Ihr könnt uns später die Neuigkeiten berichten«, sagte der Burgherr, bevor er das Tischgebet sprach.

»Ich vertraue Domina Jakoba. Sie hat viel auf sich genommen, um Meister Arnold und mir zu helfen«, sagte Roger.

»Wie heißt sie?«, wollte Bruder Ludger lautstark wissen.

»Domina Jakoba von Dahlenburg«, sagte Jakoba.

»Bahlenburg?«

»Dahlenburg«, rief sie.

Der alte Herr lächelte erfreut. »Dann war der gute Elmbert Euer Großvater.«

»Ihr kennt ihn?«, staunte Jakoba.

Der Burgherr nickte. »Ihr wisst sicher, dass Euer Großvater den Templerorden in Braunschweig lange Zeit unterstützt hat. Unser Ahnherr Heinrich der Löwe hatte auf seiner Pilgerfahrt ins Heilige Land eine enge Beziehung zu den Templern aufgebaut und unterstützte sie. Diese Tradition setzte sich unter den späteren Welfen und anderen Adeligen dieser Region fort. In Zeiten der Verfolgung konnten wir eine Geheimtür von Elmberts Keller ins Templerhaus nutzen. Inzwischen haben wir das Haus in Braunschweig aufgegeben und für diese Komturei ausgehandelt, dass sie bis zu meinem Tod im Besitz der Templer bleibt. Das dürfte im Reich einmalig sein.«

Jakoba brauchte ein wenig Zeit, um diese Enthüllungen sacken zu lassen. Daher also hatte ihr Großvater gewusst, dass Arnold vertrauenswürdig war!

Roger berichtete knapp, was mit Arnold geschehen war.

Bruder Otto war voller Groll über den Mord. »Dieser unselige Burchard von Schraplau! Viel zu lang ist er schon Erzbischof!«

»Ich glaube, ich habe etwas, mit dem man ihm beikommen kann.« Roger holte das Päckchen aus seinem Wams. »Dies hier haben wir erst kürzlich zufällig in Arnolds Nachlass gefunden.«

Bruder Otto schob seine Schale beiseite und entzündete eine weitere Kerze, dann rollte er die Pergamente auseinander und begann zu lesen. »Das ist ja ungeheuerlich! Dieser Teufel! Dass über diese Verträge noch nichts an die Öffentlichkeit gedrungen ist, beweist, mit wie viel Erpressung der Magdeburger Bischof vorgeht.« Er sah Roger triumphierend an. »Aber damit können wir genügend Zwietracht säen, dass es ihm an den Kragen geht. Das Volk muss dem Bischof den Garaus machen – das ist alles, was gegen diesen alten Strippenzieher hilft.«

»Das war noch nicht alles.« Roger schob einen schmalen, in Samt gehüllten Gegenstand zu Bruder Otto hinüber.

Mit zitternden Fingern wickelte der Greis es aus, während die anderen beiden Templer näher traten. »Ist es das, was ich glaube? Aber woher …?«

Jakoba reckte den Hals, aber sie konnte es nicht erkennen.

»Arnold muss es dem Bischof abgenommen haben. Bei Schraplaus Raubzügen durch die Templerbesitzungen sind ja sehr viele Reliquien verschwunden.«

»Aber dies hier …« Fassungslos sah der alte Mann Roger an.

»Ich dachte, Ihr könnt es hier verwahren. Im Archiv. Bis ein sicherer Konvoi bereit ist.«

Kurz zögerte der Greis, dann umwickelte er den Gegenstand wieder mit dem Samt. Mühsam erhob er sich. »Ich möchte Euch etwas zeigen.«

Bruder Otto führte sie aus der Burg und zu der nahe gelegenen Basilika. Im Kirchenraum bekreuzigten sie sich und fielen auf die Knie, um ein Gebet zu sprechen.

Jakoba sah das ungewöhnliche Kruckenkreuz im Quergewölbe und die merkwürdigen Abbilder von Menschen und Tieren: einen Widder, einen orientalischen Frauenkopf und ein Adlerkapitell. Anschließend führte sie Bruder Otto zu einer mit massiven Riegeln verschlossenen Tür. Es dauerte eine Weile, bis der alte Herr alle Schlösser geöffnet hatte. Sie stiegen die glitschigen Stufen einer alten Treppe hinab.

Jakoba spürte die Aufregung auf ihren Wangen glühen. Was würde sie hier unten erwarten? Schnell war sie jedoch ernüchtert. Die Krypta war bis in den letzten Winkel mit fauligen, muffigen Holzkisten vollgestellt.

»Dies hier ist ein Teil des sagenhaften Schatzes der Templer: das Archiv. Verzeichnisse von Sünden, Schulden und Gefälligkeiten. Verträge zuhauf.« Der alte Mann öffnete behutsam eine der Kisten und holte einen Bogen Pergament heraus, das so verdorben war, dass man die Schrift kaum noch entziffern konnte. Resigniert schüttelte er den Kopf. »Wir hätten das Archiv niemals von der Sonneninsel Zypern in dieses Regennest schaffen dürfen. Auf der Insel Mull wird es dem Rest der Schriften nicht besser ergangen sein.«

»Aber sie auf Zypern den Johannitern überlassen?! Wie viele Informationen hätten sie gegen uns verwenden können!«, erinnerte Roger.

»Das ist wahr. Wir hätten das Archiv verbrennen sollen. Oder in einem Stollen verstecken. So ist es uns eine Last. Wenn es ans Sterben geht, werden wir diese Krypta zuschütten und zumauern, das haben wir uns geschworen.«

Jakoba und Roger mussten den alten Herren die Treppe hinaufhelfen. Sie gingen in den Saal zurück.

»Wir könnten das Archiv nach Portugal schaffen«, schlug Roger vor.

»Damit es dem portugiesischen König in die Hände fällt und die Geldgeschäfte der Templer noch einmal ausgewalzt und angeprangert werden? Nein, nein. Die Unterlagen, die uns dienlich waren, haben wir mit Arnolds Hilfe bereits verwendet. Wir haben Schulden eingetrieben und damit Glaubensbrüdern geholfen. Der Rest wird der Vergessenheit anheimfallen.« Bruder Otto gab Roger das Päckchen zurück. »Bring dieses Artefakt an einen sicheren Ort, Bruder. Wir können es hier nicht schützen. Und dann such dir einen Platz im Leben, an dem du nützlicher sein kannst. Du bist ohnehin deiner Gelübde entbunden, das weißt du doch. Nutze diese Gelegenheit. Die Zeit der Templer ist vorbei. Wir sind das Relikt einer untergegangenen Epoche. Was von unserem Templerglauben weiterlebt, wird andere Formen annehmen.«

Jakoba sah, dass Roger vor Verbitterung blinzelte. Waren da Tränen in seinen Augen? So viel hatte er aufgegeben, so viel riskiert für diesen Orden – und jetzt sollte auf einmal alles umsonst gewesen sein?

Früh am Morgen zogen sie weiter. Lange noch hatte Roger am Abend mit den Greisen geredet. Jetzt wirkte er sehr nachdenklich, fast teilnahmslos, weshalb sich Jakoba den Weg auf die Salzstraße weisen ließ. Nur noch vier Tagesritte bis Lüneburg.

Dass sie am Abend in einer verlassenen Hirtenhütte unterschlüpfen konnten, erschien Jakoba wie eine Fügung. Um keinen Preis hätte sie heute mit lauten Händlern, geschwätzigen Gastwirten und neugierigen Mägden zu tun haben wollen.

Roger sammelte Holz, entzündete ein Feuer und bereitete ihnen aus Pferdedecken und Umhängen ein warmes Lager, während Jakoba den Proviant herausholte, den Bruder Otto und seine letzten Getreuen ihnen mitgegeben hatten. So traurig sah ihr Gefährte aus, dass sie das Essen beiseite legte und sich zu ihm setzte. Warm und wohltuend spürte sie seinen Körper neben sich, und dieses Mal wich er nicht vor ihr zurück.

Der Gedanke, dass sie in wenigen Tagen getrennt werden würden, machte sie tieftraurig. Beide aßen sie nicht, sondern sahen in die tanzenden Flammen. Sein Kummer und seine Ratlosigkeit waren beinahe mit Händen zu greifen. Unbeholfen legte sie den Arm um seine breiten Schultern. So konnte sie ihn nicht trösten, also rutschte sie auf ihre Knie und schlang die Arme um seinen Hals. Seine Hände legten sich auf ihre Rippen, als wäre er unschlüssig, ob er sie halten oder wegschieben sollte. Ihre Nase berührte seinen Hals, und sie sog seinen Duft ein. Hauchzart ließ sie ihre Lippen über seinen Hals wandern.

»Jakoba, bitte ... « Roger stöhnte auf, doch statt sich loszumachen, wanderten seine großen Hände auf ihre Schulterblätter.

Sie hatte jetzt die weiche Haut hinter seinen Ohren erreicht. Es war unbequem, wie sie halb über ihm hing, aber sie konnte einfach nicht aufhören, ihn zu liebkosen. Immer weiter ließ sie ihren Mund wandern, bis sie endlich seine Lippen gefunden hatte. Zaghaft erst, aber dann immer fordernder umspielten sich ihre Zungen. Den Krampf, der sich in ihrem Oberschenkel ankündigte, wollte sie ignorieren. Doch dann zuckte ihr Bein schmerzhaft, sie verlor das Gleichgewicht und riss Roger mit sich um. Als sie auf die Erde fielen, musste Jakoba lachen.

Aufgewühlt zog Roger sie hoch, sodass sie auf seinem Schoß zu sitzen kam. »Wir sollten nicht ...«, protestierte er schwach.

Sie hatte ihr Gebende verloren, lang ergossen sich ihre Haare über ihren Schultern. Mit den Fingerspitzen berührte er die im Feuerschein schimmernden Strähnen. »Wie schön du bist!«, sagte er weich.

Seine Worte trieben eine Gänsehaut über ihren Körper. Um den Zauber des Moments zu erhalten, legte sie wieder den Arm in seine Halsbeuge und wollte ihn küssen. Zärtlich erwiderte er ihren Kuss. Ein reines Glühen und Sehnen war nun ihr Körper. Doch dieses Mal löste er sich von ihr. »Wir können das nicht ... wir dürfen das nicht tun. Es ist eine Sünde.«

Sie legte die Hand auf seine Brust. Deutlich fühlte sie das Hämmern seines Herzens. »Glaubst du, das wüsste ich nicht? Aber du bist frei. Bruder Otto hat es dir noch einmal gesagt. Es gibt nichts mehr, wofür du dich opfern musst. Und ich ...« So unvermittelt, wie sie eben gelacht hatte, stiegen ihr jetzt Tränen in die Augen. »Ich möchte nicht sterben, ohne dir einmal wirklich nah gewesen zu sein. Nur dieses eine Mal möchte ich dich spüren.« Jetzt strömten ihre Tränen. »Es soll verschlossen in unseren Herzen sein.« Sie legte ihre Handfläche auf Rogers Brust, dorthin, wo sie das Herz pochen fühlte, und er legte seine Hand auf ihre Herzstelle.

Roger küsste ihr die Tränen von den Wangen, eine nach der anderen. »Verschlossen in unseren Herzen«, wiederholte er.

Lange sahen sie einander an. Dann fanden sich ihre Münder wieder.

Jakoba hielt das Sehnen in ihrem Inneren kaum mehr aus. Wieder ließ sie sich von seinem Schoß gleiten, aber dieses Mal folgte er ihr, und sie gaben sich dem Liebesspiel hin. Behutsam entledigte sie ihn seines Hemdes, liebkoste jeden Muskel und jede Narbe auf seiner Brust. Beim Öffnen ihres Kleides bebten seine Finger so sehr, dass sie ihm helfen musste. Seine Lippen umschlossen ihre Brustwarzen, hielten ihre Brüste, als wären sie ein Kleinod.

Jakoba seufzte schwer, und ihr Atem stieß in kleinen Wölkchen in die eisige Nachtluft.

Er tastete nach ihrem Umhang und deckte sie mit der pelzgefütterten Seite zu. Sein Mund war auf ihrer Taille, ihrem Bauchnabel. Langsam schob er ihr Kleid hinunter. Jakoba konnte ihre Leidenschaft keinen Augenblick länger bezwingen. Ungeduldig nestelte sie an seinen Beinlingen, dann endlich waren sie beide nackt. Haut an Haut. Vereint.

Nach einer langen Nacht, in der sie kaum geschlafen hatten, brachen sie im ersten Licht des Tages auf. Erstaunt stellten sie fest, dass es geschneit hatte. Schweigend ritten sie nebeneinander, sich immer wieder verstohlen anlächelnd in der Erinnerung an das, was sie in den letzten Stunden geteilt hatten. Was auch geschehen würde, das konnte ihnen niemand nehmen.

Eine Weile war nur das Singen der Grünfinken und das Stampfen der Pferdehufe zu hören.

»Erzähl mir mehr von deinem Bruder«, durchbrach Roger die Stille.

Allein die Erwähnung war ihr zuwider. »Müssen wir jetzt über Anno reden?«

»Du fürchtest den Tod nicht ohne Grund. Ich möchte wissen, mit wem ich es zu tun habe.«

Schonungslos erzählte Jakoba ihm von Anno, von seiner Brutalität, seiner Gier, seiner Skrupellosigkeit, seiner Unfähigkeit in geschäftlichen Dingen, aber auch seiner Liebe zur Familie. »Sein Stand bedeutet ihm alles, aber er ist nicht in der Lage, ihn auf ehrenhafte Weise zu verbessern, deshalb greift er zu Erpressungen und Betrügereien. Ich war für ihn nur ein Tauschobjekt, um das Familienvermögen zu sichern und zu mehren.«

Roger sah sie von der Seite an. »Das würden sicher Hunderte Frauen über ihre Vormünder sagen.«

Die Empörung trieb ihr die Röte ins Gesicht. »Willst du ihn etwa verteidigen? Hetzen diese Vormünder etwa auch Hunde auf Bettler – Paul trägt noch heute die Narben –, rauben ihre Schwestern aus dem Kloster oder sperren sie in den Zwinger, bis sie sich ihnen fügen?«

Er ritt an sie heran, nahm ihre Hand und lächelte entschuldigend. »Ich verteidigte seine Handlungen nicht. Ich habe mir nur anzumerken erlaubt, dass die Sorge für die Familie die oberste Pflicht eines jeden *pater familias* ist.«

Sie beobachteten, wie sich ein Steinadler von einer kirchturmhohen Kiefer gleiten ließ und über einer Ebene kreiste, auf der Schilfpuschel aus dem Schnee ragten.

Roger spähte über die Ebene. »Feldhasen«, murmelte er und zügelte sein Pferd. Ein Schwarm Kolkraben flatterte heran, hielt aber Abstand zum Adler. Da stieß der Adler hinab, die Kolkraben hinterher. Der Adler schien einen Hasen geschlagen zu haben. Die Raben versuchten wohl, ihm die Beute abzujagen, denn er schlug mit den weiten Schwingen, um sie zu vertreiben. Nun stieg der Adler in die Lüfte, ein kleines Fellknäuel in den Fängen. Die Kolkraben umkreisten ihn, griffen ihn an. Schließlich ließ der Adler seine Beute fallen, drehte sich geschickt auf den Rücken und attackierte die überraschten Kolkraben.

Roger sprang vom Pferd und rannte los. Nach wenigen Augenblicken kam er mit dem toten Feldhasen zurück. Sein Messer wischte er im Schnee ab, denn er hatte das Tier bereits ausgeweidet.

»Unser Frühmahl«, sagte er. »Und nun erzähl mir weiter. Wie stark ist die Dahlenburg bewehrt? Und dein Mann – ist er ein Kämpfer? Wie eng ist er mit dem Lüneburger Rat verbunden? Wird er dich wieder aufnehmen, dich verstoßen oder anklagen?«

Es fiel ihr schwer, über ihr Schicksal so klarsichtig zu urteilen, dafür war es ihr zu nah. Auf der anderen Seite wusste sie Rogers Verstandesschärfe zu schätzen. Auch für sie war es gut zu wissen, was sie erwartete. Ruhig und überlegt begann sie, seine Fragen zu beantworten.

Er sah sie prüfend an: »Und was wünschst du dir selbst, Jakoba von Dahlenburg, tief in deinem Herzen?«

Sie blinzelte ihn an. »Du weißt, was ich mir wünsche.«

»Entschuldige meine unklare Formulierung.« Er lächelte. »Was soll in Lüneburg geschehen?«

Jakoba konnte den Schatten nicht mehr aufhalten, der sich schon die ganze Zeit über ihr Gemüt zu schieben drohte. »Erst einmal wünschte ich, ich hätte Gevehard nie geheiratet.« Ihre Gedanken drifteten ab. Sie schämte sich, es zu sagen, aber es musste sein. Zu oft hatte sie darüber nachgedacht: »Ich wünschte weiterhin, diese Ehe wäre nie vollzogen worden. Selbst wenn er mir stets Gewalt angetan hat, wird es vor Gericht vermutlich doch als Vereinigung gelten.«

Rogers Kiefer mahlten bei ihren Worten. Er brauchte nicht auszusprechen, wie sehr er Gevehard für seine Taten verachtete. »Fünf Jahre sind eine lange Zeit«, sagte er nachdenklich.

»Du meinst, er könnte gestorben sein? Aber ich will sein Erbe nicht! Ich habe ihn gehasst!«

»Das Erbe würde dir möglicherweise ein sorgenfreies Leben als Witwe ermöglichen.«

Jakoba hatte unbewusst die Schultern hochgezogen und spürte, wie sich ihre Nackenmuskeln verkrampften. »Anno würde versuchen, mich erneut zu verheiraten.« Sie lockerte die Schultern und seufzte. »Also: Am liebsten wäre mir, ich müsste nicht in diese Ehe zurück, Anno würde nicht mehr über mich bestimmen, ich könnte weiter als Heilerin arbeiten und ...« Ihr sehnsüchtiger Blick fing Rogers. »Aber das Leben richtet sich offenbar nicht nach meinen Wünschen.«

»Wir werden sehen, was uns Lüneburg bringt.«

Nach einigen Stunden Ritt entzündeten sie an einem zugefrorenen Weiher ein Feuer. Jakoba wünschte, sie hätte Knoblauch – Bauerntheriak –, um den Hasen zu spicken, wie sie es von Arnold gelernt hatte, aber das Fleisch würde auch so schmecken. Als sie eng umschlungen am Feuer saßen – sich zu küssen, wagten sie nicht –, fragte Jakoba, was in dem Samtpäckchen sei.

Statt sie wie bisher abzuweisen, holte Roger das Bündel hervor. Feierlich faltete er den Stoff auseinander. Eine schartige Klinge aus Metall kam zum Vorschein.

Nein, keine Klinge, die Spitze einer Lanze, erkannte Jakoba. Quer zum Schaft befanden sich zwei kleine metallene Flügel. In die ausgehöhlte Halterung waren fremdartige Buchstaben graviert.

»Eine Lanzenspitze war in Arnolds Medizinkästchen?«, wunderte sich Jakoba leise.

»Das ist nicht einfach eine Lanze. Es heißt, der Feldherr, der sie besitzt, wird unbesiegbar sein. Die Templer verbergen diese Macht, um Elend abzuwenden. Seit Jahrhunderten ist sie schon im Besitz unseres Ordens.«

Ehrfurcht ergriff Jakoba. »Die *Heilige* Lanze? Aber ich denke, sie gehört zu den Reichskleinodien?«

»Sie wurde ausgetauscht. Schon lange ist sie im Besitz der Templer.«

»Warum habt ihr Templer denn nicht mit dieser Lanze das Heilige Land zurückerobert? Warum habt ihr damit nicht den Untergang des Ordens abgewendet?«

Roger zog die Augenbraue hoch, ein Zeichen, dass ihm die Richtung missfiel, die dieses Gespräch nahm. »Sagen wir: weil das nicht der richtige Weg gewesen wäre.«

»Du hättest sie König Ludwig für die Reichskleinodien geben können.«

»Die Macht dieses Artefakts sollte nicht leichtfertig in die Hände eines Herrschers geraten.«

»Was hast du mit ihr vor?«

Sorgsam packte er die Lanzenspitze wieder ein. »Ich werde sie verwahren, bis sich ein würdiger und sicherer Platz für sie findet.«

34

Dahlenburg

Rodungsflächen, so weit das Auge reichte. Wo vor fünf Jahren noch alte Eichen und Weiden die Flussauen geprägt hatten, ragten jetzt nur noch Stümpfe aus dem Schnee. Der Ortsflecken wirkte verwahrlost. Viele Häuser waren verlassen. Es war albern, doch Jakoba fürchtete, dass man ihr ansehen könnte, wie sehr Roger und sie füreinander entbrannt waren. Obgleich es bei dieser einen erfüllenden Vereinigung vor drei Tagen geblieben war, schien es ihr, als ob die Luft zwischen ihnen Funken sprühte. Jede Berührung versetzte sie in Erregung, jeder Atemhauch war eine Einladung, jedes Wort eine Liebeserklärung.

Roger jedoch war von einer kühlen Beherrschtheit erfüllt. »Zieh die Kapuze über dein Gesicht, und gib dich nicht zu erkennen«, wies er sie an. »Wir werden erst einmal herausfinden, wie es um deinen Bruder und dessen Besitztümer bestellt ist. Vielleicht erfahren wir auch hier schon etwas über deinen Mann.«

Sie steuerten den Gasthof an, der sich in der Mitte des Ortes befand, direkt an der Salzstraße. Roger suchte ihnen einen Platz am Rande des Schankraums und bestellte Wein und eine Mahlzeit. Zwei Männer hielten sich in der Nähe der Feuerstelle an ihren leeren Bierkrügen fest.

Leutselig begann Roger mit ihnen und dem Wirt ein Gespräch. Während sie saßen – die Suppe war dünn und schmeckte nach nichts –, redeten sie über die Härte des Winters, die den Handel beinahe ganz zum Erliegen gebracht hatte, und die Not, die sich im Landvolk ausbreitete.

»Trockenheit und Gewitter im Sommer, Regenfälle bei der

Aussaat des Wintergetreides und der starke Frost im Winter – die Hungersnot hat uns noch immer im Griff«, klagte ein Bauer.

Schließlich konnte Roger das Gespräch auf ihren Lehnsherrn lenken.

»Die Unbarmherzigkeit der Lehnsherren und Gutsbesitzer macht die Lage nicht einfacher. Sie quetschen unsere Bauern aus bis zum Letzten. Auch das kleinste Stück Wald wird noch abgeholzt und verscherbelt. Lüneburg zahlt ja«, klagte der Wirt und warf ein paar Holzscheite auf die Feuerstelle.

Es qualmte so heftig, dass Jakoba hüstelte.

Einer der alten Männer setzte hinzu: »Unser edler Herr ist ja schon immer schlimm gewesen, aber seit die Ländereien an seinen Schwager, den edlen Herrn Dietrich, und den feinen Herrn Reppenstede übergegangen sind, ist es überhaupt nicht mehr auszuhalten.«

Überrascht blickte Jakoba ihn an, senkte dann aber schnell die Lider. Sie durfte nicht Gefahr laufen, erkannt zu werden. Um den Familienbesitz war es schon früher schlecht bestellt gewesen, aber offenbar hatten weder ihre Heirat noch das Erbe der Großeltern die Lage verbessern können. Ärger noch: Offenbar hatte Anno an seinen Schwager Dietrich und ihren Mann Gevehard verkaufen müssen. Noch immer war die Luft in der Gaststube rauchig. Jakoba versuchte, den Hustenreiz zu unterdrücken, doch da öffnete die Magd schon die Tür. Vor dem Haus zogen Dorfbewohner vorbei, gebeugt von Kälte und Hunger.

Roger plauderte über verarmte Adelige, die er kannte, von Stolz und tiefem Fall, was seinen Gesprächspartnern zu gefallen schien. Sie fragten, woher er stamme und wohin er wolle, und die vagen Antworten kamen Roger überzeugend über die Lippen.

Da fing eine bekannte Gestalt Jakobas Blick auf. Der Greis, der auf einen Stock gestützt am Gasthof vorbeischlurfte und sehnsüchtig hineinspähte, das war doch Tönnies! Beinahe wäre sie aufgesprungen und zu ihm geeilt, aber das wäre doch zu sehr aufgefallen.

Roger schien ihre Erregung zu bemerken, denn er ließ einige Münzen auf den Tisch springen und verabschiedete sich.

»Der alte Mann – wo ist er hin?«, sprach Jakoba ein Mädchen an, als sie vor die Tür trat; die Kleine hielt geschnitzte Knochen in den Händen, sie wollte wohl auf Eiskufen fahren.

»Tönnies? Der Graukopf wohnt ganz am Rande des Dorfes. So weit von der Burg entfernt, wie es nur eben geht, sagt er immer.«

Roger und Jakoba nahmen ihre Pferde und fragten sich zu Tönnies' Hütte durch, die nicht mehr als ein ärmlicher Verschlag war.

Roger pochte an das Holz.

»Wer da?« Tönnies trat an die Tür. Seine Augen waren trüb, der erhobene Stock in seiner knotigen Hand bebte. Seine Kleidung war schäbig, die Füße nackt, das einzig Wärmende war ein Schaffell um seine Schultern. Misstrauisch blinzelte er an ihnen vorbei. Er schien sie nicht zu erkennen. »Komm to miner anesicht – mine Ogen sin nicht mehr am besten«, knurrte er.

Jakobas Brust wurde eng beim Anblick des Knechtes. »Oh, Tönnies, du Guter, warum bist du denn nicht mehr in der Burg, wo du immer ein warmes Plätzchen findest!«, rief sie aus.

Die Hände des Mannes zitterten heftiger. »Domina Jakoba?«

»Ja, ich bin es. Lässt du uns ein? Ich habe einen treuen Reisegefährten mitgebracht, den Ritter Roger«, sagte sie.

Sie traten in die winzige Hütte, durch deren Wände der Wind pfiff. Kein Möbelstück befand sich darin, nur eine einfache Lagerstatt und eine Feuerstelle.

So aufgeregt war der Greis, dass er sich setzen musste. »Dancke de Godde! Ich kann es nicht glauben!« Er begann zu weinen.

Jakoba hielt seine Hand, bis die Tränen des Alten versiegt waren.

»Als Herr Anno Euch noch suchen ließ, sorgte ich mich zwar um Eure Sicherheit, aber immerhin wusste ich, dass Ihr noch lebt. Aber dann kehrte Wulf unverrichteter Dinge aus Venedig zurück …«, berichtete Tönnies schließlich.

»Wulf war in Venedig?«, fragte Jakoba erstaunt.

»Wulf hat Eure Spuren verfolgt wie einer von Herrn Annos abscheulichen Bluthunden. Anno hat ihm eine üppige Belohnung versprochen, wenn er Euch zur Strecke bringt. *Zur Strecke bringt* – genau das waren seine Worte! Mit der kleinen Ute wollte er ihn vermählen, das muss man sich mal vorstellen!«

Jakoba hatte ihre Nichte vor Augen, wie sie sie zum letzten Mal gesehen hatte, und heißer Zorn überfiel sie. Ihr Bruder wollte das Mädchen doch nicht etwa diesem Unhold geben!

»Stinksauer war Wulf, als er Euch nicht fand. Und wir mussten darunter leiden. Ach, der arme Junge«, sagte Tönnies plötzlich unvermittelt und schniefte. Sie ließen ihm etwas Zeit, sich zu sammeln. Das Gespräch schien den Greis sehr mitzunehmen.

»Ich lauschte immer, wenn Wulf dem Herrn berichtete«, sprach er schließlich weiter. »Erst fand Wulf Eure Spur in Magdeburg, danach verlor sie sich wieder. Dann tauchte plötzlich Herrn Reppenstedes Silbergürtel auf, offenbar seine Morgengabe, in … in welcher Stadt war es doch gleich?«

Sie wusste es noch genau: »Wir haben den Gürtel in Quedlinburg verkaufen müssen.«

»Wieder entwischtet Ihr, und ich glaubte Euch entkommen. Aber dann sah Euch ein anderer hoher Herr am Hofe des Königs, glaube ich, und dessen Bedienstete wussten, dass Ihr und dieser Medicus nach Venedig wolltet.« Tönnies wollte ihr ins Gesicht sehen, blickte aber vorbei.

Jakoba kniete sich neben ihn und nahm die Hände des Greises. Jetzt sah er sie an. Die Tränen hatten sich in seinen tiefen Falten gefangen und tropften von den Wangen herunter. »Wie zornig Herr Anno war, als Wulf ohne Euch aus Venedig zurückkehrte, das könnt Ihr Euch nicht vorstellen – oder doch, Ihr kennt ihn ja. Grausam ist er, und er wird immer grausamer, je schlechter es um seinen Besitz steht. Jetzt gerade muss dieser arme junge Mann Annos Zorn aushalten! Als ich mich für ihn einsetzte, warf Herr Anno mich hinaus. Seitdem vegetiere ich hier dahin. Aber letztlich ist's besser, als in der Burg zu sein. Ach, dass Ihr wieder da seid, Domina Jakoba! Jetzt wird alles gut!«

»Schon zwei Mal habt Ihr diesen jungen Mann erwähnt«, sagte Roger. »Was hat es mit ihm auf sich?«

»Vor ein paar Wochen spürte Herr Anno ihn mit seinen Hunden auf. Der Fremde hatte die Burg und den Herrn wohl beobachtet. Herr Anno und Wulf trieben gerade wieder bei Bauern den Zehnt ein, da griff er sie an. Der Herr behauptete, der Junge wollte ihn töten, aber das glaube ich nicht. Zu harmlos wirkte der mit seinen Locken.« Tönnies wischte sich mit dem Ärmel über die Wangen. »Und ob Ihr es glaubt oder nicht, Domina Jakoba: Der Fremde kommt mir bekannt vor. Als hätte ich sein Gesicht schon mal gesehen …«

Jakobas Herzschlag hatte sich während Tönnies' Rede beschleunigt. Jetzt schnürte die Gewissheit ihr den Hals zu. »Anno hält Paul gefangen«, sagte sie tonlos.

»Paul?«, fragte Tönnies.

»Es ist der Junge, auf den Anno in dem Jahr meiner zweiten Vermählung die Hunde hetzte. Dessen Vater er zerfleischen ließ, weißt du noch?«

Wieder zitterte der Greis vor Erregung. »Jetzt, wo Ihr es sagt … ja, er muss es sein …«

Jakoba erstarrte vor Kummer und Sorge. Roger hingegen hatte unmerklich die Hände zu Fäusten geballt.

»Im Hundezwinger. Herr Anno, dieser Unmensch, hat ihn in den Hundezwinger gesteckt …«

Wie mich damals. Jakoba grauste es. Und das bei Pauls Angst vor Hunden.

Die Kinnmuskeln des Ritters zuckten. »Ich werde Paul da rausholen. Noch in dieser Nacht.«

»Du … allein?«

»Ich bin schon mit ganz anderen Situationen fertiggeworden«, erwiderte Roger entschlossen.

Ihre Angst vergrößerte sich. Sie wollte ihn nicht auch noch verlieren. »Du kennst Anno nicht«, sagte sie düster.

»Er mich auch nicht. Aber er wird mich kennenlernen.«

Tatsächlich zeigte Roger sich in den nächsten Stunden von einer Seite, die er bisher vor Jakoba verborgen hatte. Konzentriert informierte er sich über Lage, Bauweise und Bewaffnung der Burg und entwickelte einen Plan. Dabei wurden auch Jakobas Medizinvorräte gebraucht.

Jakoba gab Tönnies Geld und bat ihn, reichlich einzukaufen und ihnen einen stärkenden Eintopf zu kochen, was der Greis nur zu gerne tat. Als sich endlich Stille über Dorf und Burg senkten und die letzten Feuer verloschen, warteten sie noch eine gute Weile, dann führten sie die Pferde in großem Abstand um Hütten und Häuser.

Im Schutz einiger Findlinge bat Roger sie, mit den Pferden auszuharren. Er reichte ihr das Samtpäckchen und einen Dolch. Fest sah er Jakoba in die Augen. »Wenn ich bis zum Morgengrauen nicht zurück bin, reite fort, direkt nach Lüneburg, schau nicht zurück.«

Noch einmal küsste er sie leidenschaftlich. Die Worte des Widerspruchs blieben Jakoba im Hals stecken. Dann war er auch schon verschwunden.

In der nächsten Stunde glaubte sie, beinahe verrückt zu werden vor Angst. Sie lauschte auf jedes Geräusch, aber weder die Schreie von Wachen noch das Gekläff der Hunde waren zu hören. Geradezu unheimlich still war es.

Plötzlich ein Knacken im Geäst, ganz nah schon. Dann brach

Roger aus dem Dickicht. Auf seiner Schwertklinge glitzerte Blut. »Die Betäubung hat für die Tölen nicht ausgereicht«, zischte er.

Ihr Herz überschlug sich. Er war zurück, aber Paul …

Bevor Jakoba nach ihm fragen konnte, drehte Roger sich um und lief noch einmal in den Wald. Als er zurückkam, stützte er jemanden. »Ein Stück hat er allein geschafft, aber dann … Dieser Mistkerl hat Paul ausgehungert!«

Jakoba stürzte den beiden entgegen, wollte erleichtert mal den einen, mal den anderen umarmen. Paul sah furchtbar aus und stank. Sein Gesicht war von einem wüsten Bart überwuchert.

»Lasst uns erst einmal Land gewinnen«, befahl Roger. Er half Paul zu Jakoba aufs Pferd. Zum ersten Mal war sie diejenige, die jemanden beim Reiten halten musste.

»Domina Jakoba, ich bin … so glücklich, Euch … noch mal zu sehen«, trug der Wind Pauls dünne Stimme zu ihr. »Ein paarmal … hätte ich ihn töten können … ganz leicht.« Er schniefte. »Aber ich konnt's einfach nicht.«

»Das ist auch gut so.« Jakoba legte den Arm um Pauls Hüfte und spürte dabei deutlich seine Knochen. »Du bist kein Mörder. Du bist ein guter Mensch. Ich bin sehr froh, dass wir wieder zusammen sind. Und jetzt still, wir sprechen später.«

Sie hatte keine Ahnung, wohin Roger mitten in der Nacht wollte, aber sie vermutete, dass er einen Plan hatte.

Mehrere Stunden ritten sie, bis sich endlich der Lüneburger Kalkberg und die Kirchtürme der Stadt vor dem klaren Sternenhimmel abzeichneten. Erst hier ließ Roger sich zu ihr zurückfallen. »Wo liegt die Burg des Herzogs?«

»Von hier aus westlich der Stadt, auf dem Berg dort«, erklärte Jakoba.

Durch die Äcker und den Grimm ritten sie den Weg, den sie bei ihrer Flucht mit Paul gewandert war. Sie bogen auf den Weg zum Kalkberg ab, passierten die Sankt-Cyriaci-Kirche und das Michaeliskloster. Auf der obersten Ebene thronte die Festung.

Natürlich verwehrten die Burgwachen ihnen zunächst den Einlass. Erst mit dem Empfehlungsbrief des Königs gelang es Roger, doch hineinzukommen. Ein Diener, der offenbar gerade von den Wachen aus dem Bett geworfen worden war, wies ihnen zwei Gästekammern zu und versprach ihnen sogar, heißes Wasser zu beschaffen. Sie halfen Paul auf ein Lager, und um den jungen Mann nicht unnötig zu beschämen, zog Roger ihm die verschmutzte Kleidung aus, wusch den ärgsten Dreck ab und schlang ihm ein frisches Tuch um die Hüften.

Nun erst konnte sich Jakoba um die Biss- und Schlagwunden an Pauls Körper kümmern. Ihr Freund war übel zugerichtet. Aber wenn sie erst an die Angst dachte, die er ausgestanden haben musste, überfiel sie blanker Hass. Roger reinigte unterdessen sein Schwert von dem Blut. Hatte er alle Hunde getötet? Hatte Anno bereits mitbekommen, dass der Gefangene befreit war? Verfolgte er sie vielleicht schon?

»Ich habe lange gebraucht, bis ich hier im Norden ankam«, begann Paul zu berichten. »Hab mir Zeit gelassen auf dem Weg. Ich wollte Anno beobachten. Mir einen Eindruck verschaffen, wie es um die Bewaffnung der Burg bestellt ist und so.« Er kniff das Gesicht zusammen, als Jakoba Schmutz aus einer entzündeten Bisswunde am Knöchel entfernte.

»Willst du nicht bis morgen mit dem Bericht warten?« Noch einmal musste sie in der Wunde pulen. Es führte wohl nichts daran vorbei, das Fleisch später auszubrennen.

»Nein!« Paul spie das Wort förmlich heraus. »Ihr sollt jetzt erfahren, wie dumm ich mich angestellt habe.«

Schweigend schärfte und polierte Roger seine Klinge; er wirkte in sich versunken, aber Jakoba ahnte, dass er hellwach war.

»Je länger ich Euren Bruder beobachtet habe, desto größer wurde mein Hass. Er ist ein Menschenschinder sondergleichen, nur seine Familie und diesen Wulf schont er. Eben deshalb … habe ich es nicht übers Herz gebracht. Ich bin kein wahrer

Kämpfer, kein Ritter, nicht einmal ein Knappe«, sagte Paul, als müsste er sich entschuldigen.

Roger legte das Schwert beiseite und eine Hand auf die Schulter des Freundes. »Du handelst gerade ritterlich, wenn du den Tod eines anderen nicht aus Hass forderst.«

Jakoba war gerührt und mochte die beiden nur ungern unterbrechen, aber die Zeit drängte: »Ich brauche mehr Glut. Die Wunde muss ausgebrannt werden, sonst besteht die Gefahr, dass Paul das Bein verliert.«

Es war eine schrecklich schmerzhafte und für alle aufreibende Prozedur. Als Paul schließlich halb ohnmächtig, halb betäubt in den Schlaf hinüberglitt, zogen auch Jakoba und Roger sich in ihre Kammern zurück. Sie sollten noch etwas Schlaf bekommen. Niemand wusste schließlich, was der nächste Tag bringen würde.

Als sie aufwachte, konnte Jakoba es kaum fassen: War sie wirklich in der Kalkbergfestung? Zuletzt war sie als kleines Mädchen mit ihrem Vater hier gewesen, als dieser dem Herzog gehuldigt hatte. Sie holte ihr sauberes Kleid aus dem Sack, steckte die Haare unter ihr Gebende und eilte in die benachbarte Kammer.

Paul war allein und versuchte, in Rogers Beinlinge zu schlüpfen, was ihm wegen seiner Schwäche und der Verletzungen schwerfiel.

»Bleib lieber liegen!«

»Messire Roger meinte, ich solle mich darauf einstellen, dass der Herzog uns zu sehen wünscht.«

»Roger ist also schon beim Herzog?«

»Gleich bei Morgengrauen ist er hingeeilt.« Paul versuchte aufzustehen, wankte jedoch so, dass sie ihn unterfassen musste. Liebevoll brachte sie ihn dazu, sich wieder hinzusetzen. »Die Hosen brauchst du noch nicht – ich muss mir erst mal die Wunden ansehen. Und danach nehmen wir dir den wüsten Bart ab.«

Sie reinigte die Wunden und rieb sie mit Apostelsalbe ein.

Danach schabte sie ihm vorsichtig die Barthaare ab. Pauls Züge hatten sich in den letzten Monaten ausgeprägt, waren noch klarer und männlicher geworden.

Verstohlen sah er sie an. »Ich habe gehofft, dass Ihr eines Tages wieder hierherkommen würdet. Oft habe ich mir ausgemalt, dass wir uns wiedersehen würden«, sagte er. »Aber in diesem Zustand wollte ich Euch natürlich nicht empfangen.«

Seine tiefe Zuneigung berührte sie. Jakoba überspielte ihre Gefühle, indem sie ein Ölfläschchen in ihrem Sack suchte. Sie wollte ihm etwas Gutes tun. Da war es ja. Behutsam ölte sie sein Gesicht ein, was er sichtlich genoss. »Wie wolltest du mich denn empfangen?«

»Als geachteter Bürger. Vielleicht als Bote, als Rosshändler oder Pferdezüchter.« Er stockte. »Ihr seid den ganzen Weg mit Messire Roger gereist ... allein?« In seinen Augen waren Verwunderung, aber auch ein Hauch Neid und Eifersucht zu lesen.

»Eigentlich wollte ich ganz allein hierherpilgern, um die Buße für den Kirchenbann abzuleisten. Leichtsinnig und verrückt, oder?«

Er verstand nicht. »Kirchenbann?«

»Eine lange Geschichte«, sagte Jakoba.

Schritte näherten sich. Roger trat ein. Ein unergründlicher Ausdruck huschte über sein Gesicht, als er die beiden zusammen sah. »Der Herzog erwartet euch«, sagte er.

Jakoba ging das zu schnell. »Was hast du ihm gesagt? Wie hat er reagiert?«

»Wir sollten Otto den Strengen und seinen Sohn nicht warten lassen«, trieb Roger sie an.

Während Paul sich anzog, kontrollierte Jakoba ihr Kleid und ihre Haartracht. Sie musste unbedingt einen ehrbaren Eindruck machen.

Sie stützten Paul beim Gehen. Rogers Ersatzkleidung passte ihm beinahe, wenn sie ihm auch um den mageren Leib schlabberte.

»Der Herzog ist sehr fromm und strebt wenig nach weltlicher Macht«, raunte Roger ihnen zu, während sie durch die Burggänge eilten. »Deshalb hat er bereits vor einigen Jahren seinen Söhnen das Herzogtum übergeben. Seinen Ältesten – noch ein Otto, was für eine Überraschung – hat er zum Hoftag des Königs nach Nürnberg geschickt. Sein jüngerer Sohn Wilhelm scheint hingegen nicht sehr ehrgeizig zu sein.«

»Ich bin erstaunt, wie gut du dich auskennst, wo wir doch gerade erst angekommen sind«, sagte Jakoba. »Das habe ja nicht einmal ich gewusst. Und ich bin von hier.«

Roger blinzelte sie an. »Jahrelange Übung in den Intrigen am Hof des französischen Königs. Außerdem habe ich mich selbstverständlich in Süpplingenburg ausführlich erkundigt, was uns erwarten würde. Der Tempelkomtur Bruder Otto und Herzog Otto der Strenge sind Vettern, musst du wissen.«

Sie betraten einen Herrensaal, der von einem breiten Kamin und einem noch größeren Falttisch in Grün und Rot bestimmt wurde. An den Wänden waren Abbilder von Löwen zu sehen. Ein Reliquienbehälter prangte neben einem vergoldeten Buchkasten auf einer Anrichte.

Herzog Otto stand am offenen Fenster und sah auf die Stadt hinaus. Der kühle Wind brachte das Kaminfeuer zum Flackern und trug das Glockengeläut des Michaelisklosters zu ihnen. Auf einer Art Liege fläzte nach Art der Römer ein jüngerer Mann. Er fröstelte und begrüßte sie unwillig.

Roger stellte sie vor: »Das sind sie also: Domina Jakoba von Dahlenburg, geachtete Heilerin aus Paris, Meisterin in der Herstellung des Theriaks, mit dem sie selbst den französischen König Philipp den Langen und König Ludwig aus dem Hause der Wittelsbacher versorgte. Und Paul von Krakau, mein Knappe, Freund und der beste Pferdeexperte, den ich kenne.«

Ergeben beugten sie die Knie.

»Ihr habt also den Ruf Unserer Heimat in die Stadt der Weisheit getragen, Domina Jakoba? Wir haben von den Gelehrten, die Unseren Hof aufsuchten, viel über die Errungenschaften der Pariser Universität gehört«, sagte Herzog Otto.

Obgleich er mit einem strengen Unterton gesprochen hatte, zuckte Jakoba unmerklich zusammen. *Errungenschaften der Pariser Universität? Nun ja.* Die Begrüßung überraschte sie. »Ihr ehrt mich, Hoheit.« Sie reichte ihm König Ludwigs Empfehlungsbrief.

Der Herzog bat seinen Sohn, ihn vorzulesen. Als Wilhelm geendet hatte, sagte er: »Das ist wirklich eine willkommene Fügung. Nachdem der Apotheker am Burgberg verstarb und der letzte Medicus sich von Lübecks Reichtum locken ließ, ist es um die heilkundliche Versorgung in Unserer Stadt schlecht bestellt. Was die Gelehrsamkeit angeht, kann sich der Norden bedauerlicherweise nicht mit dem Süden des Reiches messen. Habt Ihr etwas Theriak für Uns?«

»Nur ein wenig kann ich Euch noch anbieten. Aber natürlich kann ich für Euch neuen Theriak anfertigen.«

»Tut das am besten gleich morgen!«

»Eine adelige Medica – das scheint mir nicht mit rechten Dingen zuzugehen«, mischte sein Sohn Wilhelm sich ein.

»Hast du vergessen, Sohn, dass sich auch die heilige Elisabeth von Thüringen der Krankenpflege verschrieb?«, erinnerte ihn der Herzog.

»Ich verstehe nur nicht, was Euch dorthin verschlagen hat, Domina Jakoba. Das ist doch wohl recht ungewöhnlich – eine Frau in Paris. Und ich hörte, Euer Mann lebt in Lüneburg. Rechtmäßig ist das nicht.« Wilhelm richtete sich ein wenig auf seiner Liege auf.

Ich darf mir keine Blöße geben, mahnte Jakoba sich. »Ich war auf einer Pilgerfahrt«, sagte sie.

»Außerdem verfügen wir über dieses Empfehlungsschreiben des Königs. Willst du das Urteil von König Ludwig anzweifeln, Sohn?«

Roger räusperte sich gemessen und wandte sich dann gleichfalls an Wilhelm. »Wie ich Eurem Vater bereits erklärte, wurde Domina Jakoba aus dem Kloster Ebbekestorpe entführt, wo sie die Heilkünste erlernte. Gegen ihren Willen wurde sie verheiratet. Ihr Mann misshandelte sie. Sie hat die Heiligen auf dieser Pilgerreise um Hilfe angefleht«, sagte er.

»Als Wir von Domina Jakobas Ehe hörten, missbilligten Wir sie gleich: Keine Adelige sollte derart unter Stand heiraten. Diese Patrizier mischen sich unter den Adel wie Mäusedreck unter den Pfeffer! Das teilten Wir ihrem Bruder Anno mit, der sich auch in anderen Fragen bedauerlicherweise wenig standesgemäß verhält«, sagte Herzog Otto missbilligend. »Und Gevehard Reppenstede? Wir vertrauten ihm einen Posten in der Vogtei an. Aber er hat sich auf ungebührliche Weise mit dem Lüneburger Rat verbündet und sich gegen Uns gestellt ...«

Jakoba merkte auf. Es konnte ihrem Anliegen vielleicht dienlich sein, dass sowohl Anno als auch Gevehard beim Herzog in Ungnade gefallen waren.

Roger schien ähnlich zu denken, denn er wollte nachsetzen: »Diese Ehe ist ...«, begann er, doch der Herzog fiel ihm ins Wort.

»Unauflöslich, natürlich.«

»Ich fragte mich, ob Ihr als Rechtsherr eine Annullierung der Ehe ...«

Die Hand des Herzogs tanzte unruhig über den Tisch. »Das mag bei Euch Franzosen möglich sein, hier bei uns gelten strengere Maßstäbe. Wir werden dafür sorgen, dass Herr Gevehard seine Gattin wiederaufnimmt.«

Jakoba konnte ihr Entsetzen kaum verhehlen. Nur das nicht! Aber was hatte sie denn erwartet? »Ich könnte auch zurück ins Kloster ...«, brachte sie tränenerstickt hervor.

»Wir sind dem Kloster Ebbekestorpe wahrlich sehr verbunden, aber dafür ist es zu spät. Die Ehe ist vor Gott geschlossen und vollzogen worden.«

Vor den Saaltüren war nun Geschrei zu hören, Waffen und Schilde schepperten. »Was ist das für ein Tumult? Lasst Ruhe einkehren – Wir schätzen das nicht!«, fauchte der Herzog seinen Sohn an, der sich widerstrebend erhob und der Tür zuwandte.

Da flogen auch schon die Saaltüren auf. Zu Jakobas Schrecken stürzte Anno herein, gefolgt von Gevehard und Wulf. Die drei wirkten so hasserfüllt, dass Jakoba sich am liebsten verkrochen hätte.

»Hier ist sie also tatsächlich, diese Hure! Diese Unholdin! Endlich können wir sie dem Scharfrichter vorführen und unsere Familienehre wiederherstellen«, keifte Anno. Er erblickte Roger und Paul und schoss drohend auf Paul zu. »Du Abschaum hast meine Hunde gemeuchelt – aber warte, ich werde dir die Haut abziehen, wie ich es auch bei Tönnies, diesem Verräter, tun werde, wenn er nicht vorher in meinem Verlies den Geist aufgibt und …«

Jakoba war entsetzt. Ihr Bruder hatte Tönnies eingesperrt! Woher wusste er … Und wie konnte Anno das dem alten Mann nur antun?

Der Herzog sprang sichtlich genervt auf und gab seinen Rittern einen Wink, die Anno sogleich umringten. »Mäßigt Euch, Herr Anno, oder Wir werden Euch in Ketten legen lassen. Eure Schwester und ihre Begleiter sind Unsere Gäste. Sie genießen den Frieden Unseres Hauses.«

Jakoba trat mit weichen Knien auf Gevehard zu. Dies war der Moment, den sie so lange gefürchtet hatte. Auch ihre Stimme zitterte, als sie sprach: »Ich bitte dich um Verzeihung. Ich hätte dich niemals …«

Gevehard fiel ihr ins Wort. »Ich wollte nichts als Ansehen und Kinder von dir. Du hast mir Schimpf und Schande gebracht.

Und das hier.« Grob riss er die feine Samtkappe vom Kopf. Dort, wo er beim Sturz im Badehaus die Wunde davongetragen hatte, war sein Schädel vernarbt und kahl.

Vom Sturz allein konnte die Narbe nicht stammen – ein unfähiger Arzt musste die Wunde damals weitflächig ausgebrannt haben. Sie erschauderte.

»Es war ein Unfall …«, begann sie.

Eine Ohrfeige streckte sie nieder. Sofort schoss Roger auf Gevehard zu, doch auf einen Wink des Herzogs schoben sich Wachen zwischen die Streitenden. Paul humpelte blass näher und half ihr auf. Jakoba zitterte am ganzen Leib.

»Bei diesem böswilligen Benehmen in Unserer Gegenwart wissen Wir wieder, warum Wir Euch aus Unserer Vogtei entfernt haben, Herr Reppenstede. Ihr seid derlei Verantwortung nicht gewachsen!«, urteilte der Herzog.

»Es handelt sich um eine Familienangelegenheit, Herzog«, sagte Gevehard laut und versuchte erneut, sich drohend Roger zu nähern. »Dieser Mann hier hat meine Frau entführt und entehrt. Dafür muss sie an Leib und Leben gestraft werden!«

Jakoba schnappte ob dieser Frechheit nach Luft.

»Wir müssen das Strafrecht des Sachsenspiegels gegen die Beteuerungen von Domina Jakoba und die Aussagen ihrer ehrenvollen Gewährsmänner abwägen. Bewahrt Ruhe! Wir werden eine vernünftige Lösung finden«, mahnte der Herzog.

Gevehard jedoch war kaum zu bändigen. Als die Wachen ihn festhielten, spie er gegen Roger aus.

In diesem Augenblick stellte sich Roger ihm zornsteif entgegen. »Dieses Benehmen und diese Anschuldigung sind ungeheuerlich. Die letzten Jahre habe ich in der Gunst der französischen Könige Philipp dem Langen und Karl dem Schönen verbracht. Ich fordere Genugtuung!«

Die Kaltblütigkeit, mit der Roger diese Worte hervorbrachte, ließ Jakoba erstarren.

Jetzt nahm Gevehard Paul ins Visier. »Dann war er eben der Schänder. Vermutlich hat sie den Bengel verhext, genau wie mich!«

Roger spannte die Schultern und legte die Hand an den Schwertknauf. »Genug! Edler Herzog, seid Ihr einverstanden, dass Gott über die Rechtmäßigkeit der Anschuldigungen und die Ehre dieser Frau und meiner Wenigkeit entscheidet?«

Gevehard erbleichte. Offenbar wusste er nicht, wie ihm geschah. »Ein Kampfordal? Aber ich …«

»Als Rangniederer dürft Ihr Euch meiner Herausforderung nicht verweigern, Reppenstede. Gott soll über unser Schicksal entscheiden!«, beharrte Roger.

Anno legte die Hand an sein Schwert. »Ich werde diesen Kampf für meinen Schwager austragen.«

Anno gegen Roger? Jakoba wusste um die Stärke ihres Geliebten, aber ebenso um die Gemeinheit ihres Bruders. Auch sie fühlte sich überrollt vom rasenden Fortgang der Ereignisse. Hilflosigkeit machte sich in ihr breit. Sie mochte eine ausgezeichnete Heilerin sein, erkannte Krankheiten und wusste um die richtigen Heilmittel. Ihre Fähigkeiten waren sogar von gekrönten Häuptern gelobt worden. Doch wenn es um ihr Liebes- und Familienleben ging, war ihre Meinung nichts wert und sie musste den Männern das Handeln überlassen. Trotz allem, was sie als Heilerin erreicht hatte, konnte ein Mann sie erniedrigen, drangsalieren und vermutlich sogar töten lassen. Es war ernüchternd.

Gott entschied? Nein, was sie gerade erlitt, war einzig von Männern bestimmt, davon war sie überzeugt. »Bitte kämpft nicht. Ich füge mich ja«, warf sie ein.

»Dafür ist es zu spät. Ein Ehrenkampf ist unausweichlich. Die schmähenden Worte sind gefallen und können nicht zurückgenommen werden. Mir ist es einerlei, gegen wen dieser Herren ich antrete. Ihr seid der Herr dieses Hauses und dieses Landstrichs.

In Eurer Macht liegt es, ohne Zeitverzug für eine Einigung zu sorgen«, trieb Roger den Herzog zu einer Entscheidung.

»Dann sei es so«, verkündete Herzog Otto. »Macht Euch im Burghof bereit.«

Schnell hatte sich der nahende Kampf herumgesprochen. Auf den Wehrgängen und Zinnen der Burg sammelten sich Ritter, Höflinge und Diener. Vereinzelt taumelten Schneeflocken vom eisgrauen Himmel.

Es fiel Jakoba schwer, Haltung zu bewahren und die hasserfüllten Blicke ihrer Feinde zu ertragen. Noch mehr quälte sie allerdings die Sorge um Roger. Nachdem Herzog Otto entschieden hatte, dass sie zu ihrem Mann zurückmusste, hatte Roger es auf diesen Kampf angelegt. War er so sehr davon überzeugt, dass er gewinnen würde? Oder war es der einzige Ausweg, den er für sie sah? Riskierte er nur für sie sein Leben? Immerhin waren die Diskussionen über ihren Angriff auf Gevehard und ihre Flucht gar nicht erst aufgeflammt. War das Rogers Absicht gewesen?

Trotz seiner Verletzungen half Paul Roger dabei, den Waffenrock zu schnüren. Ihre Bewegungen waren so aufeinander eingespielt, dass Jakoba vermutete, dass es nicht die erste Herausforderung war, die sie gemeinsam durchlitten. Anno ließ hingegen von Wulf sein Schwert noch einmal schärfen, während Gevehard zornesrot um sie herumstampfte. Die Männer schienen etwas zu diskutieren. Was führten sie im Schilde? Am liebsten hätte sie Roger fest umarmt, aber sie durfte ihren Feinden keine weiteren Angriffsflächen bieten.

Schließlich traten der Herzog und sein Sohn in Begleitung eines Priesters in den Hof. Der Geistliche schritt in die Mitte, betete mit ihnen und segnete den Kampfplatz. Dann wurde die Fläche für die Schwertkämpfer geräumt.

Roger wandte sich Jakoba noch einmal zu. Sein Gesicht war blass und konzentriert, als sei er schon mitten im Kampf. Dennoch ließ er sich vor ihr auf ein Knie sinken und küsste ihre Hand, was Anno und Gevehard zu erneuten Pöbeleien trieb. Jakoba jedoch nahm die Anwürfe ihrer Feinde gar nicht wahr. Sie hatte nur noch Augen für Roger.

»Ich meine es, wie ich es sagte: Gott soll über unser Schicksal entscheiden«, sagte er und sah ihr dabei tief in die Augen. Ein Schauer lief ihr über den Rücken.

Roger erhob sich. Die Männer postierten sich gegenüber und nickten einander zu; ein Minimum an Höflichkeit. Dann zogen sie die Schwerter. Der Kampf begann.

Jakoba konnte kaum hinsehen. Sie spürte, wie auch Paul neben ihr mitfieberte. Roger war geschickter als Anno, auch waren seine Schläge präziser. Als ihr Bruder merkte, dass er gegen seinen Gegner nicht ankam, griff er zu üblen Tricks. Er beschimpfte Roger unflätig, spuckte ihn an, versuchte, ihm auf die Füße zu treten und ihn ins Gemächt zu stoßen. Beharrlich setzte sich Roger zur Wehr. Schließlich gelang es ihm, Anno zu entwaffnen. Gevehard stöhnte enttäuscht auf.

»Der Kampf ist entschieden!«, rief Jakoba erleichtert.

Doch statt seine Niederlage einzugestehen, hechtete Anno zu seinem Schwert und riss es erneut hoch. Dafür strafte Roger ihn mit einem Treffer im Oberarm. Ihr Bruder brüllte. Blut rann seinen Schwertarm hinunter.

»Einer der Kämpfer wurde entwaffnet und blutig geschlagen. Gott hat sich auf die Seite von Herrn Roger gestellt«, verkündete der Priester laut.

Anno senkte das Schwert, als wollte er es ablegen. Doch dann griff er Roger ein weiteres Mal an.

Jakoba schrie entsetzt auf. Mit einem blitzschnellen Stich fuhr Rogers Schwert in Annos Brust. Ihr Bruder keuchte, Blut quoll aus seinem Mund. Für einen Augenblick waren alle vor Schreck wie erstarrt.

Beim nächsten Lidschlag stürzte Gevehard auf Roger zu, einen Dolch in der Faust. Roger wollte sein Schwert aus Annos Brust befreien und hochreißen, um sich verteidigen zu können, bekam es jedoch nicht frei, da Anno mit letzter Kraft die Schneide umklammerte.

»Es ist uns gleich, was Gott entschieden hat. Wir werden für unsere Gerechtigkeit sorgen! Gevehard, tu es! Dit is dat Recht!«, trieb Anno seinen Mittäter noch im Todeskrampf an.

Blindlings wollte Paul sich zwischen die Männer werfen, stolperte jedoch. In diesem Augenblick zerschnitt Roger Annos Finger und hieb gegen Gevehard aus. Schräg fuhr Rogers Schwert tief unter Gevehards Achselhöhle. Brüllen erfüllte den Hof, als Gevehard zusammensackte.

Jakoba zitterte am ganzen Leib. Sie war Heilerin, sie musste den Männern helfen, ihr Leben retten, sosehr es ihr auch widerstrebte. Sie schickte Paul nach ihrem Kräutersack und eilte zu den Verletzten, um deren Wunden zu versorgen. Aus den Fingerstümpfen und der Brustwunde ihres Bruders quollen Ströme von Blut. Sie konnte nichts mehr für ihn tun.

Unter Verwünschungen hauchte Anno sein Leben aus.

Jakoba schämte sich dafür, aber sie war froh, dass er tot war. Nur für Immeke und seine Kinder tat es ihr leid.

Sie wollte auch Gevehard helfen, doch Roger und der Wundarzt der Burgbesatzung hatten bereits vergebens versucht, ihn zu retten. Roger drückte ihm die Augen zu.

Zwei tote Männer. Wozu hatten dieser Hass und diese Gewalt nur geführt! Was für vergeudete Leben!

Gleichzeitig überrollte Jakoba jedoch eine andere Erkenntnis: Sie war jetzt frei, frei für Roger. Und er war frei für sie. Jakoba konnte an nichts anderes denken. Ihre Erleichterung brach die Schockstarre auf. Sie suchte seinen Blick. Roger sah sie an, entschlossen und verletzlich zugleich. Würde er sein Gelübde aufgeben, für sie?

Im selben Augenblick riss das unsichtbare Band zwischen ihnen. Roger taumelte rückwärts, dunkelrot brach eine Blutblume auf seinem Waffenrock auf. Ein Armbrustbolzen steckte in seiner Brust.

Aufschreiend stürzte Jakoba zu ihm.

»Dort läuft er! Es war Annos Knecht Wulf! Er trägt noch die Armbrust! Haltet ihn!«, hörte sie Paul schreien. Es klang wie aus weiter Ferne. Zu laut dröhnte das Blut in ihren Ohren. Ein Tumult brach los, von dem Jakoba nichts mehr mitbekam. Verzweifelt versuchte sie, den Bolzen aus der Wunde zu ziehen.

Roger umschloss ihre Hand, bewegte den Mund. Sie musste das Ohr an seine Lippen legen, um ihn zu verstehen. »Jetzt bist … du frei.« Rogers Mundwinkel zuckten. »Vergiss … Paul nicht.«

Jakoba presste die Hand auf seine Brust, um die Wunde zu verschließen, doch sie spürte, wie Rogers Leben unaufhaltsam zwischen ihren Fingern verrann. Keine Heilkunst würde ihren Geliebten noch retten, keine Arznei ihm zu neuem Leben verhelfen.

Sie warf sich auf seinen Leib, der unter ihr langsam erschlaffte. Ihr war, als müsste ihr Herz in tausend Stücke zerspringen. Blind und taub fühlte sie sich, betäubt.

Dann wurde die Welt um sie herum schwarz.

35

Zwischen Lüneburg und Ebbekestorpe, Mai 1323

Langsam holperte der Kobelwagen über die Salzstraße. Eingesunken saß Jakoba unter dem Verdeck. Nur selten hob sie den Blick von dem Päckchen, das sie auf ihrem Schoß trug. Seit dem Tag der Toten fühlte sie sich wie die eingelegten Skorpione in einer venezianischen Spezereienhandlung: leblos, starr und aller Augen ausgesetzt. Die Trauer hatte sie eingehüllt wie eine zweite Haut.

Und doch hatte diese zweite Haut sie nicht vor dem Hass geschützt, der ihr entgegengeschlagen war. Manche Lüneburger sahen durch sie hindurch, etliche zerrissen sich die Mäuler, sobald sie die Kirche betrat, und wieder andere begegneten ihr mit unverhohlenem Hass. Jakoba konnte es ihnen kaum verdenken: Ihretwegen waren drei Männer tot. Doch am furchterregendsten war die Erkenntnis, dass sie selbst am liebsten verschwinden würde.

Dreiundvierzig Tage war es her, dass Roger gestorben war. Erst dreiundvierzig Tage. Schon dreiundvierzig Tage. Es war ihr einerlei. Zeit bedeutete ihr nichts mehr.

Jakobas Hände krampften sich um das Samtpäckchen. Immerhin hatte sie sich endlich aufraffen können, sich darum zu kümmern.

Der heisere Schrei eines Adlers hallte über das Land. Unwillkürlich sah Jakoba hinaus. Sie fuhren am Fluss entlang. Der Tag erwachte im frühlingsgescheckten Zwielicht. Dunst hing über den Flussauen, und die Sonne spielte im Schilf.

»Halte kurz an, Paul«, bat sie. Der Wagen kam zum Stehen. Ganz benommen stieg sie ab und ging zum Fluss.

»Alles in Ordnung, Jakoba?« Paul klang angespannt.

Sie ging weiter. »Lass mich, nur einen Augenblick …«

»Lene, begleitest du Domina Jakoba bitte?«, hörte sie Pauls Stimme.

Jakoba hob abwehrend die Hand, sah aber nicht auf den Kutschbock, wo ihre treuen Begleiter saßen. Nachdem sie Gevehards Haus bezogen hatte, das ihr als Witwe zustand, hatte sie als Erstes nach der Magd Lene suchen lassen. Schnell hatte sie herausgefunden, dass Gevehard Lene bestraft und dann weggejagt hatte, weil sie Jakoba geholfen hatte.

»Ich möchte einen Augenblick allein sein, bitte.«

Wie betäubt ging Jakoba ein Stück am Fluss entlang. Sie zog die Schuhe aus, das Gras nässte ihre Fußsohlen. Ihre Gedanken sperrte sie aus. Sie wollte nicht denken, nicht jetzt. Wie zauberisch angezogen war sie, wie von Sinnen. Das Röhricht. Ein Erlenbruch. Sie ließ die Schuhe fallen, bettete das Samtpäckchen, das sie noch immer umklammert hatte, darauf. Sonnensplitter funkelten auf dem Fluss, der hier tiefdunkel war und schnell dahinströmte.

Jakoba löste die Bänder an ihrem Kleid, ließ es hinuntergleiten. Der Wind strich über ihren nackten Leib. Gänsehaut.

»Jakoba?«

Selbst aus der Ferne vernahm sie Pauls Besorgnis. »Nur einen Augenblick noch.«

Sie setzte den Fuß ins Wasser. Die Kälte ließ sie erschaudern. Unerschrocken ging sie weiter. Kiesel unter ihren Füßen. Dann feiner Flusssand zwischen den Zehen. Es nahm ihr den Atem, als der Fluss ihren Bauch erreichte. Den Nabel. Ihre Brüste zum Prickeln brachte.

Als die Wasseroberfläche ihren Hals umströmte, keuchte sie. Ihr Herz schlug wie wild. Ruhig werden, sie wollte ganz ruhig werden, bevor …

Schwarz kräuselten sich die Wasser des Flusses um Jakoba.

Schemenhaft sah sie ihre Brüste, die sich im sanften Strom leicht bewegten. Der Rest ihres Körpers war in der unergründlichen Tiefe verschwunden. Schmerzhaft stachen die eisigen Fluten in ihre Haut. Zwangen sie zu sehen, zu fühlen. Die Sonne, die auf den brechenden Wellen funkelte. Den Wind, der ihre Gänsehaut umschmeichelte. Das Schilf, in einer Bö raschelnd, ein Schutz gegen fremde Blicke. Ganz still stand sie, ganz bei sich.

Nur ein wenig müsste sie die Füße vom weichen Flusssand heben, um sich ganz der Strömung zu überantworten. Sie würde untergehen, verschwinden. Ihre Trauer wäre zu Ende. Der Gedanke wühlte sie auf. Wie Laub auf einem Fluss tanzten die Eindrücke vorbei. Schmerzhaft, verstörend.

An Rogers Beisetzung hatte Jakoba keine Erinnerung, zu zerschmettert war sie gewesen. Der Herzog hatte veranlasst, dass Roger im Kloster Sankt Michaelis auf dem Kalkberg beigesetzt wurde, das zumindest wusste sie. Dafür erinnerte sie sich an Immekes Hass, als sie Annos Leichnam nach Dahlenburg gebracht und Tönnies befreit hatten. An Gevehards Grablege in der Lamberti-Kirche im Angesicht der feindseligen Lüneburger Patrizier. Daran, wie Wulf sie bei seiner Hinrichtung verflucht hatte. Jakoba wusste auch, dass ihr Schwippschwager Dietrich ihr nach dem Leben trachtete, jetzt, wo ihr ein Teil des Dahlenburger Erbes gehörte.

Ohne Paul hätte Jakoba diese Zeit wohl nie überstanden. Der Herzog hatte ihm einen Platz an seinem Hof angeboten, weil Paul mit der Ermordung Rogers seinen Herrn verloren hatte, aber noch hatte er diese Stelle nicht angetreten. Noch war er für Jakoba da. Paul wachte über sie, wie er es immer tat. Ein warmes Gefühl keimte in ihrem Herzen.

Etwas hielt ihren Blick fest. Jakoba sah zu dem glitzernden Thebal-Ring an ihrem Hals. Würde der Ring ihr mehr Glück bringen als Arnold und Roger? Oder hatten sie alles in allem sogar Glück gehabt, wenn es ihr auch nicht so vorkam? Ein Fisch strich zwischen ihren Beinen hindurch. Sie zuckte nicht einmal. Vielleicht hielt er sie für einen Baum, einen Felsen. Knapp über der Wasseroberfläche brummte eine schwarz-blau gefleckte Libelle an ihr vorbei.

Verwundert spürte Jakoba das Lächeln, das an ihren vor Kälte zitternden Lippen zupfte. Da war die Erinnerung wieder, an diesen Tag am Fluss mit ihrem Sohn. Wie überschwänglich Willekin sich an den Schönheiten der Schöpfung gefreut hatte. Wie glücklich sie selbst gewesen war. Nach Willekins Tod hatte sie geglaubt, nie wieder Freude empfinden zu können. Und doch hatte sie von Neuem gelernt, das Leben zu lieben. Würde sie auch den Schmerz über Rogers Tod überstehen?

Ihre Zähne schlugen aufeinander. Die Kälte stach in ihre Fußsohlen, kniff in ihre Brustwarzen. Und doch genoss sie diese Regungen. Das Wasser des Lebens umspülte sie. Die Essenz allen Seins. Wie hatte Roger seine Gefühle am Meer noch beschrieben? Als wäre er zugleich der Wind und das Meer. Als wäre er mit allem verbunden, was ist. War er auch in diesem Fluss hier? War Roger in ihr, um sie? Oder war es einfach nur Wasser, reinigend und kräftigend zugleich?

So viel schien ihr sicher: Kein Jungbrunnen war dieser Fluss, kein Quell ewiger Gesundheit, keine Himmelsarznei. Und doch so klar und belebend. Alles Alte und Schwere wusch er von ihr ab und riss es mit seinen Fluten fort. Nun war sie Jakoba, nicht mehr und nicht weniger. Jakoba – Adelsfrau, Witwe, Heilerin.

Einen Fuß vorsichtig vor den anderen setzend, tastete sie sich ans Ufer zurück. Sie hatte eine Aufgabe zu erfüllen.

Epilog

Ebbekestorpe, September 1323

Wie immer wurde gelästert, als Jakoba vorüberging, sogar hier, in der Kirche des Klosters. Jakoba bewahrte Haltung und nahm ihren Platz ein. Schon lange wartete sie auf diesen Gottesdienst. Diesen feierlichen Moment würde sie sich nicht verderben lassen. Die kleine Kirche war bis auf die letzte Lücke besetzt. Lüneburger Räte, Patrizier, Bauern – niemand hatte an diesem Festtag den Weg nach Ebbekestorpe gescheut.

Jetzt betraten sogar der Herzog und seine Söhne die Empore. Verstohlen sah Jakoba sich um, konnte Paul jedoch nicht entdecken. Die Glocken begannen zu läuten. Der Gesang des Nonnenchors setzte ein und berührte Jakoba tief, wie er es schon immer getan hatte. Sie versuchte, die Stimme von Konegundis herauszuhören, doch es gelang ihr nicht. Ein einziger erhebender Klangstrom ergoss sich in das Kirchenschiff.

Es war schön gewesen, Konegundis an diesem Tag im Mai wiederzusehen. Die junge Nonne war zur Siechenmeisterin ernannt worden, weshalb die Priorissa ihnen gestattet hatte, ein wenig zu reden. Erfrischt von ihrem Bad hatte Jakoba Konegundis viele nützliche Ratschläge geben können und dabei oft an Schwester Walburga, ihre alte Lehrmeisterin, denken müssen.

Die Ministranten traten ein, gefolgt von den Schreinträgern. Es war der 22. September, das Mauritiusfest. Jakoba konnte ihre Neugier kaum bezwingen; unauffällig erhob sie sich auf die Zehenspitzen. Da war sie: Sanft lächelnd erhob sich die Figur des Kreuzzugsheiligen über die Gläubigen. Der heilige Mauritius trug ein neues Gewand, das die Nonnen für ihn genäht hatten, und – Jakobas Herz schlug schneller – einen gedrechselten Stab mit einer polierten Lanzenspitze.

Eine Last fiel von ihr ab. Sie hatte Rogers Versprechen eingelöst. Hier wäre die Lanze sicher, bis ein Templer auf ihre Nachricht reagieren und sie zurückholen würde. Die Nonnen hatten sich sehr über diese besondere Leihgabe gefreut.

Ihre Erleichterung ließ den Gottesdienst und die Mauritiusprozession wie im Flug vergehen.

Im Anschluss trat sie an den Altar, um eine Kerze für Roger anzuzünden. Jakoba musste warten, weil der Herzog und sein Gefolge Vorrang hatten. Als wäre sie eine Aussätzige, hielten die anderen Gläubigen Abstand zu ihr. Jakoba dachte daran, dass im Königreich Neapel Frauen studieren durften und als Ärztinnen anerkannt waren. Würde sie in Lüneburg je ein Auskommen finden? Würde sie sich hier je heimisch fühlen?

Herzog Otto und seine Söhne gaben den Altar frei. Jakoba entdeckte Paul unter dem Gefolge und nickte ihm vorsichtig zu. Sie vermisste seine Gesellschaft schmerzlich, verstand aber, dass er an sein Fortkommen denken musste. Immerhin besuchte Paul sie, wenn es seine Zeit zuließ. Es waren die Erinnerungen an gemeinsame Abenteuer und verstorbene Freunde, die sie teilten. Eine ganz besondere Nähe …

Der Herzog trat in ihre Richtung. Jakoba verneigte sich. Otto der Strenge würde sie ignorieren, wie er es stets tat. Auch er schien ihr nachzutragen, was geschehen war. Doch in diesem Moment sprach er sie zu ihrer Überraschung an: »Domina Jakoba, schön, Euch zu sehen. Wir hörten, dass Ihr Euch an die Herstellung des Theriaks gemacht habt«, sagte er leutselig.

Jakoba blinzelte ihn stolz an. »Ja, Hoheit. Andere Arzneien konnte ich mit den hiesigen Heilkräutern herstellen, aber den Theriak nicht. Nun jedoch habe ich endlich aus Venedig die fehlenden Zutaten erhalten. Ein paar Wochen noch, dann habe ich den ersten Theriak fertiggestellt.«

»Sucht Uns auf, sobald diese Himmelsarznei fertig ist. Ihr werdet jederzeit Einlass in Unsere Burg erhalten.« Der Herzog berührte bei diesen Worten ihren Arm, es war eine besondere Auszeichnung, eine Geste des Vertrauens. Sie sah aus dem Augenwinkel, wie die Wartenden wisperten.

Jakoba bedankte sich ehrerbietig. Sie warf Paul einen kurzen Blick zu; nur er hatte von Baldinos Lieferung gewusst.

Der junge Mann lächelte sie offen an. Verwundert spürte Jakoba, wie sich ihr Herz weitete. Jetzt wusste sie, dass das Leben sie endgültig wiederhatte.

Glossar

ANTIDOT Gegenmittel zu Giften

BASILARD auch Baselard, Schweizer Dolch oder Kurzschwert

DENIER französische Währung des Mittelalters. Fünfzehn
Denier ergeben einen Sol, zwanzig Sol sind ein Livre Parisis,
also ein Pariser Silberpfund.

DUPSING Gürtel, oft weit auf die Hüften fallend und mit
Glöckchen besetzt

GAMBESON gestepptes Wams, das von Rittern unter dem
Kettenpanzer getragen wurde

HORE Stundengebet im Kloster. Nach der Benediktsregel gab
es die Nachtwache – Vigil oder Matutin genannt – sowie
sieben Horen am Tag.

HUDE Anlegeplatz an einem Fluss

INFIRMARIUM Raum für die kranken Nonnen oder Mönche
in einem Kloster. Die kranken Armen und Pilger wurden im
Hospitale Pauperum versorgt.

KAAK niederdeutsch für »Pranger«

KAUTERISATION Zerstörung von Gewebe durch Ätzmittel
oder Brenneisen

PASSAGIUM GENERALE großer Kreuzzug, im Gegensatz zum
passagium particulare, dem kleinen Feldzug

PISTILL eine Art Mörser und Stößel, wurde in Apotheken oft
mechanisch mithilfe eines Gewichts bewegt

PROFESS Ordensgelübde

PURGIEREN Reinigung von Magen und Darm durch
Brechmittel oder Einläufe

SURKOT Übergewand. Wenn der Surkot ärmellos war, wurde er Suckenie genannt, dann wies er oft weite Armlöcher auf.

THERIAK leitet sich vermutlich von dem griechischen Wort für »das wilde Tier« ab. Die Arznei wurde in der Antike als Antidot entwickelt und galt als Universalheilmittel.

Anmerkung und Dank

Jakoba Félicie de Almania ist eine der berühmtesten Frauen der frühen Medizingeschichte und zugleich ein Mysterium. Der Prozess gegen Domina Jakoba ist in den Pariser Chroniken ausgezeichnet dokumentiert: von der Anklage über die Zeugenaussagen, ihre beherzte und kundige Verteidigung bis zu dem harten Urteil. Sie trat nur diese kurze Zeit ins Licht der Öffentlichkeit. Alles, was wir über Jakoba wissen, steht in den Prozessakten. Der Rest ist, wie man so schön sagt, Schweigen. Jakoba wurde als Adelige angesprochen und kam aus dem deutschsprachigen Raum, so viel steht fest. Aber wo wurde sie geboren? Wo erwarb sie ihre beeindruckenden medizinischen Kenntnisse? Wie kam sie nach Paris? Wohin ging sie nach der Urteilsverkündung?

Die Arznei der Könige erzählt auf Basis eingehender Recherchen meine Version von Jakobas Geschichte. Natürlich könnte die Wahrheit ganz anders ausgesehen haben. Vielleicht wird man eines Tages in einem Stadtarchiv mehr über diese geheimnisvolle Heilerin herausfinden – ich würde mich am meisten über diesen Fund freuen.

Eine Anmerkung zu den verwendeten Namen: Wie beliebt bestimmte Vornamen im Mittelalter waren, beweisen die Gerichtsprotokolle, in denen allein zehn Varianten des Namens Johann/Johanna auftauchen, weshalb ich einige Patientennamen abgeändert habe. Auch Jakobas Helfer, der sie ab und zu begleitete, wurde Meister Jean genannt – bei mir ist es Meister Gaspard.

Wer sich einen Überblick über die Fakten verschaffen möchte, dem rate ich zu *Chartularium Universitatis Parisiensis*, wo die

Prozessprotokolle abgedruckt sind, sowie *The Faculty of Medicine at Paris, Charlatanism, and unlicensed medical practices in the later middle ages* von Pearl Kibre, *Dame Trot and her Progeny* von C.H. Talbot und *Women's medical practice and health care in medieval europe* von Monica H. Green.

Jakoba lebte zu Beginn des 14. Jahrhunderts, in einer unruhigen, von Naturkatastrophen und politischen Wirren geprägten Zeit. Diese Unruhen sorgten für eine tief greifende Verunsicherung der Menschen, die den Keim zur späteren Massenhysterie der Juden- und Hexenverfolgung legte. Nur wenige Jahre nach Ende des Romans brachen die kriegerischen Auseinandersetzungen aus, die wir heute als Hundertjährigen Krieg kennen. Auch in Norddeutschland sind zwischen 1315 bis 1322 die Chroniken voll von Berichten über Hungersnöte und Seuchen. Eine gute Zusammenfassung dieser Zeit liefern *Der ferne Spiegel – Das dramatische vierzehnte Jahrhundert* von Barbara Tuchmann, William Chester Jordans *The great Famine* und *Hungersnöte im Mittelalter* von Fritz Curschmann.

Für mich war es faszinierend, an Jakobas Seite in die Geschichte der Medizin einzutauchen. Bei ihren Behandlungen stützte sich Jakoba vor allem auf Heiltränke. Der sagenumwobenste aller Heiltränke ist der Theriak, auch »Arznei der Könige« oder »Himmelsarznei« genannt. Der Glaube an seine allumfassende Heilkraft war viele Jahrhunderte unumstritten. Und träumen wir nicht heute noch von einem Allheilmittel? Bei Galen, auf dessen berühmte Schrift *De Antidots* ich mich in diesem Roman häufig beziehe, wird Arzneimitteln wie Theriak der Vorzug vor chirurgischen Eingriffen oder diätetischen Maßnahmen gegeben, wie Lutz Winkler in seinem Buch zu diesem Thema ausführt. Während der Pestepidemien, die seit 1348 Europa verheerten, galt Theriak zudem als wichtigstes Vorbeugungs- und Heilmittel gegen diese Seuche. Bis ins 19. Jahrhundert wurde Theriak noch in den offiziellen Pharmaregistern geführt. Weiterführende Informationen über Herstellung, Handel und Wirkungsweise des Theriaks finden sich u. a. in *Theriac and Mithridatium* von Gilbert Watson und in *Drogenhandel und apothekenrechtliche Beziehungen zwischen Venedig und Nürnberg* von Karl Heinz Barthels.

Das 14. Jahrhundert war eine aufregende Zeit in der Medizingeschichte. Die Epoche der Klosterheilkunde näherte sich dem Ende. Durch die breite Wiederentdeckung und Übersetzung der arabischen Schriften sowie neue Forschungen machte die Medizin große Fortschritte. Die im Roman erwähnten Behandlungsmethoden stammen aus der Literatur der Zeit. Schriften wie das *Breslauer Arzneibuch* oder der sogenannte *Bartholomäus* beziehen sich häufig auf arabische Quellen aus der Schule von Salerno. In der Frauenheilkunde wird meist auf die Werke der berühmten salernischen Ärztin Trotula verwiesen. Die Seelenlehre des Papstes Johannes XXI. zitiere ich nach *Arzt in Purpur. Grundzüge einer Krankheitslehre bei Petrus Hispanus* von Heinrich Schipperges. Imposant sind auch die heilkundlichen Schriften von Hildegard von Bingen (1098–1179), die jedoch zu Jakobas Zeit kaum bekannt waren. Einen guten Einstieg zu diesem Thema bietet Kay Peter Jankrift mit *Krankheit und Heilkunde im Mittelalter*.

Paris war damals weit größer als alle anderen Städte Europas. 1328 gab es in Paris 61 098 Feuerstellen, was einer Bevölkerung von 180 000 bis 200 000 Menschen entsprach. Eine ausgezeichnete Schilderung des dortigen Medizinwesens findet sich in *Die Heilkunde des ausgehenden Mittelalters in Paris* von Eduard Seiler. Der Grand Pont – an dessen Stelle sich heute der Pont au Change befindet – und weitere überbaute Brücken von Paris hat der Ingenieur Miron Mislin in verschiedenen Veröffentlichungen erforscht.

Das verborgene (Über-)Leben des Tempelritter-Ordens und ihre mystischen Geheimnisse inspirierten unzählige Autoren und Wissenschaftler. Mich fasziniert besonders die Tatsache, dass sich im niedersächsischen Süpplingenburg noch bis 1357 –

fünfzig Jahre nach der Zerschlagung des Ordens! – eine Templergemeinschaft erhielt. In der Gemeindekirche St. Johannes sind einige Relikte der Templerbasilika aus dem 12. Jahrhundert zu sehen. Die Literatur über die Templer ist Legion, weshalb ich hier nur auf *Die geistlichen Ritterorden in Niedersachsen* von Nicolaus Carl Heutger und *Der Tempelherren-Orden in Deutschland* von Michael Schüpferling hinweisen möchte. Der Historiker Christian Vogel beschäftigt sich in *Das Recht der Templer* u. a. mit dem möglichen oder unmöglichen Ausstieg aus dem Orden.

Der Magdeburger Erzbischof Burchard von Schraplau ging tatsächlich scharf gegen den Templerorden vor. Zu seinem Leben bietet *Magdeburg im Mittelalter* von Matthias Puhle einen guten Einstieg. Die gravierende Hungersnot nutzte Erzbischof Burchard übrigens noch, um seine Finanzen aufzubessern. Die Auseinandersetzung zwischen der Stadt und dem Erzbischof schwelten weiter und eskalierten im Jahr 1325, als Burchard von Schraplau ermordet wurde.

In der Hansestadt Lüneburg lässt sich auf den Spuren meiner Romanfigur Jakoba wandeln. Ich empfehle neben einem ausgedehnten Spaziergang durch die Giebelhäuser der Altstadt und einer Kanufahrt auf der Ilmenau insbesondere einen Besuch im Museum Lüneburg. Die älteste bekannte Ansicht Lüneburgs findet sich auf dem Heiligenthaler Altar von ca. 1450. Die erste Apotheke wird bereits 1294 erwähnt. Aus dem Jahr 1475 hat sich ein umfangreiches Verzeichnis des Warenlagers der Lüneburger Raths-Apotheke erhalten. Mehr über Lüneburgs Geschichte erfahren Sie beispielsweise in *Die Stadt vor den Toren. Lüneburg und sein Umland im späten Mittelalter* von Niels Petersen.

Ein Ausflug ist ebenfalls das Kloster Ebstorf wert, das im Roman, wie damals üblich, Ebbekestorpe genannt wird. Im Kloster Ebstorf kann man noch heute die Figur des heiligen Mauritius bewundern. Die Lanze des Kreuzzugsheiligen ist allerdings vor Jahren verloren gegangen. Zudem ist eine Kopie der im Zweiten

Weltkrieg zerstörten berühmten Ebstorfer Weltkarte zu sehen. Hilfreich waren für mich *Die Lüneburger Frauenklöster* von Ida Christine Riggert und die Festschrift *In Treue und Hingabe. 800 Jahre Kloster Ebstorf.* Der – ebenfalls im Roman erwähnte – Leprahof Sankt Nikolai in Bardowick ist eine historische Sehenswürdigkeit von Rang.

Ich danke Wolfgang Brandis von den Lüneburger Klosterarchiven für seine Auskünfte bezüglich des Ebstorfer Infirmariums und Gunda Suhr für die kundige Führung durch das Kloster. Prof. Dr. Matthias Pulte von der Katholisch-Theologischen Fakultät der Johannes-Gutenberg-Universität Mainz bin ich zu Dank verpflichtet für seine Informationen zur Exkommunikation in Paris.

Mein besonderer Dank gilt den Lektorinnen Dr. Stefanie Heinen und Dr. Ulrike Strerath-Bolz, außerdem dem Grafiker Markus Weber, meiner Agentin Petra Hermanns und natürlich meiner Familie.

Weiterführende Literatur und Hintergründe über meine Recherchen finden Sie unter www.sabineweiss.com.

Ein Hinweis zum Schluss: Die in diesem Roman dargestellten Behandlungsmethoden sind nicht zur Nachahmung empfohlen, denn obgleich beispielsweise manche Rezepte der Klostermedizin unbestritten wirksam sind, wissen wir heute, dass andere im besten Falle harmlos und im schlechtesten lebensbedrohlich sein können. Hilfesuchenden empfehle ich das *Handbuch der Klosterheilkunde* von Johannes G. Mayer, Bernhard Uehleke und Pater Kilian Saum oder fachkundige Hilfe. Bleiben Sie gesund!

Eine Meisterdiebin am Hofe des Herzogs von Braunschweig-Lüneburg

Martha Sophie Marcus
DAS BLAUE MEDAILLON
Historischer Roman
400 Seiten
ISBN 978-3-404-17564-2

An einem einzigen Tag gerät Alessas Leben völlig aus den Fugen. Ihre Tante stirbt, kurz nachdem sie ihr ein geheimnisvolles Medaillon gegeben hat. Am selben Abend wird ihr Großvater ermordet, der sie nach dem Tod ihrer Eltern großgezogen und zur Diebin ausgebildet hat. Alessa selbst entgeht nur knapp einem Anschlag und flieht mit Mühe und Not aus Venedig. Ihr Ziel: Celle, wo ihr einziger verbliebener Verwandter lebt. Doch auch hier, am Hof des Herzogs von Braunschweig-Lüneburg, ist sie nicht sicher. Der Mörder ihres Großvaters ist ihr dicht auf den Fersen, und er ist nicht der Einzige, der es auf das Medaillon abgesehen hat ...

Bastei Lübbe

Düstere Spannung auf Deutschlands beliebtester Insel

Sabine Weiß
SCHWARZE BRANDUNG
Sylt-Krimi
352 Seiten
ISBN 978-3-404-17517-8

Am Strand vor Westerland wird die Leiche einer jungen Frau gefunden, die offensichtlich brutal ermordet wurde. Als Liv Lammers von der Mordkommission Flensburg davon hört, gefriert ihr das Blut in den Adern: Kurz zuvor hatte ihr 15-jähriger Neffe aus Sylt sie um Hilfe gebeten, weil er seine Freundin vermisst. Handelt es sich bei der Toten um Milena? Liv, die vor Jahren mit ihrer Sylter Familie und ihrer alten Heimat gebrochen hat, fährt zum ersten Mal seit langer Zeit fährt wieder auf die Insel – und ist schockiert, wie sehr sie sich inzwischen verändert hat. Doch niemals hätte sie auch nur geahnt, welch grauenvolle Abgründe sich hinter der schillernden Urlaubsfassade auftun ...

Bastei Lübbe

Die Community für alle, die Bücher lieben

In der Lesejury kannst du
★ Bücher lesen und rezensieren, die noch nicht erschienen sind
★ Gemeinsam mit anderen buchbegeisterten Menschen in Leserunden diskutieren
★ Autoren persönlich kennenlernen
★ An exklusiven Gewinnspielen und Aktionen teilnehmen
★ Bonuspunkte sammeln und diese gegen tolle Prämien eintauschen

Jetzt kostenlos registrieren: www.lesejury.de

Folge uns auf Instagram & Facebook:
www.instagram.com/lesejury
www.facebook.com/lesejury